Beiträge zum Organisationsverfassungsrecht

Herausgegeben von

Julian Krüper und Arne Pilniok

8

Sebastian Walisko

Die Organisation der öffentlich-rechtlichen Fachgerichtsbarkeiten

Verfassungsrechtliche und verfassungstheoretische Überlegungen zu institutionellen und prozessualen Vereinheitlichungen im verwaltungsgerichtlichen Rechtsschutzsystem

Mohr Siebeck

Sebastian Walisko, geboren 1990; Studium der Rechtswissenschaft an der Universität Bochum und der Libera Università Internazionale degli Studi Sociali (Rom); 2015 Erstes juristisches Staatsexamen; Wissenschaftlicher Mitarbeiter am Lehrstuhl für Öffentliches Recht, Verfassungstheorie und interdisziplinäre Rechtsforschung der Universität Bochum; seit 2019 Wissenschaftlicher Mitarbeiter am Institut für Glücksspiel und Gesellschaft (GLÜG) der Universität Bochum; LL.M.-Studium Competition and Regulation an der Universität Lüneburg; 2020 Promotion; seit 2020 Referendariat am Landgericht Dortmund.
orcid.org/0000-0002-7722-389X

ISBN 978-3-16-159992-7 / eISBN 978-3-16-160008-1
DOI 10.1628/978-3-16-160008-1

ISSN 2626-4412 / eISSN 2626-4420 (Beiträge zum Organisationsverfassungsrecht)

Die Deutsche Nationalbibliothek verzeichnet diese Publikation in der Deutschen Nationalbibliographie; detaillierte bibliographische Daten sind über *http://dnb.dnb.de* abrufbar.

Das Buch wurde von Gulde Druck in Tübingen aus der Times New Roman gesetzt, auf alterungsbeständiges Werkdruckpapier gedruckt und von der Buchbinderei Spinner in Ottersweier gebunden.

Printed in Germany.

Meinen Eltern

Vorwort

Die vorliegende Arbeit wurde unter dem Titel „Rationalität in der Organisationsgesetzgebung. Verfassungsrechtliche und verfassungstheoretische Überlegungen zu institutionellen und prozessualen Vereinheitlichungen im verwaltungsgerichtlichen Rechtsschutzsystem“ im Sommersemester 2019 von der Rechtswissenschaftlichen Fakultät der Ruhr-Universität Bochum als Dissertation angenommen. Rechtsprechung und Literatur konnten bis August 2020 berücksichtigt werden.

Mein besonderer Dank gilt zuvorderst meinem verehrten Doktorvater, Herrn Prof. Dr. *Julian Krüper*, für die fördernde und anregende Betreuung dieser Arbeit, für seine konstruktiven Ratschläge und für die Möglichkeit, mich persönlich und fachlich in einer inspirierenden Atmosphäre an seinem Lehrstuhl weiterentwickeln zu können. Auch für die überaus schnelle Erstellung des Erstgutachtens möchte ich ihm meinen Dank aussprechen. Danken möchte ich zudem Herrn Prof. Dr. *Martin Morlok* für die Erstellung des Zweitgutachtens. Dass er sich hierzu bereiterklärt hat, ist mir eine besondere Ehre.

Für die Aufnahme dieser Arbeit in die Schriftenreihe „Beiträge zum Organisationsverfassungsrecht“ bin ich den Herausgebern, Herrn Prof. Dr. *Arne Pilniok* sowie meinem Doktorvater, sehr dankbar.

Besonderer Dank gilt auch all jenen, die mich während der Erstellung dieser Arbeit begleitet und mich bei deren Fertigstellung unterstützt haben. Für die Korrektur des Manuskripts und wertvolle Anmerkungen möchte ich mich zunächst ganz besonders bei meinen Bochumer Kollegen *Joshua Blach* und Dr. *Volker Herbolsheimer* bedanken. Dr. *Volker Herbolsheimer* gebührt darüber hinaus mein herzlicher Dank für seine stetige Bereitschaft, mir im kritischen wie konstruktiven Austausch anregende Perspektiven aufgezeigt zu haben – an unsere fachlichen wie auch freundschaftlichen Gespräche denke ich gerne zurück.

Zur Vollendung dieser Arbeit in nicht unerheblichem Maße beigetragen hat schließlich die bedingungslose Unterstützung meiner Familie und Freunde, für die ich ihnen nicht genug danken kann. An dieser Stelle sei zunächst *Marnie Böhning* genannt, die mir während der Entstehungszeit dieser Arbeit stets den Rücken gestärkt und viel Verständnis für jede Entbehrung aufgebracht hat, die mit einer solchen Arbeit einhergeht. Besonders danken möchte ich auch *Pavel*

Herrmann und *Christian Suerkemper*, die mir während, aber auch schon vor der Entstehung dieser Arbeit in bester freundschaftlicher Manier jederzeit zur Seite standen.

Neben meiner lieben Schwester *Nadine Walisko* gebührt mein größter Dank, den ich nur unvollkommen in Worte zu fassen vermag, allen voran meinen Eltern *Petra* und *Karl Walisko* für ihren Rückhalt sowie ihre bedingungslose, fortwährende und liebevolle Unterstützung. Ihnen widme ich diese Arbeit.

Witten, im November 2020 Sebastian Walisko

Inhaltsverzeichnis

Einführung

Das zentrale Anliegen dieser Arbeit ist eine Untersuchung der Frage, inwieweit prozessuale und institutionelle Vereinheitlichungen im verwaltungsgerichtlichen Rechtsschutzsystem zu einem Mehr an Rationalität führen. Konkret geht es also um solche Bestrebungen, die darauf zielen, die drei öffentlich-rechtlichen Fachgerichtsbarkeiten durch eine Einheitsgerichtsbarkeit für verwaltungs-, sozial- und finanzrechtliche Streitigkeiten zu ersetzen, und die Verwaltungsgerichtsordnung, das Sozialgerichtsgesetz sowie die Finanzgerichtsordnung in einer einheitlichen Prozessordnung zusammenzufassen. Damit wird sich einem organisationsrechtlichen Diskurs gewidmet, der seit der Nachkriegszeit Wissenschaft, Praxis und Politik wiederkehrend und intensiv beschäftigte und auch in jüngerer Vergangenheit noch auf der Agenda des Gesetzgebers zu finden war.[1] Der Grund für diese ungebrochene Aktualität liegt insbesondere in der Vernachlässigung der Begrün-

---

[1] Einen Überblick über die Vereinheitlichungsdiskurse geben etwa *Meyer-Ladewig*, Die Vereinheitlichung der öffentlich-rechtlichen Prozeßordnungen, in: Erichsen/Hoppe/v. Mutius (Hrsg.), FS Menger 1985, S. 833 ff., und *Wittreck*, Auftakt zu einer neuen Runde: die Vereinheitlichung der öffentlich-rechtlichen Fachgerichtsbarkeiten, DVBl. 2005, 211 ff. Vgl. aus dem Pool an Einzelstimmen zur Vereinheitlichung zu diesem Zeitpunkt nur *Ule*, Zur Vereinheitlichung der gerichtlichen Verfahrensordnungen, DVBl. 1958, 691 ff.; *ders.*, Zur Vereinheitlichung der verwaltungsgerichtlichen Verfahrensordnungen, DVBl. 1967, 345 ff.; *Bettermann*, Vereinheitlichung der Verwaltungsgerichtsgesetze und Gleichschaltung der Verwaltungsgerichtsbarkeiten, in: Merten (Hrsg.), Die Vereinheitlichung der Verwaltungsgerichtsgesetze zu einer Verwaltungsprozeßordnung, 1978, S. 91 ff.; *Baur*, Empfiehlt es sich, die verschiedenen Zweige der Rechtsprechung ganz oder teilweise zusammenzufassen?, in: Ständige Deputation des Deutschen Juristentages (Hrsg.), 42. DJT, Bd. 1, 2. Teil, 1957, passim; *Schenke*, Mehr Rechtsschutz durch eine einheitliche Verwaltungsprozeßordnung?, DÖV 1982, 709 ff.; *Knoll*, Die Angleichung der deutschen Verfahrensgesetze – Die gerichtlichen Entscheidungen –, 1959, passim; *Wild*, Die Angleichung der deutschen Verfahrensgesetze – Die Bestimmungen über die Zulässigkeit des Rechtsweges, den Kompetenzkonflikt, die Verweisung und die Zuständigkeit –, 1961, passim; *Grimm*, Die Angleichung der deutschen Verfahrensgesetze – Die Berufung –, 1961, passim; *de With*, Möglichkeiten und Grenzen der Vereinheitlichung der deutschen Verfahrensgesetze unter Berücksichtigung des Prozeßzwecks, der Dispositionsmaxime, des Streitgegenstandes, der Verhandlungs- und der Untersuchungsmaxime, 1959, passim; *Knauer*, Zur Vereinheitlichung der verwaltungsgerichtlichen Verfahrensordnungen, 1968, passim; *Scheuner*, Die Selbständigkeit und Einheit der Rechtspflege, DÖV 1953, 517 ff.; *Weber*, Die Einheit der rechtsprechenden Gewalt, ZSR 1957, 109 ff.; *Weth*, Justizminister im Reformrausch? – Zum

dungsebene: Ohne nähere Begründung wird davon ausgegangen, dass entsprechende Vereinheitlichungen die Rationalität des Rechtsschutzsystems steigern würden.[2] Das Hauptinteresse galt seit jeher dem Aufzeigen von Möglichkeiten, wie derartige Vereinheitlichungen rechtlich aussehen und gelingen könnten. Kurzum ging es primär um die Vereinheitlichungsfähigkeit und die Machbarkeit derartiger organisationsrechtlicher Maßnahmen und nicht um die Begründbarkeit der ihnen nachgesagten Rationalitätssteigerung. Dieses Defizit auf der Begründungsebene soll nunmehr ausgeglichen werden.

Gleichwohl ist zu konstatieren, dass nicht nur die Behauptung eines Mehr an Rationalität vereinheitlichter Strukturen die Idee der Vereinheitlichung beflügelte. Auch die besondere Bedeutung, die dem Organisationsrecht zukommt, sowie die Vorzüge, die nach menschlichem Denken scheinbar unwiderlegbar und untrennbar mit dem Begriff der Einheit einhergehen, bekräftigten über die Zeit hinweg das Festhalten an diesen Vorhaben. Mit anderen Worten entspringt also das den Diskursen zugrundeliegende Streben nach einem „höherwertigen Organisationszustand"[3] im verwaltungsgerichtlichen Rechtsschutzsystem, der durch eine Vereinheitlichung automatisch zu erreichen zu sein scheint, einerseits der Wichtigkeit des Organisationsrechts, andererseits einer „Einheitsmystik"[4].

A. Einheitsmystik und Organisationsrecht

Organisationen sind Kennzeichen und nicht hinwegzudenkende Bestandteile moderner Gesellschaften.[5] Sie finden sich nicht nur als Unternehmen, Verbände und Vereine im privaten Rechtsverkehr, als politische Parteien im Zentrum des

---

geplanten Umbau der Justiz, ZRP 2005, 119 ff.; *Hermanns*, Einheit der Verwaltungsgerichtsbarkeit, 2002, passim. S. zudem BT-Drs. 9/1851; 10/3437; 16/1040; 15/4109.

[2] Stellvertretend s. an dieser Stelle die Ausführungen bei *Reuß*, Die Rationalisierung des Rechts und der Rechtspflege, Anwbl. 1955, 144 ff.

[3] Dass Vereinheitlichungen zu dieser Zeit für viele Diskursteilnehmer einen solchen „höherwertigen Organisationszustand" zu versprechen schienen, hebt auch *Süsterhenn*, Einheitliches Gerichtsministerium?, DVBl. 1956, 737 (737), hervor.

[4] *Bettermann*, Notwendigkeit, Möglichkeiten und Grenzen einer Angleichung der deutschen Verfahrensordnungen, ZZP 70 (1957), 161 (163), der diese „Einheitsmystik" ausdrücklich mit den Vereinheitlichungsforderungen in Verbindung bringt.

[5] S. zur Bedeutung von Organisationen etwa *Türk*, Organisation, in: Görres-Gesellschaft (Hrsg.), Staatslexikon, Bd. 4, 7. Aufl. 1988, Sp. 198 ff., der auch auf einige der nachfolgenden Beispiele rekurriert; *Scherer*, Kritik der Organisation oder Organisation der Kritik?, in: Kieser/Ebers (Hrsg.), Organisationstheorien, 6. Aufl. 2006, S. 19 (19). Treffend drücken dies *Bergmann/Garrecht*, Organisation und Projektmanagement, 2. Aufl. 2016, S. 1, aus: „Der Mensch ist ein ‚Organisationswesen'. Er wird in Organisationen ausgebildet und arbeitet in ihnen […]. Auch das private Leben ist von Organisationen geprägt".

politischen Systems, als Krankenhäuser und Schulen in der sozialen Infrastruktur, sondern auch und gerade auf staatlicher Ebene, auf der ihre Schaffung, ihr Bestehen, ihr konkretes Erscheinungsbild, die ihnen zukommenden Aufgaben und ihr Funktionieren rechtlich geregelt wird. „In und durch Organisationen vollziehen sich die administrativen Aktivitäten, in ihnen begegnen sich organisierte Staatlichkeit und gesellschaftliche Kräfte.“[6] Vor dem Hintergrund dieses Befundes verwundert es auch nicht, dass dem Organisationsrecht eine überragende Bedeutung zugemessen wird und sich organisationsrechtliche Fragestellungen heute mehr denn je gleich in verschiedenen Zusammenhängen finden.[7] Kurzum ließe sich bilanzieren: „Der moderne Staat existiert als entscheidungs- und handlungsfähiges Subjekt nur nach Maßgabe des ihn konstituierenden Organisationsrechts“[8]. In dieser Perspektive kommt dem Organisationsrecht also die Aufgabe zu, „eine schon vorgegebene rechtlich-soziale Wirklichkeit gedanklich zu erfassen und zum Ausdruck zu bringen“[9]. Unterstrichen wird die besondere Bedeutung des Organisationsrechts durch seine verfassungsrechtlichen Bezüge. Zu erwähnen ist in diesem Zusammenhang zunächst die Angewiesenheit der Grundrechte auf eine adäquate Staatsorganisation.[10] Erst sie ermöglicht es dem Bürger, seine Grundrechte zu verwirklichen. Daneben finden sich in der Verfas-

---

[6] *Schmidt-Aßmann*, Das allgemeine Verwaltungsrecht als Ordnungsidee, 2. Aufl. 2006, S. 239 Rn. 1.

[7] Statt vieler s. nur *Gärditz*, Hochschulorganisation und verwaltungsrechtliche Systembildung, 2009, passim; Schmidt-Aßmann/Hoffmann-Riem (Hrsg.), Verwaltungsorganisationsrecht als Steuerungsressource, 1997, passim; *Rasch*, Organisationsrechtliche Probleme der Verwaltungsgerichtsbarkeit, VerwArch 60 (1969), 1 ff.; *Krebs*, Verwaltungsorganisation, in: Isensee/Kirchhof (Hrsg.), HStR, Bd. 5, 3. Aufl. 2007, § 108; *Bruns*, Akteure der Umweltpolitik, 1999, passim; *König*, Kodifikation des Landesorganisationsrechts, 2000, passim, der, ebd. S. 11, zur Bedeutung des Organisationsrechts festhält: „Gerade das öffentliche Organisationsrecht gilt insoweit als Integrationsfaktor, weil es für Staat wie Gesellschaft zusammenführende Orientierungen verstetigt.“

[8] *Ritter*, Organisationswandel durch Expertifizierung und Privatisierung im Ordnungs- und Planungsrecht, in: Schmidt-Aßmann/Hoffmann-Riem (Hrsg.), Verwaltungsorganisationsrecht als Steuerungsressource, 1997, S. 207 (207).

[9] *Böckenförde*, Organ, Organisation, Juristische Person, in: Menger (Hrsg.), FS Wolff, 1973, S. 269 (294).

[10] Vgl. hierzu und zum Folgenden *Isensee*, Grundrechtsvoraussetzungen und Verfassungserwartungen an die Grundrechtsausübung, in: ders./Kirchhof (Hrsg.), HStR, Bd. 9, 3. Aufl. 2011, § 190 Rn. 119 ff., der, ebd. § 190 Rn. 120, von einer „Interdependenz von Grundrechten und Staatsorganisation“ spricht. S. ferner *Stern*, Idee der Menschenrechte und Positivität der Grundrechte, in: Isensee/Kirchhof (Hrsg.), HStR, Bd. 9, 3. Aufl. 2011, § 184 Rn. 44: „Die Grundrechte sind ein konstitutiver Bestandteil des modernen Verfassungsstaates; sie prägen ihn, wie umgekehrt Organisationselemente desselben die Grundrechtsexegese beeinflussen.“ S. auch *Denninger*, Staatliche Hilfe zur Grundrechtsausübung durch Verfahren, Organisation und Finanzierung, in: Isensee/Kirchhof (Hrsg.), HStR, Bd. 9, 3. Aufl. 2011, § 193 Rn. 22 ff.

sung konkrete Vorgaben organisationsrechtlicher Natur – mit Blick auf die Bundesverwaltung etwa bestimmte Vorgaben, die „für die Ausübung der Organisationsgewalt Richtungsentscheidungen und Schranken“[11] bereithalten. Daneben gewährleistet die Verfassung in ihrem Art. 95 Abs. 1 GG gerade auch für den Bereich der Rechtsprechung Organisationen in Gestalt der obersten Bundesgerichte.[12] Insgesamt gilt: „Die Staatsgewalt gewinnt in der Staatsorganisation das institutionelle Instrument, das den Staat und sein Handeln stetig sichtbar und einsetzbar macht. Die Verfaßtheit des Staates verlangt eine funktionsgerechte, nach Verantwortlichkeit gegliederte Organisation, um die Handlungsfähigkeit des Staates zu sichern, die Gestaltungskraft der Wirkeinheit ‚Staat‘ zu gewährleisten und das staatliche Handeln überschaubar und kontrollierbar zu machen. Das Entstehen des Staates und einer Verfassung setzt eine Mindestorganisation voraus; die Verfassung gebietet, diese Organisation rechtlich zu formen und zu stabilisieren.“[13]

Vor dem Hintergrund dieser hervorgehobenen Bedeutung von Organisationen und Organisationsrecht verwundert es nicht, dass ein bestmöglicher Organisationszustand angestrebt wird, bestehende staatliche Organisationen und das sie konstituierende Recht also ständig Optimierungsbestrebungen ausgesetzt werden. Dass Organisationen und Organisationsrecht damit auch fast unausweichlich zu Gegenständen von Vereinheitlichungsbestrebungen werden, verwundert vor dem Hintergrund der Vorstellungen, die mit dem Begriff der Einheit verbunden sind und fast schon in einer Form von Mystizismus zu gipfeln scheinen, ebenso wenig.[14]

Der Begriff der Einheit hat eine lange Tradition und kommt seit jeher in verschiedensten Zusammenhängen und Themenbereichen zur Anwendung.[15] Besondere Strahlkraft entfaltete der Begriff der Einheit in historischer Perspektive insbesondere immer dann, wenn eine irgendwie geartete Zerrissenheit in der Gesellschaft ausgemacht wurde. In der Forderung nach Einheit zeigte sich sodann der Appell an Gesellschaft und Politik, diese nicht hinnehmbaren Zustände der Teilung und Spaltung zu beenden. Die „irrationale Faszinationskraft des Wortes [vermochte sich in der Geschichte] ebenso zur ideologischen Verschleierung der

---

[11] *Krebs* (Fn. 7), § 108 Rn. 64.

[12] S. zur Bedeutung von Art. 95 Abs. 1 GG nur *Schulze-Fielitz*, in: Dreier (Hrsg.), GG, Bd. 3, 3. Aufl. 2018, Art. 95 Rn. 13 ff.

[13] *Kirchhof*, Mittel staatlichen Handelns, in: Isensee/ders. (Hrsg.), HStR, Bd. 5, 3. Aufl. 2007, § 99 Rn. 118.

[14] Auch *Bettermann* (Fn. 4), 161 (163), deutet diesen Mystizismus an.

[15] Vgl. zur Entwicklung des Einheitsbegriffs m. w. N. *Gall/Segermann/Blasius*, Einheit, in: Brunner/Conze/Koselleck (Hrsg.), Geschichtliche Grundbegriffe, Bd. 2, 1975, S. 117 ff. S. ferner auch *Roellecke*, Was eint die Einheit des Staates?, in: Depenheuer/Heintzen/Jestaedt/Axer (Hrsg.), Die Einheit des Staates, 1998, S. 39 (39 ff.).

Wirklichkeit wie zur Mobilisierung der Massen zu bewähren“[16]. Am deutlichsten wurde dies in jüngerer Vergangenheit wohl zuvörderst im zähen gesellschaftlichen und politischen Ringen um die Wiedervereinigung des geteilten Deutschlands. Es wirkt vor diesem Hintergrund fast schon wie ein ureigenes, menschliches Bedürfnis, die Einheit zu fordern, die in jedem Zusammenhang stets einen höherwertigen Zustand zu versprechen scheint.[17] Die Gründe hierfür mögen letztlich nicht genau zu erklären sein, liegen aber wohl nicht zuletzt in den menschlichen Assoziationen, die den Begriff der Einheit positiv aufladen. So bringt die Rede von der Einheit eine Vorstellung von Geschlossenheit, Festigkeit, Stabilität und Zusammengehörigkeit mit sich, die schon für sich genommen ein erstrebenswertes Ideal zu begründen vermag, in Zeiten gesellschaftlicher und politischer Krisen und Zerwürfnisse aber umso mehr dazu in der Lage ist, Besserung zu versprechen. Aber auch im rechtlichen Kontext wird dem Begriff der Einheit, insbesondere als Argumentationsfigur in Gestalt der „Einheit der Rechtsordnung“[18], eine exponierte Stellung eingeräumt. Auch hier kommt es darauf an, Festigkeit und Stabilität zu gewährleisten, indem Widersprüche in der Gesamtrechtsordnung vermieden werden sollen.[19] Es verfestigt sich der Eindruck, als sei der Begriff der Einheit nicht weniger als *das* „Synonym für Ordnung, Harmonie, Gerechtigkeit [und] Glück“[20] und als wäre das Streben nach Einheit in jedem Fall Ausdruck eines Strebens nach Rationalität.

Trotz alledem kann und darf der Begriff der Einheit aber nicht als alleiniger und ausreichender Grund für einen unreflektierten, sich bloß auf den Hinweis der Rationalitätssteigerung stützenden Einsatz von gesetzgeberischen Vereinheitlichungsmaßnahmen angesehen werden.[21] Eben eine solche Reflexion, die sich eingehender mit dem vermeintlichen Mehr an Rationalität durch Vereinheitlichungen auseinandersetzt, soll diese Arbeit für die häufig geforderten institutionellen und prozessualen Vereinheitlichungen im verwaltungsgerichtlichen Rechtsschutzsystem leisten.

---

[16] *Gall/Blasius*, Einheit, in: Brunner/Conze/Koselleck (Hrsg.), Geschichtliche Grundbegriffe, Bd. 2, 1975, S. 151.

[17] Diesen Glauben an einen höherwertigen Zustand in Bezug auf Vereinheitlichungen im verwaltungsgerichtlichen Rechtsschutzsystem deutet auch *Süsterhenn* (Fn. 3), 737 (737), an.

[18] Mit diesem Titel seiner Antrittsvorlesung prägte *Engisch*, Die Einheit der Rechtsordnung, 1935, passim, in der Folge einen ganzen rechtswissenschaftlichen Diskurs.

[19] Vgl. *Felix*, Einheit der Rechtsordnung, 1998, S. 146.

[20] *Gall/Blasius* (Fn. 16), S. 151.

[21] In diese Richtung wohl auch schon *Süsterhenn* (Fn. 3), 737 (737).

B. Gang der Darstellung

In einem ersten Schritt (Kap. 1) soll zunächst den grundlegenden Fragen für eine Auseinandersetzung mit den Diskursen um institutionelle und prozessuale Vereinheitlichungen im verwaltungsgerichtlichen Rechtsschutzsystem nachgegangen werden. Zunächst soll (unter A.) die Entstehung einer ausdifferenzierten öffentlich-rechtlichen Fachgerichtsbarkeit nachgezeichnet werden. Einen Schwerpunkt bilden in diesem Zusammenhang die Gründe, die zur Entstehung einer Verwaltungs-, Finanz- und Sozialgerichtsbarkeit maßgeblich beigetragen haben. Daraufhin muss sich (unter B.) mit den gleichartigen Strukturen und Inhalten der Verwaltungsgerichtsordnung, des Sozialgerichtsgesetzes und der Finanzgerichtsordnung auseinandergesetzt werden, stellen diese doch – wie sich noch zeigen wird – ein gewichtiges Argument der Befürworter einer prozessualen Vereinheitlichung dar. Jedoch soll sich nicht mit einer bloßen Darstellung der Gemeinsamkeiten und Unterschiede begnügt werden, vielmehr ist der Blick auf die Suche nach einem Grund für die Gleichartigkeiten zu richten. Hieran schließt sich (unter C.) letztlich die Darstellung und Analyse der Diskurse an. Zentrale Aufgabe dieses Abschnittes wird es sein, die Argumente, die von Befürwortern und Gegnern der Vereinheitlichungsmaßnahmen ins Feld geführt werden, herauszuarbeiten und zu bewerten.

Wie schon in der Einführung anklang, legt diese Arbeit einen besonderen Fokus auf die Begründungsebene entsprechender Vereinheitlichungen im verwaltungsgerichtlichen Rechtsschutzsystem. Im Zuge dessen ist es (Kap. 2) unumgänglich, danach zu fragen, ob prozessuale (unter A.) und/oder institutionelle (unter B.) Vereinheitlichungen von Verfassungs wegen, genauer: vor allem in der Perspektive von Art. 19 Abs. 4 S. 1 GG, geboten sind. Ebenso ist in verfassungsrechtlicher Perspektive danach zu fragen, ob möglicherweise das Rechtsstaatsprinzip (unter C.) ein entsprechendes Tätigwerden vom Organisationsgesetzgeber einfordert.

Aber nicht nur aus verfassungsrechtlicher Perspektive stellt sich die Frage nach der Notwendigkeit und Sinnhaftigkeit prozessualer und institutioneller Vereinheitlichungen. Auch im Horizont der Verfassungstheorie (Kap. 3) kann und ist den Gründen für Vereinheitlichungen nachzugehen. Dabei wird eine organisationssoziologische Perspektive (unter A.) einzunehmen und danach zu fragen sein (unter B. und C.), inwieweit die *Luhmann'sche* Organisationstheorie auf das verwaltungsgerichtliche Rechtsschutzsystem übertragen werden kann und welche Schlüsse aus ihr für die Frage nach der Sinnhaftigkeit prozessualer und institutioneller Vereinheitlichungen gezogen werden können. Eine Zusammenfassung der wesentlichen Ergebnisse beschließt diese Arbeit.

Kapitel 1

Das verwaltungsgerichtliche Rechtsschutzsystem: in Differenz erwachsen, durch Gleichartigkeiten geprägt – als Einheit gefordert

A. Die Genese der Verwaltungsgerichtsbarkeit als Entgegnung auf die Bedürfnisse der Zeit

Die Verwaltungsgerichtsbarkeit in Deutschland ist dreigliedrig ausgestaltet. Neben der allgemeinen Verwaltungsgerichtsbarkeit bestehen mit der Sozial- und Finanzgerichtsbarkeit besondere Verwaltungsgerichtsbarkeiten. Der Entstehung, Entwicklung und Ausdifferenzierung des verwaltungsgerichtlichen Rechtsschutzsystems in der heutigen Form liegt allerdings keineswegs ein linearer Prozess, beginnend mit einem fixen Datum, zugrunde. Vielmehr ist die Geschichte der Verwaltungsgerichtsbarkeit von einer zähflüssigen Kontinuität geprägt. Gesellschaftliche, politische, wirtschaftliche und rechtswissenschaftliche Strömungen bedingen die über 150 Jahre alte Genese der öffentlich-rechtlichen Fachgerichtsbarkeiten in Deutschland.[1] Entsprechend dem zeitgeschichtlichen Wandel sind Fortschritt, Stagnation sowie Rückschritt im Auf- und Ausbau des verwaltungs-

[1] Zur Bedeutung außerrechtlicher Einflüsse für die Entstehung und Entwicklung von Recht im Allgemeinen vgl. etwa *von Savigny*, Vom Beruf unserer Zeit für die Gesetzgebung und Rechtswissenschaft, 1840, S. 13 f.: „Die Summe dieser Ansicht also ist, daß alles Recht auf die Weise entsteht, welche der herrschende, nicht ganz passende, Sprachgebrauch als Gewohnheitsrecht bezeichnet, d. h. daß es erst durch Sitte und Volksglaube, dann durch Jurisprudenz erzeugt wird, überall also durch innere, stillwirkende Kräfte, nicht durch die Willkühr eines Gesetzgebers." Zum Einfluss wirtschaftlicher Faktoren auf das Recht bereits früh *Marx*, Zur Kritik der politischen Ökonomie, 1859, S. IV: „Meine Untersuchung mündete in dem Ergebnis, daß Rechtsverhältnisse […] weder aus sich selbst zu begreifen sind, noch aus der sogenannten allgemeinen Entwicklung des menschlichen Geistes, sondern vielmehr in den materiellen Lebensverhältnissen wurzeln". Zur Bedeutung geistiger Einflüsse führt etwa *Hegel*, Philosophie der Geschichte, 3. Aufl. 1848, S. 91 f., aus: „[Der Volksgeist] ist ein bestimmter Geist, der sich zu einer vorhandenen Welt erbaut, die jetzt steht und besteht, in seiner Religion, in seinem Kultus, in seinen Gebräuchen, seiner Verfassung und seinen politischen Gesetzen, im ganzen Umfang seiner Einrichtungen, in seinen Begebenheiten und Taten. Das ist sein Werk – das ist dies Volk." Zum Einfluss gesellschaftlicher Faktoren schließlich *Ehrlich*, Grundlegung der Soziologie des Rechts, 4. Aufl. 1969, passim.

gerichtlichen Rechtsschutzsystems gleichermaßen zu finden. Erst die verschiedenen Entwicklungsphasen haben ein reflexives, lernfähiges und ausdifferenziertes Rechtsschutzsystem geschaffen, wie wir es heute kennen. Daher vermag auch erst die Einbeziehung der Begleitumstände die *punktuell* entstandenen Ausdifferenzierungen im verwaltungsgerichtlichen Rechtsschutzsystem zu erklären.[2]

I. Marksteine in der Entwicklung einer ausdifferenzierten öffentlich-rechtlichen Fachgerichtsbarkeit

Bei Betrachtung der Genese der Verwaltungsgerichtsbarkeit lassen sich zwei Punkte ausmachen, die die Frage nach dem „Warum" der Differenzierung im heutigen Rechtsschutzsystem erklären können. Diese Ausdifferenzierungspunkte werden im Folgenden näher beleuchtet. Zugleich werden diejenigen Entwicklungslinien nachgezeichnet, die den organisationsrechtlichen Rahmen im Hinblick auf die Ausgestaltung des Verwaltungsrechtsschutzes zu einer differenzierenden Rechtsordnung geschaffen haben.

Seine erste Neuausrichtung erfuhr das verwaltungsgerichtliche Rechtsschutzsystem in Deutschland zur Zeit des Deutschen Reiches.[3] Angestrebt wurde nunmehr eine differenzierende Kontrolle der Verwaltung, die sich mittels unterschiedlicher Institutionen finanz-, sozial- und anderen verwaltungsrechtlichen Streitfragen zuwandte. Bei dieser Neujustierung des Systems spielten gesellschaftliche, politische, wirtschaftliche sowie rechtswissenschaftliche Entwicklungen gleichermaßen eine gewichtige Rolle. Geprägt vom Übergang zum Industriestaat[4] und gezeichnet von der sozialen Frage[5] war es zum einen das politische und gesellschaftliche Streben nach sozialer Sicherheit, das den Kurswechsel initiierte und so das Rechtsschutzsystem zergliederte. Parallel dazu musste die immer wichtiger werdende Behandlung sozial- und finanzrechtlicher Fragen in das sich seit dem Jahre 1863 stetig weiterentwickelnde und ausbreiten-

[2] So führt *Stolleis*, Geschichte des Öffentlichen Rechts in Deutschland, Bd. 2, 1992, S. 39, zutreffend aus, dass die „historische Analyse eines Gedankens […] Aussage über vergangene mentale Wirklichkeit [ist]. Ihre Tiefenschärfe erhält sie erst durch Heranziehung derjenigen Wirklichkeit, die den Gedanken damals trug."

[3] Hierzu *Pagenkopf*, 150 Jahre Verwaltungsgerichtsbarkeit in Deutschland, 2014, S. 61 f.; *Wenner/Terdenge/Martin*, Grundzüge der Sozialgerichtsbarkeit, 2. Aufl. 1999, S. 29 f.; *Pausch*, Vom Reichskammergericht zum Bundesfinanzhof, in: FS 50 Jahre BFH, 1968, S. 13 (17 f.).

[4] *Hattenhauer*, Die geistesgeschichtlichen Grundlagen des deutschen Rechts, 4. Aufl. 1996, Rn. 322 ff.; *Conze*, Sozialer und Wirtschaftlicher Wandel, in: Jeserich/Pohl/von Unruh (Hrsg.), DVG, Bd. 2, 1983, 1. Kap., § 2 S. 19 (30 ff.); *Pohl*, Wirtschaft und Gesellschaft, in: Jeserich/ders./von Unruh (Hrsg.), DVG, Bd. 3, 1984, 1. Kap., § 2 S. 16 ff.

[5] Vgl. *Hattenhauer* (Fn. 4), Rn. 334; die sozialen Probleme aufzeigend *Conze* (Fn. 4), S. 19 (26 f.).

de System der Verwaltungskontrolle eingepflegt werden. Auf die Frage, warum sich zu dieser Zeit die uns im verwaltungsgerichtlichen Rechtsschutzsystem heute bekannten Strukturen erstmals abgezeichnet haben, lässt sich verknappt antworten, dass die Verhältnisse „in der zweiten Hälfte des 19. Jahrhunderts in Deutschland [...] ‚reif' dafür waren"[6]. Es drängt sich die Frage auf, warum das bisherige System aus Sicht der Entscheidungsträger nicht mehr in der Lage war, die rechtlichen Bedürfnisse zu befriedigen.

I. Die Anfänge der Verwaltungsgerichtsbarkeit in Deutschland – Baden als Vorbild

Als Verwaltungsgerichtsbarkeit wird heute die Ausübung der rechtsprechenden Gewalt in öffentlich-rechtlichen Streitigkeiten nichtverfassungsrechtlicher Art[7] durch unabhängige Richter an organisatorisch unabhängigen Verwaltungsgerichten bezeichnet. Der Apostrophierung einer Institution als Verwaltungsgericht liegt nach heutigem Verständnis mithin das Vorliegen einer Kontrolltrias zugrunde. Neben einem tauglichen Kontrollobjekt in Form eines bereits herausgebildeten Verwaltungsrechts, dessen Einhaltung von unabhängigen Richtern als Kontrollsubjekte überprüft wird, bedarf es eines Kontrollbedürfnisses der Bürger.[8] Gemessen an diesen Maßstäben konnte erstmals 1863[9], als das Großherzogtum Baden auf der Grundlage des Gesetzes, die Organisation der innern Verwaltung betreffend[10] eine verbindliche Streitentscheidung in Verwaltungsangelegenheiten durch unabhängige Richter implementierte, von einer Verwaltungsgerichtsbarkeit gesprochen werden. Erfüllte dabei die Verwaltungskontrolle in erster Instanz[11] aus heutiger Sicht

[6] *Hien*, 150 Jahre Deutsche Verwaltungsgerichtsbarkeit, 2013, S. 8.

[7] Vgl. § 40 Abs. 1 VwGO.

[8] Dieselben Anforderungen an die Verwaltungsgerichtsbarkeit stellend und zu demselben Ergebnis über den zeitlichen Anfangspunkt einer Verwaltungsgerichtsbarkeit kommend statt vieler *Rüfner*, Die Entwicklung der Verwaltungsgerichtsbarkeit, in: Jeserich/Pohl/von Unruh (Hrsg.), DVG, Bd. 3, 1984, 14. Kap., S. 909 (909); *Pagenkopf* (Fn. 3), S. 13.

[9] Schon vor Beginn des 19. Jahrhunderts gab es gerichtsähnliche Streitentscheidungen im Staat-Bürger-Verhältnis, die einige Autoren dazu veranlasst haben, bereits zu diesen Zeitpunkten von einer Verwaltungsgerichtsbarkeit im weitesten Sinne zu sprechen. Vgl. insofern *Sellmann*, Der Weg zur neuzeitlichen Verwaltungsgerichtsbarkeit, in: Külz/Naumann (Hrsg.), Staatsbürger und Staatsgewalt, Bd. 1, 1963, S. 25 (26 ff.).

[10] Vgl. BadRegBl. 1863, S. 399.

[11] Die nach dem Enumerationsprinzip eröffnete Verwaltungskontrolle wurde in erster Instanz von Bezirksräten wahrgenommen. Dabei handelte es sich um ein aus sechs bis neun Mitgliedern bestehendes Kollegium unter dem Vorsitz der Bezirksbeamten. Die Bezirksräte waren jeweils einem der 59 existierenden Bezirksämter zugeordnet und hatten neben der Aufgabe der Streitentscheidung in Verwaltungsangelegenheiten weitere Verwaltungsaufgaben, sodass sie vollständig in die Behördenorganisation integriert waren. Aufgrund ihrer Zugehörigkeit zur Exekutive und der damit verbundenen Pflicht zur Aufgabenwahrnehmung in der Verwaltung

noch nicht die verfassungsrechtlichen Anforderungen[12] einer Gerichtsbarkeit, so fällt diese Beurteilung für den in letzter Instanz zuständigen Badischen Verwaltungsgerichtshof indes anders aus. Dieser setzte sich aus einem Präsidenten und sechs Räten zusammen.[13] Der Verwaltungsgerichtshof, dessen Mitglieder die Befähigung zum Richteramt vorweisen mussten, war komplett aus der Verwaltung ausgegliedert und erfüllte damit auch das Kriterium der Unabhängigkeit.

a) Heterogenität und Rivalitäten als Faktoren für die Herausbildung einer Verwaltungsgerichtsbarkeit

Dass sich Baden zum „Musterstaat“[14] entwickelte und maßgeblicher Wegbereiter für die Verwaltungsgerichtsbarkeit in Deutschland wurde, ist auf die besonderen kulturellen, religiösen, sozialen und politischen Umstände im Baden jener Zeit zurückzuführen. Ursächlich war vor allem die mit der Neuordnung des badischen Staatsgebietes zu Beginn des 19. Jahrhunderts verknüpfte Integration der neuen badischen Bevölkerungsgruppen.

Die Gebietsvergrößerungen im Zuge der Wiedervereinigung der Markgrafschaften im Jahre 1771 bildeten den Ausgangspunkt für diese neue staatspolitische Herausforderung.[15] Der in Folge der napoleonischen Eroberungen ergangene Reichsdeputationshauptschluss von 1803, der Preßburger Frieden von 1805 und die Rheinbundakte von 1806 führten letztlich dazu, dass sich Baden zum Großherzogtum entwickelte. Der damit einhergehende Bevölkerungszuwachs im Großherzogtum verhinderte ein Festhalten an alten Strukturen. Baden sah sich innerhalb seiner neuen Staatsgrenzen mit den „nach Geschichte, Herkommen und Entwicklungsstand unterschiedlichsten Elemente[n]“[16] konfrontiert. Zu diesen Konfliktpunkten zählten unter anderem die Heterogenität und Rivalität zwischen den Verwaltung und Justiz besetzenden Bevölkerungsgruppen; mithin das Aufeinandertreffen von katholischen und protestantischen Bevölkerungs-

---

fehlte es an der persönlichen Unabhängigkeit der Kollegiumsmitglieder. Vgl. *Pagenkopf* (Fn. 3), S. 16; *Rüfner* (Fn. 8), S. 909 (915).

12 Vgl. zu den verfassungsrechtlichen Anforderungen *Schulze-Fielitz*, in: Dreier (Hrsg.), GG, Bd. 1, 3. Aufl. 2013, Art. 19 IV Rn. 90.

13 *Pagenkopf* (Fn. 3), S. 16; *Rüfner* (Fn. 8), S. 909 (915 f.).

14 So *Ott*, Baden, in: Jeserich/Pohl/von Unruh (Hrsg.), DVG, Bd. 2, 1983, 7. Kap., § 6 S. 583 (604), und auch *Montag*, Die Entwicklung der Verwaltungsgerichtsbarkeit in Baden und Württemberg von 1945 bis 1960, 2001, S. 31. Zur Geschichte der Verwaltungsgerichtsbarkeit in Baden auch *Sydow*, Geschichte der Verwaltungsgerichtsbarkeit in Baden, in: Sommermann/Schaffarzik (Hrsg.), Geschichte der Verwaltungsgerichtsbarkeit, 2019, § 5 S. 143 ff.

15 Vgl. *Pagenkopf* (Fn. 3), S. 19 f.; *Kirchberg*, Der Badische Verwaltungsgerichtshof im Dritten Reich, 1982, S. 24. Zu den Gebietsvergrößerungen im Einzelnen *Ott* (Fn. 14), S. 583 (585 ff.); *Stolleis* (Fn. 2), S. 294.

16 *Kirchberg* (Fn. 15), S. 24.

gruppen innerhalb der Verwaltung, was letztlich auch Mitursache für das frühe Ausbrechen des Kulturkampfes[17] zwischen Staat und Kirche in Baden war. Katholischen Glaubens geprägte Gesellschaftskreise suchten ihr Fortkommen in der Justiz, wohingegen Positionen in der inneren Verwaltung zumeist von protestantischen Bürgern, die die Verwaltungsgerichtsbarkeit anders als die Angehörigen der Justiz als Teil der Verwaltung begriffen, besetzt wurden.[18] Seitens der protestantischen Bürger gab es ein reges Interesse daran, die Verwaltung deutlich von der Justiz zu separieren. In der Konfessionsverschiedenheit der Staatsbürger und dem damit verbundenen Bedürfnis nach einer klaren Abgrenzung kann ein Grund für die Errichtung einer unabhängigen Verwaltungsgerichtsbarkeit erblickt werden. Mitursächlich war insoweit auch der „Dualismus von fortdauernden ständischen Traditionen und Strukturen einerseits, […] und der wachsenden Geltung des Bürgertums andererseits […]“[19]. Die „Aufrechterhaltung des adligen Vorrangs in administrativen Führungspositionen“[20] führte zu Spannungen und Differenzen zwischen dem Adel einerseits und dem vornehmlich die Justiz besetzenden Bildungsbürgertum[21] andererseits. Insgesamt kam standesgesellschaftlichen Konflikten damit eine maßgebliche Rolle zu.

b) Liberalismus und Verwaltungsgerichtsbarkeit

Als weiterer Grund für die Entwicklung einer Verwaltungsgerichtsbarkeit in Baden steht den sozialgeschichtlichen Gegebenheiten das von Spannungen geprägte politische Panorama im Großherzogtum und dessen markante Entwicklung zur Seite. Von der Staatsform her eine konstitutionelle Monarchie war Baden vor allem „Hochburg des Liberalismus“[22]. Im oppositionellen Teil der badischen Abgeordnetenkammer „herrschte […] der vom Liberalismus geprägte Geist des Vormärzes“[23]. Als Inhalte dieser dominierenden Ideologie lassen sich die über die Zeit immer lauter gewordenen Forderungen nach Einführung gewaltenteiliger Strukturen und der Schaffung unabhängiger Kontrollinstitutionen klassifizieren.[24] Der politische Zustand veränderte sich. Das bis dahin geltende Rechts-

---

[17] Zum frühen Ausbruch des Kulturkampfes in Baden vgl. *Link*, Die Entwicklung des Verhältnisses von Staat und Kirche, in: Jeserich/Pohl/von Unruh (Hrsg.), DVG, Bd. 3, 1984, 8. Kap., S. 527 (555).

[18] Zu diesem Aspekt *Pagenkopf* (Fn. 3), S. 20.

[19] *Pohl* (Fn. 4), S. 16 (44).

[20] *Pohl* (Fn. 4), S. 16 (44). Das Spannungspotential der Vorrechte der Adeligen und ihren Zusammenhang mit der 1848er Revolution herausarbeitend *Stolleis* (Fn. 2), S. 269 f.

[21] Zum Bildungsbürgertum und seinem Berufsprofil *Pohl* (Fn. 4), S. 16 (48 ff.).

[22] *Pagenkopf* (Fn. 3), S. 20; ähnlich auch *Stolleis* (Fn. 2), S. 200.

[23] *Pagenkopf* (Fn. 3), S. 20.

[24] Zu den sich entwickelnden liberalen Forderungen vgl. *Stolleis* (Fn. 2), S. 269; *Conze* (Fn. 4), S. 19 (48).

schutzsystem bedurfte einer Anpassung. Eine besondere Unterstützung erfuhren die liberalen Strömungen im Großherzogtum Baden durch die Badische Verfassung vom 22. August 1818. Sie zeichnete sich durch ihre Fortschrittlichkeit aus und gewährleistete mit dem Ziel, ein einheitliches Landesbewusstsein bei allen Badenern zu etablieren, als erste Verfassung im Deutschen Bund liberale Grundrechtegarantien.[25] In dieser liberalen Grundausrichtung offenbart sich allerdings zugleich ein Dualismus zwischen Staatsverwaltung und Verfassung, dessen Widersprüchlichkeiten letztlich erst mit der Umstrukturierung der Verwaltung ab 1860 gelöst werden konnten.[26] Mit dem Ziel, die Gebietsvergrößerungen um die Jahrhundertwende zu kompensieren, versuchte sich Baden seit 1807 daran, Integration über Verwaltungsreformen[27] zu erreichen. Den Abschluss dieses Integrationsmodells bildete das Organisationsreskript von 1809, das auf die Schaffung einer absolutistisch organisierten und zentralisierten Staatsverwaltung zielte.[28] Versuche in den 40er Jahren des 19. Jahrhunderts, dieses geschaffene Verwaltungssystem aufgeklärt-absolutistischer Prägung mit dem verfassungsrechtlichen Leitbild eines konstitutionellen Staates in Einklang zu bringen, wurden von der Badischen Revolution abrupt unterbrochen.

Aber auch wenn die Revolutionsereignisse von 1848 und die nachfolgenden dreieinhalb Jahre des Kriegszustandes politische Versuche[29], den spannungsgeladenen Dualismus zwischen liberaler Verfassung und absolutistischer Staatsverwaltung aufzulösen, vorerst beendet hatten, sind sie nicht minder wichtig für die Schaffung einer unabhängigen Verwaltungsgerichtsbarkeit.[30] Geprägt vom staatsrechtlichen Gedankengut des Vormärz wurzelten die blutigen Ausschreitungen im Verlangen nach Reformen von Bundes- und Landesverfassung(en), nach einer Entscheidung zwischen Monarchie und Republik, nach der Gewährleistung von Menschen- und Bürgerrechten sowie nach einem Ausbau der Verwaltungskontrolle.[31] Um weiteren auf Staats- und Verwaltungskritik gründenden Konflikten vorzubeugen, erschien die Implementierung einer unabhängigen Ver-

---

25 *Pagenkopf* (Fn. 3), S. 20; in diese Richtung auch *Stolleis* (Fn. 2), S. 200.

26 *Kirchberg* (Fn. 15), S. 25 f. Für *Stolleis* (Fn. 2), S. 200, sind Bestandteile dieses Dualismus zum einen die bürokratischen Reformen von oben und zum anderen die Emanzipation der Gesellschaft von unten.

27 Zu den einzelnen Verwaltungsreformen in Baden und den damit verfolgten Zielen *Ott* (Fn. 14), S. 583 (591 ff.).

28 *Kirchberg* (Fn. 15), S. 25. Zum Organisationsreskript von Karl Freiherr von Reitzenstein vgl. *Ott* (Fn. 14), S. 583 (595 ff.).

29 M. w. N. *Kirchberg* (Fn. 15), S. 25.

30 So auch *Sydow*, Die Verwaltungsgerichtsbarkeit des ausgehenden 19. Jahrhunderts, 2000, S. 45 ff., der in der Revolution den Ursprung der Rechtsschutzkonzeption sieht.

31 Vgl. *Stolleis* (Fn. 2), S. 270.

waltungsgerichtsbarkeit zur Kontrolle und Steuerung des Verwaltungshandelns als taugliches Instrument.[32]

Dies alles mündete zum Schluss in der Neuorganisation der inneren Verwaltung im Großherzogtum Baden, die den Abschluss langjähriger Stabilisierungs- und Integrationsbemühungen der Regierung durch Verwaltungsreformen bildete. Initiiert wurde der sich bereits abgezeichnete Kurswechsel zu Beginn der 1860er Jahre durch die Neubesetzung politischer Ämter im Zuge der Osterproklamation von *Großherzog Friedrich I.* und dabei vor allem durch die Ernennung von *August Lamey* zum Innenminister.[33] Die von *Lamey* angestrengte und von den Prinzipien der Dezentralisierung sowie Selbstverwaltung bestimmte Reformgesetzgebung schuf mit dem Gesetz, die Organisation der innern Verwaltung betreffend[34] im Jahre 1863 eine unabhängige Verwaltungsgerichtsbarkeit im Großherzogtum Baden und ermöglichte so die Bezeichnung Badens als Musterstaat.[35]

c) Die Entwicklung außerhalb Badens und das Wesen der Verwaltungsgerichtsbarkeit

Ähnlich, wenn auch durch landestypische Eigenheiten[36] individualisiert, verlief die Entwicklung in anderen süddeutschen Staaten wie Bayern[37] und Württemberg[38]. Im Königreich Bayern wurden beispielsweise die ersten Anträge auf Errichtung eines unabhängigen Verwaltungsgerichtshofes, wohl auch aufgrund der unmittelbaren Nachbarschaft zu Baden und der Beobachtungsgabe der bayerischen Politiker, ab 1863 gestellt.[39] Bis es letztlich aber zur Gründung des Verwal-

---

[32] S. *Pagenkopf* (Fn. 3), S. 21.

[33] Zum Einfluss von Lamey auf die Errichtung einer Verwaltungsgerichtsbarkeit s. *Ott* (Fn. 14), S. 583 (604 ff.); *Kirchberg* (Fn. 15), S. 26.

[34] BadRegBl. 1863, S. 399.

[35] Vgl. *Kirchberg* (Fn. 15), S. 26; *Ott* (Fn. 14), S. 583 (604 ff.); *Montag* (Fn. 14), S. 30; *von Unruh*, Verwaltungsgerichtsbarkeit im Verfassungsstaat, 1984, S. 27.

[36] Zu den Entwicklungen des Verwaltungsrechtsschutzes in den einzelnen Ländern bis zur Errichtung einer Verwaltungsgerichtsbarkeit *Rüfner*, Verwaltungsrechtsschutz im 19. Jahrhundert vor Einführung der Verwaltungsgerichtsbarkeit, DÖV 1963, 719 ff.; *ders.* (Fn. 8), S. 909 ff.; die unitarisierenden Tendenzen in der Entwicklung der Landesverwaltungsgerichtsbarkeit hervorhebend auch *Sydow*, Unitarisierende Tendenzen in der Landesgesetzgebung im 19. Jahrhundert, in: VGH BW (Hrsg.), FS 150 Jahre Verwaltungsgerichtshof, 2014, S. 59 ff.

[37] Zur Geschichte der Verwaltungsgerichtsbarkeit in Bayern vgl. *Rehak*, Geschichte der Verwaltungsgerichtsbarkeit in Bayern, in: Sommermann/Schaffarzik (Hrsg.), Geschichte der Verwaltungsgerichtsbarkeit, 2019, § 9 S. 387 ff.

[38] Zur Geschichte der Verwaltungsgerichtsbarkeit in Württemberg wiederum *Ibler*, Geschichte der Verwaltungsgerichtsbarkeit in Württemberg, in: Sommermann/Schaffarzik (Hrsg.), Geschichte der Verwaltungsgerichtsbarkeit, 2019, § 8 S. 325 ff.

[39] *Merzbacher*, Die Vorgeschichte der Errichtung des Bayerischen Verwaltungsgerichtshofes, in: Maunz (Hrsg.), Verwaltung und Rechtsbindung, 1979, S. 259 (262).

tungsgerichtshofes durch das Gesetz betreffend die Errichtung eines Verwaltungsgerichtshofes und das Verfahren in Verwaltungsrechtssachen[40] kam, vergingen rund 15 Jahre politisch kontrovers geführter Debatten im bayerischen Landtag um die rechtsstaatliche Notwendigkeit einer Verwaltungsgerichtsbarkeit. Für die Errichtung eines bayerischen Verwaltungsgerichtshofes stritt letztlich wohl unter anderem die fortschreitende Entwicklung auf dem Gebiet des materiellen Verwaltungsrechts,[41] in deren Folge sich immer neue juristische Fragestellungen herauskristallisierten, die einer Antwort zugeführt werden mussten.

„Ihren Siegeszug konnte die Idee der Verwaltungsgerichtsbarkeit jedoch erst antreten, als auch nördlich der Mainlinie der ausdrückliche Versuch unternommen wurde, im Namen des Rechtsstaats das justizstaatliche Erbe für die Verwaltungsgerichtsbarkeit zu erhalten."[42] Ideengeschichtlich rückt damit ein Diskurs über das Wesen der Verwaltungsgerichtsbarkeit in den Fokus, der untrennbar mit den Namen *Otto Bähr* und *Rudolf von Gneist*, Schüler von *Friedrich Carl von Savigny*, verbunden ist und dessen letztgenannter Vertreter zur Errichtung einer unabhängigen Verwaltungsgerichtsbarkeit im norddeutschen Preußen mehr als nur unwesentlich beigetragen hat.[43] Die wissenschaftliche Auseinandersetzung mit dem Wesen der Verwaltungsrechtspflege zwischen 1863 und 1880 begleitete die Entwicklung der Verwaltungsgerichtsbarkeit seit jeher und fundamentierte seine Strukturen, allen voran in Preußen.

Während *Bähr* die Rechtskontrolle des Verwaltungshandelns durch die ordentlichen Gerichte postulierte, setzte sich *von Gneist* für eine unabhängige Verwaltungsgerichtsbarkeit ein.[44] Gegen die Administrativjustiz erhob *Bähr* den Einwand, dass die Verwaltungsbehörden in einem solchen System *„Richter in eigener Sache"* seien und es an einer „„Grundbedingung der Gerechtigkeit""[45], namentlich der Unabhängigkeit der Gerichte, fehle. Grundlegende Unterschiede

---

40 GVBl. Bay 1878, S. 369.

41 *Pagenkopf* (Fn. 3), S. 26; eine Aufzählung der neu entstandenen Gesetze zum besonderen Verwaltungsrecht findet sich bei *Stolleis* (Fn. 2), S. 287.

42 *Kohl*, Das Reichsverwaltungsgericht, 1991, S. 16.

43 *Görlitz*, Verwaltungsgerichtsbarkeit in Deutschland, 1970, S. 31, bezeichnet von Gneist als „Vater der Verwaltungsgerichtsbarkeit".

44 Zu den unterschiedlichen Positionen Bährs und von Gneists vgl. *Erdelt*, Die Entwicklung der Verwaltungs- und Finanzgerichtsbarkeit in Deutschland, VR 2003, 403 (407 f.); *Pagenkopf* (Fn. 3), S. 38 f.; *Gliss*, Die Entwicklung der deutschen Verwaltungsgerichtsbarkeit bis zur Bundesverwaltungsgerichtsordnung, 1962, S. 11 ff., 26 ff. An einem wesentlichen Einfluss der Kontroverse zwischen Bähr und von Gneist auf die Entwicklung der Verwaltungsgerichtsbarkeit zweifelnd *Sydow* (Fn. 30), S. 202 ff., und *Menger*, Zur Geschichte der Verwaltungsgerichtsbarkeit in Deutschland, DÖV 1963, 726 (726).

45 *Bähr*, Der Rechtsstaat, 1864, S. 69 (Hervorhebung im Original).

zwischen dem öffentlichen Recht und dem Privatrecht bestanden für ihn nicht.[46] Beide Rechtsmaterien zielten auf den Schutz der individuellen Rechtssphäre. Von einem genossenschaftlichen Staatsverständnis geprägt, bilanzierte *Bähr* daher für die Justiz als „Vertreterin der abstracten Rechtsidee", dass sie „wie jeder selbständige Factor des Staatslebens [...] der Einheit"[47] bedürfe und die ordenlichen Gerichte auch zur Klärung verwaltungsrechtlicher Angelegenheiten befugt seien.

Rudolf von Gneist hingegen „war von tiefer Sympathie für eine bürgerlich-liberale, organische Entwicklung"[48]. Er akzentuierte die politische Mitverantwortung der Bürger[49] und wollte auf diesem Wege eine Auflösung sämtlicher politischer und gesellschaftlicher Spannungen erreichen, die aus dem französischen Konstitutionalismus resultierten.[50] Im Zentrum eines zu realisierenden Rechtsstaates stand für *von Gneist* eine von den ordentlichen Gerichten abgetrennte und eigenständige Verwaltungskontrolle, deren Vorzüge gegenüber einer Unterordnung der Verwaltung unter die Justiz im rechtlichen Sachverstand auf den Gebieten des Verwaltungsrechts lagen.[51] *Rudolf von Gneist* beschritt mit seinem Modell der Einbindung einer gerichtsförmigen Kontrolle in die Verwaltung einen Mittelweg zwischen Vertretern des justizstaatlichen Modells einerseits und Verfechtern der Administrativjustiz andererseits. „Er stellte den Individualrechtsschutz zurück und betonte die Funktion gerichtlicher Wahrung der objektiven Rechtsordnung zur Eindämmung parteilichen Verwaltungshandelns."[52] *Rudolf von Gneist* zufolge beuge der Schutz der objektiven Rechtsordnung dem Verwaltungsmissbrauch mehr vor als ein System, in dem die Korrektur der Behördentätigkeit einem individualrechtlichen Parteienwillen unterstellt werde.[53]

Vergröbert gesprochen finden sich zu dieser Zeit mithin zwei unterschiedliche Ausgestaltungsformen des Verwaltungsrechtsschutzes: das süddeutsche und das preußische Modell.[54] Der Unterschied lag im Schutzzweck der Verwaltungs-

---

[46] S. *Bähr* (Fn. 45), S. 45. Anders beurteilte dies beispielsweise *v. Pfizer*, Verwaltungs- und Civil-Justiz, 1828, S. 16: „[D]as charakteristische Merkmal der Verschiedenheit zwischen Verwaltungs- und Civil-Justiz [kann man] durch die Verschiedenheit der Qualität des Rechtstitels, als des speciellen Rechtsgrundes, ausdrücken".

[47] *Bähr* (Fn. 45), S. 71.

[48] *Stolleis* (Fn. 2), S. 386.

[49] *von Unruh* (Fn. 35) S. 31, umschreibt von Gneists Ansicht mit den Worten: „[D]ie Verwaltung [wird] durch gesellschaftliche Kräfte [...] intensiv auf rechtmäßiges Handeln überwacht".

[50] S. *von Unruh* (Fn. 35), S. 31.

[51] Zum Spezialisierungsgedanken von Gneists vgl. *Gliss* (Fn. 44), S. 12.

[52] *Stolleis* (Fn. 2), S. 387.

[53] Vgl. *von Unruh* (Fn. 35), S. 22; *Pagenkopf* (Fn. 3), S. 38 f.

[54] Hierzu und zum Folgenden *Menger* (Fn. 44), 726 (727).

gerichtsbarkeit. Während das süddeutsche System den Schutz subjektiv-öffentlicher Rechte der Bürger verfolgte, trat im preußischen System der Schutz eben dieser Rechte auf eine sekundäre Ebene zurück, hinter das Ziel der Gewährleistung der objektiven Rechtsordnung. Sichtbar machte dies der Aufbau des Gerichtswesens. Wurde im süddeutschen Staatsgebiet nur ein unabhängig organisierter Verwaltungsgerichtshof errichtet, so war in Preußen lediglich die höchste Instanz, das preußische Oberverwaltungsgericht, aus der Verwaltung ausgegliedert, wohingegen die unteren Instanzen Teil der aktiven Verwaltung blieben und „durch ehrenamtliche Beimischung unabhängig“[55] gemacht wurden.

2. Das Ende tradierter Kontrollmodelle

Mit der Einführung einer unabhängigen Verwaltungsgerichtsbarkeit endeten zugleich zwei Systeme der Verwaltungskontrolle, von denen sich im 19. Jahrhundert eines stabilisierte, die in der rechtswissenschaftlichen Diskussion indes stets miteinander konkurrierten. Namentlich geht es um den bereits angeklungenen Dualismus von Administrativjustiz einerseits und justizstaatlichem Modell andererseits.[56] Vornehmlich „aus liberalen Federn“ heraus entwickelte sich zu Beginn des 19. Jahrhunderts „ein heftiger Streit darüber, ob [der] Rechtsschutz durch die Gerichte oder durch (besondere) Verwaltungsbehörden wahrgenommen werden sollte“[57]. Justizstaatlich orientierte Juristen des Vormärz sahen sich einer süddeutschen Front von Liberalen gegenüberstehen, die eine Selbstkontrolle der Verwaltung im Wege der Administrativjustiz einer Kontrollkompetenz der ordentlichen Gerichte für verwaltungsrechtliche Angelegenheiten bevorzugten und mit ihren Forderungen zugleich eine „‚rechtspolitisch[e] Zufallsgemeinschaft‘ mit den vom Staatsdenken des fürstlichen Absolutismus herkommenden Verteidigern des monarchischen Prinzips“[58] bildeten.

Die Administrativjustiz[59] hatte ihren Durchbruch in der Rheinbund-Zeit ab 1806. Unter den französisch-napoleonischen Einflüssen verfestigte sich mit der zunehmenden Abkehr vom Absolutismus vor allem in Süddeutschland das *Mon-*

---

[55] *Jellinek*, Verwaltungsrecht, 1931, S. 92.

[56] Zu diesem Antagonismus *Rüfner* (Fn. 8), S. 909 (910 f.); *Stolleis* (Fn. 2), S. 242 f.; *Pagenkopf* (Fn. 3), S. 15 ff.; *Rüfner* (Fn. 36), 719 ff.; *Erdelt* (Fn. 44), 403 (405 ff.); *Poppitz*, Die Anfänge der Verwaltungsgerichtsbarkeit., AöR 72 (1943), 158 ff.

[57] *Kohl* (Fn. 42), S. 10.

[58] *Kohl* (Fn. 42), S. 10.

[59] Zum System der Administrativjustiz anstatt vieler *Bauer*, Von der Administrativjustiz zur Verwaltungsgerichtsbarkeit, 1996, passim; *Gessler*, Zur Frage der s. g. Administrativ-Justiz, Zeitschrift für die gesamte Staatswissenschaft 18 (1862), 719 ff.; *Sydow* (Fn. 30), S. 25 ff.; *Würtenberger*, Kontrolle von Verwaltungshandeln, in: Sommermann/Schaffarzik (Hrsg.), Geschichte der Verwaltungsgerichtsbarkeit, 2019, § 2 S. 32 (38 ff.).

tesquieu'sche Bewusstsein eines gewaltenteiligen Systems.[60] In der sich anschließenden Trennung von Verwaltung und Justiz verwirklichte sich dieses in der französischen Verfassung verankerte Staatsprinzip. Auch das Ende der französischen Machtstellung änderte hieran nichts. Vielmehr manifestierte sich weiter der Gedanke, die dieser Zeit vorausgegangene Kontrolle der Verwaltung durch die ordentlichen Gerichte weiter abzubauen und die Zuständigkeit der ordentlichen Gerichtsbarkeit auf privatrechtliche Streitigkeiten zu beschränken.[61] Es etablierte und verfestigte sich die Administrativjustiz. In diesem System überwachte die Exekutive ihr Handeln selbst und überprüfte es auf seine Rechtmäßigkeit.[62] Institutionalisiert wurde diese Vorgehensweise auf unterschiedlichstem Wege. Meist wurde ein Geheimer Rat oder Staatsrat eingesetzt, der in enumerativ aufgelisteten Fällen über Rekurse gegen Verfügungen der Ministerien oder streitige Verwaltungssachen entscheiden musste.[63] In dieselbe Richtung entwickelte sich das Verwaltungskontrollsystem in Norddeutschland. Das Paradebeispiel hierfür bildet Preußen. Auch ohne französische Einflüsse etablierte sich hier über verschiedene Zwischenetappen hinweg die Administrativjustiz.[64] Die Zurückdrängung der Verwaltungskontrolle durch die ordentlichen Gerichte wurzelte unter anderem in der königlichen Abneigung gegen die Entscheidungen der Justiz.[65] Gerade die Müller-Arnold-Prozesse[66], in denen *König Friedrich II.* das Urteil des zuständigen Kammergerichts außer Kraft setzen ließ, veranschaulichten schon früh dieses Misstrauen gegenüber der Justiz. Aber nicht nur die Abneigung gegen die von königlicher Seite als willkürlich empfundenen Entscheidungen der Justiz ebneten den Weg für das Modell der Administrativjustiz. Schon im 18. Jahrhundert waren in Preußen Strukturen eben dieser Prägung zu finden. Während der Weg zu den ordentlichen Gerichten als Rechtsschutzmöglichkeit gegenüber Akten der Verwaltung verschlossen war, konnte Schutz bei den rechtsprechungsbefugten Kriegs- und Domänenkammern begehrt werden.[67]

---

[60] Zu den französischen Einflüssen *Scheuner*, Der Einfluß des französischen Verwaltungsrechts auf die deutsche Rechtsentwicklung, DÖV 1963, 714 ff.; *Rüfner* (Fn. 36), 719 (724); *Pagenkopf* (Fn. 3), S. 21 ff.; *Sydow* (Fn. 30), S. 28 ff.

[61] S. *Pagenkopf* (Fn. 3), S. 22.

[62] Vgl. *Sydow* (Fn. 30), S. 25 ff.; *von Unruh* (Fn. 35), S. 18. Mit *Stolleis* (Fn. 2), S. 241, war die Verwaltung „Richter in eigener Sache".

[63] Anstatt vieler *Pagenkopf* (Fn. 3), S. 22 f.; *Rüfner* (Fn. 8), S. 909 (910). Den Württembergischen Geheimen Rat vorstellend *Reimold*, Der Württembergische Geheime Rat als oberste Administrativjustizbehörde, 1985, passim.

[64] S. *Rüfner* (Fn. 36), 719 (721 f.); *ders.* (Fn. 8), S. 909 (922 ff.); *Pagenkopf* (Fn. 3), S. 30 ff.

[65] Vgl. *Pagenkopf* (Fn. 3), S. 32 ff.

[66] Eine ausführliche Darstellung der Müller-Arnold-Prozesse bei *Sendler*, Friedrich der Große und der Müller Arnold, JuS 1986, 759 ff.

[67] Zum Aufbau der Kriegs- und Domänenkammer und des im Folgenden behandelten Ober-

Eine gleichermaßen gewichtige Rolle nahm in dieser Entwicklung die Regulierung der gutsherrlich-bäuerlichen Verhältnisse in Preußen ein, die mit der Errichtung des Oberlandeskulturamtes begann und durch die ihr nachfolgenden königlichen Edikte komplettiert wurde. Mit der Zielsetzung ausgestattet, die Loslösung der preußischen Bauern von der gutsherrschaftlichen Erbuntertänigkeit zu regeln, erwies und bewährte sich die neu geschaffene preußische Entscheidungsinstanz in landwirtschaftsrechtlichen Angelegenheiten als Mittel zur Zurückdrängung des justizstaatlichen Ansatzes und zugleich als Vorform einer Verwaltungsgerichtsbarkeit. Im Rahmen der Regulierung wurden – streng getrennt von der ordentlichen Justiz – sogenannte General-Commissionen mit eigenen Verfahrensordnungen implementiert. Im Anschluss daran wurden Revisions-Collegien und mit dem Geheimen Obertribunal in Berlin, welches später in Ober-Landeskulturgericht umbenannt wurde, noch eine zentrale Berufungsinstanz geschaffen.

Auf ganz Deutschland bezogen blieb die Administrativjustiz lange Zeit das favorisierte und dominierende System. Dennoch entstand auf liberaler Seite zunehmend Skepsis gegenüber einem System, in dem sich die Verwaltung selbst kontrollierte und es mehrten sich vorrangig in der wissenschaftlichen Literatur die Forderungen nach einem justizstaatlichen Ansatz, in dem die Kontrolle der Verwaltung von den ordentlichen Gerichten übernommen wird. So war es etwa *Bähr*, der 1864 rückblickend auf die vorangegangenen Jahre der Administrativjustiz ausführte, dass der Ausschluss der Justiz in verwaltungsrechtlichen Angelegenheiten der „letzte Schlupfwinkel des Polizeistaats“[68] gewesen sei. Die Forderungen gipfelten letztlich in der Frankfurter Nationalversammlung, auf der die Anhänger des justizstaatlichen Ansatzes in § 182 der Paulskirchenverfassung beschlossen: „Die Verwaltungsrechtspflege hört auf; über alle Rechtsverletzungen entscheiden die Gerichte.“ De facto initiierte die Paulskirchenverfassung allerdings keine Umstrukturierung.

Für die Anfänge einer Verwaltungsgerichtsbarkeit in Deutschland lässt sich bis hierhin folgendes festhalten: Die Entstehung einer Verwaltungsgerichtsbarkeit moderner Prägung ist von einer Vielzahl außerrechtlich determinierter Anpassungsvorgänge bestimmt. Mit dem Ziel, einen an die zeitlichen (Kontroll-) Bedürfnisse angepassten Rechtsschutz in verwaltungsrechtlichen Angelegenheiten zu schaffen, versuchten sich die zuständigen Gesetzgeber, angetrieben von unterschiedlichsten gesellschaftlichen, kulturellen, religiösen und politischen Faktoren, an verschiedenen Rechtsschutzsystemen. Den außerrechtlichen Ein-

---

Landeskulturgerichts wie auch zu ihrer Bedeutung für die Entwicklung der Verwaltungsgerichtsbarkeit in Preußen *Pagenkopf* (Fn. 3), S. 35 ff.

[68] *Bähr* (Fn. 45), S. 134.

flüssen ist es auch zuzuschreiben, dass Rechtsschutzkonzepte, die diesen nicht mehr entsprachen, über die Zeit hinweg verschwanden. Je intensiver die außerrechtlichen Faktoren auftraten und wirkten, wie etwa die Revolution zeigt, desto schneller vollzog sich auch ein Konzeptwechsel.

3. Ausdifferenzierter Verwaltungsrechtsschutz: Realpolitische Konsolidierung und ideologisierte Marginalisierung[69]

Eine weitere Triebfeder beim Ausbau unabhängiger Landesverwaltungsgerichte bildete die Politik des 1871 gegründeten Deutschen Reiches. Trotz des Umstandes, dass es auf Reichsebene an einer unabhängigen Verwaltungsgerichtsbarkeit fehlte,[70] förderte das Deutsche Reich mit seiner gerichtsförmige Entscheidungen fordernden Gesetzgebung den Ausbau der Landesverwaltungsgerichtsbarkeit.[71] Parallel dazu erfolgte eine Ausdifferenzierung im verwaltungsgerichtlichen Rechtsschutzsystem, die die Vorläufer der Sozial- und Finanzgerichtsbarkeit hervorbrachte.

Gerichtsähnliche Streitentscheidungen in sozialversicherungsrechtlichen Angelegenheiten wurden durch das Unfallversicherungsgesetz[72] von 1884 eingeführt.[73] Das Gesetz bildete die Grundlage für die Errichtung des Reichsversicherungsamtes als Aufsichtsbehörde, das mit verwaltungsgerichtlichen Funktionen ausgestattet und für die Rekurse gegen Entscheidungen der in vorheriger Instanz zuständigen Schiedsgerichte zuständig war. Etwas zähflüssiger verlief hingegen die Etablierung einer unabhängigen Finanzgerichtsbarkeit. Die Idee der Verselbstständigung einer Finanzgerichtsbarkeit keimte zur Zeit des Deutschen Reiches erstmals in Preußen auf.[74] Im Rahmen der *Miquel'schen* Steuerreform[75] im

---

[69] Von Konsolidierung und Marginalisierung spricht in diesem Zusammenhang zuerst *Kirchberg*, Von der Konsolidierung zur Marginalisierung, VBlBW 2013, Sonderbeilage, 20ff.; *ders.*, Von der Konsolidierung zur Marginalisierung, in: VGH BW (Hrsg.), FS 150 Jahre Verwaltungsgerichtshof, 2014, S. 77ff.

[70] Auf Reichsebene fehlte es an einer unabhängigen Reichsverwaltungsgerichtsbarkeit. Die vorhandenen Strukturen entsprachen dem Muster der Administrativjustiz. Vgl. *Rüfner* (Fn. 8), S. 909 (913).

[71] So zum Beispiel im sozialrechtlichen Gesetzgebungsbereich im Vorfeld der RVO, in dem die Reichsgesetze immer wieder gerichtliche Verfahren verlangten. Vgl. *Rüfner* (Fn. 8), S. 909 (914).

[72] RGBl. 1884, S. 69.

[73] Zum Reichsversicherungsamt als Vorläufer der Sozialgerichtsbarkeit *Wenner/Terdenge/Martin* (Fn. 3), Rn. 19; *Rüfner* (Fn. 8), S. 909 (914); *Knoll*, Die Entwicklung der Gerichtsbarkeit des Reichs bei Sozialleistungen, in: Külz/Naumann (Hrsg.), Staatsbürger und Staatsgewalt, Bd. 1, 1963, S. 87 (92ff.).

[74] Hierzu und zum Folgenden *Pausch* (Fn. 3), S. 13 (16); *Erdelt* (Fn. 44), 403 (413).

[75] Zur Person Johannes Miquel und der von ihm initiierten und konzeptionierten Steuer-

Jahre 1891 wies die Regierungsvorlage ausdrücklich die Bildung eines Steuergerichtshofes als höchste Rechtsmittelinstanz in steuerrechtlichen Angelegenheiten aus. Allerdings blieb es bei einem Vorschlag. Als Mitglied und in der Funktion eines Vorkämpfers des preußischen Oberverwaltungsgerichts setzte sich *von Gneist* mit seiner Idee durch, dem preußischen Oberverwaltungsgericht die Zuständigkeit für steuerrechtliche Angelegenheiten zu übertragen.[76] Indes wurde damit die Schaffung einer Finanzgerichtsbarkeit nur hinausgezögert. Das preußische Oberverwaltungsgericht selbst attestierte 1916, dass es wohl besser sei, einen unabhängigen Finanzgerichtshof zu schaffen.[77] Die Umsetzung dieses Spezialisierungsgedankens, „der sich zugleich als Rationalisierungsforderung stellte“[78], war letztlich dem Reich vorbehalten. Mit der vermehrten Reichssteuergesetzgebung und den Steuerprozessen ging schließlich auch die Schaffung des Reichsfinanzhofes einher.[79] Auf Initiative eines Unterausschusses des Haushaltsausschusses wurde im Entwurf eines Umsatzsteuergesetzes 1918 die Grundlage zur Schaffung eines unabhängigen Reichsfinanzhofes verankert.[80] Daraufhin folgte aus der Mitte des Reichstages der Entwurf eines Gesetzes über die Errichtung eines Reichsfinanzhofs und über die Reichsaufsicht für Zölle und Steuern[81], der sowohl von allen Parteien angenommen wurde als auch die Zustimmung aller Länder fand.

a) Die Konsolidierungsphase

Mit dieser Spezialisierung im Verwaltungsrechtsschutzsystem reagierten die Verantwortlichen vor allem auf gesellschaftliche Missstände und staatliche Bedürfnisse. Die Schaffung gesonderter Gerichtsbarkeiten erfolgte keineswegs zufällig. Ausschlaggebend waren neben den Folgen des Ersten Weltkrieges vor allem die geistesgeschichtlichen Umstände der vorangegangenen Jahre.

So begann mit dem Frühkonstitutionalismus zu Beginn des 19. Jahrhunderts ein Jahrhundert der Armut.[82] Die gesellschaftliche Schieflage zwischen dem abgesicherten Adel auf der einen Seite und den verarmten Bürgern auf der anderen

---

reform *Pohl* (Fn. 4), S. 16 (25 f.); *Hettlage*, Die Finanzverwaltung, in: Jeserich/Pohl/von Unruh (Hrsg.), DVG, Bd. 3, 1984, 6. Kap., § 2 S. 250 (259 ff.).

76 Vgl. *Pausch* (Fn. 3), S. 13 (16).

77 So zitiert nach *Pausch* (Fn. 3), S. 13 (16).

78 *Pausch* (Fn. 3), S. 13 (16).

79 Vgl. *Erdelt* (Fn. 44), 403 (413). Nach *Pausch* (Fn. 3), S. 16, betrug die Anzahl an Neuzugängen in Staatssteuersachen zwischen 1893 und 1896 jährlich mehr als 14.000 Rechtssachen.

80 Vgl. *Hettlage* (Fn. 75), S. 250 (262 f.); *Leidel*, Die Begründung der Reichfinanzverwaltung, 1962, S. 54 f.

81 RGBl. 1918, S. 959.

82 Hierzu und zum Folgenden *Hattenhauer* (Fn. 4), Rn. 322 ff.; *Conze* (Fn. 4), S. 19 (26 ff.).

Seite eskalierte in der Revolution von 1848. „Liberalismus und Sozialismus traten fast gleichzeitig zum Sturm auf die alte Ordnung an. Der Hunger nach Brot war ebenso groß wie der Hunger nach Freiheit.“[83] Zurückführen lässt sich dies auf die mit der Industrialisierung einhergehende Bevölkerungsexplosion. Die steigende Anzahl der Bevölkerung bedingte eine erhöhte Arbeitslosenquote, fehlende Einkommen erhöhten den Hunger der Menschen, die Armenpflege durch Kirche und Staat versagte. Als Landarbeiterproletariat verstand man nunmehr die Bauern, die unter der Auflösung der sie bisweilen in Notsituationen absichernden Patriarchate litten.[84] Auch bei den Handwerksunternehmen lösten sich im Zuge der neu geschaffenen Gewerbefreiheit die Treue- und Fürsorgepflichten zwischen Meistern und Gesellen auf.[85] Mit dem Ziel, Wirtschaftswachstum zu erzielen, führte die wirtschaftspolitische Neuausrichtung zu einer Flut an Unternehmensneugründungen, die alsbald im Konkurs endeten und damit die Arbeitslosen- und Armenquoten weiter erhöhten. Der Staat war aus finanziellen Gründen nicht mehr in der Lage, die Rolle des Armenpflegers zu übernehmen, waren es einfach zu viele Arme geworden und wurden die Finanzmittel doch anderweitig benötigt, vor allem beim Ausbau der Eisenbahn[86]. Die soziale Frage war allgegenwärtig.

Vor diesem Hintergrund verschoben sich die gesellschaftlichen Bedürfnisse. Die Frage sozialer Absicherung prägte nunmehr den tagespolitischen Diskurs und zwang den Gesetzgeber zu Stabilisierungsmaßnahmen.[87] Allen voran war es *Bismarck*[88], der sich dieser Schieflage bewusst war. Wenn auch aus einer anderen Motivation heraus, versuchte er seit 1872 den Missständen Herr zu werden.[89] Seine Motivation rührte wohl maßgeblich aus der Signifikanz des Gutes „Arbeitskraft“ in Zeiten wachsender Konkurrenz zwischen den Industrienationen. Die Wichtigkeit der Absicherung lässt sich insbesondere der Begründung

---

[83] *Hattenhauer* (Fn. 4), Rn. 322.

[84] Vgl. *Hattenhauer* (Fn. 4), Rn. 325. Ausführlich zum Bereich der Landwirtschaft *Conze* (Fn. 4), S. 19 (28 ff.).

[85] Hierzu und zum Folgenden *Hattenhauer* (Fn. 4), Rn. 326.

[86] Zur Rolle der Eisenbahn in dieser Zeit *Pohl* (Fn. 4), S. 16 (36 ff.); *St. Seidenfus*, Verkehrswesen, in: Jeserich/Pohl/von Unruh (Hrsg.), DVG, Bd. 3, 1984, 6. Kap., § 7 S. 358 ff.; *Hattenhauer* (Fn. 4), Rn. 332 ff.

[87] Zum Sicherungsbedürfnis der Bürger *Hattenhauer* (Fn. 4), Rn. 533 ff.

[88] Zum Königlich-Preußischen Staatssozialismus von Otto von Bismarck vgl. *Hattenhauer* (Fn. 4), Rn. 548 ff., und *Henning*, Aufbau der Sozialverwaltung, in: Jeserich/Pohl/von Unruh (Hrsg.), DVG, Bd. 3, 1984, 6. Kap., § 4 S. 275 (288 ff.).

[89] So trat Bismarck in einem Immediatbericht vom 4. April 1872 mit dem Vorschlag an den Kaiser heran, sowohl repressive als auch wohlfahrtsstaatliche Instrumente einzusetzen, um die Beziehung zwischen Reich und Arbeiterschaft zu verbessern. Vgl. Milatz (Hrsg.), Otto von Bismarck. Werke in Auswahl, Bd. 5, 1973, S. 180 f.

des Unfallversicherungsgesetzes entnehmen, wenn es dort heißt, dass die Fürsorge des Staates gegenüber den hilfsbedürftigen Bürgern eine „Aufgabe staatserhaltender Politik“[90] sei. Trotz anfänglicher Skepsis der Parlamentarier gegenüber der legislativen Befriedigung des sozialen Sicherheitsbedürfnisses gelang es *Bismarck*, dass am 27. Juni 1884 das Unfallversicherungsgesetz mehrheitlich verabschiedet und mit dem gesetzlich vorgesehenen Reichsversicherungsamt der Vorläufer einer Sozialgerichtsbarkeit in Deutschland geschaffen wurde.[91] Verfestigt wurde das sozialgerichtsähnliche Rechtsschutzsystem auf Reichsebene in der Folge durch die, mit der Einführung der Alters- und Invaliditätsversicherung verbundene, ausgeweitete Zuständigkeit des Reichsversicherungsamtes. Konsolidierend wirkte auch das Gesetz über die Arbeitslosenvermittlung und Arbeitslosenversicherung[92] vom 16. Juli 1927, im Zuge dessen eigene Spruchsenate für die Arbeitslosenversicherung errichtet wurden.[93] Die Stellung des Reichsversicherungsamtes als rechtsprechende Institution wurde schließlich durch die institutionelle Ansiedlung des Reichsversorgungsgerichts und des Reichsschiedsamtes für Kassenzahnärzte und Zahntechniker komplementiert.[94] Am Ende der Weimarer Republik fielen alle Themen, die heute zum Kernbereich des Bundessozialgerichts gezählt werden, dem Reichsversicherungsamt zu.

Gemäß § 87 Abs. 2 UVG bestand das Reichsversicherungsamt aus mindestens drei ständigen, auf Vorschlag des Bundesrates vom Kaiser auf Lebenszeit benannten, Mitgliedern sowie acht nicht-ständigen Mitgliedern, die von Bundesrat, Genossenschaftsvorständen und den versicherten Arbeitnehmern gewählt wurden.[95] Gegenständlich befasste sich das Reichsversicherungsamt mit „Streitigkeiten über Versicherungspflicht, Versicherungsberechtigung und Zugehörigkeit zu einem Versicherungsträger sowie über die Beitragsleistungen und Beitragserstattungen“[96]. Charakteristisch für die Sozialgerichtsgesetze jener Zeit war es, dass sie Behördenorganisation und Verfahren erstmals „bis auf die unterste Ebene durchnormierten“[97]. Mit ihnen entstand ein, wenn auch lückenhafter, sozialge-

---

[90] Vgl. Reichsdrs. 1882, S. 31, zitiert nach *Wannagat*, Sozialversicherungsrecht, Bd. 1, 1965, S. 63. Weiterführende Erläuterungen zum Unfallversicherungsgesetz bei Höinghaus (Hrsg.), Unfallversicherungsgesetz für das Deutsche Reich, 1884, passim.

[91] So auch *Wenner/Terdenge/Martin* (Fn. 3), Rn. 19. Ähnlich *Henning* (Fn. 88), S. 275 (305 f.).

[92] RGBl. I 1927, S. 187.

[93] Zur konsolidierenden Wirkung von Alters-, Invaliditäts- und Arbeitslosenversicherung vgl. *Wenner/Terdenge/Martin* (Fn. 3), Rn. 19; *Henning* (Fn. 88), S. 275 (305).

[94] Vgl. hierzu und zum Folgenden *Wenner/Terdenge/Martin* (Fn. 3), Rn. 19.

[95] Zum Reichsversicherungsamt auch *Bogs*, 80 Jahre Sozialrechtspflege – 10 Jahre Sozialgerichtsbarkeit, DVBl. 1964, 1 ff.

[96] *Kohl* (Fn. 42), S. 55.

[97] *Kohl* (Fn. 42), S. 56.

richtsähnlicher Instanzenzug. Eine Neuordnung brachte schließlich die Reichsversicherungsordnung vom 19. Juli 1911[98]. Mit ihr kodifizierte der Gesetzgeber die Versicherungszweige der Kranken-, Invaliden- und Unfallversicherung unter gleichzeitiger Implementierung eines dreigliedrigen Instanzenzugs. Ein Novum und in rechtsstaatlicher Perspektive zugleich ein Rückschritt lag in der neuen Aufgabenzuweisung der Reichsversicherungsordnung. Die in den Instanzen zuständigen Versicherungsämter und Oberversicherungsämter nahmen wie das Reichsversicherungsamt neben rechtsprechenden zugleich administrative Aufgaben wahr und lösten die bisher als Instanzgerichte fungierenden Schiedsgerichte ab. *Bogs* konstatiert zutreffend, dass „[b]ei rechtsstaatlicher Betrachtung im Sinne der Gewaltenteilung […] diese Entwicklung einen Rückschritt [bedeutete], da nunmehr die Instanzgerichte der Sozialversicherung nicht mehr […] selbständige, allein rechtsprechende Behörden, sondern besondere Abteilungen von Verwaltungsbehörden waren“[99]. Gleichwohl wurde diese Verzahnung von Verwaltung und Justiz auch während der Weimarer Republik nicht aufgelöst. Die Reformtätigkeiten des Weimarer Gesetzgebers beschränkten sich auf punktuelle Veränderungen zur „Konzentration des Rechtsschutzes bei den durch die [Reichsversicherungsordnung] geschaffenen Spruchbehörden“[100].

Die Separierung der Finanzgerichtsbarkeit wiederum wurde vorrangig von wirtschaftspolitischen Faktoren bedingt. Zu Beginn des Deutschen Reiches sah sich die Finanzgerichtsbarkeit noch mit einem unbefriedigenden Zuständigkeitsdualismus konfrontiert.[101] Im Rahmen seiner partiellen Finanz- und Gerichtshoheit schuf das Deutsche Reich im Jahre 1879 das Reichsschatzamt sowie das Reichsgericht und wies letzterem als letzte Instanz bürgerlich-handelsrechtliche Fragen hinsichtlich Erbschaftssteuer, Wechselstempel, Reichsstempelabgaben, Warenumsatzstempel sowie bezüglich Abgaben vom Personen- und Güterverkehr zu. Daneben verblieben mit dem Wehrbeitrag, der Besitzsteuer und den Kriegsabgaben drei direkte Steuern in den nach den Landesgesetzen zuständigen Rechtszügen. Diese Aufteilung hatte es zur Folge, dass für Steuersachen sowohl der Verwaltungsrechtsweg als auch der ordentliche Rechtsweg offenstand. Neben der zunehmenden Reichssteuergesetzgebung[102] und der mit eben jener Zuständigkeitszweiteilung verbundenen steigenden Rechtswegunsicher-

[98] RGBl. 1911, S. 509.

[99] *Bogs*, Sozialrechtspflege vor Einführung der Sozialgerichtsbarkeit, in: Deutscher Sozialgerichtsverband e. V. (Hrsg.), Sozialrechtsprechung, Bd. 1, 1979, S. 3 (8 f.).

[100] M. w. N. *Kohl* (Fn. 42), S. 63.

[101] Hierzu und zum Folgenden *Pausch* (Fn. 3), S. 13 (17 f.); *Hettlage* (Fn. 75), S. 250 (262 f.); *Leidel* (Fn. 80), S. 34 ff.

[102] Die zunehmende Reichssteuergesetzgebung als Grund identifizierend auch *Pausch* (Fn. 3), S. 13 (17).

heit der Bürger forcierte die Veranlagungstätigkeit der einzelstaatlichen Finanzverwaltungen, die mit „stark unterschiedlichen Ergebnissen [...] dem Interesse von Industrie, Handel, Landwirtschaft und Gewerbe an gleichartigen Lebensbedingungen im Gesamtbereich des Wirtschaftsgebiets widersprach“[103], den gesellschaftlichen Druck zur Schaffung einer einheitlichen Revisionsinstanz in Steuersachen. Vertreter aus der Wirtschaft sprachen sich vehement für „die Rechts- und Verwaltungseinheit im Bereich des Steuerwesens“[104] aus. In dem Bewusstsein, kurz- und mittelfristig am Partikularismus der Länder zu scheitern, forderte man hilfsweise die Realisierung eines obersten Steuergerichtshofes.[105] Vor diesem Hintergrund und in Ansehung des staatlichen Finanzbedarfs während des Ersten Weltkrieges wurde letztlich am 26. Juli 1918 mit dem Gesetz über die Errichtung eines Reichsfinanzhofs und über die Reichsaufsicht für Zölle und Steuern[106] die Schaffung des Reichsfinanzhofes besiegelt.[107] Nach Kriegsende bedurfte es zwar keiner Kriegsfinanzierung mehr, an der Differenzierung von allgemeiner Verwaltungsgerichtsbarkeit einerseits und Finanzgerichtsbarkeit andererseits wurde in Ansehung der Reparationszahlungen als Folge des Ersten Weltkrieges und dem damit verbundenen Finanzbedarf aber weiter festgehalten.[108] Ausfluss dieses Entschlusses war vornehmlich der Ausbau und die Stärkung der Zuständigkeit und der Unabhängigkeit des Reichsfinanzhofes zu Beginn der Weimarer Republik. Unter der Schirmherrschaft des Reichsfinanzministers *Erzberger* wurde mit dem Gesetz über die Reichsfinanzverwaltung[109] vom 10. September 1919 die Zuständigkeit des Reichsfinanzhofes auf sämtliche Steuersachen erstreckt, wobei fortan auch die Zölle vom Zuständigkeitsbereich des Reichsfinanzhofes erfasst wurden.[110] Gleichzeitig unterbaute das Gesetz den Reichsfinanzhof mit Finanzgerichten und schuf so bereits auf unterer Ebene eine Trennung von Justiz und Verwaltung.[111] Faktisch aufgefüllt wurde der Zuständigkeitsbereich des Reichsfinanzhofes letztlich durch die 15 Erzberger'schen

---

[103] *Kohl* (Fn. 42), S. 73.

[104] *Kohl* (Fn. 42), S. 73.

[105] S. *Kohl* (Fn. 42), S. 73.

[106] RGBl. 1918, S. 959.

[107] Schätzungen des Generalstabs gingen von einem Finanzbedarf von 10 Mrd. Mark pro Kriegsjahr aus. Vgl. hierzu und zur Kriegsfinanzierung *Fenske*, Verwaltung und Krieg, in: Jeserich/Pohl/von Unruh (Hrsg.), DVG, Bd. 3, 1984, 13. Kap., § 1 S. 866 (869), sowie *ders.*, Die Deutsche Kriegsverfassung, in: Jeserich/Pohl/von Unruh (Hrsg.), DVG, Bd. 3, 1984, 13. Kap., § 2 S. 871 (885). Den Zusammenhang zwischen Kriegsfinanzierung und Schaffung des Reichsfinanzhofes betonend *Pausch* (Fn. 3), S. 13 (18).

[108] So auch *Erdelt* (Fn. 44), 403 (413).

[109] RGBl. 1919, S. 1591.

[110] Vgl. zum Aspekt der Zölle § 1 Reichsabgabenordnung, RGBl. 1919, S. 1993.

[111] Zur Bedeutung des gerichtlichen Unterbaus *Pausch* (Fn. 3), S. 13 (20).

Steuergesetze der Jahre 1919 und 1920, durch die die Veranlagungssteuern der Länder dem Reich zugeführt wurden.[112] Konsolidierende Wirkung entfalteten die folgenden Inflations- und Krisenjahre. Die kontinuierlichen Steuerfindungen und -änderungen dieser Zeit steigerten das Tätigkeitsvolumen des Reichsfinanzhofes und bestätigten zugleich, „daß Wirtschaft und Verwaltung der einheitlichen Rechtsanwendung in Steuersachen nicht mehr entraten konnten“[113].

Der in München beheimatete Reichsfinanzhof war die oberste Spruch- und Beschlussbehörde in steuerrechtlichen Angelegenheiten und bestand aus einem Präsidenten sowie der erforderlichen Anzahl an Senatspräsidenten sowie Räten, die allesamt volle richterliche Unabhängigkeit genossen.[114] Seine institutionelle Konzeption entsprach dabei in großen Teilen derjenigen des Reichsversicherungsamtes.[115] Während seiner Anfänge bestand der Reichsfinanzhof zunächst aus zwei Senaten.[116] Bis 1922 erhöhte sich die Anzahl der Senate allerdings auf sechs. Während die Senate in der Funktion als oberste Spruchbehörde in einer Besetzung aus fünf Mitgliedern entschieden, wurden im Beschlussverfahren lediglich drei Mitglieder tätig. Daneben verfügte der Reichsfinanzhof über einen großen Senat[117] – bestehend aus dem Präsidenten, den Senatspräsidenten sowie vier weiteren Mitgliedern –, dessen Zuständigkeit eröffnet war, „wenn ein Senat in einer Rechtsfrage von einer veröffentlichten Entscheidung des [Reichsfinanzhofes] abweichen wollte“[118].

Wirtschaftspolitische und gesellschaftliche Faktoren, deren Anfänge zu Beginn des 19. Jahrhunderts auszumachen sind, führten während des Deutschen Reiches dazu, dass die bis dahin entstandene Verwaltungsgerichtsbarkeit moderner Prägung zergliedert wurde. Fortan bestand eine Trias aus Sozial-, Finanz- und allgemeiner Verwaltungsgerichtsbarkeit, deren Separierung sich im Laufe der Zeit zur weiteren Anpassung an die gesellschaftlichen sowie staatlichen Bedürfnisse weiter verfestigte.

---

[112] Hierzu und zum Folgenden *Pausch* (Fn. 3), S. 13 (20). Zur Person Mathias Erzberger und den Steuerreformen im Detail *Hettlage*, Die Finanzverwaltung, in: Jeserich/Pohl/von Unruh (Hrsg.), DVG, Bd. 4, 1985, Teil 1, 5. Kap., § 5 S. 177 (183 ff.).

[113] *Pausch* (Fn. 3), S. 13 (20).

[114] Vgl. hierzu §§ 1, 2 des Gesetzes über die Errichtung eines Reichsfinanzhofs, RGBl. 1918, S. 959, und § 36 Reichsabgabenordnung, RGBl. 1919, S. 1993.

[115] Zum Reichsversicherungsamt und seiner Vorbildfunktion für den Reichsfinanzhof s. *Leidel* (Fn. 80), S. 57 f.; *Kohl* (Fn. 42), S. 77 f.

[116] Hierzu und zum Folgenden *Kohl* (Fn. 42), S. 75 ff.

[117] Vgl. hierzu § 39 des Gesetzes über die Reichsfinanzverwaltung, RGBl. 1919, S. 1591, und § 46 Reichsabgabenordnung, RGBl. 1919, S. 1993. Zuvor gemäß § 20 des Gesetzes über die Errichtung eines Reichsfinanzhofs, RGBl. 1918, S. 959, noch als vereinigter Senat bezeichnet.

[118] *Kohl* (Fn. 42), S. 77.

b) Marginalisierung des verwaltungsgerichtlichen Rechtsschutzsystems

Die Machtübernahme der Nationalsozialisten bereitete einem sich immer weiter verwurzelnden verwaltungsgerichtlichen Rechtsschutzsystem moderner Prägung einschließlich seiner differenzierten Strukturen allerdings ein jähes Ende. Rechtsschutz gegen staatliche Maßnahmen war mit einer vom Führerprinzip geprägten Ideologie nicht vereinbar.[119] Ausdruck dessen war ein ab 1933 „an den Grundlagen der Verwaltungsrechtspflege [einsetzender] Erosionsprozess“[120], der nach Phasen ideologisierter Beschränkungen des Rechtsschutzes schließlich zu seiner vollständigen Marginalisierung führte. Bestandteil dieses Prozesses war neben der Existenzfrage der Verwaltungsgerichtsbarkeit vornehmlich die Frage nach der konkreten Ausgestaltung eines mit dem Führerprinzip zu vereinbarenden verwaltungsgerichtlichen Rechtsschutzes.[121] Im Zentrum der nationalsozialistischen Verformungen standen als sogenannte Verreichlichung bezeichnete Vereinheitlichungs- und Vereinfachungsmaßnahmen, die aus dem Verwaltungsrechtsschutz am Ende eine inhaltsleere Hülle werden ließen.[122]

Mit der nationalsozialistischen Herrschaft begann für die verschiedenen Verwaltungsgerichtsbarkeiten ein Existenzkampf. Stellvertretend für diesen Diskurs um das „Ob“ eines Rechtsschutzes gegen staatliche Maßnahmen im Dritten Reich sind die Ausführungen des thüringischen Innenministers *Frick*, der bereits 1930 vortrug, dass „[w]enn diese Rechtsprechung den Staatsgedanken gefährdet und sich im volksschädlichen Sinne auswirkt, […] man nicht an der Dreiteilung der Gewalten […] festzuhalten [braucht] und […] wegschreiten [kann] über den Popanz solchen Gerichtswesens zugunsten des deutschen Volkswohles“[123]. Neben der liberalistischen[124] Abstammung richtete sich die Kritik der Nationalsozi-

---

119 Vgl. *Külz*, Verwaltungskontrolle unter dem Nationalsozialismus, KJ 1969, 367 (367).

120 Hierzu und zur Marginalisierung *Kirchberg* (Fn. 69), Sonderbeilage, 20 (21, 21 f.); *ders.* (Fn. 69), FS, S. 77 (79). Von „einer Erosion des gerichtlichen Rechtsschutzes im Allgemeinen und des verwaltungsgerichtlichen Rechtsschutzes im Besonderen“ spricht auch *Steinbeiß-Winkelmann*, Formen der Verwaltungsgerichtsbarkeit auf Reichsebene, in: Sommermann/Schaffarzik (Hrsg.), Geschichte der Verwaltungsgerichtsbarkeit, 2019, § 4 S. 79 (127). Ähnlich urteilt auch *Külz* (Fn. 119), 367 (368), der feststellt, „daß die NS-Gesetzgebung alsbald die Axt an die Wurzel der verwaltungsgerichtlichen Kontrolle der Verwaltung legte“.

121 Eine Zweiteilung des nationalsozialistischen Diskurses in ein „Ob“ und ein „Wie“ vornehmend *Scheerbarth*, Das Schicksal der Verwaltungsgerichtsbarkeit unter dem Nationalsozialismus, DÖV 1963, 729 (730).

122 So auch *Süsterhenn*, Einheitliches Gerichtsministerium?, DVBl. 1956, 737 (737).

123 Zitiert nach *Rothenbücher*, Anmerkungen zu zwei Urteilen des Thüringischen Oberverwaltungsgerichts über das Verbot einer Theateraufführung, VerwArch 1931, 244 (244), und nach *Loening*, 36 Jahre Thüringisches Oberverwaltungsgericht, in: Baring (Hrsg.), Aus 100 Jahren Verwaltungsgerichtsbarkeit, 2. Aufl. 1964, S. 153 (162).

124 Wie *Scheerbarth* (Fn. 121), 729 (729), ausführt, ersetzten die Nationalsozialisten zur

alisten gegen die im Rechtsschutzsystem zum Ausdruck kommende Lehre der Gewaltenteilung und ihre Unvereinbarkeit mit dem Führerprinzip.[125] Die Kontrolle der staatlichen Verwaltung stünde in einem eklatanten Widerspruch zum Entscheidungsprivileg des Führers. Anknüpfungspunkt für die Kritiker war die gerichtliche Gewährleistung subjektiv-öffentlicher Rechte des Einzelnen, die damit verbundenen kontradiktorischen und gleichberechtigten Positionen von Bürger und Verwaltung sowie das Recht der Gerichte, rechtswidriges Verwaltungshandeln zu beschränken.[126] Als Resultat der „Irrlehre von der Teilung und gleichberechtigten Ausbalancierung der 3 Gewalten" wurde hierin ein unzulässiges „Stück Macht des Einzelnen über den Staat"[127] gesehen. Dennoch entschied sich die nationalsozialistische Führung insbesondere aus utilitaristischen Gründen für den Erhalt der „Fassade einer funktionierenden Verwaltungsgerichtsbarkeit"[128]. So war eine solch etablierte Institution doch in der Lage, einen äußeren Anschein der Rechtsstaatlichkeit zu wahren, den Herrschaftswechsel damit auch in oppositionellen politischen Lagern zu vermarkten, sowie dazu geeignet, unerwünschte, „in der sog. aktiven Verwaltung nach Meinung der neuen Machthaber nicht mehr verwendbar[e], weil nicht hinreichend mit dem Nationalsozialismus identifiziert[e]"[129], Beamte unterzubringen.[130]

Das nationalsozialistische Vorgehen, die Verwaltungsgerichtsbarkeit zum Baustein ihrer Propaganda zu machen, sicherte also zunächst deren Existenz. Vor

---

Verächtlichmachung der Abstammung der Verwaltungsgerichtsbarkeit das Wort „liberal" durch „liberalistisch". So auch *Danckwerts*, Die Verwaltungsgerichtsbarkeit im nationalsozialistischen Staate, in: Frank (Hrsg.), Deutsches Verwaltungsrecht, 1937, § 6 S. 99: „Die Verwaltungsgerichtsbarkeit ist eine Einrichtung des liberalistischen Staates gewesen."

[125] Vgl. *Scheerbarth* (Fn. 121), 729 (729); *Kirchberg* (Fn. 69), Sonderbeilage, 20 (21); *Görlitz* (Fn. 43), S. 49; *Danckwerts* (Fn. 124), § 6 S. 100.

[126] So bilanziert auch *Scheerbarth* (Fn. 121), 729 (730). Anschaulich wird dies insbesondere bei *Danckwerts* (Fn. 124), § 6 S. 100: „Ferner sind vielfach Vorschriften beseitigt worden, die überspitzt darauf abzielten, die verfahrensrechtliche Stellung der Verwaltungsbehörden mit der des Volksgenossen gleichzustellen. Endlich ist der Zuständigkeitsbereich eingeschränkt worden." *Stolleis*, Recht im Unrecht, 1994, S. 196, fasst die Haltung der NSDAP zur Verwaltungsgerichtsbarkeit mit den Worten zusammen: „Verwaltungsgerichtsbarkeit ist lebensfernes, totes Paragraphenwerk, verwaltungsinterne Kontrolle ist volksnäher und kann nicht von Verwaltungsgegnern mißbraucht werden, Verwaltungsgerichte sind langsam und teuer, die Trennung von politischer Führung und unpolitischer Verwaltung gibt es im Nationalsozialismus nicht, Verwaltungsgerichtsbarkeit ist allenfalls als beratendes Gremium innerhalb der Verwaltung tragbar […]."

[127] *Scheerbarth* (Fn. 121), 729 (730).

[128] *Kirchberg* (Fn. 69), FS, S. 77 (83); *ders.* (Fn. 69), Sonderbeilage, 20 (22).

[129] *Kirchberg* (Fn. 69), FS, S. 77 (84).

[130] Zu den utilitaristischen Gründen zur Aufrechterhaltung der Verwaltungsgerichtsbarkeit vgl. insgesamt *Kirchberg* (Fn. 69), FS, S. 77 (83 ff.); *ders.* (Fn. 69), Sonderbeilage, 20 (22 f.); *Scheerbarth* (Fn. 121), 729 (730).

massiven ideologisierten Eingriffen – die letztlich einer Auflösung gleichkamen – war sie dennoch nicht gefeit. Der nationalsozialistische Gesetzgeber unterzog sowohl die allgemeine Verwaltungs- wie auch die Sozial- und Finanzgerichtsbarkeit äquivalenten organisationsrechtlichen Veränderungen zur Anpassung an seine Ideologie. An diese externen Beeinflussungen schloss sich alsbald ein interner Marginalisierungsprozess an, in dem die Gerichte das nationalsozialistische Führerprinzip zunehmend zum Maßstab ihrer Entscheidungen machten. „Die erste Welle nationalsozialistischer ‚Säuberungspolitik'"[131] manifestierte sich in dem Gesetz zur Wiederherstellung des Berufsbeamtentums[132] vom 7. April 1933. Mithilfe personalorganisatorischer Anpassungen gelang es der Reichsführung, den „nationalsozialistische[n] Rassenwahn"[133] auf den Gerichtsapparat zu übertragen und sich durch die Ersetzung bisheriger Gerichtsmitglieder durch regimetreue Parteigenossen zugleich einen Einfluss auf das Gerichtswesen zu sichern.[134] Mit der nationalsozialistischen Personalpolitik gingen in der Folge vornehmlich Beschränkungen der gerichtlichen Zuständigkeiten einher. So wurde zum einen die partiell bestehende Generalklausel, deren deutschlandweite Einführung vor 1933 noch diskutiert wurde,[135] abgeschafft.[136] Zum anderen schlossen verschiedene Gesetze die Zuständigkeiten der verschiedenen Verwaltungsgerichte für spezielle Rechtsbereiche komplett aus. Prominentestes Beispiel hierfür ist wohl § 7 des preußischen Gesetzes über die Geheime Staatspolizei[137] vom 10. Februar 1936, der die Zuständigkeit der allgemeinen Verwaltungsgerichte für Klagen gegen Verfügungen der Geheimen Staatspolizei ausschloss und auf diese Weise das Fundament für einen Polizeistaat goss. Auch die Finanz- und Sozialgerichtsbarkeit mussten merkliche Einbußen bei der gerichtlichen Zuständigkeit in Kauf nehmen. Der Reichsfinanzhof wurde vom damaligen Staatssekretär *Rheinhardt* unter gleichzeitiger Beschränkung seines Prüfungsrechts gar zum „Gehilfe[n] des

---

[131] *Kirchberg* (Fn. 15), S. 67.

[132] RGBl. I 1933, S. 175.

[133] *Kirchberg* (Fn. 15), S. 67.

[134] Zu den nationalsozialistischen Umstrukturierungen personeller Natur vgl. *Scheerbarth* (Fn. 121), 729 (730); *Kirchberg* (Fn. 15), S. 67 ff.; *Kohl* (Fn. 42), S. 430; *Christmann/Schönholz*, Die Errichtung des Reichsversicherungsamtes und seine geschichtliche Entwicklung, in: Deutscher Sozialrechtsverband e.V. (Hrsg.), Entwicklung des Sozialrechts. Aufgabe der Rechtsprechung, 1984, S. 3 (36); *Kumpf*, Kaiserreich, Weimarer Republik und „Drittes Reich", in: Der Präsident des Bundesfinanzhofs (Hrsg.), FS 75 Jahre RFH – BFH, 1993, S. 23 (37).

[135] Einen Überblick über die verschiedenen Zuständigkeitsregelungen in den deutschen Staaten vermittelt *Kohl* (Fn. 42), S. 30 ff. Zu den rechtspolitischen Forderungen nach einer Einführung der Generalklausel bezieht *Scheerbarth* (Fn. 121), 729 (730), als Zeitzeuge Stellung.

[136] S. *Scheerbarth* (Fn. 121), 729 (730).

[137] PrGS 1936, S. 21.

Reichsministers der Finanzen“[138] degradiert.[139] Die Zuständigkeit des Reichsversicherungsamtes wiederum wurde dadurch beschränkt, dass die Rechtsmittel gegen Entscheidungen des vorgeschalteten Oberversicherungsamtes nur noch eingelegt werden konnten, wenn der Kammervorsitzende des Oberversicherungsamtes sie aufgrund besonderer Umstände des Falles oder seiner grundsätzlichen Bedeutung für zulässig erklärt hat.[140]

Besonderer externer Druck wurde im weiteren Verlauf des Dritten Reiches auf die allgemeine Verwaltungsgerichtsbarkeit ausgeübt. In einem vertraulichen Erlass ordnete der Reichsminister des Innern zu Beginn des Jahres 1939 an, dass Einsparungsmöglichkeiten auf dem Gebiet der Verwaltungsgerichtsbarkeit zu prüfen seien.[141] Wie sich aus dem Erlass weiter ergibt, zielte sein Prüfungsauftrag insbesondere auf eine Reduzierung der Richter und eine stärkere Beschneidung der Rechtsmittel. Was als Prüfauftrag begann, wurde rasch Realität. Der Kriegsausbruch am 1. September 1939 versetzte der allgemeinen Verwaltungsgerichtsbarkeit „de facto den Todesstoß“[142]. Bereits wenige Tage zuvor, am 28. August 1939, erging, gewissermaßen die Auflösung einleitend, der Erlass des Führers und Reichskanzlers über die Vereinfachung der Verwaltung[143]. An die Stelle des Anfechtungsverfahrens trat ein verwaltungsintern abzuwickelndes Beschwerdeverfahren. Nur bei besonderen Umständen des Falles oder dessen grundsätzlicher Bedeutung konnte ein Anfechtungsverfahren zugelassen werden. Zulassungsberechtigt war wiederum die zuständige Beschwerdebehörde. Über diese Stellschrauben im Erlass über die Vereinfachung der Verwaltung sicherte sich die nationalsozialistische Führung die Entscheidungsmacht über eine Verwaltungsgerichtsbarkeit, die nicht mehr länger unabhängige Institution zur Kontrolle staatlicher Maßnahmen war, sondern ein Mittel unter vielen zur Machterhaltung der diktatorischen Herrschaft.[144] Eine weitere Zuspitzung erfuhr diese Entwicklung knapp drei Monate später durch § 1 der Zweiten Verordnung über die Vereinfachung der Verwaltung[145] vom 6. November 1939. Den preußischen Stadt- und Kreisverwaltungsgerichten entsprechende Verwaltungsgerichte außerhalb Preußens wurden per Verordnung aufgehoben. Blendend, aber letzt-

---

[138] RStBl. 1935, S. 648.

[139] Zu den Beschränkungen des Prüfungsrechts s. *List*, Vom Reichsfinanzhof zum Bundesfinanzhof, in: Klein/Vogel (Hrsg.), FS Wallis, 1985, S. 15 (21); *Kohl* (Fn. 42), S. 430 ff.; *Kumpf*, Die Finanzgerichtsbarkeit im Dritten Reich, in: Diestelkamp/Stolleis (Hrsg.), Justizalltag im Dritten Reich, 1988, S. 81 (89).

[140] Vgl. hierzu *Christmann/Schönholz* (Fn. 134), S. 3 (38 f.).

[141] Erl. Nr. II SB 228/39 7150 vom 20.01.1939, GLA 239/11362.

[142] *Kirchberg* (Fn. 15), S. 102.

[143] RGBl. I 1939, S. 1535.

[144] Vgl. *Kirchberg* (Fn. 15), S. 104.

[145] RGBl. I 1939, S. 2168.

lich auf die Ausschaltung einer unabhängigen Verwaltungsgerichtsbarkeit zielend, wirkte auch die Schaffung[146] eines Reichsverwaltungsgerichts durch die organisatorische Zusammenfassung des Reichswirtschaftsgerichts, des Reichsdienststrafhofes, des Reichskriegsschädenamtes, des Verwaltungsgerichtshofes in Wien und der obersten Spruchstelle für Umlegungen sowie selbiger für die Wasser- und Bodenverbände im Jahre 1941.[147] Als Ode an die Rechtsstaatlichkeit von der damaligen Literatur[148] gefeiert, verbarg sich hinter ihr nur eine weitere nationalsozialistische Maßnahme zur Ausdünnung des Rechtsschutzes gegen staatliche Maßnahmen.[149] Sachlich-institutionell wurde die richterliche Unabhängigkeit[150] de facto abgeschafft, indem die Möglichkeit einer jährlichen Versetzung der Richter im Führererlass verankert wurde.[151] Erschwerend kam letztlich noch der Umstand hinzu, dass mit *Walther Sommer*[152] ein expliziter Gegner der Verwaltungsgerichtsbarkeit zum Präsidenten des Reichsverwaltungsgerichts ernannt wurde. Zu fortgeschrittener Stunde des Dritten Reiches wurde der Marginalisierungsprozess der Verwaltungsgerichtsbarkeit neben externen Faktoren auch von innen heraus angetrieben.[153] Teilweise auf Drängen des Gesetzgebers hin, wie § 1 Abs. 1 des Steueranpassungsgesetzes[154] vom 16. Oktober 1934 unschwer zu erkennen gibt, teilweise aufgrund eines so empfundenen nationalsozialistischen Erwartungsdrucks passten die Gerichte ihre Entscheidungen nunmehr vermehrt an das Führerprinzip an und sorgten auf diese Weise selbst für den Verfall des unabhängigen Rechtsschutzes gegen den Staat in verwaltungsrechtlichen Angelegenheiten. Auch wenn die „Grundlinie der Recht-

---

146 Erlass des Führers und Reichskanzlers über die Errichtung des Reichsverwaltungsgerichts vom 3. April 1941, RGBl. I 1941, S. 201.

147 Zum Reichsverwaltungsgericht *Kohl* (Fn. 42), S. 451 ff.; *Rüfner*, Die Entwicklung der Verwaltungsgerichtsbarkeit, in: Jeserich/Pohl/von Unruh (Hrsg.), DVG, Bd. 4, 1985, Teil 2, 10. Kap., S. 1099 (1112 f.); *Stolleis* (Fn. 126), S. 205 ff.

148 So bezeichnete etwa *Reuß*, Zuständigkeit und Verfahren der Verwaltungsgerichte, DR 1942, 1345 (1345), die Schaffung des Reichsverwaltungsgerichts als „[d]as wichtigste Ereignis, das der Krieg auf dem Gebiet der deutschen Verwaltungsrechtspflege gebracht hat".

149 Hinter den Schleier des Reichsverwaltungsgerichts blickend *Montag* (Fn. 14), S. 27; *Stolleis* (Fn. 126), S. 205 ff.

150 Ganz allgemein zur richterlichen Unabhängigkeit unter dem Nationalsozialismus *Simon*, Waren die NS-Richter „unabhängige Richter" im Sinne des § 1 GVG?, in: Diestelkamp/Stolleis (Hrsg.), Justizalltag im Dritten Reich, 1988, S. 11 (19 ff.).

151 Vgl. § 4 Abs. 3 des Führererlasses, RGBl. I 1941, S. 201.

152 Vgl. zur Person Walther Sommer *Kohl* (Fn. 42), S. 463 ff.

153 Diese Wertung teilend *Stolleis*, Die Verwaltungsgerichtsbarkeit im Nationalsozialismus, in: Diestelkamp/ders. (Hrsg.), Justizalltag im Dritten Reich, 1988, S. 26 (29 f.); *ders.* (Fn. 126), S. 198 f.; *Kirchberg* (Fn. 15), S. 125 ff.

154 So ordnete das Gesetz, RGBl. I 1934, S. 925, an, dass die Steuergesetze nach nationalsozialistischer Weltanschauung auszulegen sind.

sprechung […] positivistisch und rechtsstaatlich"[155] blieb, prägten Tatenlosigkeit[156] und nationalsozialistisch gefärbte Entscheidungen[157] das Rechtsprechungspanorama jener Zeit.

II. Rekonstruktion und Modifikation eines differenzierten verwaltungsgerichtlichen Rechtsschutzsystems

Das Ende der nationalsozialistischen Herrschaft markierte auch für die allgemeine Verwaltungsgerichtsbarkeit, die Sozial- sowie die Finanzgerichtsbarkeit die Stunde Null.[158] Rekonstruktion und Neubeginn wurden zu den Herausforderungen jener Zeit ab 1945,[159] die vor dem Hintergrund der alliierten Besatzung und der Vierteilung Deutschlands zugleich Probleme einer personellen Kontinuität[160] im öffentlichen Leben mit staatsedukatorischen Maßnahmen zu bewältigen hatten. Für die Gerichtsbarkeit konkretisierte sich die neue realpolitische Herausforderung in der Aufgabe der „Ingangsetzung der traditionellen Rechtsprechungstätigkeit", was unter dem Eindruck der „vom Grundgesetz so scharf akzentu-

---

[155] *Stolleis* (Fn. 126), S. 212. Als Beispiele aus der Rechtsprechung der Verwaltungs- und Finanzgerichte sind hier zu nennen PrOVGE 94, 134 ff.; PrOVGE 96, 77 ff.; PrOVGE 97, 117 ff.; PrOVGE 97, 204 ff.; RFHE 33, 249 ff.

[156] So entzog sich die Gerichtsbarkeit oftmals aus ihrer Verantwortung und beschränkte sich darauf, festzustellen, dass eine hoheitliche Maßnahme staatspolitischen Charakter habe und sich so einer gerichtlichen Überprüfung verwehre. Beispielhaft sei hier genannt PrOVGE 97, 103 ff.

[157] Statt vieler die bei *Külz* (Fn. 119), 367 (377), beleuchtete Entscheidung des Reichsverwaltungsgerichts vom 5. Juni 1941, RVerwGE 1, 84 (84, 85), in der das Gericht die „‚Zugehörigkeit' zur jüdischen Religionsgemeinschaft" für einen Schneider als „jüdische[n] Mischling" aufgrund der vorherrschenden nationalsozialistischen Ideologie bestätigte und so gewissermaßen ein Todesurteil für den abgewiesenen Kläger aussprach. Eine Darstellung zur Rechtsprechungstätigkeit der Finanzgerichtsbarkeit zu jener Zeit findet sich bei *Schmitt*, Der Reichsfinanzhof und seine Rechtsprechung in steuerlichen Angelegenheiten jüdischer Bürger 1933–1945, 2017.

[158] Vgl. *Meissner*, Die Entwicklung der Verwaltungsgerichtsbarkeit in Deutschland seit 1945, VBlBW 2013, Sonderbeilage, 24 (24). In diese Richtung auch *Niedobitek*, Neugründung der Verwaltungsgerichtsbarkeit, in: Sommermann/Schaffarzik (Hrsg.), Geschichte der Verwaltungsgerichtsbarkeit, 2019, § 23 S. 915 (916).

[159] So auch *Stolleis*, Entstehung und Entwicklung des Bundessozialgerichts, in: Deutscher Sozialgerichtsverband e. V. (Hrsg.), Sozialrechtsprechung, Bd. 1, 1979, S. 25 (25). Ein allgemeiner Überblick über die Entwicklung der Verwaltungsgerichtsbarkeit in der Nachkriegszeit findet sich bei *Ule*, Die geschichtliche Entwicklung des verwaltungsgerichtlichen Rechtsschutzes in der Nachkriegszeit, in: Erichsen/Hoppe/Mutius (Hrsg.), FS Menger, 1985, S. 81 ff.

[160] Unter dem Problem der personellen Kontinuität versteht man den Umstand, dass man die ständischen Eliten des Nationalsozialismus nicht von der Teilnahme am neuen Alltag und der Besetzung öffentlicher Ämter zur Gänze ausschließen konnte. Hierzu und zu dem Instrument der „Re-education" vgl. *Hattenhauer* (Fn. 4), Rn. 797 ff.

ierte[n] Gewaltenteilung und [der] Unabhängigkeit der Richter gerade eine Verwerfung jenes traditionellen Modells der Verklammerung von rechtsprechender und verwaltender Tätigkeit"[161] erforderte. Trotz der Chance zur Neustrukturierung entschied sich der Gesetzgeber in der Folge für ein differenziertes Rechtsschutzsystem in verwaltungsrechtlichen Angelegenheiten.

Unmittelbar nach dem Ende des Zweiten Weltkrieges verfügten allerdings zunächst die Siegermächte über die Befugnis zur Wiederherstellung der normativen Grundlagen eines Rechtsschutzsystems in verwaltungsrechtlichen Angelegenheiten. Sich dieser Verantwortung bewusst, schuf die Alliierte Kontrollbehörde mit dem Kontrollratsgesetz Nr. 36 vom 10. Oktober 1946[162] und der darin enthaltenen Anordnung zur Wiederherstellung der Verwaltungsgerichtsbarkeit zwar den normativen Rahmen einer allgemeinen Verwaltungsgerichtsbarkeit in Deutschland, allerdings „entfaltete [der Kontrollrat] keine ordnende Kraft mehr"[163]. Ein Vorgehen der Länder der vier Besatzungszonen auf eigene Faust war vorprogrammiert.[164] Den Auftakt bildeten die ab Ende 1946 erlassenen, inhaltlich kongruenten Gesetze der Länder der amerikanischen Besatzungszone über die Verwaltungsgerichtsbarkeit. Mit einer zeitlichen Verzögerung, in der die Länder zunächst den Rechtszustand von vor 1933 wiederherstellten, schuf die Militärregierung mit der Verordnung Nr. 141[165] vom 1. April 1948 für die britische Besatzungszone vorläufig eine einheitliche Regelung über die Verwaltungsgerichtsbarkeit. Diese Zwischenlösung wurde schließlich am 15. September 1948 von der Verordnung Nr. 165[166] ersetzt, die zu den Verwaltungsgerichtsgesetzen der amerikanischen Besatzungszone eine hohe inhaltliche Affinität aufwies und in ihnen eine Entsprechung hinsichtlich der Regelungen über die Gerichte, den Instanzenzug und das Vorverfahren fand.[167] In der französischen Besatzungszone wiederum ordnete die

161 *Stolleis* (Fn. 159), S. 25 (25).

162 Amtsblatt der Alliierten Kontrollbehörde in Deutschland Nr. 11 vom 31. Oktober 1946, S. 183.

163 *Stolleis*, Geschichte des öffentlichen Rechts in Deutschland, Bd. 4, 2012, S. 186.

164 Zum Vorgehen in den verschiedenen Besatzungszonen im Detail *von Unruh*, Verwaltungsgerichtsbarkeit, in: Jeserich/Pohl/ders. (Hrsg.), DVG, Bd. 5, 1987, 25. Kap., S. 1178 ff.; *Stolleis* (Fn. 163), S. 186 f.; *Pagenkopf* (Fn. 3), S. 115 ff.; *Meissner*, Die Entwicklung der Verwaltungsgerichtsbarkeit in Deutschland seit 1945, in: VGH BW (Hrsg.), FS 150 Jahre Verwaltungsgerichtsbarkeit, 2014, S. 89 ff.; *ders.* (Fn. 158), 24 ff.

165 Vgl. hierzu *Sieveking*, Die Verwaltungsgerichtsbarkeit auf Grund der Verordnungen Nr. 141 und 165 der Britischen Militärregierung, MDR 1948, 315 ff.

166 Vertiefend hierzu *Jellinek*, Die Verwaltungsgerichtsbarkeit in der britischen Zone, DRZ 1948, 470 ff.; *Loening*, Die Verordnung 165 und der Rechtsstaat., DV 1949, 85 ff.; *Kersten*, Die Verwaltungsgerichtsbarkeit in der britischen Zone im neuesten Gewand, NJW 1949, 208 ff.

167 Die Gemeinsamkeiten und Unterschiede herausarbeitend *von Unruh* (Fn. 164), S. 1178 (1183 ff.).

Verfügung Nr. 76 vom 23. Juli 1946[168] die Wiedereinführung der Verwaltungsgerichtsbarkeit an, deren Umsetzung die französisch besetzten Länder meist durch die Wiederherstellung wesentlicher Regelungen von vor 1933 verwirklichten. In das genaue Gegenteil steuerte indes die Entwicklung in der sowjetischen Zone. Mit dem Ziel, die Justiz in personeller und institutioneller Hinsicht dem sowjetischen Muster anzupassen, bekämpften die Machthaber die Verwaltungsgerichtsbarkeit bis zu deren endgültigen Abschaffung im Jahre 1952.[169]

Nachdem die Forderungen nach einer „kompetenzielle[n] Absicherung der Verwaltungsgerichtsbarkeit im entstehenden Grundgesetz“[170] erstarkten und bei den Schaffern des Grundgesetzes Berücksichtigung fanden, setzte mit den Vorarbeiten zu einem Organisationsgesetz für die Verwaltungsgerichtsbarkeit die Abkehr vom länder- und zonengebundenen[171] verwaltungsgerichtlichen Rechtsschutzsystem ein. Mit dem geschaffenen Gesetz über das Bundesverwaltungsgericht[172] vom 23. September 1952 gelang es, „die bisherigen Teilgesetze zusammenzufassen“[173], mit dem Bundesverwaltungsgericht eine einheitliche Revisionsinstanz zu schaffen und auf diesem Wege eines institutionellen verwaltungsgerichtlichen Novums das rechtliche und tatsächliche Bedürfnis nach Zusammengehörigkeit und Einheitlichkeit in der gerichtlichen Behandlung verwaltungsrechtlicher Angelegenheiten in der Bundesrepublik Deutschland zu befriedigen sowie die verfassungsrechtlich statuierte Gewaltenteilung zu gewähr-

[168] Zu den Gegebenheiten in der französischen Besatzungszone *De Clerck*, Die Verwaltungsgerichtsbarkeit in Rheinland-Pfalz, DVBl. 1950, 295 ff.; *von Unruh* (Fn. 164), S. 1178 (1180); *Pagenkopf* (Fn. 3), S. 118 f.

[169] *Stolleis* (Fn. 163), S. 186. Im Folgenden werden die Entwicklungen in der sowjetischen Zone sowie die Besonderheiten des viergeteilten Berlins ausgeklammert. Vertiefende Ausführungen zu dem ersten Aspekt bei *Lubini*, Die Verwaltungsgerichtsbarkeit in den Ländern der SBZ/DDR 1945–1952, 2015, passim; *ders.*, Verwaltungsrechtsschutz in Ostdeutschland nach 1945, in: Sommermann/Schaffarzik (Hrsg.), Geschichte der Verwaltungsgerichtsbarkeit, 2019, § 24 S. 959 ff.; *Heyer*, Die Entwicklung der Verwaltungsgerichtsbarkeit in der Ostzone, DVBl. 1950, 561 ff.; *Lammich*, Die gerichtliche Kontrolle der Verwaltung in den sozialistischen Verfassungssystemen, VerwArch 64 (1973), 246 ff.; *Ule*, Gesetzlichkeit in der Verwaltung durch Verwaltungsverfahren und gerichtliche Kontrolle in der DDR, DVBl. 1985, 1029 ff.; *Loening*, Kampf um den Rechtsstaat in Thüringen, AöR 75 (1949), 56 ff. Den Sonderfall Berlin näher beleuchtend *Schneider*, Die Verwaltungsgerichtsbarkeit in Berlin, AöR 74 (1948), 239 ff.; *Baring*, Die Verwaltungsgerichtsbarkeit in Berlin, DVBl. 1951, 265 ff.

[170] *Stolleis* (Fn. 163), S. 186 f.

[171] Der Gesetzgeber reagierte damit auf die Tatsache, dass zu jener Zeit in den Ländern der Bundesrepublik Deutschland 31 Verwaltungsgerichte bestanden, gegen deren Entscheidungen die Oberverwaltungsgerichte als Berufungsinstanz zuständig waren. Vgl. *von Unruh* (Fn. 164), S. 1178 (1187).

[172] BGBl. I 1952, S. 625.

[173] *Stolleis* (Fn. 163), S. 187.

leisten.[174] Zugleich gewährte die neustrukturierte Verwaltungsgerichtsbarkeit, die sich in ihren Anfängen vorrangig mit Rechtsfragen aus der Liquidationsgesetzgebung[175] zu befassen hatte, die erstrebte Rechtssicherheit in verwaltungsrechtlichen Streitigkeiten. Das neu geschaffene Bundesverwaltungsgericht setzte sich gemäß § 2 Abs. 1 BVerwGG aus dem Präsidenten, den Senatspräsidenten und weiteren Bundesrichtern zusammen. Die Senate bestanden aus fünf Richtern einschließlich des Vorsitzenden, bei Beschlüssen aus drei Richtern einschließlich des Vorsitzenden. § 9 BVerwGG regelte die Zuständigkeit des Gerichts im ersten und letzten Rechtszug. Die Zuständigkeit des Gerichts in seiner Funktion als Rechtsmittelinstanz ergab sich aus § 10 BVerwGG. In der von § 10 BVerwGG getroffenen Unterscheidung zwischen allgemeinen Verwaltungsgerichten der Länder im ersten Rechtszug und obersten allgemeinen Verwaltungsgerichten kam auch der dreigliedrige Instanzenzug der Verwaltungsgerichtsbarkeit zum Ausdruck.

Zeitlich parallel erwuchs die Frage nach der konkreten Neugestaltung des sozialgerichtlichen Rechtsschutzsystems. Nach den Fusionsbestrebungen im Hinblick auf die Arbeits- und Sozialgerichtsbarkeit, die die Beratungen um das Grundgesetz begleiteten,[176] fand sich ab dem Jahre 1951 der Konsens über eine separierte Sozialgerichtsbarkeit. Aufgrund der tradierten Verklammerung von Sozialversicherung und sozialverwaltungsrechtlichem Rechtsschutz war der Diskurs um die Zukunft der Sozialgerichtsbarkeit eng mit demjenigen des Sozialversicherungswesens verbandelt.[177]

Gerade für den Bereich der Sozialversicherung war der auf den handelnden Akteuren lastende Druck, ein zukunftsfähiges, nicht an den gegenwärtigen Alltagsbedürfnissen ausgerichtetes System zu schaffen, enorm.[178] Er äußerte sich in dem Erfordernis, die allgegenwärtigen materiellen Probleme wie die „Kriegsopferversorgung, die soziale Sicherung der Flüchtlinge und Kriegsheimkehrer, Wiedergutmachung und Lastenausgleich“[179] zu bewältigen. Der von den „politi-

---

[174] Zu den durch die Schaffung des Bundesverwaltungsgerichts befriedigten Bedürfnissen *von Unruh* (Fn. 164), S. 1178 (1187). Vgl. in diesem Kontext ebenfalls *Ule*, 25 Jahre Bundesverwaltungsgericht, DVBl. 1978, 553 (553).

[175] Mit *von Unruh* (Fn. 164), S. 1178 (1187), versteht man unter Liquidationsgesetzgebung diejenigen „Rechtsnormen, welche persönliche, soziale und politische Folgen des Krieges zu regeln suchten“.

[176] Ausführlich zu den Debatten um eine Fusionierung von Arbeits- und Sozialgerichtsbarkeit *Stolleis* (Fn. 159), S. 25 (37 ff.); *Wenner/Terdenge/Martin* (Fn. 3), S. 32 f.; *von Wulffen/Becker*, 50 Jahre Sozialgerichtsbarkeit und sozialgerichtliches Verfahren, SGb 2004, 507 (507 f.).

[177] Vgl. etwa *von Wulffen/Becker* (Fn. 176), 507 (507); *Wenner/Terdenge/Martin* (Fn. 3), S. 31.

[178] Vgl. *Stolleis* (Fn. 159), S. 25 (26 f.).

[179] *Stolleis* (Fn. 159), S. 25 (26 f.).

schen Kraftverhältnisse[n] des Wiederaufbaus"[180] geprägte Diskurs um die Gestaltung der Sozialversicherung und -gerichtsbarkeit fand seinen Ausgangspunkt in den Richtlinien des Kontrollrates von 1946 und dem sich zeitlich wie inhaltlich unmittelbar anschließenden Entwurf eines Sozialversicherungsgesetzes.[181] Angedacht war die (Wieder-)Herstellung einer einheitlichen Sozialversicherung, deren Zuständigkeit sich gleichermaßen auf die Klärung von Rechtsstreitigkeiten erstreckte. In der „‚Ingangsetzung' [der Sozialversicherung] unter Verzicht auf grundlegende Veränderungen"[182] bestand die legislative Zielsetzung dieser Zeit, deren Fundament gewissermaßen die Vorrangigkeit anderer Herausforderungen des Wiederaufbaus bildete. „Die wirtschaftliche Stabilisierung der Versicherungsträger, die Wiederherstellung der Selbstverwaltung, die Verarbeitung der Währungsreform und die ‚Anpassung von Leistungen der Sozialversicherung an das veränderte Lohn- und Preisgefüge', die versicherungsrechtliche Bewältigung der Ströme von NS-Geschädigten und Flüchtlingen, die Regelung der durch den Krieg unterbrochenen Fristen u. a. m. absorbierten die vorhandenen Kräfte."[183]

Eine weitere Triebfeder für die grundlegende Neugestaltung der Sozialgerichtsbarkeit war der rechtsprechungszersplitternde Zustand, der einsetzte, als die Versicherungsämter ihre Rechtsprechungstätigkeit wiederaufnahmen und es an einer „einheitliche[n] Führung [oberhalb der Rechtsprechung der Oberversicherungsämter] fehlte"[184]. Probleme verursachte dabei allerdings nicht nur das unterschiedliche materielle Recht in den verschiedenen Besatzungszonen, sondern auch und gerade die Anzahl institutioneller Alleingänge einzelner Länder. So wurde teilweise die Zuständigkeit des Reichsversicherungsamtes durch neu geschaffene Landesversicherungsämter substituiert.[185]

Die herrschende Unsicherheit im Umgang mit der Sozialgerichtsbarkeit brachte letztlich auch die Wiedereinrichtung der Verwaltungsgerichtsbarkeit durch die jeweiligen Militärverordnungen der Besatzungsmächte einprägsam zum Ausdruck. Danach war die Zuständigkeit der allgemeinen Verwaltungsgerichtsbarkeit ausgeschlossen, soweit der Zuständigkeitsbereich eines besonderen Verwaltungsgerichts eröffnet war. Die Verflechtung von Exekutive und Judikative sowie die Stellung der Richter der Versicherungsämter führte in der Konsequenz dazu,

---

[180] *Stolleis* (Fn. 159), S. 25 (29).

[181] M. w. N. *Stolleis* (Fn. 159), S. 25 (27).

[182] *Stolleis* (Fn. 159), S. 25 (29).

[183] *Stolleis* (Fn. 159), S. 25 (29 f.).

[184] *Stolleis* (Fn. 159), S. 25 (30). Das Problem der Rechtszersplitterung ebenfalls betonend *Sautter*, Zehn Jahre Bundessozialgericht, DRiZ 1964, 329 (330).

[185] So geschehen in den Ländern Bayern und Baden-Württemberg. Vgl. für Bayern das Gesetz Nr. 56 vom 2. September 1946, GVBl. Bay 1947, S. 11, und für Baden-Württemberg das Gesetz Nr. 714 vom 26. Januar 1948, RGBl. Württemberg-Baden 1948, S. 40.

dass die Frage, ob die Versicherungsämter in ihrer judikativen Funktion als besondere Verwaltungsgerichte anzuerkennen sind, uneinheitlich beantwortet wurde.[186] Diese Unsicherheit über die Vereinbarkeit dieses Systems mit den wiederentdeckten und erstrebten Prinzipien der Gewaltenteilung und der richterlichen Unabhängigkeit komplettierte letztlich die Gründe für die Neugestaltung der Sozialgerichtsbarkeit. Zeitliche Nähe sowie verfassungsrechtliche Grundierung waren letztlich ursächlich dafür, dass die „rechtspolitischen Positionen [zur Gestaltung der Sozialgerichtsbarkeit] in den Sog der Verfassungsdebatte“[187] gerieten. Im Kampf von traditionalistischer Position einerseits und reformerischer Position andererseits war es schließlich das Mittel, was sich behauptete.[188] So wurde weder das Konzept eines rechtsprechenden Reichsversicherungsamtes in die neue Zeit hinübergetragen noch die Bildung eines einheitlichen Bundesarbeits- und Bundessozialgerichts unter gleichzeitiger Schaffung einer Einheitsversicherung vorangetrieben. In der Gewissheit um die Bedeutung der Gewaltenteilung und mit dem Willen, die traditionellen Strukturen aufrechtzuerhalten, mussten die judikativen und exekutiven Funktionen eines Versicherungsamtes im Wege der Schaffung einer unabhängigen Sozialgerichtsbarkeit durch Gesetz vom 3. September 1953[189] voneinander getrennt werden. Gefördert wurde dies letztlich noch vom Tradition übermittelnden Tätigwerden eines Sachverständigenausschusses, der in erster Linie aus Mitgliedern des Reichsversicherungsamtes und des Reichsversorgungsgerichts bestand, und „von dem dringenden Bedürfnis der Praxis zur Überwindung der [...] Rechtsprechungsnöte“[190]. Am Ende dieses Prozesses stand eine unabhängige dreistufige Sozialgerichtsbarkeit, deren Dach das ausschließlich für Revisionen zuständige Bundessozialgericht bildete, das sich gemäß § 38 Abs. 2 SGG aus dem Präsidenten, den Senatspräsidenten, Bundesrichtern sowie den Bundessozialrichtern zusammensetzte.[191]

Noch vor der Schaffung einer unabhängigen allgemeinen Verwaltungs- und einer unabhängigen Sozialgerichtsbarkeit wurde durch das Gesetz über den Bundesfinanzhof[192] vom 29. Juni 1950 mit der Implementierung des Bundesfinanzhofes die Entscheidung für eine eigenständige Finanzgerichtsbarkeit, deren Grundsteinlegung indes schon mit der Wiedereinrichtung der Finanzgerichte

---

186 Hierzu mit vertiefenden Nachweisen aus der Rechtsprechung *Stolleis* (Fn. 159), S. 25 (31 ff.).

187 *Stolleis* (Fn. 159), S. 25 (36).

188 Hierzu und zum Folgenden *Stolleis* (Fn. 159), S. 25 (36 ff.).

189 BGBl. I 1953, S. 1239.

190 *Stolleis* (Fn. 159), S. 25 (44).

191 Die Unabhängigkeit ausdrücklich anordnend § 1 SGG. Zu den einzelnen Instanzen s. § 2 SGG.

192 BGBl. I 1950, S. 257.

unmittelbar nach dem Krieg erfolgte, besiegelt.[193] Der Bundesfinanzhof bestand gemäß § 3 Abs. 1 BFHG aus dem Präsidenten, den Senatspräsidenten und den Bundesfinanzrichtern. Beschleunigt von dem Umstand, dass es in den Besatzungszonen an einer einheitlichen Rechtsbeschwerdeinstanz mangelte und es insbesondere seitens der Wirtschaft ein großes Bedürfnis nach Rechtssicherheit im Steuerrecht gab, bestätigte das schnelle Zustandekommen eines entsprechenden Organisationsgesetzes den aufrechtzuerhaltenden Sondercharakter der Finanzgerichtsbarkeit.[194] Zudem kam die vom Gesetzgeber beabsichtigte Trennung der Gewalten in § 3 Abs. 4 BFHG besonders deutlich zum Ausdruck. Nach dieser Regelung durften die Richter des Bundesfinanzhofes weder in der Bundes- noch in einer Landesfinanzverwaltung haupt- oder nebenamtlich tätig sein.

III. Fazit

Klammert man die Situation in der sowjetischen Besatzungszone aus, etablierte sich in Deutschland keine acht Jahre nach Kriegsende erneut ein differenziertes verwaltungsgerichtliches Rechtsschutzsystem. Bei dieser legislativen Entscheidung für differenzierte Strukturen, die auch noch in der Gegenwart Bestand haben, handelt es sich wie die Geschichte des verwaltungsgerichtlichen Rechtsschutzes zeigt, keinesfalls um eine zufällige Entscheidung des Gesetzgebers.

Im Gegenteil: Das Rechtsschutzsystem wurde stets infolge außerrechtlicher Einflüsse in seine Umwelt eingepasst. Dabei waren diese Einflüsse unterschiedlicher Natur. Neben politischen Umständen motivierten auch wirtschaftliche, kulturelle, soziale und religiöse Aspekte den gestaltenden Organisationsgesetzgeber der jeweiligen Zeit zur Weiterentwicklung und letztlich auch zur Implementierung eines differenzierten Rechtsschutzsystems. Ob Revolutionen, Weltkriege, soziale oder wirtschaftliche Nöte – all diese rechtshistorischen Bedingungen führten zur Schaffung des noch heute existenten Systems und sind mit der Geschichte der öffentlich-rechtlichen Fachgerichtsbarkeiten in Deutschland untrennbar verbunden; auch und gerade bei der Auseinandersetzung mit einer institutionellen Vereinheitlichung im verwaltungsgerichtlichen Rechtsschutzsystem darf diese geschichtliche Entwicklung nicht außer Acht gelassen werden.

---

193 Vgl. *Pausch* (Fn. 3), S. 22.

194 Zu den ursächlichen Umständen *List* (Fn. 139), S. 15 (27). Die Sonderrolle der Finanzgerichtsbarkeit betont *Stolleis* (Fn. 163), S. 189.

B. Formale Rationalität: Erklärungsmodell für die Gleichartigkeiten der verwaltungsgerichtlichen Prozessordnungen

Eng mit der Entwicklung unabhängiger öffentlich-rechtlicher Fachgerichtsbarkeiten verbunden war die Entstehung der verwaltungsgerichtlichen Verfahrensordnungen. Sie schaffen den rechtlichen Rahmen zur gerichtlichen Klärung rechtlicher Streitigkeiten. Die Prozessordnungen können in einen gerichtsverfassungsrechtlichen Abschnitt einerseits und die eigentliche Verfahrensordnung andererseits untergliedert werden. Während der gerichtsverfassungsrechtliche Teil Regelungen über die Besetzung des Gerichts und den Instanzenzug enthält, finden sich in der eigentlichen Verfahrensordnung Bestimmungen zum Weg zur sowie zum Ablauf und Inhalt der gerichtlichen Entscheidung(-sfindung).[195]

Während die Einführung einer unabhängigen Sozialgerichtsbarkeit und die Schaffung einer sozialgerichtlichen Prozessordnung zeitgleich durch Gesetz vom 3. September 1953[196] erfolgte, fielen äquivalente Entwicklungsschritte sowohl bei der allgemeinen Verwaltungsgerichtsbarkeit als auch bei der Finanzgerichtsbarkeit deutlich auseinander. Nach der Implementierung des Bundesverwaltungsgerichts durch Gesetz vom 23. September 1952[197] vergingen ganze acht Jahre bis die Verwaltungsgerichtsordnung am 21. Januar 1960[198] geschaffen, das Bundesverwaltungsgerichtsgesetz abgelöst und damit das verwaltungsgerichtliche Verfahren territorial vereinheitlicht wurde.[199] Die Finanzgerichtsordnung als prozessrechtlicher Rahmen für die gesamte Finanzgerichtsbarkeit trat gar erst am 1. Januar 1966[200] in Kraft. In der Folge wurde an der Dreiteilung der Prozessordnungen festgehalten, Änderungen des Organisationsgesetzgebers waren lediglich punktueller Natur.[201]

---

[195] Zu den Komponenten des Prozessrechts und deren Abgrenzung am Beispiel des Verwaltungsprozessrechts *Hufen*, Verwaltungsprozessrecht, 11. Aufl. 2019, § 1 Rn. 2.

[196] BGBl. I 1953, S. 1239.

[197] BGBl. I 1952, S. 625. Dem Auseinanderfallen von der Errichtung der allgemeinen Verwaltungsgerichtsbarkeit durch das Gesetz über das Bundesverwaltungsgericht und der Schaffung einer eigenen verwaltungsgerichtlichen Prozessordnung war sich der Gesetzgeber bewusst und normierte daher schon in § 12 des Gesetzes über das Bundesverwaltungsgericht, dass „[b]is zu einer einheitlichen Regelung des Verfahrens vor den Verwaltungsgerichten […] für das Verfahren vor dem Bundesverwaltungsgericht die nachstehenden Vorschriften [des Gesetzes über das Bundesverwaltungsgericht] anzuwenden [sind]".

[198] BGBl. I 1960, S. 17.

[199] So auch *Nolte*, Die Eigenart des verwaltungsgerichtlichen Rechtsschutzes, 2015, S. 38.

[200] BGBl. I 1965, S. 1477.

[201] Eindrucksvoll zeigt sich dies an den verschiedenen Novellierungen der Prozessgesetze, die sich lediglich auf einzelne Regelungsbereiche bezogen und keine Änderungen am Gesamtgebilde vornahmen. Vgl. insofern etwa für die VwGO *Schmidt-Aßmann/Schenk*, in: Schoch/

In ihren Grundzügen weisen die Prozessordnungen der öffentlich-rechtlichen Fachgerichtsbarkeiten einige Parallelen auf, die von den Befürwortern einer Vereinheitlichung der Prozessgesetze mitunter als Argument benannt werden.[202] Die Darstellung eben jener Parallelen einerseits sowie die Frage nach dem „Warum" dieser Gemeinsamkeiten innerhalb der verschiedenen Verfahrensordnungen andererseits soll Gegenstand dieses Abschnitts sein. Ein Grund für die Gemeinsamkeiten liegt freilich in der verfassungsrechtlichen Vorprägung des Prozessrechts, bei dem es sich – in Anlehnung an die Feststellung von *Fritz Werner* über das Verwaltungsrecht[203] – zum Großteil um konkretisiertes Verfassungsrecht handelt.[204] Von zentraler Bedeutung ist in diesem Zusammenhang die Rechtsschutzgarantie des Art. 19 Abs. 4 S. 1 GG, die für den verwaltungsgerichtlichen Rechtsschutz einen näher auszugestaltenden Rahmen spannt.[205] Aber auch an anderer Stelle zeichnet die Verfassung den Verwaltungsrechtsschutz vor.[206]

Die hier vorgenommene Untersuchung der Gründe für die Gemeinsamkeiten der Prozessordnungen geht allerdings über den bloßen Befund einer verfassungsrechtlichen Vorprägung des Prozessrechts hinaus, zumal die Verfassung zwar

---

Schneider/Bier (Hrsg.), VwGO, Bd. 1, Einl. (23. EL Januar 2012) Rn. 93, und für die FGO *Herbert*, in: Gräber (Hrsg.), FGO, 9. Aufl. 2019, Zum Rechtsschutz nach der FGO Rn. 1 ff.

202 Statt vieler vgl. *Reuß*, Die Rationalisierung des Rechts und der Rechtspflege, Anwbl. 1955, 144 (147), der von einer „Strukturgleichheit der verschiedenen Verfahrensarten" spricht, die einer noch eingehenderen Untersuchung bedarf, um dem „Einwand, die verschiedenen Verfahrensordnungen beruhten auf einer Wesensverschiedenheit der Verfahrensarten und der in ihnen behandelten sachlichen Rechtsmaterien, wirksamer de[n] Wind aus den Segeln" zu nehmen; *Redeker*, Koordinierung, Beschleunigung und Entlastung in den öffentlich-rechtlichen Gerichtszweigen, DVBl. 1977, 132 (132), der neben den Besonderheiten der einzelnen Prozessordnungen auch gerade deren Verwandtschaft zueinander betont; *Ule*, Zur Vereinheitlichung der verwaltungsgerichtlichen Verfahrensordnungen, DVBl. 1967, 345 (346); *ders.*, Zur Vereinheitlichung der gerichtlichen Verfahrensordnungen, DVBl. 1958, 691 (692), der zu diesem Zeitpunkt prognostizierend festhält, dass es „einer rationellen Gesetzgebung widersprechen [würde], dieselbe inhaltlich übereinstimmende Regelung mehrere Male zu treffen" und dass man für eine einheitliche Prozessordnung auch dann eintreten müsste, „wenn sich keine völlige inhaltliche Übereinstimmung der Verfahrensordnungen erzielen ließe".

203 Vgl. *Werner*, Verwaltungsrecht als konkretisiertes Verfassungsrecht, DVBl. 1959, 527. Die Verbindung zu Fritz Werner stellt auch *Mayer*, Verwaltungsgerichtsbarkeit in Deutschland, in: von Bogdandy/Huber (Hrsg.), Ius Publicum Europaeum, Bd. 8, 1. Aufl. 2019, § 129 Rn. 103, her.

204 Dass es sich beim Verwaltungsprozessrecht um konkretisiertes Verfassungsrecht handelt, nehmen auch *Mayer* (Fn. 203), § 129 Rn. 103, und *Huber*, Die verfassungsrechtliche Prägung des Verwaltungsrechtsschutzes, in: Sommermann/Schaffarzik (Hrsg.), Geschichte der Verwaltungsgerichtsbarkeit, 2019, § 49 S. 1771 (1772), an. Zur verfassungsrechtlichen Vorprägung des Verwaltungsrechtsschutzes allgemein *Huber*, ebd. § 49 S. 1771 ff.

205 Ausführlich zu Bedeutung und Inhalt von Art. 19 Abs. 4 S. 1 GG s. Kap. 2, A., I. und II.

206 Zu den verfassungsrechtlichen Grundlagen insgesamt *Schmidt-Aßmann/Schenk* (Fn. 201), Einl. Rn. 1 ff.

„die wichtigsten Weichenstellungen“[207] für die Ausgestaltung des Prozessrechts enthält, keineswegs aber alle Einzelheiten vorgibt. Thesenhaft formuliert zeichnet dieser Abschnitt nach, dass sich die Gemeinsamkeiten der drei Prozessordnungen durch Bedingungen erklären lassen, die das gesetzgeberische Denken bei der Ausgestaltung einer zentralen und alle verwaltungsgerichtlichen Prozessordnungen prägenden Gesetzesfunktion bestimmen. Konkret geht es um die Annahme eines vom Organisationsgesetzgeber beabsichtigten formal-rationalen Handelns, auf das sich die Gemeinsamkeiten zurückführen lassen.[208]

Zwar rückt damit schon hier die Rationalität prozessrechtsbezogener Gesetzgebung in den Fokus der Betrachtung. Gleichwohl wird an dieser Stelle noch nicht auf die Frage einzugehen sein, ob vereinheitlichte oder differenzierte Strukturen die rationalste Ausgestaltungsform des Prozessrechts darstellen. Dies würde auf eine Beschäftigung mit dem Inhalt des prozessrechtlichen Rechtsschutzsystems hinauslaufen, mithin die Frage stellen, *was* organisatorisch rational(er) wäre. Hier kommt es aber gerade (noch) nicht auf den Inhalt, also auf die materielle Rationalität gesetzgeberischen Handelns an, sondern auf „die Form des Denkens oder Handelns“[209], der Auswirkungen für das konkrete Erscheinungsbild der Prozessordnungen zugesprochen werden. Nicht die Rationalität verschiedener Lösungen einer bestimmten organisationsrechtlichen Fragestellungen werden begutachtet, sondern die Form eines bestehenden rechtlichen Systems und ihre Rückführbarkeit auf ein konkretes Denkmuster des Organisationsgesetzgebers der 1950er und 1960er Jahre.[210] Selbst wenn also die Gleichartigkeiten der Prozessordnungen auf eine Vorstellung des Gesetzgebers von formal-rationalem Handeln zurückgeführt werden können, bedeutet das nicht, dass es irrational wäre, vereinheitlichte Strukturen zu implementieren. Die Abgrenzung mag schwerfallen, da formal-rationale Aspekte des Prozessrechtssystems der öffentlich-rechtlichen Fachgerichtsbarkeiten und Fragen seiner organisatorisch-inhaltlichen Gestaltung nahe beieinander liegen, ist aber aufgrund der unterschiedlichen Fragestellungen

[207] *Mayer* (Fn. 203), § 129 Rn. 102.

[208] Von der Kategorie formaler Rationalität zu unterscheiden, sind die materielle und prozedurale Rationalität. Vgl. insofern nur *Steinbach*, Rationale Gesetzgebung, 2017, S. 66ff.

[209] *Steinbach* (Fn. 208), S. 66, der auch nachzeichnet, dass die Rationalität des Inhalts eines Gesetzes die materielle Rationalität betrifft. Vertiefend hierzu sogleich.

[210] Eine solche Trennung findet sich letztlich auch in der Rechtsprechung des BVerfG zum Gebot der Folgerichtigkeit: So hat das Gericht etwa in seiner Rauchverbots-Entscheidung nicht die gesetzgeberische Entscheidung für ein Rauchverbot in Gaststätten beanstandet, mithin nicht das vom Gesetzgeber angedachte und entwickelte Regelungskonzept, sondern die fehlende folgerichtige Ausgestaltung dieses Konzepts. Vgl. BVerfGE 121, 317 (362): „Hat sich der Gesetzgeber aufgrund des ihm zukommenden Spielraums zu einer bestimmten Einschätzung des Gefahrenpotenzials entschlossen, auf dieser Grundlage die betroffenen Interessen bewertet und ein Regelungskonzept gewählt, so muss er diese Entscheidung auch folgerichtig weiterverfolgen.“

bzw. Betrachtungsgegenstände geboten.[211] Unterschieden wird demnach zwischen formalen und materiellen Rationalitätsbedingungen. Während sich diese „auf die Regelungs*inhalte* der Gesetze, auf ihre inhaltliche ‚Richtigkeit'" beziehen, rekurrieren jene auf „die Form des Denkens oder Handelns"[212]. Dies hat es letztlich auch zur Konsequenz, dass je nach Fragestellung unterschiedliche Rationalitätsbegriffe Eingang in die Bearbeitung finden (müssen).[213]

In einem ersten Schritt sollen die vielfach im Vereinheitlichungsdiskurs angesprochenen Gemeinsamkeiten der Prozessordnungen dargestellt werden. Daran schließt sich die Frage an, inwieweit überhaupt aufgrund der ausgemachten gesetzlichen Parallelen darauf geschlossen werden kann, dass diese das Resultat einer vom Gesetzgeber beabsichtigten Handlungsweise darstellen. Sodann soll durch die Skizzierung formaler Rationalitätsbedingungen und ihrer Einbettung in eine rechtswissenschaftliche Analyse ein Maßstab gewonnen werden, an dem aufgezeigt werden kann, dass die Gemeinsamkeiten der drei Prozessordnungen auf die Vorstellung des Organisationsgesetzgebers von einem formal-rationalen gesetzgeberischen Handeln zurückgeführt werden können.

I. FGO, SGG und VwGO im Vergleich

Das rechtliche Panorama der Prozessordnungen der öffentlich-rechtlichen Fachgerichtsbarkeiten ist seit jeher von zahlreichen Gleichartigkeiten geprägt, aber auch Unterschiede finden sich im prozessrechtlichen Rechtsschutzsystem. Schon anhand einer Betrachtung einzelner Abschnitte der Prozessordnungen lassen sich die (teilweise deckungsgleichen) Parallelen illustrieren.[214] Den Untersuchungsgegenstand bilden dabei die Prozessordnungen in ihrer ursprünglichen Fassung, vereinzelt wird der Blick aber auch auf die Prozessordnungen in der derzeit geltenden Fassung gerichtet und damit auf die Entwicklung seit den 1950er und 1960er Jahren eingegangen.

---

[211] So führt auch *Steinbach* (Fn. 208), S. 66, aus: „Formale Rationalität geht freilich von einem bestimmten inhaltlichen Wertesystem und damit einem materiellen Rationalitätskonzept aus."

[212] M. w. N. *Steinbach* (Fn. 208), S. 66. (Hervorhebung im Original).

[213] Dass ein solches Vorgehen erforderlich ist, unterstreicht auch *Schulze-Fielitz*, Rationalität als rechtsstaatliches Prinzip für den Organisationsgesetzgeber, in: Kirchhof/Lehner/Raupach/Rodi (Hrsg.), FS Vogel, 2000, S. 311 (320 f.), indem er festhält, dass es sich bei Rationalität um einen „sinnvariablen Begriff" handelt, der „entsprechend im Blick auf spezifische Problemstellungen zweckgerichtet stipulatorisch definiert oder plausibel typologisch" aufgefächert wird.

[214] Eine umfangreiche vergleichende Darstellung findet sich sowohl bei *Grunsky*, Grundlagen des Verfahrensrechts, 2. Aufl. 1974, passim, als auch bei *Bundesministerium der Justiz*, Synopse zum Entwurf einer Verwaltungsprozeßordnung, 1978, passim; ein Vergleich der Verwaltungsgerichtsordnung und des Sozialgerichtsgesetzes findet sich bei *Kern*, Verwaltungsgerichtsbarkeit und Sozialgerichtsbarkeit, 2014, S. 41 ff.

1. Die Gesetzessystematik im Vergleich

Erste Ähnlichkeiten und gar identische Strukturen zwischen Finanzgerichtsordnung, Sozialgerichtsgesetz und Verwaltungsgerichtsordnung erblickt man bereits bei einer vergleichenden Betrachtung der Inhaltsverzeichnisse der Gesetze. Schon die Gliederung der Gesetze in verschiedene Teile macht deutlich, welche Bereiche die Prozessordnungen miteinander teilen. Auf den ersten Blick mag dies vielleicht nicht direkt einleuchten, beinhalten Finanzgerichtsordnung (vier Teile), Sozialgerichtsgesetz (drei Teile) und Verwaltungsgerichtsordnung (fünf Teile) doch eine unterschiedliche Anzahl an Untergliederungen. Doch der erste Blick trügt. Bei genauerer Betrachtung erkennt man, dass die Bezugsgegenstände, die der Gliederung der Gesetze zugrunde liegen – gemeint sind die Abschnitte Gerichtsverfassung, §§ 1–53 VwGO a. F., §§ 1–59 SGG a. F., §§ 1–39 FGO a. F., Verfahren, §§ 54–123 VwGO a. F., §§ 60–142 SGG a. F., §§ 40–114 FGO a. F., Rechtsmittel und Wiederaufnahme des Verfahrens, §§ 124–153 VwGO a. F., §§ 143–182 SGG a. F., §§ 115–134 FGO a. F., Kosten und Vollstreckung, §§ 154–172 VwGO a. F., §§ 183–201 SGG a. F., §§ 135–154 FGO a. F., sowie Übergangs- und Schlussvorschriften, §§ 173–195 VwGO a. F., §§ 202–224 SGG a. F., §§ 155–184 FGO a. F., – in allen drei Gesetzen gleichermaßen zu finden sind. Lediglich in ihrer Anordnung variieren sie. So ist die Verwaltungsgerichtsordnung in die zuvor aufgezählten fünf Teile gegliedert. Im Sozialgerichtsgesetz hingegen sind die Themengebiete Rechtsmittel, Wiederaufnahme des Verfahrens sowie Kosten und Vollstreckung in den zweiten Teil inkorporiert. Ähnliches gilt für die Finanzgerichtsordnung: Während die Themen Kosten und Vollstreckung sowie Übergangs- und Schlussvorschriften entsprechend der Verwaltungsgerichtsordnung einen eigenen Titel füllen, finden sich die Vorschriften über die Rechtsmittel und die Wiederaufnahme des Verfahrens auch hier im Titel über das Verfahren. Als erstes Zwischenergebnis kann insoweit festgehalten werden, dass sich der inhaltliche Aufbau der Prozessordnungen in großen Teilen entspricht. Finanzgerichtsordnung sowie Sozialgerichtsgesetz kennen im Vergleich zur Verwaltungsgerichtsordnung mit der Aufteilung in Teile, Abschnitte und Unterabschnitte hingegen noch eine tiefere Gliederungsebene, deren Zustandekommen sich daraus ergibt, dass verschiedene Themen, die in der Verwaltungsgerichtsordnung einen eigenen Teil für sich beanspruchen, in anderen Teilen aufgehen.

Auch auf der Ebene unterhalb der verschiedenen Teile finden sich Parallelen in den verwaltungsgerichtlichen Prozessordnungen. Konkret können diese in den Abschnitten und Unterabschnitten lokalisiert werden. So treffen sowohl Finanzgerichtsordnung als auch Sozialgerichtsgesetz und Verwaltungsgerichtsordnung im Teil über das Verfahren Vorgaben zu den allgemeinen Verfahrensvorschriften, §§ 54–67 VwGO a. F., §§ 60–75 SGG a. F., §§ 51–62 FGO a. F., zum Verfahren im ersten Rechtszug, §§ 81–106 VwGO a. F., §§ 87–122 SGG a. F., §§ 63–94 FGO a. F., sowie zu den Urteilen und anderen Entscheidungen, §§ 107–122 VwGO a. F., §§ 123–142 SGG a. F., §§ 95–114 FGO a. F. Darüber hinaus finden sich in allen drei Gesetzen auch Ausführungen zum Vorverfahren §§ 68–77 VwGO a. F., §§ 77–86 SGG a. F., §§ 44–46 FGO a. F. Unterschiede ergeben sich an dieser Stelle in Bezug auf deren Verortung. Während die Vorschriften über das Vorverfahren im Sozialgerichtsgesetz einen eigenen Unterabschnitt füllen, werden sie in der Verwaltungsgerichtsordnung im Abschnitt über besondere Vorschriften für Anfechtungs- und Verpflichtungsklagen und in der Finanzgerichtsordnung im Abschnitt über die Klagearten, Klagebefugnis, Klagevoraussetzungen und den Klageverzicht in einem Atemzug mit anderen Aspekten normiert.

Auffällige Ähnlichkeiten zwischen den Prozessordnungen begegnen dem Gesetzesleser bei der Regelungsmaterie Rechtsmittel und Wiederaufnahme des Verfahrens, §§ 124–153 VwGO a. F., §§ 143–182 SGG a. F., §§ 115–134 FGO a. F. In Anlehnung an die bereits erfolgten Ausführungen zu diesen Regelungsbereichen sei an dieser Stelle eingangs noch darauf hingewiesen, dass diese im Sozialgerichtsgesetz zwei voneinander getrennte Abschnitte bilden, Finanz- und Verwaltungsgerichtsordnung sie hingegen unter einem Dach vereinen. Ansonsten finden sich in den drei Prozessordnungen Regelungen zur Revision, §§ 132–145 VwGO a. F., §§ 160–171 SGG a. F., §§ 115–127 FGO a. F., zur Beschwerde, §§ 146–152 VwGO a. F., §§ 172–178 SGG a. F., §§ 128–133 FGO a. F., und zur Wiederaufnahme des Verfahrens, § 153 VwGO a. F., §§ 179, 180 SGG a. F. Sozialgerichtsgesetz und Verwaltungsgerichtsordnung kennen im Gegensatz zur Finanzgerichtsordnung auch noch die Berufung und stellen ihr einen entsprechenden Platz zur Verfügung, §§ 124–131 VwGO a. F., §§ 143–159 SGG a. F. Von der Gesetzessystematik her betrachtet, wie sie sich aus den Inhaltsverzeichnissen der Prozessordnungen ergibt, findet die Verwandtschaft der Gesetze in der äquivalenten Gliederung der Regelungsbereiche Kosten und Vollstreckung, §§ 154–172 VwGO a. F., §§ 183–201 SGG a. F., §§ 135–154 FGO a. F., sowie der Übergangs- und Schlussvorschriften, §§ 173–195 VwGO a. F., §§ 202–224 SGG a. F., §§ 155–184 FGO a. F., ihre stärksten Ausprägungen.

In der Gesamtschau fördert mithin schon die Betrachtung der Gesetzessystematik einige Gleichartigkeiten in Bezug auf den Aufbau der Finanzgerichtsordnung, des Sozialgerichtsgesetzes und der Verwaltungsgerichtsordnung zu Tage. Gleichwohl wurden auch hier erste Unterschiede deutlich, auch wenn diese lediglich auf eine unterschiedliche Anordnung von Teilen, Abschnitten und Unterabschnitten zurückzuführen sind. Bei dieser ersten groben Betrachtung der Inhalte der verschiedenen Gesetze soll aber keineswegs verweilt werden. Der Blick ist vielmehr auf die Details einzelner Regelungsbereiche zu verengen, um konkrete Gemeinsamkeiten und Unterschiede identifizieren zu können.

2. Prozessmaximen im Vergleich

Begonnen werden soll die detailliertere Betrachtung der Gleichartigkeiten der verwaltungsgerichtlichen Prozessordnungen mit den Prozessmaximen. Unter Prozessmaximen können diejenigen einfachgesetzlich normierten und aus der Verfassung ableitbaren Grundsätze verstanden werden, die das Verfahren leiten und prägen.[215]

Die erste Prozessmaxime, die gleichermaßen in der Finanzgerichtsordnung, dem Sozialgerichtsgesetz sowie in der Verwaltungsgerichtsordnung zu finden ist, ist der Grundsatz der Öffentlichkeit.[216] Entsprechend seiner Normierung in § 169 S. 1 GVG a. F. findet danach die Gerichtsverhandlung einschließlich der Verkündung von Urteilen und Beschlüssen öffentlich statt. Zur Anwendung kommt dieser Verfahrensgrundsatz in dem jeweiligen verwaltungsgerichtlichen Verfahren über einen Verweis in der entsprechenden Prozessordnung, § 52 Abs. 1 FGO a. F., § 55 VwGO a. F., § 61 Abs. 1 S. 1 SGG a. F.[217] Ein weiterer wesenstypischer, weil in Art. 103 Abs. 1 GG verankerter und damit mit Verfassungsrang ausgestatteter Grundsatz, der sich nicht nur, aber gerade auch in allen drei verwaltungsgerichtlichen Prozessordnungen wiederfindet, ist der Grundsatz des rechtlichen Gehörs.[218] Mit dem Ziel, die Verfahrensbeteiligten vor Überraschungsentscheidungen zu schützen, „setzt [der Grundsatz des rechtlichen Gehörs] eine angemessene Information über das Verfahren und seine Grundlagen voraus; e[r] enthält das Recht zur eigenen Stellungnahme in rechtlicher und tat-

---

[215] Vgl. *Hufen* (Fn. 195), § 35 Rn. 1 f.; *Degenhart*, Gerichtsverfahren, in: Isensee/Kirchhof (Hrsg.), HStR, Bd. 5, 3. Aufl. 2007, § 115 Rn. 23. Vertiefend zu den Prozessmaximen *Haverkämper*, Die verfassungsrechtlichen Grundlagen der Maximen des Verwaltungsprozeß, 1973, S. 7 ff.

[216] Zum Grundsatz der Öffentlichkeit s. *Franzki*, Die Öffentlichkeit der Gerichtsverhandlung, DRiZ 1979, 82 ff.; *Strauch*, Die Öffentlichkeit und Mündlichkeit des Verwaltungsstreitverfahrens, in: Triffterer/v. Zezschwitz (Hrsg.), FS Mallmann, 1978, S. 345 ff.; *Berg*, Grundsätze des verwaltungsgerichtlichen Verfahrens, in: Erichsen/Hoppe/v. Mutius (Hrsg.), FS Menger, 1985, S. 537 (553 ff.); *Hufen* (Fn. 195), § 35 Rn. 29 f.; *Sauer/Schwarz*, Handbuch des finanzgerichtlichen Verfahrens, 8. Aufl. 2016, Rn. 715; *Udsching*, in: Krasney/ders./Groth (Hrsg.), Handbuch des sozialgerichtlichen Verfahrens, 7. Aufl. 2016, Kap. 7 Rn. 166; *Grunsky* (Fn. 214), S. 224 ff.

[217] Auch im derzeit geltenden Recht findet sich an denselben Stellen ein entsprechender Verweis: § 55 VwGO, § 52 Abs. 1 FGO, § 61 Abs. 1 SGG.

[218] Vgl. grundlegend zum Grundsatz des rechtlichen Gehörs *Rüping*, Verfassungs- und Verfahrensrecht im Grundsatz des rechtlichen Gehörs, NVwZ 1985, 304 ff.; *Mauder*, Der Anspruch auf rechtliches Gehör, seine Stellung im System der Grundrechte und seine Auswirkungen auf die Abgrenzungsproblematik zwischen Verfassungs- und Fachgerichtsbarkeit, 1986, passim; *Waldner*, Der Anspruch auf rechtliches Gehör, 2. Aufl. 2000, passim; *Knemeyer*, Rechtliches Gehör im Gerichtsverfahren, in: Isensee/Kirchhof (Hrsg.), HStR, Bd. 8, 3. Aufl. 2010, § 178; *Grunsky* (Fn. 214), S. 226 ff.

sächlicher Hinsicht und e[r] gewährleistet auch, dass die Stellungnahme insoweit Wirkung hat, dass sie in die gerichtliche Entscheidung Eingang findet“[219]. Als prominente Beispiele für die unterschiedlichen Ausprägungen des Grundsatzes des rechtlichen Gehörs können die § 108 Abs. 2 VwGO a.F., § 96 Abs. 2 FGO a.F., §§ 62 SGG a.F. und 128 Abs. 2 SGG a.F. genannt werden.[220] Auffällig hieran ist – § 62 SGG a.F. einmal ausgeklammert –, dass im Hinblick auf die Implementierung des Grundsatzes des rechtlichen Gehörs keineswegs nur von einer Ähnlichkeit oder Vergleichbarkeit der Prozessordnungen gesprochen werden kann; vielmehr sind sie von ihrem Wortlaut her identisch. Konkret wird nämlich normiert, dass das Urteil nur auf solche Tatsachen und Beweisergebnisse gestützt werden darf, zu denen sich die Verfahrensbeteiligten äußern durften.

Ähnlich verhält es sich mit dem alle Prozessordnungen bestimmenden Amtsermittlungsgrundsatz.[221] Gemäß § 86 Abs. 1 VwGO a.F., § 103 SGG a.F. und § 76 Abs. 1 FGO a.F. erforscht das Gericht den Sachverhalt von Amts wegen; an das Vorbringen der Beteiligten ist das Gericht nicht gebunden.[222] Die jeweilige Vorschrift „unterstellt, dass das öffentliche Interesse an einer richtigen Entscheidung die Notwendigkeit einer objektiv richtigen und vollständigen Sachverhaltsermittlung voraussetzt“[223]. Der Amtsermittlungsgrundsatz dient der Neutralität der Sachverhaltsaufklärung und soll darüber hinaus deren Vollständigkeit und Offenheit gewährleisten.[224] Auch für den Amtsermittlungsgrundsatz gilt, dass die Vorschriften der Finanzgerichtsordnung, des Sozialgerichtsgesetzes sowie der Verwaltungsgerichtsordnung – von (unwesentlichen) Nuancen einmal abgesehen – im Kern wortlautidentisch sind. Eine weitere Gemeinsamkeit im Hinblick auf den Amtsermittlungsgrundsatz halten die Finanzgerichtsordnung in § 100 Abs. 3 S. 1 FGO, das Sozialgerichtsgesetz in § 131 Abs. 5 S. 1 SGG und die Verwaltungsgerichtsordnung in § 113 Abs. 3 S. 1 VwGO nach heutiger Rechtslage bereit.[225] Danach kann eine Begrenzung des Amtsermittlungsgrundsatzes in Form

---

[219] *Kern* (Fn. 214), S. 75.

[220] Auch hinsichtlich der einfachrechtlichen Verankerung des Grundsatzes des rechtlichen Gehörs ist eine zeitliche Kontinuität zu verzeichnen. Vgl. insofern die aktuelle Rechtslage: § 108 Abs. 2 VwGO, § 96 Abs. 2 FGO, § 128 Abs. 2 SGG.

[221] Vgl. zum Amtsermittlungsgrundsatz statt vieler *Dawin*, in: Schoch/Schneider/Bier (Hrsg.), VwGO, Bd. 2, § 86 (19. EL November 2009) Rn. 6 ff.

[222] Zur gegenwärtigen Rechtslage s. § 86 Abs. 1 S. 1 VwGO, § 76 Abs. 1 S. 1 FGO, § 103 S. 1 Hs. 1 SGG.

[223] *Kern* (Fn. 214), S. 77.

[224] *Kern* (Fn. 214), S. 78.

[225] Vgl. zum Verhältnis zwischen dem Amtsermittlungsgrundsatz und den angeführten Regelungen etwa *Riese*, in: Schoch/Schneider/Bier (Hrsg.), VwGO, Bd. 2, § 113 (33. EL Juni 2017) Rn. 173; *Mey*, Zurückverweisung an die (Leistungs)Verwaltung nach § 131 Abs. 5 SGG, SGb 2010, 68 ff. Zum Regelungsinhalt wiederum *Stapperfend*, in: Gräber (Hrsg.), FGO,

der Rückgabe der Ermittlungspflicht an die Verwaltung ergehen. Voraussetzung dafür ist, dass die Verwaltung im vorausgegangenen Verwaltungsverfahren ihrer eigenen Verpflichtung zur Sachverhaltsaufklärung nicht nachgekommen ist. Hinzuweisen ist allerdings darauf, dass diese Vorschriften erst nachträglich in die verwaltungsgerichtlichen Prozessordnungen aufgenommen wurden. Unerwähnt sollen sie aber keinesfalls bleiben, weil sich hieran zeigt, dass der Organisationsgesetzgeber späterer Legislaturperioden die gleichartigen Strukturen der Regelungsregime aufrechterhalten wollte und teilweise sogar weiter ausgebaut hat. Bereits in den ursprünglichen Fassungen der Gesetze kann mit Blick auf den Amtsermittlungsgrundsatz indes auch eine Vorschrift gefunden werden, die nur eine Prozessordnung kennt und sie damit von den anderen unterscheidet. Gemeint ist § 109 Abs. 1 S. 1 SGG a. F.[226] Danach wird der Amtsermittlungsgrundsatz durchbrochen, indem dem Antragsberechtigten das Recht zugesprochen wird, das Gericht dazu zu zwingen, ein Gutachten von einem bestimmten Arzt einzuholen. Weder Finanzgerichtsordnung noch Verwaltungsgerichtsordnung kennen eine vergleichbare Durchbrechung des Amtsermittlungsgrundsatzes.

Eine weitere Prozessmaxime, die die Finanzgerichtsordnung, das Sozialgerichtsgesetz und die Verwaltungsgerichtsordnung gleichermaßen bestimmt, ist der Grundsatz des fairen Verfahrens.[227] Deutlich werden die Gleichartigkeiten innerhalb der Gesetze bei Betrachtung einer wichtigen Konkretisierung dieses Grundsatzes – den Regelungen zur Ausschließung befangener Personen, die die Unbefangenheit und Neutralität der Gerichtspersonen gewährleisten sollen.[228] Von der zugrundeliegenden Regelungsintention her identisch sind § 51 Abs. 1 FGO a. F., § 60 Abs. 1 SGG a. F. und § 54 Abs. 1 VwGO a. F.; die Vorschriften verweisen für die Ausschließung befangener Personen auf die Regelungen der Zivilprozessordnung.[229] Explizit normiert ist in sämtlichen Prozessordnungen auch die Konzentrationsmaxime, die das Gericht anhält, das Verfahren zeitlich so konzentriert wie möglich durchzuführen.[230] Für die Verwaltungsgerichtsordnung sei hier auf § 87 VwGO a. F., für die Finanzgerichtsordnung auf § 79 FGO a. F. und für das Sozialgerichtsgesetz auf § 106 Abs. 2 SGG a. F. verwiesen, die sich ebenfalls im Wortlaut

---

9. Aufl. 2019, § 100 Rn. 56 ff.; *Keller*, in: Meyer-Ladewig/ders./Leitherer/Schmidt (Hrsg.), SGG, 13. Aufl. 2020, § 131 Rn. 17 ff.; *Riese*, ebd. § 113 Rn. 175 ff.

[226] S. zu dieser Regelung *Hofmann/Schroeter*, SGG, 1953, § 109 S. 109 f.

[227] Vgl. zum Grundsatz des fairen Verfahrens *Dörr*, Faires Verfahren, 1984, passim; *Degenhart* (Fn. 215), § 115 Rn. 38 ff.

[228] Den Zusammenhang zwischen den Regelungen zur Befangenheit und dem Grundsatz des fairen Verfahrens heben auch *Meissner/Schenk*, in: Schoch/Schneider/Bier (Hrsg.), VwGO, Bd. 1, § 54 (34. EL Mai 2018) Rn. 6, hervor.

[229] S. zur derzeit geltenden Rechtslage § 54 Abs. 1 VwGO, § 51 Abs. 1 S. 1 FGO, § 60 Abs. 1 SGG.

[230] Zur Konzentrationsmaxime s. nur *Grunsky* (Fn. 214), S. 219 ff.

entsprechen.[231] Gleiches gilt für die Prozessgrundsätze der Mündlichkeit und der Unmittelbarkeit.[232] Der Grundsatz der Mündlichkeit, § 101 Abs. 1 VwGO a. F., § 124 Abs. 1 SGG a. F., § 90 Abs. 1 FGO a. F.,[233] besagt, „dass die Streitsache in rechtlicher und tatsächlicher Hinsicht in der mündlichen Verhandlung erörtert wird [...] und dass die Beteiligten sich dazu äußern können"[234]. Der Prozessgrundsatz der Unmittelbarkeit wiederum, wie er in den zum großen Teil wortlautidentischen § 96 Abs. 1 VwGO a. F., § 117 SGG a. F. und § 81 Abs. 1 FGO a. F. normiert ist,[235] verlangt, dass die Beweisaufnahme vor dem Gericht zu erfolgen hat und, sofern nichts anderes bestimmt ist, nicht ausgelagert werden darf. Zuletzt finden sich Gleichartigkeiten auch im Hinblick auf die Dispositionsmaxime. Dieser Prozessgrundsatz bindet das Gericht – im Unterschied zu der im Strafprozess geltenden Offizialmaxime – an die Anträge der Kläger.[236] Ausfluss der Dispositionsmaxime ist zunächst, dass das Gericht – ne ultra petita – nicht über die Klageanträge hinaus entscheidet, § 88 VwGO a. F., § 123 SGG a. F., § 96 Abs. 1 S. 2 FGO a. F.[237] Zudem liegt es in der Hand des Klägers, ob er die Klage ändert, § 91 Abs. 1 VwGO a. F., § 99 Abs. 1 SGG a. F., § 67 Abs. 1 FGO a. F., oder zurücknimmt, § 92 Abs. 1 S. 1 VwGO a. F., § 102 S. 1 SGG a. F., § 72 Abs. 1 S. 1 FGO a. F.

Es kann daher festgehalten werden, dass die wesentlichen Prozessmaximen sowohl in der Verwaltungsgerichtsordnung als auch in der Finanzgerichtsordnung und im Sozialgerichtsgesetz gleichermaßen Geltung erfahren und explizit normiert sind. Abweichungen sind nur punktueller Natur, überwiegend gleichen sich die Regelungen auch in ihrem Wortlaut. Diese kursorische Darstellung der Prozessmaximen der verwaltungsgerichtlichen Prozessordnungen förderte nur wenige Unterschiede zu Tage, beansprucht in dieser Hinsicht gleichwohl nicht das Prädikat der Vollständigkeit für sich. Auffällig ist darüber hinaus die Stabilität dieser Prozessmaximen: Im Laufe der Jahre erfolgte trotz verschiedener Novellierungen der Gesetze keinerlei Verschiebung der zuvor aufgelisteten einfachrechtlichen Verankerungen der Prozessgrundsätze.

---

[231] Gegenwärtig: § 87 VwGO, § 79 FGO, § 106 Abs. 2 SGG. Auch hier zeigt sich somit erneut die erstaunliche Kontinuität der Prozessordnungen in der Zeit.

[232] Zu diesen Verfahrensgrundsätzen im Allgemeinen s. etwa *Mann/Wahrendorf*, Verwaltungsprozessrecht, 4. Aufl. 2015, § 4 Rn. 50 f.; *Grunsky* (Fn. 214), S. 213 ff.

[233] Auch gegenwärtig findet der Grundsatz der Mündlichkeit in § 101 Abs. 1 VwGO, § 124 Abs. 1 SGG und § 90 Abs. 1 S. 1 FGO seine normative Verankerung.

[234] *Hufen* (Fn. 195), § 35 Rn. 27.

[235] Zur derzeit geltenden Rechtslage vgl. ebenfalls § 96 Abs. 1 VwGO, § 117 SGG, § 81 Abs. 1 FGO.

[236] *Grunsky* (Fn. 214), S. 18 ff.

[237] Zur gegenwärtigen Rechtslage vgl. im Zusammenhang mit den hier genannten Regelungen §§ 88, 91 Abs. 1, 92 Abs. 1 S. 1 VwGO; §§ 123, 99 Abs. 1, 102 Abs. 1 S. 1 SGG; §§ 96 Abs. 1 S. 2, 67 Abs. 1, 72 Abs. 1 S. 1 FGO.

3. Verwaltungsgerichtliche Klagearten und Klagebefugnis im Vergleich

Zu den elementaren Bestandteilen jeder Prozessordnung gehören die verschiedenen Klagearten, mit denen der Kläger sein Begehren verfolgen kann. Für das System der Klagearten kann bereits im Vorfeld auf einen Umstand hingewiesen werden, der auf die vergleichbaren und teilweise identischen Strukturen der verschiedenen prozessrechtlichen Klagesysteme hindeutet. Dominierender Klagegegenstand in Verfahren vor den allgemeinen Verwaltungs-, den Finanz- und Sozialgerichten ist nämlich der Verwaltungsakt, mithin ein Verwaltungshandeln, das die Voraussetzungen des § 35 VwVfG, § 31 SGB X oder § 118 AO erfüllt. Schon der Bezug sämtlicher Prozessordnungen auf denselben Klagegegenstand, „der mit der identischen Dogmatik Anwendung findet“[238], lässt erahnen, wie (gleichartig) die Klagearten in den verschiedenen Prozessordnungen ausgestaltet sind.

Zunächst lässt sich feststellen, dass sowohl die Finanzgerichtsordnung als auch die Verwaltungsgerichtsordnung und das Sozialgerichtsgesetz exakt dieselben Klagen kennen.[239] So treffen die drei Prozessordnungen nicht nur Regelungen zu der Anfechtungs- und der Verpflichtungsklage, sondern auch zu der Feststellungs-, der Leistungs- und der Fortsetzungsfeststellungsklage. Ihre normative Verankerung finden diese Klagearten in der Verwaltungsgerichtsordnung in §§ 42 Abs. 1, 43 Abs. 1 und 113 Abs. 1 S. 4 VwGO a. F., in der Finanzgerichtsordnung in §§ 40 Abs. 1, 41 Abs. 1 und 100 Abs. 1 S. 4 FGO a. F., und im Sozialgerichtsgesetz in §§ 54 Abs. 1, Abs. 5, 55 und 131 Abs. 1 S. 3 SGG a. F.[240] Über das bloße Auffinden derselben Klagetypen hinaus kann den Regelungen zu den Klagearten attestiert werden, dass sich diese im Wortlaut überwiegend entsprechen. Deutlich wird dies insbesondere bei der Verpflichtungs- und bei der Fortsetzungsfeststellungsklage, die in allen drei Gesetzen mit identischem Wortlaut normiert sind. Doch so ähnlich sich die Prozessordnungen in diesem Punkt auch sind, so finden sich dennoch einzelne Feinheiten, die sie zumindest in der ihnen zukommenden praktischen Relevanz voneinander unterscheiden. So regelt die Finanzgerichtsordnung in § 40 Abs. 1 FGO a. F. für die Anfechtungsklage, dass diese nicht nur statthaft ist, wenn der Kläger die Aufhebung eines Verwaltungsaktes begehrt, sondern auch dann, wenn mit der Klage eine Änderung des Verwaltungsaktes verfolgt wird.[241] Während sich der Wortlaut der Feststellungskla-

---

[238] Zu diesem Aspekt insgesamt *Kern* (Fn. 214), S. 66.

[239] Eine entsprechende Darstellung sämtlicher Klagearten nach den Prozessordnungen der öffentlich-rechtlichen Fachgerichtsbarkeiten findet sich bei *Grunsky* (Fn. 214), S. 377 ff.

[240] Auch hier zeigt sich abermals die Beständigkeit der prozessualen Regelungen in der Zeit. Vgl. aus heutiger Sicht: §§ 42 Abs. 1, 43 Abs. 1, 113 Abs. 1 S. 4 VwGO; §§ 40 Abs. 1, 41 Abs. 1, 100 Abs. 1 S. 4 FGO; §§ 54 Abs. 1 S. 1, Abs. 5, 55, 131 Abs. 1 S. 3 SGG.

[241] Vgl. zur Regelung des § 40 Abs. 1 FGO a. F. *Ziemer/Birkholz*, FGO, 1966, § 40 Rn. 10 und § 100 Rn. 82 ff., die an dieser Stelle, ebd. § 100 Rn. 82, auch auf die größere Bedeutung der

ge in der Finanzgerichtsordnung mit demjenigen der Verwaltungsgerichtsordnung deckt, weicht die Regelung des Sozialgerichtsgesetzes hiervon deutlich ab. Zunächst fällt an § 55 SGG a. F. auf, dass er im Unterschied zu den anderen Prozessordnungen eine enumerative Auflistung der Fälle der Statthaftigkeit der Feststellungsklage enthält. Von der Regelungsintention her mit derjenigen der Verwaltungs- und Finanzgerichtsordnung übereinstimmend, sind die Fälle des § 55 Abs. 1 Nr. 1 und 4 SGG a. F. Regelungen wie diejenigen in § 55 Abs. 1 Nr. 2 und 3, Abs. 2 SGG a. F., wonach der Kläger die Feststellung des zuständigen Versicherungsträgers der Sozialversicherung, des Umfanges zu berechnender oder anzurechnender Beiträge oder die Feststellung, ob eine Gesundheitsstörung oder der Tod die Folge eines Arbeitsunfalls, einer Berufskrankheit oder einer Schädigung im Sinne des Bundesversorgungsgesetzes ist, begehren kann, sind eine Besonderheit des Sozialgerichtsgesetzes.[242] Auch die Normierung der Leistungsklage unterscheidet die drei Prozessordnungen voneinander. Explizit geregelt wird die Leistungsklage nur in der Finanzgerichtsordnung, § 40 Abs. 1 FGO a. F., und dem Sozialgerichtsgesetz, § 54 Abs. 5 SGG a. F. In der Verwaltungsgerichtsordnung wird sie lediglich im Rahmen der Regelung zur Subsidiarität der Feststellungsklage, § 43 Abs. 2 S. 1 VwGO a. F., erwähnt, gilt allerdings als allgemein anerkannte Klageart im verwaltungsgerichtlichen Verfahren.[243] Eine letzte Besonderheit, die weder die Finanz- noch die Verwaltungsgerichtsordnung kennt, enthält das Sozialgerichtsgesetz in § 54 Abs. 4 SGG a. F.[244] Im Unterschied zu den anderen Prozessordnungen regelt das Sozialgerichtsgesetz die Statthaftigkeit einer Klagekombination. „Da regelmäßig ein positives Tun der Verwaltung begehrt wird und sich Kläger nicht nur gegen behördliche Eingriffe wehren wollen, sind beispielsweise Verpflichtungs- und Leistungsklage regelmäßig mit einer Anfechtungsklage zu verbinden. Die häufigste Klageart in der Praxis der Sozialgerichte ist die kombinierte Anfechtungs- und Leistungsklage, mit der einerseits der ablehnende Bescheid des Leistungsträgers angefochten und

---

Regelung im Vergleich zu der entsprechenden Vorschrift des § 113 Abs. 2 VwGO a. F. hinweisen.

[242] Diesen Unterschied betont auch *Meyer-Ladewig*, SGG, 1977, § 55 Rn. 1.

[243] Vgl. etwa BVerwGE 31, 301 (303); *Hufen* (Fn. 195), § 17 Rn. 1; *Steiner*, Die allgemeine Leistungsklage im Verwaltungsprozeß, JuS 1984, 853 ff. An dem Umstand, dass die allgemeine Leistungsklage keine ausdrückliche Erwähnung in der VwGO findet, hat der Gesetzgeber seit den Anfängen der VwGO nichts geändert. S. insofern nur *Wahl/Schütz*, in: Schoch/Schneider/Bier (Hrsg.), VwGO, Bd. 1, § 42 Abs. 2 Rn. 33. Die Rechtslage für das finanz- wie auch für das sozialgerichtliche Verfahren hat sich seither ebenfalls nicht geändert, vgl. § 40 Abs. 1 FGO, § 54 Abs. 5 SGG.

[244] Eine entsprechende Regelung findet sich auch heute noch in § 54 Abs. 4 SGG. S. hierzu *Keller*, in: Meyer-Ladewig/ders./Leitherer/Schmidt (Hrsg.), SGG, 13. Aufl. 2020, § 54 Rn. 37 ff.

andererseits die Zuerkennung der angestrebten Sozialleistung begehrt wird."[245] Liegt ein vergleichbares Klagebegehren einem finanz- oder verwaltungsgerichtlichen Verfahren zugrunde, so ist der Kläger auf das Prozessrechtsinstitut der Klagehäufung nach § 43 FGO a. F., § 44 VwGO a. F. angewiesen.[246]

Als Voraussetzung im Rahmen der Zulässigkeit einer Klage vor den öffentlich-rechtlichen Fachgerichtsbarkeiten ist die Klagebefugnis eng verwoben mit den verschiedenen Klagearten.[247] Ähnlichkeiten zwischen der Finanzgerichtsordnung, dem Sozialgerichtsgesetz und der Verwaltungsgerichtsordnung können auch hier erblickt werden. Jede der drei Prozessordnungen erfordert vom Kläger eine subjektive Beschwer, um auf diesem Wege Popularklagen auszuschließen, § 42 Abs. 2 VwGO a. F., § 40 Abs. 2 FGO a. F., § 54 Abs. 1 S. 2 SGG a. F.[248] Dabei stimmt der Wortlaut dieser drei Regelungen im Kern überein, lediglich die Finanzgerichtsordnung erweitert in der genannten Regelung den Anwendungsbereich der Klagebefugnis explizit für den Fall der Leistungsklage.

Letztlich können also auch für die Klagearten und für die Klagebefugnis viele Gemeinsamkeiten zwischen der Verwaltungsgerichtsordnung, dem Sozialgerichtsgesetz und der Finanzgerichtsordnung identifiziert werden. Dennoch finden sich verschiedentlich auch Unterschiede zwischen den Prozessordnungen, die in der Regel auf die besonderen Bedürfnisse des jeweiligen gerichtlichen Verfahrens zurückzuführen sind.

4. Der vorläufige Rechtsschutz im Vergleich

Zu den essentiellen Aufgaben des Prozessrechts zählt die Gewährung des verfassungsrechtlich in Art. 19 Abs. 4 S. 1 GG vorgegebenen effektiven Rechtsschutzes.[249] Danach darf „[d]er Rechtsschutz […] nicht dadurch um seine Wirk-

---

245 Diese Besonderheit des Sozialgerichtsprozesses betont in dieser Weise *Kern* (Fn. 214), S. 54.

246 S. zur heutigen Rechtslage ebenfalls § 44 VwGO und § 43 FGO. Auch das SGG kennt in seinem § 56 eine Regelung zur Klagehäufung.

247 Zum Erfordernis der Klagebefugnis statt vieler *Engelhardt*, Zur Klagebefugnis im Verwaltungsprozeß, JZ 1961, 588 ff.; *Ehlers*, Klagebefugnis nach deutschem, europäischem Gemeinschafts- und US-amerikanischem Recht, VerwArch 84 (1993), 139 ff.; *Erichsen*, Zur Regelung der Klagebefugnis in § 42 Abs. 2 VwGO, VerwArch 64 (1973), 319 ff.; *Neumeyer*, Die Klagebefugnis im Verwaltungsprozeß, 1979, passim; *Schröder*, Die Klagebefugnis bei Anfechtungs- und Normenkontrollklagen, Jura 1981, 617 ff.; *Schlette*, Die Klagebefugnis – § 42 II VwGO, Jura 2004, 90 ff. Kritisch *Achterberg*, Die Klagebefugnis – eine entbehrliche Sachurteilsvoraussetzung, DVBl. 1981, 278 ff. Zur Zukunftsfähigkeit der Klagebefugnis *Winkler/ Schaub*, Die Zukunft der Klagebefugnis im Verwaltungsprozessrecht, AL 2017, 111 ff.

248 S. zur heutigen Rechtslage ebenfalls § 42 Abs. 2 VwGO, § 40 Abs. 2 FGO, § 54 Abs. 1 S. 2 SGG.

249 Zu den Anforderungen von Art. 19 Abs. 4 S. 1 GG und ihren Auswirkungen auf die Ge-

samkeit gebracht werden, dass im Verlauf des Verfahrens in der Hauptsache vollendete Tatsachen geschaffen werden oder sonst irreparable Schäden eintreten"[250]. Unter anderem zum Schutz gegen den Vollzug einer behördlichen Entscheidung oder zur Sicherung eines Rechts für die Dauer eines gerichtlichen Verfahrens ist daher neben einem System von Rechtsbehelfen im Hauptsacheverfahren auch die Bereitstellung von Möglichkeiten zur Erlangung vorläufigen Rechtsschutzes erforderlich.[251] Auch hier entsprechen sich die Prozessordnungen im Wesentlichen. Allerdings ist dies nicht bereits von Beginn an der Fall gewesen, eine Angleichung erfolgte für das Sozialgerichtsgesetz erst im Laufe der vergangenen Jahre.[252]

Während die Verwaltungsgerichtsordnung zur Umsetzung des verfassungsrechtlich Gebotenen nämlich schon in ihrer ursprünglichen Fassung in § 80 VwGO a.F. den Grundsatz der aufschiebenden Wirkung von Anfechtungsklage und Widerspruch kannte und mit den §§ 80 und 123 VwGO a.F. ein entsprechendes Instrumentarium für die Fälle bereithielt, in denen Anfechtungsklage und Widerspruch keine aufschiebende Wirkung entfalten und auf Seiten des Klägers ein Bedürfnis nach Gewährung vorläufigen Rechtsschutzes besteht,[253] sah das Sozialgerichtsgesetz in den §§ 86 Abs. 2 und 97 Abs. 1 SGG a.F. nur für bestimmte Fällen die aufschiebende Wirkung von Widerspruch und Anfechtungsklage vor. Die sofortige Vollziehung war der Regelfall, die aufschiebende Wirkung mithin nur die Ausnahme.[254] Mithin war die regulatorische Grundkonzeption von Verwaltungsgerichtsordnung und Sozialgerichtsgesetz in ihren Ursprüngen in diesem Punkt konträr zueinander ausgerichtet. Erst mit den zum 2. Januar 2002 in Kraft getretenen §§ 86a und 86b SGG[255] hat der Gesetzgeber das System des vorläufigen Rechtsschutzes im Sozialgerichtsgesetz nach dem Vorbild der Verwaltungsgerichtsordnung neu ausgestaltet.[256] Danach gilt nun auch im sozial-

---

währung vorläufigen Rechtsschutzes vgl. m.w.N. nur *Schulze-Fielitz* (Fn. 12), Art. 19 IV Rn. 113; *Schmidt-Aßmann*, in: Maunz/Dürig (Hrsg.), GG, Bd. 3, Art. 19 Abs. 4 (72. EL Juli 2014) Rn. 273ff. Insgesamt zum vorläufigen Rechtsschutz nur *Windthorst*, Der verwaltungsgerichtliche einstweilige Rechtsschutz, 2009, passim.

[250] *Schmidt-Aßmann* (Fn. 249), Art. 19 Abs. 4 Rn. 273.

[251] Vgl. nur *Hufen* (Fn. 195), § 31 Rn. 1ff.

[252] Vgl. hierzu und zum Folgenden ausführlich *Kern* (Fn. 214), S. 56ff.

[253] Vgl. zur damaligen Rechtslage *Eyermann/Fröhler*, VwGO, 1960, § 80 Rn. 1ff. und § 123 Rn. 1ff.

[254] So auch *Udsching/Groth*, Der vorläufige Rechtsschutz, in: Krasney/Udsching/Groth (Hrsg.), Handbuch des sozialgerichtlichen Verfahrens, 7. Aufl. 2016, Kap. 5 Rn. 4.

[255] Die Umgestaltung erfolgte durch das Sechste Gesetz zur Änderung des Sozialgerichtsgesetzes vom 17.08.2001, BGBl. I 2001, S. 2144.

[256] Zu dieser Anpassungsabsicht an die Verwaltungsgerichtsordnung s. BT-Drs. 14/5943, S. 20.

gerichtlichen Verfahren die aufschiebende Wirkung von Widerspruch und Anfechtungsklage als Regelfall.[257] Der Lage im Sozialgerichtsgesetz alter Fassung ähnelt diejenige der Finanzgerichtsordnung. Auch in deren Regelungsregime ist vorgesehen, dass weder die Einlegung eines Einspruchs noch die Klageerhebung dazu führen, dass die Erhebung einer Abgabe bzw. deren Vollziehung gehemmt wird.[258] Zurückzuführen ist dies auf das Bedürfnis des Staates, über diejenigen finanziellen Mittel zu verfügen, die für eine erfolgreiche Aufgabenwahrnehmung erforderlich sind.[259] Eine grundsätzlich hemmende Wirkung würde mit anderen Worten die finanzielle Basis für die staatliche Aufgabenwahrnehmung gefährden. Um dies zu verhindern und gleichzeitig dem Bedürfnis des Klägers oder des Staates nach vorläufigem Rechtsschutz und nach vorläufiger Rechtssicherheit gerecht zu werden, sah und sieht die Finanzgerichtsordnung in den §§ 69 Abs. 3, 114 FGO (a. F.) die Möglichkeiten der Aussetzung bzw. Aufhebung der Vollziehung sowie der einstweiligen Anordnung vor. Nur in wenigen Ausnahmefällen, § 69 Abs. 4 S. 1 FGO a. F., entfaltet eine Klage von Gesetzes wegen aufschiebende Wirkung.[260]

Für den vorläufigen Rechtsschutz kann folgendes Resümee gezogen werden: Sowohl die Verwaltungsgerichtsordnung als auch das Sozialgerichtsgesetz und die Finanzgerichtsordnung treffen, entsprechend den verfassungsrechtlichen Vorgaben, Regelungen zur Gewährung vorläufigen Rechtsschutzes. Sie unterscheidet dabei die zugrundeliegende Grundkonzeption: Während die Verwaltungsgerichtsordnung und seit jüngstem auch das Sozialgerichtsgesetz davon ausgehen, dass Widerspruch und Anfechtungsklage grundsätzlich aufschiebende Wirkung haben und vorläufiger Rechtsschutz für die Fälle vorgesehen ist, in denen diese Regel nicht greift, misst die Finanzgerichtsordnung zwecks Gewährleistung der staatlichen Aufgabenwahrnehmung nur in wenigen Ausnahmefällen, § 69 Abs. 4 S. 1 FGO a. F., einer Klage aufschiebende Wirkung zu; in sämtlichen anderen Fällen tritt diese Wirkung nur nach vorheriger Anordnung ein. Die Her-

---

[257] Zu den §§ 86a und 86b SGG im Detail *Keller*, in: Meyer-Ladewig/ders./Leitherer/Schmidt (Hrsg.), SGG, 13. Aufl. 2020, § 86a SGG und § 86b SGG.

[258] Mit Blick auf die damalige Rechtslage führen *Ziemer/Birkholz* (Fn. 241), § 69 Rn. 11, klarstellend aus, dass der Regelfall der FGO der Ausnahmeregelung des § 80 Abs. 2 Nr. 1 VwGO a. F. entspräche.

[259] Hierzu und zum Folgenden *Ziemer/Birkholz* (Fn. 241), § 69 Rn. 3; *Görg/Müller*, FGO, 1966, § 69 Rn. 347.

[260] Vertiefend zum vorläufigen Rechtsschutz im finanzgerichtlichen Verfahren *Birk*, Verfassungsfragen bei der Gewährung vorläufigen Rechtsschutzes im finanzgerichtlichen Verfahren, in: Erichsen/Hoppe/v. Mutius (Hrsg.), FS Menger, 1985, S. 161 ff.; *Bäcker*, Vorläufiger Rechtsschutz „zweiten Grades"?, DStZ 1990, 532 ff.; *Carl*, Vorläufiger Rechtsschutz im Steuerrecht, DB 1991, 2615 ff.; *Papier*, Einstweiliger Rechtsschutz bei Abgaben, StuW 1978, 332 ff.; *Seer*, Defizite im finanzgerichtlichen Verfahren, StuW 2001, 3 ff.

stellung der aufschiebenden Wirkung bzw. die Hemmung der Vollziehung kann im Unterschied zur Verwaltungsgerichtsordnung und zum (aktuellen) Sozialgerichtsgesetz also erst auf Antrag vom Gericht oder durch die Behörde angeordnet werden.

5. Rechtsmittel im Vergleich

Gemeinsamkeiten und Unterschiede der verschiedenen Prozessordnungen finden sich auch im Bereich des Rechtsmittelrechts. Damit rücken die Berufung und die Revision in den Fokus der Betrachtung. Als Rechtsmittel können solche Rechtsbehelfe definiert werden, mit denen ein Verfahrensbeteiligter entweder die Kassation oder die Reformation einer gerichtlichen Entscheidung durch das zuständige Rechtsmittelgericht verfolgt.[261] Die wesentlichen Charakteristika von Rechtsmitteln sind die ihnen immanenten Verfahrenseffekte. Der Suspensiveffekt bewirkt, dass die Entscheidung nicht formell rechtskräftig wird, und der Devolutiveffekt hebt das Verfahren in die nächsthöhere Instanz.[262]

Erster elementarer Unterschied zwischen der Finanzgerichtsordnung einerseits und der Verwaltungsgerichtsordnung sowie dem Sozialgerichtsgesetz andererseits ist der Umstand, dass die Finanzgerichtsordnung aufgrund ihres zweiinstanzlichen Aufbaus das Rechtsmittel der Berufung nicht kennt. Damit beschränkt sich die vergleichende Darstellung an dieser Stelle auf die Verwaltungsgerichtsordnung und das Sozialgerichtsgesetz. Gegenstand der Berufung ist in beiden Prozessordnungen das erstinstanzliche Urteil, welches anders als im Rahmen der Revision einer vollständigen rechtlichen und tatsächlichen Prüfung unterzogen wird.[263] „Der Prozess wird also auf höherer Instanz umfassend erneut geführt."[264] Ein erster Unterschied zwischen der Verwaltungsgerichtsordnung und dem Sozialgerichtsgesetz ergibt sich – aus heutiger Sicht – allerdings schon hinsichtlich des Ortes, an dem die Berufung einzulegen ist.[265] Sah die Verwaltungsgerichtsordnung in der Fassung von 1960 in § 124 Abs. 2 VwGO a. F. noch vor, dass die Berufung äquivalent zum Sozialgerichtsgesetz innerhalb der Monatsfrist sowohl beim Verwaltungsgericht als auch beim Oberverwaltungsgericht eingelegt werden kann, ist dies nach der heute geltenden Fassung nicht mehr der Fall.[266] Nach § 124a Abs. 2 S. 1 VwGO muss die Berufung beim Verwaltungsgericht eingelegt

---

[261] Vgl. nur *Wieser*, Arbeitsgerichtsverfahren, 1994, S. 157 Rn. 338.

[262] S. zur Bedeutung von Suspensiv- und Devolutiveffekt etwa *Rudisile*, in: Schoch/Schneider/Bier (Hrsg.), VwGO, Bd. 2, Vorb. § 124 (29. EL Oktober 2015) Rn. 1.

[263] S. nur *Nolte* (Fn. 199), S. 192; *Ule*, Die zweite Tatsacheninstanz in der Verwaltungsgerichtsbarkeit im Licht der Rechtstatsachenforschung, DVBl. 1983, 440 ff.

[264] *Kern* (Fn. 214), S. 108.

[265] Vgl. insofern auch *Kern* (Fn. 214), S. 108 f.

[266] Vgl. zur damaligen Rechtslage etwa *Eyermann/Fröhler* (Fn. 253), § 124 Rn. 23.

werden.[267] Im Unterschied hierzu konnte und kann nach § 151 Abs. 1 und 2 SGG (a. F.) die Berufung im sozialgerichtlichen Verfahren beim Sozialgericht wie auch beim Landessozialgericht eingelegt werden.[268] War diese Regelung in den ursprünglichen Fassungen der beiden Prozessordnungen also noch identisch, entwickelten sie sich im Laufe der Zeit deutlich auseinander und bilden in der heute gültigen Fassung einen Unterschied zwischen Verwaltungsgerichtsordnung und Sozialgerichtsgesetz.

Selbiges kann für die Regelungen zum Vertretungszwang gesagt werden. In ihren ursprünglichen Fassungen galt ein anwaltlicher Vertretungszwang nach § 166 Abs. 1 SGG a. F. und § 67 Abs. 1 S. 1 VwGO a. F. erst vor dem jeweiligen Bundesgericht. Vor den Verwaltungsgerichten und Oberverwaltungsgerichten sowie vor den Sozialgerichten und Landessozialgerichten waren die Kläger nicht dazu verpflichtet, sich von einem Anwalt vertreten zu lassen.[269] Ausdrücklich normiert wurde dies indes nur in § 67 Abs. 2 S. 1 VwGO a. F. An dieser Differenzierung hat das Sozialgerichtsgesetz auch in dem heute geltenden § 73 Abs. 4 S. 1 SGG festgehalten,[270] die Verwaltungsgerichtsordnung hingegen ordnet in § 67 Abs. 4 S. 1 VwGO nunmehr auch für das Oberverwaltungsgericht, mithin für die Berufungsinstanz, einen Vertretungszwang an.[271] Auch in dieser Hinsicht können also – zumindest mit Blick auf die ursprünglichen Fassungen – Gemeinsamkeiten zwischen der Verwaltungsgerichtsordnung und dem Sozialgerichtsgesetz erblickt werden, die sich im Laufe der Zeit aber deutlich auseinander entwickelt haben.[272]

Letzte Unterschiede zwischen der Verwaltungsgerichtsordnung und dem Sozialgerichtsgesetz ergeben sich noch hinsichtlich der Frage, wann die Berufung statthaft ist. Im Unterschied zu den zuvor beschriebenen Entwicklungen näherten sich die Regelungsstrukturen zwischen den beiden Prozessordnungen im Laufe der Jahre zunächst an, entfernten sich durch das 6. VwGO-Änderungsgesetz vom 1. November 1996[273] dann jedoch wieder schlagartig voneinander. Aus-

---

[267] S. auch *Rudisile*, in: Schoch/Schneider/Bier (Hrsg.), VwGO, Bd. 2, § 124a (29. EL Oktober 2015) Rn. 35 f.

[268] Hierzu erläuternd *Keller*, in: Meyer-Ladewig/ders./Leitherer/Schmidt (Hrsg.), SGG, 13. Aufl. 2020, § 151 Rn. 2 f.

[269] Vgl. hierzu *Eyermann/Fröhler* (Fn. 253), § 67 Rn. 1, und *Hofmann/Schroeter* (Fn. 226), § 166 S. 162 f.

[270] S. zur heutigen Rechtslage *Schmidt*, in: Meyer-Ladewig/Keller/Leitherer/ders. (Hrsg.), SGG, 13. Aufl. 2020, § 73 Rn. 38 ff.

[271] Aus heutiger Sicht einschließlich einer Skizzierung der Änderung dieser Regelung durch das 6. VwGOÄndG *Schenk*, in: Schoch/Schneider/Bier (Hrsg.), VwGO, Bd. 1, § 67 (31. EL Juni 2016) Rn. 17, 67 ff.

[272] Diesen Unterschied hinsichtlich des Vertretungszwangs im Berufungsverfahren betont auch *Kern* (Fn. 214), S. 109.

[273] BGBl. I 1996, S. 1626.

gangspunkt im Sozialgerichtsgesetz bildete ein kompliziertes System aus Regelungen zu Berufungsausschlussgründen in den §§ 144–149 SGG a. F. und hierzu bestehender Gegenausnahmen nach § 150 SGG a.F., die die Grundregel des § 143 SGG a. F. beeinflussten.[274] Kurzum war danach die Berufung gegen Urteile der Sozialgerichte statthaft, sofern sich aus den §§ 144–149 SGG a. F. keine Ausnahmen von diesem Grundsatz ergaben. Griffen entsprechende Ausnahmen ein und schlossen damit die Berufung aus, war die Berufung in den Fällen des § 150 Nr. 1–3 SGG a. F. dennoch statthaft. Ein vergleichbares System kannte die Verwaltungsgerichtsordnung nicht. Nach ihrer Maßgabe war die Berufung gemäß § 124 Abs. 1 VwGO a.F. statthaft, konnte nach § 131 Abs. 1 VwGO a. F. jedoch durch ein spezielles Bundes- oder Landesgesetz beschränkt werden, wobei nach § 131 Abs. 2 VwGO a.F. auch in diesem Falle die Berufung zuzulassen war, wenn einer der dort enumerativ aufgelisteten Fälle einschlägig war.[275] Durch das 6. VwGO-Änderungsgesetz wurden 1996 die Strukturen der Verwaltungsgerichtsordnung geändert; nach der neuen Regelung war die Berufung nur statthaft, wenn sie vom Berufungsgericht zugelassen wurde.[276] Eine weitere Modifikation erfuhren die Regelungen der Verwaltungsgerichtsordnung schließlich durch das Gesetz zur Bereinigung des Rechtsmittelrechts im Verwaltungsprozess[277]. Nach nun geltender Rechtslage ist auch das Verwaltungsgericht in bestimmten Fällen zulassungsberechtigt.[278] Insgesamt ist die Berufung nach der Verwaltungsgerichtsordnung also nur statthaft, wenn sie zugelassen wurde. Eine vorübergehende Annäherung zwischen dem Regelungsregime der Verwaltungsgerichtsordnung und demjenigen des Sozialgerichtsgesetzes erfolgte durch Art. 8

---

[274] Vgl. zum Regelungssystem über die Berufung im sozialgerichtlichen Verfahren *Dähne*, Zur Berufungs- und Revisionszulassung im Sozialgerichtsverfahren, SozSich 1955, 316f.; s. ferner die Kommentierung zu §§ 143ff. bei *Meyer-Ladewig* (Fn. 242) und bei *Hofmann/Schroeter* (Fn. 226), §§ 143ff. S. 142ff.

[275] Vgl. insofern *Eyermann/Fröhler* (Fn. 253), § 124 Rn. 1ff. und § 131 Rn. 1ff.

[276] Zu den Änderungen, die mit dem 6. VwGOÄndG einhergingen, s. *Schmieszek*, Sechstes Gesetz zur Änderung der Verwaltungsgerichtsordnung und anderer Gesetze (6. VwGOÄndG), NVwZ 1996, 1151 (1153f.); *Schenke*, „Reform" ohne Ende – Das Sechste Gesetz zur Änderung der Verwaltungsgerichtsordnung und anderer Gesetze (6. VwGOÄndG), NJW 1997, 81 (90ff.); *Lackner*, Die 6. VwGO-Novelle: Verfahrensbeschleunigung contra Rechtsschutzverkürzung, JA 1997, 526 (528); *Bader*, Das sechste Gesetz zur Änderung der Verwaltungsgerichtsordnung, DÖV 1997, 442 (443); *Rudisile*, in: Schoch/Schneider/Bier (Hrsg.), VwGO, Bd. 2, § 124 (29. EL Oktober 2015) Rn. 1ff.

[277] BGBl. I 2001, S. 3987.

[278] S. §§ 124, 124a Abs. 1 S. 1 VwGO. Vgl. zur historischen Entwicklung *Rudisile* (Fn. 276), § 124 Rn. 6a, sowie *ders.* (Fn. 267), § 124a Rn. 1. Die Entwicklung skizziert insgesamt auch *Kern* (Fn. 214), S. 109. Zur Berufung im verwaltungsgerichtlichen Verfahren nach heutiger Rechtslage insgesamt *Hufen* (Fn. 195), § 40 Rn. 1ff.

des Gesetzes[279] zur Entlastung der Rechtspflege vom 11. Januar 1993.[280] Der Gesetzgeber ersetzte die vorherigen Regelungen des Sozialgerichtsgesetzes durch die §§ 144, 145 SGG und zielte auf eine Vereinfachung der Strukturen.[281] Vom Grundsatz des § 143 Abs. 1 SGG, nach dem die Berufung gegen Urteile der Sozialgerichte stets statthaft ist, schafft § 144 Abs. 1 SGG zwei Ausnahmen.[282] In den enumerativ aufgelisteten Fällen ist die Berufung nur statthaft, wenn sie entweder durch das Sozialgericht in seinem Urteil oder auf eine Beschwerde hin vom Landessozialgericht durch Beschluss zugelassen wird. Fälle, in denen die Berufung zuzulassen ist, regelt § 144 Abs. 2 SGG.[283] Dieses Regelungssystem ähnelt dem der Verwaltungsgerichtsordnung in seiner Fassung vor dem 6. VwGO-Änderungsgesetz. Sowohl das voranstehende Gesetz als auch letztlich das Gesetz zur Bereinigung des Rechtsmittelrechts im Verwaltungsprozess entfernten Sozialgerichtsgesetz und Verwaltungsgerichtsordnung jedoch wieder voneinander.[284] Demnach gilt also: Die Zulassungsberufung ist nach der Verwaltungsgerichtsordnung die Regel, nach dem Sozialgerichtsgesetz hingegen die Ausnahme.

Ein weiteres Rechtsmittel, das neben der Verwaltungsgerichtsordnung und dem Sozialgerichtsgesetz auch die Finanzgerichtsordnung kannte und kennt und das den Vergleich der Rechtsmittel beschließen soll, ist die Revision. Gleichermaßen gingen und gehen die drei Prozessordnungen davon aus, dass sich die Revision gegen die Entscheidung der vorausgehenden Instanz richtet, § 132 Abs. 1 S. 1 VwGO a. F., § 115 Abs. 1 FGO a. F., § 160 SGG a. F., und dass die Revision zugelassen werden muss, § 162 Abs. 1 Nr. 1 SGG a. F., § 115 Abs. 1 FGO a. F., § 132 Abs. 1 S. 2 VwGO a. F.[285] Bereits an dieser Stelle findet sich allerdings auch schon

---

279 BGBl. I 1993, S. 50. Eine Übersicht über die Neuerungen verschafft *Meyer-Ladewig*, Aktuelle Änderungen des Sozialgerichtsgesetzes, NZS 1993, 137 (139 ff.).

280 Die Annäherung an das Regelungssystem der VwGO war wohlgemerkt nur vorübergehender Natur und wurde durch das 6. VwGOÄndG beseitigt. Das Regelungssystem des SGG ähnelte also demjenigen der VwGO, das aufgrund von Art. 2 § 4 des Gesetzes vom 31.03.1978 zur Entlastung der Gerichte in der Verwaltungs- und Finanzgerichtsbarkeit, BGBl. I 1978, S. 446, und des 4. VwGOÄndG vom 17.12.1990, BGBl. I 1990, S. 2809, galt. Vgl. auch *Keller*, in: Meyer-Ladewig/ders./Leitherer/Schmidt (Hrsg.), SGG, 13. Aufl. 2020, § 144 Rn. 1.

281 S. zur Motivation des Gesetzgebers BT-Drs. 12/1217, S. 19 f.

282 Vgl. zum Regelungssystem des SGG insgesamt *Keller* (Fn. 280), § 144 Rn. 4 ff., der, ebd. § 144 Rn. 3, zusammenfassend festhält: „Das *SGG* kennt *nur* die *Berufungsbeschränkung nach § 144*. Wenn die Berufung nicht nach Maßgabe dieser Vorschrift beschränkt wird, ist sie nach § 143 statthaft." (Hervorhebung im Original). Ebenso *Kern* (Fn. 214), S. 109 f.

283 S. zu § 144 Abs. 2 SGG *Keller* (Fn. 280), § 144 Rn. 26 ff.

284 Auch *Kern* (Fn. 214), S. 110, hält fest: Die „Hürden für die Einlegung einer Berufung [sind] im sozialgerichtlichen Verfahren niedriger. Die Zulassungsberufung ist an den SGs die Ausnahme [sic!] an den VGs die Regel."

285 S. zur heutigen Rechtslage § 132 Abs. 1 VwGO, § 160 Abs. 1 SGG, § 115 Abs. 1 FGO.

ein erster Unterschied zwischen den drei Prozessordnungen. Anders als in der Verwaltungsgerichtsordnung war die Revision nach der Finanzgerichtsordnung und nach dem Sozialgerichtsgesetz alternativ zur Zulassung auch dann statthaft, wenn der Wert des Streitgegenstandes eintausend Deutsche Mark überstieg, § 115 Abs. 1 FGO a. F., oder wenn einer der Fälle des § 162 Abs. 1 Nr. 2, 3 SGG a. F. einschlägig war.[286] Die Statthaftigkeit der Revision ohne vorherige Zulassung kennt die Verwaltungsgerichtsordnung alter Fassung nicht. Für den Fall der gerichtlichen Zulassung der Revision halten die drei Prozessordnungen in ihrer ursprünglichen Fassung wiederum Regelungen bereit, die sich in vielen Punkten ähneln, gleichwohl in den Feinheiten durchaus voneinander unterscheiden. Die größte Gemeinsamkeit besteht dabei zwischen der Finanz- und der Verwaltungsgerichtsordnung. Mit nahezu identischem Wortlaut zählen sie in § 115 Abs. 2 Nr. 1–3 FGO a. F. bzw. § 132 Abs. 2 Nr. 1–3 VwGO a. F. die Fälle auf, in denen die Revision zwingend zuzulassen ist.[287] Das ist der Fall, wenn (1.) die Rechtssache grundsätzliche Bedeutung hat, (2.) das Urteil von einer Entscheidung des jeweiligen Bundesgerichts abweicht und auf dieser Abweichung beruht oder wenn (3.) bei einem geltend gemachten Verfahrensmangel die angefochtene Ent-

---

[286] Vgl. zu diesen Fällen für das finanzgerichtliche Verfahren *Ziemer/Birkholz* (Fn. 241), § 115 Rn. 8 ff. Für das sozialgerichtliche Verfahren wiederum *Mellwitz*, SGG, 1956, § 162 Rn. 8 ff.

[287] S. zu den einzelnen Zulassungsgründen der VwGO *Eyermann/Fröhler* (Fn. 253), § 132 Rn. 11 ff.; für die FGO *Ziemer/Birkholz* (Fn. 241), § 115 Rn. 16 ff., die, ebd. § 115 Rn. 17, auch auf eine Wortlautähnlichkeit mit der Regelung der VwGO hinweisen. Erwähnenswert ist, dass sowohl die VwGO, § 132 Abs. 2 Nr. 3 VwGO a. F., wie auch die FGO, § 115 Abs. 2 Nr. 3 FGO a. F., den Fall der Zulassung der Revision aufgrund eines Verfahrensmangels, auf dem die angefochtene Entscheidung beruhen kann, vorsehen; zwar führt ein Verfahrensmangel nach § 162 Abs. 1 Nr. 2 SGG a. F. ebenfalls zur Statthaftigkeit der Revision, aber nur, wenn dieser wesentlich ist. Aus heutiger Sicht vgl. die Zulassungsgründe in § 132 Abs. 2 VwGO, § 115 Abs. 2 FGO und § 160 Abs. 2 SGG. Interessant hieran ist, dass sich das SGG in seinem § 160 Abs. 2 Nr. 3 an die Regelungen der VwGO, § 132 Abs. 2 Nr. 3 VwGO, und der FGO, § 115 Abs. 2 Nr. 3 FGO, angenähert hat, Abweichungen aber noch in Form normativ aufgeführter Beschränkungen der Revision aufgrund eines Verfahrensmangels zu finden sind. Vgl. hierzu *Leitherer*, in: Meyer-Ladewig/Keller/ders./Schmidt (Hrsg.), SGG, 13. Aufl. 2020, § 160 Rn. 17a ff. Ebenfalls gesonderte Erwähnung verdient die Revision aufgrund einer Abweichung von einer höchstrichterlichen Entscheidung, in der sich VwGO, § 132 Abs. 2 Nr. 2 VwGO, und SGG, § 160 Abs. 2 Nr. 2 SGG, vom Wortlaut her nun gleichen. S. auch *Leitherer*, ebd. § 160 Rn. 10. Im Unterschied dazu weicht nunmehr § 115 Abs. 2 Nr. 2 FGO, der in alter Fassung noch dem § 132 Abs. 2 Nr. 2 VwGO a. F. glich, von den anderen Prozessordnungen ab. S. zu dieser Abweichung etwa *Ratschow*, in: Gräber (Hrsg.), FGO, 9. Aufl. 2019, § 115 Rn. 185, der klarstellt, dass diese Regelung eine Revision demnach auch bei einer Divergenz von der Entscheidung eines anderen Gerichts ermöglicht und den Kreis der Institutionen damit nicht wie die VwGO und das SGG auf das oberste Bundesgericht des jeweiligen Gerichtszweiges, den Gemeinsamen Senat der obersten Gerichtshöfe und das Bundesverfassungsgericht beschränkt.

scheidung auf dem Verfahrensmangel beruhen kann. Im Sozialgerichtsgesetz alter Fassung wiederum findet sich eine vergleichbare oder gar identische Auflistung nicht. Lediglich die Fälle der grundsätzlichen Bedeutung der Rechtssache und die Abweichung von einer bundesgerichtlichen Entscheidung werden in § 162 Abs. 1 Nr. 1 SGG a. F. als Zulassungsgründe berücksichtigt.[288] Im Unterschied zur Verwaltungs- und zur Finanzgerichtsordnung ist aber der Katalog derjenigen Institutionen, von deren Entscheidung eine Abweichung zur Zulassung der Revision führen würde, deutlich weiter gefasst.[289] Zudem kommt es im Unterschied zur Verwaltungs- und zur Finanzgerichtsordnung nicht zu einer Zulassung der Revision, wenn die Möglichkeit besteht, dass die angegriffene Entscheidung auf einem geltend gemachten Verfahrensmangel beruht. Dies verwundert allerdings nicht, stellt die Revision aufgrund eines wesentlichen Verfahrensmangels doch gerade eine nach § 162 Abs. 1 Nr. 2 SGG a. F. spezielle Fallgruppe dar, die im Unterschied zu den anderen Prozessordnungen im sozialgerichtlichen Verfahren getrennt von der Zulassung der Revision behandelt wird und damit eher den Regelungen des § 133 VwGO a. F. und § 116 FGO a. F. entspricht.[290] In den letztgenannten Vorschriften liegt eine weitere Besonderheit, die in dieser Form nur die Finanz- und die Verwaltungsgerichtsordnung enthalten – erneut mit (größtenteils) identischem Wortlaut. Die Regelungen nennen Fälle, in denen die Zulassung der Revision aufgrund verschiedener Verfahrensmängel nicht vonnöten ist, § 116 Abs. 1 FGO a. F., § 133 VwGO a. F.[291] Für die Finanzgerichtsordnung sei noch einmal darauf hingewiesen, dass schon § 115 Abs. 1 FGO a. F. einen Fall regelt, in dem die Revision ohne eine Zulassung statthaft ist. Die Regelungen in § 116 Abs. 1 und 2 FGO a. F. erweitern damit also die Fälle der Revision ohne vorherige Zulassung.[292] Deckungsgleich, und damit die Verwandtschaft zwischen Finanz-

---

[288] Vgl. hierzu die Kommentierung bei *Mellwitz* (Fn. 286), § 162 Rn. 1 ff.

[289] So führt nach § 162 Abs. 1 Nr. 1 SGG a. F. auch die Abweichung von „einer grundsätzlichen Entscheidung des Reichsversicherungsamts, des Reichsversorgungsgerichts, des Bayerischen Landesversicherungsamts nach dem 8. Mai 1945 oder des Landesversicherungsamts Württemberg-Baden" zur Zulassung der Revision.

[290] S. hierzu die Kommentierung bei *Mellwitz* (Fn. 286), § 162 Rn. 9. Die Vergleichbarkeit mit § 133 VwGO a. F. und § 116 FGO a. F. heben auch *Ziemer/Birkholz* (Fn. 241), § 116 vor Rn. 1, hervor.

[291] Vgl. zu § 133 VwGO a. F. *Eyermann/Fröhler* (Fn. 253), § 133 Rn. 1 ff.; zu § 116 FGO a. F. *Ziemer/Birkholz* (Fn. 241), § 116 Rn. 1 ff. Regelungen zur zulassungsfreien Revision aufgrund von Verfahrensmängeln finden sich heute weder in der VwGO noch in der FGO. S. hierzu einerseits *Buchheister*, in: Schoch/Schneider/Bier (Hrsg.), VwGO, Bd. 2, § 132 (35. EL September 2018) Rn. 5, und andererseits *Ratschow* (Fn. 287), § 115 Rn. 1. S. dazu ebenfalls weiter unten.

[292] Die Vorschrift des § 116 Abs. 2 FGO a. F. unterschied die Regelungen der VwGO a. F. und der FGO a. F. insofern voneinander, als danach auch für die Revision gegen Urteile in Zolltarifsachen eine Zulassung nicht erforderlich war.

und Verwaltungsgerichtsordnung bestätigend, sind die Regelungen in § 116 Abs. 1 FGO a. F. und § 133 VwGO a. F. Die Revision ist danach auch ohne vorherige Zulassung statthaft, wenn das erkennende Gericht nicht vorschriftsmäßig besetzt war, ein befangener oder von Gesetzes wegen von der Ausübung des Richteramtes ausgeschlossener Richter am Verfahren mitgewirkt hat, ein Beteiligter nicht ordnungsgemäß vertreten wurde und er der eigenständigen Prozessführung nicht zugestimmt hat, das mündliche Verfahren, auf dem ein Urteil beruht, nicht den Vorschriften zur Öffentlichkeit des Verfahrens entsprochen hat oder die Entscheidung ohne Nennung von Gründen ergangen ist.

Das Rechtsmittel der Revision wird in den drei Prozessordnungen im Detail unterschiedlich geregelt, gleichwohl finden sich einige Gemeinsamkeiten sowie identische Strukturen. Trotz der diversen Eigenheiten kann ein roter (Regelungs-)Faden, der jede der Prozessordnungen alter Fassung durchzieht, gefunden werden: Grundsätzlich ist die Revision nur nach vorheriger Zulassung statthaft. Es finden sich allerdings verschiedene Fälle – und eben diese variieren zwischen den Gesetzen –, in denen die Revision auch ohne vorherige gerichtliche Zulassung statthaft ist. Es drängt sich die Frage auf, ob sich dieses Ergebnis auch auf die derzeitige Rechtslage übertragen lässt. Diese Frage muss verneint werden. Im Laufe der Jahre erfolgte durch den Organisationsgesetzgeber eine Angleichung der Regelungen der Finanzgerichtsordnung, des Sozialgerichtsgesetzes und der Verwaltungsgerichtsordnung. Mit größtenteils identischem Wortlaut regeln § 115 FGO, § 132 VwGO und § 160 SGG, dass gegen Urteile der vorausgehenden Instanz die Revision nur statthaft ist, wenn sie zugelassen wurde.[293] Wann die Zulassung der Revision geboten ist, regelt Absatz 2 der jeweiligen Norm. Die Statthaftigkeit der Revision ist schlussendlich nach heutiger Rechtslage in den drei Prozessordnungen in weiten Teilen gleichartig ausgestaltet.

6. Zwischenfazit

Die voranstehenden Ausführungen belegen, dass die Verwaltungsgerichtsordnung, das Sozialgerichtsgesetz und die Finanzgerichtsordnung nicht nur, aber gerade auch in ihrer ursprünglichen Fassung, die den Vereinheitlichungsdiskurs ausgelöst haben, über viele gleichartige und teils identische Strukturen und Inhalte verfügen. So ähneln sich nicht nur die Regelungen zu den Prozessmaximen, den Klagearten und der Klagebefugnis. Auch viele Vorschriften zu den Rechtsmitteln finden ein entsprechendes Gegenstück in der jeweils anderen Prozessordnung. Stellenweise reicht es dabei auch gar nicht aus, von lediglich ähnlichen Regelungen zu sprechen; viele Vorschriften stimmen gar von ihrem Wortlaut her überein.

---

[293] Zu den Unterschieden nach der derzeitigen Rechtslage s. Fn. 287.

Daneben offenbaren die Verwaltungsgerichtsordnung, das Sozialgerichtsgesetz und die Finanzgerichtsordnung allerdings auch einzelne Feinheiten, die die verschiedenen Regelungsregime voneinander unterscheiden. Als Beispiel kann die im sozialgerichtlichen Prozessrecht auffindbare Möglichkeit der Klagekombination genannt werden. Zurückgeführt werden die Unterschiede zwischen den Prozessordnungen auf die den jeweiligen Verfahren zugrunde liegenden „unterschiedliche[n] Interessenlagen, die ein zweckentsprechendes Verfahrensrecht nicht unberücksichtigt lassen darf": „Während [etwa] die Finanzgerichte sich vorwiegend mit vermögensrechtlichen Streitigkeiten zwischen Wirtschaftssubjekten und einer typischen Eingriffsverwaltung befassen, liegt das Schwergewicht der sozialgerichtlichen Tätigkeit bei der Gewährleistung der sozialen Sicherung und damit letztlich der Menschenwürde von Einzelpersonen durch dafür zuständige Leistungsträger."[294]

Aber auch dort, wo prozessrechtliche Unterschiede aufgedeckt werden können, offenbart ein zweiter Blick ähnliche Regelungsintentionen zwischen den verwaltungsgerichtlichen Prozessordnungen. Vielfach halten die normativen Grundgerüste der Prozessordnungen Alternativen bereit, die im Ergebnis dasselbe bezwecken und ermöglichen wie diejenige Regelung, anhand derer ein eigentlicher Unterschied ausgemacht wurde. So kennen die Verwaltungs- und Finanzgerichtsordnung als Alternative zu der Klagekombination nach dem Sozialgerichtsgesetz das Rechtsinstitut der Klagehäufung.

Auffällig ist zudem, dass in einer Vielzahl der Fälle im Laufe der Jahre eine Angleichung der Regelungen durch den Organisationsgesetzgeber erfolgte. Nur selten entwickelten sich einzelne Regelungsregime merklich auseinander. In der Summe kann der oftmals diagnostizierte Befund der Gleichartigkeit bzw. teilweisen Deckungsgleichheit der verwaltungsgerichtlichen Prozessordnungen nicht bestritten werden – ein Befund, der der folgenden Untersuchung zugrundzulegen sein wird.

II. Die Erforschung gesetzgeberischer Vorstellungen

Untersucht man nun diese Gemeinsamkeiten, misst sie an den Vorstellungen und Absichten des Organisationsgesetzgebers und erforscht in diesem Kontext in einem vorgelagerten Schritt dessen Vorstellungen bei der Schaffung eines bestimmten Regelungsregimes, gerät man schnell in den Verdacht, dem Gesetzgeber eine von ihm nicht gewollte und nicht befolgte Vorstellung zu unterstellen,

---

[294] Hierzu insgesamt *Kraft*, Rechtsschutzverbesserung durch Vereinheitlichung des Gerichtsverfahrensrechts?, in: Brückner/Dalichau (Hrsg.), FG Grüner, 1982, S. 311 (314). In diese Richtung auch *Degenhart*, Gerichtsorganisation, in: Isensee/Kirchhof (Hrsg.), HStR, Bd. 5, 3. Aufl. 2007, § 114 Rn. 24.

mithin den Zweck, die Strukturen und die Absichten des Gesetzes besser zu verstehen als der schöpferische Gesetzgeber.[295] Für die hier in Rede stehende Annahme der gesetzgeberischen Vorstellung einer formal-rationalen Gesetzgebung muss mithin Folgendes gefragt werden: Kann eine zu heutiger Zeit erkannte Parallelität in den Strukturen der verwaltungsgerichtlichen Verfahrensgesetze Aufschluss über die Vorstellungen des Organisationsgesetzgebers der 1950er und 1960er Jahre geben? Darf also vom Gesetz auf die Vorstellungen des Gesetzgebers geschlossen werden? Oder verbietet sich die Annahme bzw. Unterstellung einer solchen gesetzgeberischen Vorstellung bereits dann, wenn die Gesetzgebungsmaterialien als übermitteltes Zeugnis der Zeit ein entsprechendes Ideal des damaligen Gesetzgebers nicht belegen, sondern nur das gesetzliche Regelungsgefüge selbst hierauf hindeutet? Mit der Ermittlung gesetzgeberischer Vorstellungen *tangiert* dieser Abschnitt den Wirkungskreis eines Grundlagenproblems der juristischen Methodik, dessen endgültige Auflösung noch aussteht und wohl nie erreicht werden kann, dessen überblicksartige Darstellung für die hier interessierende Frage nach der Tauglichkeit einer am Gesetz orientierten Motivforschung aber wichtige Erkenntnisse liefert.[296] Gemeint ist der Streit zwischen der subjektiven und der objektiven Auslegungstheorie. Hier wie dort geht es darum, ob sich eine bestimmte Annahme, Interpretation bzw. Deutung (allein) auf das Gesetz stützen lassen kann oder sich eine solche durch, die Vorstellungen des Gesetzgebers zu erkennen gebende, Indizien in den Gesetzgebungsmaterialien, genauer: durch eine historische Tatsachenforschung belegen lassen können muss.[297] Ohne eine vorherige Präzisierung ist die Passgenauigkeit der Auslegungstheorien auf den Untersuchungsgegenstand allerdings brüchig.[298] Grundsätzlich haben die Auslegungstheorien nämlich die Ermittlung des konkreten Normzwecks zum Gegenstand, mithin die Frage, welche Wertentscheidung der Gesetzgeber einer bestimmten Regelung beigelegt hat.[299] Anders formuliert thematisieren die Auslegungstheorien die Art und Weise, wie eine bestimmte Annahme bzw. Deutung plausibilisiert werden kann, auf einer rechtsanwendungs-

---

[295] Sehr einprägsam dazu *Rüthers/Fischer/Birk*, Rechtstheorie, 11. Aufl. 2020, § 22 Rn. 797: „Nicht das Gesetz ist klüger als der Gesetzgeber; es hat keine eigene Intelligenz." Ähnlich *Engisch*, Einführung in das juristische Denken, 12. Aufl. 2018, S. 136.

[296] Resignierend stellt *Engisch* (Fn. 295), S. 143, fest, „dass das ganze Problem noch nicht endgültig gelöst ist und sich wie alle echten Grundlagenprobleme nie endgültig wird lösen lassen".

[297] Vgl. zum wesentlichen Inhalt der konkurrierenden Auslegungstheorien nur *Rüthers/Fischer/Birk* (Fn. 295), § 22 Rn. 796 f.

[298] Zur Verortung des Streits zwischen Vertretern der subjektiven und der objektiven Auslegungstheorie und deren eigentlichem Anliegen vgl. *Sauer*, Juristische Methodenlehre, in: Krüper (Hrsg.), Grundlagen des Rechts, 3. Aufl. 2017, § 9 Rn. 28 ff.

[299] Vgl. *Sauer* (Fn. 298), § 9 Rn. 28.

bezogenen Mikroebene.[300] Im hier verwendeten Kontext erfolgt hingegen keine konkrete Untersuchung der Zwecke einzelner Normen, sondern eine wissenschaftliche Erforschung der Vorstellungen des Gesetzgebers bei der Schaffung eines bestimmten Regelungsregimes. Relevant werden die gesetzgeberischen Vorstellungen demnach im Hinblick auf eine vorgelagerte, wenn man so will die Art und Weise der Rechtsetzung betreffende, Makroebene. Die nachfolgende überblicksartige Darstellung der Auslegungstheorien zielt daher nicht auf eine erschöpfende Beschreibung sämtlicher hierzu vertretener Positionen sowie der für und gegen sie angeführten Argumente, sondern dient allein der Abstrahierung des den Auslegungstheorien immanenten Grundgedankens der Plausibilisierung bestimmter Annahmen, Interpretationen bzw. Deutungen.

1. Subjektiver oder objektivierter Wille des Gesetzgebers

Wesen und Inhalt des Methodenstreits lassen sich mit *André Gide* wie folgt zusammenfassen: „Ehe ich den andern mein Buch erkläre, erwarte ich, daß andere es mir erklären. Es zuerst erklären wollen, hieße gleichzeitig seinen Sinn beschränken; denn wenn wir auch wissen, was wir sagen wollten, so wissen wir doch nicht, ob wir nur das gesagt haben. [...] Und was mich besonders daran interessiert, ist gerade das, was ich hineingetan habe, ohne es zu wissen [...]“[301]. Ist der Rechtsanwender und Gesetzesleser aufgerufen, dem Gesetzgeber zu erklären, was sich dieser bei einer bestimmten Regelung gedacht hat? Oder sind nicht allein die Gedanken des Gesetzgebers maßgeblich für die Ermittlung des konkreten Normsinnes und dahinterliegender Vorstellungen? Eben diese Bandbreite an Möglichkeiten decken die objektive und die subjektive Auslegungstheorie ab.

Würde man einen der zahlreichen Subjektivisten[302] mit der zitierten Passage *Gidés* konfrontieren, so würde sich dieser deutlich von (Teilen) dessen Aussage

---

[300] Dass es sich bei dem Streit um die subjektive und objektive Auslegungstheorie um eine Mikroebene handelt, anerkennt wohl auch *Wischmeyer*, Der „Wille des Gesetzgebers“, JZ 2015, 957 (958).

[301] *Gide*, Paludes, 1946, S. 7.

[302] Zu den Subjektivisten zählen *von Savigny*, System des heutigen Römischen Rechts, Bd. 1, 1840. S. 213, der Auslegung definiert als „sich in Gedanken auf den Standpunkt des Gesetzgebers versetzen, und dessen Thätigkeit in sich künstlich wiederholen“; *Windscheid*, Lehrbuch des Pandektenrechts, Bd. 1, 7. Aufl. 1891, S. 51, nach dessen Ansicht Auslegung die „Feststellung des Sinnes [ist], welchen der Gesetzgeber mit den von ihm gebrauchten Worten verbunden hat“; *Regelsberger*, Pandekten., Bd. 1, 1893, S. 143, für den das „Gesetz [...] der Ausdruck des Willens des Gesetzgebers [ist], Inhalt des Gesetzes das vom Gesetzgeber erkennbar Gewollte, der Wille des Gesetzgebers“; *Heck*, Gesetzesauslegung und Interessenjurisprudenz, AcP 112 (1914), 1 (59), für den „[d]ie richtige Methode der Gesetzesauslegung [ebenfalls] eine historische Gebots- und Interessenforschung [ist]“; *Beling*, Vom Positivismus zum

distanzieren. Kennzeichnend für die subjektive Auslegungstheorie ist nämlich, dass der Wille des Gesetzgebers das Ziel der Auslegung sein muss.[303] Die subjektive Auslegungstheorie rückt „den Gesetzgeber als Subjekt der im Gesetz liegenden Erklärung in den Vordergrund [...] und [anerkennt] *den* Sinn für verbindlich [...], den *er* mit den Gesetzesworten verband“[304]. Die Suche nach dem Willen des Gesetzgebers wird zu einer historischen Tatsachenforschung, Falsifizierbarkeit der Ermittlungsergebnisse zum prägenden Element der subjektiven Auslegungstheorie.[305] Eine dokumentierte rechtspolitische, von der parlamentarischen Mehrheit getragene Entscheidung des Gesetzgebers ist hiernach verbindlich für jede Auslegung des in Rede stehenden Gesetzes. Maßgeblicher Beurteilungszeitraum ist dabei die Zeit der jeweiligen Gesetzesentstehung, wobei sich die Subjektivisten des gesamten Instrumentariums der geschichtswissenschaftlichen Forschung bedienen und den Blick damit keineswegs auf Verhandlungs- und Beratungsprotokolle oder amtliche Begründungen beschränken, sondern gleichfalls auf die gesellschaftspolitische und wirtschaftliche Situation der jeweiligen Zeit abstellen. An seine Grenzen stößt der subjektive Ansatz dann, wenn kein eindeutiger Wille des Gesetzgebers festzustellen ist. „Sie muß, da sie bei dem non liquet nicht stehenbleiben kann, zu einer objektiven Auslegung übergehen, also den Normsinn entweder historisch, nach den Verhältnissen der Entstehungszeit des Gesetzes, oder im Hinblick auf die Anwendungszeit, also gegenwartsbezogen, ermitteln.“[306] In diesem Vorgehen kann eine Zweiteilung der Auslegung gesehen werden: Während in einem ersten Schritt mittels historischer Tatsachenforschung der Wille des Gesetzgebers ermittelt wird, so kommen auf einer zweiten, mit einer Ersatzfunktion ausgestatteten, Stufe objektive Kriterien zur Anwendung, die das Stadium der Rechtsfortbildung einleiten.[307]

Naturrecht und zurück, in: Stoll (Hrsg.), FG Heck/Rümelin/Schmidt, 1931, S. 1 (12), der von einem Juristen verlangt, „den wertenden Vorstellungen nachzugehen, die die empirisch-konkreten Menschen hatten, die das Gesetz geschaffen haben“.

303 So auch *Sauer* (Fn. 298), § 9 Rn. 28; *Engisch* (Fn. 295), S. 133; *Hassold*, Wille des Gesetzgebers oder objektiver Sinn des Gesetzes – subjektive oder objektive Theorie der Gesetzesauslegung, ZZP 94 (1981), 192 ff.; *Rüthers/Fischer/Birk* (Fn. 295), § 22 Rn. 796.

304 *Hassold* (Fn. 303), 192 (198; Hervorhebung im Original).

305 Zutreffend umschreibt *Heck* (Fn. 302), 1 (8), das Vorgehen der subjektiven Auslegungstheorie als „historische Interessenforschung“. Hierzu und zum Folgenden auch *Hassold* (Fn. 303), 192 (198 f.).

306 *Hassold* (Fn. 303), 192 (199 f.). Zur Kritik an der subjektiven Auslegungstheorie s. nur *Heck* (Fn. 302), 1 (67 ff.); *Engisch* (Fn. 295), S. 137; *Hassold* (Fn. 303), 192 (207 ff.).

307 Vgl. *Hassold* (Fn. 303), 192 (200). Auf die ausdrückliche Trennung von Auslegung und Rechtsfortbildung im Rahmen der subjektiven Auslegungstheorie weisen auch *Rüthers/Fischer/Birk* (Fn. 295), § 22 Rn. 813 f., mittelbar hin, illustrieren diese aber in ihrer Kritik an der objektiven Auslegungstheorie.

Maßstab für die Objektivisten[308] ist demgegenüber nicht der Wille des Gesetzgebers, sondern der Wille des Gesetzes. „Mit dem Akt der Gesetzgebung, so sagen die Objektivisten, löst sich das Gesetz von seinem Urheber los und wird in ein objektives Dasein erhoben. Der Urheber hat seine Rolle ausgespielt, er tritt hinter sein Werk zurück. Das Werk ist der Gesetzestext, der ‚Wort gewordene Wille' des Gesetzes, der ‚mögliche und wirkliche Gedankeninhalt der Gesetzesworte'."[309] Im Prozess der Auslegung wird nach der objektiven Auslegungstheorie mithin nur den gesetzesimmanenten Willensinhalten des Gesetzgebers eine Bedeutung zugesprochen, denn nur die im Gesetz kristallisierten Gedanken und Vorstellungen des Gesetzgebers sind nach den Regeln der Verfassung sichtbar und damit legalisiert worden.[310] Darüber hinausgehende Vorstellungen oder Absichten der an der Gesetzgebung Beteiligten erlangen hingegen keine Verbindlichkeit. Vorteil und zugleich Berechtigungsgrund der objektiven Auslegungstheorie soll ihre Anpassungsfähigkeit und Gegenwartsbezogenheit sein; Probleme, die der historische Gesetzgeber weder kennen noch berücksichtigen konnte, können so einer Lösung zugeführt werden.[311] „[D]as Gesetz geht, sobald es in die Erscheinung getreten ist, in ein *soziales Kräftefeld* ein, dem es von nun ab [...] seine inhaltliche Weiterbildung entnimmt."[312] Gerade dieser Feststellung ist es zuzuschreiben, dass die Objektivisten den historischen Gesetzgeber besser verstehen als er sich selbst.[313] Eine subjektive Position zu vertreten, leistet nach der objektiven Auslegungstheorie einer Degradierung des Gesetzesanwenders, der in diesem Falle zum „gehorsamen Diener des [historischen] Gesetzgebers"[314] wird, Vorschub.

---

308 Namhafte Vertreter der objektiven Auslegungstheorie sind beispielsweise *Larenz*, Methodenlehre der Rechtswissenschaft, 6. Aufl. 1991, S. 316 ff., der feststellt, S. 318, dass „Ziel der Gesetzesauslegung [...] nur die Ermittlung des heute [...] maßgeblichen, also eines normativen Sinnes des Gesetzes, sein" kann, und *Radbruch*, Rechtsphilosophie, 8. Aufl. 1973, S. 207 f., der darauf hinweist, dass „[d]er Staat [...] nicht in den persönlichen Äußerungen der an der Entstehung des Gesetzes Beteiligten [spricht], sondern nur im Gesetz selbst. Der Wille des Gesetzgebers fällt zusammen mit dem Willen des Gesetzes." Weitere Vertreter der objektiven Auslegungstheorie benennt m. w. N. *Hassold* (Fn. 303), 192 (194).

309 *Engisch* (Fn. 295), S. 135.

310 Hierzu und zum Folgenden *Engisch* (Fn. 295), S. 135.

311 Dies betonen sowohl *Hassold* (Fn. 303), 192 (203), der als Vorzug einer objektiven Auslegungstheorie ihr Auskommen „ohne historischen Ballast" benennt, und *Engisch* (Fn. 295), S. 136, nach dem sich die Befürworter einer objektiven Auslegungstheorie darauf berufen, dass „das Gesetz selbst und sein innerer Gehalt [...] nicht statisch [ist] wie alles historisch Vergangene [...], sondern lebendig und wandelbar und daher anpassungsfähig" sein müsse.

312 *Mezger*, Zur Entwicklung der sog. Ersatzhehlerei., ZStW 59 (1940), 549 (573, Fn. 36) (Hervorhebung nicht im Original).

313 Zur Kritik an der objektiven Auslegungstheorie s. nur *Rüthers/Fischer/Birk* (Fn. 295), § 22 Rn. 806 ff.

314 Zu diesem Gedankengang *Engisch* (Fn. 295), S. 136.

Vergröbert zusammengefasst ließe sich sagen, dass die subjektive Auslegungstheorie darauf zielt, eine im Rahmen der Rechtsanwendung aufgestellte Annahme auf den Willen des Gesetzgebers zurückzuführen, die objektive Auslegungstheorie demgegenüber zur Plausibilisierung allein das in Rede stehende Gesetz heranzieht.

2. Entscheidung zugunsten einer erkenntnisorientierten, wissenschaftlichen Analyse

Es drängt sich nunmehr die Frage auf, welche Konsequenzen sich aus diesem Methodenstreit für den hier in Rede stehenden Untersuchungsgegenstand ergeben. Darf eine gesetzgeberische Vorstellung formal-rationaler Gesetzgebung nur dann als Erklärungsmodell für die Gleichartigkeiten innerhalb der verschiedenen verwaltungsgerichtlichen Verfahrensgesetze angenommen werden, wenn sich diese Vorstellung durch eine historische Tatsachenforschung belegen lässt, mithin Indizien in den Gesetzgebungsmaterialien gefunden werden können, die auf eine entsprechende Vorstellung hindeuten? Oder kann auch eine stichhaltige Analyse der Gesetze dazu in der Lage sein, eine solche Annahme zu stützen?

Die Beantwortung dieser Fragen wird maßgeblich von dem gewählten Standpunkt abhängen: Während sich eine an den Grundsätzen der subjektiven Auslegungstheorie anlehnende bzw. orientierende Position zur Rekonstruktion gesetzgeberischer Vorstellungen einer historischen Tatsachenforschung unter besonderer Berücksichtigung der Gesetzgebungsmaterialien zu verschreiben hätte, könnte ein „objektiver" Betrachter seinen Blick von den Materialien abwenden und stattdessen die in den verwaltungsgerichtlichen Prozessordnungen objektivierten Vorstellungen des Gesetzgebers fokussieren.[315]

Gegen die Einnahme eines der objektiven Auslegungstheorie ähnelnden Standpunktes ließe sich einwenden, dass durch ein alleiniges Abstellen auf das gesetzliche Regelungsregime der verwaltungsgerichtlichen Prozessordnungen keine Vorstellungen des Organisationsgesetzgebers rekonstruiert werden, sondern diesem lediglich (fremde) Vorstellungen zugeschrieben werden.[316] Als gesetzgeberische Vorstellung würde dann all das gelten, was der Betrachter des Gesetzes als solche versteht.

Der darin zum Ausdruck kommende Vorwurf des Subjektivismus trifft allerdings in gleicher Weise auch auf eine an die subjektive Auslegungstheorie angelehnte historische Tatsachenforschung zu. Kennzeichnend für eine solche, auf

[315] Im Hinblick auf ein Abwenden von den Materialien seitens der Vertreter einer objektiven Auslegungstheorie auch *Frieling*, Wille des Gesetzgebers, 2017, S. 81.

[316] Vgl. für die Ebene der Rechtsanwendung *Rüthers/Fischer/Birk* (Fn. 295), § 22 Rn. 797, 820.

der Interpretation von Quellen fußende, Tatsachenforschung ist nämlich, dass sie nur in begrenztem Maße eine Rekonstruktion des Vergangenen ermöglicht.[317] „[D]er Historiker [vermag] die geschichtliche Wirklichkeit in ihrer prinzipiell unendlichen Mannigfaltigkeit nie unmittelbar zu erfahren, sondern immer nur vermittelt durch die Perspektiven, die er selbst in den Erkenntnisprozeß einbringt [...].“[318] Anders formuliert schreibt er also „immer selbst seine Geschichte [...] und verwendet die Quelle lediglich als ein diese *selbst geschaffene* Erzählung unterstützendes Argument“[319].

Zudem dürfte sich zumindest anzweifeln lassen, ob eine bestimmte Vorstellung bzw. ein konkreter Wille *des Gesetzgebers* anhand einer historischen Tatsachenforschung überhaupt belegt werden kann, denn *den* Gesetzgeber gibt es nicht.[320] Vielmehr sind an der Gesetzgebung eine Vielzahl von Akteuren und Institutionen beteiligt:[321] Neben dem Bundestag, den Abgeordneten als dessen Organwalter und dem Bundesrat, der sich gemäß Art. 51 Abs. 1 S. 1 GG aus den Mitgliedern der Regierungen der Länder zusammensetzt, sind es auch und gerade die Ministerialbeamten und Mitarbeiter der Fraktionen und Abgeordneten, die an der Gesetzesentstehung maßgeblich mitwirken. Insoweit dürfte sich „allein aus einzelnen Dokumenten an sich noch keine Entscheidung der Gesetzgeber als Phänomen gemeinsam ‚geteilter Absichten‘ ablesen“, den im Rahmen einer historischen Tatsachenforschung relevanten Quellen „aufgrund ihrer jeweils begrenzten Aussagekraft aus sich heraus“ also, wenn überhaupt, nur schwerlich ein Beleg dafür entnehmen lassen, „wer außer dem Sprecher [...] diese Auffassung ebenfalls tatsächlich geteilt haben mag“[322].

Gewichtige Argumente sprechen demnach gegen eine an die subjektive Auslegungstheorie angelehnte Sichtweise, wobei sich auch ein das Gesetz als Erkenntnisquelle betrachtendes Vorgehen nicht jeglicher Kritik zu entziehen vermag. Richtig erscheint es daher, eine vermittelnde Position einzunehmen. Die Erfor-

---

[317] Vgl. *Sehl*, Was will der Gesetzgeber?, 2019, S. 189.

[318] *Mommsen*, Der perspektivische Charakter historischer Aussagen, in: Koselleck/ders./Rüsen (Hrsg.), Objektivität und Parteilichkeit in der Geschichtswissenschaft, 1977, S. 441 (445).

[319] *Küppers*, Die wahre Wahrheit über die Bodenreform, 2014, S. 223 (Hervorhebung im Original).

[320] Vgl. *Engisch* (Fn. 295), S. 137. In diese Richtung sind wohl auch *Kunz/Raff*, Die Gesetzesauslegung im Blick des Gesetzgebers?, in: Baldus/Theisen/Vogel (Hrsg.), „Gesetzgeber“ und Rechtsanwendung, 2013, S. 195 (196 f.), zu verstehen; so zumindest auch verstanden bei *Sehl* (Fn. 317), S. 96 Fn. 366 und S. 129 Fn. 498. Wie eine Rekonstruktion des Willens des Gesetzgebers gelingen können soll, erörtern *Frieling* (Fn. 315), passim; *Sehl* (Fn. 317), passim; *Wischmeyer* (Fn. 300), 957 ff.

[321] S. hierzu und zum Folgenden nur die Ausführungen bei *Frieling* (Fn. 315), S. 23 ff.

[322] *Sehl* (Fn. 317), S. 189.

schung des gesetzgeberischen Willens anhand einer Auswertung der Gesetzgebungsmaterialien erweist sich als schwieriges Unterfangen, gerade weil in keinem Fall sämtliche Gedanken aller am Gesetzgebungsverfahren Beteiligten dokumentiert sind. Der einzig verbleibende Anknüpfungspunkt ist dann das Gesetz als Produkt des Gesetzgebungsverfahrens. Auch wenn die Annahme bestimmter gesetzgeberischer Motive, die aus dem Gesetz gewonnen werden bzw. sich allein hierauf stützen, möglicherweise dem Vorwurf der Unhaltbarkeit bzw. des Subjektivismus ausgesetzt werden kann, so gilt dies für Annahmen, die über keinerlei Halt bietende Basis verfügen oder sich auf Indizien in den Gesetzgebungsmaterialien stützen, umso mehr bzw. zumindest aber in demselben Maße.

Eine wissenschaftliche Erforschung gesetzgeberischer Motive sollte daher zwar das Erkenntnispotential historischer Tatsachenforschung ausschöpfen, sich andererseits aber auch bewusst machen, dass eine historische Tatsachenforschung faktische Grenzen kennt,[323] ein alternatives Vorgehen höchst wahrscheinlich unausweichlich ist. In Anlehnung an die vom Bundesverfassungsgericht[324] und Bundesverwaltungsgericht[325] eingesetzte gemäßigte objektive Theorie wird hier demnach insofern eine vermittelnde Position eingenommen, als einer historischen Tatsachenforschung hinreichend Raum gewährt wird, sie die Plausibilisierung der Annahme einer gesetzgeberischen Vorstellung formal-rationaler Gesetzgebung indes nicht ausschließlich beeinflusst.[326]

---

323 Prägnant hierzu auch *Sehl* (Fn. 317), S. 189: „Der Rückgriff auf Gesetzesmaterialien bleibt somit immer bruchstückhaft gemessen an seinem Rekonstruktionsziel.“

324 Treffend für die Position BVerfGE 1, 299 (312), wo es heißt, dass „[m]aßgebend für die Auslegung einer Gesetzesvorschrift [...] der in dieser zum Ausdruck kommende objektivierte Wille des Gesetzgebers [ist], so wie er sich aus dem Wortlaut der Gesetzesbestimmung und dem Sinnzusammenhang ergibt, in den diese hineingestellt ist. Nicht entscheidend ist dagegen die subjektive Vorstellung der am Gesetzgebungsverfahren beteiligten Organe oder einzelner ihrer Mitglieder über die Bedeutung der Bestimmung. Der Entstehungsgeschichte einer Vorschrift kommt für deren Auslegung nur insofern Bedeutung zu, als sie die Richtigkeit einer nach den angegebenen Grundsätzen ermittelten Auslegung bestätigt oder Zweifel behebt, die auf dem aufgegebenen Weg allein nicht ausgeräumt werden können“. Weitere Belege für die Position des BVerfG finden sich bei BVerfGE 11, 126 ff. (insbesondere 131); 18, 38 (45); 20, 283 (293); 23, 272 (274); 29, 39 (43); 133, 168 (205 Rn. 66).

325 Stellvertretend für die Rechtsprechung des Bundesverwaltungsgerichts BVerwGE 151, 255 (260 f.), in der das Gericht feststellt: „Maßgebend für die Auslegung von Gesetzen ist aber nicht die subjektive Vorstellung eines am Gesetzgebungsverfahren Beteiligten, sondern der in der Norm zum Ausdruck kommende objektivierte Wille des Gesetzgebers, wie er sich aus dem Wortlaut der Vorschrift und dem Sinnzusammenhang ergibt, in den sie hineingestellt ist. Der Erfassung des objektiven Willens des Gesetzgebers dienen die anerkannten Methoden der Gesetzesauslegung [...]. Unter ihnen hat keine einen unbedingten Vorrang vor einer anderen.“

326 Einen Überblick über die Inhalte einer gemäßigten objektiven Auslegungstheorie verschafft *Schwalm*, Der objektivierte Wille des Gesetzgebers, in: Lüttger/Blei/Hanau (Hrsg.), FS Heinitz, 1972, S. 47 ff.

Mit dieser vermittelnden Position wird letztlich auch dem Verhältnis von Betrachter zu Betrachtungsobjekt sowie dem Betrachtungsinteresse Rechnung getragen. Wird, wie hier, die Plausibilisierung einer bestimmten Annahme nicht auf der Ebene praktischer Rechtsanwendung relevant, sondern im Rahmen einer wissenschaftlichen Analyse, ist dem Rechtsgelehrten die Freiheit der Methodenwahl zuzugestehen.[327] Damit ist der Weg bereitet, die Annahme einer gesetzgeberischen Vorstellung formal-rationaler Gesetzgebung als Erklärungsmodell für die gleichartigen Strukturen der verwaltungsgerichtlichen Prozessordnungen (allein) auf das gesetzliche Regelungsregime zu stützen.

III. Formal-rationale Gesetzgebung

Schon früh wurde Rechtsetzung mit dem Attribut „rational" in Verbindung gebracht.[328] In der rechtswissenschaftlichen Diskussion erstarkten unter dem Gewand der Gesetzgebungslehre vorrangig in den 1970er und 1980er Jahren die Forderungen nach einer optimalen Gesetzgebung.[329] Trotz der Unsicherheit ihrer

---

327 So im Hinblick auf die Auslegungstheorien auch *Engisch* (Fn. 295), S. 140: „Eine rein *wissenschaftlich* orientierte Auslegung kann sich freilich jeder Methode bedienen und soll dies wohl auch tun. Der Rechts*gelehrte* kann, wenn er will, den Standpunkt des reinen Historikers einnehmen, er kann aber auch unter den verschiedensten objektiven Gesichtspunkten den Gesetzestext auf seinen möglichen Inhalt befragen und aufweisen, was er an ‚vernünftigen', ‚zweckmäßigen', ‚gegenwartsnahen' Sinngehalten birgt und hergibt." (Hervorhebung im Original). In diese Richtung wohl auch *Sehl* (Fn. 317), S. 76: „Umso stärker Aussagen zur aus den Gesetzesmaterialien gewonnenen Entstehungsgeschichte nicht nur einer Kontextualisierung dienen, sondern für die konkrete juristische Entscheidungsfindung mit argumentativer, auf Überzeugung ausgerichtete Kraft ausgestattet werden sollen, umso mehr wächst das Bedürfnis nach Regeln und Maßstäben für ein solches Vorgehen."

328 Auf die Ursprünge der Forderungen nach einer rationalen Gesetzgebung während der Aufklärung hinweisend *Schulze-Fielitz*, Theorie und Praxis parlamentarischer Gesetzgebung, 1988, S. 458; *Isensee*, Die Rationalität des Staates und die Irrationalität des Menschen, AöR 140 (2015), 169 (170); *Siehr*, „Objektivität" in der Gesetzgebung?, ARSP 91 (2005), 535 (541); *Führ*, Rationale Gesetzgebung, 1998, S. 2; *Grzeszick*, Rationalitätsanforderungen an die parlamentarische Rechtsetzung im demokratischen Rechtsstaat, VVDStRl 71 (2011), S. 49 (51).

329 Der Streit um eine optimale Gesetzgebung bezog sich dabei in erster Linie auf das „*innere* Gesetzgebungsverfahren", mithin auf „die *Methodik* der Entscheidungs*findung*" und damit auf eine prozedurale Rationalität, s. *Schwerdtfeger*, Optimale Methodik der Gesetzgebung als Verfassungspflicht, in: Stödter/Thieme (Hrsg.), FS Ipsen, 1977, S. 173 (173; Hervorhebung im Original). Dass damit eine prozedurale Rationalität angesprochen ist, betont *Reyes y Ráfales*, Mindestrationalität im inneren Gesetzgebungsverfahren als Verfassungspflicht, Rechtstheorie 45 (2014), 35 (35). Allgemein zu den Anforderungen, die die Gesetzgebungslehre an gute Gesetzgebung stellen möchte, vgl. statt vieler *Schwerdtfeger*, ebd. S. 173 ff.; *Reyes y Ráfales*, ebd. 35 (53 f.); *Schneider*, Der Niedergang des Gesetzgebungsverfahrens, in: Ritterspach/Geiger (Hrsg.), FS Müller, S. 421 (432 ff.); *Führ* (Fn. 328), passim. Nach vorheriger Skizzierung der Gesetzgebungslehre ablehnend *Meßerschmidt*, Gesetzgebungsermessen, 2000, S. 841 ff., ins-

verfassungsrechtlichen Grundierung[330] mangelte es im Zuge der Fokussierung auf die Gesetzgebung in der Literatur nicht an einem bunten Strauß das Gesetzgebungsverfahren betreffender prozeduraler Rationalitätsanforderungen.[331] Auch das Bundesverfassungsgericht entwickelte im Zuge seiner Rechtsprechung Kriterien, die eine Überprüfung der Rationalität gesetzgeberischen Handelns ermöglichen sollen, sich dabei aber nicht auf prozedurale, sondern auf formale Aspekte der Gesetzgebung beziehen.[332] Im Zentrum der an die Gesetzgebung zu richtenden Rationalitätsbedingungen stehen mitunter die Konsistenz und Kohä-

besondere 874: „Prozedurale Rationalitätspflichten des Gesetzgebers sind [...] nicht nur verfassungsrechtlich nicht begründbar, sondern auch verfassungspolitisch keine sinnvolle Option. Sie geben als bloße Klugheitsgebote keinen Anlaß, das heute in einem umfassenden Sinn gewährleistete prozedurale Gesetzgebungsermessen einzuschränken.“ In diese Richtung auch *Schuppert*, Gute Gesetzgebung, ZG, Sonderheft 2003, S. 12f. Auslöser war die vielfach monierte Gesetzesflut. Vgl. *Maihofer*, Gesetzgebungswissenschaft, in: Winkler/Schilcher (Hrsg.), Gesetzgebung, 1981, S. 3 (3). *Öhlinger*, Das Gesetz als Instrument gesellschaftlicher Problemlösung und seine Alternativen, in: ders. (Hrsg.), Methodik der Gesetzgebung, 1982, S. 17 (21), weist auf die Oberflächlichkeit des Beklagens einer Gesetzesflut hin. Nach *Schulze-Fielitz* (Fn. 213), S. 311 (318), ist „[d]ie sogenannte Normenflut [...] gekennzeichnet von einem Wachstum ganz überwiegend öffentlich-rechtlicher Gesetze“, die sich in Zeiten einer diagnostizierten „Steuerungsschwäche von Recht allgemein und moderner Gesetzgebung im besonderen“ einstellt. Gefördert wurde die Diskussion um eine vernünftige Gesetzgebung durch das Misstrauen gegenüber dem Leistungsvermögen des Gesetzgebers, vgl. insoweit nur *Schneider*, ebd. S. 421 ff., der den „Niedergang des Gesetzgebungsverfahrens“ beschreibt. Allgemein zur Kritik an der Gesetzgebung zu jener Zeit *Schulze-Fielitz* (Fn. 328), S. 9 ff.

330 Als einander widersprechende Extrempositionen im Streit um den verfassungsrechtlichen Stellenwert der Gesetzgebungslehre können *Gusy*, Das Grundgesetz als normative Gesetzgebungslehre?, ZRP 1985, 291 ff., und *Schlaich*, Die Verfassungsgerichtsbarkeit im Gefüge der Staatsfunktionen, VVDStRl 39 (1981), S. 99 (109), der festhält, dass „[d]er Gesetzgeber [...] gar nichts anderes als das Gesetz“ schulde, einerseits sowie *Schwerdtfeger* (Fn. 329), S. 173 ff., andererseits bezeichnet werden.

331 S. hierzu im Einzelnen *Schwerdtfeger* (Fn. 329), S. 173 (178 ff.); *Schneider* (Fn. 329), S. 421 (432 ff.); *Lücke*, Die Allgemeine Gesetzgebungsordnung, ZG 2001, 1 (25 ff.), der prozedurale Pflichten des Gesetzgebers als „formelle Grundrechtpflichten“ bezeichnet; *Führ* (Fn. 328), S. 10 ff.

332 Einen Überblick verschaffen *Bumke*, Die Pflicht zur konsistenten Gesetzgebung, Der Staat 49 (2010), 77 (79 f., 87 ff.); *Britz*, Verfassungsrechtliche Verfahrens- und Rationalitätsanforderungen an die Gesetzgebung, Die Verwaltung 50 (2017), 421 (423 ff.); *Dann*, Verfassungsgerichtliche Kontrolle gesetzgeberischer Rationalität, Der Staat 49 (2010), 630 (632 ff.); *Schulze-Fielitz* (Fn. 213), S. 311 (321 f.), der allerdings in der Rechtsprechung überwiegend Elemente materieller Rationalität zu erkennen scheint. *Meßerschmidt* (Fn. 329), S. 845, findet gar einen Beleg dafür, dass das Gericht einer „Verfassungspflicht zu einem anspruchsvollen inneren Gesetzgebungsverfahren“ eine „Absage“ erteilt. Vgl. aus der Rechtsprechung zu verschiedenen Aspekten in diesem Zusammenhang insbesondere BVerfGE 81, 228 (236 f.); 82, 60 (86 f.); 89, 346 (352 f.); 98, 83 (97 f.); 99, 246 (260); 105, 73 (125 f.); 108, 169 (181); 110, 33 (64); 111, 10 ff.; 121, 317 (357 ff.).

renz, mit denen sich im Folgenden auch auf die Suche nach einer Erklärung für die Gleichartigkeiten der Prozessordnungen der öffentlich-rechtlichen Fachgerichtsbarkeiten begeben werden soll. All den bisher entwickelten Kriterien rationaler Gesetzgebung ist allerdings gemein, dass es ihnen an der erforderlichen Offenheit für die „„Pluralität der Vernunft““[333] fehlt, der interdisziplinäre Bezugsrahmen von Rationalität zugunsten der Ermöglichung einer handhabbaren rechtlichen Kontrolle verkannt wird.[334] Befasst man sich lediglich mit der Suche nach einer verfassungsrechtlichen Verankerung von Rationalitätskriterien, mithin mit der Suche nach einer verfassungsrechtlichen Rationalität, „nimmt man damit der Rationalität ihre gehaltsmäßige Eigengestalt oder reduziert zumindest ihre Bedeutungsvielfalt und lässt sie stattdessen zu einem Vehikel oder Etikett verfassungsrechtlicher Rechtmäßigkeitsmaßstäbe werden“[335]. Kurzum beschneidet diese Herangehensweise die Analysekraft von Rationalität, indem sie sie in Form von verschiedenen einzelnen Rationalitätskriterien zu einem bloßen Rechtmäßigkeitskriterium herabstuft. Die Mikroebene rückt vorschnell in den Mittelpunkt der Betrachtung, ohne dass über die inhaltsprägenden Konturen der Makroebene reflektiert wird. Der Verzicht auf eine Reflexion über den Ursprung der einzelnen Rationalitätskriterien trägt die Gefahr in sich, dass ihre Attribuierung als rational willkürlich geschieht und ihre inhaltliche Auffüllung unvollständig bleibt.[336] Dieser Gefahr in Bezug auf die formalen Rationalitätsbedingungen der Konsistenz und Kohärenz mithilfe einer interdisziplinären Betrachtung entgegenzuwirken, wird Aufgabe dieses Abschnitts sein.[337] Es geht also um eine Plausibi-

---

[333] *Steinbach* (Fn. 208), S. 55. Vgl. auch *Di Fabio*, Offener Diskurs und geschlossene Systeme, 1991, S. 198.

[334] So auch *Steinbach* (Fn. 208), S. 5. Auch *Meßerschmidt* (Fn. 329), S. 795, betont, dass „[d]er außerjuridische Rationalitätsbegriff, auf den demnach ein Verfassungsgebot Bezug nehmen müßte, [...] unscharf und kontrovers“ erscheint. *Scherzberg*, Rationalität – staatswissenschaftlich betrachtet –, in: Krebs (Hrsg.), Liber Amicorum Erichsen, 2004, S. 177 (179), wiederum hebt die „Dringlichkeit einer theorien- und disziplinübergreifenden Sichtweise [...], die wechselseitige Erkenntnisgewinne ermöglicht und die Abschottung konkurrierender einzelwissenschaftlicher Perspektiven überwindet“, hervor.

[335] *Steinbach* (Fn. 208), S. 5. *Meßerschmidt* (Fn. 329), S. 780 ff., betont zudem die Schwächen und Probleme bei „einer überzeugenden verfassungsrechtlichen Herleitung von Rationalitätsgeboten“, s. ebd. S. 785.

[336] Vgl. *Steinbach* (Fn. 208), S. 19, der an dieser Stelle unterstreicht, dass nur eine solche Vorgehensweise dem Umstand Rechnung trägt, dass Rationalität ein „genuin außerrechtlicher Begriff“ ist. Auch *Meßerschmidt* (Fn. 329), S. 777 f., spricht verschiedene Gefahren an, die mit einer unüberlegten Verwendung von Rationalitätskriterien einhergehen.

[337] Die Zuordnung von Konsistenz und Kohärenz zur Kategorie formaler Rationalität nimmt so auch *Steinbach* (Fn. 208), S. 66, vor. So wohl auch *Schulze-Fielitz* (Fn. 328), S. 514 f., der an dieser Stelle aber Aspekte formaler und prozeduraler Rationalität zu vermischen scheint bzw. für beide Rationalitäten dieselbe Kategorie wählt.

lisierung des Rekurrierens auf Konsistenz und Kohärenz, bei denen es sich – wie auch bei der Rationalität – um außerrechtliche Begriffe handelt.[338]

1. Wissenschaftstheoretische Hintergründe formaler Rationalitätskriterien

Geht es mithin nicht um die bloße Benennung einzelner Kriterien, denen man die Verkörperung von Rationalität attestiert, ist eine Annäherung an Rationalität in ihrer Gesamtheit für die Ableitung einzelner Bedingungen unerlässlich. Erst der Blick auf eben jene Makroebene ermöglicht es, das Wesen von Rationalität greifbar(er) zu machen und auf dieser Grundlage außerrechtliche, rationalitätsbegründende Anforderungen wie Konsistenz und Kohärenz zu erklären.[339] Erst ein hinreichendes Wissensfundament kann mithin die in Rede stehenden Rationalitätsmerkmale – gerade auch für die Beurteilung von Gesetzgebung und Gesetzen – tragen. Gleichwohl wird dies von Beginn an mit einer gewissen Ernüchterung verbunden sein, wird eine allumfassende Definition von Rationalität nicht auffindbar sein.[340] Das Gebot zur Vergewisserung über Rationalität wird sich demnach mit einer Annäherung zu begnügen haben – nicht mehr, aber auch nicht weniger. Wie *Steinbach* zutreffend festgestellt hat, verlangt eine Beschäftigung mit Rationalitätsmaßstäben für die Gesetzgebung zunächst eine interdisziplinäre Kartografierung wesentlicher Rationalitätsverständnisse; erst auf ihrer Grundlage können einzelne im rechtswissenschaftlichen Diskurs vorgetragene Rationalitätsbedingungen plausibel gemacht und der ihnen zugesprochene Inhalt verifiziert werden.[341] In Bezug auf die hier interessierenden formalen Rationalitätsbedingungen gerät damit die analytische Wissenschaftstheorie in den Blick.

Der analytischen Wissenschaftstheorie wird die Fähigkeit zugesprochen, Theorien zu entwickeln, „mit deren Hilfe das (ein) Ideal der Rationalität am besten erreicht werden kann"[342]. Als maßstabsbildende Rationalitätsstandards (für wissenschaftliche Theorien) gelten hier Merkmale wie „Konsistenz, Kohärenz und deren speziellere Formen wie Universalität, Generalität, Einfachheit, episte-

---

[338] Von Plausibilität sprechen etwa auch *Buchwald*, Der Begriff der rationalen juristischen Begründung, 1990, S. 115; *Steinbach* (Fn. 208), S. 21.

[339] Erst dies ermöglicht es, „Aussagen hinsichtlich der formalen Anforderungen von Gesetzen, der materiellen Ergebnisrichtigkeit von Gesetzen oder zu prozeduralen Aspekten der Gesetzesentstehung" zu gewinnen, s. *Steinbach* (Fn. 208), S. 19.

[340] Vgl. insoweit auch *Reyes y Ráfales* (Fn. 329), 35 (36), der in diesem Zusammenhang von einer „Nichtdefinierbarkeit" spricht; *Lienbacher*, Rationalitätsanforderungen an die parlamentarische Rechtsetzung im demokratischen Rechtsstaat, VVdStRL 71 (2011), S. 7 (10); *Schulze-Fielitz* (Fn. 213), S. 311 (320 f.); *ders.* (Fn. 328), S. 454; *Meßerschmidt* (Fn. 329), S. 795 f.; *Grzeszick* (Fn. 328), S. 49 (51).

[341] Vgl. *Steinbach* (Fn. 208), S. 19.

[342] *Buchwald* (Fn. 338), S. 43.

mische und praktische Leistungsfähigkeit, Prüfbarkeit und Objektivität"[343]. Im rechtswissenschaftlichen Diskurs über rationale Gesetzgebung sowie in der Rechtsprechung des Bundesverfassungsgerichts finden einige der wissenschaftstheoretischen Rationalitätsstandards ihr Pendant.[344] Zutreffender wäre es wohl zu sagen, dass die häufig an die Gesetzgebung angelegten Rationalitätsmerkmale über eine wissenschaftstheoretische Grundierung verfügen, so auch die Konsistenz und die Kohärenz.[345]

Konsistenz als Rationalitätsbedingung im rechtswissenschaftlichen Sinne umschreibt die Verpflichtung des Gesetzgebers, „eine in sich geschlossene Grundkonzeption zu entwickeln und diese klar, präzise und in sich folgerichtig [...] zu verwirklichen"[346]. Reduziert auf seinen Kern und in Ansehung seiner Wortherkunft fordert das Konsistenzgebot damit Widerspruchsfreiheit ein. Je nach Betrachtungsebene wird diese Forderung allerdings unterschiedlich akzentuiert, was sich letztlich in einer fast schon verwirrenden Vielzahl von Versuchen niederschlägt, das Konsistenzgebot inhaltlich auszufüllen.[347] Mit *Buchwald* kann

---

343 *Buchwald* (Fn. 338), S. 43. So auch *Steinbach* (Fn. 208), S. 20.

344 Zur Thematisierung von Rationalität in der auf die Gesetzgebung bezogenen Literatur s. statt vieler etwa *Bumke* (Fn. 332), 77 ff.; *Hanebeck*, Die Einheit der Rechtsordnung als Anforderung an den Gesetzgeber?, Der Staat 41 (2002), 429 ff.; *Meßerschmidt* (Fn. 329), S. 777 ff.; *Payandeh*, Das Gebot der Folgerichtigkeit, AöR 136 (2011), 578 ff. Zur Rechtsprechung s. die Nachweise bei Fn. 354.

345 So spricht etwa auch *Buchwald* (Fn. 338), S. 115, im Ergebnis davon, dass vor dem Hintergrund der analytischen Wissenschaftstheorie bestimmte „Rationalitätsbedingungen plausibel gemacht" werden können. *Steinbach* (Fn. 208), S. 20, wiederum führt aus, dass die von der analytischen Wissenschaftstheorie entwickelten Bedingungen „auf rationale Gesetzgebung transformierbar" sind.

346 *Bumke* (Fn. 332), 77 (91).

347 Besonders deutlich bei *Philipp*, Systemgerechtigkeit bei den Marktfreiheiten der Europäischen Union, 2016, S. 95: „Zum gesicherten Erkenntnisstand [...] gehört das einheitliche Verständnis von Konsistenz als Widerspruchsfreiheit." Vgl. ferner *Bumke* (Fn. 332), 77 (87 ff.), bei dem die unterschiedliche Akzentuierung, die die Konsistenz in der Rechtsprechung des BVerfG erfahren hat, besonders anschaulich zum Ausdruck gebracht wird; *Cornils*, Rationalitätsanforderungen an die parlamentarische Rechtsetzung im demokratischen Rechtsstaat, DVBl. 2011, 1053 ff. (insbesondere 1056 ff.), und *Steinbach* (Fn. 208), S. 21, 86 f., die allesamt im Zusammenhang mit Konsistenz die Widerspruchsfreiheit ansprechen. Gleichwohl ist zu konstatieren, dass etwa *Bumke*, ebd. 77 (96), mit Blick auf die inhaltliche Ausfüllung des verfassungsrechtlichen Konsistenzgebotes auf den Aspekt der Folgerichtigkeit in Gestalt einer „inneren Stimmigkeit eines Regelungsgefüges" abstellen möchte und anderen in diesem Kontext vom BVerfG entwickelten Geboten, wie etwa dem Gebot der Widerspruchsfreiheit, eher mit Zurückhaltung begegnet. Eine solche Differenzierung mag auf einer rein dogmatischen Ebene tunlich sein, bei einer – wie hier angestrengten – eher theoretischen Betrachtung dagegen nicht: Folgerichtigkeit ist nach dem hier zugrunde gelegten Verständnis eine besondere Ausdrucksform von Widerspruchsfreiheit; ist ein Merkmal B im Verhältnis zu einem Merkmal A folgerichtig, so widersprechen sich beide Merkmale nicht.

für ein Abstellen auf Konsistenz als formale Rationalitätsbedingung eine wissenschaftstheoretische Erklärung im Hempel-Oppenheim-Schema gefunden werden:[348] Danach muss eine wissenschaftliche Erklärung verschiedene Bedingungen erfüllen, um adäquat zu sein. Hierzu zählt mitunter, dass das Argument, das von der erklärenden Gesetzmäßigkeit (Explanans) zur Erklärung (Explanandum) führt, korrekt sein muss. Die Korrektheitsbedingung verlangt also eine Folgerichtigkeit zwischen Explanandum und Explanans, jenes muss eine „logische Folge“[349] von diesem sein. Explanans und Explanandum dürfen sich nicht widersprechen. Vor diesem wissenschaftstheoretischen Hintergrund scheint die Annahme der Konsistenz als Rationalitätsbedingung für die Gesetzgebung plausibel: Ein Gesetz, verstanden als Ansammlung von Sätzen, bildet rechtlich betrachtet den Bezugspunkt der Konsistenzprüfung.[350] Konsistent sind die Satzmengen dann, wenn „sie keine logischen Widersprüche durch gleichzeitiges Vorkommen eines Satzes und seiner Negation beinhalte[n]“[351]. Das unter dem Begriff der Konsistenz firmierende, facettenreiche Gebot der Widerspruchsfreiheit kann damit als wissenschaftstheoretisch eingefärbtes und erklärbares (Prüf-) Kriterium für rationale Gesetzgebung bezeichnet werden.

Auch Kohärenz als rationalitätsbegründendes Kriterium kann ein wissenschaftstheoretischer Hintergrund zugesprochen werden.[352] Kohärenz und Konsistenz sind keinesfalls synonyme Begrifflichkeiten, vielmehr ist die „Konsistenz als negative Seite der Kohärenz“[353] zu verstehen. Konkret weisen Konsistenz und Kohärenz ein unterschiedliches Abstraktionsniveau auf und knüpfen an unterschiedliche Bezugspunkte an. Das unionsrechtlich geprägte Kohärenzgebot verlangt in rechtlicher Perspektive „das konzeptionelle und inhaltliche Aufeinanderbezogensein von Rechtssätzen“, konkret geht es also um einen *„sinnbilden-*

---

348 Zum Hempel-Oppenheim-Schema, den Adäquatheitsbedingungen und seiner Plausibilisierung von Konsistenz vgl. *Buchwald* (Fn. 338), S. 96ff., 107ff., 115. Auf die Überlegungen Buchwalds rekurriert auch *Steinbach* (Fn. 208), S. 20f.

349 *Buchwald* (Fn. 338), S. 107.

350 Zu dieser Übertragung auf den Bereich der Gesetzgebung s. *Steinbach* (Fn. 208), S. 21.

351 *Steinbach* (Fn. 208), S. 21; so auch *Bracker*, Kohärenz und juristische Interpretation, 2000, S. 171.

352 So auch *Buchwald* (Fn. 338), S. 115f.; *Steinbach* (Fn. 208), S. 22.

353 *Alexy*, Juristische Begründung, System und Kohärenz, in: Behrends/Dießelhorst/Dreier (Hrsg.), Rechtsdogmatik und praktische Vernunft, 1990, S. 95 (96); s. ferner *Bracker* (Fn. 351), S. 167, 171; *MacCormick*, Coherence in Legal Justification, in: Krawietz/Schelsky/Winkler/Schramm (Hrsg.), FG Weinberger, 1984, S. 37 (38): „[...] I have assumed that ‚coherence‘ can usefully be distinguished from consistency. This is partly a matter of fidelity to the nuance of ordinary language but more a matter of prejudice in favour of letting different words serve different purposes.“ Weniger deutlich, aber wohl auch in diese Richtung *Dann* (Fn. 332), 630 (631). *Philipp* (Fn. 347), S. 95, spricht mit Blick auf „das Verhältnis von Kohärenz und Konsistenz“ gar von einem „erkenntnistheoretischen Urproblem“.

den Zusammenhang“[354]. Im Unterschied zur Konsistenz nimmt Kohärenz also ein ganzes Regelungsregime in den Blick und erfordert eine Suche nach dem hinter diesem System liegenden Zusammenhang. Auch wenn die Unterschiede zwischen Konsistenz und Kohärenz nicht immer offen zu Tage treten, ist „[e]ine Vermengung der Begriffe [...] verfehlt“[355]. Dieser Unterschied wird gerade auch im Zuge der rechtstheoretischen Erfassung von Kohärenz deutlich: Während Konsistenz wie gesehen Widerspruchsfreiheit verlangt, kann mit *Alexy* Kohärenz wie folgt begriffen werden: „Je besser die Begründungsstruktur einer Klasse von Aussagen ist, desto kohärenter ist diese Klasse von Aussagen.“[356] Unter Begründung ist hier allerdings nicht die „pragmatische Dimension des Begründens als ein[e] Tätigkeit“ zu verstehen, sondern „ein semantisch-syntaktischer Begründungsbegriff“, der darauf abstellt, „daß eine Aussage *p* eine Aussage *q* genau dann begründet, wenn *q* [...] aus *p* zusammen mit weiteren Prämissen logisch folgt“[357]. Kohärenz stellt demnach auf Zusammenhänge ab.[358] Zwar zielt die Kohärenz mit dem Einfordern von Zusammenhängen in einem gewissen Maße auch auf Widerspruchsfreiheit,[359] kann ein sinnstiftender Zusammenhang naturgemäß nur angenommen werden, sofern keine übermäßigen Widersprüche auszumachen sind. Ihr rationalitätsstiftender Beitrag kann aber eher in einer Systembildung[360] bzw. in einer systematischen Geschlossenheit erblickt werden und ist damit breiter angelegt als derjenige der Konsistenz.[361] Konkret bezieht sich

[354] *Schorkopf*, in: Grabitz/Hilf/Nettesheim (Hrsg.), Das Recht der EU, Bd. 1, Art. 7 AEUV (68. EL Oktober 2019) Rn. 11 (Hervorhebung im Original).

[355] *Pagenkopf*, Glücksspielrechtliche Variationen, NVwZ 2011, 513 (516).

[356] *Alexy* (Fn. 353), S. 95 (97). Erläuternd *Bracker* (Fn. 351), S. 103 ff.

[357] *Alexy* (Fn. 353), S. 95 (97). Mit einer „Klasse von Aussagen“ wiederum ist ein System gemeint, vgl. ebd.

[358] *MacCormick* (Fn. 353), S. 37 (38), spricht hierbei von „make sense“ und „hanging together“. *Rescher*, The Coherence Theory of Truth, 1973, S. 173, illustriert dies am Beispiel eines Netzwerkes: „The true propositions form one tightly knit unit, a set each element of which stands in logical interlinkage with others so that the whole forms a comprehensively connected and unified network.“

[359] Dass mit der Verwendung des Kohärenzbegriffes auch auf Widerspruchsfreiheit rekurriert wird, hebt auch *Philipp* (Fn. 347), S. 119, hervor, kommt dann, ebd., allerdings für die eigene Untersuchung und entgegen der hier verwendeten Sichtweise zu dem Schluss, dass „sich das Kohärenzgebot in Wahrheit als ‚bloßes‘ Konsistenzgebot erweist“. Ähnlich *Schmidt-Aßmann*, Kohärenz und Konsistenz des Verwaltungsrechtsschutzes, 2015, S. 5, der feststellt, dass „[b]eide Begriffe [...] es mit Vorstellungen von Zusammenhang und Stimmigkeit zu tun“ haben.

[360] S. *Alexy* (Fn. 353), S. 95 (106). Weitere Vorteile, die mit der Systembildung einhergehen, seien u. a., s. ebd., die Sicherung und Gewährleistung von Stabilität und Fortschritt. In dieser Weise charakterisiert auch *Schmidt-Aßmann* (Fn. 359), S. 6, das Verhältnis von Konsistenz und Kohärenz.

[361] Dass Kohärenz und Konsistenz voneinander abweichende Reichweiten aufweisen, er-

Kohärenz rechtstheoretisch betrachtet mitunter auf die systemische Begründungsstruktur wie auch auf die systemimmanenten Begriffe.[362] Rational im Sinne des Kohärenzkriteriums ist ein System gerade dann, wenn auf Begründungsebene zwischen den einzelnen Systembestandteilen Zusammenhänge bestehen, die Ableitbarkeit und Wechselseitigkeit gewährleisten, und wenn andererseits das System über eine Vielzahl genereller, weitgreifender Begriffe verfügt, die im Sinne einer „begriffliche[n] Querverbindung"[363] nicht ausschließlich für einen engen Bereich gültig sind. Plausibilität wird dieser Deutung der Kohärenz als Rationalitätskriterium in interdisziplinärer Perspektive durch die analytische Wissenschaftstheorie verliehen. Über die Korrektheit hinaus muss sich eine wissenschaftliche Erklärung, um adäquat im Sinne des Hempel-Oppenheim-Schemas zu sein, dadurch auszeichnen, dass dem Explanans generelle Gesetze inhärent sind, „d. h. ohne ihr Vorkommen darf das Explanandum nicht ableitbar sein"[364]. Darüber hinaus soll dieses Gesetz des Explanans nicht nur auf einen konkreten Einzelfall bezogen sein, sondern vielmehr weitere Fälle derselben Art erfassen können.[365] Die analytische Wissenschaftstheorie verlangt eben jene Generalität, die auch von der Kohärenz eingefordert wird.[366] Konkret wird ein System angestrebt, das aus Zusammenhängen zwischen allgemein erklärendem Gesetz und den verschiedenen zu erklärenden Ereignissen besteht. Das jeweilige Explanandum ist mit anderen Worten also eine Konkretisierung des im Ex-

gibt sich schon aus einer Betrachtung ihrer Wortherkünfte. Während Kohärenz in seiner lateinischen Bedeutung einen „Zusammenhalt" oder ein „verbunden sein" zum Ausdruck bringt, ist Konsistenz als „Zusammentreten" zu verstehen. Mit anderen Worten muss „Konsistenz in erster Linie statisch im Sinne von Zusammen – Stehen begriffen werden […], während die Kohärenz durchaus dynamische Elemente enthält und eben auf den sinnfälligen Zusammenhang verschiedener Dinge hinweist". S. zum Voranstehenden insgesamt *Pagenkopf* (Fn. 355), 513 (515 f.). Auch *Makswit*, Verfassungsrechtliche Schranken der Kompetenzwahrnehmung im Glücksspielrecht, ZfWG 2015, 430 (433), betont die Unterschiede zwischen Konsistenz und Kohärenz. Eine synonyme Verwendung scheint auch *Grzeszick* (Fn. 328), S. 49 (60), abzulehnen, wenn er ausführt, dass „[d]er zentrale Punkt des Folgerichtigkeitsgebots […] die Annahme einer Grundentscheidung des Gesetzgebers [ist], die im Gesetz konsistent *und* kohärent auszugestalten ist"; (Hervorhebung nicht im Original).

362 Vgl. hierzu und zum Folgenden *Alexy* (Fn. 353), S. 95 (98 ff.).

363 *Alexy* (Fn. 353), S. 95 (105).

364 *Buchwald* (Fn. 338), S. 108.

365 Zu dieser unter dem Begriff der Generalität firmierenden Adäquatheitsbedingung s. *Buchwald* (Fn. 338), S. 108 f., 115 f.; *Steinbach* (Fn. 208), S. 20 ff.

366 So rekurriert auch *Alexy* (Fn. 353), S. 95 (104, 106), auf die Generalität und stellt, ebd. S. 95 (106), fest, dass eine inkohärente „juristische Begründung […] den Postulaten der Universalität und der Generalität und damit elementaren Anforderungen der Gerechtigkeit nicht gerecht" wird. Ferner qualifiziert zudem *Scherzberg* (Fn. 334), S. 177 (181), die Generalität als Charakteristikum formaler Rationalität.

planans angelegten Gesetzes.[367] Übertragen auf das Recht ließe sich also sagen, dass die in einem Gesetz enthaltenen Regelungen (Explananda) auf ein sie alle gleichermaßen erfassendes Gesetzesziel (Explanans) zurückgeführt werden können müssen. An dieser Stelle können der analytischen Wissenschaftstheorie für Kohärenz als formalem Rationalitätsmerkmal mithin zwei Impulse entnommen werden. Zum einen verlangt Kohärenz von einem formal-rational denkenden und handelnden Gesetzgeber ein geordnetes Gesetz, in dem die konstituierenden Elemente zueinander in einem Zusammenhang stehen.[368] Der zweite Impuls knüpft an dieser Verpflichtung zur Herstellung und Aufrechterhaltung von Zusammenhängen an und hebt den Kohärenzbegriff zu einem Wesensmerkmal des Systembegriffs an, nach dem (innere)[369] Systeme als „wertungsmäßig[e] Zusammenhänge zwischen und hinter den normativen Entscheidungen in Gestalt zweckgerichteter Problemlösungsansätze […] zu verstehen"[370] sind. Das von der Kohärenz geforderte systematische Gesetz visualisiert also das hinter dem Gesetz und seinen Einzelregelungen stehende Gesetzesziel bzw. deckt den ihm vom Gesetzgeber zugrunde gelegten Sinn auf. Die einzelnen Regelungen des jeweiligen Gesetzes sind Konkretisierungen des Gesetzeszwecks, der dem jeweiligen Regelungsregime einen bestimmten Sinn verleiht.[371]

Dass Konsistenz und Kohärenz als Kriterien für eine rechtliche Analyse von Rationalität der Gesetzgebung fruchtbar gemacht werden, verwundert nicht. Vielmehr belegt schon die Entstehung des formalen Rechtsstaatsverständnisses als eine der vier Phasen in der Entwicklung des Rechtsstaatsbegriffes die Betonung und besondere Bedeutung formaler Aspekte im Hinblick auf Gesetze.[372] In zeitlicher Hinsicht folgte auf den liberalen Rechtsstaatsbegriff das formale Rechtsstaatsverständnis. In der zweiten Hälfte des 19. Jahrhunderts beginnend und bis in

---

367 Auch *Buchwald* (Fn. 338), S. 115, konstatiert: Es „ist das wesentliche Vorkommen einer gesetzesartigen Allaussage im Explanans erforderlich. Diese stellt den Zusammenhang dieser Erklärung mit einer anderen Erklärung eines Phänomens derselben Art dadurch her, daß es beide Einzelphänomene als Fälle einer allgemeinen Regel erweist. Ein Gesetz stellt eine genau bestimmte Beziehung zwischen bestimmten Eigenschaften von Explananda her".

368 *Scherzberg* (Fn. 334), S. 177 (181), spricht von einer „formale[n] Rahmenordnung".

369 Zur Kategorisierung von Systemen und den Inhalten des äußeren Systems vgl. *Dieterich*, Systemgerechtigkeit und Kohärenz, 2014, S. 103 ff.

370 *Dieterich* (Fn. 369), S. 106.

371 Mit *Höpfner*, Die systemkonforme Auslegung, 2008, S. 11, kann in Anlehnung an *Canaris*, Systemdenken und Systembegriff in der Jurisprudenz, 1969, S. 12 f., gesagt werden, dass „es um die Rückführbarkeit der Einzelwertungen und Normen auf ‚wenige tragende Grundprinzipien'" geht.

372 Zur Entwicklung des Rechtsstaatsbegriffes m. w. N. *Schmidt-Aßmann*, Der Rechtsstaat, in: Isensee/Kirchhof (Hrsg.), HStR, Bd. 2, 3. Aufl. 2004, § 26 Rn. 10 ff.; *Steinbach* (Fn. 208), S. 56 ff.; *Calliess*, Prozedurales Recht, 1999, S. 39 ff., der allerdings nur von drei Phasen ausgeht.

die Weimarer Zeit hineinreichend, erfolgte eine „Formalisierung des Rechtsstaatsbegriffes“[373]. Im Unterschied zum liberalen Rechtsstaatsbegriff kommt der Staatsform keine gesteigerte Bedeutung zu, „das Prozedere der demokratischen Gesetzesgenese verliert an Bedeutung“[374]. Kurzum wird „[d]er Rechtsstaatsbegriff [...] von seiner vernunftrechtlich-philosophischen Fundierung gelöst“[375]. Die Spitze der Formalisierungsbewegungen kann im „wertrelativistischen Gesetzespositivismus“[376] gesehen werden. Bezugsobjekt dessen ist die Wissenschaftlichkeit der Rechtswissenschaft, es kommt zu einer strikten Trennung von Sein und Sollen, wobei sich das Sollen aus den zwei Elementen Form und Inhalt zusammensetzt. Das „Schlüsse ziehen“ vom Sein auf das Sollen wird als unzulässig verworfen. Die Beantwortung moralischer und ethischer Fragen wird der Politik überantwortet, die Rechtswissenschaft hat sich auf formal-logische Aspekte zu beschränken. Der Rechtssicherheit kommt nach diesem Verständnis der größte Stellenwert zu, es erfolgt eine totale „Entkleidung des rechtsstaatlichen Gesetzesbegriffs“[377], mithin eine „Externalisierung der materiellen Gerechtigkeit“[378]. Folge dieser „Fokussierung auf formale Qualitäten wie Rechtssicherheit und formale Gleichheit“[379] ist, dass Recht trotz Irrtums des Gesetzgebers oder der Kenntnis über die Ungerechtigkeit einer Norm Gültigkeit besitzt; es kommt lediglich auf das formal richtige Zustandekommen eines Gesetzes an.[380]

Nach dem formalen Rechtsstaatsbegriff müssen Gesetze damit (lediglich) „dauerhaft, allgemein, inhaltlich bestimmt und positiv (niedergeschrieben und veröffentlicht) sein und dürfen keine Rückwirkung entfalten“[381]. Diese besondere Betonung des Formalen lässt es plausibel und konsequent erscheinen, in eine rechtswissenschaftliche Analyse und Bewertung von Gesetzgebung auch auf Formalität abstellende Rationalitätskriterien wie Konsistenz und Kohärenz einzuführen und diese einer Kategorie formaler Rationalität zuzuordnen.[382]

---

[373] *Schmidt-Aßmann* (Fn. 372), § 26 Rn. 13. Zum formalen Rechtsstaatsbegriff ebenfalls *Calliess* (Fn. 372), S. 42 ff.; *Steinbach* (Fn. 208), S. 59 ff.

[374] *Steinbach* (Fn. 208), S. 59.

[375] *Calliess* (Fn. 372), S. 42.

[376] Hierzu und zum Folgenden *Calliess* (Fn. 372), S. 44; *Steinbach* (Fn. 208), S. 59.

[377] *Calliess* (Fn. 372), S. 44.

[378] *Steinbach* (Fn. 208), S. 60. So auch *Calliess*, Das Tetralemma des Rechts, ZfRSoz 21 (2000), 293 (294).

[379] *Steinbach* (Fn. 208), S. 60. Dies betonen auch *Calliess* (Fn. 378), 293 (294), und *Eicker*, Die Prozeduralisierung des Strafrechts, 2010, S. 14.

[380] So schreibt auch *Calliess* (Fn. 372), S. 45, dass es nach dem formalen Rechtsstaatsbegriff „ausschließlich auf das formal korrekte Zustandekommen eines Gesetzes“ ankommt. Vgl. ferner *Schmidt-Aßmann* (Fn. 372), § 26 Rn. 19; *Steinbach* (Fn. 208), S. 59.

[381] *Eicker* (Fn. 379), S. 14.

[382] So im Ergebnis auch *Steinbach* (Fn. 208), S. 20, 55 f., 66.

2. Systemgerechte Gesetzgebung als Kennzeichen eines formal-rational handelnden Gesetzgebers

Formale Rationalität, die die Gleichartigkeiten der drei öffentlich-rechtlichen Prozessordnungen erklären können soll, verlangt nach alledem „begriffliche Konsistenz, logische Widerspruchsfreiheit [und] systematisch[e] Geschlossenheit“[383]. Diese rationalitätsstiftenden Anforderungen an die Gesetzgebung werden in den Geboten der Konsistenz und Kohärenz reformuliert und firmieren hier – trotz seines Bedeutungsverlustes und entgegen aller semantischen Unklarheiten[384] – insge-

[383] *Steinbach* (Fn. 208), S. 74. So auch *Scherzberg* (Fn. 334), S. 177 (181).

[384] Das BVerfG verwendet bei Betrachtung der Konsistenz von Gesetzgebung synonym zum Begriff der Systemgerechtigkeit u. a. den Begriff der Folgerichtigkeit, der diesen im Laufe der Judikatur darüber hinaus auch abgelöst hat. Vgl. zu dieser (unklaren) Rechtsprechung des BVerfG etwa BVerfGE 6, 55 (69), in der das BVerfG durch die Verwendung des Antonyms „systemwidriges Element“ noch auf die Systemgerechtigkeit rekurrierte; im Unterschied dazu ist von „Folgerichtigkeit“ etwa in BVerfGE 120, 125 ff. (insbesondere 158), die Rede. Auch *Payandeh* (Fn. 344), 578 (582), spricht die unterschiedslose und synonyme Verwendung der beiden Begriffe an: „Das Bundesverfassungsgericht verwendet die beiden Topoi Systemgerechtigkeit und Folgerichtigkeit [...] synonym und ohne klar erkennbaren konzeptionellen Unterschied.“ S. ferner *Peine*, Systemgerechtigkeit, 1985, S. 28 ff., insbesondere S. 31 f. Zum Bedeutungsverlust der Systemgerechtigkeit in der Rechtsprechung des BVerfG vgl. m. w. N. *O'Hara*, Konsistenz und Konsens, 2018, S. 122. Zur Systemgerechtigkeits-Rechtsprechung des BVerfG insgesamt *Battis*, Systemgerechtigkeit, in: Stödter/Thieme (Hrsg.), FS Ipsen, 1977, S. 11 (13 ff.). Diese Tendenzen legen den Schluss nahe, dass Systemgerechtigkeit und Folgerichtigkeit von ihren Inhalten her identisch sind bzw. der Topos Systemgerechtigkeit keinen Raum mehr für Kohärenzaspekte bietet, da die Folgerichtigkeit dem BVerfG zufolge Charakteristikum von Konsistenz ist. Vgl. zur Folgerichtigkeit als (alleinigem) Merkmal von Konsistenz *Bumke* (Fn. 332), 77 (87 ff., insbesondere 96). Auch *Philipp* (Fn. 347), S. 39, formuliert insofern: „Somit liegt nahe, dass es sich weniger um eine Frage konzeptioneller Unterschiede als vielmehr um einen Fall terminologischer Diskontinuität handelt.“ Besonders deutlich wird dies, wenn das Gericht, BVerfGE 60, 16 (43), ausführt, dass „der Gedanke der Systemgerechtigkeit, [es zum] Anliegen [hat], in einem bereits geregelten Lebensbereich die vom Gesetzgeber selbst gewählten Vernünftigkeitskriterien und Wertungen folgerichtig zu konkretisieren“. Rekurriert wird hier stattdessen auf ein differenzierendes Verständnis des Systembegriffs wie es den Überlegungen *Canaris* (Fn. 371), S. 11 ff., entnommen werden kann, der zu den wesentlichen Merkmalen des Systembegriffs die Aspekte „Ordnung“ und „Einheit“ zählt und dabei die Ordnung, ebd. S. 12, als „rational erfaßbare ‚innere‘, d. h. von der Sache her begründete Folgerichtigkeit“ definiert, unter Einheit wiederum, ebd. S. 12 f., versteht, dass „jene nicht in eine Fülle unzusammenhängender Einzelheiten zerfallen darf, sondern sich auf wenige tragende Grundprinzipien zurückführen lassen muß“. Es wird mithin davon ausgegangen, dass sich Systemgerechtigkeit nicht im Gebot der Folgerichtigkeit und damit nicht in einem Konsistenzgebot erschöpft. Dies erscheint auch gerade deshalb möglich, da sich die Untersuchung hier nicht auf einer rein dogmatischen Ebene bewegt. Ebenso wenig hat der Zusatz „gerecht“ eine rechtsphilosophische Bedeutung. Anstelle von System*gerechtigkeit* könnte etwa auch von System*entsprechung*, System*adäquatheit* oder System*angemessenheit* die Rede sein. Vgl. insofern auch *Peine*, ebd. S. 28 ff., der wiederum, ebd. S. 30, von „Passen“ spricht. A.A., nach denen

samt unter dem umfassenderen Begriff der Systemgerechtigkeit.[385] In ihrem Kern verlangt die Systemgerechtigkeit, die Merkmale der Konsistenz und Kohärenz in sich vereint, dass das „Recht […] immer eine Kohärenz seiner Teile zum Ganzen [erfordert], eine Systematik, die das Zusammenspiel der Normen regelt und so zumindest verhindert, daß der einzelne sich einander widersprechenden Anforderungen ausgesetzt sieht"[386]. Vergröbert gesprochen geht es letztlich also um verschiedene Formen und Grade von Widerspruchsfreiheit.

Konsistenz und Kohärenz geben der Systemgerechtigkeit dabei ihre Gestalt und liefern für die hier interessierende Frage, ob die Gleichartigkeiten der Prozessordnungen mit einer gesetzgeberischen Vorstellung formal-rationaler Gesetzgebung zu erklären sind, einen anleitenden Untersuchungsmaßstab.[387] In der Perspektive der Konsistenz verlangt die Systemgerechtigkeit, dass einzelne Regelungen einem vom Gesetzgeber selbst gewählten Gesetzesziel nicht widersprechen, sie eben jenes Gesetzesziel folgerichtig konkretisieren.[388] Übertragen

---

Systemgerechtigkeit und Folgerichtigkeit gleichgesetzt werden und damit Systemgerechtigkeit wohl ausschließlich von Konsistenzerwägungen bestimmt wird, *Bulla*, Das Verfassungsprinzip der Folgerichtigkeit und seine Auswirkungen auf die Grundrechtsdogmatik, ZJS 2008, 585 (589); *Schwarz*, „Folgerichtigkeit" im Steuerrecht, in: Depenheuer/Heintzen/Jestaedt/Axer (Hrsg.), FS Isensee, 2007, S. 949 (957), bei dem es heißt: „Folgerichtigkeit [wurde] früher mit gewissen Nuancierungen auch als Systemgerechtigkeit bezeichnet".

385 Auch *Steinbach* (Fn. 208), S. 86, 99, ordnet Konsistenz und Kohärenz dem übergeordneten Begriff der Systemgerechtigkeit zu. Vgl. ebenfalls *Schmidt-Aßmann* (Fn. 359), S. 6. Zumindest indirekt – für die Konsistenz – auch *Kischel*, Systembindung des Gesetzgebers und Gleichheitssatz, AöR 124 (1999), 174 (179), der aber, ebd., anstelle von Systemgerechtigkeit von Systembindung sprechen möchte. Eine umfassende Darstellung des Inhalts, der dem Topos Systemgerechtigkeit in Literatur und Rechtsprechung zugesprochen wird, findet sich bei *Peine* (Fn. 384), S. 24 ff. Vgl. ferner zum Topos der Systemgerechtigkeit *Degenhart*, Systemgerechtigkeit und Selbstbindung des Gesetzgebers als Verfassungspostulat, 1976, passim; *Hanebeck* (Fn. 344), 429 ff.; *Battis* (Fn. 384), S. 11 ff.

386 Vgl. *Kischel* (Fn. 385), 174 (175). Verknappt ließe sich mit *Degenhart* (Fn. 385), S. 4, auch sagen: „Systemwidrigkeit [als Kehrseite der Systemgerechtigkeit] liegt […] in widersprüchlichem Verhalten des Gesetzgebers zu seinen eigenen Prinzipien." Ähnlich *Steinbach* (Fn. 208), S. 87.

387 Auch *Lange*, Systemgerechtigkeit, Die Verwaltung 1971, 259 (275 f.), deutet die Möglichkeit einer Überprüfung der Prozessordnungen der öffentlich-rechtlichen Fachgerichtsbarkeiten am Maßstab der Systemgerechtigkeit an, spricht in diesem Zusammenhang, ebd. 259 (275), von „formaler Systemgerechtigkeit".

388 Vgl. aus der Rechtsprechung abermals BVerfGE 60, 16 (43). Hierzu führt *Philipp* (Fn. 347), S. 39 f., konkretisierend aus: „*Systemgerechtigkeit* ist das nach Maßgabe eines *einmal gewählten Ordnungsprinzips* […] vorzunehmende *folgerichtige* Einfügen einzelner Rechtsvorschriften […] in das gesetzliche Regelungsgefüge […]." (Hervorhebung im Original). Ähnlich *Payandeh* (Fn. 344), 578 (581), der ausführt, dass das BVerfG unter Systemgerechtigkeit versteht, dass sich „[e]ine Norm […] in die Systematik einer gesetzlichen Regelung einfügen [muss], sie muss in dieses oder zu diesem System ‚passen'".

auf das prozessuale Rechtsschutzsystem der öffentlich-rechtlichen Prozessordnungen fragt die Systemgerechtigkeit unter Konsistenzgesichtspunkten also „nach den prägenden Parametern des Rechtsschutzkonzepts und seiner inneren Stimmigkeit“[389]. Einzelne Regelungen der Verwaltungsgerichtsordnung, der Finanzgerichtsordnung und des Sozialgerichtsgesetzes werden unabhängig voneinander und nur in Bezug auf die jeweilige Prozessordnung am Gesetzesziel bzw. Gesetzeszweck reflektiert, mit dem Ziel, die Stimmigkeit, Folgerichtigkeit bzw. Widerspruchsfreiheit zwischen der betrachteten Regelung und dem vom Gesetzgeber festgelegten Regelungsziel zu überprüfen. Flankiert und komplettiert wird der Aspekt der Konsistenz von dem der Kohärenz; die intrasystemische wird durch eine breiter angelegte intersystemische Perspektive ergänzt, die mit Blick auf das prozessuale Rechtsschutzsystem „nach dem notwendigen Zusammenhang eines auf mehrere Ebenen und Gerichtszweige aufgeteilten Gerichtsschutzes“[390] fragt. Es kommt demnach innerhalb der Systemgerechtigkeit zu einer Perspektivenerweiterung – der Blick wird von den Subsystemen der einzelnen Prozessordnungen auf das sie umfassende System des prozessualen Rechtsschutzes vor den öffentlich-rechtlichen Fachgerichtsbarkeiten gerichtet. Der Topos Systemgerechtigkeit im hier verstandenen Sinne erfasst mit den ihm inhärenten Konsistenz- und Kohärenzerwägungen also zugleich unterschiedliche Ebenen.[391]

Wendet man sich den Vorteilen einer von Konsistenz und Kohärenz geprägten Systemgerechtigkeit zu, finden sich gewichtige Argumente. „Die systematische Ordnung von Rechtsbereichen, bei der bestimmte, grundlegende Wertungen und Interessenabwägungen den verschiedenen Regelungen einheitlich, logisch nachvollziehbar und widerspruchsfrei zugrundeliegen, sorgt für übersichtliche und klare Gesetze.“[392] In den Genuss der Vorzüge einer solchen systematischen Ordnung von Rechtsbereichen kommen neben den Bürgern auch die unmittelbaren Rechtsanwender; Rechtssicherheit und die Berechenbarkeit von Recht kristallisieren sich als spürbar positive Effekte heraus. Mithin ist eine formal-rationale Gesetzgebung stets ein erstrebenswertes Ideal des handelnden Gesetzgebers, und

---

389 *Schmidt-Aßmann*, Kohärenz und Konsistenz des verwaltungsgerichtlichen Rechtsschutzes, Die Verwaltung 44 (2011), 105 (107); *ders.* (Fn. 359), S. 6.

390 *Schmidt-Aßmann* (Fn. 389), 105 (107); *ders.* (Fn. 359), S. 6. Zum Ausdruck kommt hier zugleich, dass Kohärenz eine ebenen- bzw. subsystemübergreifende Perspektive aufweist.

391 Vgl. *Degenhart* (Fn. 385), S. 5. In diese Richtung auch *Zippelius*, Der Gleichheitssatz, VVDStRl 47 (1989), S. 7 (30): Das „Bemühen um Systemgerechtigkeit ist nicht auf begrenzte Problembereiche zu verengen; sie hat nicht nur die innere Widerspruchsfreiheit eng gefaßter positivistischer Systemeinheiten zu prüfen, sondern stets auch zu fragen, ob das jeweils zu prüfende Teilsystem sich seinerseits ohne Verstoß gegen den Gleichheitssatz in den Kontext der gesamten Rechts- und Verfassungsordnung einfügt“.

392 Hierzu und zu den weiteren Vorteilen der Systemgerechtigkeit *Kischel* (Fn. 385), 174 (203).

das ungeachtet der Frage, welche Folgen eine Systemwidrigkeit verfassungsrechtlich nach sich zieht.[393]

3. Gesetzeszielfestlegung und Regelungskonzeption als Vorstufen systemgerechter Gesetzgebung

Wie die bisherigen Ausführungen bereits angedeutet haben, ist formal-rationale Gesetzgebung gemessen am Maßstab der Systemgerechtigkeit des gesetzgeberischen Handelns von einer Zweiteilung geprägt. Einer Überprüfung der Einhaltung von Systemgerechtigkeit vorgelagert bzw. dessen Anknüpfungspunkt ist ein vom Gesetzgeber festgelegter Gesetzeszweck. Diese „Grundentscheidung des Gesetzgebers [ist sodann] im Gesetz konsistent und kohärent auszugestalten"[394]. Erst dann weist ein Regelungsregime die erforderliche systematische Geschlossenheit auf und verdient sich als Ergebnis gesetzgeberischen Handelns das Prädikat formaler Rationalität. Anders gesprochen ließe sich sagen, dass die Gesetzesfunktion bzw. der Gesetzeszweck und eine auf dieser Grundlage entworfene Grundkonzeption den vorprägenden Ausgangspunkt eines (baugleichen) Regelungsgefüges (VwGO, SGG, FGO) bilden.[395] Daher bedarf eine Erklärung der Gleichartigkeiten zunächst einer eingehenderen Betrachtung des Gesetzesziels der Prozessordnungen der öffentlich-rechtlichen Fachgerichtsbarkeiten.

a) Die dienende Funktion des Prozessrechts als Gerechtigkeit forderndes Gesetzesziel

Insbesondere in der dienenden Funktion des Prozessrechts kann ein die Prozessordnungen der allgemeinen Verwaltungs-, der Finanz- und der Sozialgerichtsbarkeit verbindendes Element erblickt werden.[396] Doch wie genau determiniert die

[393] So schreibt auch *Degenhart* (Fn. 385), S. 2, dass die „Systemgerechtigkeit des Gesetzgebers [...] sich [...] auf die vom Gesetzgeber zu gestaltende Ordnung" bezieht. Auch er geht mithin davon aus, dass der Gesetzgeber bei der Schaffung eines Regelungsregimes an der Systemgerechtigkeit gemessen werden kann.

[394] *Grzeszick* (Fn. 328), S. 49 (60).

[395] Von einer zu verwirklichenden Grundkonzeption spricht auch *Bumke* (Fn. 332), 77 (91).

[396] Vgl. zu diesem Verhältnis von materiellem Recht und Prozessrecht etwa *Nolte* (Fn. 199), S. 78; *Quabeck*, Dienende Funktion des Verwaltungsverfahrens und Prozeduralisierung, 2010, S. 8 ff.; *Jochum*, Verwaltungsverfahrensrecht und Verwaltungsprozeßrecht, 2004, S. 98; *Lorenz*, Verwaltungsprozeßrecht, 2000, § 1 Rn. 3; *ders.*, Grundrechte und Verfahrensordnungen, NJW 1977, 865 (866 f.); *Jauernig*, Materielles Recht und Prozeßrecht, JuS 1971, 329 (329), spricht in diesem Zusammenhang gar von einer „existentielle[n] Abhängigkeit". Prägnant bringt dies *Henckel*, Prozeßrecht und materielles Recht, 1970, S. 24 f., 63, zum Ausdruck: „Das Prozeßrecht ist der Inbegriff aller Normen, die menschliches Verhalten in einem auf ein Rechtspflegeziel ausgerichteten Verfahren von und vor Rechtspflegeorganen regeln. Das materielle Recht dagegen regelt das Verhalten in Lebensbereichen, in denen sich die Rechtssubjekte unmittelbar

dienende Funktion die systematische Ordnung der gerichtlichen Verfahrensgesetze? Wie konkret wirkt sich die Gesetzeszielfestlegung aus? Was wird Inhalt bzw. Richtmaß der ausfüllungsbedürftigen Grundkonzeption?

Unter der dienenden Funktion kann im hier interessierenden Zusammenhang die Rolle des Prozessrechts im Rahmen der gerichtlichen Entscheidungsfindung zusammengefasst werden. „Die Regeln [der Verfahrensordnungen] sollen sicherstellen, dass alle entscheidungsrelevanten Informationen tatsächlicher und rechtlicher Art sowie die notwendige Sachkunde geordnet in den Entscheidungsprozess einfließen und dort optimal verarbeitet werden, um eine korrekte Anwendung des materiellen Rechts zu gewährleisten."[397] Mithin stellt das Prozessrecht keinen reinen Selbstzweck dar, sondern zielt auf die Verwirklichung eines externen Zwecks.[398]

Diese Charakterisierung erklärt zugleich das Stigma, mit dem das Prozessrecht wissenschaftsgeschichtlich betrachtet vielfach belegt wurde. Neben *Nettelbladt*, der den Prozess als „die Kunst, Akten anzufertigen und mit ihnen geschickt umzugehen"[399] definierte, umschrieb allen voran *Friedrich Stein* die mehrheitlich abwertende Haltung gegenüber dem Prozessrecht mit den Worten: „[D]er Prozeß ist [...] das ‚technische Recht' in seiner allerschärfsten Ausprägung, von wechselnden Zweckmäßigkeiten beherrscht, der Ewigkeitswerte bar."[400] Eine Einordnung des Prozessrechts als bloßes Werkzeug und Mittel zum Zweck überzeugt allerdings nicht. Vielmehr wurzelt ein „funktionaler Eigenwert"[401] des Prozessrechts in seiner Fähigkeit, intakte und konforme Verfahren bereitzustellen. Über seine Fähigkeit zur „[...] Herbeiführung gesetzmäßiger und unter diesem Blickpunkt richtiger [...]" Entscheidungen hinaus, dient das Prozessrecht nach Ansicht des Bundesverfassungsgerichts zudem der Herstellung „gerechter Entscheidungen"[402]. In Ansehung der rationalitätsstiftenden Systemgerechtigkeit

---

ohne Vermittlung eines zu einem Rechtspflegeakt angerufenen Rechtspflegeorgans begegnen. [...] Der Prozeß dient also dem Zweck einer qualifizierten Rechtsausübung." Damit ist keineswegs gesagt, dass sich die Funktionen des Prozessrechts in der dienenden Funktion erschöpfen. Zu den weiteren Funktionen s. insgesamt *Nolte*, ebd. S. 45 ff.

397 *Quabeck* (Fn. 396), S. 8. In diese Richtung auch *Heinze*, Die Bedeutung des Prozeßrechts für das materielle Sozialrecht im Wandel der letzten 100 Jahre, SGb 1984, 390 (392).

398 Einen Selbstzweck ablehnend etwa auch *Lorenz* (Fn. 396), Verwaltungsprozeßrecht, § 1 Rn. 3; *Quabeck* (Fn. 396), S. 8; *Henckel*, Vom Gerechtigkeitswert verfahrensrechtlicher Normen, 1966, S. 9.

399 *Nettelbladt*, Abhandlung von der praktischen Rechtsgelehrtheit, 1764, § 8, zitiert nach *Gaul*, Zur Frage nach dem Zweck des Zivilprozesses, AcP 168 (1968), 27 (28).

400 *Stein*, Grundriß des Zivilprozeßrechts und des Konkursrechts, 2. Aufl. 1924, S. XIV.

401 Zu diesem „funktionalen Eigenwert" des Prozessrechts *Nolte* (Fn. 199), S. 78; *Lorenz* (Fn. 396), Grundrechte, 865 (867).

402 BVerfGE 42, 64 (73). Damit sind gleichwohl nicht alle möglichen Interpretationen des Topos der dienenden Funktion ausgeschöpft: Während hier davon ausgegangen wird, dass das

müsste der Organisationsgesetzgeber mithin die nähere Ausgestaltung einer Verfahrensordnung an dem selbst definierten Ziel der dienenden Funktion ausrichten und in der Folge ein Gesetz schaffen, das in der Lage ist, gerechte Entscheidungen zu erzeugen.[403]

aa) Versuch einer Skizzierung der Gerechtigkeit

Ist es (mitunter) Aufgabe des Prozessrechts, die Herstellung gerechter Entscheidungen zu ermöglichen, so wirft dies unweigerlich die Frage auf, was Gerechtigkeit ist, wie ein gerichtliches Verfahren Gerechtigkeit schafft und wie ein entsprechender verfahrensrechtlicher Rahmen beschaffen sein muss bzw. was der Organisationsgesetzgeber bei der Schaffung gerechtigkeitsgenerierender verwaltungsgerichtlicher Prozessordnungen beachten muss.

Auch wenn die Verwandtschaft von Recht und Gerechtigkeit, man mag gar von Ableitbarkeit sprechen,[404] offensichtlich ist, so gleichen Inhalt und Wesen der Gerechtigkeit eher etwas Nebulösem und der Jurist „zögert, auch nur das Wort Gerechtigkeit zu verwenden, weil es ihm unsicher, unklar, vieldeutig erscheint und er sich vor den Implikationen des Begriffs fürchtet, die er nicht übersieht“[405]. Dennoch bildet Gerechtigkeit ein Alltagsphänomen mit verschiedenen

---

Prozessrecht „unabdingbare Voraussetzung einer gerechten und sachlich vertretbaren Entscheidung“ ist, vgl. *Quabeck* (Fn. 396), S. 11, ließe sich dem Attribut „dienend“ auch eine eingeschränkte Bedeutung des Prozessrechts gegenüber dem materiellen Recht entnehmen, das den Entscheidungsinhalt fast vollständig vorprogrammiert, s. *Quabeck*, ebd. S. 8 ff. Einer solchen Sichtweise kann indes nicht gefolgt werden. So auch *Schmidt-Preuß*, Gegenwart und Zukunft des Verfahrensrechts, NVwZ 2005, 489 (490): „Es wäre ein Missverständnis, wollte man [mit dem Topos der dienenden Funktion] eine geringe Wertschätzung oder einen ‚Nachrang‘ assoziieren. Ein solches ‚Negativimage‘ würde der Bedeutung, die dem Verfahrensrecht zukommt, nicht gerecht.“ So auch *Hufen/Siegel*, Fehler im Verwaltungsverfahren, 6. Aufl. 2018, Rn. 924: „Wer die dienende Funktion des Verfahrens betont, muss gerade *mehr* und nicht weniger auf ein korrektes Verfahren achten. […] ‚Dienende Funktion des Verfahrens‘ erfordert daher nicht die Abwertung der Bedeutung des Verfahrens, sondern gerade deren Unterstreichung.“ (Hervorhebung im Original). S. ferner *Schneider*, Strukturen und Typen von Verwaltungsverfahren, in: Hoffmann-Riem/Schmidt-Aßmann/Voßkuhle (Hrsg.), GVwR, Bd. 2, 2. Aufl. 2012, § 28 Rn. 1.

403 Auch *Gaul* (Fn. 399), 27 (35 ff., insbesondere 37), hebt die Bedeutung des Prozesszwecks für gesetzgeberisches Handeln in diesem Bereich hervor. Vgl. ferner *Lorenz* (Fn. 396), Verwaltungsprozeßrecht, § 1 Rn. 3.

404 Den Zusammenhang von Recht und Gerechtigkeit arbeitet insbesondere *Dreier*, „Wir hatten Gerechtigkeit erhofft…, in: FAZ v. 12.01.2015, abrufbar unter: https://www.faz.net/aktuell/politik/die-gegenwart/staat-und-recht-wir-hatten-gerechtigkeit-erhofft-13352790.html (letzter Aufruf am: 04.10.2020), heraus, der in diesem Kontext von einem „intrinsischen Bezug von Recht und Gerechtigkeit“ spricht. Keineswegs aber ist damit gemeint, dass zwischen Recht und Gerechtigkeit Identität herrscht, vgl. ebd., ebenso wenig eine „prästabilierte Harmonie“, s. *Isensee*, Gerechtigkeit, in: Kirchhof (Hrsg.), FS Merten, 2007, S. 3 (9).

405 *Isensee* (Fn. 404), S. 3 (5).

geläufigen Erscheinungsformen, wie etwa der Bildungsgerechtigkeit, der sozialen Gerechtigkeit, der Steuergerechtigkeit und der Umweltgerechtigkeit.[406] Was bleibt, ist indes die Frage nach dem genauen Inhalt von Gerechtigkeit. Zu seiner Ermittlung erscheint es sinnvoll, nicht den allgemeinen Sprachgebrauch, sondern die Ausdrucksform – gewissermaßen die Einkleidung – von Gerechtigkeit als Ausgangspunkt zu wählen. Gerechtigkeit bringt eine Wertung zum Ausdruck, die schließlich in einem Gerechtigkeitsurteil verbalisiert werden kann.[407] Doch was kann Gegenstand dieses Gerechtigkeitsurteils sein? Von welchen Dingen kann gesagt werden, sie seien gerecht oder ungerecht? Führt man sich vor Augen, dass der Gerechtigkeitsbegriff nicht nur Bestandteil der Rechtslehre, sondern auch der Tugendlehre ist, so können als Bezugsgegenstände von Gerechtigkeit neben einzelnen Normen sowie Normenordnungen auch Handlungen und die sie ausführenden Handlungssubjekte begriffen werden.[408] Für die hier interessierenden Normenordnungen lässt sich mit *Dreier* unter Gerechtigkeit eine Eigenschaft von Normenordnungen verstehen, „durch die eine gute Ordnung der Verteilung und des Ausgleichs von Gütern und Lasten bewahrt oder hergestellt wird"[409]. Am prägnantesten wird dieses Verständnis von der Gerechtigkeitsformel „Jedem das Seine" zusammengefasst, die als Maßstab für Gerechtigkeitsurteile fungiert und im Folgenden – allen Vorwürfen der Inhaltsarmut und ihrer Pervertierung[410] im nationalsozialistischen Unrechtsregime zum Trotz – als Gebot an den Gesetzgeber verstanden wird, die Einhaltung dieser Formel als Bewertungsmaßstab von Normen und Normenordnungen zu verwenden.[411] Eine

[406] Vgl. *Rottleuthner*, Gerechtigkeit in der Rechtsprechung, in: Präsidium des Deutschen Richterbundes (Hrsg.), FG 100 Jahre Deutscher Richterbund, 2009, S. 113 (113); *Dreier*, Recht und Gerechtigkeit, in: ders. (Hrsg.), Recht – Staat – Vernunft, 1991, S. 8 (8); *Dreier*, „Wir hatten Gerechtigkeit erhofft…, in: FAZ v. 12.01.2015, abrufbar unter: https://www.faz.net/aktuell/politik/die-gegenwart/staat-und-recht-wir-hatten-gerechtigkeit-erhofft-13352790.html (letzter Aufruf am: 04.10.2020).

[407] S. *Dreier* (Fn. 406), Recht, S. 8 (9).

[408] Vgl. *Dreier* (Fn. 406), Recht, S. 8 (11).

[409] *Dreier* (Fn. 406), Recht, S. 8 (13).

[410] So fand sich „die Formel als Torinschrift über dem Eingang des Konzentrationslagers Buchenwald. Aber der Mißbrauch einer Formel hebt ihre Brauchbarkeit nicht auf." S. *Dreier* (Fn. 406), Recht, S. 8 (13).

[411] Eine Übersicht über verschiedene Gerechtigkeitsformeln einschließlich der hier verwendeten Gerechtigkeitsformel findet sich bei *Dreier* (Fn. 406), Recht, S. 8 (11 f.). Die „Suum-cuique-Formel" ablehnend hingegen *Dreier*, „Wir hatten Gerechtigkeit erhofft…, in: FAZ v. 12.01.2015, abrufbar unter: https://www.faz.net/aktuell/politik/die-gegenwart/staat-und-recht-wir-hatten-gerechtigkeit-erhofft-13352790.html (letzter Aufruf am: 04.10.2020), der ausführt, diese sei „völlig inhaltsleer". Zu demselben Ergebnis für insgesamt 16 Gerechtigkeitsformeln gelangt *Kelsen*, Reine Rechtslehre, 2. Aufl. 1960, Anhang, Das Problem der Gerechtigkeit, S. 355 ff. Hier wird hingegen *Dreier* (Fn. 406), Recht, S. 8 (13), gefolgt, der festhält: Am ange-

Norm wäre nach diesem Verständnis „gerecht, wenn sie gebietet, erlaubt oder ermächtigt, jedem das Seine zu geben oder zu belassen, oder verbietet, jemandem das Seine zu nehmen“[412]; eine Normenordnung wiederum ist gerecht, wenn die sie konstituierenden Regelungen der vorangegangenen Definition entsprechen. Die Kernbestandteile dieses Gerechtigkeitsverständnisses führen zu einer weiteren Präzisierung des Gerechtigkeitsbegriffs. Unterschieden werden kann zwischen der „Verteilungsgerechtigkeit“ einerseits und der „Tauschgerechtigkeit“[413] andererseits. Bezugspunkt dieser Unterscheidung ist das Verhältnis, in dem sich die jeweilige Gerechtigkeitsform auswirkt. Während die Tauschgerechtigkeit das Verhältnis der Bürger untereinander betrifft, bezieht sich die Verteilungsgerechtigkeit auf die Beziehung von Staat und Bürger. Die Pflicht zur austeilenden Gerechtigkeit obliegt demjenigen, der über ein verteilungsfähiges Gut verfügt, wie etwa die Reichen gegenüber den Armen. Im Staat-Bürger-Verhältnis bilden Rechte und Pflichten das verteilungsfähige Gut des Staates. Den Staat trifft also bei der Gestaltung der Rechtsordnung die Pflicht, dem Bürger die Rechte zu geben, die ihm zustehen.

bb) Die Rolle des Verfahrens bei der Gerechtigkeitserzeugung

Konnte bereits festgestellt werden, wie sich Gerechtigkeit im hier interessierenden Kontext am sinnvollsten definieren lässt, schließt sich hieran allerdings noch die Frage an, welche Rolle das (gerichtliche) Verfahren bei der Erzeugung von Gerechtigkeit genau einnimmt. Erzeugt allein ein ordnungsgemäß abgelaufenes Verfahren schon Gerechtigkeit oder bedarf es vielmehr erst des Zutuns der im materiellen Recht verankerten subjektiven Rechte?

Mit der Rolle des Verfahrens bei der Schaffung von Gerechtigkeit, mithin mit der Verfahrensgerechtigkeit,[414] beschäftigen sich die Gerechtigkeitstheorien, die, „grob gesprochen, Systeme von Aussagen über die Gerechtigkeit“[415] sind. Neben

---

messensten sei die Gerechtigkeitsformel „Jedem das Seine“. „Diese Formel ist [zwar] inhaltsarm, weil sie noch kein Kriterium dafür enthält, was einem jeden als das Seine zusteht. Aber sie ist nicht inhaltsleer, weil sie zum Ausdruck bringt, daß der Gerechtigkeitsbegriff nicht mit dem Begriff des sittlich Guten identisch ist, sondern lediglich einen Teilbereich des sittlich Guten meint, eben den der Verteilung und des Ausgleichs von Gütern und Lasten.“ Auf diese Formel „lassen sich […] alle anderen Gerechtigkeitsformeln als Konkretisierungen und Interpretationen derselben zurückführen“.

[412] Vgl. hierzu und zum Folgenden *Dreier* (Fn. 406), Recht, S. 8 (13 f.).

[413] S. zu den beiden Formen der Gerechtigkeit und den hierzu erfolgenden Erläuterungen *Dreier* (Fn. 406), Recht, S. 8 (14 ff.).

[414] Vgl. zur Verfahrensgerechtigkeit insgesamt *Hoffmann*, Verfahrensgerechtigkeit, 1992, passim; *Tschentscher*, Prozedurale Theorien der Gerechtigkeit, 2000, passim; *Röhl*, Verfahrensgerechtigkeit, ZfRSoz 14 (1993), 1 ff.

[415] *Dreier* (Fn. 406), Recht, S. 8 (18). In diese Richtung auch *Quabeck* (Fn. 396), S. 26.

prozeduralen Gerechtigkeitstheorien, die die Beschaffenheit und Gestaltung von Verfahren zur Erzeugung von Gerechtigkeit zum Gegenstand haben,[416] gibt es materiale Gerechtigkeitstheorien.[417] Unter diesem Oberbegriff können normative Theorien zusammengefasst werden, die „darauf gerichtet [sind], konkrete Aussagen darüber, was gerecht und ungerecht ist, zu erarbeiten“[418]. Es geht mithin um die „Ergebnisgerechtigkeit“[419]. Gemein ist den materialen Gerechtigkeitstheorien mithin, dass Gerechtigkeit nicht aus dem Verfahren selbst, sondern aus der vom Verfahren ermöglichten Verwirklichung eines a priori vorhandenen Wertes entsteht.[420] Dieses verfahrensexterne substantielle Ziel läge aus der Perspektive der entscheidenden Verwaltungsgerichte etwa in der Umsetzung des materiellen Rechts als Konkretisierung eines bereits vorhandenen materialen Gerechtigkeitsmaßstabes.[421] Das Verfahren schafft einen Rahmen, mit dem die Einbeziehung der materialen Gerechtigkeit im Verfahrensergebnis gewährleistet wird. Den einzelnen Bestandteilen des Rahmens kommt für die Gerechtigkeit indes keine konstitutive Bedeutung zu, sie fungieren lediglich als „‚formale Hilfen‘ auf dem Weg zur Erreichung der durch normative Vorgaben präjudizierten materialen Gerechtigkeit“[422]. Ein derartiges Verständnis verbietet es, mittels Verfahrensstrukturen Gerechtigkeit zu begründen, ihnen kann nur eine Erzeugungs-

---

[416] So auch die Fragestellung bei *Hoffmann* (Fn. 414), S. 166. Vgl. ferner *Dreier* (Fn. 406), Recht, S. 8 (23).

[417] Zu den prozeduralen Gerechtigkeitstheorien s. *Dreier* (Fn. 406), Recht, S. 8 (19); *Tschentscher* (Fn. 414), S. 119, definiert prozedurale Gerechtigkeit als „diejenige Form der Ergebnisgerechtigkeit, die durch Verfahren erreicht wird (Verfahrensgerechtigkeit)“. Es geht mithin, ebd. S. 118, um eine „durch Verfahren begründbar[e] Gerechtigkeit“.

[418] *Dreier* (Fn. 406), Recht, S. 8 (19).

[419] *Tschentscher* (Fn. 414), S. 119. Vgl. ferner *Röhl* (Fn. 414), 1 (1).

[420] Vgl. *Quabeck* (Fn. 396), S. 26 f., der konstatiert, dass Gerechtigkeit nach diesen Gerechtigkeitstheorien als materialer „Wert a priori vorhanden [ist] und […] lediglich mithilfe des insoweit dienenden Verfahrens aufgefunden werden“ muss, ebd. S. 26. Ähnlich *Dreier* (Fn. 406), Recht, S. 8 (20 ff.), der materiale Gerechtigkeitstheorien vom Naturrechts- und Vernunftrechtstypus voneinander unterscheidet. Auch bei *Quabeck*, ebd. S. 29, finden sich rationalistische Gerechtigkeitstheorien. Diese würden sich allerdings faktisch nicht von den insoweit klassischen materialen Gerechtigkeitstheorien unterscheiden, da „auch hier die Vorstellung vorhanden [ist], dass das Sein (mithilfe der Vernunft) in ein widerspruchsfreies System von Sätzen gebracht werden kann, die immerhin eine Annäherung an materiale Werte wie Wahrheit darstellen“. *Röhl* (Fn. 414), 1 (1), hebt (überspitzt) hervor, dass ein erster Zugriff auf das Thema Verfahrensgerechtigkeit stets die Vermutung nahelegt, es gehe dabei ausschließlich um verfahrensexterne Kriterien.

[421] Ein ähnliches Beispiel aus der Perspektive der Verwaltung führt auch *Quabeck* (Fn. 396), S. 27, an, der ebenfalls von einem „außerhalb des Verfahrens liegenden, substantiellen Zie[l]“ spricht.

[422] *Quabeck* (Fn. 396), S. 27.

funktion zugeschrieben werden.[423] Die Verfahrensgerechtigkeit wird damit vielmehr zu einem „prozeduralen Reflex materialer Gerechtigkeit“[424].

Gänzlich anders als die materialen Gerechtigkeitstheorien, nach denen das Verfahren die Entwicklung von Gerechtigkeit lediglich zu fördern in der Lage ist, positionieren sich die prozeduralen Gerechtigkeitstheorien. Nach deren Verständnis ist „das Verfahren integraler Bestandteil der Gerechtigkeitsidee selbst“[425]. Vor dem Hintergrund eines fehlenden Kriteriums zur Beurteilung der Gerechtigkeit oder Ungerechtigkeit eines konkreten Bezugsgegenstands wird die fehlerfreie Durchführung des Verfahrens zur entscheidenden Voraussetzung zur Realisierung von Gerechtigkeit.[426] Gerecht ist das Verfahrensergebnis dann, wenn sämtliche Verfahrensregeln eingehalten wurden, die inhaltliche Richtig- bzw. Gerechtigkeit wird mithin durch die Einhaltung der prozeduralen Kriterien determiniert. Das Verfahren überschreitet damit die Schwelle eines bloß gerechtigkeitserzeugenden Instrumentariums und wird mit einer gerechtigkeitsbegründenden Wirkung ausgestattet.[427]

Zusammenfassend kann festgehalten werden, dass es verschiedene Ansichten darüber gibt, welche konkrete Rolle dem Verfahren bei der Herstellung von Gerechtigkeit zukommt. Konkret reicht die Spannweite von einer bloß gerechtigkeitserzeugenden bis hin zu einer gerechtigkeitsbegründenden Bedeutung des Verfahrens. Gleichwohl braucht und soll dieser Verständnispluralismus nicht im Sinne einer Streitentscheidung aufgelöst werden, kommt es im Ergebnis doch immer nur darauf an, dass das nach Abschluss eines Verfahrens gefundene Ergebnis als gerecht bezeichnet werden kann.[428] Ausreichend ist es daher, die äußeren Grenzen des Stellenwertes des (gerichtlichen) Verfahrens im Rahmen der Gerechtigkeitsherstellung abzustecken. Vor diesem Hintergrund kann den verschiedenen Gerechtigkeitstheorien eine Mindestfunktion des Verfahrens für die Herstellung von Gerechtigkeit

---

423 *Tschentscher* (Fn. 414), S. 129, spricht in diesem Kontext von der „*Gerechtigkeitserzeugungsfunktion*“. Hiernach „muß [man] schon vorher wissen, was gerecht ist [...], und nutzt das Verfahren dann lediglich, um dieses verfahrensextern begründete gerechte Ergebnis tatsächlich zu erreichen“ (Hervorhebung im Original). So auch *Quabeck* (Fn. 396), S. 27 f. *Röhl* (Fn. 414), 1 (6), würde in diesem Zusammenhang wohl von „externer Verfahrensgerechtigkeit“ sprechen.

424 *Hoffmann* (Fn. 414), S. 158.

425 *Quabeck* (Fn. 396), S. 30. Bei *Röhl* (Fn. 414), 1 (6), findet sich hierfür der Begriff der internen Verfahrensgerechtigkeit, der auf den „Eigenwert eines fairen Verfahrens“ abstellt.

426 S. hierzu und zum Folgenden *Quabeck* (Fn. 396), S. 31.

427 Die hier vorgenommene Darstellung der sog. reinen prozeduralen Gerechtigkeit ist bewusst kurzgehalten. Genau genommen müsste gleich zwischen mehreren Formen prozeduraler Gerechtigkeit unterschieden werden. Vgl. hierzu vertiefend *Tschentscher* (Fn. 414), S. 124 ff., insbesondere S. 131.

428 So hält auch *Hoffmann* (Fn. 414), S. 202, fest: „Die Funktion jeder prozeduralen Gerechtigkeitstheorie ist die Ermittlung materialer Gerechtigkeit.“

entnommen werden. Das (gerichtliche) Verfahren nimmt eine Scharnierfunktion ein: Es muss also zumindest so beschaffen sein, dass externe Gerechtigkeitswerte in das Verfahrensergebnis transportiert werden können und dass das Verfahren als Helfer des materiellen Rechts Gerechtigkeit gewährleistet.[429]

b) Zwischenergebnis

Welche Erkenntnisse können im Hinblick auf den Untersuchungsgegenstand der weiteren Betrachtung zugrunde gelegt werden? Das Prozessrecht dient der Verwirklichung eines externen Zwecks, zu seinen wesentlichen Charakteristika zählt also die dienende Funktion. Externer Zweck, dem das verwaltungsgerichtliche Prozessrecht dient, ist vor allem die Herstellung gerechter Entscheidungen. Eine Entscheidung kann im Staat-Bürger-Verhältnis dann als gerecht angesehen werden, wenn sie dem Bürger diejenigen subjektiven Rechte zuspricht bzw. gewährt, die ihm nach dem materiellen Recht auch zustehen. Dabei wirkt das gerichtliche Verfahren zumindest unterstützend. Es sollte daher so ausgestaltet sein, dass sich außerhalb des Prozessrechts liegende Gerechtigkeitswerte in der Entscheidung wiederfinden können und durch das Zusammenspiel von materiellem Recht und Prozessrecht Gerechtigkeit gewährleistet wird.

IV. FGO, SGG und VwGO – Formal-rationale Umsetzung eines gesetzgeberischen Gerechtigkeitskonzeptes

Setzt man nun die einzelnen Mosaiksteine in einem Gesamtgebilde zusammen, stößt man auf eine Erklärung für die Gleichartigkeiten zwischen der Verwaltungsgerichtsordnung, dem Sozialgerichtsgesetz und der Finanzgerichtsordnung. Möchte der Gesetzgeber formal-rational handeln, so sollte er in einem ersten Schritt das Ziel bzw. die Funktion des Gesetzesvorhabens bestimmen. Hierauf aufbauend müsste er sodann ein Grundkonzept entwickeln, das im Gesetz konsistent und kohärent ausgestaltet wird. Ein derartiger Dreischritt, gewissermaßen der rote Faden in einer formal-rationalen Gesetzgebung, findet sich auch für die Regelungsmaterie des verwaltungsgerichtlichen Prozessrechts.[430]

---

[429] Dass diesem (offenen) Ergebnis gerade für Gerichtsverfahren Richtigkeit zukommt, hängt mit der Besonderheit gerichtlicher Verfahren zusammen: Gerichte haben „die Aufgabe, das materielle Recht auf einen ermittelten Lebenssachverhalt zur Anwendung zu bringen. Insofern ist das Gerichtsverfahren normativ programmiert" und es müsste den materialen Gerechtigkeitstheorien, nach denen es auf eine eben solche externe Programmierung ankommt, gefolgt werden. „Das Gerichtsverfahren weist jedoch keine vollständige Programmierung auf, weil es kein lückenloses materielles Recht geben kann, das alle möglichen Lebenssachverhalte regulatorisch antizipiert." S. hierzu *Hoffmann* (Fn. 414), S. 202.

[430] Andeutungen für einen solchen Dreischritt, der dem gesetzgeberischen Handeln zugrun-

Einen konkreten Aufgabenkatalog des formal-rational handelnden Prozessrechtsgesetzgebers könnte man also wie folgt beschreiben: Der Gesetzgeber sollte eine Verfahrensordnung schaffen, die dem Bürger diejenigen Rechte gibt, die ihm zustehen. Im Zentrum der Verfahrensordnung sollte ein normatives Gefüge stehen, das es gebietet, dem Rechtsschutzsuchenden den Grad an Rechtsschutz zu gewähren, den er in Ansehung des konkreten Falles verdient. Bei der Ausgestaltung des Prozessrechts sollte der Gesetzgeber die Rolle des Verfahrens zur Gerechtigkeitserzeugung beachten. Er muss sich in Anbetracht des Ziels eines dienenden gerichtlichen Verfahrens darüber bewusst sein, dass das Verfahren so beschaffen sein muss, dass es zumindest in der Lage ist, die Verwirklichung extern präjudizierter Gerechtigkeit zu fördern.

I. Gesetzesfunktion und Regelungskonzept der verwaltungsgerichtlichen Prozessordnungen

Die Grundsteinlegung der formal-rationalen Gesetzgebung für die verwaltungsgerichtlichen Prozessordnungen erfolgte schon vor dem Tätigwerden des Organisationsgesetzgebers der Nachkriegszeit. Die Diskussion um das objektive Rechtsschutzmodell einerseits und das subjektive Rechtsschutzmodell andererseits, mit dem günstigeren Ende für das letztgenannte Modell, initiierte die Vorstellung eines gerichtlichen Verfahrensrechts, das es zum Ziel hat, extern, im materiellen Recht gewährten subjektiven Rechten Schutz zu bieten.[431] Verfestigt wurde dies sodann auch durch die Vorgaben des Art. 19 Abs. 4 S. 1 GG und den Gesetzgeber, der an dieser Weichenstellung zugunsten eines (primär) auf den Schutz subjektiv-öffentlicher Rechte konzentrierten Rechtsschutzes keine wesentlichen Änderungen mehr vornahm und ihr in diversen Vorschriften der verschiedenen Prozessordnungen einen normativen Halt gab.[432] In der Konsequenz liegt den Prozessordnungen also ein individualrechtszentriertes Rechtsschutzmodell zur Verwirklichung gerechter Entscheidungen als Gesetzesziel zugrunde.[433]

---

de liegen sollte, finden sich auch in der Rechtsprechung des BVerfG. Vgl. BVerfGE 121, 317 (362): „Hat sich der Gesetzgeber aufgrund des ihm zukommenden Spielraums zu einer bestimmten Einschätzung des Gefahrenpotenzials entschlossen, auf dieser Grundlage die betroffenen Interessen bewertet und ein Regelungskonzept gewählt, so muss er diese Entscheidung auch folgerichtig weiterverfolgen."

431 Vgl. auch *Quabeck* (Fn. 396), S. 38: „Die Gefährdung dieser [subjektiven] Rechte ist Auslöser und Legitimationsgrund des Verfahrens zugleich." S. zum „Rechtsschutzmodellstreit" *Wahl*, in: Schoch/Schneider/Bier (Hrsg.), VwGO, Bd. 1, Vorb. § 42 Abs. 2 Rn. 11 ff.

432 Vgl. insofern nur § 42 Abs. 2 VwGO, § 40 Abs. 2 FGO, § 54 Abs. 1 S. 2 SGG.

433 Vgl. nur *Grzeszick*, Rechte und Ansprüche, 2002, S. 60, der von einer „verfassungsrechtliche[n] Strukturentscheidung für den Individualrechtsschutz" spricht.

Die Gesetzeszielfestlegung determiniert auch das sich anschließende Regelungskonzept. Im Zentrum des Regelungsregimes des Prozessrechts muss damit der Rechtsschutz des Individuums stehen. Klagearten, Prozessmaximen und andere Verfahrensvorschriften wie Regelungen zum vorläufigen Rechtsschutz müssen so beschaffen sein, dass sie es dem zur Entscheidung berufenen Gericht ermöglichen, rechtswidrige hoheitliche Beeinträchtigungen subjektiver Rechte zu vereiteln oder rückgängig zu machen.[434] In Ansehung der Gesetzesbindung der Justiz nach Art. 20 Abs. 3 GG und der Anforderungen des Art. 19 Abs. 4 S. 1 GG bedarf es Regelungen, die Akte der öffentlichen Gewalt einer grundsätzlich vollständigen gerichtlichen Kontrolle unterwerfen.[435] Dem „[...] subjektiven Modell [liegt] eine ‚Wenn-schon-denn-schon-Logik' zugrunde, die der Verengung des Gerichtsschutzes auf den Bereich subjektiver öffentlicher Rechte einen grundsätzlich uneingeschränkten Auftrag zu deren Durchsetzung an die Seite stellt"[436].

2. Die verwaltungsgerichtlichen Prozessordnungen als folgerichtige Konzeptverwirklichung

Den formal-rational handelnden Organisationsgesetzgeber trifft sodann die Pflicht, die angesprochene Grundkonzeption systemgerecht umzusetzen. Schon einzelne Stellen in den Gesetzgebungsmaterialien deuten dabei auf die gesetzgeberische Vorstellung einer solchen formal-rationalen Gesetzgebung hin. So finden sich Hinweise, dass bei der Schaffung der jeweiligen Prozessordnung eines der anderen Gesetze – vorrangig die Verwaltungsgerichtsordnung bzw. die schon existenten Entwürfe einer Verwaltungsgerichtsordnung – Modell gestanden hat.[437]

Aber auch wenn man diese größtenteils beiläufigen Andeutungen einmal beiseitelässt, können in den Prozessordnungen Belege für die gesetzgeberische Vorstellung formal-rationaler Gesetzgebung gefunden werden. Dazu bedarf es der Feststellung, dass die alle Prozessordnungen gleichermaßen auszeichnende Gesetzesfunktion und -konzeption jeweils systemgerecht ausgestaltet wurde.

Von den verschiedenen Klagearten muss verlangt werden, dass sie jedem berechtigten Begehren des Klägers Zugang zu einem gerichtlichen Verfahren gewähren, wenn eines seiner subjektiv-öffentlichen Rechte beeinträchtigt wurde und damit Bedarf nach einer gerechten Entscheidung besteht, die den Verfah-

---

[434] S. auch *Schulze-Fielitz* (Fn. 12), Art. 19 IV Rn. 106: „Der Gesetzgeber ist bei der Ausgestaltung der Rechtsschutzformen frei, sofern nur die Verletzung subjektiver Rechte (nachträglich) überprüft werden kann."

[435] Vgl. *Schmidt-Aßmann* (Fn. 249), Art. 19 Abs. 4 Rn. 183.

[436] *Quabeck* (Fn. 396), S. 39.

[437] Vgl. etwa BT-Drs. 4/1446, S. 35, in der mit Blick auf die Verwaltungsgerichtsordnung von der Rolle eines „Modellgesetzes für die Finanzgerichtsordnung" die Rede ist. S. ferner BT-Drs. 1/4357, S. 21.

rensbeteiligten die Rechte und Pflichten gewährt, die ihnen zustehen.[438] Verschiedene Klägerbegehren müssen demnach vom Prozessrecht berücksichtigt werden: neben dem Ersuchen um Abwehr hoheitlicher Handlungen etwa auch die klägerseitigen Forderungen nach der Verpflichtung eines Hoheitsträgers oder nach Gewährung bestimmter, von einem Hoheitsträger zu gewährender Begünstigungen oder Leistungen. Dieses Portfolio an Klagearten bieten sowohl die Finanzgerichtsordnung wie auch das Sozialgerichtsgesetz und die Verwaltungsgerichtsordnung.

Flankiert und im Verfahren begleitet wird eine Klage schließlich von den in den verwaltungsgerichtlichen Prozessordnungen normierten Prozessmaximen. Ihnen kommt die Aufgabe zu, den subjektiven Rechten und Belangen der Kläger die bestmögliche Berücksichtigung im Verfahren zukommen zu lassen und auf diese Weise das Erzielen einer gerechten Entscheidung zu fördern.[439] Dazu sind Regelungen erforderlich, die das zur Entscheidung berufene Gericht mit dem größtmöglichen Wissen über die tatsächlichen Umstände ausstatten, die möglichst allen Ansichten der Verfahrensbeteiligten Raum zur Entfaltung bieten, die ein transparentes Verfahren ermöglichen und dem Kläger die Möglichkeit bieten, in einem schnellen Verfahren die ihm zustehenden Rechte zugesprochen zu bekommen. Eben dies gewährleisten die oben dargestellten (normativen Ausprägungen der) Prozessmaximen der verwaltungsgerichtlichen Prozessordnungen, sodass auch in diesem Punkt von einer konsistenten und kohärenten, kurzum: einer systemgerechten Konzeptverwirklichung gesprochen werden kann.

Der Schutz subjektiver Rechte nur im Rahmen eines Hauptsacheverfahrens kann allein nicht ausreichend sein. Teilweise kann es nämlich erforderlich werden, dass vorläufige gerechte Entscheidungen durch eine unabhängige Institution relativ kurzfristig getroffen werden müssen, um zu verhindern, dass die Möglichkeit zur Schaffung eines endgültigen Zustandes, in welchem dem Bürger die Rechte zuteilwerden, die ihm auch zustehen, nicht durch Zeitablauf vereitelt wird.[440] Da das Gericht zu diesem Zeitpunkt aber noch nicht über die erforderliche Tatsachenkenntnis verfügen kann, die gerade durch ein umfangreiches Hauptsacheverfahren gewährleistet werden soll, ist es überzeugend, dass Prozessordnungen gewissermaßen eine Filterung derjenigen Fälle vorsehen, in denen dem Begehren vorläufig stattgegeben wird. Nachvollziehbar ist also eine im Gesetz angelegte Abwägung zwischen dem öffentlichen Interesse an der Vollzie-

---

438 Vgl. hierzu nur *Schulze-Fielitz* (Fn. 12), Art. 19 IV Rn. 106. Vertiefend *Schoch*, Gerichtliche Verwaltungskontrollen, in: Hoffmann-Riem/Schmidt-Aßmann/Voßkuhle (Hrsg.), GVwR, Bd. 3, 2. Aufl. 2013, § 50 Rn. 184 ff.

439 Zur Bedeutung der Prozessmaximen s. *Nolte* (Fn. 199), S. 143 f.

440 Zu den hiermit subkutan angesprochenen Funktionen des vorläufigen Rechtsschutzes s. etwa *Schoch*, in: ders./Schneider/Bier (Hrsg.), VwGO, Bd. 1, Vorb. § 80 Rn. 33 ff.

hung einer hoheitlichen Entscheidung und dem subjektiven Interesse an einer vorläufigen gerechten Entscheidung. Diese Gedankengänge spiegeln sich mit unterschiedlichen Nuancen – in Abhängigkeit zur Gewichtigkeit der öffentlichen Interessen[441] – in den Regelungen der Verwaltungsgerichtsordnung, des Sozialgerichtsgesetzes und der Finanzgerichtsordnung zum vorläufigen Rechtsschutz wider. Damit ist nicht nur eine Erklärung für die gleichartigen Strukturen der verschiedenen Gesetze gefunden, sondern darüber hinaus auch eine mögliche Erklärung für die unterschiedlichen Feinheiten in der jeweiligen Ausgestaltung.

Zuletzt müssen die Prozessordnungen, um der Grundkonzeption und dem in Rede stehenden Gesetzesziel zu entsprechen, auch Regelungen vorsehen, die eine Überprüfung einer gerichtlichen Entscheidung auf ihre Gerechtigkeit hin ermöglichen.[442] Ein System, das von der Unfehlbarkeit einer gerichtlichen Entscheidung ausgeht, würde dem anspruchsvollen Gesetzesziel der Herstellung gerechter Entscheidungen nicht genügen. Daher sind dem Träger des in Rede stehenden subjektiv-öffentlichen Rechts entsprechend dem jeweiligen Gerichtsaufbau Instrumente in Form von Rechtsmitteln an die Hand zu geben, die ihn in die Lage versetzen, von ihm als ungerecht empfundene Entscheidungen einer nochmaligen gerichtlichen Überprüfung zu unterziehen. Damit wird letztlich die Wahrscheinlichkeit einer endgültigen gerechten Entscheidung erhöht. Entsprechende Rechtsmittel sehen alle drei verwaltungsgerichtlichen Prozessordnungen vor und entsprechen damit dem zugrundeliegenden Konzept, das die Ermöglichung gerechter Entscheidungen durch die Verwirklichung der im materiellen Recht normierten subjektiv-öffentlichen Rechte zum Ziel hat.

V. Ergebnis

Die Ausführungen haben gezeigt, dass die vielfach als Argument für eine Vereinheitlichung angeführten Gleichartigkeiten der Finanzgerichtsordnung, des Sozialgerichtsgesetzes und der Verwaltungsgerichtsordnung nicht bestritten werden können. Stellenweise muss das Attribut gleichartig gar durch identisch ersetzt werden. Zudem ist die Materie des verwaltungsgerichtlichen Prozessrechts von einer gewissen Stabilität und zeitlichen Kontinuität geprägt; die gleichartigen Strukturen änderten sich im Laufe der Jahre nur selten, oftmals wurde die Anglei-

---

441 So kommt, wie gesehen, der Sicherung der finanziellen Grundlage staatlicher Aufgabenwahrnehmung im finanzgerichtlichen Verfahren eine besondere Bedeutung zu. Vgl. oben Kap. 1, B., I., 4.

442 Auch wenn der verfassungsrechtlich gewährleisteten Rechtsschutzgarantie kein Anspruch auf einen Instanzenzug zu entnehmen ist, bedarf es für den Fall nur einer Instanz zumindest eines „Sonderrechtsbehelf[s] gegen das Gericht, das entschieden hat", s. *Schulze-Fielitz* (Fn. 12), Art. 19 IV Rn. 94.

chung der verschiedenen Prozessordnungen vom Gesetzgeber sogar weiter vorangetrieben.

Auf der Suche nach Erklärungen für diese Auffälligkeiten kommt den Vorstellungen des Organisationsgesetzgebers eine übergeordnete Bedeutung zu. Auch wenn sich die Motive anhand entsprechender Dokumentationen nur schwerlich rekonstruieren lassen, liefert das Gesetz als Ausfluss der Gedanken des parlamentarischen Gesetzgebers Aufschluss über seine Vorstellungen bzw. stützt die hier getroffene Annahme. Eine Erklärung für das „Warum" der Gleichartigkeiten liefert dabei die gesetzgeberische Vorstellung einer formal-rationalen Gesetzgebung. Gekennzeichnet wird eine solche Vorstellung von der Systemgerechtigkeit. Nach diesem Grundsatz ist der Gesetzgeber bei der Gesetzeszielfestlegung zwar frei, muss aber das hierauf beruhende Regelungskonzept konsistent und kohärent ausgestalten, um ein formal-rationales Regelungsregime zu schaffen. Einer Überprüfung der Einhaltung dieses Grundsatzes der Systemgerechtigkeit vorgelagert ist die Feststellung der Gesetzesfunktion und einer hierauf fußenden Grundkonzeption, deren Komponenten in diesem Fall für die Finanzgerichtsordnung, das Sozialgerichtsgesetz und die Verwaltungsgerichtsordnung identisch sind. Das Ziel des Prozessrechts, die Herbeiführung gerechter Entscheidungen zu ermöglichen, ist in den Normen der entsprechenden Gesetze letztlich auch systemgerecht programmiert worden.

Die gemeinsame Basis der verwaltungsgerichtlichen Prozessordnungen in Form eines Regelungskonzeptes, das das Ziel des Prozessrechts – die Verwirklichung gerechter Entscheidungen – ausbuchstabiert, sowie die vom Gesetzgeber geschaffene systematische Ordnung in den einzelnen Gesetzen liefern mithin eine Erklärung für die Gleichartigkeiten. Dem Organisationsgesetzgeber (der 1950er und 1960er Jahre) kann nachgesagt werden, dass er die Vorstellung einer formal-rationalen Gesetzgebung verfolgt und umgesetzt hat. Damit ist zugleich aber noch keine Aussage darüber getroffen, ob eine Vereinheitlichung der Prozessordnungen eine rationale oder gar rationalere Alternative hierzu darstellt. Lediglich die gleichartigen Strukturen der Finanzgerichtsordnung, des Sozialgerichtsgesetzes und der Verwaltungsgerichtsordnung lassen sich auf diesem Wege erklären.

C. Vereinheitlichungen im Diskurs

Thematischer Schwerpunkt der vorherigen Abschnitte waren die differenzierten institutionellen Strukturen der öffentlich-rechtlichen Fachgerichtsbarkeiten einerseits und des dazugehörigen Prozessrechts andererseits. Neben der Suche nach Gründen für die Ausdifferenzierung der Verwaltungsgerichtsbarkeit in eine Sozialgerichtsbarkeit, eine Finanzgerichtsbarkeit und eine allgemeine Verwaltungsgerichtsbarkeit wurden die Gleichartigkeiten innerhalb der drei voneinander getrennten Prozessordnungen begründet.

Kontrastiert wird dieser ausdifferenzierte Ist-Zustand des verwaltungsgerichtlichen Rechtsschutzsystems von den Forderungen nach Vereinheitlichungen, die Untersuchungsgegenstand dieses Abschnitts sind. Aber keineswegs erschöpft sich die Charakterisierung der Vereinheitlichungsforderungen in der Feststellung ihrer Gegensätzlichkeit zu den differenzierten Strukturen. Rechtshistorisch betrachtet können die Diskurse um eine Vereinheitlichung des Prozessrechts und der öffentlich-rechtlichen Fachgerichtsbarkeiten als allgegenwärtige Begleiterscheinung ihrer Entwicklungsphasen bezeichnet werden. Die Vereinheitlichung wurde während verschiedener Entwicklungsstadien des verwaltungsgerichtlichen Rechtsschutzsystems zum „geflügelten Wort“[443], zu „einer der Forderungen, die in der rechtspolitischen Diskussion [...] am lautesten erhoben“[444] wurde. Rückblickend kann gar festgestellt werden, dass die unter dem Schlagwort der Vereinheitlichung geführte „Diskussion um eine ‚Rationalisierung‘ [des verwaltungsgerichtlichen Rechtsschutzsystems] so alt wie die Bundesrepublik [ist] und [...] mittlerweile ein ganzes Kaleidoskop von Fusionsstrategien entwickelt“[445] hat. Doch gerade den Details dieser Ansammlung von Fusionsstrategien soll an dieser Stelle kein Raum gewährt werden, zu sehr wurde im Rahmen der Vereinheitlichungsdiskurse über die Vereinheitlichungsfähigkeit der Gerichtsbarkeiten und des Prozessrechts gestritten. Der Blick soll stattdessen auf die Gründe für die Vereinheitlichungen gerichtet werden. Was versprechen sich die Protagonisten dieser wissenschaftlichen und zugleich rechtspolitischen Diskussionen von Vereinheitlichungen? Gelingt es ihnen hinreichend darzulegen, dass das Mittel der Vereinheitlichung das geeignete Instrument zur Erreichung der verfolgten Ziele ist? Diesen Fragen soll im Folgenden nachgegangen werden. Auch wenn die Vereinheitlichungsdiskussionen nie zur Gänze verstummten, lassen sich doch zwei eindeutige Spitzen identifizieren, die den folgenden Ausführungen als Zäsur dienen.[446] Gemeint sind zum einen die Anfänge der Vereinheitlichungsforderungen in den 1950er und 1960er Jahren, als deren wohl bedeutendste Leistung ihre initiierende und federführende Rolle bei der Entstehung des Entwurfs einer Verwaltungsprozessordnung angesehen werden kann, der zwar zweimal in den Bundestag eingebracht, aber letztlich nie verabschiedet

---

[443] *Süsterhenn* (Fn. 122), 737 (737), spricht insofern von „einer magischen Formel“ und dem „magischen Glanz der Vereinheitlichungsparole“.

[444] *Bettermann*, Notwendigkeit, Möglichkeiten und Grenzen einer Angleichung der deutschen Verfahrensordnungen, ZZP 70 (1957), 161 (161).

[445] *Wittreck*, Auftakt zu einer neuen Runde: die Vereinheitlichung der öffentlich-rechtlichen Fachgerichtsbarkeiten, DVBl. 2005, 211 (211).

[446] So auch *Wittreck* (Fn. 445), 211 (212).

wurde.[447] An diesen rechtspolitischen Markstein in der Geschichte der Vereinheitlichungsforderungen während der 1980er Jahre schließt sich die Renaissance der Vereinheitlichungsdiskurse zu Beginn der 2000er Jahre an, deren Nachzeichnung die historische Darstellung abrunden wird. Bevor sich dieser Abschnitt aber dem Herausfiltern der vorgetragenen Argumente für die Vereinheitlichungen und insbesondere der Untersuchung ihrer Begründungstiefe zuwendet, müssen in einem vorgelagerten Schritt sowohl der Begriff der Vereinheitlichung als auch die Vereinheitlichungsobjekte näher präzisiert werden.

I. Die Unterschiede zwischen Vereinheitlichung und Angleichung

Neben ihrer Langlebigkeit zeichnen sich die Vereinheitlichungsdiskurse insbesondere durch eine Fülle an literarischen Beiträgen aus, die sich diesem Thema verschrieben haben. Eine genauere Betrachtung dieser Ansammlung von Beiträgen verrät allerdings schnell, dass nicht all dies, was auf den ersten Blick vermeintlich dem engen Themenkreis der Vereinheitlichung angehört, auch tatsächlich hierzu gezählt werden kann. Grund hierfür ist die Nähe des Begriffs der Vereinheitlichung zum benachbarten Begriff der Angleichung und damit einhergehende Abgrenzungsschwierigkeiten. Eindrucksvoll wurde diese Problematik von *Karl August Bettermann* am Beispiel des Prozessrechts veranschaulicht. Hiernach steht Vereinheitlichung „in folgender Begriffsreihe: Verfahrensvergleichung – Verfahrensangleichung – Verfahrensvereinheitlichung – Verfahrenseinheit – Einheitsverfahren“[448]. Man erkennt, dass es sich bei den Begriffen Vereinheitlichung und Angleichung keineswegs um Synonyme handelt, ihr wesentliches Unterscheidungskriterium liegt im „Fortbestand unterschiedlicher Verfahrensarten und selbständiger Verfahrensordnungen“[449]. Bleibt man bei dem Beispiel der Verfahrensvereinheitlichung können Vereinheitlichung und Angleichung also wie folgt von-

---

[447] Eingebracht wurde der Entwurf einer Verwaltungsprozessordnung sowohl in der 9. als auch in der 10. Legislaturperiode. Vgl. hierzu BT-Drs. 9/1851 vom 14.07.1982 und BT-Drs. 10/3437 vom 31.05.1985.

[448] *Bettermann* (Fn. 444), 161 (163).

[449] *Bettermann* (Fn. 444), 161 (163). Zu Abgrenzungsfragen auch *Ule* (Fn. 202), 1958, 691 (692), der indes sein eigenes Verständnis von Vereinheitlichung der Terminologie Bettermanns gegenüberstellt und in diesem Kontext zu der Erkenntnis gelangt, dass im Bettermann'schen Sinne dann von Vereinheitlichung zu sprechen ist, wenn eine „formell einheitliche Ordnung für alle gerichtlichen Verfahren“ nicht besteht, eine „materiell übereinstimmende Regelung der einzelnen Verfahren nach denselben Grundsätzen“ indes möglich ist. Darüberhinausgehende Forderungen nach einer formell einheitlichen Ordnung wären demnach – um in der Terminologie Bettermanns zu bleiben – Forderungen nach einem Einheitsverfahren. Ules Begriffsverständnis von Vereinheitlichung deutet darauf hin, dass er auch dann von einer Vereinheitlichung spricht, wenn eine einheitliche formelle Ordnung im Sinne einer einheitlichen Prozessordnung trotzt einzelner Abweichungen realisierbar wäre.

einander abgegrenzt werden: Während die Angleichung auf eine möglichst weitgehende Harmonisierung – Ziel ist allerdings keineswegs eine vollständige Kongruenz – der einzelnen Verfahren nach denselben Grundsätzen bei gleichzeitiger Beibehaltung formell selbständiger Gesetze zielt, geht die Vereinheitlichung noch einen Schritt darüber hinaus und verlangt der Zweckmäßigkeit wegen eine gemeinsame Prozessordnung für die verschiedenen Zweige der öffentlich-rechtlichen Fachgerichtsbarkeit, sofern es gelingt, die verschiedenen Verfahren nach denselben Grundsätzen auszugestalten und zwar auch dann, „wenn sich keine völlige inhaltliche Übereinstimmung der Verfahrensordnungen erzielen ließe, die notwendigen Abweichungen von der gemeinsamen Regelung aber verhältnismäßig geringfügig wären“[450]. Kurzum lässt sich die Angleichung als eine Vorstufe der Vereinheitlichung verstehen.[451] Die voranstehende Abgrenzung macht deutlich, wie schwierig und wichtig eine exakte Differenzierung von Vereinheitlichung und Angleichung ist, unterscheiden sich die Forderungen in ihrer Reichweite doch deutlich voneinander. Zugleich liefern die dargestellten Abgrenzungsschwierigkeiten einerseits und das aufeinander aufbauende Verhältnis von Angleichung und Vereinheitlichung andererseits Erklärungen dafür, warum sich im Schrifttum verschiedentlich Beiträge finden, denen eine trennscharfe Unterscheidung der Begriffe nicht gelingt,[452] und warum im Folgenden auch verschiedene Positionen zur Angleichung mit in die Betrachtung einbezogen werden.

Darin erschöpft sich die anzutreffende Bedeutungsvielfalt der Vereinheitlichung – allerdings nur in Bezug auf das gerichtliche Verfahrensrecht – noch nicht. Vielmehr entwickelte sich im Laufe der Zeit (vermeintlich) noch ein weiteres Begriffsverständnis heraus, das durch eine Gegenüberstellung des sogenannten Speyerer Entwurfs einerseits und des Entwurfs einer Verwaltungsprozessordnung andererseits veranschaulicht werden soll. Während der Speyerer Entwurf, der maßgeblich von *Carl Hermann Ule* begleitet und ausgestaltet wurde, vom zuvor vorgestellten Vereinheitlichungsverständnis auszugehen scheint, geht der in den Bundestag eingebrachte Entwurf einer Verwaltungsprozessordnung ausdrücklich noch einen Schritt weiter und versteht unter der Vereinheitlichung nicht nur die Zusammenführung der in den drei Spezialgesetzen geregelten Verfahrensvorschriften, sondern subsumiert hierunter auch eine Verbesserung der entsprechenden Vorschriften.[453] Dieser Differenzierung kommt allerdings nur

---

[450] *Ule* (Fn. 202), 1958, 691 (692).

[451] So auch *Bettermann* (Fn. 444), 161 (171), wenn er von Vereinheitlichung als „schärfster Form“ der Angleichung spricht.

[452] Vgl. nur *Timm*, Die Vereinheitlichung der gerichtlichen Verfahrensordnungen aus der Sicht der Finanzgerichtsbarkeit, DVBl. 1958, 812 ff.

[453] Vgl. insofern die allgemeine Begründung zum Entwurf einer Verwaltungsprozessordnung, BT-Drs. 10/3437, S. 62: „Der Entwurf beschränkt sich nicht auf eine bloße Vereinheitlichung. Er

auf den ersten Blick eine besondere Bedeutung zu, die vermeintlich stärkere Eingriffsintensität der Vereinheitlichungsvorstellungen des Gesetzentwurfs einer einheitlichen Verwaltungsprozessordnung zeigt sich bei genauerer Betrachtung nämlich in gleicher Weise auch beim Speyerer Entwurf. Sowohl der Entwurf einer einheitlichen Verwaltungsprozessordnung als auch der Speyerer Entwurf (SpE) beschränken sich nicht auf eine Zusammenführung der verschiedenen Prozessrechtsregime, sondern beabsichtigen vielmehr eine qualitative Vereinheitlichung in der Gestalt, als im Wege der Vereinheitlichung der Anwendungsbereich bestimmter Prozessrechtsinstitute auf bisher noch nicht berücksichtigte Bereiche des Prozessrechts erweitert oder gar gänzlich neue Vorschriften geschaffen werden sollen. Exemplarisch sei auf die angedachten Regelungen zum Vorverfahren, zur Nachforschungspflicht, zur Entscheidung durch einen Einzelrichter sowie zur Widerklage hingewiesen: § 71 EVwPO und § 85 SpE schreiben einheitlich für die drei verwaltungsgerichtlichen Fachgerichtsbarkeiten sowohl bei der Anfechtungs- wie auch bei der Verpflichtungsklage die Einhaltung eines Vorverfahrens vor. Zwar kannten auch die bis dato geltenden Prozessrechtsregime das Vorverfahren, § 68 VwGO a. F., § 44 Abs. 1 FGO a. F., § 78 SGG a. F., jedoch nicht in der angedachten Form. Die Finanzgerichtsordnung etwa verwies lediglich „auf das außergerichtliche Rechtsbehelfsverfahren der Abgabenordnung und erklärt dieses zur Sachurteilsvoraussetzung“[454]. Neu wäre demnach – sowohl nach dem Entwurf einer einheitlichen Verwaltungsprozessordnung als auch nach dem Speyerer Entwurf – das „grundsätzliche Erfordernis des Vorverfahrens auch für finanzgerichtliche Verfahren“ gewesen. Auch für das Prozessrecht der Sozialgerichtsbarkeit wäre die entworfene Regelung über die geltende Rechtslage deutlich hinausgegangen: So normierte § 78 Abs. 2 SGG a. F. noch einige, nach vereinheitlichtem Prozessrecht nicht mehr vorhandene, Ausnahmen von der Pflicht zur Einhaltung eines Vorverfahrens.

Eine noch weitergehende modifizierende Wirkung findet sich bei jenen Vereinheitlichungen, die in der vorliegenden Arbeit unter dem Begriff der Anwendungsbereichserweiterung firmieren sollen. Im Gegensatz zur schlichten Modifikation einzelner Elemente bereits bestehender Prozessrechtsinstitute stellten die angedachten Regelungen etwa zur Widerklage und zur Nachforschungspflicht eine erstmalige Übertragung jener Regelungen auf einzelne Fachgerichtsver-

---

sieht vielmehr Vorschriften zur Verbesserung des Rechtsschutzes und insbesondere zur Vereinfachung und Beschleunigung der gerichtlichen Verfahren vor.“ Eine Gegenüberstellung der beiden Begriffsverständnisse von Vereinheitlichung findet sich auch bei *Laubinger*, Vom „Speyerer Entwurf“ zum Entwurf einer Verwaltungsprozeßordnung, in: Merten (Hrsg.), Die Vereinheitlichung der Verwaltungsgerichtsgesetze zu einer Verwaltungsprozeßordnung, 1978, S. 63 (63 f.).

454 Hierzu und zum Folgenden – auch zum Zitat – BT-Drs. 10/3437, S. 106. Für § 85 SpE s. *N.N.*, Entwurf eines Verwaltungsgerichtsgesetzes, Schriftenreihe Speyer, Bd. 40, 1969, S. 266 ff.

fahren dar. Eine Widerklage kannten bis zu diesem Zeitpunkt lediglich die Verwaltungsgerichtsordnung, § 89 VwGO a. F., sowie das Sozialgerichtsgesetz, § 100 SGG a. F. Die Finanzgerichtsordnung hingegen sah eine vergleichbare Regelung nicht vor. Eine Vereinheitlichung hätte diese Rechtslage indes geändert, § 91 EVwPO, § 106 SpE, und zwar mit der Begründung, dass „[g]egen eine Regelung, die auch für die Finanzgerichtsbarkeit gilt, [...] keine Bedenken“[455] bestünden. Ähnliches gilt für die in § 100 EVwPO statuierte Nachforschungspflicht, die in ihrem Satz 1 vorsah, dass „Beteiligte und Zeugen, die nicht aus dem Gedächtnis aussagen können, [...] Bücher, Geschäftspapiere und andere Unterlagen, die ihnen zur Verfügung stehen, einzusehen und Aufzeichnungen daraus zu entnehmen [haben], soweit dies für ihre Aussage nötig ist“. Diese auf § 85 FGO a. F. zurückgehende Regelung sollte, da auch „[g]egen [ihre Übertragung] keine Bedenken“[456] bestünden, auf den Verwaltungsgerichtsprozess und den Sozialgerichtsprozess ausgedehnt werden. Interessant ist an dieser Stelle, dass der Speyerer Entwurf, § 120 Abs. 1 SpE, auf eine vergleichbare Ausdehnung verzichtete und es bei der Anwendung im finanzgerichtlichen Verfahren belassen wollte.[457] Der Kategorie der Neuschaffung im Wege der Vereinheitlichung gehört § 4 EVwPO an, der für die Verwaltungs- wie auch für die Finanzgerichtsbarkeit, § 6 Abs. 4 S. 3 EVwPO, die Möglichkeit der Übertragung eines Rechtsstreits auf den Einzelrichter vorsieht.[458] Auch wenn § 4 EVwPO kein entsprechendes Gegenüber im Speyerer Entwurf findet, belegen die angeführten Beispiele dennoch, dass sich beide Vereinheitlichungsvorhaben nicht auf die bloße Zusammenführung von bisher Getrenntem beschränken wollten, sondern der Vereinheitlichung zugleich eine qualitative Komponente beigemessen haben.

Daher ist bei der folgenden Darstellung auch für den Fall der Prozessrechtsvereinheitlichung von einem einheitlichen Vereinheitlichungsbegriff auszugehen, nach dem die drei Prozessordnungen zusammengefasst und darüber hinaus in der dargestellten Form qualitativ modifiziert werden.

II. Vereinheitlichung – eine Forderung, viele Bezugsobjekte

So vielschichtig wie der Bedeutungsgehalt des Begriffs der Vereinheitlichung ist, so vielfältig sind auch die Objekte, die zum Gegenstand einer Vereinheitlichung werden können. Zur thematischen Eingrenzung der kommenden Ausführungen ist daher eine Begrenzung der Vereinheitlichungsobjekte vonnöten.[459]

---

455 BT-Drs. 10/3437, S. 115. So für § 106 SpE auch *N.N.* (Fn. 454), S. 334.

456 BT-Drs. 10/3437, S. 122.

457 Explizit *N.N.* (Fn. 454), S. 355 f.

458 Zur Begründung BT-Drs. 10/3437, S. 69 f.

459 *Wittreck* (Fn. 445), 211 (211), erblickt die Notwendigkeit einer Abgrenzung der ver-

Insgesamt weist der Vereinheitlichungsdiskurs gleich drei Stoßrichtungen auf: „Die [...] Projekte einer Vereinheitlichung der Justiz lassen sich im Kern nach institutionellen und prozessualen Ansätzen unterscheiden“[460]. Zu den institutionellen Ansätzen zählen zunächst diejenigen Fusionsforderungen, die die Gerichtsbarkeit betreffen. Rechtshistorisch betrachtet hatten diese Ansätze sowohl in den 1950er und 1960er Jahren[461] als auch im Rahmen der von finanzpolitischen Motiven geprägten Diskussion um eine Verschlankung der Justiz zu Beginn der 2000er Jahre[462] ihre Höhepunkte. Keineswegs akzessorisch, aber gleichwohl die Rolle eines treuen Begleiters einnehmend, ist ein zweiter institutioneller Ansatz, der unter dem Schlagwort des „Rechtspflegeministeriums“ Stimmen vereint, die sich für die Fusion der für die Gerichtsaufsicht und Gerichtsverwaltung zuständigen Ministerialinstanz einsetzen.[463] Gleich an dieser Stelle sei angemerkt, dass dieser Vereinheitlichungsansatz bei der hier interessierenden Untersuchung keine Berücksichtigung findet. Mit diesen zwei institutionellen Vereinheitlichungsansätzen gehen regelmäßig die prozessualen Ansätze einher, die von ihrem Bekanntheitsgrad allerdings wohl noch über den Erstgenannten einzuordnen sind. Hierhinter steht der schon mehrfach angesprochene Gedanke einer Vereinheitlichung der verschiedenen Prozessordnungen.[464]

Damit gelang bereits eine erste Eingrenzung des Untersuchungsgegenstandes: Neben den Fusionsansätzen, die sich auf die Vereinheitlichung des Prozessrechts beziehen, sollen im Folgenden auch solche Ansätze thematisiert werden, die die Vereinheitlichung der öffentlich-rechtlichen Fachgerichtsbarkeiten zum Gegenstand haben. An dieser Stelle dürfen die Präzisierungsbemühungen allerdings nicht abbrechen. Sowohl im Hinblick auf die prozessualen als auch auf die institutionellen Ansätze muss der Fokus der Betrachtung weiter verengt werden; beide Ansätze sind nämlich von einer klarstellungs- und im hier verstandenen Kontext auflösungsbedürftigen Dichotomie geprägt. Zum einen finden sich weitreichende Vereinheitlichungsforderungen, die jeweils das gesamte Vereinheitlichungsobjekt be-

---

schiedenen Vereinheitlichungskonzepte in dem Erfordernis der Vermeidung der zu „häufig auftretende[n] argumentative[n] Vermengung“.

[460] *Wittreck* (Fn. 445), 211 (211).

[461] Exemplarisch für diese zeitlichen Spitzen sei an dieser Stelle nur auf *Weber*, Die Einheit der rechtsprechenden Gewalt, ZSR 1957, 109 ff., und *Galperin*, Die Vereinheitlichung aller Gerichtsbarkeiten und die Gerichte für Arbeitssachen, ZSR 1957, 133 ff., hingewiesen.

[462] Stellvertretend für das Wiederaufleben dieses Diskurses zu Beginn der 2000er Jahre stehen *Stüer/Hermanns*, Verwaltungs-, Sozial- und Finanzgerichtsbarkeit unter einem Dach, ZRP 2002, 164 ff.; *Flint*, Für eine Zusammenlegung von Sozialgerichten und Verwaltungsgerichten, DRiZ 2004, 217 ff.; *Berlit*, Zusammenlegung von Gerichtsbarkeiten, BJ 2004, 226 ff.

[463] Zur Diskussion über die Schaffung eines Rechtspflegeministeriums vgl. nur *Hirschmann*, Das Rechtspflegeministerium, DRiZ 1957, 2 ff.

[464] Statt vieler *Wittreck* (Fn. 445), 211 (212 f.).

treffen. Charakteristisch für Anhänger dieser „Großen Lösung“[465] sind mithin Forderungen nach einer Vereinheitlichung aller fünf Gerichtszweige in einem allumfassend zuständigen Einheitsgericht[466] bzw. nach einer Vereinheitlichung der öffentlich-rechtlichen wie auch der zivil- und strafrechtlichen Verfahrensordnungen in einer Einheitsprozessordnung[467]. Erwartungsgemäß waren diese Ansätze nur von kurzzeitiger Aktualität und erfahren daher in den kommenden Ausführungen nur wenig Berücksichtigung.[468] Unerwähnt bleiben sie aber dennoch nicht: Einerseits äußern sich die Vertreter dieses Ansatzes oftmals auch zur Vereinheitlichung oder Beibehaltung der Aufgliederung der öffentlich-rechtlichen Fachgerichtsbarkeiten und des korrespondierenden Gerichtsverfahrensrechts, sodass deren Argumentationsstränge im Wege eines Erst-Recht-Schlusses für die hier in Rede stehenden Vereinheitlichungsforderungen von Interesse sind. Andererseits erwecken die Darstellungen im Schrifttum – wie sich noch zeigen wird – den Eindruck, als stünden „Große Lösung“ und die im Folgenden näher umschriebene „Kleine Lösung“[469] in einem Alternativverhältnis zueinander. Nach dem Scheitern der „Großen Lösung“ wurde die „Kleine Lösung“, die auch im Fokus der nachfolgenden Betrachtung steht, immer weiter vorangetrieben. Die sogenannte „Kleine Lösung“ setzt an der Trennlinie zwischen öffentlich-rechtlicher Gerichtsbarkeit einerseits und ordentlicher Gerichtsbarkeit andererseits an und vereint damit diejenigen Positionen unter sich, denen es um eine Vereinheitlichung der öffentlich-rechtlichen Fachgerichtsbarkeiten bzw. um die Vereinheitlichung der verwaltungsgerichtlichen Prozessordnungen geht.

In der Gesamtschau ergibt sich schließlich folgendes Bild: Von Interesse sind sowohl prozessuale als auch institutionelle Vereinheitlichungsansätze, aber nur, soweit sie sich auf den Bereich der öffentlich-rechtlichen Fachgerichtsbarkeiten und die dazugehörigen Prozessordnungen beziehen.

III. Die Vereinheitlichungsdiskurse im Detail

Im Folgenden sollen die von Wissenschaftlern, Praktikern und Politikern gleichermaßen geprägten Vereinheitlichungsdiskurse mit dem Ziel rekonstruiert werden, die Argumente, die von den Vertretern für bzw. gegen eine Vereinheitli-

---

465 So betitelt etwa von *Vollkommer*, Verfahrensvielfalt oder einheitliches Prozeßrecht?, JZ 1987, 105 (110).

466 Vgl. zur Einheitsgerichtsbarkeit nur *Kern*, Einheitliche Gerichtsbarkeit, DRiZ 1956, 214 (224); *Schorn*, Einheitliche Gerichtsbarkeit, DRiZ 1954, 41 ff.

467 Vgl. *Vollkommer* (Fn. 465), 105 (109 f.).

468 Wie sich an der hierzu bestehenden Literatur zeigt, beschränken sich derartige Forderungen im Wesentlichen auf die 1950er Jahre. Vgl. stellvertretend nur die Nachweise in Fn. 466.

469 Zum Begriff der „Kleinen Lösung“ vgl. erneut nur *Vollkommer* (Fn. 465), 105 (110).

chung ins Feld geführt wurden und werden, sowie ihre Begründungstiefe zu identifizieren und zu analysieren. Die Darstellung der fachlichen Diskurse untergliedert sich in Anlehnung an die bereits angesprochenen zeitlichen Spitzen in zwei Abschnitte, orientiert sich zugleich überwiegend an den Berufsgruppen, denen die verschiedenen Vertreter zugeordnet werden können und erfolgt getrennt für die institutionellen und prozessualen Vereinheitlichungsansätze. An die Darstellung der fachlichen Diskurse schließt sich sodann eine kursorische Betrachtung der legislativen Debatten über prozessuale und institutionelle Vereinheitlichungen an, zu denen im Rahmen verschiedener Gesetzesvorhaben zwar konkreter Anlass bestand, die im Vergleich zu den fachlichen Diskursen allerdings in Breite und Tiefe weit weniger intensiv geführt wurden. An den Anfang soll indes ein kurzer Überblick über die wesentlichen Argumente der Vertreter einer „Großen Lösung" gestellt werden, kann hierin doch gewissermaßen der Ursprung des Vereinheitlichungsdenkens bezogen auf das (gesamte) Gerichtswesen gesehen und eine argumentative Kontinuität innerhalb der Diskurse besser untersucht werden.

1. Die „Zersplitterung des Rechts"

Nicht von ungefähr drangen die Forderungen nach der Vereinheitlichung sämtlicher Gerichtsbarkeiten und des gesamten Gerichtsverfahrensrechts Mitte der 1950er Jahre mit einer enormen Wucht in den rechtswissenschaftlichen und rechtspolitischen Tagesalltag.[470] In einer Zeit, deren Gepräge vom Wiederaufbau und der Beseitigung der Folgen der nationalsozialistischen Herrschaft bestimmt wurde, stießen Stimmen, die die Zersplitterung des Rechts monierten und ein die Rechtseinheit gefährdendes Handeln des Bundesgesetzgebers mit einem unkoordinierten Tätigwerden der vier Besatzungsgesetzgeber einerseits und der im Vordringen befindlichen Ländergesetzgebung andererseits gleichsetzten, auf viel Zustimmung.[471] Mit Vehemenz wurde darauf hingewiesen, dass „[d]ie *Rechts-*

---

[470] Zur zeitlichen Verortung vgl. auch *Wittreck* (Fn. 445), 211 (212).

[471] Zu den Ursachen der Rechtszersplitterung *Cartellieri*, Ein Recht, aber wieviel Gerichtsbarkeiten? Zur weiteren Aufspaltung der Bundesgerichtsbarkeit im Jahre 1953, Betriebs-Berater 1953, 1021 (1021); *Kniesch*, Die Notwendigkeit der Einheit der Rechtspflege, NJW 1954, 1137 (1138); *Kern* (Fn. 466), 214 ff. Den Begriff der Zersplitterung ablehnend hingegen *Hamann*, Vereinheitlichung der Gerichtsbarkeiten?, DVBl. 1955, 205 (205), der erklärt, dass „[g]egenüber dieser Formulierung […], schon um ihrer schlagwortartigen Prägung willen, Vorsicht geboten [erscheint]: sie enthält ein negatives Werturteil, das in seiner Verallgemeinerung […] sicherlich über das Ziel hinausschießt; in einer kritischen Würdigung dieser Dinge wird man den Ausdruck ‚Zersplitterung' wegen des ihm innewohnenden destruktiven Moments vermeiden und besser – neutraler – nur von einer weitgehenden Aufgliederung [der] Gerichtsbarkeit (nach Sachgebieten) zu reden haben".

zersplitterung […] *nicht erst drohend bevor*[stehe], *sondern* […] *schon eingetreten* [sei]. Um sie zu *beheben*, genüg[e] es also nicht, auf dem beschrittenen Weg nicht weiter zu gehen, sondern man [müsse] umkehren."[472] Die konkreten Komponenten dieses gegensteuernden Kurses wurden von verschiedenen Rechtswissenschaftlern, Praktikern und Interessenverbänden detailliert benannt. In einem abschließenden Katalog fasste *Eduard Kern* diese Forderungen zusammen und kennzeichnete neben der „einheitliche[n] Federführung beim Erlaß aller Gerichtsordnungen" und der „Unterstellung aller Gerichte unter ein einheitliches Ministerium" auch „die einheitliche Regelung des Gerichtsverfassungsrechts", „die einheitliche Regelung des Verfahrensrechts und schließlich die Schaffung einheitlicher Gerichte (Einheitsgerichte) für alle Zweige der Rechtsprechung"[473] als ihre Bestandteile.

Geprägt wurde die damalige Diskussion vorrangig von der Realisierbarkeit solcher Vorhaben. Fragen ihrer verfassungsrechtlichen Grundierung und Gebotenheit standen gleichermaßen im Fokus der Betrachtung wie einfachrechtliche (synoptische) Darstellungen, die die Vereinheitlichungsfähigkeit der entsprechenden Gesetze aufzeigen sollten. Gründe für die Vereinheitlichung sowie eine Auseinandersetzung mit der Leistungsfähigkeit bzw. Passgenauigkeit des Instrumentes der Vereinheitlichung zur Behebung der monierten Probleme finden sich hingegen nur selten bis gar nicht. Größtenteils begnügten sich die Protagonisten an dieser Stelle mit kurzzeiligen Feststellungen, Behauptungen oder Verweisen auf ähnlich denkende Vertreter. So stützte *Wolfgang Cartellieri* die Möglichkeit zur Abhilfe der zu attestierenden Rechtszersplitterung in Gestalt einer neuen, alle Fachstränge in sich vereinenden Gerichtsbarkeit auf Kostenerwägungen, eine bessere Übersichtlichkeit für Laien über die Organisation der Rechtsprechung und den Umstand, dass „[d]ie Richter der fünf Gerichtsbarkeiten schon in den unteren Instanzen in einem lebendigen Austausch stehen und sich gegenseitig befruchten"[474] müssten. Auch für andere Vertreter dieser Zeit lautet die Antwort

---

[472] *Kern* (Fn. 466), 214 (218; Hervorhebung im Original).

[473] *Kern* (Fn. 466), 214 (218). Ein nahezu identischer Forderungskatalog war auch Resultat des 4. Deutschen Anwaltstages vom 25. bis 27. Mai 1955 in Mannheim. In seiner Entschließung forderten die Vertreter des Anwaltstages zur Erhaltung und Stärkung der rechtsprechenden Gewalt u. a. die Schaffung einer Prozessordnung, vgl. *Lewald*, Deutscher Anwaltstag 1955, Anwbl. 1955, 981 (982). Ein ähnlicher Beschluss findet sich auch seitens des Deutschen Richterbundes, vgl. den Bericht über die Heidelberger Tagung des Deutschen Richterbundes vom 4. bis 6. Oktober 1956 bei *N.N.*, Die Heidelberger Tagung des Deutschen Richterbundes, JZ 1956, 730 (731). Auf die Vielgestaltigkeit der Vereinheitlichung im Allgemeinen weist auch schon *Müller*, Gedanken zur Forderung nach der Einheit der Rechtspflege, Der Betrieb 1955, 473 (473), hin, wenn er feststellt, dass „[d]ie Forderung nach der Einheit der Rechtspflege […] einen ganzen Komplex von Teilforderungen [umfasst]".

[474] Insgesamt *Cartellieri* (Fn. 471), 1021 (1023).

auf die bereits bestehende Rechtszersplitterung Vereinheitlichung, die „um des Ansehens des Rechts willen notwendig und verfassungsrechtlich möglich“[475] sei sowie im Einklang mit dem Willen der Schöpfer des Grundgesetzes stünde, die die Rechtsprechung als Einheit begriffen.[476] Als Gründe für eine Vereinheitlichung der Gerichtsbarkeiten und des Gerichtsverfahrensrechts werden neben dem durch eine Vereinheitlichung zu erreichenden Maß an „genügend[er] politische[r] und soziale[r] Autorität“[477] der Rechtsprechung die Vorzüge eines fachlichen Austauschs der Richter in einem Einheitsgericht und die Interessen der Rechtsuchenden genannt.[478] Häufig wird geradezu beiläufig erwähnt, dass ein solches gesetzgeberisches Vorhaben „aus Gründen der notwendigen Rechtseinheit und auch anderen z. B. praktischen Gesichtspunkten“[479] gewissermaßen geboten erscheint, wohlgemerkt ohne konkretere Ausführungen zu den genauen Inhalten dieser praktischen Gesichtspunkte. Baugleiche Argumentationen finden sich vielerorts, gerade die Vorzüge einer Vereinheitlichung der Gerichtsbarkeiten scheinen offen auf der Hand zu liegen. So wird vorgetragen, dass „für [die Schaffung von] Einheitsgerichte[n] spricht, daß sie allein die rechtsprechende Gewalt deutlich und achtunggebietend zur Erscheinung bringen, daß sie die Unabhängigkeit der Gerichte am besten gewährleisten, daß sie einen einfachen Behördenaufbau und eine dem Volk verständliche Zuständigkeitsregelung ergeben, insbesondere aber, daß sie sicher viel Kräfte, Gebäude und Bibliotheken sparen würden, daß der Blick des Richters sich weiten kann, daß ein Richter ohne Schwierigkeit […] sein Referat wechseln kann, daß sich ein einheitlicher Richtertyp bilden kann [und] daß die (einheitliche) Anwaltschaft alle ihre Angelegenheiten bei dem gleichen Gericht erledigen kann“[480].

Diese überblicksartige Darstellung[481] der Anfänge der Forderungen nach einer Vereinheitlichung der Gerichtsbarkeiten und der Gerichtsverfahrensgesetze veranschaulicht dreierlei: Wendet man den Blick einmal von der, die Beiträge im

---

[475] *Kniesch* (Fn. 471), 1137 (1139).

[476] Zu dieser Auffassung der Schöpfer der Verfassung *Kniesch* (Fn. 471), 1137 (1137 f.).

[477] *Kniesch* (Fn. 471), 1137 (1139). Ähnlich auch *Coing*, Der Aufbau der rechtsprechenden Gewalt zum Nutzen des Volkes, DRiZ 1956, 241 (245), der in dem „Gesichtspunkt […], daß die Stellung des Richters im Volke stark gemacht werden muß“ die Berechtigung dafür sieht, die „Verwirklichung der Einheit in der Justiz“ als „unabdingbare Forderung“ zu apostrophieren.

[478] Hierzu *Kniesch* (Fn. 471), 1137 (1140), dessen argumentative Anlehnung an die Gedanken Cartellieris ein Vergleich mit der Quelle in Fn. 471 verdeutlicht.

[479] *Kniesch*, Zur Vereinheitlichung des Gerichtsverfahrensrechts, MDR 1954, 5 (7).

[480] *Kern* (Fn. 466), 214 (224).

[481] Bewusst wurde an dieser Stelle noch auf kritische bzw. differenzierende Stimmen der Anfangszeit verzichtet, die es gleichwohl gab. Vgl. nur *Hamann* (Fn. 471), 205 ff.; *Lent*, Über die Beseitigung der Rechtszersplitterung, NJW 1954, 1585 ff.; *Kollmann*, Justizeinheit?, DVBl. 1952, 618 ff.

Schrifttum dominierenden, Vereinheitlichungsfähigkeit ab und konzentriert sich auf die Gründe, die für die Vereinheitlichungen angeführt werden, so ist – gleichgültig, ob es sich um die Vereinheitlichung aller Gerichtsbarkeiten oder des gesamten Prozessrechts dreht – festzustellen, dass sich diese auf die Bürger- und Rechtsanwenderfreundlichkeit, auf finanzielle Erwägungen, auf ein Autoritätsbedürfnis bzw. -defizit der rechtsprechenden Gewalt und auf den fachlichen Austausch der Richter beschränken. Neben dem überwiegend rechtspolitischen Charakter dieser Argumente wird zudem deutlich, dass es vorrangig zwei Interessengruppen gibt, die von den Vorzügen der Vereinheitlichungen vermeintlich profitieren würden – die Anwaltschaft sowie die Richterschaft. Zudem kann festgestellt werden, dass weder die Gründe für die Vereinheitlichungen noch die Frage, ob das Instrument der Vereinheitlichung tatsächlich dazu in der Lage ist, die erhofften positiven Effekte zu ermöglichen, von den Befürwortern näher untersucht wurden. Die kommenden Ausführungen sollten daher insbesondere vor dem Hintergrund der folgenden Fragen betrachtet werden: Bleiben die Argumente für die Vereinheitlichungen nach dem Vorbild der „Kleinen Lösung" gleich oder treten neue hinzu? Gelingt es den Befürwortern einer Vereinheitlichung nur der öffentlich-rechtlichen Fachgerichtsbarkeiten bzw. der öffentlich-rechtlichen Prozessordnungen ihre Forderungen mit substantiellen Argumenten zu untermauern? Positionieren sich die vermeintlichen Profiteure der Vereinheitlichungsprojekte durchweg zugunsten der entsprechenden Vorhaben? Wie reagieren die Kritiker der Vereinheitlichungsforderungen auf die attestierte Begründungsarmut?

2. Die Anfänge

Schon die Darstellung der Diskurse um die Vereinheitlichung aller Gerichtsbarkeiten und des gesamten Gerichtsverfahrensrechts deutete an, dass das Thema der Vereinheitlichung nicht nur die Rechtswissenschaft beschäftigte, sondern gleichermaßen Praktiker und Vertreter des öffentlichen Dienstes in seinen Bann zog. Zutreffend merkte *Adolf Süsterhenn* an, dass „[d]as Wort Vereinheitlichung […] immer mehr den Charakter einer magischen Formel [gewinne], mit deren Hilfe man glaube, alle Probleme des politischen und gesellschaftlichen Lebens bannen und eine Art goldenen Zeitalters herbeiführen zu können"; inwieweit es ihm und den übrigen Diskursteilnehmern aber gelingt, sich von der Vorstellung „[w]eite[r] Kreise des deutschen Volkes […], man brauche nur irgendwelche staatliche Institutionen zu vereinheitlichen, um damit ihr besseres, wirksameres und vor allem billigeres Funktionieren sicherzustellen" (zunächst) zu distanzieren und „qualitative Aussagen"[482] über die Gründe für und die Leistungsfähigkeit von Vereinheitlichungen zu treffen, soll im Folgenden erörtert werden.

[482] Insgesamt *Süsterhenn* (Fn. 122), 737 (737).

a) Die Vereinheitlichung der öffentlich-rechtlichen Prozessordnungen

Die Vereinheitlichung der Verfahrensordnungen der öffentlich-rechtlichen Fachgerichtsbarkeiten kann zurecht als prominenteste und zugleich als die am weitesten fortgeschrittene Vereinheitlichungsforderung bezeichnet werden. Begleitet wurde der im Folgenden nachgezeichnete Diskurs vom (rechts-)politischen Schicksal einer derartigen Vereinheitlichung. Anfangs noch den Blick auf eine „Große Lösung" gerichtet, wandte sich die Politik spätestens mit der Einsetzung eines Koordinierungsausschusses am 11. November 1968 einer Vereinheitlichung der öffentlich-rechtlichen Prozessordnungen zu.[483] Die diesem Gremium angehörigen Vertreter der zuständigen Ministerien, der Rechtsprechung sowie der Anwalt- und Richterschaft waren mit der Aufgabe betraut, Grundlagen einer Vereinheitlichung zu erarbeiten, welche sie nach fünfjähriger Arbeit dann auch dem Bundesministerium der Justiz übermittelten. Hierauf fußte schließlich der Regierungsentwurf, der wie bereits erwähnt sowohl in der neunten als auch in der zehnten Legislaturperiode eingebracht, jedoch letztlich nie verabschiedet wurde.

aa) Vertreter der Rechtswissenschaft

Als Ziehvater der Idee einer Vereinheitlichung der öffentlich-rechtlichen Prozessordnungen kann *Carl Hermann Ule* bezeichnet werden, der sich sowohl von einer (bloßen) Angleichung aller Prozessrechtsgesetze als auch von deren Vereinheitlichung deutlich distanziert.[484] Formuliert er seine Forderungen zu Beginn noch mit einer gewissen Zurückhaltung, verleiht er seinem Anliegen im Laufe der Jahre immer mehr Nachdruck.[485] Sinnbildlich für diese Entwicklung stehen zwei seiner Veröffentlichungen, die ein gutes Jahrzehnt voneinander trennt. Während *Ule* in seinem Beitrag im Rahmen des 42. Deutschen Juristentages im Jahre 1957 hinsichtlich der Notwendigkeit einer Vereinheitlichung noch davon ausgeht, dass sich diese „wohl nicht bestreiten"[486] lässt, deklariert er eine solche

[483] Zur rechtspolitischen Geschichte der Vereinheitlichung einschließlich verschiedener Einzelheiten zum zuständigen Koordinierungsausschuss s. nur BT-Drs. 9/1851, S. 63 ff.; BT-Drs. 10/3437, S. 63 ff.

[484] So bezeichnet *Ule* (Fn. 202), 1958, 691 (691), die Angleichung als einen „dilatorische[n] Formelkompromiß" und lehnt die Vereinheitlichung sämtlicher Gerichtsverfahrensordnungen aufgrund unüberbrückbarer Differenzen zwischen der Zivil- und Strafprozessordnung ab, vgl. ebd. 691 (692 ff.).

[485] So fordert *Ule* (Fn. 202), 1967, 345 (349), dass „die Frage der Vereinheitlichung der drei Verwaltungsgerichtsordnungen nicht mehr zur Ruhe kommen" sollte und stellt zugleich fest, dass „die Zeit für diesen Schritt zu einer echten Reform der deutschen Verwaltungsgerichtsbarkeit [...] reif" ist.

[486] *Ule* (Fn. 202), 1958, 691 (696).

Vereinheitlichung gut zehn Jahre später als „notwendig" und „wünschenswert"[487]. Dabei scheint es so, als könnte die Verfestigung seines Standpunktes im Hinblick auf die Notwendigkeit und Geeignetheit einer Vereinheitlichung auf eine vorangeschrittene Erforschung der Vereinheitlichungsfähigkeit zurückgeführt werden. Anders formuliert entsteht der Eindruck, als schließe *Ule* von der Annahme der (verfassungsrechtlichen) Möglichkeit einer Vereinheitlichung der verwaltungsgerichtlichen Verfahrensordnungen auf ihre Erforderlichkeit. Stets liegt sein Augenmerk auf den Fragen des „Wie" einer Vereinheitlichung. So vergleicht er das dem Verwaltungs-, Sozial- und Finanzgerichtsprozess vorgelagerte Verwaltungsverfahren miteinander, ebenso wie die prozessualen Bestimmungen über die Klageerhebung, die in den einzelnen Gesetzen geltenden Prozessmaximen und Fragen zur aufschiebenden Wirkung von Rechtsbehelfen.[488] Detailliert untersucht *Ule* auch die Frage, welche Vorgaben die Verfassung an die Gestaltung des Prozessrechts stellt.[489] Konkret befasst er sich unter anderem mit den Schutzgehalten von Art. 19 Abs. 4 S. 1 GG und geht in diesem Zusammenhang gestaltungsbezogenen Gesetzgebungsfragen insofern nach, als er die verfassungsrechtliche Zulässigkeit eines Vorverfahrens als Klagevoraussetzung prüft oder erläutert, wie der vorläufige Rechtsschutz auszugestalten sei. Die Annahme, *Ule* fokussiere primär die Vereinheitlichungsfähigkeit, findet eine weitere Stütze in seiner akademischen Tätigkeit. Ein Seminar widmet er der Frage, ob „rechtsvergleichende Untersuchungen zur Verwaltungsgerichtsordnung, zum Sozialgerichtsgesetz und zur Finanzgerichtsordnung [ergeben, dass] sich eine Vereinheitlichung der drei Verwaltungsgerichtsordnungen in einer für alle drei Gerichtsbarkeiten und gerichtlichen Verfahren einheitlichen Gerichtsordnung durchführen läßt"[490]. Stets kommt *Ule* zu dem Ergebnis, „daß die drei verwaltungsgerichtlichen Verfahrensordnungen vereinheitlichungsfähig"[491] sind, „dabei [aber] auch einige schwierige Fragen, die die Gerichtsverfassung und das gerichtliche Verfahren betreffen,"[492] bewältigt werden müssten. Den Höhepunkt fand seine „Liebe zum Detail" wohl im sogenannten Speyerer Entwurf[493], dessen Entwicklung *Ule* federführend begleitete und in dem er die Vereinheitlichung der Verwaltungsgerichtsordnung, des Sozialgerichtsgesetzes und der Finanzgerichtsord-

---

[487] *Ule* (Fn. 202), 1967, 345 (346).

[488] *Ule* (Fn. 202), 1958, 691 (696 ff.).

[489] Hierzu und zum Folgenden *Ule*, Verfassungsrecht und Verwaltungsprozeßrecht, DVBl. 1959, 537 ff.

[490] *Ule* (Fn. 202), 1967, 345 (346). Auf verschiedene Einzelaspekte dieses Seminars geht Ule im weiteren Verlauf seines Beitrags näher ein.

[491] *Ule* (Fn. 202), 1967, 345 (345). Ähnlich auch schon *ders.* (Fn. 202), 1958, 691 (695).

[492] *Ule* (Fn. 202), 1967, 345 (346).

[493] S. Fn. 454.

nung plastisch illustrierte. Der Speyerer Entwurf, der noch von einem einheitlichen Verwaltungsgerichtsgesetz sprach, stand den eingangs beschriebenen parlamentarischen Arbeiten am Entwurf einer Verwaltungsprozessordnung später auch Modell.

Untersuchungen zur Notwendigkeit und Passgenauigkeit einer Vereinheitlichung erreichten allerdings nie denselben Detailgrad. Während *Ule* der Frage nach der Notwendigkeit einer Vereinheitlichung in einem Beitrag aus dem Jahre 1958 noch zwei Absätze widmet,[494] reduziert sie sich knapp zehn Jahre später auf wenige – wenn auch im Vergleich mit dem vorherigen Beitrag gehaltvollere – Zeilen, wobei er in beiden Beiträgen die Offenkundigkeit der Gründe und positiven Effekte gewissermaßen unterstellt.[495] Anfangs noch auf den Gründen der Bürger- und Rechtsanwenderfreundlichkeit fußend, erweitert *Ule* seinen Begründungskanon um das Argument des Fortschritts in der „wissenschaftliche[n] Durchdringung und didaktische[n] Aufschließung des Prozeßrechts der drei Verwaltungsgerichtsbarkeiten“ sowie den Umstand, dass auf diese Weise die „Zersplitterung der geistigen Kräfte auf drei verschiedene Gerichtsordnungen [...] beseitigt und damit eine stärkere Konzentration aller am Verfahrensrecht Interessierten ermöglicht werden [würde]“[496]. Tiefergehende Gedanken zu den einzelnen Gründen finden sich bei *Ule* allerdings nicht. Schon gar nicht finden sich Argumente oder Untersuchungen, die belegen würden, dass das Instrument der Vereinheitlichung in Bezug auf die Verfahrensordnungen überhaupt dazu in der Lage ist, diese Effekte zu erzeugen. Dies ändert sich auch mit der voranschreitenden Konkretisierung einer Vereinheitlichung des Prozessrechts nicht. *Ule* beschränkt sich darauf, die verschiedenen Aspekte des Regierungsentwurfs einer Verwaltungsprozessordnung mit denjenigen des Kommissionsentwurfs und des Speyerer Entwurfs zu vergleichen und offengebliebene Einzelfragen mit dem Ziel zu untersuchen, Ausgestaltungsempfehlungen zu geben.[497] Trotz verschiedener Bedenken am Regierungsentwurf einer Verwaltungsprozessordnung gelangt *Ule* zu dem Schluss, „daß der Gesetzgeber nicht zögern sollte, ihm [...] sein Plazet zu geben“[498]. Seiner Linie bleibt *Ule* über die Jahrzehnte hinweg also treu, bis er schließlich einen „Abgesang auf die einheitliche Verwaltungsprozeß-

---

494 Vgl. *Ule* (Fn. 202), 1958, 691 (696).

495 So spricht *Ule* (Fn. 202), 1958, 691 (696), davon, dass „die Notwendigkeit einer Vereinheitlichung der drei verwaltungsgerichtlichen Verfahrensordnungen [...] sich [...] wohl nicht bestreiten“ lässt. Ähnlich *ders.* (Fn. 202), 1967, 345 (346).

496 Insgesamt *Ule* (Fn. 202), 1967, 345 (346). Zur vorherigen Begründungsbasis *ders.* (Fn. 202), 1958, 691 (696).

497 Vgl. *Ule*, Vor einer einheitlichen Verwaltungsprozeßordnung?, DVBl. 1981, 363 ff.; *ders.*, Effektiver Rechtsschutz in einer funktionsfähigen Rechtspflege?, DVBl. 1982, 821 ff.

498 *Ule* (Fn. 497), Verwaltungsprozeßordnung, 363 (368).

ordnung“[499] halten muss und trotz der von ihm selbst aufgeworfenen Frage nach den Gründen für das Scheitern dieses Vereinheitlichungsprojekts nicht die Passgenauigkeit des Instrumentes der Vereinheitlichung in Frage stellt, sondern im Sinne einer rechtspolitischen Grundsatzkritik festhält, dass man „[o]ffenbar [...] 1970 die geschichtliche Stunde versäumt [hätte]“ und dass „[i]nzwischen [...] die Zeit über das Vorhaben hinweggegangen [sei]“[500].

Ein weiterer Vertreter der Wissenschaft, der sich dem Thema der Verfahrensvereinheitlichung zugewandt hat, ist *Karl August Bettermann*. Auch wenn er sich anfangs nur mit der Angleichung aller Verfahrensgesetze auseinandersetzte, erhob er schon früh (zumindest zaghaft) seine Stimme für die „Kleine Lösung“.[501] Später trat er dann auch in den Diskurs um eine Vereinheitlichung der öffentlich-rechtlichen Prozessordnungen ein,[502] sodass an dieser Stelle auf den gesamten Gedankengang *Bettermanns* einzugehen sein wird und seine Überlegungen hinsichtlich einer Angleichung aller Verfahrensgesetze teilweise auch auf die Vereinheitlichung der öffentlich-rechtlichen Prozessordnungen übertragen werden können. Auffällig ist zunächst, mit welcher Deutlichkeit *Bettermann* anfangs die Idee einer Vereinheitlichung zugunsten einer Angleichung der Verfahren, die vom Fortbestand unterschiedlicher und selbstständiger Verfahrensordnungen charakterisiert wird, kritisiert: „Der Ruf nach Justizeinheit und Verfahrenseinheit entstammt einer Einheitsmystik, die im nationalpolitischen Bereich ihre Gründe und ihre Berechtigung hat, dagegen bei einem so rationalen und technischen Gebilde wie dem des Prozeßrechts nur Verwirrung stiften kann.“[503] Auch *Bettermanns* Augenmerk liegt in der Folge auf einer detaillierten Prüfung der verfassungsrechtlichen Zulässigkeit einer Angleichung, die er mit der umfassenden Erkenntnis beschließt, dass „Angleichung und Vereinheitlichung des Verfahrensrechts [...] verfassungsrechtlich zulässig“[504] seien. Neben kompetenz- und

[499] *Ule*, Abgesang auf die einheitliche Verwaltungsprozeßordnung, DVBl. 1991, 509 f.

[500] *Ule* (Fn. 499), 509 (510).

[501] So führt *Bettermann* (Fn. 444), 161 (195), schon mit Blick auf die Angleichung aus, dass „die Angleichung des sozialgerichtlichen und des finanzgerichtlichen Verfahrens an das der allgemeinen Verwaltungsgerichte ungleich weniger problematisch ist als die Angleichung des Verwaltungsprozesses an den Zivil- oder Strafprozeß“.

[502] Vgl. *Bettermann*, Vereinheitlichung der Verwaltungsgerichtsgesetze und Gleichschaltung der Verwaltungsgerichtsbarkeiten, in: Merten (Hrsg.), Die Vereinheitlichung der Verwaltungsgerichtsgesetze zu einer Verwaltungsprozeßordnung, 1978, S. 91 ff.

[503] *Bettermann* (Fn. 444), 161 (163). An dieser Stelle sei darauf hingewiesen, dass auch der Ziehvater der Idee einer Vereinheitlichung des Prozessrechts, Carl Hermann Ule, einen nationalsozialistischen Hintergrund hat und er sich in der Zeit des Nationalsozialismus mit einer Arbeit zu dem Thema „Herrschaft und Führung im nationalsozialistischen Reich“ habilitierte. Vgl. zur Person Ules *Klee*, Das Personenlexikon zum Dritten Reich, 2003, S. 635.

[504] *Bettermann* (Fn. 444), 161 (165).

gleichheitsrechtlichen Fragen bilden dabei vergleichende Betrachtungen elementarer Bestandteile des deutschen Verfahrensrechts, wie etwa die Revisionszulassung, einen wichtigen Schwerpunkt in *Bettermanns* Prüfungen. Ziel der vergleichenden Betrachtung soll es sein, eine Rechtszersplitterung im Verfahrensrecht festzustellen und zu belegen. Sachliche Gründe für die festgestellten Abweichungen innerhalb der Prozessordnungen finden sich laut *Bettermann* nicht.[505] Aus dieser Feststellung leitet *Bettermann* wohl auch die Gründe für eine Verfahrensangleichung ab. Auch er geht bei der Auseinandersetzung mit der Angleichung nicht vertieft auf deren Passgenauigkeit ein, sondern schließt von der festgestellten Rechtszersplitterung auf ihre Notwendigkeit.[506] Andere Gründe – vergleichbar denjenigen *Ules* – finden sich in den Anfängen seiner wissenschaftlichen Auseinandersetzung mit diesem Themenkomplex hingegen nicht. Ein Zustand, der sich auch im Hinblick auf *Bettermanns* Rolle im Rahmen der Diskussion über die Vereinheitlichung der öffentlich-rechtlichen Prozessordnungen nicht ändert. Zwar stellt *Bettermann* im Rahmen einer Tagung der Hochschule Speyer vielsagend die Frage danach, ob die Vereinheitlichung des Verfahrensrechts eine „Reform der Verwaltungsgerichtsbarkeit nach den Bedürfnissen der Gegenwart“[507] sei, sucht unter diesem Prüfungshorizont aber keineswegs nach den Gründen für eine oder der Leistungsfähigkeit von einer Vereinheitlichung, sondern widmet sich aus seiner Sicht wichtigen Sachproblemen einer Vereinheitlichung, wie beispielsweise der genauen Ausgestaltung der Verwaltungskontrolle, der Schutzfunktion der Verwaltungsgerichtsbarkeit oder der Massenbeiladung. Wie sich *Bettermann* zu den Gründen für eine Vereinheitlichung der öffentlich-rechtlichen Verfahrensgesetze positionieren würde, kann mit Blick auf seine Stellungnahme zur Angleichung des Prozessrechts also nur erahnt, für die Frage der Passgenauigkeit einer Vereinheitlichung indes gar nicht gesagt werden.

Einen ähnlichen Ausgangspunkt wie *Bettermann* während seiner Anfänge in der Auseinandersetzung mit der Angleichung der Prozessgesetze wählten auch verschiedene Rechtswissenschaftler, die Angleichungs- bzw. Vereinheitlichungsfragen zum Gegenstand ihrer Dissertationen machten. Unter Bezugnahme auf die von *Bettermann* entworfene Begriffsreihe unterscheiden auch *Klaus-Peter Wild*, *Otto Grimm*, *Hans-Joachim de With*, *Erich Knoll* und *Arnd Knauer* Angleichung

---

[505] So führt *Bettermann* (Fn. 444), 161 (186), zum zersplitterten Verfahrensrecht aus, dass „niemand behaupten“ werde, dass „die geschilderten Abweichungen sämtlich notwendig, sämtlich durch die Besonderheiten des jeweiligen Verfahrensrechts, durch die Natur der Sache, gerechtfertigt seien. Es ist vielmehr offensichtlich, daß viele Divergenzen willkürlich oder zufällig sind, manchmal sogar auf Versehen oder Unfähigkeit des Gesetzgebers beruhen.“

[506] So hebt *Bettermann* (Fn. 444), 161 (186), hervor, dass „unser Verfahrensrecht zersplittert [und] wie notwendig daher eine Angleichung ist“.

[507] Hierzu und zum Folgenden *Bettermann* (Fn. 502), S. 91 ff.

und Vereinheitlichung voneinander und konzentrieren sich in der Folge ihrer Untersuchungen auf den erstgenannten Aspekt.[508] Unterschiedlich ordnen sie dabei allerdings das Verhältnis von Angleichung und Vereinheitlichung ein. Während „das Aufzeigen von Angleichungsmöglichkeiten" für den Großteil der genannten Vertreter die „Vorarbeit für eine spätere Vereinheitlichung"[509] darstellt, mithin erst dieser Arbeitsschritt die Beschäftigung mit einer Vereinheitlichung der Prozessordnungen gestattet, geht *Knauer* davon aus, dass für den Fall des Feststellens der Angleichungsfähigkeit der prozessualen Vorschriften eine Vereinheitlichung sowohl möglich als auch vonnöten sei.[510] Vereinheitlichung und Angleichung stehen für *Knauer* also in einem finalen Abhängigkeitsverhältnis zueinander. Schon dieses „ins Verhältnis setzen" von Angleichung einerseits und Vereinheitlichung andererseits rechtfertigt eine Auseinandersetzung mit den von diesen Vertretern angeführten Gründen. Allerdings steht auch für sie die Vereinheitlichungsfähigkeit der Prozessordnungen im Vordergrund. Dazu werden verschiedene Rechtsinstitute des Prozessrechts als Untersuchungsgegenstände isoliert und ihre unterschiedliche Ausgestaltung in den verschiedenen Prozessordnungen näher untersucht.[511] Demgegenüber beschränkt sich die wissenschaftliche Auseinandersetzung mit den Gründen und der Passgenauigkeit eines derartigen gesetzgeberischen Vorgehens auf eine verknappte Wiedergabe der bereits von anderen Vertretern der Wissenschaft, Praxis und Politik vorgetragenen Erwägungen. Nahezu einheitlich werden dabei die Beseitigung der Rechtszersplitterung,[512] die Bürger- und Rechts-

---

[508] Vgl. *Knoll*, Die Angleichung der deutschen Verfahrensgesetze – Die gerichtlichen Entscheidungen –, 1959, S. 29; *Wild*, Die Angleichung der deutschen Verfahrensgesetze –Die Bestimmungen über die Zulässigkeit des Rechtsweges, den Kompetenzkonflikt, die Verweisung und die Zuständigkeit –, 1961, S. 30 f.; *Grimm*, Die Angleichung der deutschen Verfahrensgesetze – Die Berufung –, 1961, S. 5 f.; *de With*, Möglichkeiten und Grenzen der Vereinheitlichung der deutschen Verfahrensgesetze unter Berücksichtigung des Prozeßzwecks, der Dispositionsmaxime, des Streitgegenstandes, der Verhandlungs- und der Untersuchungsmaxime, 1959, S. 5; *Knauer*, Zur Vereinheitlichung der verwaltungsgerichtlichen Verfahrensordnungen, 1968, S. 7.

[509] *Grimm* (Fn. 508), S. 6; ähnlich *Knoll* (Fn. 508), S. 29. Eine Erklärung für dieses homogene Verständnis könnte der Umstand sein, dass die Dissertationen von Knoll, Wild, Grimm und de With allesamt unter der Betreuung von Karl Heinz Schwab entstanden sind.

[510] So führt *Knauer* (Fn. 508), S. 7 aus, dass „[s]oweit die Vorschriften angleichungsfähig sind, […] eine Verfahrensvereinheitlichung möglich und auch nötig" sei.

[511] So konzentriert sich *Knoll* (Fn. 508), S. 31 ff., auf das Urteil, den Beschluss und den Vorbescheid; *Wild* (Fn. 508), S. 32 ff., auf die Rechtswegzulässigkeit, den Kompetenzkonflikt, die Rechtswegverweisung sowie die Zuständigkeiten; *Grimm* (Fn. 508), S. 24 ff., auf Fragen, die die Berufung betreffen; *de With* (Fn. 508), S. 28 ff., auf verschiedene Prozessmaximen und den Streitgegenstand und *Knauer* (Fn. 508), S. 15 ff., auf das Prozessrechtsverhältnis, den Gang des Verfahrens und die Beweiserhebung.

[512] Vgl. *Knoll* (Fn. 508), S. 1, der in diesem Zusammenhang auch von der „Hypertrophie

anwenderfreundlichkeit,[513] die Effektivität des Rechtsschutzes[514] sowie das Vertrauen der Bürger in die Autorität der Rechtsprechung[515] als Gründe ins Feld geführt, wobei ohne nähere Ausführungen davon ausgegangen wird, dass der gegenwärtige, differenzierte Zustand korrelierende Negativzustände hervorrufe.[516] Darüber hinaus finden *Grimm* und *de With* noch weitere Gründe für eine Angleichung des Prozessrechts. So geht *Grimm* – ebenfalls ohne tiefergehende Untersuchungen – davon aus, dass der differenzierte Zustand „die Gefahr der Entfremdung zwischen den Gerichtsbarkeiten"[517] in sich bärge. Gar einen verfassungsrechtlichen Grund für die Angleichung und Vereinheitlichung des Prozessrechts identifiziert *de With*: „Die Notwendigkeit zur Angleichung und Vereinheitlichung der Rechtsprechung ist […] eine Forderung des Grundgesetzes."[518] Zum Stützpfeiler seiner Überlegungen erhebt *de With* Art. 95 Abs. 1 GG a. F., der vorsieht, dass „zur Wahrung der Einheit des Bundesrechts […] ein Oberstes Bundesgericht errichtet" wird, und seiner Überzeugung nach den Grundsatz der Einheit der Rechtsprechung statuiert.[519] Notwendige Bedingung zur Verwirklichung dieses Grundsatzes ist für *de With* die legislative Angleichung der Prozessordnungen, denn erst ein Regelungsregime, in dem „grundsätzliche Rechtsgedanken [nicht] verschieden geregelt sind", ermögliche die vom Grundgesetz geforderte Einheit der Rechtsprechung, in der „[d]ie einzelnen von den verschiedenen Gerichten für verbindlich zu erklärenden Rechtssprüche […] bei gleichen Rechtsfragen auf einer einheitlichen Gesetzesanwendung beruhen"[520]. In der Gesamtschau kann festgehalten werden, dass auch diese Vertreter der Rechtswissenschaft eine eingehende Auseinandersetzung mit den Gründen für und mit der Passgenauigkeit eine(r) Angleichung bzw. Vereinheitlichung der Prozessordnungen scheuen, ihre Ausführungen in diesem Punkt die Ebene des Rechtspolitischen überwiegend nicht verlassen und sich ihre rechtswissenschaftlichen Überlegungen auf Fragen der Angleichungsfähigkeit beschränken.

---

des geschriebenen Rechts" spricht; *Wild* (Fn. 508), S. 2; *Grimm* (Fn. 508), S. 5; *de With* (Fn. 508), S. 3; *Knauer* (Fn. 508), S. 3.

[513] S. *Knoll* (Fn. 508), S. 2; *Wild* (Fn. 508), S. 3; *de With* (Fn. 508), S. 2 f.; *Knauer* (Fn. 508), S. 3.

[514] Vgl. *Knauer* (Fn. 508), S. 3.

[515] *Wild* (Fn. 508), S. 3 f., spricht etwa von der Gefahr der „Entfremdung von Volk und Richter", von einer „gefährliche[n] Unpopularität der Gerichte", der im differenzierten Zustand der Weg bereitet wird; ähnlich *Knoll* (Fn. 508), S. 2; *Grimm* (Fn. 508), S. 5; *Knauer* (Fn. 508), S. 3.

[516] Deutlich wird dies insbesondere bei *Grimm* (Fn. 508), S. 5, der dem bestehenden Zustand inhärente „Nachteile und Gefahren" attestiert.

[517] *Grimm* (Fn. 508), S. 5.

[518] *de With* (Fn. 508), S. 2.

[519] Hierzu und zum Folgenden *de With* (Fn. 508), S. 1 f.

[520] *de With* (Fn. 508), S. 2.

Wie schon *Bettermann* äußerte sich auch *Hans-Werner Laubinger* im Rahmen der Tagung der Hochschule Speyer zur Vereinheitlichung der öffentlich-rechtlichen Prozessordnungen. Aber auch seinem Referat kann keine eingehende Auseinandersetzung mit dem Instrument der Vereinheitlichung und den Gründen hierfür entnommen werden, obgleich er die im Entwurf einer einheitlichen Verwaltungsprozessordnung angelegte Vereinheitlichung als „eine gelungene Fortentwicklung der geltenden Verfahrensordnungen“[521] empfindet. Trotz der Offenheit des ihm zugewiesenen Themas – „Vom ‚Speyerer Entwurf‘ zum Entwurf einer Verwaltungsprozeßordnung“[522] – macht *Laubinger* nicht die Motive und Hintergründe einer Vereinheitlichung zum Schwerpunkt seines Beitrags, sondern konzentriert sich auf eine vergleichende Gegenüberstellung entlang verschiedener Verfahrensinstitute, mit dem klassisch rechtsvergleichenden Ziel, Gemeinsamkeiten und Divergenzen in der einfachrechtlichen Ausgestaltung des Prozessrechts innerhalb der beiden Entwürfe aufzuzeigen.[523]

Schon früh äußerte sich auch *Friedrich Lent* zur Frage der Vereinheitlichung des Verfahrensrechts. In Ansehung der „mit Recht oft beklagten [...] Überfülle der Gesetze [und der] Unübersichtlichkeit der Rechtsordnung“ begrüßt *Lent* jeden „Versuch [...] einer Vereinfachung“[524]. Obgleich seine Überlegungen in eine Zeit fallen, in der Fragen einer „Großen Lösung“ den Diskurs bestimmten, differenziert *Lent* zwischen verschiedenen Möglichkeiten zur Beseitigung der auch von ihm ohne eingehendere Untersuchungen angenommenen Rechtszersplitterung. Vereinheitlichungen, Verweisungen und einheitliche Formulierungen stellen für ihn gleichermaßen Mittel zur Folgenmilderung der Rechtszersplitterung dar, deren Bezugsobjekte er unterschiedliche Erfolgschancen attestiert.[525] Im Unterschied zur „Großen Lösung“ ordnet *Lent* die Vereinheitlichung der öffentlich-rechtlichen Verfahrensgesetze als realistisches Vorhaben zur Vereinfachung des Verfahrensrechts ein.[526] Vergebens sucht man allerdings auch bei ihm nach detailliert vorgetragenen Argumenten für eine Vereinheitlichung und nach einer Auseinandersetzung mit der Frage, ob das Mittel der Vereinheitlichung über die Fähigkeit verfügt, die Folgen der monierten Rechtszersplitterung zu beheben. Lediglich die schon wiederholt angesprochenen Erwägungen der Bürger- und Rechtsanwenderfreundlichkeit einer Vereinheitlichung werden von *Lent* als

521 *Laubinger* (Fn. 453), S. 63 (85).

522 *Laubinger* (Fn. 453), S. 63 ff.

523 Vgl. *Laubinger* (Fn. 453), S. 63 (63).

524 *Lent* (Fn. 481), 1585 (1585).

525 Vgl. *Lent* (Fn. 481), 1585 (1585 f.).

526 Konkret führt *Lent* (Fn. 481), 1585 (1587), aus, dass die „Zusammenfassung der drei Verfahrensarten mit öffentlich-rechtlichem Gegenstand“ unter bestimmten Voraussetzungen „zu erwägen wäre“.

Gründe für ihren Einsatz vorgetragen.[527] Deutlich wird dabei allerdings, dass er diese Wirkungen bzw. Effekte lediglich unterstellt.

Ein ähnliches Bild zeigt sich bei *Fritz Baur*, der der „Kleinen Lösung“ schon früh die größeren Realisierungschancen zuzusprechen scheint: „Gerichtsorganisatorische und verfahrensrechtliche Besonderheiten“[528], die eine Trennung einzelner Rechtspflegeaufgaben sachlich rechtfertigen könnten, erblickt er nämlich nur zwischen den zwei Gruppen der ordentlichen Gerichtsbarkeit einerseits und der öffentlich-rechtlichen Fachgerichtsbarkeit andererseits. Ohne nähere Ausführungen nimmt *Baur* an, dass die Vereinheitlichung – neben vom Gesetzgeber parallel auszugestaltenden und verzahnten Regelungen ein Mittel zur Abmilderung der Folgen der von ihm wahrgenommenen Rechtszersplitterung[529] – in „den Interessen des Rechtssuchenden“[530] und dessen Vertrauen in die Rechtspflege ihre Berechtigung finde und darüber hinaus auch dazu in der Lage sei, diese Interessen zu befriedigen. Mit dem Gesetzgeber geht *Baur* in seinem Gutachten für den 42. Deutschen Juristentag hart ins Gericht, wirft diesem „schwere Fehler“ vor, die er durch die „übertrieben[e] Betonung von Besonderheiten [und die] übermäßig[e] Ausgestaltung von Sonderverfahren“[531] begangen habe, und fordert, „alles Trennende zu vermeiden und die Einheit zu verwirklichen, wo immer es möglich ist“[532].

Die Bedeutung einer kritischen Auseinandersetzung mit dem Instrument der Vereinheitlichung betont hingegen *Adolf Süsterhenn*, obgleich auch er zu dem Ergebnis kommt, dass eine Vereinheitlichung des Gerichtsverfahrensrechts, orientiert an den „durch die verschiedenartigen Aufgaben der Gerichtsbarkeiten gezogenen Grenzen“, „sachlich wünschenswert“[533] sei. Die dieser Aussage innewohnende Oberflächlichkeit hinsichtlich der Begründung dieser Annahme kann

[527] So *Lent* (Fn. 481), 1585 (1589).

[528] Hierzu und zum Folgenden *Baur*, Die Zersplitterung der Rechtspflege – Einige Vorschläge zur Milderung ihrer Folgen, JZ 1955, 303 (303).

[529] Vgl. *Baur* (Fn. 528), 303 (304 f.).

[530] Zum angesprochenen Argument der Rechtsanwenderfreundlichkeit und zum Argument des Vertrauens in die Rechtsprechung *Baur* (Fn. 528), 303 (303).

[531] *Baur*, Empfiehlt es sich, die verschiedenen Zweige der Rechtsprechung ganz oder teilweise zusammenzufassen?, in: Ständige Deputation des Deutschen Juristentages (Hrsg.), 42. DJT, Bd. 1, 2. Teil, 1957, S. 9 Fn. 2a.

[532] *Baur* (Fn. 528), 303 (305).

[533] *Süsterhenn* (Fn. 122), 737 (739). Die kritische Haltung Süsterhenns gegenüber der „Allzweckwaffe“ Vereinheitlichung belegt insbesondere seine Haltung gegenüber der zu diesem Zeitpunkt populären Forderung nach einer Vereinheitlichung aller Gerichtsbarkeiten. Er, ebd. 737 (738), führt hierzu aus, dass wegen der „Wesensverschiedenheit der Aufgabengebiete der einzelnen Gerichtszweige [die Vereinheitlichung] doch nur zu einer rein äußerlichen Zusammenfügung heterogener Elemente führen [würde], ohne eine wirkliche Einheit der rechtsprechenden Gewalt von der Sache her zu begründen“.

allerdings damit begründet werden, dass sich *Süsterhenns* Überlegungen schwerpunktmäßig nicht auf die Vereinheitlichung des Gerichtsverfahrensrechts, sondern auf die Schaffung eines einheitlichen Gerichtsministeriums beziehen. Wichtiger und im hiesigen Kontext festzuhalten sind allerdings seine Ausführungen zum Prüfungsmaßstab, mit dem Vereinheitlichungsforderungen begegnet werden solle. Ähnlich wie *Bettermann* weist *Süsterhenn* zunächst auf den rechtshistorischen Ballast hin, den Vereinheitlichungsforderungen, die gerade während der Zeit des Nationalsozialismus auf fruchtbaren Boden stießen, mit sich trügen.[534] Trotz dessen dürften Vereinheitlichungsforderungen zwar nicht per se als verwerflich eingeordnet werden, allerdings weist *Süsterhenn* an nationalsozialistisch motivierten Vereinheitlichungsmaßnahmen – zu dieser Zeit als Verreichlichung bezeichnet – und anhand von Untersuchungen im Rahmen der Überlegungen zur Neugliederung des Bundesgebiets[535] nach, „daß Vereinheitlichung an sich keineswegs immer Verbesserung und Verbilligung bedeutet" und automatisch die so oft „beschworenen Rationalisierungseffekt[e]"[536] herbeiführe. Damit pointiert *Süsterhenn*, wie wichtig es ist, Vereinheitlichung nicht zur Fiktion eines „höherwertigen Organisationszustand[es]" heranwachsen zu lassen, sondern jede Vereinheitlichungsforderung am Grundgedanken von Art. 3 GG – Gleiches gleich und Ungleiches ungleich zu behandeln, es sei denn, es besteht ein sachlicher Grund für eine Andersbehandlung[537] – zu messen und „sachliche Differenzierung, geschichtliche Bewährung und praktische Erfahrung"[538] im Hinblick auf die Vereinheitlichungsobjekte mit in die Überlegungen einzubeziehen. Hierin liegt zugleich eine weitere Parallele zu *Bettermann*. Auch er rekurriert hinsichtlich der Frage nach einer Angleichung auf den Gleichheitsgrundsatz

---

534 Zur Bedeutung der Vereinheitlichung unter dem Nationalsozialismus *Süsterhenn* (Fn. 122), 737 (737).

535 Konkret ging es hierbei um Überlegungen zur Zusammenlegung verschiedener Länder und Behörden und die damit verbundene Frage, ob dies zu nennenswerten Einsparungen führen würde. Der mit dem Gutachten hierzu beauftragte Rolf Grabower kam zu dem Ergebnis, „daß ein nennenswerter Einsparungseffekt zum mindesten nicht positiv nachgewiesen werden könne"; so zitiert nach *Süsterhenn* (Fn. 122), 737 (737).

536 *Süsterhenn* (Fn. 122), 737 (737).

537 Vgl. statt vieler nur *Wollenschläger*, in: v. Mangoldt/Klein/Starck (Hrsg.), Bd. 1, 7. Aufl. 2018, Art. 3 Rn. 40.

538 *Süsterhenn* (Fn. 122), 737 (737). Zugleich wendet sich *Süsterhenn*, ebd. 737 (742), vehement gegen den oft vorgetragenen Einwand, eine differenzierte Rechtspflege sei mit einer Rechtszersplitterung gleichzusetzen: „Soweit von der Zersplitterung der *Rechtspflege* gesprochen wird, muß zunächst einmal festgestellt werden, daß es eine unzutreffende Abwertung bedeutet, die Aufgliederung unserer Rechtspflege in ihre verschiedenen Zweige, die durch die rechtsgeschichtliche Entwicklung und die Mannigfaltigkeit des Rechtslebens bedingt ist, als Zersplitterung oder Partikularismus zu bezeichnen und damit schon bei der Begriffswahl ein negatives Werturteil zu fällen." (Hervorhebung im Original).

aus Art. 3 GG, der die Grenzen aber auch die Notwendigkeit einer Verfahrensangleichung bestimme. Nach *Bettermann* sei eine Angleichung vonnöten, wenn Abweichungen nicht sachgerecht seien, andererseits sei sie unzulässig, wenn Differenzierungen sachlich zwingend erforderlich wären.[539] „Zwischen diesen beiden Polen der unzulässigen Abweichung und der unzulässigen Angleichung aber [gäbe es] noch ein weiteres Feld, wo Angleichung und Sonderung möglich, wo sie beide sachlich vertretbar sind, ohne notwendig zu sein."[540] Diese Freifläche werde vom Ermessensspielraum des Gesetzgebers eingenommen, sie eröffne die Möglichkeit gesetzgeberischer Zweckmäßigkeitserwägungen.[541] Das ließe sich mit dem Willkürverständnis des Bundesverfassungsgerichts bestätigen, nach dem eine willkürliche und unzulässige gesetzgeberische Entscheidung nicht schon dann vorliegt, „wenn [der Gesetzgeber] im Rahmen seines freien Ermessens unter mehreren gerechten Lösungen im konkreten Falle nicht die ‚zweckmäßigste', ‚vernünftigste' oder ‚gerechteste' gewählt hat, vielmehr nur dann, wenn sich ein sachgerechter Grund für eine gesetzliche Bestimmung nicht finden läßt"[542]. Was unterscheidet aber nun die Position *Bettermanns* von derjenigen *Süsterhenns*? Es scheint, als würde die gleichheitsrechtliche Rechtfertigung einer Vereinheitlichung auf unterschiedlichen Abstraktionsebenen zum Tragen kommen. Während *Bettermann* Abweichungen einzelner, in verschiedenen Prozessordnungen gleichermaßen zu findender, Normen am Gleichheitskriterium des Art. 3 GG messen möchte, vermittelt *Süsterhenn* den Eindruck, als müssten die Subsysteme des zu vereinheitlichenden Regelungsregimes als Ganzes betrachtet und an den von ihm benannten Kriterien gemessen werden. Während *Bettermann* dogmatisch argumentiert, führt *Süsterhenn* den Gedanken des Gleichheitsgrundsatzes als (eher) rechtspolitische Erwägung an; eine Deutung, die im politischen Wirken *Süsterhenns* womöglich eine Stütze findet.[543] In der Summe ist festzuhalten, dass *Süsterhenns* Sicht auf Vereinheitlichung, die diese nicht pauschal als Allheilmittel für Probleme der Organisation staatlicher Institutionen sieht, unter den bisher dargestellten Meinungen gewiss ein Novum ist. Gleichwohl ist er mit dieser Vorsicht gegenüber einer Glorifizierung der Vereinheitlichung keineswegs allein. Auch *Werner Weber* hebt hervor, dass „eine echte Lösung […] nur durch eine Besinnung nähergebracht werden [könne], die sich

---

[539] Vgl. *Bettermann* (Fn. 444), 161 (189). Art. 3 GG wird auch von anderen Diskursteilnehmern als Prüfkriterium im Vereinheitlichungsdiskurs angeführt, vgl. m. w. N. *Wild* (Fn. 508), S. 27.

[540] *Bettermann* (Fn. 444), 161 (189).

[541] Vgl. *Bettermann* (Fn. 444), 161 (189).

[542] BVerfGE 4, 144 (155).

[543] So war Süsterhenn ab dem Jahre 1949 insbesondere Minister für Justiz, Unterricht und Kultus in Rheinland-Pfalz.

freimacht von den Präokkupationen der ‚Dritten Gewalt' und eines abstrakt-schematisierenden Einheitsdenkens und die stattdessen die Bereitschaft zeigt, zwischen sinnvoller Einfachheit und sachgebotener Besonderung das rechte Maß zu finden"[544].

Den bisher vorgestellten Protagonisten ist gemein, dass sich ihre Überlegungen einer Vereinheitlichung des Prozessrechts überwiegend auf eine Zeit beziehen, in der ein solches Fusionsprojekt noch nicht den Status eines konkreten Gesetzgebungsvorhabens erreicht hatte, eine Zeit, in der die Vereinheitlichung noch nicht die Reformierung einzelner verfahrensrechtlicher Vorschriften umfasste. Im Unterschied hierzu verbindet die im Folgenden dargestellten Diskursteilnehmer, dass sich ihre Positionen auf den in das Stadium des Gesetzgebungsverfahrens übergegangenen Entwurf einer einheitlichen Verwaltungsprozessordnung beziehen. Vorweggeschickt werden soll dieser Hinweis nicht, weil es sich bei dem Entwurf einer einheitlichen Verwaltungsprozessordnung nicht mehr um ein Vereinheitlichungsvorhaben handelt, sondern, weil der Entwurf neben der bloßen Vereinheitlichung auch inhaltliche Änderungen verfahrensrechtlicher Vorschriften enthält und dies den Betrachtungsschwerpunkt der verschiedenen Protagonisten möglicherweise verschieben könnte.[545]

Wissenschaftlich begleitet wurde die Vereinheitlichung der öffentlich-rechtlichen Verfahrensgesetze auch von *Ferdinand Kopp*, der sich vor allem in seinem Gutachten für den 54. Deutschen Juristentag[546] eingehend mit Vereinheitlichungsfragen auseinandersetzte. Obgleich *Kopp* in diesem Zusammenhang (indirekt) die Frage nach den Vor- und Nachteilen einer Vereinheitlichung aufwirft, gelingt es ihm nicht, überzeugend darzulegen, warum das Mittel der Vereinheitlichung auf das Regelungsregime des öffentlich-rechtlichen Gerichtsverfahrensrechts angewendet werden sollte.[547] Ganz im Gegenteil unterstellt er sogar die Eignung[548] der Vereinheitlichung zur Verbesserung der Transparenz, der Bürger- sowie Rechtsanwenderfreundlichkeit, zur Entlastung der Gerichte und zur Erhöhung der Rechtssicherheit und Gerechtigkeit, da es „auf der Hand [läge]", dass „eine

---

544 *Weber* (Fn. 461), 109 (113).

545 Vgl. BT-Drs. 10/3437, S. 62.

546 Einen Überblick über den 54. Deutschen Juristentag gibt *Laubinger*, Ein weiterer Schritt auf dem Wege zur Verwaltungsprozeßordnung, DÖV 1982, 895 ff. Auch hier wird deutlich, dass der Diskurs fast ausschließlich die Frage der Vereinheitlichungsfähigkeit in den Mittelpunkt rückte.

547 Konkret fragt *Kopp*, Welchen Anforderungen soll eine Prozeßordnung genügen, um im Rahmen einer funktionsfähigen Rechtspflege effektiven Rechtsschutz zu gewährleisten?, in: Ständige Deputation des Deutschen Juristentages (Hrsg.), 54. DJT, Bd. 1, Teil B, 1982, S. B 10, nämlich „nach der Zweckmäßigkeit und Notwendigkeit […], nach den Vor- und Nachteilen, den Stärken und Schwächen […]" einer einheitlichen Verwaltungsprozessordnung.

548 Zu den Missständen, die eine Vereinheitlichung beheben würde, *Kopp* (Fn. 547), S. B 11 ff.

Vereinheitlichung von Rechtsvorschriften im Rahmen einer oder weniger großer Kodifikationen grundsätzlich geeignet [sei], das Recht übersichtlicher, transparenter und leichter handhabbar zu machen, und daß dadurch auch die Rechtssicherheit und Fortbildung des Rechts gefördert werd[e] und auch sonstige Vorteile damit verbunden [seien]“[549]. Eine Begründung für diese These bleibt *Kopp*, der sich in der Folge (kritisch) konkreten Regelungen des Entwurfs einer Verwaltungsprozessordnung zuwendet, indes schuldig.[550]

Zu einer ähnlichen Detailarbeit neigt auch *Heribert Bickel*, der zwar eine Vereinheitlichung der öffentlich-rechtlichen Verfahrensgesetze begrüßt, sich zugleich aber an der im Entwurf einer Verwaltungsprozessordnung enthaltenen Regelung eines zweiinstanzlichen Aufbaus der Finanzgerichtsbarkeit stößt und in diesem Punkt ein Umdenken fordert.[551] Auch für *Bickel* schöpft die Vereinheitlichung aus der „Bekämpfung der Normenflut“, der Verwirklichung von Gerechtigkeit und Rechtssicherheit sowie dem Wunsch nach Realisierung „einer bürgernäheren Justiz“[552] ihre Einsatzberechtigung. Dass die Vereinheitlichung diese Ziele auch erreichen kann, scheint für ihn außer Frage zu stehen. Einem weniger intensiven Vorgehen, wie der bloßen Angleichung der entsprechenden Gesetze, spricht er die Tauglichkeit mit Blick auf die angeführten Ziele hingegen ab, da dies die Gefahr der späteren Abänderlichkeit und der divergierenden Interpretation inhaltsgleicher, in verschiedenen Gesetzen geregelter Verfahrensvorschriften in sich bergen würde.[553]

Auch wenn die bisher dargestellten Vertreter der Wissenschaft teilweise Kritik an der Vereinheitlichung der öffentlich-rechtlichen Prozessordnungen übten, so ging diese Kritik nicht über eine Einzelfallkritik hinaus. Einzelne im Entwurf einer einheitlichen Verwaltungsprozessordnung enthaltene Vereinheitlichungen und Vereinfachungen bestimmter Komponenten des Verfahrensrechts standen für sie stets im Vordergrund. Darüber hinaus änderten vermeintliche Schwachstellen nichts daran, dass ein Vereinheitlichungsvorhaben im Grundsatz begrüßt wurde. Deutlich kritischer äußerte sich hingegen *Christoph Trzaskalik* zu einer

[549] *Kopp* (Fn. 547), S. B 15 f.

[550] Auch sonst belässt es *Kopp*, Entlastung der Verwaltungsgerichte und Beschleunigung des Verfahrens nach dem Entwurf einer Verwaltungsprozeßordnung (EVwPO), DVBl. 1982, 613 ff., bei einer detaillierten Betrachtung einzelner Regelungen des Entwurfs einer Verwaltungsprozessordnung und entfernt sich sogar noch weiter von Fragen der Vereinheitlichung, indem er sich in seiner Auseinandersetzung mit Vereinheitlichungsthemen primär auf den Aspekt der Entlastung der Gerichte fokussiert und damit eher die vom Regierungsentwurf mitunter verfolgte Verfahrensbeschleunigung in den Mittelpunkt der Betrachtung rückt.

[551] *Bickel*, Finanzgerichtsbarkeit und Neuordnung des Verwaltungsprozeßrechts, ZRP 1984, 57 (58 ff.).

[552] Zu den Gründen, die für eine Vereinheitlichung streiten, *Bickel* (Fn. 551), 57 (58).

[553] S. *Bickel* (Fn. 551), 57 (58).

Vereinheitlichung, wie sie der Regierungsentwurf vornehmen wollte. Allerdings setzt auch seine Kritik nicht auf der Abstraktionshöhe an, auf der eine Auseinandersetzung mit dem Mittel der Vereinheitlichung nach der hier vertretenen Auffassung wünschenswert wäre. Gleichwohl können den Überlegungen *Trzaskaliks* interessante (Kritik-)Punkte entlehnt werden, die es festzuhalten gilt. So führt er etwa aus, dass Vereinheitlichungen technischer Natur, wie diejenige in § 82 Abs. 1 S. 1 EVwPO, die einheitlich für den Finanz-, den Verwaltungs- und den Sozialgerichtsprozess vorschreibt, dass die Klage bei Gericht zu erheben sei, „nicht einmal die Kosten wert [seien], die allein durch den erforderlichen Neudruck sämtlicher Erläuterungswerke verursacht [würden]“[554]. Daraus könne abgeleitet werden, dass Kostenerwägungen, die für eine Vereinheitlichung ins Feld geführt werden, möglicherweise nicht greifen. Ebenfalls in die Kritik scheint in dieser Hinsicht die Bürger- und Rechtsanwenderfreundlichkeit zu geraten, die auf das zurate Ziehen von nur einem Gesetz gestützt wird. So merkt *Trzaskalik* an, dass ein solches Vorbringen „die langjährige Gewöhnung an die unterschiedlichen Ordnungen nicht einkalkuliert“[555]. Deutlich wird hieran, dass sich eine Überprüfung der Gründe für und der Passgenauigkeit eine(r) Vereinheitlichung mehr als nur anbietet. In der Gesamtschau verwundert es nicht, dass *Trzaskalik* zu dem Schluss kommt, „daß die Verwaltungsprozeßordnung zu den stets ‚grundlegenden‘ und ‚kostenneutralen‘, gleichwohl entbehrlichen Projekten zähl[e], deren Sinn […] vornehmlich darin besteh[e], die Leistungsbilanz des Gesetzgebers zahlenmäßig günstig zu gestalten“[556].

Auch *Wolf-Rüdiger Schenke* steht einer Vereinheitlichung der verwaltungsgerichtlichen Verfahrensordnungen durchaus kritisch gegenüber und bilanziert, dass „Beeinträchtigungen des effektiven verwaltungsgerichtlichen Rechtsschutzes […] nur in geringem Umfange durch Prozeßgesetzgebung bekämpfbar“[557] seien. *Schenke* unterzieht dabei einen Begründungsstrang, der dem Vereinheitlichungsvorhaben aus Sicht der Befürworter die Flanken zu stärken vermag, einer näheren und gebotenen[558] Untersuchung und kommt zu dem Schluss, dass

[554] *Trzaskalik*, Die Vereinheitlichung der Verwaltungsprozeßordnungen, NJW 1982, 1553 (1554). A.A. ist *Scholz*, Die Verwaltungsprozeßordnung im Gesetzgebungsverfahren, DVBl. 1982, 605 (606 f.), der einzelne Kosteneinsparungen, die im Wege einer Vereinheitlichung entstünden, aufzeigt, gleichwohl ebenfalls zu erkennen gibt, dass durch eine Vereinheitlichung auch zusätzliche Kosten anfallen würden.

[555] *Trzaskalik* (Fn. 554), 1553 (1554).

[556] *Trzaskalik* (Fn. 554), 1553 (1558).

[557] *Schenke*, Mehr Rechtsschutz durch eine einheitliche Verwaltungsprozeßordnung?, DÖV 1982, 709 (709).

[558] So führt *Schenke* (Fn. 557), 709 (710), aus, dass sich „[o]hne eine solche Diagnose […] Möglichkeiten und Grenzen einer Therapie durch Reform des Verwaltungsprozeßrechts nicht eruieren“ ließen.

sich „viele für den [monierten] Effizienzverlust ursächliche Faktoren [nicht] durch eine Reform der Prozeßordnungen [...] bekämpfen"[559] ließen, „da sie zum wesentlichen Teil ihre Entstehung Umständen außerhalb des Prozeßrechts verdanken"[560] würden. So sei die oft kritisierte „Überlastung der Verwaltungsgerichte" auf eine „Expansion des öffentlichen Rechts" zurückzuführen, die sich durch eine „zunehmende staatliche Intervention in früher lediglich den gesellschaftlichen Steuerungsmechanismen vorbehaltene Lebensbereiche"[561] äußere. Zudem könne eine „sozialstaatlich[e] ‚Motorisierung' der Gesetzgebung" festgestellt werden, die dazu führe, dass „die normativen Regelungen für die Betroffenen immer unüberschaubarer geworden [seien] und die hieraus resultierenden Unsicherheiten den Boden für Streitigkeiten zwischen der öffentlichen Gewalt und dem durch ihr Handeln Betroffenen nähren"[562]. Zudem relativiert *Schenke* das Argument der Vereinheitlichungsbefürworter, es bedürfe eines effektiveren Rechtsschutzes durch eine Reformierung des Prozessrechts, mit „sozialpsychologische[n] Ursachen" in Gestalt einer gestiegenen „Prozeßfreudigkeit der Bürger auf dem Sektor der Verwaltungsgerichtsbarkeit"[563]. Vor diesem Hintergrund zweifelt *Schenke* die Geeignetheit einer Vereinheitlichung an.[564] Er stellt dabei nicht nur die Transparenz einer vereinheitlichten Prozessordnung aufgrund unzähliger Sondervorschriften in Frage, sondern auch das vermeintliche Mehr an Bürgernähe. Zudem sei der, der Verwaltungsgerichtsbarkeit einst anhaftende und als eine Triebfeder der Vereinheitlichung fungierende, Makel einer „Gerichtsbarkeit zweiter Klasse" längst „durch die spätere Entwicklung überholt"[565].

bb) Vertreter der Anwaltschaft

In den Anfängen des Diskurses um eine Vereinheitlichung des Prozessrechts zeichnete sich die Anwaltschaft für den rechtshistorischen Beobachter vor allem durch ihre Geschlossenheit aus; in den Reihen der Vertreter der anwaltlichen Praxis dominierten solche Positionen, die eine Vereinheitlichung des Prozessrechts begrüßten. Gewiss verwundert diese Feststellung nicht, wurden doch die Anwälte schnell als die Nutznießer eines derartigen gesetzgeberischen Vereinheitlichungsvorhabens identifiziert. Allerdings finden sich auch in den Reihen der Anwaltschaft vereinzelt Auffassungen wieder, die den Vereinheitlichungsideen kritisch gegenübertreten.

---

559 *Schenke* (Fn. 557), 709 (711).
560 *Schenke* (Fn. 557), 709 (725).
561 *Schenke* (Fn. 557), 709 (710).
562 *Schenke* (Fn. 557), 709 (710).
563 *Schenke* (Fn. 557), 709 (710).
564 Hierzu und zum Folgenden *Schenke* (Fn. 557), 709 (712 f.).
565 *Schenke* (Fn. 557), 709 (713).

Auftakt und zugleich Höhepunkt des anwaltschaftlichen Diskurses über eine Vereinheitlichung des Prozessrechts bildete der Deutsche Anwaltstag 1955 in Mannheim, der die Vereinheitlichungsvorhaben ins Zentrum der thematisierten „Rationalisierung des Rechts und der Rechtspflege"[566] rückte.[567] Indes muss auch für diejenigen Vertreter der Anwaltschaft, die sich mit Vehemenz für eine Vereinheitlichung des Prozessrechts aussprechen, attestiert werden, dass es ihnen nicht gelingt, die Gründe für eine Vereinheitlichung zu belegen oder die Passgenauigkeit dieses gesetzgeberischen Instruments zu begründen. Schon in dem von *Emil von Sauer* gehaltenen Eröffnungsvortrag kommt dies zur Geltung. Auch wenn es *von Sauers* primäres Anliegen ist, die Dringlichkeit einer „Konzentration der Rechtspflege"[568] aufzuzeigen sowie diese zu begründen, und er die Stellschrauben hierfür zum einen in der Überwindung des „Partikularismus der Gerichtsbarkeiten"[569] durch Schaffung eines einheitlich zuständigen Rechtspflegeministeriums, zum anderen in der Ausbildung eines einheitlichen Richterstandes erblickt, so wendet er sich auch der Vereinheitlichung des Prozessrechts zu. Auffällig an seinen Überlegungen sind die Interdependenzen, die er zwischen einzelnen Vereinheitlichungsforderungen knüpft. So bewirke die Schaffung eines für die Rechtspflege alleinig zuständigen Ministeriums zugleich positive Effekte für das Prozessrecht, das entsprechend *von Sauers* Konklusion ebenfalls im einheitlichen Gewande aufzutreten habe.[570] Konkret würden auf diese Weise die in den verschiedenen „Verfahrensordnungen ohne jeden ersichtlichen und triftigen Grund"[571] verschiedenartig geregelten Fragen des Prozessrechts, die Verwässerung juristischer Begriffe und die Verwirrung stiftenden Verweisungen behoben werden. Trotz dieser Reziprozität der Vereinheitlichungsmaßnahmen führt *von Sauer* differenzierte Erwägungen an, die aus seiner Sicht die unterschiedlichen Vereinheitlichungen zu rechtfertigen scheinen, in der von ihm attestierten Rechtszersplitterung indes eine gemeinsame Wurzel finden. Mit Blick auf ihre Begründungstiefe als flach zu deklarieren sind indes die von ihm vorgetragenen Gründe für eine Vereinheitlichung aller Prozessordnungen, die sich neben dem bereits Erwähnten in der Verbesserung der Übersichtlichkeit und Klarheit

566 S. *Arndt*, Rationalisierung der Rechtspflege, DRiZ 1955, 102 (102).

567 Gleichwohl gilt es festzustellen, dass auch andere Vereinheitlichungsideen und ihnen vorgelagerte Probleme in diesem Rahmen thematisiert wurden, die an dieser Stelle allerdings (noch) nicht von Bedeutung sind. Eine ausführliche Dokumentation des 4. Deutschen Anwaltstages 1955 findet sich im AnwBl. 1955, 129 ff.; eine Zusammenfassung wiederum bei *Lewald* (Fn. 473), 981 f.

568 *von Sauer*, Eröffnungsfeier, Anwbl. 1955, 131 (132).

569 *von Sauer* (Fn. 568), 131 (133).

570 *von Sauer* (Fn. 568), 131 (133).

571 Hierzu und zum Folgenden *von Sauer* (Fn. 568), 131 (133).

der Gesetzestexte sowie in einer sichereren „Verwendung alt eingeführter juristischer Begriffe“[572] erschöpfen.

Vom Themenschwerpunkt her noch deutlicher wendet sich im Rahmen des 4. Deutschen Anwaltstages *Hermann Reuß*[573] der Vereinheitlichung des Prozessrechts zu und erhebt die durch eine Vereinheitlichung erreichbare „Rationalisierung des Rechts und der Rechtspflege“[574] zu einem Grundanliegen jener Zeit, dessen Berechtigung in der „Steuerung einer elementaren Rechtsnot [des deutschen] Volkes“ und in „der Bewahrung der Rechtsschutzverheißungen der Verfassung [vor einem Herabsinken] in die Bedeutungslosigkeit billiger Feiertagsproklamationen“[575] läge. Eloquent verpackt *Reuß* die Gründe, die seiner Ansicht nach für eine Vereinheitlichung sprechen, in eine Grundsatzkritik an der Gesetzgebung jener Zeit, die an „Kurzatmigkeit“[576] erkrankt sei, und postuliert die „Ausgrabung und Freilegung der Rechtsidee aus ihrer Versschüttung und Überwucherung durch das Geröll und den Wildwuchs der Normen“[577]. Mit dem Gesetz selbst als Rationalisierungsinstrument müsse es dem Gesetzgeber gelingen, „in einer abstinenten Grundhaltung“ die „Gesetzesinflation“ einzudämmen, indem er „mehr systemkräftige, ein übergreifendes Sachgebiet geschlossen regelnde Gesetze“[578] schaffe. Nach *Reuß* gelte dies in einer gemäßigten Form auch dann, wenn man den mit den gesellschaftlichen, technischen und wirtschaftlichen Fortschritten notwendigerweise verbundenen Differenzierungen und Spezialisierungen Tribut zolle, da sich diese Differenzierung nur insoweit in der Gesetzgebung spiegeln dürfe, wie „nicht schon durch vereinfachende Zurückführung auf das Wesentliche und Begriffstypische eine klare und überschaubare Regelung gewährleistet“[579] werde. Erstmals scheint sich mit *Reuß* ein Diskursteilnehmer auch der Passgenauigkeit des Instruments der Vereinheitlichung zu

---

572 Hierzu insgesamt *von Sauer* (Fn. 568), 131 (133).

573 Ähnlich wie Carl Hermann Ule kann auch für Hermann Reuß ein nationalsozialistischer Hintergrund festgestellt werden, auf den es im Zusammenhang mit Vereinheitlichungsfragen wie zuvor gesehen zumindest hinzuweisen gilt, fanden derartige „Verreichlichungen“ doch großen Zuspruch unter der nationalsozialistischen Herrschaft. Eine ausführliche Auseinandersetzung mit dem nationalsozialistischen Hintergrund von Reuß und seiner Beziehung zu Ule findet sich bei *von Feldmann*, „Angelegenheiten der Gestapo sind der Nachprüfung durch die Verwaltungsgerichte entzogen…“ Zu einem Nachruf auf einen deutschen Verwaltungsjuristen, KJ 16 (1983), 57 ff.

574 *Reuß* (Fn. 202), 144 (144), führt dazu weiter aus, dass es „sich bei diesem Thema nicht um eine bloße Verbeugung vor dem angeblich so zweck- und rechenhaften Geist der Zeit [handele]. Das Thema [sei] kein ‚Stilproblem‘ [sic!] sondern ein Grundanliegen [jener] Zeit.“

575 *Reuß* (Fn. 202), 144 (144).

576 *Reuß* (Fn. 202), 144 (145).

577 *Reuß* (Fn. 202), 144 (144).

578 Vgl. hierzu insgesamt *Reuß* (Fn. 202), 144 (146).

579 *Reuß* (Fn. 202), 144 (147).

widmen, denn Vereinheitlichung sei für ihn ein wesentliches Instrument zur Rationalisierung des Rechts. Allerdings trügt dieser Schein: Notwendige (verfassungs-)theoretische Überlegungen über die Herkunft, den genauen Inhalt und die exakte Wirkungsweise einer *Rationalisierung* des Rechts und die Rolle, die die Vereinheitlichung im Rahmen einer Rationalisierung möglicherweise einnehmen könnte, bleiben unerörtert. Begründungsebene einerseits sowie Maßnahmenebene andererseits scheinen bei *Reuß* zu verschwimmen. Vielmehr beschränkt er sich auf die rechtspolitischen Erwägungen, die aus seiner Sicht eine Rationalisierung als geboten erscheinen lassen, und klassifiziert die Vereinheitlichung als taugliches Rationalisierungsinstrument.[580] Mit Blick auf die von *Reuß* angeführten Gründe kann festgehalten werden, dass sich diese nicht von denjenigen der übrigen Diskursteilnehmer unterscheiden; eine Steigerung des Vertrauens der Bürger in die Judikative findet sich ebenso als Argument für eine Rationalisierung des (Prozess-)Rechts durch das Mittel der Vereinheitlichung wie die Unübersichtlichkeit und schwere Auffindbarkeit nach geltender Rechtslage sowie eine zu attestierende Rechtszersplitterung.[581] Dieser Linie bleibt *Reuß* im Laufe der Zeit treu und ergreift für die Vereinheitlichung des Prozessrechts weiterhin das Wort. Gerade sein Loblied auf das Inkrafttreten der bundeseinheitlichen Verwaltungsgerichtsordnung liefert hierfür Anhaltspunkte. Zwar verwundert auf den ersten Blick die von *Reuß* vorgenommene Charakterisierung der Verwaltungsgerichtsordnung als „Krönung des Rechtsstaates in Deutschland"[582], vertieft diese doch in erster Linie die Differenzierung des öffentlich-rechtlichen Verfahrensrechts. Allerdings ist es weniger die Verwaltungsgerichtsordnung an sich, der *Reuß'* Zustimmung und Anerkennung gebührt, sondern vielmehr die dahinterstehende Idee der bundesrechtlichen Vereinheitlichung des bisher regionalrechtlich differenziert geregelten Rechtszustandes.[583] In der Bilanz sei die Verwaltungsgerichtsordnung für *Reuß* zwar ein klarer „Fortschritt für die Rechtseinheit und Rechtsklarheit in Deutschland"[584], im Detail beschwört er allerdings (wieder einmal) nur die rationalisierenden Effekte einer Vereinheitlichung in Form einer Erhöhung der Übersichtlichkeit und Klarheit des Rechts, der Vereinfachung der Handhabbarkeit desselben sowie der wissenschaftlichen Disziplinierung des Prozessrechts.[585]

---

580 Ausdrücklich findet sich dies in seinen Ausführungen zwar nicht, allerdings drängen *Reuß* (Fn. 202), 144 (146), Forderungen nach „systemkräftige[n]" und „ein übergreifendes Sachgebiet geschlossen regelnde[n] Gesetze[n]" einen solchen Schluss auf.

581 Vgl. *Reuß* (Fn. 202), 144 (144).

582 *Reuß*, Rechtseinheit in der Verwaltungsgerichtsbarkeit, JR 1960, 121 (121).

583 Vgl. *Reuß* (Fn. 582), 121 (122).

584 *Reuß* (Fn. 582), 121.

585 Hierzu *Reuß* (Fn. 582), 121 (122).

Eine problematische Vertiefung der Differenzierung des öffentlich-rechtlichen Prozessrechts durch die zu diesem Zeitpunkt noch im Entwurfsstadium befindliche Verwaltungsgerichtsordnung sah im Rahmen des 4. Deutschen Anwaltstages hingegen *Hans Merkel* und bezog zur Vereinheitlichung des Prozessrechts im Allgemeinen und hinsichtlich der öffentlich-rechtlichen Verfahrensgesetze im Speziellen Stellung.[586] Allerdings verbleibt auch *Merkel* dabei auf der Ebene des Rechtspolitischen[587] und scheut eine eingehende Auseinandersetzung mit den Gründen für den Einsatz einer Vereinheitlichung und ihrer Zielerreichungsfähigkeit. Vielmehr begnügt sich *Merkel* mit der Annahme, die Erreichung von Harmonie müsse Ziel jeder Gesetzgebung sein, sei Gesetzgebung doch gerade nicht Technik, sondern harmonieanstrebende Kunst.[588] Auch für *Merkel* ist die Rechtszersplitterung Quelle allen Übels, die sich durch unnötige Einzelregelungen anstelle von „einheitliche[n] Grundregeln"[589] auszeichne. Praktische Bedürfnisse, so scheint es, sollen für ihn Grund und Richtschnur einer Vereinheitlichung sein: So sei das „Verfahren [...] der Weg, der zum Finden eines guten und dauerhaften Richterspruches führen soll[e]" und „ein guter Weg [sei] klar, übersichtlich und führ[e] rasch und ohne Gefahr zum Ziel"[590]. *Merkel* konzentriert sich bei dem Versuch, die Erforderlichkeit einer Vereinheitlichung aller Verfahren einerseits und alternativ der Verfahren der öffentlich-rechtlichen Prozessordnungen andererseits zu begründen, darauf, die Zersplitterung des Rechts anhand vergleichender Ausführungen zu verschiedenen Aspekten der Verfahrensgesetze aufzuzeigen.[591] Parallel identifiziert er mit der fehlenden aufschiebenden Wirkung einer Klage im finanzgerichtlichen Verfahren, der Möglichkeit, sich vor den Finanzgerichten von einem Notar oder Steuerberater vertreten zu lassen, und der fehlenden Berufung im Finanzgerichtswesen „die einzigen Verschiedenheiten, die man mit einem gewissen Wohlwollen als notwendig und berechtigt ansehen"[592] könne. *Merkel* konzentriert sich mithin primär darauf, die Vereinheitlichungsfähigkeit und die (rechtspolitische) Vereinheitlichungsbedürftigkeit aufzuzeigen, wid-

---

586 *Merkel*, Überwindung der Zersplitterung der rechtsprechenden Gewalt, Anwbl. 1955, 173 (180), spricht in diesem Zusammenhang von einem „uferlose[n] Ressortpartikularismus". Auch *von Sauer*, Konzentration der Rechtspflege, MDR 1955, 383 (384), rekurriert hierauf.

587 Deutlich wird dies gerade, wenn *Merkel* (Fn. 586), 173 (177), ausführt, dass „einer Vereinheitlichung der zahlreichen Verfahrensordnungen [...] heute [lediglich] das Beharrungsvermögen des Gewordenen entgegen[stünde] und die mangelnde Fähigkeit, Altgewohntes einmal anders zu sehen".

588 Vgl. *Merkel* (Fn. 586), 173 (174).

589 *Merkel* (Fn. 586), 173 (174).

590 *Merkel* (Fn. 586), 173 (174).

591 So spricht *Merkel* (Fn. 586), 173 (178 ff.), etwa den Gerichtsaufbau, die Besetzung der Gerichte, die örtliche Zuständigkeit, das Vorverfahren sowie das Rechtsmittelwesen an.

592 *Merkel* (Fn. 586), 173 (181).

met den Gründen für und der Passgenauigkeit von Vereinheitlichungen hingegen nur einige wenige, in der Tiefe nicht überzeugende Passagen und verbleibt im Spektrum einer monokausalen Forderung nach der Überwindung der Rechtszersplitterung auf dem Gebiet der rechtsprechenden Gewalt durch die Vereinheitlichung des Prozessrechts.

Nur beiläufig wendet sich *Konrad Redeker* der Vereinheitlichung des Prozessrechts zu. Anfangs den Blick noch auf die „Große Lösung“ gewandt, positioniert sich *Redeker* später dann auch zur „Kleinen Lösung“, wobei er in diesem Zusammenhang „ein einheitliches Prozeßrecht aller Gerichtsbarkeiten [...] als Fernziel [klassifiziert, dass] nicht aus den Augen verloren werden“[593] dürfe. Interessant an *Redekers* Forderung ist die hierbei zu beobachtende Wandlung seiner Grundhaltung bezüglich einer Vereinheitlichung des Prozessrechts. So stellte er zu Beginn seiner Auseinandersetzung mit den Vereinheitlichungsbestrebungen noch fest, dass die Tendenz zur Differenzierung innerhalb der Gesetzgebung eine „unvermeidbare Begleiterscheinung des modernen Staates“ sei und der moderne Gesetzgeber nicht dazu übergehen solle, „partikuläre Eigenbildungen in Verfassung und Verfahren durch bundeseinheitliche Gesetze abzulösen [...], sondern vielmehr, die einzelnen Zweige der Gerichtsbarkeiten personell, strukturell und funktionell so miteinander zu verbinden, daß sie trotz ihrer formalen Selbständigkeit gemeinsam Träger einer einheitlichen rechtsprechenden Gewalt sind“[594]. Einer besonderen Beachtung bedürfe danach die Schaffung einer „personellen Einheit“[595], die nur durch Modifikationen im Richtergesetz als „Klammer [...], welche die einzelnen Gerichtsbarkeiten zusammenhält“[596], geschaffen werden könne. Gänzlich anders ordnet *Redeker* die Vereinheitlichungsbestrebungen schließlich gut zwanzig Jahre später ein und betitelt die Vereinheitlichung des öffentlich-rechtlichen Prozessrechts – begriffen als „Koordinierung der Verfahrensordnungen“ – als „große[n] Schritt in Richtung auf ein einheitliches Prozeßrecht aller Gerichtszweige“[597]. Die Krux eines solchen Vereinheitlichungsvorhabens läge stets in der Überprüfung der Notwendigkeit der verfahrensrechtlichen Besonderheiten, welche die einzelnen Prozessordnungen voneinander trennen.[598] Hieran wird deutlich, dass auch *Redeker* das Hauptaugenmerk primär auf die Vereinheitlichungsfähigkeit legt, auf die Fragen, ob in unterschiedlichen Prozessordnungen normierte Verfahrensregeln eine solche Differenzierung auch verdienen und wie eine Zusammenführung letztlich zu realisieren wäre. Als Gründe,

---

593 *Redeker* (Fn. 202), 132 (132).

594 *Redeker*, Um die Einheit der rechtsprechenden Gewalt, NJW 1955, 649 (649).

595 *Redeker* (Fn. 594), 649 (651).

596 *Redeker* (Fn. 594), 649 (650).

597 *Redeker* (Fn. 202), 132 (132).

598 S. *Redeker* (Fn. 202), 132 (132).

die gegen eine Aufrechterhaltung der Besonderheiten zugunsten einer Vereinheitlichung sprechen würden, identifiziert *Redeker*, wie schon vor ihm andere Vertreter der Anwaltschaft, die „Unübersichtlichkeit des Gesetzestextes, Auslegungsschwierigkeiten im Grenzbereich [sowie] Verständnisschwierigkeiten für den Bürger“[599]. Darin erschöpft sich allerdings auch *Redekers* Auseinandersetzung mit der Begründung einer Vereinheitlichung des Prozessrechts.

In den Reihen der Anwaltschaft während der Anfänge des Diskurses Stimmen zu finden, die eine Vereinheitlichung des Prozessrechts nicht bedingungslos befürworten, gestaltet sich als schwieriges Unterfangen. Allerdings finden sich vereinzelt Diskursteilnehmer, die den Vereinheitlichungsbestrebungen aus einer zumindest neutralen Grundhaltung heraus entgegenzutreten scheinen und durchaus gewillt sind, an kursierenden Begründungsmodellen und Auffassungen Kritik zu üben. Es erscheint beispielsweise so, als stünde *Andreas Hamann* einzelnen Komponenten der verschiedenen Vereinheitlichungsbestrebungen durchaus kritisch gegenüber. Gerade dem oftmals ins Feld geführten Zweck der Bekämpfung der Rechtszersplitterung möchte *Hamann* relativierend entgegentreten. Das dem Begriff der Rechtszersplitterung „innewohnende destruktive Moment“ schieße „[…] über das Ziel weit [hinaus]“[600] und müsse durch den neutraleren Begriff der Aufgliederung ersetzt werden. So detailliert *Hamanns* kritische Auseinandersetzung mit der zuhauf monierten und als Allzweckbegründung fungierenden Rechtszersplitterung aber auch sein mag, so erkenntnisarm sind seine Untersuchungen des Einsatzes der Vereinheitlichung auf dem Gebiet des (öffentlich-rechtlichen) Prozessrechts. Er begnügt sich mit der Feststellung, dass „gegen diesen Gedanken [der Vereinheitlichung] grundsätzliche Bedenken nicht zu erheben [seien], jedenfalls dann nicht, wenn es sich […] nur um eine äußerliche Zusammenfassung der bisher in einer Reihe von Spezialgesetzen […] niedergelegten Verfahrensvorschriften handeln soll[te]“[601]. Konträr hierzu und unentschlossen wirken die sich anschließenden Überlegungen *Hamanns*, mit denen er zur Vorsicht mahnt, die der Vereinheitlichung innewohnende Gefahr der Schaffung unnötiger Unübersichtlichkeiten durch überproportional umfangreiche Gesetzestexte nicht zu unterschätzen.[602] In der Gesamtschau wirkt es, als scheue

---

599 *Redeker* (Fn. 202), 132 (132). Diesen Standpunkt behält Redeker in der Folge bei und wird nicht müde, dieselben Argumente in vergleichbarer Kürze für die Notwendigkeit einer Vereinheitlichung ins Feld zu führen. Auch zu Zeiten des Regierungsentwurfs einer Verwaltungsprozessordnung konzentriert er sich primär auf prozessrechtliche Einzelfragen einer Vereinheitlichung. Vgl. hierzu *Redeker*, Bemerkungen zum Entwurf einer Verwaltungsprozeßordnung aus anwaltlicher Sicht, DVBl. 1982, 805 ff.

600 Hierzu und zum Folgenden *Hamann* (Fn. 471), 205 (205).

601 *Hamann* (Fn. 471), 205 (207).

602 Vgl. *Hamann* (Fn. 471), 205 (207).

Hamann nicht nur eine eingehende Auseinandersetzung mit den Gründen für eine Vereinheitlichung sowie deren Passgenauigkeit zur Erreichung der gesetzten Ziele, sondern auch eine eindeutige Positionierung seiner selbst.

So deutlich, wie sich die Vertreter der Anwaltschaft für eine Vereinheitlichung der gerichtlichen Verfahrensordnungen aussprachen, so vehement kritisierten sie schließlich den Regierungsentwurf einer Verwaltungsprozessordnung. Exemplarisch hierfür steht eine Stellungnahme des Deutschen Anwaltsvereins, der betont, dass „bei der Entwicklung des Regierungsentwurfs immer stärker das Ziel der Vereinheitlichung gegenüber den Wünschen nach Beschleunigung des Verfahrens und Entlastung der Gerichte zurückgetreten“[603] sei und damit das Ziel einer bürger- und rechtsanwenderfreundlichen Verfahrensvereinfachung durch Vereinheitlichung konterkariert werde. Die einheitliche Verwaltungsprozessordnung enthalte unnötige Sondervorschriften für einzelne Gerichtsbarkeiten, ein Zustand, dem durch intensive Beratungen des Gesetzgebers, der ein „[M]ehr an Einheitlichkeit herzustellen“[604] habe, Abhilfe geleistet werden müsse. Auch wenn mithin im Laufe der Zeit Vereinheitlichungsforderungen einerseits und Kritik andererseits in den Reihen der Anwaltschaft miteinander in Berührung kamen, bezieht sich diese Kritik nicht auf Überlegungen zur Passgenauigkeit des Instruments der Vereinheitlichung, sondern lediglich auf die Umsetzung der geltend gemachten Forderungen.

cc) Vertreter der Richterschaft

Als „Stakeholder“ einer Vereinheitlichung der öffentlich-rechtlichen Prozessordnungen müssen auch die Richter der allgemeinen und besonderen Verwaltungsgerichtsbarkeit bezeichnet werden, ist es doch gerade die Gruppe der Richterschaft, die mit der Aufgabe betraut ist, unter Anwendung der entsprechenden prozessrechtlichen Vorschriften einen in Rede stehenden Streitfall einer gerechten Entscheidung zuzuführen.

Erste Unterschiede zur Anwaltschaft sind schnell erkennbar. So forderte der Deutsche Richterbund als Ergebnis seiner Heidelberger Tagung im Oktober 1956, die sich gegenständlich auch mit Themen einer Großen Justizreform auseinandersetzte, nicht wie der Deutsche Anwaltstag ein Jahr zuvor Vereinheitlichungen in unterschiedlichem Gewande, sondern beschränkte seine Vereinheitlichungsforderungen, gewissermaßen minimalinvasiv, auf die „Zusammenfassung aller Gerichtsbarkeiten unter einer einheitlichen Spitze in Bund und Ländern

---

[603] Hierzu und zum Ziel der Vereinheitlichung vgl. *Deutscher Anwaltsverein*, Entwurf einer Verwaltungsprozeßordnung, Anwbl. 1982, 297 (297).

[604] *Deutscher Anwaltsverein* (Fn. 603), 297 (297).

[sowie auf die Schaffung] einer einheitlichen Gerichtsverfassung“[605]. Gleichwohl positionierten sich davor und gerade in der Folge verschiedene Vertreter der Sozial-, Finanz- und der allgemeinen Verwaltungsgerichtsbarkeit auch zu den übrigen Vereinheitlichungsforderungen und partizipierten am Vereinheitlichungsdiskurs, zunächst mit einem primären Fokus auf die „Große Lösung“ und später dann bezogen auf die Vereinheitlichung des Verfahrensrechts der öffentlich-rechtlichen Fachgerichtsbarkeiten. Ob sich der immer wieder monierte und die Differenzierung vermeintlich tragende Ressortpartikularismus in den Ausführungen der Vertreter der verschiedenen Gerichtsbarkeiten niederschlägt, mag – sofern die Richterschaft sich mehrheitlich gegen entsprechende Vereinheitlichungen ausspricht – vermutet, kann indes nicht unterstellt werden.

Joachim Kniesch, Richter am Bundesverwaltungsgericht, zählt zu den ersten Vertretern der Richterschaft, die sich zur Vereinheitlichung des (gesamten) Prozessrechts geäußert haben. Ein solches Vorhaben befürwortend, führt *Kniesch* vorrangig zwei Begründungsstränge an, die eine Vereinheitlichung aus seiner Sicht zu stützen in der Lage seien: Neben der nicht gewollten, aber zu attestierenden Rechtszersplitterung solle es gerade die Notwendigkeit der Einheit der Rechtspflege sein, die eine Vereinheitlichung des Prozessrechts erforderlich werden lasse.[606] Aus der „nach dem Willen der Schöpfer des Grundgesetzes“[607] gewollten Einheit der Rechtspflege folgert *Kniesch* noch weitere Argumente, die – wie auch bei Vertretern anderer Provenienz – für eine Vereinheitlichung sprächen. So würden Bedürfnisse der Rechtsuchenden[608], ein Erfordernis an „politische[r] und soziale[r] Autorität“[609] der Gerichte und das „Ansehe[n] des Rechts“[610] den Schritt hin zur Vereinheitlichung erforderlich werden lassen. Rechtsphilosophisch und rechtspolitisch untermauert *Kniesch* die Vereinheitlichung mit einem Verständnis von der Aufgabe des Rechts, nach dem das Recht „im Durcheinander mannigfaltiger Ereignisse und einander widerstreitender Wünsche seinen Einheitsgedanken klar vor Augen [führe] und praktische Folgerungen für strittige Einzelfälle daraus [ziehe]“[611]. Einhelligkeit sei mithin das oberste Ziel der Gesetzesanwendung und verschiedene Prozessordnungen seien in der Folge systemwidrig. Auch wenn sich *Kniesch* mehr als andere Protagonisten des Diskurses in die Begründungsebene der Vereinheitlichung des Prozessrechts vertieft, so kann dies nicht darüber hinwegtäuschen, dass auch sein

[605] Vgl. *N.N.* (Fn. 473), 730 (731).
[606] *Kniesch* (Fn. 479), 5 (7); *ders.* (Fn. 471), 1137 (1138).
[607] *Kniesch* (Fn. 471), 1137 (1138).
[608] *Kniesch* (Fn. 471), 1137 (1138).
[609] *Kniesch* (Fn. 471), 1137 (1139).
[610] *Kniesch* (Fn. 471), 1137 (1139).
[611] Hierzu und zum Folgenden *Kniesch* (Fn. 471), 1137 (1139).

Augenmerk in erster Linie auf der (verfassungs-)rechtlichen Möglichkeit einer Vereinheitlichung[612] und auf der Herausarbeitung von Gemeinsamkeiten und Unterschieden der einzelnen Prozessordnungen[613] liegt und dabei eine eingehendere Untersuchung der beschworenen Leistungsfähigkeit der Vereinheitlichung gänzlich ausbleibt.

Ebenfalls eine „Große Lösung" in den Blick nehmen die Gedanken von *Ottmar Kollmann*, Präsident des Bayerischen Verwaltungsgerichtshofes. Auch er rekurriert auf die verfassungsrechtlich fundamentierte Einheit der Rechtsprechung. Geradezu beiläufig geht *Kollmann* davon aus, dass zur Stärkung eben jener Einheit die „[i]m Gerichtsverfassungsgesetz für die Justizgerichte und in den Verfahrensgesetzen und Verfahrensordnungen der verschiedenen Zweige der Gerichtsbarkeit [enthaltenen] Bestimmungen, die für alle Zweige einheitlich geregelt sind[,] in die Form eines für sie alle geltenden Gesetzes gebracht werden könnten"[614], mithin eine Verfahrensvereinheitlichung wünschenswert sei. Auf den ersten Blick widersprüchlich erscheint diese Aussage *Kollmanns*, führt er doch unmittelbar zuvor aus, dass beispielsweise „die Verwaltungsgerichtsbarkeit einer besonderen Gerichtsverfassung und eines besonderen Verfahrens"[615] bedürfe, um die an sie gestellten Aufgaben erfüllen zu können. Letztendlich wird man *Kollmann* aber wohl so verstehen müssen, dass er eine Vereinheitlichung des Prozessrechts aus Gründen der Einheit der Dritten Gewalt befürwortet, Besonderheiten einzelner Gerichtsbarkeiten im Rahmen einer Vereinheitlichung indes nicht übersehen werden dürfen. Nicht nur im Hinblick auf seine Vorstellung dessen, wie eine Vereinheitlichung des Prozessrechts aussehen müsste, hält *Kollmann* mit einem Großteil der Befürworter einer Vereinheitlichung Schritt, sondern auch bezüglich der wenig tiefschürfenden Auseinandersetzung mit den Gründen für eine Vereinheitlichung und ihrer tatsächlichen Leistungsfähigkeit.

Auch Landgerichtspräsident *Walter Meyerhoff* spricht sich, wenn auch nicht so eindeutig wie die zuvor dargestellten Protagonisten, für eine Vereinheitlichung aus und fordert vom Gesetzgeber, bei der Überarbeitung geltenden Rechts den Fokus auf „Kürzung, Straffung, Zusammenfassung und Fortentwicklung"[616] zu legen. Quelle dieser „Wünsche des Richters an den Gesetzgeber"[617] sei die auf staatlichen Dirigismus zurückführbare Gesetzesinflation, die den Richter und Anwalt in seiner täglichen Arbeit behindere und der Einhalt geboten werden müsse. Darin erschöpfen sich allerdings auch schon *Meyerhoffs* Ausführungen,

---

612 Vgl. *Kniesch* (Fn. 471), 1137 (1139).

613 Ausführlich hierzu *Kniesch* (Fn. 479), 5 ff.

614 *Kollmann* (Fn. 481), 618 (620).

615 *Kollmann* (Fn. 481), 618 (619).

616 *Meyerhoff*, Wünsche des Richters an den Gesetzgeber, DRiZ 1955, 11 (12).

617 Zu den angeführten Gründen *Meyerhoff* (Fn. 616), 11 (11).

die in der gewählten Form den Eindruck eines in höchstem Maße subjektiv geprägten, nicht primär auf wissenschaftlichen Überlegungen gründenden, Appells hinterlassen.

Einen anderen Ansatz wählt hingegen *Albrecht Wagner*, der sich mit den Argumenten gegen eine Reformierung der Rechtspflege und den Gründen ihres Scheiterns befasst, in diesem Kontext indes andeutet, dass er bezogen auf eine „Große Lösung" lediglich eine Angleichung des Prozessrechts für möglich hält.[618] Schuld an dieser Misere seien „emotional[e] Erwägungen, politisch[e] Fakten und Spannungsmomente"[619]. Eine Reform der Rechtspflege, zu der auch die Verfahrensangleichung und die Verfahrensvereinheitlichung als Teilaspekte gezählt werden können, würde maßgeblich am Interessenpartikularismus der beteiligten und betroffenen Institutionen[620], der zu diesem Zeitpunkt noch gegebenen regionalen Zersplitterung der Rechtspflege[621], „der außerordentlichen Vielschichtigkeit der Materie [sowie an] der Scheu, ein großes gesetzgeberisches Vorhaben in Angriff zu nehmen, bei dem schon die Grundsatzfragen umstritten sind und dessen Vorbereitung die durchschnittliche Amtsdauer eines Justizministers erheblich überschreitet"[622], scheitern. Der von *Wagner* gewählte Ansatz lässt dabei allerdings keinen Raum für eine Auseinandersetzung mit den Gründen für eine Reformierung und mit der Passgenauigkeit des bevorzugten Instruments. Interessant ist allerdings noch der Umstand, dass *Wagner* den Argumenten gegen eine Reformierung der Rechtspflege das Attribut „rational" verleiht.[623]

Aus der Sicht der Sozialgerichtsbarkeit beurteilt der Richter am Bundessozialgericht *Fritz Haueisen* die Forderung nach einer Vereinheitlichung der Prozessordnungen. *Haueisen* lehnt eine Vereinheitlichung jedoch (zunächst) ab und beschränkt sich auf eine Angleichung der Verfahrensordnungen, der er größere Erfolgschancen zu attestieren scheint.[624] Offen lässt er dabei zwar, ob sich die

---

[618] So betont *Wagner*, Zwischenbilanz zur Reform der Rechtspflege, DRiZ 1957, 287 (291), dass „es […] kaum möglich sein [werde], die zahlreichen Verfahrensordnungen in Zivil-, Arbeits-, Verwaltungs-, Finanz- und Sozialsachen durch ein gemeinsames Prozeßgesetz zu ersetzen". Dass er eine Angleichung letztlich aber für begrüßenswert hält, bringt *ders.*, Die Widerstände gegen eine Reform der Rechtspflege, NJW 1957, 1740 (1742), deutlich zum Ausdruck, wenn er ausführt, dass „viele Fragen [des Prozessrechts] übereinstimmend geregelt werden könnten, [die Prozessgesetze indes] zahlreiche unverständliche und oft geradezu willkürliche Unterschiede auf[wiesen]".

[619] *Wagner* (Fn. 618), Widerstände, 1740 (1740).

[620] Von *Wagner* (Fn. 618), Widerstände, 1740 (1740 f.), in den Blick genommen werden dabei vornehmlich die Innen- und Arbeitsverwaltungen sowie die besonderen Gerichtsbarkeiten.

[621] Vgl. hierzu *Wagner* (Fn. 618), Widerstände, 1740 (1741 f.).

[622] *Wagner* (Fn. 618), Widerstände, 1740 (1742).

[623] *Wagner* (Fn. 618), Widerstände, 1740 (1741).

[624] So führt *Haueisen*, Die Vereinheitlichung der Verfahrensordnungen aus der Sicht der Sozialgerichtsbarkeit, DVBl. 1958, 769 (769), aus, dass nach seiner Ansicht „zunächst nur über

Bemühungen auf die Angleichung aller Prozessordnungen oder nur derjenigen der öffentlich-rechtlichen Fachgerichtsbarkeiten beziehen sollten, sein Untersuchungsschwerpunkt lässt aber zumindest eine Präferenz für die letztgenannte Variante erkennen.[625] Auch *Haueisen* bezieht keine Stellung zu den Gründen eines derartigen gesetzgeberischen Vorhabens, sondern untersucht anhand der allgemeinen Verwaltungsgerichtsbarkeit und der Sozialgerichtsbarkeit die Angleichungsfähigkeit und scheint von dieser auf ihre Notwendigkeit sowie ihre Passgenauigkeit zu schließen.[626] Interessant an *Haueisens* Ausführungen ist der Prüfungsmaßstab, den er für die Untersuchung von Angleichungs- und Vereinheitlichungsvorhaben wählt. Resultat eines solchen gesetzgeberischen Eingriffs in das prozessrechtliche System der öffentlich-rechtlichen Fachgerichtsbarkeiten müsse eine Erhöhung des „‚Wirkungsgrad[es]' der Gerichte"[627] sein.

Ähnlich fokussiert auf die Vereinheitlichungsfähigkeit ist der Finanzgerichtspräsident *Timm*; auch er wendet sich primär dem Vergleich einzelner Prozessinstitute und weniger den Gründen und der Passgenauigkeit eines solchen Vorgehens zu. Im Hinblick auf die letztgenannten Aspekte beschränkt sich *Timm* darauf, festzustellen, dass es „wohl nicht bezweifelt werden" könne, „daß es zweckmäßig wäre, die gerichtlichen Verfahren nach Möglichkeit zu vereinheitlichen"[628]. Die Stichworte Gesetzesinflation, Rechtsanwender- und Bürgerfreundlichkeit sowie eine bessere rechtswissenschaftliche Durchdringung des Prozessrechts zeichnen *Timms* Überlegungen aus.[629] Nicht geklärt werden kann allerdings, ob *Timm* eine Angleichung oder eine Vereinheitlichung der Prozessordnungen befürwortet, da er im Rahmen seiner Ausführungen Vereinheitlichung und Angleichung als Synonyme zu verwenden scheint.[630]

Auffällig an den anfänglichen Auseinandersetzungen mit dem Thema der Vereinheitlichung des gerichtlichen Verfahrensrechts ist, dass sich vorrangig Vertre-

---

die Möglichkeit der Angleichung" zu diskutieren sei und „[v]on einer Vereinheitlichung der Verfahrensordnungen […] noch lange nicht die Rede sein" könne. Ausdrücklich für eine Vereinheitlichung der Prozessordnungen der öffentlich-rechtlichen Fachgerichtsbarkeiten aus Sicht der Sozialgerichtsbarkeit spricht sich hingegen *Scherer*, Entwurf einer Verwaltungsprozeßordnung, 1979, S. 12, aus, wobei er sich, ebd. S. 13, mit den Gründen für und gegen eine Vereinheitlichung bewusst nicht auseinandersetzen möchte.

625 Vgl. *Haueisen* (Fn. 624), 769 (779).

626 Zur Angleichungsfähigkeit von VwGO und SGG s. insbesondere *Haueisen* (Fn. 624), 769 (773).

627 *Haueisen* (Fn. 624), 769 (771).

628 *Timm* (Fn. 452), 812 (812).

629 Hierzu *Timm* (Fn. 452), 812 (812).

630 So führt *Timm* (Fn. 452), 812 (816), aus, dass „die Entscheidung [bestimmter Einzel-] Fragen […] vordringlich [erscheine], weil davon die Angleichung der Verfahrensregeln in wichtigen Punkten betroffen" werde und „Verschiedenheiten des Instanzenzuges […] die Vereinheitlichung der Verfahrensregeln hemmen" würden.

ter der ordentlichen Gerichtsbarkeit einerseits und der allgemeinen Verwaltungsgerichtsbarkeit andererseits zu Wort meldeten. Dies änderte sich jedoch mit der Aufgabe der „Großen Lösung“ und dem Aufblühen von Vereinheitlichungsbestrebungen nach dem Vorbild der „Kleinen Lösung“. Es mehrten sich Stimmen von Vertretern der Sozial- und Finanzgerichtsbarkeit, die die Vereinheitlichung der gerichtlichen Verfahrensordnungen aus der Sicht der jeweiligen Gerichtsbarkeit beurteilten. Je weiter die Vereinheitlichung der Prozessordnungen in Gestalt der einheitlichen Verwaltungsprozessordnung im Gesetzgebungsverfahren voranschritt, desto lauter wurden auch die Stimmen gegen ein solches Gesetzgebungsvorhaben.

So stellt etwa *Joachim Martens*, Richter am Finanzgericht, fest, dass der Entwurf einer Verwaltungsprozessordnung die Bedürfnisse der rechtsschutzsuchenden Bürger sowie ihrer Bevollmächtigten nicht berücksichtigt, sich die Arbeiten am Entwurf zu sehr auf untergeordnete Detailfragen fokussiert hätten.[631] Die mit dem Gesetzesvorhaben unter anderem bezweckte Vereinfachung und Beschleunigung gerichtlicher Verfahren spiegele sich nicht in den Regelungen des Entwurfs. Als Beispiele für diesen Missstand nennt *Martens* etwa das Fehlen einer Regelung zum Verhältnis von Anfechtungs- und Verpflichtungsklage, eine „systematisch verfehlt[e]“[632] Klärung des Verhältnisses von Leistungs- und Anfechtungsklage sowie das Ausbleiben einer gesetzlichen Antwort auf rechtliche Praxisfragen im Hinblick auf die Regelungen zur Beiladung.

Zu demselben Ergebnis gelangen auch die Richter am Bundesfinanzhof *Peter Hellwig* und *Franz Klein*. Eine Vereinheitlichung dürfe nach *Hellwig* nur dann erfolgen, wenn dadurch „die Verwirklichung des materiellen Rechts gegenüber dem bisherigen Zustand erleichtert“[633] werde. Eben dies gelänge der Verwaltungsprozessordnung aber gerade nicht: Unzählige Sondervorschriften sowie die Verkennung der Realität, in der Rechtsschutzsuchende und Rechtsanwender sich stets nur mit einer einzelnen Rechtsmaterie konfrontiert sehen, widersprächen der Annahme einer solchen Verbesserung.[634] „Die Vorteile der Vereinheitlichung [seien in der Summe] mehr optischer als praktischer Natur.“[635] *Hellwig* und *Klein* gehen in ihren Überlegungen sogar noch einen Schritt weiter und attestieren ei-

---

[631] Vgl. hierzu und zum Folgenden *Martens*, Der Entwurf einer Verwaltungsprozeßordnung, ZRP 1979, 114 (114ff.). Eine ähnlich kritische Auseinandersetzung mit einzelnen Regelungen des Entwurfs einer Verwaltungsprozessordnung findet sich auch bei *Funk*, Die Neuregelung der Verwaltungsprozeßordnung aus der Sicht der Sozialgerichtsbarkeit, SGb 1982, 467ff.

[632] *Martens* (Fn. 631), 114 (116).

[633] *Hellwig*, Die Verwaltungsprozeßordnung, Fluch oder Segen?, DB 1983, 1511 (1511). So auch *Klein*, Ist der Rechtsschutz im Steuerrecht in Gefahr?, DStR 1984, 17 (19f.).

[634] *Hellwig* (Fn. 633), 1511 (1511).

[635] *Hellwig* (Fn. 633), 1511 (1511).

ner Vereinheitlichung der Prozessordnungen gravierende Nachteile – etwa eine stärkere Belastung der Gerichte, die sich während der Anfänge eines neuen Regelungsregimes zu stark auf die Klärung neuer prozessrechtlicher Grundsatzfragen konzentrieren müssten, eine einsetzende Verunsicherung der Rechtsanwender und Rechtsschutzsuchenden aufgrund der vielen Sondervorschriften sowie erhebliche Verzögerungen der allein interessierenden Sachentscheidungen.[636]

In eine ähnliche Richtung zielt der Finanzgerichtsrichter *Wolfgang Kraft*. In Ansehung der vielen Sondervorschriften und der Verweise auf die Zivilprozessordnung bezweifelt *Kraft* Verbesserungen für den rechtsschutzsuchenden Bürger sowie die Praktikabilität des angedachten Regelungsregimes.[637] Zudem seien auch die Unterschiede zwischen Finanzgerichtsbarkeit einerseits und Sozialgerichtsbarkeit andererseits derart groß, dass die dienende Funktion des Prozessrechts, die „eine Vereinheitlichung [verbiete], wenn wesentliche Unterschiede der von den betreffenden Gerichtszweigen zu bearbeitenden Sachmaterien oder der Interessenlage der bei ihnen regelmäßig ihr Recht suchenden Personenkreise bestehen“[638], einer Vereinheitlichung ihrer Prozessordnungen widersprechen würde. Im Ergebnis sei „eine Ablösung der für jeden Gerichtszweig ‚maßgeschneiderten‘ Prozeßordnungen durch ein Einheitsgesetz […] ein Luxus, den man sich nur leisten [könne], wenn man über ein ausreichendes Polster an richterlichen Arbeitskräften verfüg[e]“[639], um die Implementationsprobleme abfedern zu können. Die voranstehenden Ansichten verbindet neben dem Umstand, dass sie größtenteils dieselben Argumente gegen eine Vereinheitlichung ins Feld führen, noch eine gewisse Neigung zur Detailkritik. Die Begründungsmodelle für eine Vereinheitlichung werden zwar – wie gezeigt – vehement in Angriff genommen, das Hauptaugenmerk aller Ausführungen liegt jedoch weiterhin auf der Auseinandersetzung mit einzelnen Regelungen des Entwurfs einer Verwaltungsprozessordnung.

Erkennbar ist der Wandel, der sich im Meinungsbild der Diskursteilnehmer vollzogen hat. Größtenteils wird die Vereinheitlichung der Prozessordnungen der öffentlich-rechtlichen Fachgerichtsbarkeiten nunmehr abgelehnt. Gleichwohl finden sich auch weiterhin Vertreter, die ihre Lanze für eine Vereinheitlichung brechen wollen, obschon sich diese mehr und mehr zur Minderheit entwickeln und teilweise nur noch zaghaft ihre Stimme für die Vereinheitlichung erheben. Exemplarisch sei auf *Hans Joachim Becker*, Richter am Bundesverwaltungsgericht, verwiesen. Auch *Becker* erkennt verschiedene Widersprüche zwischen

---

[636] *Hellwig* (Fn. 633), 1511 (1511 f.); *Klein* (Fn. 633), 17 (20).
[637] *Kraft* (Fn. 294), S. 311 (313).
[638] *Kraft* (Fn. 294), S. 311 (313).
[639] *Kraft*, Zum Luxus eines Einheitsgesetzes, ZRP 1985, 97 (98).

den Zielen der Verwaltungsprozessordnung und dem Ist-Zustand.[640] So stellt auch er etwa die bezweckte Übersichtlichkeit vereinheitlichten Prozessrechts vor dem Hintergrund der unzähligen Sondervorschriften in Frage. Dennoch kommt *Becker* zu dem Schluss, dass eine Vereinheitlichung „der […] richtige Weg [sei], um die Normenflut einzudämmen"[641]; eine Forderung, die sich bezüglich ihrer argumentativen Basis in erster Linie auf Behauptungen und weniger auf wissenschaftliche Untersuchungen stützt. So schließt *Becker* allein aus der Reduzierung prozessrechtlicher Vorschriften auf eine Erhöhung der Effektivität und bilanziert, dass „die Schaffung einer einheitlichen Verwaltungsprozeßordnung allein schon aus diesem Grunde wünschenswert"[642] sei. Anstatt die Widersprüche zwischen Sein und Sollen eingehender zu analysieren, konzentriert sich *Becker* darauf, Einzelfragen einer Vereinheitlichung (erneut) zur Diskussion zu stellen.[643]

Deutlicher spricht sich hingegen der Präsident des Bundesverwaltungsgerichts, *Horst Sendler*, für eine Vereinheitlichung aus und fordert trotz einiger kritischer Vorbehalte das Vorantreiben des Regierungsentwurfs.[644] Ähnlich wie andere Befürworter der Idee einer Vereinheitlichung der Verfahrensordnungen konzentriert sich *Sendler* primär auf Einzelfragen und unterzieht verschiedene Aspekte des Entwurfs einer Verwaltungsprozessordnung einer kritischen Überprüfung.[645] Hinsichtlich der Frage nach der Notwendigkeit eines solchen Vorhabens begnügt er sich mit der Wiederholung von bereits Gesagtem. So vermögen die beabsichtigte Verbesserung der Rechtsanwender- und Bürgerfreundlichkeit die Vereinheitlichung der Prozessordnungen ebenso zu legitimieren wie eine Verbesserung der wissenschaftlichen Durchdringung des Prozessrechts und die „dringend geboten[e] Harmonisierung und Integration"[646] der verschiedenen Zweige der öffentlich-rechtlichen Fachgerichtsbarkeit. *Sendler* rechtfertigt seinen Blick auf die Vereinheitlichungsfähigkeit mit der These, dass sich die Regelungen einer einheitlichen Prozessordnung am „Trias von Vereinheitlichung des Verfahrens, Verbesserung des Rechtsschutzes und Verkürzung der Verfahrensdauer [als] Prüfungsmaßstab […] bewähren"[647] müssten. Damit übergeht er allerdings die Überprüfung der Bewährung des Instrumentes der Vereinheitlichung selbst.

---

640 Hierzu und zum Folgenden *Becker*, Auf dem Weg zu einer einheitlichen Verwaltungsprozeßordnung, RiA 1983, 83 (83).

641 *Becker* (Fn. 640), 83 (83).

642 Zu diesen Überlegungen *Becker* (Fn. 640), 83 (83).

643 *Becker* (Fn. 640), 83 (83 ff.).

644 Vgl. *Sendler*, Guter Rechtsschutz und Verfahrensbeschleunigung, DVBl. 1982, 812 (820).

645 Hierzu *Sendler* (Fn. 644), 812 (814 ff.).

646 Zu alledem *Sendler* (Fn. 644), 812 (812 f.).

647 *Sendler* (Fn. 644), 812 (814).

b) Die Vereinheitlichung der öffentlich-rechtlichen Fachgerichtsbarkeiten

Auch die Diskussion um die Vereinheitlichung der öffentlich-rechtlichen Fachgerichtsbarkeiten findet ihren Ursprung zunächst in Überlegungen zur Fusion aller Gerichtsbarkeiten in einem Einheitsgericht zu Beginn der 1950er Jahre. Dabei erreichte dieser Diskurs allerdings nie dieselbe Popularität wie die Diskussionen um eine Vereinheitlichung aller Prozessgesetze. Schon früh verfestigte sich die Auffassung, dass eine derartige Vereinheitlichung „praktisch undurchführbar"[648] sei. Die unterschiedlichen Wesensarten von Verwaltungsgerichtsbarkeit einerseits und Zivilgerichtsbarkeit andererseits würden eine Vereinheitlichung verbieten und führten zu dem Schluss, „daß die Zusammenlegung [...] eher zu einer staatspolitisch nicht zu verantwortenden Schwächung der Verwaltungsgerichtsbarkeit führ[e], als daß sie die Justizgerichtsbarkeit oder daß sie die Dritte Gewalt im ganzen stärken würde"[649]. Nahezu einstimmig wird ausgeführt, dass eine derartige Vereinheitlichung „systemwidrig" sei, „schwerfällige Mammutgerichte [schaffe], die den Belangen der Verwaltungsrechtspflege nicht gerecht werden könnten", und „einen Rückschritt um annährend hundert Jahre in der deutschen Rechtsentwicklung bedeuten"[650] würde. Anders jedoch als beim Diskurs um eine Vereinheitlichung des gerichtlichen Verfahrensrechts dominierte die „Große Lösung" die hier als „Anfänge" betitelte Zeit. Nur selten finden sich Überlegungen zu einer Vereinheitlichung in Gestalt einer „Blockbildung"[651] entlang der Trennlinie von öffentlich-rechtlicher und ordentlicher Gerichtsbarkeit, sodass der Schwerpunkt der folgenden Darstellungen diese Dominanz zwangsläufig berücksichtigen muss.

aa) Vertreter der Rechtswissenschaft

Auch zu Überlegungen hinsichtlich einer Vereinheitlichung aller Gerichtsbarkeiten positionierte sich *Carl Herrmann Ule*, Ziehvater der Idee einer Vereinheitlichung des Prozessrechts der öffentlich-rechtlichen Fachgerichtsbarkeiten, schon früh. Dabei vermittelt *Ule* indes ein differenziertes Meinungsbild zu den verschiedenen Vereinheitlichungen. Auf der einen Seite größter Fürsprecher einer Vereinheitlichung auf dem Gebiet des Prozessrechts, auf der anderen Seite

---

648 *Hamann* (Fn. 471), 205 (208). Genauso *Süsterhenn* (Fn. 122), 737 (738), der darüber hinaus ausführt, dass die Bildung von Einheitsgerichten „doch nur zu einer rein äußerlichen Zusammenfügung heterogener Elemente führ[e], ohne eine wirkliche Einheit der rechtsprechenden Gewalt von der Sache her zu begründen".

649 *Kollmann* (Fn. 481), 618 (619).

650 *Bund Deutscher Verwaltungsrichter*, Bund Deutscher Verwaltungsrichter zur Frage „Justizeinheit" – „Einheitsgerichte" – „Rechtsprechungsministerium", DÖV 1957, 47 (47).

651 Zum Begriff „Blockbildung" und seiner Definition s. *Baur* (Fn. 531), S. 43.

schärfster Kritiker entsprechender Überlegungen in Bezug auf die Gerichtsbarkeiten. Weder „Große Lösung“ noch „Kleine Lösung“ scheinen ihn zu überzeugen, maximal die Eingliederung der Finanzgerichtsbarkeit in die allgemeine Verwaltungsgerichtsbarkeit hält *Ule* für möglich.[652] Dabei stützt er sich vorrangig auf die geschichtlich erwachsene Eigenständigkeit der Verwaltungsgerichtsbarkeit, die ebenso wie die Finanz- und die Sozialgerichtsbarkeit nicht aus der Justiz hervorgegangen sei, und den Umstand, dass die Gründe, die eine solche Selbstständigkeit in der Vergangenheit gerechtfertigt haben, weiterhin und noch mehr als zuvor Gültigkeit beanspruchen würden.[653] Bestärkt würde dies gerade durch die Verfassung, die „die Einheit der rechtsprechenden Gewalt in der Mannigfaltigkeit der einzelnen Rechtsprechungszweige“[654] erblicke. Neben *Ules* differenzierender Sichtweise auf Vereinheitlichungsfragen verwundert auch seine Herangehensweise an die Frage nach einer Vereinheitlichung der Gerichtsbarkeiten. Im Gegensatz zum Einsatz des Instruments der Vereinheitlichung auf dem Gebiet des Prozessrechts fordert *Ule* mit Blick auf die Gerichtsbarkeiten eine Untersuchung, „ob die Vereinheitlichung der Rechtsprechung [überhaupt] ein geeignetes Mittel zur Herbeiführung [der verfolgten] Ziel[e] darstellen“[655] könne – eine Frage, die er hinsichtlich der Vereinheitlichung des Prozessrechts in dieser Form nicht gestellt hat, die er im vorliegenden Zusammenhang allerdings auch lediglich aufwirft, danach jedoch keiner Antwort zuführt.

Unterstützung erhält *Ule* von *Ulrich Scheuner*, der sich ebenfalls gegen die Vereinheitlichung sämtlicher Gerichtsbarkeiten ausspricht und „die Ausbildung einer besonderen Verwaltungsgerichtsbarkeit [als] ein grundlegendes und berechtigtes Element unseres ganzen Rechtslebens“[656] qualifiziert. Ähnlich wie *Ule* erblickt auch *Scheuner* Chancen für eine minimalinvasive Vereinheitlichung, macht aber nicht die Finanz-, sondern die Sozialgerichtsbarkeit zum eingliederungsfähigen Fusionsobjekt.[657] Sowohl *Ule* als auch *Scheuner* nähern sich mithin einer Blockbildung zumindest an, lehnen allerdings eine vollständige Verschmel-

---

652 Vgl. nur das Referat von *Ule*, Zweige der Rechtsprechung, in: Ständige Deputation des Deutschen Juristentages (Hrsg.), 42. DJT, Bd. 2, 1959, S. E 3 (E36; Hervorhebung im Original), in dem er ausführt, dass „[a]n der *Selbständigkeit der allgemeinen Verwaltungsgerichtsbarkeit und der Sozialgerichtsbarkeit* [...] festzuhalten“ sei, „die *Finanzgerichtsbarkeit* als echte Hausgerichtsbarkeit [hingegen aufgehoben werden müsse] und in die allgemeine Verwaltungsgerichtsbarkeit einzugliedern“ sei. Seine kritische Haltung gegenüber einer Vereinheitlichung der Gerichtsbarkeiten wird auch schon bei *ders*., Der Stand des Entwurfs einer Verwaltungsgerichtsordnung, DVBl. 1954, 354 (355 f.), deutlich.

653 Hierzu *Ule* (Fn. 652), Zweige, S. E 3 (E 11 ff.).

654 *Ule* (Fn. 652), Zweige, S. E 3 (E 31).

655 *Ule* (Fn. 652), Zweige, S. E 3 (E 32).

656 *Scheuner*, Die Selbständigkeit und Einheit der Rechtspflege, DÖV 1953, 517 (523).

657 Vgl. *Scheuner* (Fn. 656), 517 (524).

zung aller öffentlich-rechtlichen Gerichtsbarkeiten genauso wie eine „Große Lösung" aufgrund der aufrechtzuerhaltenden „Spezialisierung der Rechtsmaterien"[658] ab.

Wohl zu einer klassischen Blockbildung entlang der Grenze zwischen der Verwaltungsgerichtsbarkeit und der ordentlichen Gerichtsbarkeit tendiert *Werner Weber*, der gleichzeitig eine Vereinheitlichung aller Gerichtsbarkeiten mit Nachdruck ablehnt, bärge diese doch „nichts Zukunftsträchtiges in sich"[659]. *Weber* konzentriert sich bei seinen Überlegungen auf die Leitbilder der Einheit der rechtsprechenden Gewalt und der Dritten Gewalt und stellt ihre Fähigkeit zur Legitimation einer Vereinheitlichung aller Gerichtsbarkeiten in Frage. Die Einheit der rechtsprechenden Gewalt äußere sich auf verfassungsrechtlicher Ebene in den „Grundprinzipien der Gerichtsverfassung und des gerichtlichen Verfahrens"[660], die alle Gerichtsbarkeiten miteinander verbinden. Darüber hinaus sei auch das (damals) verfassungsrechtlich vorgesehene Oberste Bundesgericht ein Ausdruck der Einheit der rechtsprechenden Gewalt, deren Sicherung es verfolge.[661] In der Summe diene dieses Leitbild der Legitimation verschiedenster Forderungen, der Bekräftigung der „politische[n] Kompaktheit der ‚Dritten Gewalt'"[662] und als Mittel zur Übertragung historisch erwachsener Autorität an neu geschaffene Gerichtsbarkeiten. Verfassungsrechtliche Grundierung und grundsätzliche Leistungsfähigkeit könnten allerdings nicht dazu führen, eine Vereinheitlichung aller Gerichtsbarkeiten zu begründen. Die Grenze der „Einheit der rechtsprechenden Gewalt […] als sinnvolle Leitvorstellung [läge] dort […], wo sie sich der Substanz nach [nicht] als überzeugend erweist"[663]. *Weber* zufolge würde eben diese Grenze mit einer Vereinheitlichung aller Gerichtsbarkeiten überschritten werden, „der Sachbezug der richterlichen Aufgabe [bewirke nämlich] eine Gliederung gerichtlicher Institutionen, die bei allem Verbindenden […] doch eine itio in partes zwingend forder[e]"[664]. Mit anderen Worten könne die Verfolgung einer optimierten Form der Einheit der rechtsprechenden Gewalt, die ohnehin schon durch ihre verfassungsrechtlichen Grundierungen Verbindungen zwischen den verschiedenen Gerichtsbarkeiten schaffe, keine noch tiefere Einheit zwischen den Gerichtsbarkeiten rechtfertigen, würde dies doch den Sachbezug der jeweiligen Gerichtsbarkeit übersehen, was bei einer Vereinheitlichung aller Gerichtsbarkeiten der Fall wäre. Den Gegenpol bildet für *Weber* „der Per-

[658] *Scheuner* (Fn. 656), 517 (523).
[659] Zu seiner Bewertung der Lage *Weber* (Fn. 461), 109 (114).
[660] *Weber* (Fn. 461), 109 (109).
[661] Vgl. *Weber* (Fn. 461), 109 (109).
[662] Hierzu insgesamt *Weber* (Fn. 461), 109 (109).
[663] *Weber* (Fn. 461), 109 (110).
[664] *Weber* (Fn. 461), 109 (110).

fektionismus der Spezialisierung in der Jurisprudenz“[665]. Zwischen diesen beiden Polen – vollkommene Einheit und höchster Grad der Spezialisierung – läge das richtige Maß an Einheit, das es zu ermitteln gelte anstatt das Höchstmaß an Einheit durch unzählige Wiederholungen der eigenen Leitbilder zu erzwingen.[666] Auch das Reden von der Dritten Gewalt könne für sich genommen eine Vereinheitlichung nicht ohne Weiteres begründen; „verschiedene Sinngebungen“[667] dieses Begriffs für die einzelnen Gerichtsbarkeiten stünden der Ableitung von Einheitsgerichten aus der bloßen Existenz einer geschlossenen Dritten Gewalt entgegen. Übertragen auf die öffentlich-rechtlichen Fachgerichtsbarkeiten kommt *Weber* daher zu dem Schluss, dass diese Einrichtungen, „die innerhalb des großen Systems staatlicher Existenzbehauptung und verwaltender Daseinsvorsorge für die Gesetzlichkeit hoheitlicher Inanspruchnahme des Bürgers und für die Gerechtigkeit leistender staatlicher Fürsorge einzustehen“[668] haben, einen im Vergleich zur ordentlichen Gerichtsbarkeit so wesensmäßig anderen Sachbezug hätten, dass sich eine Vereinheitlichung verbiete.

Gegenwind erfahren diese Positionen indes von *Fritz Baur*, der in seinem Gutachten für den 42. Deutschen Juristentag sowohl die Empfehlsamkeit der Schaffung eines Einheitsgerichts als auch einer Vereinheitlichung nach dem Vorbild der Blockbildung untersucht. Dabei gelangt *Baur* zu dem Ergebnis, dass „sämtliche Zweige der Gerichtsbarkeit [...] in einer Gerichtsbarkeit mit dreistufigem Gerichtsaufbau“[669] zusammengefasst werden sollten. Auch für *Baur* ist es erforderlich, zu prüfen, ob die angedachten Ziele bzw. die prophezeiten Vorteile einer Vereinheitlichung mit ihr auch erreicht werden können.[670] Dabei beschränkt er sich allerdings lediglich auf den Vorteil, den eine Vereinheitlichung dem Rechtsschutzsuchenden bringen würde, der hiernach merkliche Vereinfachungen bei der Wahl des Rechtsweges verspüren würde.[671] Dass eine Vereinheitlichung zweifelsohne zur „Hebung der Autorität der Rechtspflege im Volk“, zur „Stärkung der rechtsprechenden Gewalt gegenüber der überstarken Verwaltung“, zur „rationelle[n] Gestaltung der Rechtspflege“, zur „Bekämpfung eines übersteigerten Spezialistentums“ wie auch zur „Vereinfachung und Verbilligung der Gerichtsverwaltung“[672] führen würde, scheint für *Baur* eine feststehende Tatsache

---

665 *Weber* (Fn. 461), 109 (110f.).

666 Vgl. etwa *Weber* (Fn. 461), 109 (111).

667 Hierzu *Weber* (Fn. 461), 109 (110).

668 *Weber* (Fn. 461), 109 (113).

669 *Baur* (Fn. 531), S. 44.

670 *Baur* (Fn. 531), S. 35, spricht in diesem Zusammenhang von „Zweckmäßigkeitsgesichtspunkten“, die zur Entscheidung der Frage heranzuziehen sind.

671 Vgl. *Baur* (Fn. 531), S. 36ff.

672 Zu diesen Aspekten *Baur* (Fn. 531), S. 39. Genauso bewertet *Kern* (Fn. 466), 214 (224), die Forderung nach einer Vereinheitlichung aller Gerichtsbarkeiten: Ohne weitere Ausführungen

zu sein. Anstelle einer Untersuchung der generellen Leistungsfähigkeit bzw. der Passgenauigkeit des Instrumentes der Vereinheitlichung konzentriert sich *Baur* auf die Widerlegung der Argumente, die gegen eine solche institutionelle Fusionierung ins Feld geführt werden. So sei der Einwand, das Einheitsgericht stelle ein „Mammutgericht"[673] dar, ein Befund, der genauso auf die einzelnen Gerichtsbarkeiten im ausdifferenzierten Zustand zuträfe. Die übrigen Bedenken seien zudem ohnehin nur „irrationale[r], psychologische[r] und politische[r]"[674] Natur. Während *Baur* zufolge mithin fast alles für die Schaffung von Einheitsgerichten streitet, steht er einer Blockbildung kritisch gegenüber und zweifelt daran, dass diese den Rechtsschutzsuchenden nennenswerte Vorteile verschaffen würde.[675]

bb) Vertreter der Anwaltschaft

Im Vergleich zur Idee einer Vereinheitlichung auf dem Gebiet des Prozessrechts erwies sich der Diskurs um eine Vereinheitlichung der Gerichtsbarkeiten in den Reihen der Anwaltschaft als passiv und gespalten. Exemplarisch hierfür stehen die Ansichten von *Hans Merkel* und *Andreas Hamann.*

Merkel begreift die Vereinheitlichung der Gerichtsbarkeiten ebenso wie die Vereinheitlichung des Prozessrechts als taugliche Maßnahme zur „Überwindung der Zersplitterung der rechtsprechenden Gewalt"[676]. Seine Überlegungen erwecken den Anschein, als befürworte er die Vereinheitlichung der Gerichtsbarkeiten vorrangig aus zweckdienlichen Erwägungen, würde sie doch „die dringend notwendige Vereinheitlichung des Verfahrens erleichtern"[677]. Dabei begnügt *Merkel* sich mit der Feststellung, dass einem Eingriff in die bisherige Organisation der Gerichtsbarkeiten „sachliche Schwierigkeiten"[678] nicht entgegenstünden.

---

stellt er fest, dass Einheitsgerichte „die rechtsprechende Gewalt deutlich und achtunggebietend zur Erscheinung bringen, daß sie die Unabhängigkeit der Gerichte am besten gewährleisten, daß sie einen einfachen Behördenaufbau und eine dem Volk verständliche Zuständigkeitsregelung ergeben, insbesondere aber, daß sie sicher viel Kräfte, Gebäude und Bibliotheken sparen würden, daß der Blick des Richters sich weiten kann, daß ein Richter ohne Schwierigkeiten [...] sein Referat wechseln kann, daß sich ein einheitlicher Richtertyp bilden kann, daß die (einheitliche) Anwaltschaft alle ihre Angelegenheiten bei dem gleichen Gericht erledigen kann [...] und daß sich auch die untere Stufe der kleinen volkstümlichen Gerichte leichter erhalten ließe". Die Passgenauigkeit des Instruments der Vereinheitlichung steht für ihn demnach zweifelsohne fest.

[673] So der Vorwurf bei *Bund Deutscher Verwaltungsrichter* (Fn. 650), 47 (47).

[674] Insgesamt zur Widerlegung der Gegenargumente *Baur* (Fn. 531), S. 39 ff.; speziell zur Charakterisierung der übrigen Bedenken der Vereinheitlichungsgegner s. ebd. S. 41.

[675] Zu seiner Kritik an dem Modell einer Blockbildung *Baur* (Fn. 531), S. 43 f.

[676] *Merkel* (Fn. 586), 173 (173). Zu den Argumenten, die Merkel in diesem Zusammenhang für die Notwendigkeit von Vereinheitlichungen anführt, und ihrer Analyse s. oben unter Kap. 1, C., III., 2., a), bb).

[677] *Merkel* (Fn. 586), 173 (183).

[678] *Merkel* (Fn. 586), 173 (178).

Im Unterschied hierzu lehnt *Hamann* eine Vereinheitlichung der Gerichtsbarkeiten ab. Ihm zufolge sei eine solche „praktisch undurchführbar“ und würde „zu einer Verschlechterung der Rechtspflege führen“[679]. Diesen Befund stützt *Hamann* mit Zweifeln daran, dass sich die „Zuständigkeitsbezirke für alle Sparten der Gerichtsbarkeiten [...] decken“, was zur Folge hätte, dass die Auslastung der am Einheitsgericht angesiedelten Spezialkammern aufgrund der Minimierung der örtlichen Zuständigkeit gering wäre und „daß die Arbeitsbedingungen dieser Kammern ungleich schlechter [wären] als diejenigen der jetzigen erstinstanzlichen Verwaltungsgerichte“[680]. Als Gründe für die Verschlechterung der Arbeitsbedingungen benennt *Hamann* fehlende wissenschaftliche Hilfsmittel, eine nicht vorteilhafte Isolierung der Richter sowie das Fehlen einer Möglichkeit zur Bildung von Spezialkammern innerhalb der Kammern selbst.[681] Auch wenn die Differenzierung der Gerichtsbarkeiten Nachteile für den Rechtsschutzsuchenden habe, müsste sie als ein „Mehr an Rechtsschutz und [...] damit [als] Fortschritt auf dem Weg zur Rechtsstaatlichkeit“[682] qualifiziert werden.

cc) Vertreter der Richterschaft

In den Reihen der Richterschaft wurde die Vereinheitlichung der Gerichtsbarkeiten ebenfalls kontrovers diskutiert, allerdings kommt auch hier den Stimmen, die sich gegen ein solches Vorgehen aussprechen, ein deutliches Übergewicht zu.

Zu den Befürwortern einer Vereinheitlichung zählt der Landgerichtspräsident *Schorn*. Ausgangspunkt für seine Forderung nach einer Vereinheitlichung der Gerichtsbarkeiten ist einmal mehr in diesem Diskurs „die bedauerliche Tatsache der Aufsplitterung [der] als Einheit gedachten rechtsprechenden Gewalt“[683]. *Schorn* zufolge könne in der Einheit das zu erzielende Ideal an Rechtsstaatlichkeit erblickt werden.[684] Eine Vereinheitlichung der Gerichtsbarkeiten entspräche zudem (wohl) dem Willen des Verfassungsgesetzgebers, der mit der Bildung eines Obersten Bundesgerichts zum Ausdruck gebracht habe, Art. 95 Abs. 1, 2 GG a. F., dass es einer Sicherung bedarf, die die Rechtspflege vor dem Auseinanderfallen bewahre.[685] Aber nicht nur hierin erblickt *Schorn* Gründe für eine Verein-

679 *Hamann* (Fn. 471), 205 (208).

680 Zu alledem *Hamann* (Fn. 471), 205 (208).

681 Vgl. *Hamann* (Fn. 471), 205 (208).

682 *Hamann* (Fn. 471), 205 (206).

683 *Schorn* (Fn. 466), 41 (41). Ähnlich sieht dies *Seidel*, Grundsätzliche Gedanken über eine Große Justizreform, DRiZ 1956, 141 (141), der festhält, dass „[j]eder Versuch, eine neue Justiz zu schaffen, [...] von der Grunderkenntnis ausgehen [muss], daß es nur eine einheitliche, unteilbare Justiz geben kann und demgemäß auch nur ein einheitliches ‚Gericht‘ [...] als diejenige Stelle des Staates, bei der die Arbeit der Justiz organisatorisch zusammengefaßt wird“.

684 Vgl. *Schorn* (Fn. 466), 41 (41).

685 S. *Schorn* (Fn. 466), 41 (41).

heitlichung. Auch die Bedürfnisse der Rechtsschutzsuchenden sowie eine Festigung des Ansehens und der Autorität der Rechtsprechung und die Steigerung des Glaubens an ihre Unabhängigkeit verlangten nach der Schaffung von Einheitsgerichten.[686] Höhepunkt und zugleich größte Errungenschaft dieser Manifestation des rechtsstaatlichen Ideals wäre die Schaffung eines „Richterkönigtum[s]"[687]. Zudem fände „die Verzettelung in der Rechtsbetreuung ihr Ende [...] und die Anwaltschaft [könnte] in allen Sparten der Gerichtsbarkeit ohne Einschränkung ihre Tätigkeit entfalten"[688]. In der bloßen Auflistung der Gründe, die vermeintlich für eine Vereinheitlichung der Gerichtsbarkeiten sprechen, erschöpfen sich *Schorns* Ausführungen. Eingehende Untersuchungen darüber, ob eine Vereinheitlichung überhaupt vonnöten ist, finden sich nicht. Ebenso wenig geht *Schorn* der Frage nach, ob das Instrument der Vereinheitlichung die von ihm aufgelisteten positiven Effekte auch tatsächlich erzielen kann. Allerdings kann man derartige Überlegungen wohl nicht verlangen, betrachtet man den von *Schorn* festgelegten Maßstab, nach dem Veränderungen dort vorgenommen werden müssten, „wo sie sich rechtspolitisch als notwendig erweisen"[689]. Wählt man die rechtspolitische Notwendigkeit als alleinigen Rechtfertigungsmaßstab, so liegt es fern, neben rechtspolitisch gehaltvoll anmutenden Argumenten wissenschaftliche Überlegungen zur Passgenauigkeit einer Vereinheitlichung anzustrengen.

Zustimmung erfährt *Schorn* von Bundesrichter *Herbert Arndt*, der sich im Rahmen seines Referats für den 42. Deutschen Juristentag eingehender mit dem Für und Wider einer Vereinheitlichung der Gerichtsbarkeiten auseinandersetzt. Auffällig an seinen Ausführungen ist die Spiegelung der Argumente; während Aspekte, die gegen eine Vereinheitlichung angeführt werden, *Arndt* zufolge nicht zu überzeugen wissen, scheint derselbe Aspekt aus einem anderen Betrachtungswinkel eine Vereinheitlichung zu rechtfertigen.[690] Die Widerstände gegen eine Vereinheitlichung schiebt *Arndt* in das Reich des Irrationalen und Subjektiven.[691] So ließen sich historische Erwägungen gegen eine Vereinheitlichung mit dem Einwand entkräften, dass sie auf „überholten Auffassung[en]"[692] und „politi-

---

[686] Hierzu *Schorn* (Fn. 466), 41 (42).

[687] *Schorn* (Fn. 466), 41 (42).

[688] *Schorn* (Fn. 466), 41 (43).

[689] *Schorn* (Fn. 466), 41 (41). Auch *Scherer* (Fn. 624), S. 12, ist mit Blick auf die Vereinheitlichung der Prozessordnungen der Auffassung, es handele sich „in erster Linie [um] eine rechtspolitische Frage".

[690] So etwa im Hinblick auf die Frage nach der Notwendigkeit einer Spezialisierung im Gerichtswesen. Vgl. *Arndt*, Zweige der Rechtsprechung, in: Ständige Deputation des Deutschen Juristentages (Hrsg.), 42. DJT, Bd. 2, 1959, S. E 43 (E 48 ff., E 64).

[691] S. *Arndt* (Fn. 690), S. E 43 (E 59).

[692] *Arndt* (Fn. 690), S. E 43 (E 47).

sche[n] Besonderheiten"[693] beruhten, deren fehlende Aktualität ein starres Festhalten an den etablierten Strukturen allein nicht rechtfertigen könnte. Zudem genüge es für die Initiierung einer Fortentwicklung des bestehenden Zustandes, „wenn [man] der Meinung [wäre], [eine] andere Richtung, [ein] andere[r] Weg sei angemessener oder zweckmäßiger"[694]. Wo in dieser Auffassung jetzt allerdings ein Unterschied zu den vermeintlich an Subjektivität krankenden Meinungen gegen eine Vereinheitlichung liegt, bleibt unbeantwortet. Zugleich verschließt *Arndt* sich bereits hier einer Überprüfung der tatsächlichen Passgenauigkeit der Vereinheitlichung, schließlich sei schon die bloße Annahme der Geeignetheit des Instruments für die Umsetzung ausreichend. In derselben Weise zweifelt *Arndt* auch das Erfordernis einer Spezialisierung an, die von den Gegnern einer Vereinheitlichung als Grund benannt wird.[695] Nicht nur die Tatsache, dass ein mit Spezialkammern ausgestattetes Einheitsgericht den notwendigen Grad an Spezialisierung garantiere, stünde den Bedenken im Wege, sondern auch die Erkenntnis, dass eine zu exzessiv verfolgte Spezialisierung im Gerichtswesen „zu einer Atomisierung, Komplizierung und zur Unübersichtlichkeit" führe und die „Gefahr der Einseitigkeit"[696] in sich bärge. Nicht nur diese Kritik an der Vereinheitlichungskritik verleitet *Arndt* zu der Erkenntnis, dass eine Vereinheitlichung der Gerichtsbarkeiten begrüßenswert wäre. Auch er beruft sich zur Untermauerung seiner Position unter anderem auf das Interesse der Rechtsschutzsuchenden an einem einfachen und übersichtlichen Rechtsgang, auf die wichtige Bedeutung der Vereinheitlichung der Gerichtsbarkeiten für die Vereinheitlichung des Prozessrechts, auf Kostenersparnisse, auf die Abmilderung der Rechtszersplitterung sowie auf die Stärkung der Unabhängigkeit der Rechtspflege.[697] Obwohl *Arndt* diese Argumente getrennt voneinander anführt und erläutert, scheint das für ihn alle Aspekte verbindende Element die „Rationalisierung der Justiz"[698] zu sein, deren Erreichen er dem Instrument der Vereinheitlichung zutraut.

Verbreiteter sind in den Reihen der Richterschaft indes Stimmen, die sich gegen eine Vereinheitlichung aussprechen. So warnt etwa der Bund Deutscher Verwaltungsrichter vor der Bildung derartiger „schwerfällige[r] Mammutgerichte [...], die den Belangen der Verwaltungsrechtspflege nicht gerecht werden könnten"[699]. Eine Vereinheitlichung würde mit Blick auf die Entwicklung des Ge-

[693] *Arndt* (Fn. 690), S. E 43 (E 48).

[694] *Arndt* (Fn. 690), S. E 43 (E 45).

[695] Hierzu und zum Folgenden *Arndt* (Fn. 690), S. E 43 (E 48 ff.).

[696] *Arndt* (Fn. 690), S. E 43 (E 49).

[697] Zu alledem *Arndt* (Fn. 690), S. E 43 (E 59 ff.). Vgl. ferner aus früherer Zeit *ders.* (Fn. 566), 102 ff.

[698] *Arndt* (Fn. 690), S. E 43 (E 64 und in ähnlicher Weise schon E 61).

[699] *Bund Deutscher Verwaltungsrichter* (Fn. 650), 47 (47). In diesem Zusammenhang sei

richtswesens „einen Rückschritt um annähernd hundert Jahre in der deutschen Rechtsentwicklung bedeuten" und „den *Unterschieden* [nicht] gerecht werden, die [...] *zwischen der Verwaltungsgerichtsbarkeit und der Zivilgerichtsbarkeit* bestehen"[700]. In Ansehung des Umstandes, dass die Verfassung für die Bundesgerichte einen ausdifferenzierten Zustand vorsieht, sei es „systemwidrig"[701], wenn auf Länderebene Einheitsgerichte entstünden.

Eindringlich weist auch *Hans Galperin* „nicht nur [auf] die Berechtigung, sondern auch [auf] die Unerläßlichkeit selbständig organisierter Verwaltungs- und Sozialgerichte"[702] hin und spricht sich gegen eine Vereinheitlichung aller Gerichtsbarkeiten aus. Aus der Perspektive seiner Tätigkeit als Richter am Landesarbeitsgericht befeuert *Galperin* die Kritik an den Überlegungen einer Vereinheitlichung unter Heranziehung der Besonderheiten der Arbeitsgerichtsbarkeit, die belegen würden, dass eine Vereinheitlichung unangebracht wäre. So begegnet er etwa dem Einwand, eine Eingliederung der Arbeitsgerichtsbarkeit bedeute die „Rückkehr in den Mutterschoß der ordentlichen Gerichtsbarkeit", mit der Feststellung, dass es sich hierbei rechtshistorisch nachweisbar „nicht um eine Rückgliederung [...], sondern um eine Einverleibung einer organisch und eigenständig gewachsenen Gerichtsbarkeit"[703] handeln würde. Zudem verbiete die „besondere Sachbezogenheit"[704] der Arbeitsgerichtsbarkeit auf einen bestimmten Lebensbereich, der neben juristischen auch wirtschaftliche und sozialpolitische Erfahrungswerte sowie eine besondere Spezialisierung verlange, eine Vereinheitlichung.

Eine ähnliche Argumentationslinie verfolgt aus Sicht der Sozialgerichtsbarkeit *Horst Laube*. Auch er versucht, die Erforderlichkeit einer Abkehr von der Idee der Vereinheitlichung anhand der Besonderheiten der Sozialgerichtsbarkeit zu belegen. In Anlehnung an die Ausführungen *Galperins* weist *Laube* ebenfalls auf die besondere Sachbezogenheit der Sozialgerichtsbarkeit hin, die sie insbesondere von der ordentlichen Gerichtsbarkeit sowie von der Arbeitsgerichtsbarkeit unterscheide; „der Mensch [sehe sich] als Angehöriger des sozialen Rechts-

---

auf die Bedeutung dieser Stellungnahme besonders hingewiesen. Wenn schon *Arndt* (Fn. 690), S. E 43 (E 59), als Befürworter einer Vereinheitlichung auf „die Stimmen des öffentlichen Lebens [verweist, die wegen] ihrer Gesamtheit von erheblichem Gewicht" seien, so ließe sich auch in den Ausführungen des Bundes Deutscher Verwaltungsrichter eine gewichtige Stimme erblicken, handelt es sich doch dabei um einen Zusammenschluss von Protagonisten des Diskurses, der mit Blick auf die Vereinheitlichung der Gerichtsbarkeiten mitunter wohl über die größte (praktische) Expertise verfügt.

700 *Bund Deutscher Verwaltungsrichter* (Fn. 650), 47 (47; Hervorhebung im Original).

701 *Bund Deutscher Verwaltungsrichter* (Fn. 650), 47 (47).

702 *Galperin* (Fn. 461), 133 (133).

703 *Galperin* (Fn. 461), 133 (134).

704 *Galperin* (Fn. 461), 133 (134).

staates [im Unterschied zu den übrigen Gerichtsbarkeiten] durch die Sozialgerichtsbarkeit [gerade] in seiner sozialen Sicherheit und Befriedung geschützt"[705]. Eine weitere Wesensverschiedenheit, die gegen eine Vereinheitlichung spreche und nicht nur für die Sozial-, sondern auch für die Finanz- und die allgemeine Verwaltungsgerichtsbarkeit gelte, sei der Umstand, dass „diese Gerichtsbarkeiten in besonderem Maße Pflichten, die dem Wesen des Rechtsstaates entsprechen und dem Staatsbürger die Gewißheit geben, daß der Staat und die öffentlich-rechtlichen Verbände ihre Maßnahmen im Rahmen der Gesetze halten"[706], unterliegen. Letztlich dürften auch personalpolitische Aspekte, die verschiedentlich als Grund für eine Vereinheitlichung angeführt werden, bei organisatorischen Entscheidungen nicht zum Tragen kommen, denn „bisher [sei] es weder dem Staat noch einer seiner Einrichtungen zum Nutzen [gewesen], wenn sachliche Erwägungen hinter Fragen der Personalpolitik zurücktraten"[707].

Eine Bestätigung und Ergänzung erfahren *Laubes* Ausführungen – einmal mehr mit dem Fokus auf die Sozialgerichtsbarkeit – zudem durch *Rohwer-Kahlmann*. Auch er legt dar, dass „Aufstiegschancen und Beförderungsstellen, Tradition der ministeriellen Gerichtsverwaltung und Ausstattung der Gerichte, Ressortegoismus und richterliches Standesdenken"[708] nur ein geringes Gewicht bei der Entscheidung über eine Vereinheitlichung zugesprochen bekommen dürften. In erster Linie müsse es um die Bedürfnisse des Rechtsschutzsuchenden gehen und um den verfassungsmäßigen Auftrag der jeweiligen Gerichtsbarkeit.[709] Für die Sozialgerichtsbarkeit bedeute dies vergröbert gesprochen die Herstellung der sozialen Gerechtigkeit, was im Verhältnis zu den anderen Gerichtsbarkeiten zu einer „Sonderheit ihres Auftrages" führe und wodurch als verbindendes Band zu ihnen lediglich „das Gemeinsame des rechtsstaatlichen Gerichtsverfahrens"[710] übrig bliebe. Diese Ansammlung von Gemeinsamkeiten und Unterschieden erlaube es der Sozialgerichtsbarkeit zwar, Erfahrungswerte der anderen Gerichtsbarkeiten in prozessualer wie auch in materieller Hinsicht zu übernehmen, verbiete gleichzeitig aber auch eine Vereinheitlichung, da der besondere Bezug der Gerichtsbarkeit auf den entsprechenden Lebensbereich eine Spezialisierung und Differenzierung erfordere und den Wert des Verbindenden übersteige.[711] Die rechtsge-

---

[705] Zu alledem *Laube*, Die Vereinheitlichung aller Gerichtsbarkeiten und die Gerichte der Sozialgerichtsbarkeit, ZSR 1957, 161 (161).

[706] *Laube* (Fn. 705), 161 (162).

[707] *Laube* (Fn. 705), 161 (162).

[708] *Rohwer-Kahlmann*, Einheit der rechtsprechenden Gewalt oder eigenständige Sozialgerichtsbarkeit?, ZSR 1957, 163 (163).

[709] Hierzu und zum Folgenden *Rohwer-Kahlmann* (Fn. 708), 163 (163).

[710] *Rohwer-Kahlmann* (Fn. 708), 163 (163).

[711] Hierzu und zum Folgenden *Rohwer-Kahlmann* (Fn. 708), 163 (164 f.).

schichtliche Entwicklung,[712] die zur Ausdifferenzierung des Gerichtswesens geführt hat, könne und dürfe folglich ebenso wenig rückgängig gemacht werden wie ihre rechtlichen und organisatorischen Folgen.

3. Die Renaissance

Nach dem Scheitern des Gesetzentwurfs einer einheitlichen Verwaltungsprozessordnung wurde es zunächst ruhig um institutionelle und prozessuale Vereinheitlichungsbestrebungen auf dem Gebiet des öffentlich-rechtlichen Gerichtswesens. Wieder zum Leben erweckt wurden sie schließlich von den Spardiskussionen, die zu Beginn des 21. Jahrhunderts einsetzten.[713] Den Stein des Anstoßes bildeten dabei allerdings primär Überlegungen zur Vereinheitlichung der Gerichtsbarkeiten. Im Unterschied zu der vorangegangenen Entwicklung spielte die Vereinheitlichung der Prozessordnungen nur eine untergeordnete Rolle. Erste Anzeichen des Wunsches nach einer Vereinheitlichung der öffentlich-rechtlichen Fachgerichtsbarkeiten enthielt dabei schon das Siebente Gesetz zur Änderung des Sozialgerichtsgesetzes vom 9. Dezember 2004[714], welches in § 50a S. 1 SGG eine Öffnungsklausel für bestimmte Zuständigkeitsbereiche der Sozialgerichtsbarkeit vorsah, die es den Ländern ermöglichte, enumerativ aufgelistete Angelegenheiten der Sozialgerichtsbarkeit durch Spruchkörper der Verwaltungsgerichte und Oberverwaltungsgerichte ausüben zu lassen. Bis zu seinem Außerkrafttreten am 31. Dezember 2008 hat indes lediglich das Bundesland Bremen diese Option in Anspruch genommen.[715]

Noch weiter ging schließlich der Entwurf eines Gesetzes zur Öffnung des Bundesrechts für die Zusammenführung von Gerichten der Verwaltungs-, Sozial- und Finanzgerichtsbarkeit in den Ländern (Zusammenführungsgesetz)[716], flankiert von einem Gesetzentwurf zur Änderung der Art. 92 und 108 GG[717], die beide sowohl in der 15.[718] als auch in der 16.[719] Legislaturperiode vom Bundesrat

---

712 In concreto führt *Rohwer-Kahlmann* (Fn. 708), 163 (164), die „kulturell[e] und zivilisatorisch[e] Entwicklung zur industrialisierten Massengesellschaft" an, die einer Vereinheitlichung der Sozialgerichtsbarkeit mit den übrigen Gerichtsbarkeiten im Wege stünde.

713 Zur rechtshistorischen Einordnung statt vieler *Wittreck* (Fn. 445), 211 ff.; *Tabbara*, Zusammenführung oder Einverleibung? – Die Sozialgerichtsbarkeit und ihr Verhältnis zur Verwaltungsgerichtsbarkeit, NZS 2009, 483 (484 f.); *Meyer-Ladewig*, Aktualität einer Vereinheitlichung des Prozessrechts, NVwZ 2007, 1262 (1262 f.).

714 BGBl. I 2004, S. 3302.

715 Vgl. insoweit nur *Meyer-Ladewig* (Fn. 713), 1262 (1263).

716 BT-Drs. 16/1040, 15/4109.

717 BT-Drs. 16/1034, 15/4108.

718 BR-Drs. 543/04, 544/04.

719 BR-Drs. 46/06, 47/06.

in das Gesetzgebungsverfahren eingebracht wurden. Ausgangspunkt dessen waren die Beschlüsse der 75. Justizministerkonferenz 2004, die ihrerseits auf dem ein Jahr zuvor erschienenen Abschlussbericht der Bund-Länder-Arbeitsgruppe zur Errichtung einer einheitlichen öffentlich-rechtlichen Fachgerichtsbarkeit fußten.[720] Gegenstand des Zusammenführungsgesetzes war wie schon bei dem Änderungsgesetz für das Sozialgerichtsgesetz eine Öffnungsklausel, die den Ländern die Zusammenführung der öffentlich-rechtlichen Fachgerichtsbarkeiten ermöglichen sollte. Dabei beschränkte sich der Entwurf allerdings nicht auf die Zusammenführung nur der allgemeinen Verwaltungs- sowie der Sozialgerichtsbarkeit, die dennoch als Option vorgesehen war, sondern erlaubte darüber hinaus auch die Vereinheitlichung aller öffentlich-rechtlichen Fachgerichtsbarkeiten. „Die Flexibilisierung des richterlichen Personaleinsatzes“[721], notwendig aufgrund von immer wieder möglichen „Schwankungen in der Geschäftsbelastung“[722], sowie Kosteneinsparungen und das Bedürfnis nach einer „Angleichung der gerichtlichen Strukturen“[723] an diejenigen anderer europäischer Mitgliedstaaten fungierten als Begründungen.

Trotz der Erfolglosigkeit des Zusammenführungsgesetzes endeten damit die Vereinheitlichungsbestrebungen des 21. Jahrhunderts noch nicht. Den vorübergehenden Schlusspunkt setzte der Abschlussbericht der Föderalismuskommission II. Die mit der Prüfung einer Vereinheitlichung beauftragte Arbeitsgruppe der Kommission kam dabei zu dem Schluss, dass trotz rechts- und finanzpolitischer Erwägungen, die für eine Vereinheitlichung streiten, sozialpolitische Argumente einem solchen Vorhaben im Wege stünden.[724]

Wenig Aufmerksamkeit wurde der Vereinheitlichung des entsprechenden Prozessrechts zuteil, obwohl sich die 76. Justizministerkonferenz im Jahre 2005 für eine solche Vereinheitlichung aussprach.[725] Daher beginnen die nachfolgenden Ausführungen mit der Darstellung des Vereinheitlichungsdiskurses hinsichtlich der öffentlich-rechtlichen Fachgerichtsbarkeiten bevor in einem zweiten Schritt die renaissancistischen Überlegungen zur Vereinheitlichung des Prozessrechts nachgezeichnet werden.

---

[720] M.w.N. *Wittreck* (Fn. 445), 211 (211).

[721] BT-Drs. 16/1040, S. 1.

[722] BT-Drs. 16/1040, S. 11.

[723] Zu diesem und dem zuvor genannten Aspekt der Kosteneinsparungen BT-Drs. 16/1040, S. 11 f.

[724] Deutscher Bundestag/Bundesrat (Hrsg.), Die gemeinsame Kommission von Bundestag und Bundesrat zur Modernisierung der Bund-Länder-Finanzbeziehungen. Die Beratungen und ihre Ergebnisse, 2010, S. 305.

[725] Einen kurzen Überblick über die 76. Justizministerkonferenz gibt *Meyer-Ladewig* (Fn. 713), 1262 (1263).

a) Die Vereinheitlichung der öffentlich-rechtlichen Fachgerichtsbarkeiten

Schnell fanden die Bestrebungen des Gesetzgebers Eingang in den juristischen Diskurs und zogen die Vertreter der Wissenschaft, der Anwaltschaft und der Richterschaft gleichermaßen in ihren Bann. Genauso schnell manifestierte sich allerdings auch die Überzeugung, dass von dieser gesetzgeberischen Idee Abstand genommen werden müsse. Nur vereinzelt finden sich Stimmen, die eine Vereinheitlichung der öffentlich-rechtlichen Fachgerichtsbarkeiten begrüßen.

aa) Vertreter der Rechtswissenschaft

So stellt etwa *Fabian Wittreck* in Frage, ob eine Vereinheitlichung der öffentlich-rechtlichen Fachgerichtsbarkeiten, wie sie der Entwurf des Zusammenführungsgesetzes vorsieht, tatsächlich als Erfolg bezeichnet werden kann.[726] Trotz der verfassungsrechtlichen Unbedenklichkeit der Einführung einer entsprechenden Öffnungsklausel,[727] die den Ländern die Zusammenführung der Gerichtsbarkeiten auf Länderebene gestattet, könne dem Vorhaben nicht viel Positives abgewonnen werden. So wüssten gerade die angeführten Gründe für eine Zusammenführung, namentlich der Wunsch nach einem flexiblen Personaleinsatz und die Hoffnung auf Kostenersparnisse, nicht zu überzeugen. Der Richter werde so zum Problem deklassiert und wäre fortan „bestenfalls […] Objekt der Lösung“[728]. Neben der herabwürdigenden Note, die der angedachte Umgang mit dem richterlichen Personal dem vom Gesetzgeber als versetzungsunwillig gebrandmarkten und vor zwangsweiser Versetzung rechtlich geschützten Richter verleihe, sei es gerade die „mehr zähneknirschend akzeptiert[e] Garantie“ richterlicher Unabhängigkeit, „die dann augenzwinkernd im Wege eines legalen Umgehungsgeschäftes um ihre konkrete Wirkung gebracht“[729] werde, die das Gesetzesvorhaben in kein gutes Licht rücke. Zudem sei die Chance, dass die erhofften Einsparungen in der Sphäre nicht zu realisierender Illusionen verbleiben, hoch. „Die Eigengesetzlichkeit [der in diesem Zusammenhang notwendigen Umorganisationen habe] Reformen öffentlicher Institutionen schon mehr als einmal zum Nullsummenspiel werden lassen und mag am Beispiel des Zusammenführungsgesetzes einmal mehr bestätigt werden.“[730]

Ähnliches bilanziert auch *Stephan Weth*, der sich nicht nur mit dem Entwurf eines Zusammenführungsgesetzes, sondern gleich auch mit nachgelagerten Fragen einer großen Justizreform befasst, die gewissermaßen als unausweichlicher

---

[726] Vgl. *Wittreck* (Fn. 445), 211 (220).

[727] Zu den verfassungsrechtlichen Überlegungen *Wittreck* (Fn. 445), 211 (216 ff.).

[728] *Wittreck* (Fn. 445), 211 (219).

[729] Zu alledem *Wittreck* (Fn. 445), 211 (219).

[730] *Wittreck* (Fn. 445), 211 (220).

Nachtrag der Idee einer Vereinheitlichung nur der öffentlich-rechtlichen Fachgerichtsbarkeiten nachgeschoben werden könne und neben dieser auch die Zusammenführung der ordentlichen Gerichtsbarkeit mit der Arbeitsgerichtsbarkeit ins Auge fasst.[731] Exemplarisch für *Weths* Position sind seine Ausführungen zu den Gründen, die für eine Vereinheitlichung (im großen Stil) angeführt werden. Diese seien entweder zu oberflächlich oder aber sie entbehren jedweder Grundlage. Eine Reform des Gerichtswesens, mithin „die planmäßige Verbesserung bestehender Zustände“[732] auf diesem Gebiet, könne doch etwa nicht auf eine monierte, überlange Verfahrensdauer gestützt werden, die ihre Existenz dem Umstand verdanke, dass „dies [der] allgemeine[n] Meinung“[733] entspreche. Ebenso wenig vermöge der Einwand einer zu weitreichenden Spezialisierung sowie einer nicht tragbaren Zersplitterung der Gerichtsbarkeiten zu überzeugen, wäre „[o]hne eine solche Aufteilung [...] ein effektiver Rechtsschutz nicht zu gewährleisten“[734].

bb) Vertreter der Anwaltschaft

Auch in den Reihen der Anwaltschaft finden sich überwiegend Stimmen, die einer Vereinheitlichung der öffentlich-rechtlichen Gerichtsbarkeiten vehement entgegentreten, und das, obwohl ihre Berufsgruppe doch vorrangig als Nutznießer von Vereinheitlichungsvorhaben im Gerichtswesen identifiziert werden. Exemplarisch hierfür steht *Konrad Redeker*. Auch er zweifelt an den erhofften Einsparungen, die mithilfe einer Zusammenführung erzielt werden würden, verbleibt aber schließlich auch bei diesem Befund und widmet sich bei dieser rechtspolitisch günstigen Gelegenheit, wie noch zu zeigen sein wird, wieder einmal der Vereinheitlichung der öffentlich-rechtlichen Prozessordnungen.[735]

Aber auch Verfechter einer Vereinheitlichung finden sich in ihren Reihen, so etwa *Bernhard Stüer* und *Caspar David Hermanns*. Ihr Blick richtet sich indes nur sekundär auf die Begründungsebene einer Vereinheitlichung und ihre Passgenauigkeit. Im Fokus stehen vielmehr Detailfragen einer Vereinheitlichung wie etwa der Instanzenzug oder die Besetzung der Spruchkörper.[736] Nur in wenigen

---

[731] Zu den Zusammenhängen und Inhalten der kleinen und großen Justizreform *Weth*, Justizminister im Reformrausch? – Zum geplanten Umbau der Justiz, ZRP 2005, 119 (119).

[732] *Weth* (Fn. 731), 119 (119).

[733] *Weth* (Fn. 731), 119 (120).

[734] *Weth* (Fn. 731), 119 (120).

[735] Vgl. *Redeker*, Vereinheitlichung der öffentlich-rechtlichen Gerichtsbarkeiten?, NJW 2004, 496 (496).

[736] Zu den von ihnen anvisierten „konkrete[n] Reformschritte[n]“ *Stüer/Hermanns* (Fn. 462), 164 (165ff.). Dass ihr Fokus auf Fragen der (verfassungs-)rechtlichen Machbarkeit einer Vereinheitlichung sowie auf damit zusammenhängenden Umsetzungsproblemen liegt, wird neben *Stüer/Hermanns*, Der verfassungsrechtliche Rahmen einer Vereinheitlichung der öffentlich-

Zeilen versuchen *Stüer* und *Hermanns* darzulegen, warum eine Vereinheitlichung erstrebenswert wäre und welche Vorteile sie generieren würde. Schon „aus Gründen der effektiven Aufgabenerledigung" könne gefolgert werden, dass die öffentlich-rechtlichen Fachgerichtsbarkeiten „in Zukunft enger zusammenrücken müss[t]en"[737]. Die bisherigen Unterschiede zwischen den einzelnen Gerichtszweigen seien zudem historisch erwachsene Gegebenheiten, die „in der Sache nicht zwingend"[738] seien. Ganz im Gegenteil lägen „[d]ie Vorteile einer Verwaltungsgerichtsbarkeit unter einem Dach [gar] auf der Hand": So würde dieses Vorgehen zu „[v]ielfältige[n] Synergieeffekte[n] im Bereich der Personalwirtschaft und der Organisation der Gerichtsbarkeiten" führen und zugleich den „Einsatz von Personal und Sachmitteln flexibler"[739] werden lassen.

cc) Vertreter der Richterschaft

Differenziert, wenn auch mehrheitlich ablehnend, behandelt die Richterschaft das Thema der Vereinheitlichung.

Den Aspekt der Spezialisierung eingehender fokussierend kommt der Richter am Bundesfinanzhof *Heinrich Weber-Grellet* zu dem Schluss, dass an den bestehenden Fachgerichtsbarkeiten festzuhalten sei, seien diese doch „notwendiges Element einer fortgeschrittenen Demokratie"[740] und damit unerlässlich für den rechtsschutzsuchenden Bürger. Spezialisierung dürfe nicht „allein unter dem Aspekt der Kosten und des flexiblen Personaleinsatzes" gesehen werden, da „[d]iese Sichtweise [...] eindeutig zu kurz [sei] und [...] den Vorteilen von Fachgerichtsbarkeiten in keiner Weise Rechnung"[741] trage. Historisch erwachsen und durch das Erfordernis fachlicher Vorkenntnisse bei zu besetzenden Richterstellen noch heute von großer Bedeutung, gewährleiste die Spezialisierung neben „einem wirksamen Rechtsschutz"[742] insbesondere eine Erhöhung der „Qualität der Justiz"[743]. Zudem führt *Weber-Grellet* gegen eine Vereinheitlichung einen Makel

---

rechtlichen Fachgerichtsbarkeiten, DÖV 2001, 505 ff., auch durch die Schwerpunktsetzung in der Dissertationsschrift von *Hermanns*, Einheit der Verwaltungsgerichtsbarkeit, 2002, passim, bestätigt.

[737] *Stüer/Hermanns* (Fn. 462), ZRP, 164 (164).

[738] *Stüer/Hermanns* (Fn. 462), ZRP, 164 (165).

[739] *Stüer/Hermanns* (Fn. 462), ZRP, 164 (165).

[740] *Weber-Grellet*, Zur Notwendigkeit differenzierter Justizstrukturen, ZRP 2013, 110 (113).

[741] *Weber-Grellet* (Fn. 740), 110 (113).

[742] *Weber-Grellet* (Fn. 740), 110 (112).

[743] *Weber-Grellet* (Fn. 740), 110 (113). Zumindest indirekt betont auch *Schäfer*, Aus fünf mach zwei?, BJ 2004, 222 (224), die Wichtigkeit differenzierter, auf Spezialisierung angelegter Organisationsstrukturen und verweist auf die sich gewandelte Denkweise in der Privatwirtschaft, von Fusionen Abstand zu nehmen und die Schaffung „teilautonomer Einheiten" voranzutreiben, und deren Vorbildfunktion für den Organisationsgesetzgeber.

an, der zentralisierten Systemen anhafte. „[E]ine unabhängige und widerstandsfähige Justiz" bedürfe einer „Gewaltenteilung innerhalb der Gewaltenteilung", mithin eines dezentralisierten Systems, welches die Judikative vor einem „exekutiven Durchgriff"[744] bewahre.

Ganzheitlicher betrachtet *Jan-Robert v. Renesse*, Richter am Sozialgericht, die Bestrebungen einer Vereinheitlichung der Fachgerichtsbarkeiten, genauer genommen: die Möglichkeit einer Zusammenführung der allgemeinen Verwaltungs- sowie der Sozialgerichte. Eine Öffnungsklausel, die eine entsprechende Zusammenführung ermöglichen würde, sei nicht nur verfassungswidrig[745], sondern „[a]uch haushalts- und justizpolitisch [...] kontraproduktiv"[746]. Nicht nur das Eintreten von Synergieeffekten hält *v. Renesse* für ausgeschlossen, er befürchtet gar das Ausbleiben von Organisationsentwicklungen. Dies ließe sich etwa dadurch belegen, dass auch weiterhin ein Bedarf an spezialisierten Gerichtsbibliotheken und entsprechendem Führungspersonal bestünde. Abgerundet werden *v. Renesses* Einwände gegen eine Zusammenführung der Gerichtsbarkeiten von der Feststellung, dass dies eine „Erosion des Sozialstaats" bedingen und zugleich „das Vertrauen der Öffentlichkeit in die Unabhängigkeit der Justiz gefährden"[747] würde. In der Summe würde die normative Möglichkeit einer Zusammenführung aus Sicht der Sozialgerichtsbarkeit einen „faktische[n] Einstieg in den Ausstieg aus einer selbständigen Sozialgerichtsbarkeit [darstellen] und damit [die] Preisgabe eines wesentlichen Teils gewachsener sozialstaatlicher Rechtskultur"[748] bedeuten.

Kontrastiert werden diese Positionen etwa von *Uwe Berlit*, Richter am Bundesverwaltungsgericht, der sich seinerseits aber in erster Linie darauf beschränkt,

---

744 *Weber-Grellet* (Fn. 740), 110 (113).

745 Zum Aspekt der Verfassungswidrigkeit *v. Renesse*, Ausübung der Sozialgerichtsbarkeit durch besondere Spruchkörper der Verwaltungsgerichte?, NZS 2004, 452 (452 ff.).

746 Zu den (folgenden) haushalts- und justizpolitischen Gründen gegen eine Vereinheitlichung *v. Renesse* (Fn. 745), 452 (458). In Bezug auf die haushaltspolitischen Erwägungen ebenfalls *Schäfer* (Fn. 743), 222 (224); *Roller*, Abschied von der Sozialgerichtsbarkeit?, DRiZ 2004, 53 (55), und *Tabbara* (Fn. 713), 483 (488), die davon ausgeht, dass anstelle von Synergieeffekten dysfunktionale Effekte eintreten würden.

747 *v. Renesse* (Fn. 745), 452 (458). Zum Vertrauen der Bürger ebenso *Tabbara* (Fn. 713), 483 (487), die hervorhebt, dass „[e]in funktionierendes Gerichtswesen [...] ein die Gesellschaft stabilisierender Faktor [sei], ein wirtschaftlicher Standortvorteil und nicht zuletzt auch ein Kulturgut an sich" und dass „[d]ie Verschmelzung der öffentlich-rechtlichen Gerichtsbarkeiten [die bisher] arbeitsfähigen und hochleistungsfähigen Strukturen zerschlagen und alle Reibungsverluste in Kauf nehmen [würde], die mit solchen Großfusionen einher[gingen]". Auch *Hochschild/Schulte-Kellinghaus*, Justizminister wollen Aufgaben der Sozialgerichte auf die Verwaltungsgerichte übertragen – Was bedeutet das für die Rechtsprechung?, DRiZ 2004, 213 (214), gehen von einem „Abbau des Sozialstaatsgedankens" durch eine Vereinheitlichung aus.

748 *v. Renesse* (Fn. 745), 452 (452).

die Argumente gegen eine Vereinheitlichung zu relativieren. So schreibt er etwa dem Einwand notwendiger Spezialisierung innerhalb des Gerichtswesens nur eine begrenzte Überzeugungskraft zu, die nur greife, sofern eine die Spezialisierung erzeugende Binnendifferenzierung im Einheitsgericht selbst nicht möglich sei.[749] Darüber hinaus müsse gegen eine Spezialisierung eingewandt werden, dass diese die „Gefahr von ‚Fachidiotentum' und beruflichem Immobilismus"[750] in sich bärge. Auch die Kritik, dass durch eine Vereinheitlichung kurz- und mittelfristig nicht ohne Weiteres Einspareffekte erzielt werden könnten, versucht *Berlit* zu relativieren, indem er schlicht das Nichtvorhandensein valider Studien so auslegt, dass dieser Umstand genauso gut als Argument für eine Zusammenführung ins Feld geführt werden könnte.[751] Neben weiteren Bemühungen *Berlits*, die Argumente gegen eine Vereinheitlichung mithilfe von Praxisüberlegungen zu den Auswirkungen einer Zusammenführung abzumildern, weist er zuletzt noch darauf hin, dass die historischen Gründe, die eine Ausdifferenzierung vorangetrieben haben, inzwischen überholt seien.[752]

Bestätigung findet seine Position im Hinblick auf eine Vereinheitlichung von (zumindest) allgemeiner Verwaltungs- und Sozialgerichtsbarkeit in den Überlegungen von *Thomas Flint*. Auch er sieht in den Vorteilen, die eine Vereinheitlichung den Rechtsschutzsuchenden bringen würde, sowie der damit einhergehenden Stärkung der Gerichtsbarkeit gegenüber der Verwaltung überzeugende Gründe.[753] Zugleich begründet *Flint* seinen Standpunkt mit der Überzeugung, dass es gewissermaßen eine Pflicht der gesetzgebenden Politik sei, „fachlich nachvollziehbar zu erwartende Effektivitätsgewinne, die durch den flexiblen Einsatz von Ressourcen […] entstehen könnten, [zu] realisieren"[754]. Dass es sich bei alledem um evidente und überzeugende Gründe für eine Vereinheitlichung handelt, ist zwangsläufige Folge des von *Flint* gewählten Maßstabes zur Prüfung gesetzgeberischer Fusionsbestrebungen. Ist man nämlich mit ihm der Überzeugung, dass es zum Bruch der tradierten gerichtlichen Strukturen „keines zwingenden Grundes und keiner besonderen Rechtfertigung [und darüber hinaus auch] keine[r] Notwendigkeit"[755] bedürfe, kann mit jeder plausiblen Erwägung eine Systemumstellung erreicht werden. Nicht nur, aber gerade auch hierin kann ein Grund gesehen werden, der die subjektive Einfärbung der vorgetragenen Argumente erklärt, denen *Flint* eine weitere Berechtigung in der Außerrechtlichkeit

---

749 So *Berlit* (Fn. 462), 226 (229).
750 *Berlit* (Fn. 462), 226 (230).
751 Vgl. *Berlit* (Fn. 462), 226 (231 f.).
752 So *Berlit* (Fn. 462), 226 (235).
753 *Flint* (Fn. 462), 217 (219 f.).
754 *Flint* (Fn. 462), 217 (221).
755 *Flint* (Fn. 462), 217 (217).

der aufgeworfenen Frage zuschreiben zu können glaubt.[756] Da es sich bei Organisationen nämlich um Institutionen handele, deren Essentialia nicht vom Recht, sondern von „den allgemein akzeptierten Standards“ entsprechender Wissenschaften bestimmt werden, könnten „[d]en politisch und rechtlich Verantwortlichen“ bei der Entscheidung zwischen mehreren Ausgestaltungsoptionen „keine Grenzen gezogen“[757] werden.

b) Die Vereinheitlichung der öffentlich-rechtlichen Prozessordnungen

Nur vereinzelt finden sich zu jener Zeit Überlegungen zur Vereinheitlichung der öffentlich-rechtlichen Prozessordnungen; und dort, wo sie anzutreffen sind, erwecken sie den Eindruck einer bloßen Randnotiz, welche – ohne große Aufmerksamkeit zu erzeugen – versucht, die Gunst der Stunde für sich selbst zu nutzen, wohlwissentlich, dass der Fokus gegenwärtiger Diskussionen über Mittel zur Verschlankung der Justiz auf institutionellen und weniger auf prozessualen Maßnahmen liegt.

Deutlich wird dies gerade bei *Konrad Redeker* und *Jens Meyer-Ladewig*, die trotz der besonderen Aktualität institutioneller Vereinheitlichungsüberlegungen die Gelegenheit ergreifen, (erneut) für eine Vereinheitlichung des Prozessrechts zu werben. Beide Protagonisten zeichnen sich dabei durch eine differenzierende Meinung über die unterschiedlichen Vereinheitlichungsoptionen aus, der zufolge eine Vereinheitlichung der Gerichtsbarkeiten abzulehnen sei. So könne etwa die Begründung, eine Zusammenführung der Gerichtsbarkeiten führe zu Kosteneinsparungen, nicht überzeugen.[758] Auch eine Vereinheitlichung nur der Sozial- und der allgemeinen Verwaltungsgerichtsbarkeit in Gestalt einer länderfreundlichen Öffnungsklausel sei „nicht wünschenswert“, führe dies doch zu einem unbrauchbaren „Flickenteppich in den deutschen Ländern“[759]. Hinsichtlich ihres obiter dictum, also in Bezug auf die Vereinheitlichung der Prozessordnungen, sei das Ergebnis hingegen ein anderes. Für sie sprächen „gute Gründe“ wie die „Verbesserung des Rechtsschutzes durch Beseitigung nicht gebotener Unterschiede, [eine] bessere Übersichtlichkeit und Praktikabilität, [die] Verminderung der Zahl der geltenden Vorschriften [sowie die] Erleichterung, sich in allen Gerichtszweigen zurecht zu finden“[760]. Auch dieser wieder aufgeblühte Diskurs über die Ver-

---

[756] So führt *Flint* (Fn. 462), 217 (218), aus, dass es sich bei der Wahl der konkreten Organisationsform um „keine Rechtsfrage“ handele, um in den folgenden Schritten – in seinen Worten gesprochen – darzulegen, „[w]arum *ich* für eine Zusammenlegung bin“ (Hervorhebung nicht im Original).

[757] Zu diesem Gedankengang insgesamt *Flint* (Fn. 462), 217 (218).

[758] So *Redeker* (Fn. 735), 496 (496).

[759] *Meyer-Ladewig* (Fn. 713), 1262 (1263).

[760] *Meyer-Ladewig* (Fn. 713), 1262 (1264); ähnlich *Redeker* (Fn. 735), 496 (497).

einheitlichung der verwaltungsgerichtlichen Prozessordnungen zielt an einer eingehenderen Auseinandersetzung mit den Gründen für ein solches Projekt sowie an einer Untersuchung der Passgenauigkeit des Instrumentes der Vereinheitlichung vorbei und beschäftigt sich detaillierter, wenn überhaupt, nur mit der Vereinheitlichungsfähigkeit.[761] Zwar ist sowohl *Redeker* als auch *Meyer-Ladewig* das zurückliegende Scheitern eines solchen Unterfangens bewusst, Erklärungen hierfür finden sie aber gerade nicht in Zweifeln an der Tauglichkeit einer Vereinheitlichung, sondern in der (politischen) „Diskontinuität"[762] jener Zeit. In der Konsequenz müsse daher in Anbetracht der doch zuhauf vorhandenen, überzeugenden Gründe für eine Vereinheitlichung, die dem „Eigenleben", dass „die drei Gerichtsbarkeiten [...] nun fast 50 Jahre [...] entfaltet" haben, und der Pflege „überflüssige[r] Besonderheiten"[763] entgegentritt, lediglich darauf gehofft werden, dass die Vereinheitlichung mit einem beständigen politischen Willen verfolgt wird.[764]

4. Prozessuale und institutionelle Vereinheitlichungen im legislativen Diskurs

Die bisherigen Darstellungen haben gezeigt, dass Fragen der Umsetzung prozessualer und institutioneller Vereinheitlichungen die fachlichen Diskurse bestimmten. Auf die Gründe, die für oder gegen entsprechende Vereinheitlichungen streiten, und die Passgenauigkeit des Instruments der Vereinheitlichung selbst wurde demgegenüber, wenn überhaupt, nur selten eingegangen. Auch im legislativen Diskurs über prozessuale und institutionelle Vereinheitlichungen im verwaltungsgerichtlichen Rechtsschutzsystem in Bundestag und Bundesrat dominierten Fragen über den gebotenen Umfang einer Vereinheitlichung.

So konzentrierten sich die Diskussionen über den Entwurf einer Verwaltungsprozessordnung sowohl in der neunten wie auch in der zehnten Legislaturperiode vornehmlich etwa auf Rechtsmittelfragen,[765] die richterliche Besetzung der öffentlich-rechtlichen Fachgerichtsbarkeiten,[766] die Notwendigkeit der Aufrechterhaltung bestimmter Sonderregelungen für die drei öffentlich-rechtlichen Gerichtszweige,[767] „die kombinierte Einführung des Einzelrichters und der Zulas-

---

[761] So thematisiert etwa *Redeker* (Fn. 735), 496 (497), Fragen des Instanzenzuges und der Besetzung der Spruchkörper.

[762] *Redeker* (Fn. 735), 496 (498); in dieselbe Richtung zielt auch *Meyer-Ladewig* (Fn. 713), 1262 (1265).

[763] *Redeker* (Fn. 735), 496 (498).

[764] Zu diesem, beide Protagonisten vereinenden, Fazit *Meyer-Ladewig* (Fn. 713), 1262 (1264), und *Redeker* (Fn. 735), 496 (498).

[765] Vgl. BT-PlPr 09/131, S. 8157 (B).

[766] S. BT-PlPr 09/131, S. 8156 (B).

[767] Vgl. etwa BT-PlPr 09/131, S. 8154 (B); BR-PlPr 511, S. 161 (A und B).

sungsberufung“[768], Aspekte der Präklusion im Verwaltungsprozess,[769] die „Beschränkung der aufschiebenden Wirkung von Anfechtungsklagen“[770], das Akteneinsichtsrecht[771] oder den Vertreter des öffentlichen Interesses[772].

Auf die Gründe für die vom Gesetzentwurf anvisierte Vereinheitlichung der drei öffentlich-rechtlichen Prozessordnungen wird demgegenüber nur beiläufig eingegangen, auf eine vertiefte Auseinandersetzung mit deren Tragfähigkeit gar weitestgehend verzichtet, obgleich der bayerische Staatsminister *Schmidhuber* in einer Erklärung an die Erforderlichkeit einer solchen Auseinandersetzung mit seiner Forderung nach einer „sorgfältige[n] Prüfung“ der „Frage nach der Zweckmäßigkeit und Notwendigkeit eines derartigen Reformwerks“[773] erinnerte. In Übereinstimmung mit den bereits von Vertretern aus Wissenschaft, Anwaltschaft und Richterschaft vorgetragenen Gründen wird von den Befürwortern einer prozessualen Vereinheitlichung zu ihrer Legitimierung im Rahmen der Debatten insoweit mehrheitlich, und im Vergleich zu den Ausführungen zu verschiedenen Einzelfragen einer Vereinheitlichung nur am Rande, auf die Vorteile verwiesen, die sich aus einer einheitlichen Prozessordnung für die Rechtsschutzsuchenden und Rechtsanwender ergeben würden,[774] sowie die Verbesserung des Rechtsschutzes[775] betont. Dass auf eine eingehende Auseinandersetzung mit den Gründen für eine Vereinheitlichung und ihre Passgenauigkeit verzichtet wird, wird gerade dann deutlich, wenn der Eintritt der verfolgten Ziele als „wahrscheinlich“[776] deklariert wird oder die mit dem Vorhaben verfolgte Kostenreduktion[777] etwa einerseits als gesichert dargestellt, von anderer Stelle hingegen angezweifelt wird. Vereinzelt wird darüber hinaus sogar der Eindruck vermittelt, es bedürfe einer eingehenden Auseinandersetzung mit der Begründungsebene auch gar nicht mehr, wenn auf den Zuspruch verschiedener Institutionen wie etwa des Deutschen Juristentages oder des Bundesarbeitskreises Christlich-Demokratischer Juristen verwiesen wird, der für das Vorhaben spreche.[778]

Aber auch die Kritik an dem Gesetzentwurf einer vereinheitlichenden Verwaltungsprozessordnung fokussiert sich in erster Linie auf Einzelfragen einer Re-

---

768 BT-PlPr 09/131, S. 8154 (D).

769 S. BR-PlPr 511, S. 151 (A und B).

770 BT-PlPr 10/148, S. 11055 (C).

771 Vgl. BT-PlPr 10/148, S. 11057 (A).

772 S. BT-PlPr 10/148, S. 11058 (C).

773 BR-PlPr 511, S. 163 (C).

774 Vgl. nur BT-PlPr 09/131, S. 8153 (B), 8154 (B); BR-PlPr 511, S. 148 (D) f., 162 (B und C).

775 S. nur BR-PlPR 511, S. 162 (C); BT-PlPr 10/148, S. 11057 (D).

776 BT-PlPr 09/131, S. 8154 (B).

777 Zum Widerspruch im Hinblick auf die Kostenreduktion s. BR-PlPr 511, S. 167 (D), und BT-PlPr 10//148, S. 11058 (C).

778 Vgl. hierzu die Erklärung von *Kahrs* in BR-PlPr 511, S. 162 (A).

form.[779] Warum genau „es *sinnvoller* und zweckmäßiger wäre, die wünschenswerten Angleichungen und die erforderlichen Maßnahmen zur Vereinfachung und Beschleunigung des Verfahrens im Wege einer Novellierung der *bestehenden* Prozeßordnungen [– also unter Aufrechterhaltung der Differenzierung –] vorzunehmen", wird nicht eingehend dargelegt, sondern vielmehr mit dem Verweis auf die Bewährung bestehender Bestimmungen und die „speziellen Bedürfniss[e]"[780] der Gerichtsbarkeiten unterstellt.

Nahezu vollständig ausgeklammert wird die Begründungsebene schließlich auch in den legislativen Diskussionen um die Einführung einer Öffnungsklausel, die den Ländern die Zusammenführung der öffentlich-rechtlichen Fachgerichtsbarkeiten ermöglichen sollte. Wie schon in den Debatten über eine einheitliche Verwaltungsprozessordnung werden zwar konkrete Gründe für eine Vereinheitlichung wie der flexible Einsatz richterlichen Personals, die Einsparung von Kosten sowie Vorteile für Verfahrensbeteiligte im Sinne einer schnelleren gerichtlichen Entscheidung benannt,[781] auf Ausführungen dazu, warum diese (nur) durch eine institutionelle Vereinheitlichung erreicht werden können, wird hingegen verzichtet. Es wird darauf verwiesen, dass eine Zusammenführung der öffentlich-rechtlichen Fachgerichtsbarkeiten „sinnvoll und geboten"[782] und „grundsätzlich ein bundeseinheitlicher Gerichtsaufbau vorzugswürdig ist"[783]. Deutlich wird das Fehlen einer eingehenden Auseinandersetzung mit den Gründen für und der Passgenauigkeit einer Vereinheitlichung nicht nur daran, dass die Debatten in Bundestag und Bundesrat im Vergleich zu denjenigen über eine Vereinheitlichung der öffentlich-rechtlichen Prozessordnungen bedeutend kürzer ausfallen, sondern auch daran, dass (schon) die persönliche Überzeugung, „dass sich eine einheitliche öffentlich-rechtliche Gerichtsbarkeit bewähr[en]"[784] wird, die Forderung nach einer Vereinheitlichung zu stützen in der Lage scheint.

Dass sich auch die Kritik an einer Vereinheitlichung der drei öffentlich-rechtlichen Fachgerichtsbarkeiten, die etwa das für eine Vereinheitlichung angeführte Argument der Kosteneinsparung anzweifelt, indes nicht aufzeigt, warum Zweifel angebracht sind und worin genau diese bestehen,[785] mit einigen wenigen allgemeineren Überlegungen begnügt, dürfte darauf zurückzuführen sein, dass der

---

779 Vgl. insoweit etwa BT-PlPr 09/131, S. 8157; BR-PlPr 511, S. 166 f.

780 So die Erklärung des baden-württembergischen Ministers *Eyrich* in BR-PlPr 511, S. 159 (D) (Hervorhebung nicht im Original).

781 Vgl. zu den Gründen BR-PlPr 802, S. 398 (C und D).

782 BR-PlPr 802, S. 398 (C).

783 BR-PlPr 802, S. 399 (A).

784 BR-PlPr 802, S. 399 (A).

785 Vgl. BR-PlPr 802, S. 397 (D).

diskutierte Gesetzentwurf keine Pflicht zur Vereinheitlichung vorsieht, sondern eine solche den Landesgesetzgebern überlässt.[786]

5. Bewertung der Diskurse

Periodisch wiederkehrend bestimmten fachliche Diskurse über institutionelle und prozessuale Vereinheitlichungen auf dem Gebiet des (öffentlich-rechtlichen) Gerichtswesens die zurückliegenden gut 60 Jahre. Dabei zeichnen sich die fachlichen Diskurse durch eine beachtliche Beständigkeit aus, beständig nicht nur in zeitlicher Hinsicht – ist die Anzahl an Zeitabschnitten, in denen keine Überlegungen zu Vereinheitlichungsprojekten angestrengt wurden, doch verschwindend gering –, sondern auch in Bezug auf das, was gefordert wurde. Nur minimal weichen die Inhalte der Vereinheitlichungsforderungen voneinander ab, meist nur hinsichtlich der Art und Weise, wie eine Vereinheitlichung des Prozessrechts oder der Gerichtsbarkeiten zu erreichen ist.[787] Hierin lässt sich zugleich das größte Manko der fachlichen Vereinheitlichungsdiskurse erblicken, standen doch zu sehr Fragen der Vereinheitlichungsfähigkeit und Machbarkeit im Fokus der Betrachtungen.

Bezeichnend für nahezu alle Befürworter der forcierten Vereinheitlichungen ist ein monotones Vorgehen: Gelingt es ihnen mithilfe des scharfen Schwertes des Verfassungsrechts noch nicht zur Gänze, die Vereinheitlichungen zu legitimieren und die „vielgestaltig[e] Allianz von Widerständen“[788] niederzuringen, rekurrieren sie auf einzelne, politisch leicht zu vermittelnde Begründungen, die ein vereinheitlichendes gesetzgeberisches Vorgehen evident erscheinen lassen und deren Legitimation sich doch jedem aufdrängen müsse.[789] So lässt es sich sodann auch erklären, warum in der Regel nur wenig Erläuterndes zu den Inhalten und der Notwendigkeit von Aspekten wie der Verbesserung der Bürgerfreundlichkeit, der Effektivierung des Rechtsschutzes oder der Effizienzsteigerung im Gerichtswesen zu finden ist. Aber nicht nur die Art und Weise, wie diese Argumente vorgetragen werden, ist symptomatisch für die fachlichen Diskurse. Auch die Bandbreite und Festigkeit der Argumente stechen hervor: Ganz gleich ob „Große Lösung“ oder „Kleine Lösung“, stets berufen sich die Diskursteilnehmer auf dieselben Aspekte. Abhängig von den tagespolitischen Bedürfnissen werden dann lediglich bestimmte Argumente besonders betont. Zum Allheilmit-

---

786 So recht deutlich BR-PlPr 802, S. 398 (A).

787 *Wittreck* (Fn. 445), 211 (211), spricht insofern von einem „ganze[n] Kaleidoskop von Fusionsstrategien“.

788 *Wittreck* (Fn. 445), 211 (211).

789 Statt vieler sei nur noch einmal auf *Kopp* (Fn. 547), S. B 16f., verwiesen, der davon ausgeht, dass die Vorteile einer Vereinheitlichung „auf der Hand [liegen]“.

tel zur Erreichung dieser Ziele und zur Behebung der mit ihnen korrespondierenden Missstände wird schließlich die Vereinheitlichung deklariert. Ob diese aber überhaupt dazu in der Lage ist, das zu erreichen, was von ihr gefordert wird, wird in keiner Weise einer Überprüfung unterzogen. In der Summe, so wirkt es, versuchen die Befürworter einer Vereinheitlichung, die sich ebenso wie ihre Gegner sowohl in der Wissenschaft als auch in der Anwalt- und Richterschaft wiederfinden, händeringend und unermüdlich zu belegen, dass Fusionen dringend geboten sind – immer darauf bedacht, ein tieferes Einsteigen in Überlegungen zur Passgenauigkeit des Instrumentes der Vereinheitlichung zu vermeiden und stattdessen Fragen der Vereinheitlichungsfähigkeit in den Vordergrund zu rücken. Komplettiert wird die Szenerie von den Gegnern einer Vereinheitlichung, die die Diskurse zu einem „Grabenkampf" anwachsen lassen. Ihre Kritik beschränkt sich mehrheitlich darauf, die vorgetragenen Argumente der Befürworter zu widerlegen, anstatt an der Wurzel anzusetzen und sich ihrerseits Gedanken zur Passgenauigkeit von Vereinheitlichungen zu machen. Trotz des Bewusstseins, dass es sich bei Fragen zur Organisation und Ausgestaltung staatlicher Institutionen nicht ausschließlich um Rechtsfragen handelt[790] und damit eigentlich auch Erkenntnisse benachbarter und im Umgang mit diesen Themen vertrauterer Disziplinen in die Gedankengänge miteinbezogen werden müssten, geschieht dies nicht. Dass dies erkannt wurde, belegen jene Diskursteilnehmer, die mit den gewünschten Vereinheitlichungen eine Rationalisierung des Rechts verfolgen.[791] Gerade diese Feststellung lässt aufhorchen, erweckt sie doch die Erwartung, dass in einem ersten Schritt geklärt wird, was überhaupt Rationalität bedeutet und fordert und wie ihr Verhältnis zum Recht ist, bevor in einem weiteren Schritt erörtert wird, welche Anforderungen Rationalität an die Organisation und Ausgestaltung des Gerichtswesens stellt und ob diese durch vereinheitlichte oder differenzierte Strukturen besser erreicht werden können. Dass es sich hierbei um die den fachlichen Diskurs prägende Fragestellung handelt, wird gerade daran deutlich, dass auch diejenigen Protagonisten, die das Kriterium der Rationalität nicht erwähnen, subkutan hierauf rekurrieren. So erbringen die als Argumente vorgetragenen Merkmale wie Effektivität, Effizienz und Transparenz selbst bestimmte Rationalisierungsleistungen.[792]

Auffällig ist schließlich noch, dass grundlegende Fragen auch in den legislativen Debatten um institutionelle und prozessuale Vereinheitlichungen im verwaltungsgerichtlichen Rechtsschutzsystem nahezu vollständig ausgeklammert werden. Stärker noch als in den fachlichen Vereinheitlichungsdiskursen beschränkt

---

[790] Deutlich bei *Flint* (Fn. 462), 217 (218).

[791] Stellvertretend *Reuß* (Fn. 202), 144 ff.

[792] Vgl. hierzu *Schulze-Fielitz* (Fn. 213), S. 311 (315).

sich die Auseinandersetzung mit der Begründungsebene entsprechender Vereinheitlichungen auf eine Aufzählung bzw. Benennung von Gründen, die für oder gegen eine prozessuale bzw. institutionelle Vereinheitlichung streiten. Dass mit dem Instrument der Vereinheitlichung die verfolgten Ziele erreicht und festgestellte bzw. drohende Missstände behoben werden, scheint für die Befürworter als gesichert zu gelten,[793] sodass Fragen zur Passgenauigkeit prozessualer und institutioneller Vereinheitlichungen nicht gestellt und schon gar nicht eingehend diskutiert werden. Ebenso wenig wird auf den Aspekt der Rationalität eingegangen, obgleich sich einzelne Befürworter und Gegner prozessualer wie institutioneller Vereinheitlichungen zur Stärkung ihrer Position unmittelbar hierauf berufen.[794]

Zusammenfassend lässt sich somit resümieren, dass der so oft monierte Partikularismus Charakteristikum sowohl der Befürworter wie auch der Gegner von Vereinheitlichungen im verwaltungsgerichtlichen Rechtsschutzsystem ist. Die Tendenz, Fragen der Vereinheitlichungsfähigkeit zu fokussieren, führte dazu, dass grundlegendere Aspekte übergangen oder nicht in der gebotenen Tiefe behandelt wurden. Dies aber muss Anspruch eines solchen Diskurses sein, der mit Forderungen verknüpft ist, die im Falle ihrer Realisierung zu gravierenden Durchbrechungen historisch gewachsener und bewährter Strukturen führen. Insbesondere wenn eine Jahrzehnte andauernde intensive Suche nach einer verfassungsrechtlichen Antwort auf die aufgeworfenen Fragen zu keinem eindeutigen Ergebnis zu führen scheint, sollte sich um alternative, möglicherweise (verfassungs-)theoretische Erklärungen, die über die rein politische Ebene hinausreichen, bemüht werden.

---

[793] Vgl. nur BT-PlPr 09/131, S. 8154 (B); BR-PlPr 802, S. 399 (A).

[794] S. etwa BR-PlPr 511, S. 159 (D); BR-PlPr 802, S. 398 (C).

Kapitel 2

Vereinheitlichungen im verwaltungsgerichtlichen Rechtsschutzsystem in verfassungsrechtlicher Perspektive

Oftmals führten die Befürworter wie auch die Gegner von prozessualen und institutionellen Vereinheitlichungen im Rechtsschutzsystem verfassungsrechtliche Erwägungen zur Untermauerung ihrer jeweiligen Position an.[1] Kontrovers wurde diskutiert, ob das Verfassungsrecht eine Vereinheitlichung der öffentlich-rechtlichen Prozessordnungen bzw. der öffentlich-rechtlichen Fachgerichtsbarkeiten fordert oder dieser im Wege steht. Dabei richtete sich der Blick allerdings in der Regel auf die Verfassungsmäßigkeit oder -widrigkeit der im wissenschaftlichen Diskurs entworfenen Möglichkeiten einer Vereinheitlichung oder der speziellen Regelungen einer bereits im Stadium eines konkreten Gesetzentwurfes befindlichen Zusammenführung.

Die angedachten Regelungen des Speyerer Entwurfs, des Entwurfs einer einheitlichen Verwaltungsprozessordnung und des Entwurfs eines Zusammenführungsgesetzes als Beispiele für eine Vereinheitlichung begreifend, widmet sich dieser Abschnitt in abstrakterer Weise den verfassungsrechtlichen Vorgaben zur Ausgestaltung des verwaltungsgerichtlichen Rechtsschutzsystems und deren konkreten Anwendung auf prozessuale und institutionelle Vereinheitlichungen wie sie die Gesetzesentwürfe vornehmen sollten. Maßgeblich geht es dabei um die Frage, ob das Grundgesetz den Gesetzgeber dazu anhält, eben jenes Rechtsschutzsystem vereinheitlicht oder differenziert zu strukturieren. Damit rückt vorrangig Art. 19 Abs. 4 S. 1 GG in den Fokus der weiteren Betrachtung. Daneben wird aber auch Art. 95 GG, der möglicherweise Aufschluss über die konkrete Strukturierung der öffentlich-rechtlichen Fachgerichtsbarkeiten gibt, Art. 97 GG und dem Rechtsstaatsprinzip ausreichend Beachtung zu schenken sein.

---

[1] Statt vieler vgl. nur *Ule*, Verfassungsrecht und Verwaltungsprozeßrecht, DVBl. 1959, 537 ff.; *Bettermann*, Notwendigkeit, Möglichkeiten und Grenzen einer Angleichung der deutschen Verfahrensordnungen, ZZP 70 (1957), 161 ff.; *de With*, Möglichkeiten und Grenzen der Vereinheitlichung der deutschen Verfahrensgesetze unter Berücksichtigung des Prozeßzwecks, der Dispositionsmaxime, des Streitgegenstandes, der Verhandlungs- und der Untersuchungsmaxime, 1959, S. 2; *Kniesch*, Die Notwendigkeit der Einheit der Rechtspflege, NJW 1954, 1137 (1139); *Schorn*, Einheitliche Gerichtsbarkeit, DRiZ 1954, 41 (41).

A. Die Vereinheitlichung der Verwaltungsprozessordnungen im Lichte der Rechtsschutzgarantie des Art. 19 Abs. 4 S. 1 GG

Der wissenschaftliche Diskurs thematisierte auch und gerade die Vereinheitlichung des Prozessrechts der öffentlich-rechtlichen Fachgerichtsbarkeiten – wie erwähnt – häufig in verfassungsrechtlicher Perspektive. Nicht selten hieß es, dass die Verfassung eine entsprechende Vereinheitlichung entweder einfordern oder eine solche gerade verbieten würde. Noch häufiger aber richtete sich der Blick auf die Vereinbarkeit einzelner Normen des jeweils vorgeschlagenen vereinheitlichten Prozessrechts mit der verfassungsrechtlichen Rechtsschutzgarantie des Art. 19 Abs. 4 S. 1 GG. Dies mag zwar ein in der Sache nicht unwichtiger Aspekt sein, klammert in der vorgenommenen Weise allerdings grundlegende Fragen vorschnell aus. Richtig ist zwar, dass Art. 19 Abs. 4 S. 1 GG bei Fragen, die den Rechtsschutz gegen Akte der öffentlichen Gewalt betreffen, stets zu berücksichtigen ist. Aber nicht die Vereinbarkeit einzelner Vorschriften mit den Vorgaben des Art. 19 Abs. 4 S. 1 GG ist es, was sich in einem ersten Zugriff aufdrängt, sondern vielmehr die Frage, wann eine Vereinheitlichung der Prozessordnungen als „verfassungsrechtlich geboten“ zu deklarieren ist. Welche Anforderungen stellt also Art. 19 Abs. 4 S. 1 GG an die Gesetzgebung? Damit rückt das Verhältnis von Grundrechten und Gesetzgebung in den Fokus der Betrachtung. Um zu klären, ob eine Vereinheitlichung der Prozessordnungen der öffentlich-rechtlichen Fachgerichtsbarkeiten nach Art. 19 Abs. 4 S. 1 GG tatsächlich verfassungsrechtlich geboten ist, bedarf es eines entsprechenden Maßstabes zur Beurteilung der Pflichten des Gesetzgebers innerhalb seines Verhältnisses zu Art. 19 Abs. 4 S. 1 GG.

I. Zum Verhältnis von Art. 19 Abs. 4 S. 1 GG und der Gesetzgebung

Dass die Grundrechte einerseits und die Gesetzgebung andererseits in einem besonderen Verhältnis zueinanderstehen, macht das Grundgesetz bereits an vorderster Stelle in Art. 1 Abs. 3 GG deutlich:[2] Die dort verankerte Bindung aller Staatsgewalten an die Grundrechte fordert auch von der Legislative vollumfängliche Beachtung bei ihrem Tätigwerden ein und symbolisiert zugleich das Wesen der Grundrechte als First des normenhierarchischen Gebäudes des deutschen Rechtsstaates. Die mit dem Erlass des Bonner Grundgesetzes geschaffene Bindungsklausel des Art. 1 Abs. 3 GG rückt Grundrechte einerseits und einfaches Recht andererseits in ein Über- und Unterordnungsverhältnis und setzt den

[2] Zur Bedeutung von Art. 1 Abs. 3 GG für das Verhältnis von Grundrechten und Gesetzgebung s. *Gellermann*, Grundrechte in einfachgesetzlichem Gewande, 2000, S. 2f.; *Nierhaus*, Grundrechte aus der Hand des Gesetzgebers?, AöR 116 (1991), 72 (76ff.).

Schlussstein in der unbeständigen Entwicklung dieses Verhältnisses.[3] Anders noch als zur Zeit der Weimarer Reichsverfassung und gänzlich diametral zu den Vorstellungen der nationalsozialistischen Unrechtsherrschaft treten „[d]em Gesetzgeber [...] die Grundrechte nicht mehr als bloße Programmsätze und allenfalls politisch bedeutsame Direktiven, sondern als aktuell geltendes Recht gegenüber, das mit Verbindlichkeit, Maßgeblichkeit und Durchsetzbarkeit begabt und daher in der Lage ist, die Nichtigkeit bzw. Vernichtbarkeit entgegenstehenden Gesetzesrechts zu bewirken“[4]. Diese Maßstäblichkeit der grundrechtlichen Ebene für die einfachrechtliche Ebene und damit deren strikte Trennung erfahren durch die, für einzelne Grundrechte (z.B. Art. 2 Abs. 1, 5 Abs. 1 S. 1, 8 Abs. 1 GG) vorgesehenen Gesetzesvorbehalte, die es dem Gesetzgeber erlauben, unter bestimmten Voraussetzungen einschränkend in die grundrechtlichen Freiheiten einzugreifen, eine weitere Stütze.[5] Daneben finden sich in der Verfassung allerdings auch Grundrechte, die ein Stehenbleiben bei der Feststellung eines reinen Subordinationsverhältnisses zwischen Grundrechten und Gesetzgebung verbieten. Insbesondere die Art. 5 Abs. 1 S. 2, 6 Abs. 1 und 14 Abs. 1 GG bringen dies zum Ausdruck. Das Paradebeispiel mag in diesem Zusammenhang die Eigentumsgarantie des Art. 14 Abs. 1 S. 1 GG sein. Ihr fehlt es an einer eigenen Bestimmung des Inhalts des Eigentums, sie überlässt die Festlegung dessen, was Inhalt des Eigentums sein soll, von Verfassungs wegen dem Gesetzgeber, Art. 14 Abs. 1 S. 2 GG. „Aus der Gesamtheit der verfassungsmäßigen Gesetze, die den Inhalt des Eigentums bestimmen, ergeben sich somit [erst] Gegenstand und Umfang des durch Art. 14 Abs. 1 Satz 1 GG gewährleisteten Bestandsschutzes“[6]. Die Grundrechtsbindung des Gesetzgebers nach Art. 1 Abs. 3 GG kennt demnach grundsätzlich zwei Richtungen: Entweder trifft den Gesetzgeber ein Handlungs*gebot* oder aber gerade ein Handlungs*verbot*.

1. Die Vereinheitlichung der Prozessordnungen als Ausgestaltung von Art. 19 Abs. 4 S. 1 GG

Was aber fordert die Grundrechtsbindung nach Art. 1 Abs. 3 GG vom Gesetzgeber im Hinblick auf Art. 19 Abs. 4 S. 1 GG? Unbestritten ist zunächst einmal die Bedeutung der verfassungsrechtlichen Rechtsschutzgarantie: „Schlußstein“ im „Gewölbe des Rechtsstaats“[7], „‚rocher de bronce‘ der staatsbürgerlichen Frei-

---

3 Vgl. *Gellermann* (Fn. 2), S. 3.

4 *Gellermann* (Fn. 2), S. 3. Ähnlich *Nierhaus* (Fn. 2), 72 (77).

5 Vgl. hierzu und zum Folgenden m.w.N. nur *Gellermann* (Fn. 2), S. 4.

6 BVerfGE 58, 300 (336).

7 *Thoma*, Über die Grundrechte im Grundgesetz für die Bundesrepublik Deutschland, in: Wandersleb (Hrsg.), Recht – Staat – Wirtschaft, Bd. 3, 1951, S. 9 (9).

heit“[8], „königliche[r] Artike[l]“[9] und Vorschrift, in der „der Rechtsstaat seine Krönung gefunden“[10] hat. Die Ehrerbietung vor der Rechtsschutzgarantie des Art. 19 Abs. 4 S. 1 GG kennt nur wenige Grenzen, ist sie doch die „Grundsatznorm für die gesamte Rechtsordnung“[11]. Expressis verbis verbürgt Art. 19 Abs. 4 S. 1 GG Rechtsschutz gegen Rechtsverletzungen des Bürgers durch die öffentliche Gewalt und konkretisiert damit den allgemeinen Justizgewährungsanspruch.[12] Ziel der Norm ist dem Wortlaut nach ein effektiver gerichtlicher Rechtsschutz gegen verletzende Akte der öffentlichen Gewalt. Sie garantiert dem Bürger also die Möglichkeit, seine Rechte gegen den Staat gerichtlich durchsetzen zu können.

Wiederholt hat das Bundesverfassungsgericht vor diesem Hintergrund ausgeführt, dass die verfassungsrechtliche Rechtsschutzgarantie einer „normativen Ausgestaltung“[13] bedürfe. Unterverfassungsrechtliche Regelungen sind für die Rechtsschutzgarantie des Art. 19 Abs. 4 S. 1 GG mithin unverzichtbar; die Vorschrift gewährleistet „den Rechtsweg nur im Rahmen der jeweils geltenden Prozeßordnungen“[14]. Erst das vom Gesetzgeber erlassene Prozessrecht gibt dem Bürger also das Instrumentarium an die Hand, das er zur Durchsetzung seiner Rechte gegen den Staat benötigt. Der Gesetzgeber buchstabiert insofern den verfassungsrechtlich garantierten Schutz erst aus; dabei wird ihm „eine weite Gestaltungsfreiheit“[15] zugesprochen. Die in Art. 74 Abs. 1 Nr. 1 GG niedergelegte Ausgestaltungsbefugnis des Gesetzgebers wird damit durch Art. 19 Abs. 4 S. 1 GG um ein Gebot zur Ausgestaltung ergänzt. Der Gesetzgeber *muss* dasjenige konkretisieren, was die Verfassung den Grundrechtsberechtigten mit dem Topos der Garantie des Rechtsschutzes gegen Akte der öffentlichen Gewalt in abstrakter Weise zusichert. Charakteristikum der verfassungsrechtlichen Rechtsschutzgarantie ist mithin ihr normgeprägter Charakter, der den Gesetzgeber zu einem aktiven Tätigwerden in Form der Ausgestaltung veranlasst und in dem die leis-

---

[8] *Bachof*, Art. 19 Abs. 4 des Grundgesetzes und das Bundesverwaltungsgericht, DRZ 1950, 245 (246).

[9] *Jellinek*, Kabinettsfrage und Gesetzgebungsnotstand nach dem Bonner Grundgesetz, VVDStRl 8 (1950), S. 3 (3).

[10] *Ebers*, Die Verwaltungs- und Verfassungsgerichtsbarkeit in Österreich, in: FS Laforet, 1952, S. 269 (271).

[11] BVerfGE 58, 1 (40).

[12] Zur allgemeinen Bedeutung der verfassungsrechtlichen Rechtsschutzgarantie statt vieler *Schulze-Fielitz*, in: Dreier (Hrsg.), GG, Bd. 1, 3. Aufl. 2013, Art. 19 IV Rn. 35 ff.; *Sachs*, in: ders. (Hrsg.), GG, 8. Aufl. 2018, Art. 19 Rn. 11; *Huber*, in: v. Mangoldt/Klein/Starck (Hrsg.), GG, Bd. 1, 7. Aufl. 2018, Art. 19 Rn. 333 f.; *Krebs*, in: v. Münch/Kunig (Hrsg.), GG, Bd. 1, 6. Aufl. 2012, Art. 19 Rn. 53 ff.; *Schmidt-Aßmann*, in: Maunz/Dürig (Hrsg.), GG, Bd. 3, Art. 19 Abs. 4 (72. EL Juli 2014) Rn. 1, 16.

[13] BVerfGE 60, 253 (268).

[14] BVerfGE 10, 264 (268).

[15] BVerfGE 60, 253 (268).

tungsrechtliche Wirkung von Art. 19 Abs. 4 S. 1 GG zum Ausdruck kommt.[16] Im Unterschied zu Grundrechten wie Art. 2 Abs. 2 S. 1 GG knüpft ihr Schutzgehalt nicht an Ausschnitte der Lebenswirklichkeit an, ist insoweit also nicht vorgegeben. Grundrechtlichen Schutz sollen und können vielmehr erst „Produkte der Rechtsordnung“[17] erfahren, also die Erzeugnisse des parlamentarischen Gesetzgebungsprozesses. Nicht das Über- und Unterordnungsverhältnis zwischen Grundrechten und Gesetzgebung wird damit angesprochen, „sondern ein kooperatives Wechselverhältnis“[18]. Das konfligierende Gegenüber von Gesetzgeber und grundrechtlicher Freiheit, in dessen Rahmen der Gesetzgeber zum „Feind der Grundrechte“[19] wird, wandelt sich zu einem harmonischen Miteinander von Grundrechten und Gesetzgebung. In ihrer besonderen Abhängigkeit von der Gesetzgebung unterscheiden sich mithin normgeprägte Grundrechte wie Art. 19 Abs. 4 S. 1 GG von anderen grundrechtlichen Verbürgungen, deren Schutzgegenstände vorgegeben sind und die im Verhältnis zur Legislative vom Gesetzgeber nicht ein aktives Tätigwerden, sondern die Schonung des verfassungsrechtlich garantierten Autonomiebereichs verlangen. In der Perspektive von Art. 1 Abs. 3 GG deutet also vieles darauf hin, dass den Gesetzgeber im Hinblick auf Art. 19 Abs. 4 S. 1 GG ein Handlungs*gebot* trifft, das der Rechtsprechung zufolge unter dem Begriff der Ausgestaltung firmiert.

Trotz alledem finden sich in der Judikatur des Bundesverfassungsgerichts aber auch Belege dafür, dass sich die Wirkungen, die Art. 19 Abs. 4 S. 1 GG zu entfalten scheint, nicht in der Pflicht des Gesetzgebers, etwas zu leisten, erschöpfen. So überprüfte das Gericht in verschiedenen Fällen gesetzgeberische Einschränkungen von Art. 19 Abs. 4 S. 1 GG auf ihre Verfassungsmäßigkeit hin und zog schrankendogmatisch anmutende Maßstäbe zur Beurteilung dieser Frage heran. So heißt es in einer Entscheidung etwa: „Die Ausgestaltung des Rechtswegs muß freilich dem Schutzzweck des Art. 19 Abs. 4 Satz 1 GG Genüge tun: Sie muß das Ziel dieser Gewährleistung […] verfolgen; sie muß hierfür zweckgerichtet, geeignet und angemessen sowie für den Rechtsuchenden zumutbar sein […].“[20]

---

[16] Zur Normgeprägtheit der verfassungsrechtlichen Rechtsschutzgarantie und der sie auslösenden Verpflichtung des Gesetzgebers zum Tätigwerden vgl. etwa *Schmidt-Aßmann* (Fn. 12), Art. 19 Abs. 4 Rn. 5; *Jarass*, in: ders./Pieroth (Hrsg.), GG, 16. Aufl. 2020, Art. 19 Rn. 52.

[17] *Herzog*, Grundrechte aus der Hand des Gesetzgebers, in: Fürst/ders./Umbach (Hrsg.), FS Zeidler, Bd. 2, 1987, S. 1415 (1417).

[18] *Aulehner*, Grundrechte und Gesetzgebung, 2011, S. 410. Ähnlich auch *Hesse*, Grundzüge des Verfassungsrechts, 20. Aufl. 1995, Rn. 304. *Häberle*, Die Wesensgehaltgarantie, 3. Aufl. 1983, S. 210, spricht in diesem Zusammenhang von einer „wechselseitigen Bedingtheit“.

[19] *Burgi*, Das Grundrecht der freien Persönlichkeitsentfaltung durch einfaches Gesetz, ZG 1994, 341 (341); *Hesse* (Fn. 18), Rn. 304. *Häberle* (Fn. 18), S. 163, spricht vom Gesetzgeber „als der eigentliche ‚Feind‘ der grundrechtlichen Freiheit“.

[20] BVerfGE 60, 253 (269).

Diese Herangehensweise des Gerichts an die in Rede stehende gesetzgeberische Tätigkeit im Wirkungskreis von Art. 19 Abs. 4 S. 1 GG deutet aber gerade nicht eine leistungsrechtliche, sondern eine abwehrrechtliche Wirkung der verfassungsrechtlichen Rechtsschutzgarantie an. Es geht in diesen Fällen nicht um die Frage, ob der Gesetzgeber tätig werden muss, sondern ob er in der konkreten Form überhaupt tätig werden darf. Nicht ein Handlungs*gebot* des Gesetzgebers wird hiermit angesprochen; ganz im Gegenteil scheint ihn in diesen Fällen ein Handlungs*verbot* zu treffen.

In seiner Rechtsprechung zeigt das Bundesverfassungsgericht damit gleich zwei Ebenen im Verhältnis von normgeprägter Rechtsschutzgarantie und Gesetzgebung auf: Einerseits geht es um gesetzgeberische Einschränkungen des Art. 19 Abs. 4 S. 1 GG, andererseits um die Ausgestaltung von Art. 19 Abs. 4 S. 1 GG durch den Gesetzgeber. Bei der Ausgestaltung wird das Verhältnis von Grundrechten und Gesetzgebung insofern relevant, als es um „Grundrechte *aus* der Hand des Gesetzgebers“[21] bzw. „Grundrechte in einfachgesetzlichem Gewande“[22] geht, auf der Ebene der Einschränkung hingegen um den Schutz der Grundrechte *vor* der Hand des Gesetzgebers. Das „entweder/oder“ hinsichtlich der einschlägigen Richtung der Grundrechtsbindung des Gesetzgebers scheint die Rechtsprechung zu Art. 19 Abs. 4 S. 1 GG durch ein „und“ zu ersetzen. Das macht aber für jedes gesetzgeberische, prozessrechtsbezogene Handeln die Feststellung erforderlich, welcher Teil der Grundrechtsbindung einschlägig ist. Je nachdem, welche Ebene dieses Beziehungsgeflechts nämlich konkret in Rede steht, verändert sich auch der Maßstab, der an die Handlungen des Gesetzgebers angelegt werden muss. Ein und derselbe Beurteilungsmaßstab kann keinen Aufschluss darüber geben, ob die Verfassung dem Gesetzgeber *gebietet*, tätig zu werden und in welchem Maß, oder ob diese ihm ein bestimmtes Handeln gerade *verbietet*.

Für die Beurteilung der verfassungsrechtlichen Gebotenheit einer Vereinheitlichung stellt sich damit zunächst die Frage, ob ein entsprechender legislativer Vereinheitlichungsakt die Ebene der Ausgestaltung von oder des Eingriffs in Art. 19 Abs. 4 S. 1 GG betrifft, ob der Gesetzgeber also verfassungsrechtlich angehalten ist, eine Vereinheitlichung vorzunehmen, oder ob ihm eine solche gerade untersagt ist.

a) Art. 19 Abs. 4 S. 1 GG zwischen Eingriff und Ausgestaltung?

Die geschilderte Rechtsprechung des Bundesverfassungsgerichts macht deutlich, warum trotz des (vermeintlich) eindeutigen Befundes, dass Art. 19 Abs. 4

[21] So der Titel der Beiträge von *Herzog* (Fn. 17), S. 1415 ff., und *Nierhaus* (Fn. 2), 72 ff. (Hervorhebung nicht in den Originalen).

[22] So der Titel der Habilitationsschrift von *Gellermann* (Fn. 2), passim.

S. 1 GG der Ausgestaltung bedürfe, Unsicherheiten hinsichtlich der dogmatischen Handhabung gesetzgeberischer Handlungen im Zusammenhang mit der verfassungsrechtlichen Rechtsschutzgarantie zu bestehen scheinen.[23] Ursächlich für diese Probleme ist, dass das Verhältnis von Art. 19 Abs. 4 S. 1 GG und der Gesetzgebung dem Bundesverfassungsgericht und Teilen der Literatur zufolge zweigeteilt ist: *In erster Linie* entfalte die Vorschrift leistungsrechtliche Wirkung, *sekundär* könne sie aber auch abwehrrechtlich wirken.[24]

Ist einer solchen Sichtweise aber tatsächlich zu folgen? Kann der Gesetzgeber überhaupt in Art. 19 Abs. 4 S. 1 GG eingreifen? Liegt bei einer unzureichenden gesetzgeberischen Ausgestaltung der verfassungsrechtlichen Rechtsschutzgarantie ein Eingriff vor oder handelt es sich nicht vielmehr „um ein Zurückbleiben des Gesetzes hinter dem grundrechtlich gebotenen Leistungsniveau [...], dem mit einem nur negatorischen Unterlassungsanspruch [...] kaum entgegenzutreten sein kann“[25]? Dieser Frage ist in einem ersten Schritt nachzugehen. Im Anschluss daran gilt es zu klären, ob eine einfachgesetzliche Vereinheitlichung der Prozessordnungen durch den Gesetzgeber als Ausgestaltung von oder Eingriff in Art. 19 Abs. 4 S. 1 GG zu werten ist. Mit Blick auf den anzuwendenden Maßstab ist demnach zu fragen, ob eine etwaige Vereinheitlichung entweder mittels des vertrauten Instrumentariums der Eingriffs- und Schranken-Dogmatik (lediglich) auf ihre verfassungsrechtliche (Un-)Zulässigkeit hin überprüft werden kann, oder ob diese als ausgestaltende Tätigkeit an einem noch näher zu bestimmenden Maßstab für die Ausgestaltung von Art. 19 Abs. 4 S. 1 GG durch den Gesetzgeber gemessen werden muss.

aa) Gedanken zur Eingriffsqualität legislativer Handlungen im Hinblick auf Art. 19 Abs. 4 S. 1 GG

Das Bundesverfassungsgericht scheint die Frage, ob es möglich ist, dass der Gesetzgeber mit dem Erlass einfachrechtlicher Prozessrechtsregelungen in Art. 19 Abs. 4 S. 1 GG eingreifen kann, (vermeintlich) klar zu beantworten. Auch wenn das Gericht insoweit den Begriff des Eingriffs meidet und stattdessen von Ein- oder Beschränkungen spricht, deutet gerade auch die Zuhilfenahme des für die

---

[23] Die angesprochene Unsicherheit in der dogmatischen Behandlung der verfassungsrechtlichen Rechtsschutzgarantie, die auch vom BVerfG in den nachstehenden Entscheidungen als ausgestaltungsbedürftig deklariert wird, findet in unterschiedlich anmutenden Maßstäben in der bundesverfassungsgerichtlichen Rechtsprechung ihren Ausdruck; vgl. etwa BVerfGE 60, 253 (269, 288 f.), und 88, 118 (123 f.). Aus der Literatur etwa *Schulze-Fielitz* (Fn. 12), Art. 19 IV Rn. 84, 140.

[24] S. nur *Schulze-Fielitz* (Fn. 12), Art. 19 IV Rn. 84; *Lenz*, Vorbehaltlose Freiheitsrechte, 2006, S. 58.

[25] *Cornils*, Die Ausgestaltung der Grundrechte, 2005, S. 444.

Eingriffs- und Schranken-Dogmatik typischen Verhältnismäßigkeitsgrundsatzes darauf hin, dass ein in Rede stehendes Verhalten des Gesetzgebers auch als Eingriff behandelt werden kann.[26] Art. 19 Abs. 4 S. 1 GG wird mit dieser Lesart des Gerichts „abwehrrechtlich umformuliert“[27].

Abwehrrechtlicher Grundrechtsschutz, wie ihn das Bundesverfassungsgericht mit seiner Judikatur andeutet, wäre im Hinblick auf Art. 19 Abs. 4 S. 1 GG grundsätzlich in zwei Fällen denkbar: Einerseits, wenn die Inhalte der Rechtsschutzgarantie als auf Optimierung angelegt verstanden werden würden, sodass jedes Unterschreiten eines optimalen Rechtsschutzsystems einen Eingriff in deren Gewährleistungsgehalt darstellen würde. Andererseits wiederum, wenn im Sinne der Normbestandsschutzlehre die nachträgliche, absenkende Umgestaltung bzw. Umstrukturierung eines einmal gesetzten Rechtsschutzstandards als Eingriff gewertet werden würde.[28]

(1) Erfordert Art. 19 Abs. 4 S. 1 GG einen optimalen Rechtsschutz?

In der Rechtsprechung des Bundesverfassungsgerichts finden sich Formulierungen, die auf die Annahme eines Optimierungsmodells, also auf das Erfordernis eines prinzipiell optimalen Rechtsschutzstandards hindeuten. So führte das Bundesverfassungsgericht etwa aus, dass „[s]oweit bei der Ausgestaltung der Rechtsschutzgarantie Belange, die dem Gebot umfassenden Rechtsschutzes entgegenstehen, Beachtung verlangen, [...] der Gesetzgeber [...] Ansprüche, die sich dem Grunde nach aus Art. 19 Abs. 4 GG ergeben, einschränken“[29] kann. Weiter noch geht das Gericht davon aus, dass sich diese Einschränkungen am Grundsatz der Verhältnismäßigkeit messen lassen müssen.[30] Vieles deutet also auf die Vorstellung eines optimalen Rechtsschutzstandards hin, der vom ausgestaltenden Gesetzgeber erreicht und im Falle eines Zurückbleibens hinter diesem Optimum gleich einem Eingriff behandelt werden muss.[31] Gegen eine solche Deutung können aber verschiedene Einwände erhoben werden: So betreffen die eingriffs-

---

[26] Sehr deutlich etwa BVerfGE 101, 106 (124 f.): „Art. 19 Abs. 4 GG schließt allerdings, obwohl er vorbehaltlos formuliert ist, Einschränkungen nicht von vornherein aus. Soweit bei der Ausgestaltung der Rechtsschutzgarantie Belange, die dem Gebot umfassenden Rechtsschutzes entgegenstehen, Beachtung verlangen, kann der Gesetzgeber vielmehr Ansprüche, die sich dem Grunde nach aus Art. 19 Abs. 4 GG ergeben, einschränken. Derartige Einschränkungen unterliegen aber den Anforderungen, die sich aus dem Grundsatz der Verhältnismäßigkeit ergeben.“ In dieselbe Richtung etwa BVerfGE 88, 118 (123 f.); 60, 253 (269); 77, 275 (284).

[27] *Lenz* (Fn. 24), S. 58. So auch *Cornils* (Fn. 25), S. 452.

[28] So auch *Cornils* (Fn. 25), S. 444.

[29] BVerfGE 101, 106 (124).

[30] BVerfGE 101, 106 (125).

[31] Zu dieser Einschätzung gelangt auch *Cornils* (Fn. 25), S. 451 f.

dogmatisch anmutenden Entscheidungen des Bundesverfassungsgerichts nur einen kleinen Ausschnitt des einfachgesetzlichen Rechtsschutzregimes. Es geht dabei meist um solche Regelungen, die einen „möglichst lückenlosen gerichtlichen Schutz gegen Verletzungen der Individualrechtssphäre durch Eingriffe der öffentlichen Gewalt“ oder den individualrechtlichen Anspruch auf „eine tatsächliche wirksame gerichtliche Kontrolle“[32] verkürzen. Andere organisations- wie auch verfahrensrechtliche Aspekte scheinen demgegenüber nicht von einer eingriffsdogmatisch zu behandelnden Optimierungsvorstellung erfasst zu sein.[33] Deutlich wird dies insbesondere an der bundesverfassungsgerichtlichen Ablehnung einer Notwendigkeit mehrstufigen Gerichtsrechtsschutzes.[34] Würde auch dieser Frage das Ideal optimalen Rechtsschutzes zugrunde gelegt werden, so käme man wohl zu dem Ergebnis, dass ein mehrstufiger Instanzenzug, der einen Streitgegenstand einer mehrmaligen gerichtlichen Kontrolle zuführt, eher einem optimalen Rechtsschutz entspräche als ein Regelungsregime, das auf die Einrichtung eines Instanzenzuges verzichtet oder diesen – wie im Falle der Finanzgerichtsordnung – auf nur zwei Instanzen beschränkt. Das Bundesverfassungsgericht hat aber derweil angenommen, dass „[d]ie nähere Ausgestaltung [des] Rechtsweges [...] der jeweiligen Prozeßordnung überlassen“ ist, sie dabei zwar auf eine unzumutbare Erschwerung der Rechtswegbeschreitung verzichten muss, „einen Instanzenzug [hingegen] nicht vorzusehen“[35] braucht. Neben diesem engen Einsatzfeld der Optimierungsthese in der Rechtsprechung des Bundesverfassungsgerichts nährt aber auch noch ein zweiter Aspekt Zweifel daran, dass die Gehalte der verfassungsrechtlichen Rechtsschutzgarantie als auf Optimierung angelegt verstanden werden können und sich damit die Anwendung der Eingriffs- und Schranken-Dogmatik verbietet. Gemeint ist die Idee, dass das Bundesverfassungsgericht sprachlich lediglich den Versuch eines „Rückgriff[s] auf das aus der Eingriffsdogmatik vertraute sprachliche Instrumentarium“ unternommen hat, „um die Aussage, daß der Gesetzgeber bei der Ausgestaltung des Rechtsschutzes grundrechtlichen Bindungen unterliegt, anschaulicher darstellen zu können, ohne daß damit aber die dogmatischen Prämissen eines Schranken-

---

[32] BVerfGE 101, 106 (122 f.).

[33] So auch *Cornils* (Fn. 25), S. 454 f., der zudem, ebd. S. 452, hinsichtlich des engen Bezugsrahmens der schrankendogmatisch anmutenden bundesverfassungsgerichtlichen Rechtsprechung zutreffend feststellt: „Das Lückenlosigkeitspostulat ist [nur] auf die Gegenstände des Rechtsschutzes bezogen.“

[34] Zum Folgenden *Cornils* (Fn. 25), S. 455.

[35] M. w. N. BVerfGE 78, 88 (99). Eine Erläuterung der Rechtsprechung findet sich etwa bei *Huber* (Fn. 12), Art. 19 Rn. 474; *Schulze-Fielitz* (Fn. 12), Art. 19 IV Rn. 94. Eine Darstellung der divergierenden Meinungen in diesem Zusammenhang bietet *Stürner*, Die Anfechtung von Zivilurteilen, 2002, S. 50 ff.

modells auch für Art. 19 Abs. 4 GG übernommen würden“[36]. Eine Bestätigung findet diese These gleich in zweierlei Hinsicht. Zum einen finden sich Formulierungen, die eben nicht auf den Einsatz des schrankendogmatischen Modells hindeuten, sondern einen internen Abwägungsvorgang verlangen. Gefragt wird also nicht, ob eine bestimmte einfachgesetzliche Regelung in verfassungsrechtlich nicht gerechtfertigter Weise in die Rechtsschutzgarantie des Art. 19 Abs. 4 S. 1 GG eingreift. Zur Feststellung dessen, was einen verfassungsrechtlichen Schutz verdient, bedarf es einer Abwägung „innerhalb“ des Art. 19 Abs. 4 S. 1 GG: Anders als unter Einsatz der Eingriffs- und Schranken-Dogmatik wird nicht ein auf Optimierung drängendes Grundrecht bzw. Prinzip mit entgegenstehenden prinzipienhaften Verfassungsgrundsätzen abgewogen, sondern es erfolgt eine Abwägung verschiedener (Ziel-)Dimensionen ein und desselben Grundrechts.[37] Zum Ausdruck brachte dies das Bundesverfassungsgericht in einer Entscheidung zum Anwaltsverschulden, dort heißt es: Für die normative Ausgestaltung der verfassungsrechtlichen Rechtsschutzgarantie lassen sich „unterschiedliche Formen und Strukturierungen von Rechtswegen, insbesondere von Verfahrensarten, Verfahrensgrundsätzen, Entscheidungsarten und Entscheidungswirkungen treffen. Dem Gesetzgeber kommt dabei eine weite Gestaltungsfreiheit zu, insbesondere der Vorrang, zwischen Erfordernissen der Rechtssicherheit und möglichen Einbußen an Chancen, materiale Gerechtigkeit im Einzelfall herzustellen, abzuwägen.“[38] Die Besonderheit liegt dabei in der gerichtlichen Feststellung, dass die Rechtssicherheit nicht als Gegenüber der materialen Gerechtigkeit ins Feld zieht, sie sei „selbst eine Forderung materialer Gerechtigkeit“[39]. Die materiale Gerechtigkeit wird mithin nicht wie im Falle der klassischen schrankendogmatischen Abwägung zum externen Abwägungsposten für die Rechtssicherheit, vielmehr begegnen sie sich in demselben grundrechtlichen Gebäude des Art. 19 Abs. 4 S. 1 GG, der zum Hort der Abwägung verschiedener Teilgehalte der Rechtsschutzgarantie wird. Es scheint so, als gäbe „es ein eindimensionales Rechtsschutzprinzip des Art. 19 Abs. 4 GG, das als solches möglichst weitgehend zu realisieren sei und allenfalls in der Begrenzung durch andere Prinzipien relativiert werden könne, nicht“[40]. Schließlich entsteht zum anderen der Ein-

---

[36] *Cornils* (Fn. 25), S. 456, der, ebd. S. 456 ff., ebenfalls kritisch die bundesverfassungsgerichtliche Rhetorik untersucht.

[37] Vgl. zu der internen Abwägung grundlegend *Schmidt-Aßmann/Schenk*, in: Schoch/Schneider/Bier (Hrsg.), VwGO, Bd. 1, Einl. (23. EL Januar 2012) Rn. 153; *Cornils* (Fn. 25), S. 257; dieser, ebd. S. 460, spricht insofern von Anhaltspunkten in der Rechtsprechung, die für „‚freiere‘ Abwägungsdiskurse [sprechen], die die innere Wechselbezüglichkeit verschiedener, vom Gesetzgeber auszutarierender Aspekte eines ausgewogenen Rechtsschutzes herausstellen“.

[38] BVerfGE 60, 253 (268).

[39] BVerfGE 60, 253 (269).

[40] *Cornils* (Fn. 25), S. 457.

druck, als würde sich das Bundesverfassungsgericht in Zurückhaltung gegenüber einer Übertragung der klassischen Eingriffs- und Schranken-Dogmatik auf die Fälle der Ausgestaltung üben. Zwar rekurriert das Gericht auf den Verhältnismäßigkeitsgrundsatz, jedoch definiert sie diesen unter Verzicht auf das Kriterium der Erforderlichkeit.[41] Die Indizien deuten also darauf hin, dass ein gesetzgeberisches, den Rechtsschutz beschränkendes Tätigwerden – soweit es nicht die möglichst weitgehende Lückenlosigkeit des Rechtsschutzes oder den Umfang gerichtlicher Kontrolle betrifft – im Kontext der verfassungsrechtlichen Rechtsschutzgarantie in der Folge nicht als Eingriff begriffen werden kann.[42]

(2) Art. 19 Abs. 4 S. 1 GG und die Normbestandsschutzlehre

Auch im Lichte der Normbestandsschutzlehre[43] kann bei gesetzgeberischen Ausgestaltungstätigkeiten im Bereich des Art. 19 Abs. 4 S. 1 GG nicht von Eingriffen in die verfassungsrechtliche Rechtsschutzgarantie gesprochen werden. An dieser Stelle ist gleichwohl kein Platz, um die Normbestandsschutzlehre umfassend zu würdigen. Es soll nur darauf hingewiesen werden, dass die Normbestandsschutzlehre zumindest in der hier interessierenden Frage einer Vereinheitlichung des Prozessrechts der öffentlich-rechtlichen Fachgerichtsbarkeiten nicht zur Anwendung kommen kann. Nach der Normbestandsschutzlehre sind gesetzgeberisch veranlasste Herabsenkungen eines einmal einfachgesetzlich geschaffenen Rechtsschutzstandards als Eingriffe zu werten, deren verfassungsrechtliche Zulässigkeit von der Vereinbarkeit mit dem Übermaßverbot abhänge.[44] Mit

---

[41] So etwa BVerfGE 60, 253 (269). *Cornils* (Fn. 25), S. 459, spricht in diesem Zusammenhang auch von einer „vergleichsweise ‚weichen‘ Formel“.

[42] Einen negatorischen Grundrechtsschutz im Rahmen von Art. 19 Abs. 4 S. 1 GG auf Grundlage der Annahme einer auf Optimierung drängenden Rechtsschutzgarantie verneinen (wohl) auch *Papier*, Rechtsschutzgarantie gegen die öffentliche Gewalt, in: Isensee/Kirchhof (Hrsg.), HStR, Bd. 8, 3. Aufl. 2010, § 177 Rn. 12, der mahnt, dass „[d]ie in Art. 19 Abs. 4 GG getroffene Wertentscheidung [...] nicht als ein schlichtes Rechtsschutzoptimierungsgebot (in dubio pro cive!) mißverstanden werden“ darf, und *Schmidt-Aßmann* (Fn. 12), Art. 19 Abs. 4 Rn. 4, der mit Blick auf die Rechtsschutzeffektivität konstatiert, dass es sich bei diesem um „ein[en] eingängige[n] Begriff [handele], der aber nicht als Zauberformel missdeutet werden darf, um prozessuale Wünschbarkeiten zu Verfassungsgeboten aufzuwerten“. Kritisch auch *Windthorst*, Der verwaltungsgerichtliche einstweilige Rechtsschutz, 2009, S. 493 ff.

[43] Zur Normbestandsschutzlehre s. grundlegend *Lübbe-Wolff*, Die Grundrechte als Eingriffsabwehrrechte, 1988, S. 125 ff.

[44] *Lübbe-Wolff* (Fn. 43), S. 150, definiert den Normbestandsschutz wie folgt: „Grundrechtlicher Normbestandsschutz bedeutet Zuordnung einer durch einfaches Recht konstituierten Rechtsposition zum negatorischen Schutzbereich des jeweils einschlägigen Grundrechts mit der Folge, daß restriktive Normänderungen als Eingriffe in den Schutzbereich des Grundrechts zu qualifizieren sind. [...] An der dogmatischen Struktur des Grundrechtsschutzes ändert sich im Übrigen nichts; auch in dem so erweiterten Schutzbereich geht es um Eingriffe durch posi-

Matthias Cornils kann die Anwendbarkeit der Normbestandsschutzlehre im Rahmen von Art. 19 Abs. 4 S. 1 GG mittels einer Widerlegung ihrer beiden wesentlichen Begründungspfeiler abgelehnt werden.[45] Zum einen stützt sich diese Lehre auf die Annahme einfachrechtlich geschaffener grundrechtlicher Gewährleistungen sowie zum anderen auf den Aspekt des Vertrauensschutzes. Hinter dem Erstgenannten steht die Vorstellung, dass die vom Gesetzgeber im Unterverfassungsrecht konstituierten Grundrechtspositionen einen abwehrrechtlichen Schutz auslösen und damit die Eingriffs- und Schranken-Dogmatik aktivieren. Mit anderen Worten würde also der gesetzgeberische Konkretisierungsakt in Gestalt des einfachen Gesetzes den Geist des grundrechtlichen Gewährleistungsgehaltes in der Weise atmen, dass eine nachträgliche Änderung der einfachrechtlichen Lage als ein Eingriff in das Grundrecht selbst zu werten wäre. Das überzeugt im Rahmen der Rechtsschutzgarantie aber gerade nicht. Die vom Gesetzgeber für das prozessuale Unterverfassungsrecht „gefundenen normativen Lösungen [haben] zwar verfassungskonkretisierende Bedeutung [...], indem die in vieler Hinsicht [...] unbestimmten Verfassungspostulate eines wirksamen Rechtsschutzes im Gesetz erst auf eine konkrete Deutung [...] hin ausgeformt werden. Aber die gefundenen Lösungen sind als solche nicht verfassungsfest, sie fallen [...] in den Rahmen der Leistungsvorgaben des Grundrechts, sind aber mit diesen nicht identisch."[46] Dem Organisationsgesetzgeber kommt bei der Rechtsschutzgarantie also gerade keine konstituierende Funktion zu, er erfüllt lediglich seinen verfassungsrechtlichen Gewährleistungsauftrag, konstituiert aber gerade nicht die Schutzgegenstände des Art. 19 Abs. 4 S. 1 GG.[47] Auch der Vertrauensschutz, auf den sich die Normbestandsschutzlehre als Argument stützt, überzeugt im Kontext der Rechtsschutzgarantie nicht, handelt es sich bei der „staatliche[n] Rechtsschutzleistung auf einem bestimmten gesetzlich ausgeprägten Niveau [gerade nicht um einen] individuell zurechenbare[n] Besitzstand, in dessen Fortbestand schutzwürdiges Vertrauen gesetzt werden könnte."[48] Auch das Bundesverfassungsgericht scheint davon auszugehen, dass die Normbestandsschutzlehre

---

tives staatliches Tun, nämlich durch normative Verkürzung der einmal konstituierten Rechtsposition, und dieser Schutz kann adäquat nur nach den Grundregeln der Eingriffsdogmatik gewährt werden."

[45] Zum Folgenden *Cornils* (Fn. 25), S. 488 ff. A.A. *Huber* (Fn. 12), Art. 19 Rn. 373, 382.

[46] *Cornils* (Fn. 25), S. 489.

[47] In diese Richtung wohl auch *Maurer*, Rechtsstaatliches Prozessrecht, in: Badura/Dreier (Hrsg.), FS 50 Jahre BVerfG, Bd. 2, 2001, S. 467 (474): „Im Rahmen des Grundrechtssystems nimmt Art. 19 IV GG eine Sonderstellung ein. Er begründet keine materielle Rechtsposition (wie die Freiheitsrechte [...]), sondern dient als Verfahrensrecht dem Schutz und der Durchsetzung materieller Rechtspositionen. Daher hat er [...] auch keinen Schutzbereich, jedenfalls keinen sachlich vorgegebenen oder rechtlich abgesteckten Schutzbereich mit Abwehrcharakter."

[48] *Cornils* (Fn. 25), S. 490.

im Rahmen der Rechtsschutzgarantie nicht zur Anwendung gelangt. Art. 19 Abs. 4 S. 1 GG verwehre „es dem Gesetzgeber [...] nicht, ein bisher nach der jeweiligen Verfahrensordnung statthaftes Rechtsmittel abzuschaffen oder den Zugang zu einem an sich eröffneten Rechtsmittel von neuen einschränkenden Voraussetzungen abhängig zu machen“[49]. Zuletzt ist zudem darauf hinzuweisen, dass die vorgeschlagene Vereinheitlichung nicht darauf abzielt, bestehende Regelungen aufzuheben; gerichtszweigspezifische Besonderheiten werden beibehalten und stellenweise neue Prozessrechtsinstitute eingefügt. Alles in allem ist für die Normbestandsschutzlehre an dieser Stelle daher kein Raum.

bb) Zwischenergebnis

Im Ergebnis kann also festgehalten werden, dass Eingriffe in die Rechtsschutzgarantie des Art. 19 Abs. 4 S. 1 GG zumindest unwahrscheinlich, wenn nicht sogar unmöglich sind. Die verfassungsrechtliche Rechtsschutzgarantie ist „nicht unmittelbar auf die Schonung menschlicher Autonomie gerichtet“[50], ihr geht es also nicht in erster Linie um die Verteidigung individueller Freiheitssphären, die sich aus einem „vorrechtlichen Bezugspunkt“[51] ergeben.[52] Bedenkt man zudem, zu welchem Ergebnis es führte, wenn ein auf Art. 19 Abs. 4 S. 1 GG bezogenes, gesetzgeberisches Handeln als Eingriff gewertet und mittels der Eingriffs- und Schranken-Dogmatik als verfassungswidrig deklariert werden würde, findet sich eine weitere Stütze für das hier gefundene Ergebnis: Das Bundesverfassungsgericht würde die einfachgesetzliche Regelung nach § 31 Abs. 2 S. 2 BVerfGG für nichtig erklären; das verfassungsrechtlich geforderte Maß an zu gewährendem Rechtsschutz gegen Akte der öffentlichen Gewalt bedürfte aber weiterhin der Schaffung einer einfachrechtlichen Regelung durch den Gesetzgeber. Für den rechtsschutzsuchenden Bürger wäre in diesem Fall also wenig gewonnen.[53]

b) Der ausgestaltende Charakter einer Vereinheitlichung der Prozessordnungen

Unabhängig von der Frage, ob letztlich ein Eingriff in Art. 19 Abs. 4 S. 1 GG durch den Gesetzgeber überhaupt möglich ist, kann aber schon festgestellt werden, dass es sich bei der Vereinheitlichung der Prozessordnungen um eine gesetzgeberische Ausgestaltung von Art. 19 Abs. 4 S. 1 GG handelt.

---

[49] BVerfGE 87, 48 (61).

[50] *Huber* (Fn. 12), Art. 19 Rn. 372.

[51] *Cornils* (Fn. 25), S. 444.

[52] S. nur *Schulze-Fielitz* (Fn. 12), Art. 19 IV Rn. 84; *Lenz* (Fn. 24), S. 58.

[53] In diese Richtung wohl auch *Cornils* (25), S. 465 mit Fn. 117: „Die Kassation einer gesetzlichen Bedingung [...] kann als solche nur dann den grundrechtlich geschuldeten Erfolg herbeiführen, wenn dieser durch die Prozeßordnung im übrigen [sic!] ermöglicht wird.“

Die genaue Abgrenzung von Ausgestaltungen und Eingriffen bei normgeprägten Grundrechten fällt schwer.[54] Kriterien, die die Abgrenzung in jedem Fall ermöglichen, bestehen soweit ersichtlich nicht. Ausgehend von der Rechtsprechung des Bundesverfassungsgerichts zeichnet sich aber zumindest im Hinblick auf Art. 19 Abs. 4 S. 1 GG ein entsprechendes Kriterium ab, mit dessen Hilfe eine Abgrenzung erfolgen kann. Wie bereits zuvor festgestellt, beziehen sich die Fälle, in denen das Bundesverfassungsgericht einfachgesetzliche Regelungen des Prozessrechts als Einschränkungen von Art. 19 Abs. 4 S. 1 GG begreift und das Handeln der Gesetzgebung einer eingriffs- und schrankendogmatischen Prüfung unterzieht, lediglich auf „Detailfragen" des Rechtsschutzes gegen Maßnahmen der öffentlichen Gewalt.[55] Das Gericht konzentriert sich in diesen Entscheidungen etwa auf prozessrechtliche Regelungen, die der Forderung von Art. 19 Abs. 4 S. 1 GG nach einem „möglichst lückenlosen gerichtlichen Schutz gegen die Verletzung der Rechtssphäre des Einzelnen durch Eingriffe der öffentlichen Gewalt" zuwiderlaufen und damit den Bürger um seinen „Anspruch auf eine tatsächlich wirksame gerichtliche Kontrolle"[56] bringen. So erklärte das Gericht etwa § 55 FGG a. F. für mit Art. 19 Abs. 4 S. 1 GG unvereinbar, da die Vorschrift einen „faktischen Rechtswegausschluss zur Konsequenz"[57] hatte. Angesprochen ist damit also lediglich der Aspekt des Zugangs zum Gericht. „Der gesamte Bereich des Gerichtsorganisationsrechts [hingegen], aber auch Vorschriften, die das gerichtliche Verfahren betreffen, scheint einer schrankendogmatischen Perspektive, von der aus derartige Regelungen als Beschränkung prima facie weiter gedachter Schutzansprüche bzw. Leistungsrechte aufgefaßt würden, von vornherein entzogen."[58] Einschränkungen von bzw. Eingriffe in Art. 19 Abs. 4 S. 1 GG sind demnach, wenn überhaupt, nur in einem eng begrenzten Rahmen denkbar. Namentlich dann, wenn es um den Kern dessen geht, was Art. 19 Abs. 4 S. 1 GG garantiert, wenn eine einfachgesetzliche Regelung also wie im Fall des Rechtswegausschlusses dazu führt, dass die Garantie effektiven Rechtsschutzes gegen

---

[54] Vgl. etwa *Degenhart*, Grundrechtsausgestaltung und Grundrechtsbeschränkung, in: Merten/Papier (Hrsg.), HdGR, Bd. 3, 2009, § 61 Rn. 18; *Gellermann* (Fn. 2), S. 26 ff.

[55] So kann wohl auch *Cornils* (Fn. 25), S. 452, verstanden werden, wenn er mit Blick auf die bundesverfassungsgerichtlich geforderte weitestgehende Lückenlosigkeit des Rechtsschutzes ausführt, dass die eingriffs- und schrankendogmatisch anmutende Judikatur des BVerfG „stets nur […] *einen*, allerdings wichtigen, *Ausschnitt* aus dem Garantiegehalt des Grundrechts" betrifft (Hervorhebung nicht im Original). Noch deutlicher *ders.*, ebd. S. 455: „[D]ie ‚abwehrrechtlich formulierten' Entscheidungen des Bundesverfassungsgerichts [haben] wiederum *nur einen bestimmten Teil* aus dem Inbegriff aller Regelungen, die den Rechtsschutz ausgestalten, zum Gegenstand" (Hervorhebung nicht im Original).

[56] S. nur BVerfGE 103, 397 (407).

[57] BVerfGE 103, 397 (408).

[58] *Cornils* (Fn. 25), S. 455.

Akte der öffentlichen Gewalt zumindest faktisch ihres Inhalts beraubt wird.[59] Bei Regelungen, die sich auf die Beschaffenheit des Rechtsschutzsystems nach Art. 19 Abs. 4 S. 1 GG beziehen und die dieses System erst mit konkreten Inhalten füllen und den Rechtsschutz für den Bürger so wahrnehmbar und ausübbar machen, geht es hingegen um die Ausgestaltung der verfassungsrechtlichen Rechtsschutzgarantie durch den Gesetzgeber.

Vor diesem Hintergrund ist auch für eine Vereinheitlichung von Verwaltungsgerichtsordnung, Sozialgerichtsgesetz und Finanzgerichtsordnung davon auszugehen, dass es sich hierbei um eine Ausgestaltung von Art. 19 Abs. 4 S. 1 GG durch den Organisationsgesetzgeber handelt. Die Vereinheitlichung zielt zum einen auf die Zusammenführung bisher getrennter Regelungsregime. Damit würde der Gesetzgeber lediglich auf das äußere Erscheinungsbild des prozessualen Rechtsschutzsystems Einfluss nehmen. Zum anderen bezweckt sie zwar Modifikationen der bestehenden Regelungsregime insofern, als sie beispielsweise bestimmte Prozessrechtsinstitute auf gerichtliche Verfahren erstreckt, die ein solches bisher noch nicht kannten. Allerdings soll damit keine Veränderung des Wesens des prozessualen Rechtsschutzsystems erreicht, geschweige denn der Zugang zu den Gerichten unmöglich gemacht werden. Es geht also nicht darum, den Inhalt der Verfahrensvorschriften grundlegend und in ihrem Kern zu ändern. Bei alledem handelt es sich vielmehr um generelle Fragen der Beschaffenheit des prozessualen Rechtsschutzsystems. Mit der Vereinheitlichung des Prozessrechts ist nach alledem also die Ausgestaltung von Art. 19 Abs. 4 S. 1 GG durch den Gesetzgeber angesprochen.

2. Ergebnis

Die voranstehenden Ausführungen haben gezeigt, wie komplex sich das Verhältnis von Grundrechten und Gesetzgebung im Rahmen von Art. 19 Abs. 4 S. 1 GG darstellt. Die verfassungsrechtliche Rechtsschutzgarantie fordert vom Gesetzgeber ein aktives Tun ein und begnügt sich im Umkehrschluss und im Vergleich zu anderen Grundrechten nicht mit einer möglichst weitgehenden und freiheitsschonenden Untätigkeit des Gesetzgebers. Die genaue Abgrenzung zwischen Eingriff und Ausgestaltung ist im Hinblick auf Art. 19 Abs. 4 S. 1 GG, insbesondere in Ansehung der bundesverfassungsgerichtlichen Judikatur, ein schwieriges Unterfangen. Schon die grundsätzliche Möglichkeit eines gesetzgeberischen Eingriffs in die verfassungsrechtliche Rechtsschutzgarantie lässt sich mit ge-

[59] Dieser Ausnahmecharakter gesetzgeberischer Eingriffe in Art. 19 Abs. 4 S. 1 GG wird in der Judikatur des Gerichts, BVerfGE 103, 397 (408), (zumindest mittelbar) angedeutet: „Wo [...] eine Zugangsbeschränkung – jedenfalls faktisch – zu einem Ausschluss des Rechtsweges führt, ist die Grenze der Ausgestaltungsmöglichkeiten [...] überschritten."

wichtigen Erwägungen anzweifeln. Mit Blick auf die vorliegende Frage, ob institutionelle und prozessuale Vereinheitlichungen im verwaltungsgerichtlichen Rechtsschutzsystem eine Ausgestaltung von oder einen Eingriff in Art. 19 Abs. 4 S. 1 GG darstellen, ist hingegen klar von einem ausgestaltenden Tätigwerden des Organisationsgesetzgebers auszugehen. Hier steht die allgemeine und grundsätzliche Beschaffenheit des verwaltungsgerichtlichen Rechtsschutzsystems in Rede und nicht die Vereinbarkeit einzelner Regelungen der Prozessrechtsregime mit der Rechtsschutzgarantie des Art. 19 Abs. 4 S. 1 GG, mit der sich das Bundesverfassungsgericht in den entsprechenden Entscheidungen beschäftigte.

II. Konturen einer Ausgestaltungsdogmatik

Ist der Gesetzgeber wie im Falle der Vereinheitlichung dazu aufgefordert, die Grundrechte auszugestalten und durch die Bindungsklausel des Art. 1 Abs. 3 GG an diese gebunden, so drängt sich zwangsläufig die Frage auf, welches Maß an Ausgestaltung er zu leisten hat, anhand welches Maßstabes also die Ausgestaltungsprodukte des Gesetzgebers untersucht und Verletzungen identifiziert werden können. Der Ausgestaltung der Grundrechte und insbesondere ihrer dogmatischen Erfassung widmete sich die Literatur nicht nur in der jüngeren Vergangenheit in einem nahezu unüberschaubaren Maße.[60] Das Auffinden eines solchen Maßstabes soll in zwei Schritten erfolgen: Zunächst soll sich wiederholend und präzisierend (unter 1.) an einem allgemeinen definitorischen Zuschnitt des Begriffs der Grundrechtsausgestaltung sowie an einer groben Skizzierung ihrer Anwendungsfelder versucht werden. In einem zweiten Schritt schließlich wird (unter 2.) ein Ausgestaltungsmaßstab festgelegt.

1. Definition und Anwendungsbereich der Grundrechtsausgestaltung

Schon ein kurzer Blick in das verbreitete Schrifttum verrät, dass wenig Einigkeit darüber besteht, wie das vom Gesetzgeber im Bereich der Grundrechte geforderte aktive Tätigwerden sprachlich erfasst werden kann. Nicht nur von „Inhaltsbestimmung"[61] und „Grundrechtsaktualisierung"[62], sondern auch von „Ausformung"[63],

---

[60] Statt vieler s. nur *Häberle* (Fn. 18), passim; *Bumke*, Der Grundrechtsvorbehalt, 1998, passim; *ders.*, Ausgestaltung von Grundrechten, 2009, passim; *Morgenthaler*, Freiheit durch Gesetz, 1999, passim; *Gellermann* (Fn. 2), passim; *Cornils* (Fn. 25), passim; *Hillgruber*, Grundrechtlicher Schutzbereich, Grundrechtsausgestaltung und Grundrechtseingriff, in: Isensee/Kirchhof (Hrsg.), HStR, Bd. 9, 3. Aufl. 2011, § 200; *Degenhart* (Fn. 54), § 61.

[61] *Haverkate*, Rechtsfragen des Leistungsstaats, 1983, S. 96.

[62] *Bethge*, Aktuelle Probleme der Grundrechtsdogmatik, Der Staat 24 (1985), 351 (366).

[63] BVerfGE 58, 300 (330).

„Grundrechtsverwirklichung“[64] und „Substantiierung“[65] ist verschiedenen Orts die Rede. Geläufiger, gerade auch wegen seiner Verwendung in der bereits angeklungenen bundesverfassungsgerichtlichen Rechtsprechung,[66] ist allerdings der Begriff der Ausgestaltung.[67] Wie weit oder eng der Begriff der Ausgestaltung letztlich aber zu fassen ist, wird unterschiedlich beurteilt.[68] Um sich an dieser Stelle aber letztlich nicht in Begriffsstreitigkeiten zu verlieren, soll es für die hier vorgenommene Untersuchung ausreichend sein, unter Ausgestaltung – im Sinne des „kleinsten gemeinsamen Nenner[s] möglicher Ausgestaltungsbegriffe“[69] – das aktive Tätigwerden des Gesetzgebers „bei solchen grundrechtlichen Gewährleistungen [zu verstehen], deren Schutzgegenstände als auf normative Ausformung angelegt betrachtet werden“[70] können.

Die Wahl einer Definition der Grundrechtsausgestaltung hat auch erheblichen Einfluss auf deren Anwendungsbereich. Welche Grundrechte konkret vom Einflussbereich der gesetzgeberischen Ausgestaltung umfasst sind, ist seit jeher umstritten.

Gewissermaßen als Maximalposition vertritt *Peter Häberle* die Ansicht, dass alle Grundrechtsbestimmungen „der gesetzlichen Ausgestaltung und inhaltlichen Präzisierung [...] fähig und bedürftig“[71] seien. Die Folge seines institutionellen Grundrechtsverständnisses ist ein Verschwimmen der Grenzen zwischen Grundrechtsbeschränkung und Grundrechtsausgestaltung:[72] Das Handeln des grundrechtsbeschränkenden Gesetzgebers sei zugleich ein den Inhalt des Grundrechts bestimmendes Handeln, er „verwirklich[e] [...] damit ein Stück Wesensgehalt der Grundrechte“[73]. Auch wenn sich ein solches Verständnis nicht durchgesetzt hat,[74] scheint aber zumindest ein Grundkonsens darüber zu bestehen, dass die sogenannten normgeprägten Grundrechte das primäre Einsatzfeld der Ausgestal-

---

64 *Kröger*, Grundrechtsentwicklung in Deutschland, 1998, S. 95.

65 *Badura*, Die Verfassung im Ganzen der Rechtsordnung und die Verfassungskonkretisierung durch Gesetz, in: Isensee/Kirchhof (Hrsg.), HStR, Bd. 12, 3. Aufl. 2014, § 265 Rn. 25.

66 Statt vieler BVerfGE 87, 181 (198); 81, 1 (5); 84, 372 (378); 94, 268 (284).

67 Auch in der Literatur hat der Terminus der Ausgestaltung in der Folge Einzug erhalten. Vgl. nur *Bethge*, Freiheit und Gebundenheit der Massenmedien, DVBl. 1983, 369 (376), und *Jarass*, Bausteine einer umfassenden Grundrechtsdogmatik, AöR 120 (1995), 345 (367 ff.).

68 Ein Überblick über die verschiedenen Bedeutungen des Begriffs der Ausgestaltung findet sich bei *Gellermann* (Fn. 2), S. 15.

69 *Cornils* (Fn. 25), S. 16.

70 *Gellermann* (Fn. 2), S. 15. Einprägend ist in diesem Zusammenhang die Umschreibung von *Häberle* (Fn. 18), S. 184: „Der Gesetzgeber ‚denkt‘ die verfassungsrechtlichen Wertgehalte zu Ende.“

71 *Häberle* (Fn. 18), S. 181.

72 Zu demselben Ergebnis kommt auch *Aulehner* (Fn. 18), S. 414.

73 *Häberle* (Fn. 18), S. 183.

74 Eine ausführliche kritische Auseinandersetzung mit der Ansicht Häberles etwa bei *Lübbe-*

tung bilden.[75] Im Schrifttum scheint indes darüber hinaus auch Gewissheit darüber zu herrschen, dass sich das Einsatzfeld der Ausgestaltung nicht auf diesen Bereich der Grundrechtskonstituierung beschränkt, sondern darüber hinausreicht.[76] Ein Umstand, auf den an dieser Stelle indes nur hingewiesen werden soll.

2. Kernbereich und „Entsprechungsprüfung"[77] als Grenzen der Grundrechtsausgestaltung

Die Grundrechtsbindung des Gesetzgebers nach Art. 1 Abs. 3 GG erschöpft sich wie gesehen nicht in einem weitestmöglichen Absehen von staatlicher Ingerenz in grundrechtlich gewährte Freiheitsbereiche. Vielmehr ist der Gesetzgeber in bestimmten Fällen dazu aufgefordert, aktiv in Form der Grundrechtsausgestaltung tätig zu werden und bestimmte Grundrechte „leitbildgerecht"[78] auszugestalten.

Für die abwehrrechtliche Dimension der Grundrechte ist die Frage nach dem Maß des verfassungsmäßig Erlaubten hinlänglich geklärt. Die Eingriffs- und Schranken-Dogmatik gibt dem Kontrolleur staatlicher Tätigkeit ein vertrautes Instrumentarium an die Hand, indem ein hoheitliches Handeln, das in den Schutzbereich eines Grundrechts eingreift, dann als verfassungswidrig zu deklarieren ist, wenn es keine verfassungsrechtliche Rechtfertigung erfährt, insbesondere also, wenn es dem Grundsatz der Verhältnismäßigkeit in Gestalt des Übermaßverbots nicht gerecht wird.[79] Für den Bereich der Ausgestaltung ist eine vergleichbar vertraute Dogmatik indessen nicht bekannt. Gerade in der Literatur mobilisierte die Klärung dieser Frage viele Kräfte.[80] Auch für die hier in Rede stehende Vereinheitlichung bedarf es ihrer Beantwortung, kann doch ansonsten nicht geklärt werden, ob eine Vereinheitlichung (der Prozessordnungen) mögli-

---

Wolff (Fn. 43), S. 63 ff.; *Cornils* (Fn. 25), S. 503 ff. Eine kritische Haltung scheint auch *Alexy*, Theorie der Grundrechte, 2. Aufl. 1994, S. 302, einzunehmen.

75 Hierzu und zum Folgenden *Aulehner* (Fn. 18), S. 414 ff.

76 Neben der Fallgruppe der Grundrechtskonstituierung spricht *Gellermann* (Fn. 2), S. 90 ff., auch von der „normativen Konturierung", ebd. S. 177 ff., und der „normativen Konkretisierung", ebd. S. 230 ff. Ähnliche Fallgruppen finden sich auch schon bei *Lerche*, Grundrechtlicher Schutzbereich, Grundrechtsprägung und Grundrechtseingriff, in: Isensee/Kirchhof (Hrsg.), HStR, Bd. 5, 1992, § 121 Rn. 39 ff. Eine eingehende Auseinandersetzung mit der Kategorienbildung Gellermanns findet sich bei *Cornils* (Fn. 25), S. 23 ff.

77 Der hier verwendete Begriff der Entsprechungsprüfung geht auf *Huster*, Rechte und Ziele, 1993, S. 142, zurück.

78 *Häberle* (Fn. 18), S. 182.

79 Vgl. nur *Isensee*, Das Grundrecht als Abwehrrecht und als staatliche Schutzpflicht, in: ders./Kirchhof (Hrsg.), HStR, Bd. 9, 3. Aufl. 2011, § 191 Rn. 47 ff.

80 Besondere Erwähnung verdienen an dieser Stelle aus jüngerer Zeit abermals die Habilitationsschriften von *Gellermann* (Fn. 2), passim, und *Cornils* (Fn. 25), passim.

cherweise nach Art. 19 Abs. 4 S. 1 GG geboten ist oder doch zumindest im Rahmen des verfassungsrechtlich Erlaubten liegt.

a) Das „Kernbereichs- und Schalenmodell“[81]

Die Grundrechte geben der Gesetzgebung „Richtlinien und Impulse“[82]. Bei der Ausgestaltung hat der Gesetzgeber mithin den Direktiven und Ordnungszielen des auszugestaltenden Grundrechts Folge zu leisten. Sie „geben ihm die einzuschlagende Richtung vor“[83] und unterstützen ihn so beim „Weiterdenke[n] der verfassungsrechtlichen Impulse“[84]. Aus dieser dirigierenden Rolle der Grundrechte und der charakteristischen Offenheit der objektiven Grundrechtsdimension folgt aber auch zugleich, dass die Gesetzgebung von der Verfassung zwar dirigiert, nicht jedoch vollständig determiniert wird, dem Gesetzgeber also relativ weite Gestaltungsspielräume bei der Grundrechtsausgestaltung eröffnet werden.[85] Typisch für den Bereich der Ausgestaltung ist also eine Zweiteilung: Einerseits obliegt dem Gesetzgeber die Pflicht, seinem Ausgestaltungsauftrag nachzukommen und das Ordnungsziel des entsprechenden Grundrechts zu verwirklichen. Ein Lossagen von dieser Verpflichtung bzw. ein Unterlassen des verfassungsrechtlichen Gebots steht ihm nicht zu.[86] Andererseits werden ihm abseits des grundrechtlichen Ordnungsziels im Bereich des „Wie“ der Ausgestaltung gewisse Freiheiten zuerkannt. Dieser Zweiteilung der Ausgestaltung entspricht es, ihr zwei Wirkungsebenen zur Seite zu stellen. Der ersten Ebene lassen sich gewisse Elemente eines grundrechtlichen Kernbereichs, einer „‚harte[n]‘ und verfassungsfeste[n] Substanz“[87] bzw. dem Grundrecht inhärente Mindeststandards zuordnen, die dem gesetzgeberischen Gestaltungsspielraum entzogen und beim jeweiligen Gesetzgebungsakt vollständig umzusetzen sind. Die zweite Ebene wiederum antwortet auf die angesprochene unvollständige verfassungsrechtliche Determination. Hier ist der Platz für das gesetzgeberische Gestaltungsermessen. Sie bildet die Schale, die den festen Kern(-bereich) ummantelt.[88] Der Überprüfung der Ausgestaltung von Art. 19 Abs. 4 S. 1 GG liegen

---

[81] *Gellermann* (Fn. 2), S. 317.

[82] BVerfGE 7, 198 (205).

[83] M. w. N. *Gellermann* (Fn. 2), S. 309.

[84] *Wahl*, Der Vorrang der Verfassung, Der Staat 20 (1981), 485 (506).

[85] Vgl. *Alexy* (Fn. 74), S. 420 f.; *Gellermann* (Fn. 2), S. 309, 363.

[86] So konstatiert *Gellermann* (Fn. 2), S. 312 f.: „Die der objektiven Grundrechtsseite entspringenden Aufträge stehen nicht [zur] Disposition [des Gesetzgebers], sondern sind zu erfüllen. Die Legislative hat jene Resultate zu liefern, die ihr grundrechtlich abverlangt werden.“

[87] Hierzu und zum Folgenden *Gellermann* (Fn. 2), S. 314 ff.

[88] Neben *Gellermann* (Fn. 2), S. 317, bemühen auch *Schmidt-Aßmann*, Verwaltungsverfahren, in: Isensee/Kirchhof (Hrsg.), HStR, Bd. 5, 3. Aufl. 2007, § 70 Rn. 29, und *Stern*, Die Ein-

demnach zwei Fragen zugrunde: Was ist verfassungsrechtlich geboten und was zumindest erlaubt? Eine gewisse Berechtigung verleiht die Rechtsprechung des Bundesverfassungsgerichts diesem Modell. So spricht das Gericht im Zusammenhang mit Art. 6 Abs. 1 GG etwa von einem unantastbaren „Ordnungskern“[89], bei der Ausgestaltung des Art. 14 Abs. 1 S. 1 GG wiederum vom „grundlegenden Gehalt der Eigentumsgarantie“[90], den es vom Gesetzgeber zu wahren gilt.

b) Zum Kontrollmaßstab der Ausgestaltung

Für den Kernbereich ergibt sich aus der vorgenommenen Umschreibung zugleich ein Maßstab zur Beurteilung gesetzgeberischer Ausgestaltungstätigkeit. „Die im Ordnungskern versammelten Mindestbedingungen beugen durch ihre Markierung absoluter Untergrenzen [einer] Ausgestaltung objektiver Grundrechtsgehalte vor, die sich als deutliche Verfehlung des grundrechtlichen Auftrags erweist.“[91] Gelingt es dem Gesetzgeber in seiner ausgestaltenden Gesetzgebung also nicht, die vom jeweiligen Grundrecht geforderten Mindestgehalte zu verwirklichen, verfehlt er seine Grundrechtsbindung und das Ausgestaltungsprodukt fällt der Verfassungswidrigkeit anheim.[92]

Schwieriger als für den Kernbereich ist hingegen die Beantwortung der Frage nach dem Maßstab, an dem Ausgestaltungen des Gesetzgebers im äußeren Feld, im Bereich der ummantelnden Schale zu messen sind. Auch in diesem Bereich ist grundsätzlich ein gesetzgeberisches Tätigwerden vonnöten, bedarf es in einer pluralistischen Lebenswirklichkeit doch vielfach mehr als nur einer Implementierung essentieller Elemente einzelner Grundrechte, um für den Bürger grundrechtliche Freiheit ausübbar zu machen.[93] Wie aber können diese legislativen Akte im Bereich des verfassungsrechtlichen Dürfens überprüft werden?

aa) Über- und Untermaßverbot als untaugliche Prüfungsmaßstäbe

Gerade auch aus der (uneinheitlichen) Rechtsprechung des Bundesverfassungsgerichts zur Überprüfung der gesetzgeberischen Ausgestaltung der Rechtsschutzgarantie,[94] aber wohl vorrangig aus der Macht der (schrankendogmatischen) Ge-

---

richtungsgarantien, in: ders. (Hrsg.), Staatsrecht, Bd. III/1, 1988, § 68 S. 868, zumindest mittelbar das Bild des Kernbereiches und der ummantelnden Schale. Letzter spricht, aaO., zudem von „zwei konzentrischen Kreisen […]: einem inneren unantastbaren und einem äußeren, gesetzlicher Ausformung zugänglichen“.

[89] BVerfGE 10, 59 (66).

[90] BVerfGE 31, 229 (240).

[91] *Gellermann* (Fn. 2), S. 326.

[92] Vgl. *Gellermann* (Fn. 2), S. 326.

[93] So auch *Gellermann* (Fn. 2), S. 329.

[94] So hält das BVerfGE 35, 382 (402); 88, 118 (123 ff.); 101, 397 (408), den Verhältnismä-

wohnheit rührt die Tendenz her, das Verhältnismäßigkeitsprinzip in Gestalt des Übermaßverbots[95] auch für die Überprüfung der legislativen Ausgestaltung in irgendeiner Weise fruchtbar zu machen. Gestützt würde eine Übertragung des Verhältnismäßigkeitsprinzips auf die Konstellationen der Ausgestaltung wohl auch, wenn man die „Grundrechte als auf Optimierung drängende Prinzipien"[96] verstünde. Dieser unter dem Stichwort der Prinzipientheorie firmierenden Ansicht zufolge ist es erforderlich, das im jeweiligen Grundrecht angelegte Prinzip in der optimalen Weise zu verwirklichen.[97] Kommt es hingegen zu einer Mindererfüllung, bleibt also der Gesetzgeber bei der Ausgestaltung hinter dem gebotenen, optimalen Verwirklichungsgrad zurück, so würde sich auf diese Einschränkung des grundrechtlichen Prinzips das Übermaßverbot übertragen lassen.[98] Eine Übertragung des Optimierungsmodells auf Art. 19 Abs. 4 S. 1 GG wurde bereits zuvor in Zweifel gezogen, soll hier dennoch kurz wiederholt werden:[99] Ein weiter gesetzgeberischer Gestaltungsspielraum, der für die Ausgestaltung anerkannt ist, wäre reine Makulatur. Eine Ausgestaltung der im höchsten Maße zu verwirklichenden Grundrechte dürfte nur insoweit defizitär bleiben, wie entgegenstehende Prinzipien dies zuließen. „Mit dieser Fixierung auf das unter den

---

ßigkeitsgrundsatz im Rahmen der Rechtsschutzgarantie einerseits für anwendbar, andererseits, BVerfGE 60, 253 (269), lässt das Gericht eine Prüfung der gesetzgeberischen Rechtsschutzausgestaltung ausreichen, die danach fragt, ob diese „zweckgerichtet, geeignet und angemessen sowie für den Rechtsuchenden zumutbar" ist. *Cornils* (Fn. 25), S. 459, spricht in diesem Zusammenhang von einer im Vergleich zum Verhältnismäßigkeitsgrundsatz „weichen Formel".

95 Zur teils diffusen Verwendung der Begriffe „Verhältnismäßigkeit" und „Übermaßverbot" s. *Gellerman* (Fn. 2), S. 332, Fn. 86.

96 *Gellermann* (Fn. 2), S. 66.

97 Den Grundstein der Prinzipientheorie bildet die auf *Esser*, Grundsatz und Norm, 4. Aufl. 1990, S. 50ff., und *Dworkin*, Bürgerrechte, 1984, S. 54ff., 144ff., zurückgehende und von *Alexy* (Fn. 74), S. 71ff., aufgegriffene Unterscheidung von Regeln und Prinzipien. Regeln sind danach solche Ge- und Verbotsnormen, die entweder nur erfüllt oder nicht erfüllt werden können. Unter Prinzipien hingegen versteht *Alexy*, ebd. S. 75f., Normen, „die gebieten, daß etwas in einem relativ auf die rechtlichen und tatsächlichen Möglichkeiten möglichst hohen Maße realisiert wird. Prinzipien sind demnach *Optimierungsgebote* [...]" (Hervorhebung im Original).

98 So stellt *Alexy*, Grundrechte als subjektive Rechte und als objektive Normen, Der Staat 29 (1990), 49 (55), fest: „[Z]wischen dem Prinzipiencharakter von Normen und dem Verhältnismäßigkeitsgrundsatz [besteht] der denkbar engste Zusammenhang [...]: Der Prinzipiencharakter impliziert den Verhältnismäßigkeitsgrundsatz, und dieser impliziert jenen. Wer den Verhältnismäßigkeitsgrundsatz akzeptiert, muß auch den Prinzipiencharakter der Normen akzeptieren, in deren Bereich er Anwendung findet." Bewusst wird an dieser Stelle mit *Alexy* (Fn. 74), S. 304, nicht von Eingriff, sondern von einer „Einschränkung *grundrechtlicher* Positionen" (Hervorhebung im Original) gesprochen. Zur Übertragung des Übermaßverbots auf die Grundrechtsausgestaltung im Falle der Anerkennung von Grundrechten als optimierungsbedürftige Prinzipien vgl. auch *Gellermann* (Fn. 2), S. 69.

99 Hierzu und zum Folgenden *Gellermann* (Fn. 2), S. 70ff.

gegebenen rechtlichen und tatsächlichen Umständen ‚Höchsterreichbare' geht jeder substantielle Entscheidungsspielraum der grundrechtsgebundenen Staatsorgane verloren."[100] Eine solche Sichtweise stünde einem Verständnis, das das Grundgesetz als abstrakte Rahmenordnung begreift, die der gesetzgeberischen Ausformung bedarf, aber deutlich entgegen.[101] Darüber hinaus birgt eine derartige Auffassung eine Gefahr für die Gewaltenteilung in sich. Die schwindenden Entscheidungsspielräume des Gesetzgebers würden von einer umfangreichen Kontrolle durch das Bundesverfassungsgericht kontrastiert. Die Legislative würde also gewissermaßen zugunsten der bundesverfassungsgerichtlichen Kontrollkompetenzen zurückgedrängt.[102] Dies wäre eine weitere große Etappe auf dem Weg „vom parlamentarischen Gesetzgebungsstaat zum verfassungsgerichtlichen Jurisdiktionsstaat"[103].

Allein die Ablehnung des Optimierungsmodells kann es allerdings nicht obsolet machen, sich mit einer Übertragung des Übermaßverbots auf die Konstellation der Ausgestaltung zu beschäftigen, stünde mit dieser dogmatischen Figur doch ein bewährtes und vertrautes Kontrollinstrument zur Verfügung. Das Übermaßverbot ist in seiner klassischen Form Kontrollmaßstab für hoheitliche Akte, die in die Grundrechte der Grundrechtsträger eingreifen.[104] Die staatliche Maßnahme muss, um verfassungsgemäß zu sein, einer Überprüfung am Maßstab der drei Teilelemente des Übermaßverbots, konkret also: am Maßstab der Geeignetheit, der Erforderlichkeit sowie der Angemessenheit, standhalten. Als geeignet kann die hoheitliche Maßnahme deklariert werden, wenn sie den legitimen, also von Verfassungs wegen nicht missbilligten, Zweck, den die Maßnahme verfolgt, fördert. Erforderlich ist sie wiederum dann, wenn kein milderes, gleich geeignetes Mittel zur Erreichung des Zwecks zur Verfügung steht. Die Angemessenheit der Maßnahme ist letztlich zu bejahen, wenn das gewählte Mittel nicht außer Verhältnis zum verfolgten Zweck steht. Ob eine Übertragung dessen auf die Ausgestaltung möglich ist, erscheint gleich unter mehreren Aspekten fragwürdig. Zunächst einmal kann festgestellt werden, dass die zugrundeliegenden Ausgangssituationen des Grundrechtseingriffs einerseits und der Grundrechtsaus-

---

[100] *Gellermann* (Fn. 2), S. 70.

[101] Vgl. *Gellermann* (Fn. 2), S. 70 f.

[102] So schreibt *Gellermann* (Fn. 2), S. 71 f., zutreffend: „Das Optimierungsstreben [...] birgt [...] die Gefahr in sich, die Normativität der Verfassung in die Bereiche des Politischen auszudehnen; es tendiert zu einer weitgehenden Bindung des Gesetzgebers, zieht eine entsprechende Entscheidungsverlagerung auf das BVerfG nach sich".

[103] *Böckenförde*, Grundrechte als Grundsatznormen, Der Staat 29 (1990), 1 (25).

[104] Zur hier und im Folgenden vorgenommenen Konturierung von Zweck, Inhalt und Struktur des Übermaßverbots s. *Schulze-Fielitz*, in: Dreier (Hrsg.), GG, Bd. 2, 3. Aufl. 2015, Art. 20 (Rechtsstaat) Rn. 179 ff.; *Sachs*, in: ders. (Hrsg.), GG, 8. Aufl. 2018, Art. 20 Rn. 145 ff.; *Sommermann*, in: v. Mangoldt/Klein/Starck (Hrsg.), GG, Bd. 2, 7. Aufl. 2018, Art. 20 Rn. 308 ff.

gestaltung andererseits gänzlich unterschiedlicher Natur sind.[105] Wie erwähnt, kommt das Übermaßverbot zur Anwendung, wenn der Staat in grundrechtliche Rechtspositionen eines Grundrechtsberechtigten eingreift. Festgestellt werden soll, ob dieser Eingriff ausnahmsweise verfassungsrechtlich gerechtfertigt ist. In der Regel ist also die grundrechtliche Freiheit des Einzelnen zu wahren, nur ausnahmsweise darf diese beschränkt werden. Bei der Ausgestaltung aber geht es nicht um solch ein Regel-Ausnahme-Verhältnis. Der Gesetzgeber kommt mit der Ausgestaltung einem Handlungsgebot nach; die staatliche Maßnahme in Gestalt der ausgestaltenden Gesetzgebung kann aber schon per se keine Ausnahme darstellen. Verstärkend tritt hinzu, dass die Anwendbarkeit des Übermaßverbots einen Eingriff in einen grundrechtlichen Schutzbereich voraussetzt, die Ausgestaltung eines ausgestaltungsbedürftigen Grundrechts durch den Gesetzgeber das verfassungsrechtlich geschützte Gut aber erst näher konkretisiert, in manchen Fällen gar konstituiert. Darüber hinaus erweist sich das Erforderlichkeitskriterium im Rahmen der Ausgestaltung als untauglicher Prüfungsmaßstab.[106] Das Teilelement der Erforderlichkeit zielt auf eine Verengung der staatlichen Handlungsmöglichkeiten: Nur das Mittel staatlichen Handelns soll ergriffen werden, das im Vergleich zu anderen zur Verfügung stehenden Mitteln die mildesten Auswirkungen für die grundrechtlich verbürgten Freiheiten mit sich bringt. Im Rahmen der Ausgestaltung ist die Ausgangslage aber eine andere. Dem Gesetzgeber wird ein weiter Gestaltungsspielraum zugesprochen, die Grundrechte geben ihm nur das zu verwirklichende Ziel vor, geben indes keinen Aufschluss über die zu ergreifenden Mittel. Die Ausgestaltung ist also gerade nicht auf Verengung angelegt, sondern auf einen weiten Ausgestaltungsspielraum des Gesetzgebers.[107] Erhärtet wird dieser Befund durch die Rechtsprechung des Bundesverfassungsgerichts. So entschied das Gericht in seiner Kalkar-II-Entscheidung beispielsweise, dass mangels einer vergleichbaren Konstellation der Verhältnismäßigkeitsgrundsatz und „[d]as damit verbundene Denken in den Kategorien von Freiraum und Eingriff […] weder speziell auf die von einem Konkurrenzverhältnis zwischen Bund und Land bestimmte Sachkompetenz des Landes noch allgemein auf Kompetenzabgrenzungen übertragen werden“[108] könne. Dem folgend kann in der Ge-

[105] Zur hier und im Folgenden ausgebreiteten Wesensverschiedenheit von Grundrechtseingriff und Grundrechtsausgestaltung *Gellermann* (Fn. 2), S. 336 f.

[106] Hierzu und zum Folgenden s. *Gellermann* (Fn. 2), S. 337 f.

[107] So konstatiert auch *Bumke* (Fn. 60), S. 97 f.: „Die maßgebliche Anforderung an den Gesetzgeber besteht darin, die grundrechtlich geforderte Ordnungsaufgabe zu bewältigen. Hat er dabei mehrere gewährleistungsspezifische Gestaltungsdirektiven zu beachten, würde der Maßstab der Erforderlichkeit zu einer einseitigen Bevorzugung einer der Direktiven führen.“ Ähnlich *Lerche*, Grundrechtsschranken, in: Isensee/Kirchhof (Hrsg.), HStR, Bd. 5, 1992, § 122 Rn. 18.

[108] BVerfGE 81, 310 (338).

samtschau also festgehalten werden, dass das Übermaßverbot nicht außerhalb der Eingriffsabwehr, also auch nicht im Bereich der Ausgestaltung zur Anwendung kommen kann. Dieses Ergebnis findet eine letzte Stütze in der vorherigen Ablehnung der Prinzipientheorie. Eine Anwendung des Verhältnismäßigkeitsprinzips mit seinem von der Prinzipientheorie beeinflussten Wesen wäre vor dem Hintergrund der erfolgten Ablehnung des Optimierungsgebots letztlich inkonsequent.[109]

Liegt also eine Anwendbarkeit des Übermaßverbots fern, so könnte man doch – gewissermaßen als Antonym zum Übermaß – an eine Fruchtbarmachung des in Rechtsprechung und Literatur in jüngerer Zeit populärer gewordenen Untermaßverbots denken.[110] Die Rechtsfigur des Untermaßverbots wird vornehmlich im Zusammenhang mit der „näheren Konturierung der den grundrechtlichen Schutzpflichten entspringenden Mindestschutzerfordernissen herangezogen“[111]. Ihr Einsatz in einem Teilbereich der objektiv-rechtlichen Grundrechtsdimension suggeriert zumindest schon einmal, dass das Untermaßverbot für die hier in Rede stehende Grundrechtsausgestaltung einen tauglichen Prüfungsmaßstab darstellen könnte. Mit *Martin Gellermann* soll auf seine Anwendung dennoch verzichtet werden. Nicht aber, weil die Daseinsberechtigung des Untermaßverbots (im Sinne der Kongruenzthese *Karl-Eberhard Hains*)[112] zur Gänze angezweifelt wird, sondern, „weil diese Rechtsfigur als solche inhaltsleer ist“[113]. So kann aus den dem Untermaßverbot zuzuordnenden Teilelementen der Eignung sowie der Angemessenheit[114] nichts gewonnen werden, was sich nicht bereits aus dem an den

---

[109] So schreibt *Alexy* (Fn. 74), S. 100, zu der Beziehung von Prinzipientheorie und dem Verhältnismäßigkeitsgrundsatz: „Daß der Prinzipiencharakter den Verhältnismäßigkeitsgrundsatz impliziert, bedeutet, daß der Grundsatz der Verhältnismäßigkeit mit seinen drei Teilgrundsätzen […] aus dem Prinzipiencharakter logisch folgt, also aus ihm deduzierbar ist.“

[110] Vgl. BVerfGE 88, 203 (262, 281 f.). Ausführlich zum Untermaßverbot *Borowski*, Grundrechte und Prinzipien, 3. Aufl. 2018, S. 260 ff.

[111] *Gellermann* (Fn. 2), S. 343. Vertiefend zum Untermaßverbot *Störring*, Das Untermaßverbot in der Diskussion, 2009, passim, und *Mayer*, Untermaß, Übermaß und Wesensgehaltgarantie, 2005, S. 63 ff.

[112] Zur Position Hains s. *ders.*, Der Gesetzgeber in der Klemme zwischen Übermaß- und Untermaßverbot?, DVBl. 1993, 982 ff., und *ders.*, Das Untermaßverbot in der Kontroverse, ZG 11 (1996), 75 ff. Kritisch zur Kongruenzthese *Dietlein*, Das Untermaßverbot, ZG 10 (1995), 131 ff. (insbesondere 134 ff.), und *Isensee* (Fn. 79), § 191 Rn. 304.

[113] *Gellermann* (Fn. 2), S. 347. Ähnlich auch *Dietlein* (Fn. 112), 131 (140), nach dem „das Untermaßverbot nicht mehr und nicht weniger als das schlichte Gebot [enthält], jenes von Verfassungs wegen geforderte Maß an legislativer Schutz- oder Fürsorgeleistung zu erbringen. Eben dieses Gebot indessen zählt [schon] bereits zu den unmittelbaren Handlungsanweisungen des einschlägigen Gesetzgebungsauftrages“.

[114] Den Mangel „Operationalisierbarkeit“ des Untermaßverbots spricht m. w. N. schon *Schulze-Fielitz* (Fn. 104), Art. 20 (Rechtsstaat) Rn. 198, an. Auch *Dietlein* (Fn. 112), 131

Gesetzgeber gerichteten Gebot zum ausgestaltenden Tätigwerden selbst ergibt. Mit der Wahl einer bestimmten Form der Grundrechtsausgestaltung, die nicht geeignet ist, dass grundrechtlich vorgegebene Ordnungsziel zu fördern, geht zwangsläufig die Verletzung des zwingend auszugestaltenden Kernbereichs des entsprechenden Grundrechts einher.[115] Die Feststellung der Ungeeignetheit des gesetzgeberischen Ausgestaltungsaktes wäre also gleichzusetzen mit der Verfehlung des verfassungsrechtlich gebotenen Mindeststandards. Eine darauf gründende Verfassungswidrigkeit könnte aber auch ohne ein Untermaßverbot festgestellt werden, ist es nach der hier vertretenen Auffassung doch die Pflicht des ausgestaltenden Gesetzgebers, den Kernbereich des auszugestaltenden Grundrechts zwingend in der Ausgestaltung umzusetzen. Dieselbe rein deklaratorische[116] Bedeutung ist auch dem Element der Angemessenheit zuzusprechen. Ist es nämlich der Auftrag des Gesetzgebers, die „Richtlinien und Impulse"[117] des in Rede stehenden Grundrechts auszugestalten, um das Grundrecht für den Einzelnen in der realen Wirklichkeit ausübbar zu machen, so ist er dazu aufgerufen, die Grundrechte „in einer Weise zu verwirklichen, die den jeweiligen Sachstrukturen, realen Lagen und unterschiedlichen Interessengeflechten gerecht wird und in diesem Sinne angemessen ist"[118]. Gehört dies bereits zu seinem grundrechtlichen Auftrag, bedarf es darüber hinaus aber keines zusätzlichen Prüfungsmaßstabes in Form des Untermaßverbots. Gestützt wird der Verzicht auf das Untermaßverbot zudem von der Gefahr „einer Überzeichnung verfassungsrechtlicher Anforderungen", die solchen „abstrakte[n] dogmatische[n] Grundsätze[n]"[119] inhärent ist.

(132 f.), weist hierauf hin. Dennoch scheint in der Literatur das Untermaßverbot zumindest mit den Teilelementen der Eignung sowie der Angemessenheit konturiert zu werden. Vgl. insoweit nur *Erichsen*, Grundrechtliche Schutzpflichten in der Rechtsprechung des Bundesverfassungsgerichts, JURA 1997, 85 (88), und *Möstl*, Probleme der verfassungsprozessualen Geltendmachung gesetzgeberischer Schutzpflichten, DÖV 1998, 1029 (1038 f.).

[115] Zu der hier vorgetragenen fehlenden Überzeugungskraft des Untermaßverbots sowie seiner Teilelemente vgl. *Gellermann* (Fn. 2), S. 347.

[116] Zu demselben Schluss kommt auch *Schulze-Fielitz* (Fn. 104), Art. 20 (Rechtsstaat), Rn. 198, der konstatiert: „Es [Anm.: Das Untermaßverbot] stößt bei den regelmäßig erforderlichen Abwägungen im Falle der Abgrenzung der Rechtssphären von Staat, Bürger und Dritten auf dieselben Grenzen der Operationalisierbarkeit wie der Grundsatz der Verhältnismäßigkeit. Dem Untermaßverbot kommt letztlich wohl nur begrifflich-deklaratorische Bedeutung zu: Sein Rechtsgehalt ist ungeachtet der unterschiedlichen Perspektive von grundrechtlicher Abwehr und Schutzpflicht im Kern im Gedanken des Übermaßverbotes enthalten". Deutlicher formuliert es *ders.*, in: Dreier (Hrsg.), GG, Bd. 2, 1998, Art. 20 (Rechtsstaat) Rn. 184, noch in der ersten Auflage: „Dem Untermaßverbot kommt daher nur begrifflich-deklaratorische Bedeutung zu; sein Rechtsgehalt ist im Gedanken des Übermaßverbotes enthalten."

[117] BVerfGE 7, 198 (205).

[118] *Gellermann* (Fn. 2), S. 347.

[119] *Gellermann* (Fn. 2), S. 348.

Gerade im Kontext des Untermaßverbots ist verschiedentlich versucht worden, weitere Elemente in diese Rechtsfigur hineinzulegen. So wurde etwa die Annahme einer Verletzung des Untermaßverbots gefordert, „wenn es ein Mittel [...] gibt, das besseren Schutz gewährt als die bereits gegebenen Mittel, ohne stärker als diese in Rechte Dritter einzugreifen oder öffentliche Interessen zu beeinträchtigen [...]“[120]. Nicht nur von der sprachlichen Fassung erinnert dieser Vorschlag an das vom Übermaßverbot bekannte Kriterium der Erforderlichkeit.[121] Auch die gegen diesen Vorschlag anzubringende Kritik ist mit dem bereits Gesagten vergleichbar. Wieder wäre eine Verengung des gesetzgeberischen Gestaltungsspielraums die Folge und zwar erneut entgegen des eigentlichen Wesens der Grundrechtsausgestaltung.[122] Alles in allem soll hier mithin auf das Untermaßverbot verzichtet werden; aber nicht, weil die Rechtsfigur wissenschaftlich per se abzulehnen wäre, sondern, weil sie im vorliegenden Zusammenhang mehr Unklarheit als Klarheit mit sich brächte, sie also schlicht unpraktikabel bzw. unnötig ist.

bb) Die Entsprechungsprüfung als Maßstab der Grundrechtsausgestaltung

Wie aber sollen nun gesetzgeberische Verfehlungen im Randbereich der Grundrechtsausgestaltung festgestellt werden, wenn ein Rückgriff auf die klassischen und vertrauten Strukturen des Verhältnismäßigkeitsgrundsatzes in Gestalt des Über- und Untermaßverbots verwehrt ist? Eine Antwort hierauf liefern die Erkenntnisse von *Stefan Huster* zu der sogenannten Entsprechungsprüfung[123], deren Passgenauigkeit für die Grundrechtsausgestaltung schon von *Matthias Cornils* belegt wurde.[124] Im Gegensatz zur klassischen Verhältnismäßigkeitsprüfung, bei der versucht wird, durch eine Zweck-Mittel-Relation kollidierende Interessen zu einem Ausgleich zu bringen, fehlt es bei der Entsprechungsprüfung an eben jener externen Kollision und damit am Nährboden für die Zweck-Mittel-Relation.[125] „Das jeweilige Mittel wird hier nicht mit seinem Zweck ins Verhältnis gesetzt, sondern es wird gefragt, ob es einem Maßstab entspricht, der bei der Zweckverfolgung zu beachten ist.“[126] Am Beispiel des Gebührenrechts lässt sich

---

[120] *Möstl* (Fn. 114), 1029 (1038 f.).

[121] Das Kriterium der Erforderlichkeit zählen etwa *Hermes*, Das Grundrecht auf Schutz von Leben und Gesundheit, 1987, S. 253 f., und *Erichsen* (Fn. 114), 85 (88), zum Inhalt des Untermaßverbots.

[122] So auch *Gellermann* (Fn. 2), S. 349.

[123] *Huster* (Fn. 77), S. 142.

[124] Vgl. *Cornils* (Fn. 25), S. 652 ff.

[125] *Cornils* (Fn. 25), S. 652 f., spricht in diesem Zusammenhang von den Unterschieden der Verhältnismäßigkeit im technischen und im nicht technischen Sinn, wobei letztere die von Huster dargestellte Entsprechungsprüfung meint.

[126] *Huster* (Fn. 77), S. 142.

dieser Gedanke *Husters* veranschaulichen.[127] Geprägt ist das Gebührenrecht vom Äquivalenzgrundsatz, demzufolge Leistung und Gegenleistung in keinem Missverhältnis zueinanderstehen dürfen.[128] Die Gebühr muss also der staatlichen Leistung, für die die Gebühr erhoben wird, entsprechen. Wann das der Fall ist, wird mittels des Maßstabes der Äquivalenz entschieden. Versucht man, dieses Beispiel in das Schema des klassischen Verhältnismäßigkeitsprinzips zu übertragen, gelänge man zu der Formel, dass „die Gebühr das Mittel [wäre], das geeignet und erforderlich [sowie angemessen] sein muß, um dem Wert der Gegenleistung zu entsprechen oder um das richtige Verhältnis von Leistung und Gegenleistung zu erreichen“[129]. Kurzum gilt: Leistung und Gegenleistung müssten verhältnismäßig sein. Mit *Huster* kann aber festgestellt werden, dass dies „nicht die Posten [sind], zwischen denen sinnvoll abgewogen werden kann; abwägen kann man nur einerseits das Interesse des Staates, seine Kassen zu füllen, und anderseits das Interesse des Leistungsempfängers, von Belastungen verschont zu bleiben. Sobald man aber entschieden hat, daß diese Kollisionslage so aufzulösen ist, daß die Gebühr kostendeckend, dem Wert der Leistung äquivalent sein muß o. ä., bleibt für eine Abwägung kein Raum mehr.“[130] Besteht also ein Maßstab, an dem sich beurteilen lässt, ob die Angemessenheit vorliegt, ist das eingesetzte Mittel daraufhin zu untersuchen, ob es diesem Maßstab entspricht. Eine vergleichbare Situation ergibt sich nun bei der Grundrechtsausgestaltung.[131] Auch bei ihr handelt es sich, am Beispiel der hier interessierenden Rechtsschutzgarantie des Art. 19 Abs. 4 S. 1 GG ein erstes Mal knapp verdeutlicht, „primär [um] eine Sache des ‚internen Abgleichs‘ verschiedener Aspekte eines insgesamt *ausgewogenen und damit effektiven Rechtsschutzes*“[132]. Das Werk des Gesetzgebers muss demnach bei der Ausgestaltung von Art. 19 Abs. 4 S. 1 GG in der Weise verhältnismäßig sein, als es dem angesprochenen Maßstab der verfassungsrechtlichen Rechtsschutzgarantie entspricht. Erst sekundär geht es „um

[127] Vgl. *Huster* (Fn. 77), S. 135 f.

[128] Zum Äquivalenzgrundsatz statt vieler BVerfGE, 257 (270). Das Gericht führt in seiner Entscheidung aus, dass das „Äquivalenzprinzip […] besagt […], daß die Gebühren in keinem Mißverhältnis zu der von der öffentlichen Gewalt gebotenen Leistung stehen dürfen“.

[129] *Huster* (Fn. 77), S. 136.

[130] *Huster* (Fn. 77), S. 141 f.

[131] Auch *Cornils* (Fn. 25), S. 653 f., kommt zu diesem Schluss: „Die verfassungsrechtliche Frage an eine Ausgestaltung des gesetzlichen ‚Funktions-Rechts‘ lautet nicht, ob das Zurückbleiben des Gesetzes hinter einer hypothetischen maximalen Funktionalität durch andere (externe) Gründe von hinreichender Wichtigkeit gerechtfertigt werden kann, sondern sie lautet, ob eine Ausgestaltung die verfassungsrechtlich aufgetragene Funktion in einer begründbaren und damit akzeptablen Weise erfüllt, also dem verfassungsrechtlichen Funktionalitätsmaßstab *entspricht.*“ (Hervorhebung im Original).

[132] *Cornils* (Fn. 25), S. 653 (Hervorhebung nicht im Original).

Einpassungen des [vom Gesetzgeber ausgestalteten] Rechtsschutzes in das Gesamtgefüge der Verfassung“[133].

c) Zwischenergebnis

Grundrechte und Gesetzgebung stehen in einem komplexen und facettenreichen Verhältnis zueinander. Die Bindungsklausel des Art. 1 Abs. 3 GG, aber auch die grundrechtlichen Schrankenvorbehalte, die es dem Gesetzgeber nur unter engen Voraussetzungen gestatten, in die grundrechtlichen Freiheiten einzugreifen, lassen die Charakterisierung dieses Verhältnisses als Subordinationsverhältnis zu.[134] Inwieweit dem Gesetzgeber aber darüber hinaus noch eine andere, ausgestaltende, den Inhalt verfassungsrechtlicher Normen präzisierende Funktion zukommt, die das Verhältnis von Grundrechten und Gesetzgebung also von einem Gegen- in ein Miteinander wandelt, sticht nicht derart deutlich ins Auge.[135] Es ist aber gerade diese ausgestaltende „Funktion, durch die Verfassung erst Verfassung und Gesetzgebung erst Gesetzgebung zu sein vermag“[136]. Unterschieden werden muss diese gesetzgeberische „Ausgestaltungsfunktion“[137] von der Ausgestaltungsbefugnis des Gesetzgebers, die klar erkennbar in der Verfassung selbst angelegt ist und insbesondere immer dann zum Vorschein tritt, wenn der Gesetzgeber von Verfassungs wegen dazu aufgerufen ist, „das Nähere“[138] zu regeln. Dass bei der Ausgestaltungsbefugnis indes nicht Halt gemacht werden kann, eine gesetzgeberische Ausgestaltungstätigkeit von der Verfassung „nicht nur als erlaubt, sondern [teilweise] als geboten“[139] vorausgesetzt wird, belegt – um in den Worten *Häberles* zu bleiben – wenn man von der „Bedeutung der Funktion der Gesetzgebung im Grundrechtsbereich […] abstrahiert“: Einige, gewiss nicht alle „Grundrechte, deren Grenzen nicht durch die ‚allgemeine Rechtsordnung‘ konkretisiert würden

---

133 *Cornils* (Fn. 25), S. 479. Dieselbe Abstufung legen auch *Schmidt-Aßmann/Schenk* (Fn. 37), Einl. Rn. 153, im Kontext der Ausgestaltung von Art. 19 Abs. 4 S. 1 GG zugrunde: „Zwei Ansätze sind es, die auf eine abwägende Bestimmung des Wirksamkeitsgebotes drängen: innerhalb des Schutzbereichs des Art. 19 Abs. 4 GG die Notwendigkeit, einen *internen* Ausgleich unterschiedlicher Wirksamkeitsperspektiven herzustellen, und sodann der *externe* Abgleich mit anderen rechtsstaatlichen Gewährleistungen.“ (Hervorhebung im Original).

134 So auch *Gellermann* (Fn. 2), S. 3.

135 Ausdrückliche Erwähnung findet diese inhaltsbestimmende Aufgabe des Gesetzgebers beispielsweise in Art. 14 Abs. 1 S. 2 GG. Hiernach obliegt dem Gesetzgeber die Aufgabe, den Inhalt des Eigentums zu bestimmen. Eine überblicksartige Darstellung des gesetzgeberischen Ausgestaltungsgebots findet sich bei *Hesse* (Fn. 18), Rn. 303 ff.

136 *Häberle* (Fn. 18), S. 181.

137 So auch *Häberle* (Fn. 18), S. 182.

138 Exemplarisch hierfür stehen die Art. 38 Abs. 3, 41 Abs. 3, 95 Abs. 3 GG.

139 *Häberle* (Fn. 18), S. 181. Ähnlich *Hesse* (Fn. 18), Rn. 304; *Buermeyer*, Rechtsschutzgarantie und Gerichtsverfahrensrecht, 1975, S. 34 f.

und die nicht durch die vom Gesetzgeber geschaffenen Rechtsnormen ausgestaltet würden, blieben zur Bedeutungslosigkeit verurteilt“[140]. Der Gesetzgeber hat es mithin in der Hand, die in der Verfassung festgehaltenen, von einer „strukturelle[n] Offenheit“[141] geprägten Leitlinien des Sollens unter Berücksichtigung der Bedürfnisse des Seins näher auszugestalten. Ihm kommt die Aufgabe zu, „das Grundrecht im einzelnen seinem Leitbild entsprechend auszugestalten“[142]. Dabei handelt es sich aber keineswegs lediglich um eine bloße Option des Gesetzgebers, über deren Ergreifen er nach seinem Gusto frei entscheiden darf, denn nur wenn der Gesetzgeber seine Ausgestaltungsfunktion auch wirklich erfüllt, kann die Verfassung ihr Ziel als Wertordnung auch wirklich erfüllen.[143] Verfassungsrecht und Gesetzgebung stehen also in einem Abhängigkeitsverhältnis zueinander: Während die Verfassung die Gesetzgebung als „Mittlerin zur sozialen Wirklichkeit“ benötigt, hilft sie dem Gesetzgeber bei der rechtlichen Ordnung des gesellschaftlichen Zusammenlebens, indem sie ihm bei seiner legislativen Tätigkeit einen Halt bietenden Rahmen in Gestalt der verfassungsrechtlich „normierte[n] Leitbild[er] de[r] einzelnen Grundrecht[e]“[144] vorgibt. Ob es sich schließlich bei dem vom Gesetzgeber in Umsetzung des Ausgestaltungsgebots erlassenen Regelwerk um eine verfassungsmäßige oder -widrige Form der Ausgestaltung handelt, muss in zwei Schritten beurteilt werden. Zunächst ist das Ausgestaltungsprodukt daraufhin zu untersuchen, ob es die Mindestbedingungen des auszugestaltenden Grundrechts erfüllt. Ist dies nicht der Fall, so unterfällt es dem Verdikt der Verfassungswidrigkeit. Positiv formuliert ließe sich in diesem Zusammenhang sagen, dass eine konkrete Ausgestaltungsform von Verfassungs wegen *geboten* ist, wenn sie in den Kernbereich des auszugestaltenden Grundrechts fällt. Geht es in der Sache aber um eine Grundrechtsausgestaltung außerhalb des grundrechtlichen Kernbereichs, ist das gesetzgeberische Tätigwerden am Maßstab der Entsprechungsprüfung zu überprüfen. Gefragt wird dabei, ob ein interner Abgleich ergibt, dass das Ausgestaltungsprodukt dem Maßstab des auszugestaltenden Grundrechts entspricht. In diesem Fall geht es mithin nicht um das verfassungsrechtliche Gebot zur Vornahme einer bestimmten Ausgestaltungsform, sondern darum, dass diese von Verfassungs wegen *erlaubt* ist.

---

[140] *Häberle* (Fn. 18), S. 184. So auch *Buermeyer* (Fn. 139), S. 35.

[141] *Ehmke*, Prinzipien der Verfassungsinterpretation, VVDStRL 20 (1961), S. 53 (62). *Böckenförde*, Grundrechtstheorie und Grundrechtsinterpretation, NJW 1974, 1529 (1529), spricht im Zusammenhang mit den Grundrechtsbestimmungen der Verfassung gar von „Lapidarformeln und Grundsatzbestimmungen, die aus sich selbst inhaltlicher Eindeutigkeit weithin entbehren“.

[142] *Buermeyer* (Fn. 139), S. 36.

[143] Vgl. *Häberle* (Fn. 18), S. 184.

[144] *Häberle* (Fn. 18), S. 184.

III. Die Ausgestaltung von Art. 19 Abs. 4 S. 1 GG und ihr Verhältnis zur Prozessrechtsvereinheitlichung

Auch für das Prozessrecht der öffentlich-rechtlichen Fachgerichtsbarkeiten gilt: Es ist die Aufgabe des Organisationsgesetzgebers, die groben verfassungsrechtlichen Vorgaben in einer verfassungsgemäßen Weise detailliert auszugestalten und sie mit einem unterverfassungsrechtlichen Regelungsregime zu unterfüttern.[145] Impulse und Direktiven empfängt der Gesetzgeber dabei von der Rechtsschutzgarantie des Art. 19 Abs. 4 S. 1 GG. Ob eine Vereinheitlichung der Verwaltungsgerichtsordnung, des Sozialgerichtsgesetzes und der Finanzgerichtsordnung verfassungsrechtlich geboten oder aber wenigstens verfassungsrechtlich erlaubt ist, soll im Folgenden am Maßstab der Ausgestaltungsdogmatik geklärt werden. Eine Pflicht zur Vereinheitlichung ist danach anzunehmen, wenn ein vereinheitlichtes Regelungsregime dem Kernbereich der Rechtsschutzgarantie zuzurechnen wäre. In diesem Fall wäre den Befürwortern einer Vereinheitlichung also zuzustimmen. Gehört eine Vereinheitlichung hingegen lediglich dem Bereich des verfassungsrechtlich Möglichen an, so müsste das Ergebnis lauten, dass das Verfassungsrecht zu der Frage einer Vereinheitlichung schweigt. Sie würde dann zwar eine verfassungsrechtlich akzeptierte Form der Grundrechtsausgestaltung darstellen, vom verfassungsrechtlich Notwendigen könnte indes nicht gesprochen werden. Eine Klärung der verfassungsrechtlichen Vereinheitlichungsfrage soll also in zwei Schritten erfolgen: In einem ersten Schritt (unter 1.) wird der Frage nachzugehen sein, ob eine verfassungsrechtliche Pflicht zur Vereinheitlichung der Prozessordnungen der öffentlich-rechtlichen Fachgerichtsbarkeiten besteht. Sodann wird (unter 2.) schließlich, sofern die vorausliegende Frage nach einer Vereinheitlichungspflicht nicht zu bejahen ist, über die verfassungsrechtliche Möglichkeit einer Vereinheitlichung zu befinden sein.

---

[145] Besonders prägnant brachte dies das BVerfG zum Ausdruck: „Der Rechtsweg, den Art. 19 Abs. 4 GG dem Rechtsuchenden gewährleistet, bedarf der gesetzlichen Ausgestaltung. Rechtsschutz ist eine staatliche Leistung, deren Voraussetzungen erst geschaffen, deren Art näher bestimmt und deren Umfang im Einzelnen festgelegt werden müssen. Art. 19 Abs. 4 GG gibt dem Gesetzgeber dabei nur die Zielrichtung und die Grundzüge der Regelung vor, lässt ihm im Übrigen aber einen beträchtlichen Gestaltungsspielraum." S. BVerfGE 133, 1 (23). In dieselbe Richtung auch BVerfGE 60, 253 (268 f.); 101, 397 (408). Aus der Literatur etwa *Buermeyer* (Fn. 139), S. 40; *Cornils* (Fn. 25), S. 446; *Aulehner* (Fn. 18), S. 410, der Art. 19 Abs. 4 S. 1 GG zu den Grundrechten zählt, die an „Produkte der Rechtsordnung", s. hierzu *Herzog* (Fn. 17), S. 1415 (1417), anknüpfen.

1. Vereinheitlichung im Kernbereich der Rechtsschutzgarantie?

Der grundrechtsgebundene Gesetzgeber unterliegt dem Gebot, die verfassungsrechtliche Rechtsschutzgarantie für den Einzelnen im Wege der Ausgestaltung nutzbar zu machen. Angeleitet wird er dabei von dem Ordnungsziel des Art. 19 Abs. 4 S. 1 GG, demzufolge die Schaffung effektiven und wirksamen Rechtsschutzes erforderlich ist.[146] Klar und unumstritten steht damit zunächst fest, dass Art. 19 Abs. 4 S. 1 GG den „*Zugang* zum Gericht, das *Verfahren* vor dem Gericht und die *Entscheidung* durch das Gericht“[147] gewährleistet. Damit ist allerdings wenig gewonnen: Was im Einzelnen von dem sehr weit gefassten Gewährleistungsbereich des Art. 19 Abs. 4 S. 1 GG erfasst wird, wie der Gesetzgeber also das Unterverfassungsrecht im Detail auszugestalten hat, ergibt sich aus dieser ersten Weichenstellung nicht.[148] Erst recht liefert sie keinen Aufschluss darüber, ob verfassungsrechtlich ein vereinheitlichtes Prozessrecht vonnöten ist. Eine Antwort muss mittels des eingangs beschriebenen Kernbereichs- und Schalenmodells[149] ermittelt werden. Die vom Gesetzgeber bei der Ausgestaltung zwingend zu berücksichtigenden und umzusetzenden Mindestgehalte des auszugestaltenden Grundrechts bilden seinen Kerngehalt. Sofern ein vereinheitlichtes Prozessrecht also zum Kerngehalt eines wirksamen und effektiven Rechtsschutzes gehört, bestünde eine entsprechende Umsetzungspflicht des Organisationsgesetzgebers.

Was zum Kernbereich gehört, liegt in der Regel nicht offen auf der Hand, vielmehr bedarf es der Freilegung der entsprechenden Mindestgehalte anhand des Zwecks und der Funktion des jeweiligen objektiven Grundrechtsgehalts.[150] Abstrakt lassen sich Zweck und Funktion der verfassungsrechtlichen Rechtsschutzgarantie als Schutz des Bürgers vor dem staatlichen Gewaltmonopol begreifen, mithin als die Zuerkennung einer bestimmten Rechtsstellung des Einzelnen gegenüber dem Staat.[151] Der Einzelne soll dem Staat nicht als Untertan, son-

---

[146] Vgl. zum Garantiegehalt des Art. 19 Abs. 4 S. 1 GG statt vieler m. w. N. *Huber* (Fn. 12), Art. 19 Rn. 371.

[147] *Pieroth/Schlink*, Grundrechte, 28. Aufl. 2012, Rn. 1108 (Hervorhebung im Original). In diese Richtung auch BVerfGE 35, 263 (274).

[148] Die ausfüllungsbedürftige Weite der verfassungsrechtlichen Rechtsschutzgarantie betont auch *Cornils* (Fn. 25), S. 447: „Was [der gesetzgeberische Ausgestaltungsauftrag im Rahmen von Art. 19 Abs. 4 S. 1 GG] bedeutet und was also eigenständige Substanz des grundrechtlichen Leistungsanspruchs (gegenüber dem Gesetzgeber) selbst ist, ist [...] trotz vielfältiger Konkretisierungen der verfassungsgerichtlichen Judikatur bis heute nicht letzthin klar.“

[149] Vgl. Kap. 2, A., II., 2.

[150] So auch *Gellermann* (Fn. 2), S. 323.

[151] Vgl. zu der hier angesprochenen Bedeutung von Art. 19 Abs. 4 S. 1 GG nur *Schulze-Fielitz* (Fn. 12), Art. 19 IV Rn. 35; *Huber* (Fn. 12), Art. 19 Rn. 333; *Schmidt-Aßmann* (Fn. 12), Art. 19 Abs. 4 Rn. 1.

dern als Bürger gegenübertreten. Ihm soll ein Instrumentarium zur Verfügung stehen, mit dessen Hilfe er etwaig rechtswidrige staatliche Akte einer gerichtlichen Überprüfung unterziehen lassen kann. Die Beantwortung der Frage nach dem Kerngehalt des Art. 19 Abs. 4 S. 1 GG hängt also maßgeblich davon ab, welche rechtsschutzbezogenen Aspekte bzw. Mittel es zur Verwirklichung dieses Ziels bedarf. In Ansehung des Ordnungsziels der Rechtsschutzgarantie steht wohl außer Zweifel, dass zum einen die Lückenlosigkeit des Rechtsschutzes sowie zum anderen eine umfassende gerichtliche Kontrolldichte zu ihren Mindestgehalten zu zählen sind.[152] Komplettiert wird das Portfolio rechtsschutzbezogener Mindestbestandteile von einem Verzicht darauf, Rechtsschutz nicht „nach Maßgabe wirtschaftlicher Leistungsfähigkeit zu eröffnen“[153]. Wären alle oder auch nur einer dieser Mindestbestandteile nicht gewährleistet, so würde es nicht gelingen, „die ‚Selbstherrlichkeit‘ der vollziehenden Gewalt im Verhältnis zum Bürger“[154] zu beseitigen.[155] Zugunsten des Staates entstünden in diesem Fall kontrollfreie Räume, die ein willkürliches Handeln gegenüber dem Bürger ermöglichen und ihn so zu einem wehr- und schutzlosen Empfänger staatlicher Gewalt machen würden.[156]

Eine Zuordnung der geforderten Vereinheitlichung der Prozessordnungen der öffentlich-rechtlichen Fachgerichtsbarkeiten zu dem Kernbereich der Rechtsschutzgarantie des Art. 19 Abs. 4 S. 1 GG kann vor diesem Hintergrund nicht erfolgen. Die postulierte Vereinheitlichung soll – ganz gleich, ob in der Form des Speyerer Entwurfs oder des Entwurfs einer einheitlichen Verwaltungsprozessordnung – nicht dazu beitragen, etwaige Rechtsschutzlücken durch die Berücksichtigung bisher unkontrollierter Bereiche zu schließen, die Intensität der verwaltungsgerichtlichen Kontrolle zu verdichten oder wirtschaftliche Rechtsschutzhemmnisse abzubauen. Anders gewendet ließe sich auch sagen, dass sol-

---

[152] Vgl. m. w. N. aus der ständigen Rechtsprechung allein BVerfGE 101, 397 (407); 35, 382 (401). So auch *Papier* (Fn. 42), § 177 Rn. 12.

[153] BVerfGE 50, 217 (231).

[154] BVerfGE 10, 264 (267).

[155] So formuliert auch *Cornils* (Fn. 25), S. 485: „Gesetzliche Vorschriften, die gegen einzelne Verwaltungsmaßnahmen oder gegen eine ganze Klasse von Maßnahmen gar keinen Rechtsschutz vorsehen (abwehrrechtlich umformuliert: rechtliche Rechtswegausschlüsse) oder die die wirtschaftlichen Rahmenbedingungen (Kosten!) so gestalten, daß die Inanspruchnahme von Rechtsschutz für Unbemittelte nicht möglich ist oder auch im übrigen [sic!] keinen Vorteil mehr bringt (faktische Rechtswegausschlüsse), oder die die Ermittlungs- und Entscheidungsbefugnisse des Gerichts so verkürzen, daß ein Rechtsschutz nur der Form, nicht aber dem Inhalt nach stattfindet (Pseudo-Rechtsschutz als de-facto-Rechtswegausschluß), erfüllen schon den quasi-definitiven Auftragsgehalt des Art. 19 Abs. 4 GG nicht. […] Sie berühren und verletzen damit […] das starke, prinzipielle grundrechtliche Kern-Gebot des Art. 19 Abs. 4 GG.“

[156] Den Aspekt der Vermeidung kontrollfreier Räume zugunsten des Staates unter Nennung der entsprechenden Ausnahmen und m. w. N. spricht auch *Cornils* (Fn. 25), S. 448 f., an.

che den Kernbereich des Art. 19 Abs. 4 S. 1 GG erfassenden Missstände auch von den Befürwortern einer Vereinheitlichung einem differenzierten Prozessrechtsregime nicht attestiert werden. Sofern sich die Vereinheitlichung des Prozessrechts aber nicht als Ausprägung des erforderlichen Mindestgehalts der verfassungsrechtlichen Rechtsschutzgarantie erweist, kann auch nicht davon ausgegangen werden, dass für den Gesetzgeber eine Pflicht zur Schaffung eines vereinheitlichten Prozessrechtsregimes besteht.

2. Vereinheitlichung als Möglichkeit ausgewogenen Rechtsschutzes

Besteht keine Pflicht des Gesetzgebers, die Prozessordnungen zu vereinheitlichen, ließe sich dennoch darüber nachdenken, ob eine Vereinheitlichung vorzugswürdiger wäre als eine Ausdifferenzierung. Eine Entscheidung hierüber setzt aber denklogisch voraus, dass eine Vereinheitlichung verfassungsrechtlich überhaupt erlaubt wäre, die Schaffung von einem vereinheitlichten Prozessrechtsregime also nicht die Grenzen des gesetzgeberischen Ausgestaltungsermessens überschreitet. Erlaubt wäre sie im Sinne der Entsprechungsprüfung dann, wenn die Vereinheitlichung der Prozessordnungen der öffentlich-rechtlichen Fachgerichtsbarkeiten dem dirigierenden Maßstab des Art. 19 Abs. 4 S. 1 GG entspräche.

In einem ersten Schritt muss dazu zunächst geklärt werden, was überhaupt der Maßstab ist, den es bei der Ausgestaltung der verfassungsrechtlichen Rechtsschutzgarantie seitens des Gesetzgebers zu beachten gilt. Der Wortlaut der Vorschrift selbst bietet dafür allerdings nur wenig Anhaltspunkte. Rekurriert man auf das in Rechtsprechung und Literatur verbreitete Verständnis, dass das in der Rechtsschutzgarantie niedergelegte Gebot wirksamen Rechtsschutzes (Wirksamkeitsgebot)[157] als Garantie der Effektivität des Rechtsschutzes zu verstehen sei, so hilft auch das vorerst nicht weiter. Bei der Effektivität handelt es sich um eine „Leerformel […], die mit beliebigen Gehalten gefüllt werden kann“[158], sie selbst kann „keine materiellen Kriterien liefern, sondern immer nur in Bezug auf derartige Kriterien oder Ziele relative Maßstabwirkung entfalten“[159].

Was aber ist nun der Maßstab des Art. 19 Abs. 4 S. 1 GG, an dem der ausgestaltende Gesetzgeber gemessen wird? Die verfassungsrechtliche Rechtsschutzgarantie bedarf eines gesetzgeberischen Tätigwerdens; der Gesetzgeber hat dem rechtsschutzsuchenden Bürger mithin durch Ausgestaltung ein Rechtsschutzinstrumentarium zur Verfügung zu stellen, mit dessen Hilfe er seine materiellen

[157] Hierzu m. w. N. *Schmidt-Aßmann* (Fn. 12), Art. 19 Abs. 4 Rn. 4.

[158] M. w. N. *Lorenz*, Der grundrechtliche Anspruch auf effektiven Rechtsschutz, AöR 105 (1980), 623 (637).

[159] *Cornils* (Fn. 25), S. 447.

(Grund-)Rechtspositionen schützen und durchsetzen kann.[160] Bei dieser Aufgabe kommt ihm außerhalb des Kernbereichs des Art. 19 Abs. 4 S. 1 GG ein weiter Gestaltungsspielraum zu, der von dem Umstand kontrastiert wird, dass die Rechtsschutzgarantie dem Bürger „nicht den Anspruch auf die bestmögliche Befriedigung des Rechtsschutzinteresses“[161] verschafft. Der Gesetzgeber schuldet also nicht die optimalste Form der Ausgestaltung, sondern lediglich die Erfüllung des „*Gebot[s] eines ausgewogenen Rechtsschutzes*“[162]. Er ist dazu angehalten, „einen *internen* Ausgleich unterschiedlicher Wirksamkeitsperspektiven herzustellen“[163]. Wirksamer Rechtsschutz im Sinne des Art. 19 Abs. 4 S. 1 GG verlangt folglich nach einem ausgewogenen Rechtsschutz, der einzelne Teilanforderungen der Rechtsschutzgarantie berücksichtigt und sie im Ergebnis zu einem Kompromiss zusammenführt. Entspräche eine gesetzgeberisch veranlasste Vereinheitlichung diesem Maßstab, wäre sie also ein Erscheinungsbild ausgewogenen Rechtsschutzes und damit verfassungsmäßig. Die Annahme der Verfassungsmäßigkeit einer Vereinheitlichung allein aufgrund der Entsprechung von Mittel (Vereinheitlichung) und Maßstab (Ausgewogenheit des Rechtsschutzes) scheitert im Fall der prozessualen Vereinheitlichung nicht an einer fehlenden Überprüfung der Einpassung des Ausgestaltungsproduktes in das Gesamtgefüge der Verfassung. Ein externer Abgleich ist hier nicht vonnöten. Art. 19 Abs. 4 S. 1 GG stellt keineswegs die einzige verfassungsrechtliche, für den Rechtsschutz bedeutsame Bestimmung dar. Das Grundgesetz äußert sich in verschiedenen Bestimmungen dazu, wie der Rechtsschutz nach den Vorstellungen der Verfassung beschaffen sein muss.[164] Neben dem Rechtsstaatsprinzip und dem allgemeinen Justizgewährungsanspruch sind damit vor allem die Prozessgrundrechte der Art. 101 Abs. 1 S. 2 und 103 Abs. 1 GG sowie die institutionellen Gewährleistungen der Art. 92 und 97 GG angesprochen. Während die Rechtsschutzgarantie des Art. 19 Abs. 4 S. 1 GG im Fall des Rechtsschutzes gegen verletzende Akte der öffentlichen Gewalt aufgrund der Spezialität Vorrang gegenüber dem allgemeinen Justizgewährungsanspruch genießt, sind die übrigen genannten Bestimmungen erst anzuwenden, wenn ihr gegenüber Art. 19 Abs. 4 S. 1 GG speziellerer Gewährleistungsbereich von der in Rede stehenden Ausgestaltung berührt ist.[165]

[160] Vgl. *Maurer* (Fn. 47), S. 467 (474).

[161] BVerwGE 67, 206 (209).

[162] Grundlegend hierzu *Schmidt-Aßmann/Schenk* (Fn. 37), Einl. Rn. 153 (Hervorhebung im Original).

[163] *Schmidt-Aßmann/Schenk* (Fn. 37), Einl. Rn. 153 (Hervorhebung im Original).

[164] Ausdrücklich zu diesem Netz von verfassungsrechtlichen Vorgaben zum Rechtsschutz BVerfGE 60, 253 (267): „[D]ie Verfassung ist ein Sinngefüge, bei dem einzelne Gewährleistungen, und mithin auch Art. 19 Abs. 4 Satz 1 GG, so auszulegen sind, daß auch anderen Verfassungsnormen und -grundsätzen nicht Abbruch getan wird.“

[165] Eine verdrängende Wirkung speziellerer verfassungsrechtlicher Rechtsschutzstandards

Stehen also allgemeine Aspekte des gerichtlichen Rechtsschutzes in Rede und nicht spezielle Garantiegehalte von beispielsweise Art. 97 Abs. 1 GG oder Art. 103 Abs. 1 GG, kommt es auf einen externen Abgleich nicht an. Entscheidend ist in diesem Fall lediglich der erwähnte interne Ausgleich verschiedener Teilgehalte des verfassungsrechtlich garantierten Rechtsschutzes und ihre ausgewogene Zusammenstellung durch den Gesetzgeber.

Was letztlich alles zu den Teilgehalten der Rechtsschutzgarantie zu zählen ist, wird sich wohl nur schwer abschließend klären lassen. Aus der Sicht des rechtsschutzsuchenden Bürgers einerseits und den Anforderungen, die an staatliches Handeln gestellt werden, andererseits wird man aber wohl sagen können, dass „Schnelligkeit und Gründlichkeit, Rechtssicherheit und Richtigkeit“[166] aber auch Gerechtigkeit, Transparenz[167], Wirksamkeit und Wirtschaftlichkeit[168] zu den

---

nimmt auch *Huber* (Fn. 12), Art. 19 Rn. 363, an. *Schulze-Fielitz* (Fn. 12), Art. 19 IV Rn. 147, geht hingegen von einer komplementären Rolle der übrigen im Grundgesetz normierten Rechtsschutzstandards aus; diese würden den Art. 19 Abs. 4 S. 1 GG prägenden „Maßstab der Effektivität des Rechtsschutzes […] für die Ausgestaltung des gerichtlichen Rechtsschutzsystems komplementär ergänz[en]“. In diese Richtung (wohl) auch *Buermeyer* (Fn. 139), S. 46: „Die unterschiedliche Stellung der Rechtsschutzgarantie und der Vorschriften über die Rechtsprechung im Grundgesetz darf nicht darüber hinwegtäuschen, daß zwischen Art. 19 Abs. 4 GG und dem Rechtsprechungsabschnitt ein enger sachlicher Zusammenhang besteht“. Bei Zugrundelegung des hier vertretenen Kernbereichs- und Schalenmodells kann eine solche Sichtweise allerdings nicht überzeugen. Die verschiedenen Wirksamkeitspostulate, die im Rahmen der verfassungsrechtlichen Rechtsschutzgarantie in ein ausgewogenes Verhältnis zu bringen sind, setzen auf einer abstrakten Ebene an und nehmen – etwa in Gestalt der Rechtssicherheit, Gerechtigkeit, Wirksamkeit und Gründlichkeit – einige Forderungen der angesprochenen Bestimmungen bereits in sich auf. So soll etwa der in Art. 103 Abs. 1 GG niedergelegte Anspruch auf rechtliches Gehör „richtige und gerechte Entscheidungen ermöglichen“ (m. w. N. *Schulze-Fielitz*, in: Dreier (Hrsg.), GG, Bd. 3, 3. Aufl. 2018, Art. 103 I Rn. 12). Erst wenn also spezielle verfassungsrechtliche Garantiegehalte, die nicht bereits von den unterschiedlichen Wirksamkeitspostulaten des Art. 19 Abs. 4 S. 1 GG umfasst werden, von der Ausgestaltung berührt werden, kommen die vom Grundgesetz für das Rechtsschutzsystem vorgesehenen Bestimmungen im Rahmen eines externen Abgleichs der gesetzgeberischen Ausgestaltung mit dem Sinngefüge der Verfassung zum Tragen. Letztlich dürfte diese Frage aber ohnehin nur von methodischer Bedeutung sein, wird der genaue Standpunkt des Abgleichs der Ausgestaltung mit allen relevanten Verfassungsvorgaben doch keinen Einfluss auf das Ergebnis der Prüfung nehmen. Eine ausführliche Auseinandersetzung mit dem Verhältnis von Art. 103 Abs. 1 GG und Art. 19 Abs. 4 S. 1 GG findet sich auch bei *Buermeyer* (Fn. 139), S. 54 ff.

166 *Cornils* (Fn. 25), S. 475, der das Portfolio an Wirksamkeitspostulaten in der Folge, ebd. S. 485, noch ergänzt.

167 *Bröhmer*, Transparenz als Verfassungsprinzip, 2004, S. 242, definiert die „primär[e] Transparenzebene“ der Rechtsschutzgarantie als verfassungsrechtliche Forderung, die verlangt, „dass die Grundrechtsträger über die bestehenden Rechtsschutzmöglichkeiten informiert sind, also nicht nur ihre materiellen Rechte kennen, sondern auch wissen, wo diese Rechte durchgesetzt werden können“.

168 Ein Überblick über Inhalte und Wichtigkeit der Wirtschaftlichkeit staatlichen Handelns

Teilgehalten der Rechtsschutzgarantie des Art. 19 Abs. 4 S. 1 GG gezählt werden müssen.[169] Bei der Ausgestaltung durch den Gesetzgeber können die verschiedenen Aspekte naturgemäß nicht alle in vollem Umfang erfüllt werden.[170] Die Gründlichkeit und damit verbunden die Richtigkeit des Rechtsschutzes etwa stünde einer vollumfänglichen Verwirklichung der Schnelligkeit des Rechtsschutzes – die letztlich auf das kürzest mögliche Verfahren hinausliefe – entgegen, erfordert eine gründliche und richtige gerichtliche Entscheidung in der Sache doch gerade Zeit für den Richter, um sich mit dem Streitgegenstand hinreichend auseinandersetzen zu können. Andererseits ist es gerade die Aufgabe des Gesetzgebers, alle Teilgehalte des Rechtsschutzes im rechten Maß zu verwirklichen, ihm obliegt gewissermaßen ihre richtige Dosierung. Mit dieser Prämisse wäre eine Ausgestaltung des Rechtsschutzsystems, die auf die Verwirklichung eines oder gleich mehrerer Teilaspekte vollständig verzichtet, (wohl) nur schwer zu vereinbaren und daher als unausgewogen zu deklarieren.[171] Daneben wird man von Unausgewogenheit wohl nur sprechen können, wenn der Gesetzgeber einen Teilgehalt im Vergleich zu anderen Teilgehalten des Art. 19 Abs. 4 S. 1 GG ohne jeglichen Grund stärker ausgestaltet hat. In diesen verhältnismäßig liberalen Anforderungen an das gesetzgeberische Ausgestaltungshandeln im Schalenbereich von Art. 19 Abs. 4 S. 1 GG kommt der weite Gestaltungsspielraum zum Ausdruck, der dem Gesetzgeber bei der Ausgestaltung zugesprochen wird.

Innerhalb dieses Rahmens muss sich demnach die Vereinheitlichung des Prozessrechts bewegen, um als Gestaltungsmöglichkeit eines ausgewogenen Rechtsschutzes verfassungsrechtlich zulässig zu sein. Zu unterscheiden sind die oben ausgearbeiteten zwei Bedeutungsschichten der Vereinheitlichung: Zum einen umfasst sie die Zusammenführung der drei getrennten Prozessordnungen der

findet sich bei *Gröpl*, Wirtschaftlichkeit und Sparsamkeit staatlichen Handelns, in: Isensee/Kirchhof (Hrsg.), HStR, Bd. 5, 3. Aufl. 2007, § 121. Zu den Herausforderungen, die sich hierdurch für die Justiz stellen s. die Beiträge bei Schulze-Fielitz/Schütz (Hrsg.), Justiz und Justizverwaltung zwischen Ökonomisierungsdruck und Unabhängigkeit, Die Verwaltung, Beiheft 5, 2002.

[169] Die Vielgestaltigkeit der verfassungsrechtlichen Rechtsschutzgarantie betont auch *Kloepfer*, Verfahrensdauer und Verfassungsrecht, JZ 1979, 209 (211), der davon spricht, dass „[d]ie Vorstellung der Effektivität des Rechtsschutzes […] außerordentlich schillernd [ist] und […] mehrere Aspekte“ umfasst.

[170] So auch *Cornils* (Fn. 25), S. 476: „Wenn Art. 19 Abs. 4 GG vom Gesetzgeber nicht […] maximalen, sondern ausgewogenen Rechtsschutz verlangt, wäre es perplex, ihn grundrechtlich prima facie auf die maximale Verwirklichung von Einzelaspekten des Rechtsschutzes verpflichten zu wollen und ihn also für deren submaximale Verwirklichung in die grundrechtliche Rechtfertigungspflicht zu nehmen. […] Die Schutzwirkung des Grundrechts zielt aber gegen unausgewogene Ausgestaltungen, d. h. […] gegen unangemessene, einseitige Bevorzugungen einzelner Aspekte (etwa der Schnelligkeit gerichtlicher Verfahren auf Kosten ihrer Sorgfalt vice versa).“

[171] In diese Richtung auch *Cornils* (Fn. 25), S. 485.

Verwaltungs-, Finanz- und Sozialgerichtsbarkeit (hierzu unter a), zum anderen ist ihr aber auch eine qualitative Komponente inhärent, die entweder einzelne Elemente bereits bestehender Prozessrechtsinstitute mit dem Ziel einer einheitlichen Regelung für alle verwaltungsgerichtlichen Verfahren modifiziert, den Anwendungsbereich eines Prozessrechtsinstituts auf ein Verfahrensrecht der öffentlich-rechtlichen Fachgerichtsbarkeiten erstreckt, das eine solche Regelung bisher noch nicht vorsah (hierzu insgesamt unter b), oder aber die Schaffung eines neuen Rechtsinstitutes vorsieht.[172]

a) Zur Ausgewogenheit einer Zusammenführung der Prozessordnungen

Die Vereinheitlichung des Prozessrechts, begriffen als bloße Zusammenführung von drei getrennten Gesetzen, würde den Maßstab ausgewogenen Rechtsschutzes wohl nicht verletzen. In diesem Gewand versteht sich die Vereinheitlichung als Instrument zur Bereinigung des Prozessrechts durch Streichung überflüssiger, weil deckungsgleicher oder lediglich in ihrem Wortlaut unterschiedlicher Vorschriften.[173] Geht man also davon aus, dass dies nicht zu inhaltlichen Änderungen am prozessualen Rechtsschutzsystem selbst führt, dürften die Teilgehalte der Schnelligkeit, Gründlichkeit, Rechtssicherheit, Richtigkeit und Gerechtigkeit nicht berührt sein. Ihre Ausgewogenheit, wie sie vor einer etwaigen Vereinheitlichung bereits bestand, wäre somit auch nach einer Vereinheitlichung noch vorhanden. Einzig die Transparenz des Rechtsschutzes würde sich hierdurch ändern.[174] Allerdings wäre für diesen Fall nicht von einer Unausgewogenheit des Rechtsschutzes auszugehen, könnte die Komplexität des verwaltungsgerichtlichen Rechtsschutzsystems in seiner Gesamtheit durch Straffung und Verringerung der anzuwendenden Regelungen doch deutlich reduziert und der rechtsschutzsuchende Bürger sowie die Anwaltschaft damit entlastet werden. Zugleich könnte dadurch wohl die wissenschaftliche Durchdringung des Prozessrechts durch die Fokussierung der Rechtsprechung auf lediglich ein prozessuales Bezugsobjekt gesteigert werden.

---

[172] Die Kategorie der gesetzgeberischen Neuschaffung einzelner Prozessrechtsinstitute wird im Folgenden keiner verfassungsrechtlichen Überprüfung unterzogen. Entsprechende Regelungen könnte der Gesetzgeber auch unabhängig von einer Vereinheitlichung im Wege einer Reform der bestehenden Prozessordnungen schaffen. Auf das Instrument der Vereinheitlichung ist er dabei nicht angewiesen.

[173] Vgl. zu den unterschiedlichen Bedeutungsgehalten des Begriffs Vereinheitlichung bereits oben unter Kap. 1, C., I.

[174] Kritisch zu der im Folgenden angesprochenen zahlenmäßigen Verringerung prozessrechtlicher Regelungen *Trzaskalik*, Die Vereinheitlichung der Verwaltungsprozeßordnungen, NJW 1982, 1553 (1554 Fn. 10); *Busch/Berger*, Die Verlustliste der Prozeßrechtseinheit im Entwurf einer Verwaltungsprozeßordnung, DVBl. 1982, 831 ff.

b) Zur Ausgewogenheit qualitativer Vereinheitlichungen

Komplexer liegen die Dinge indes bei den qualitativen Vereinheitlichungen. In dieser Bedeutungsdimension würde eine Vereinheitlichung inhaltliche Modifikationen am prozessualen Rechtsschutzsystem vornehmen. Ob danach immer noch von einer Ausgeglichenheit bzw. Ausgewogenheit des Rechtsschutzes die Rede sein kann, drängt sich nicht geradezu auf, soll im Folgenden aber am Beispiel zentraler modifizierender Vereinheitlichungen, die im Entwurf einer einheitlichen Verwaltungsprozessordnung sowie im Speyerer Entwurf vorgesehen sind, nachgewiesen werden.[175]

Modifizierende Vereinheitlichungen finden sich etwa bei den Regelungen zur Wiedereinsetzung in den vorigen Stand, zum außergerichtlichen Vorverfahren, zum Verfahren im ersten Rechtszug, zum einstweiligen Rechtsschutz sowie bei den Vorschriften zur Berufung und zur Revision.

aa) Zur Ausgewogenheit qualitativer Vereinheitlichungen: die Wiedereinsetzung in den vorigen Stand

Entgegen der Monatsfrist des § 67 Abs. 2 S. 1 SGG a. F.[176] sehen sowohl § 54 Abs. 2 S. 1 EVwPO als auch § 76 Abs. 2 S. 1 SpE für die Antragstellung zur Wiedereinsetzung in den vorigen Stand für alle verwaltungsgerichtlichen Verfahren eine Zwei-Wochen-Frist vor. Diese Verkürzung der Antragsfrist (im sozialgerichtlichen Verfahren) steigert zweifelsohne den Teilaspekt der Schnelligkeit des Rechtsschutzes. Es drängt sich allerdings die Frage auf, ob eine solche Verkürzung zu einer die Unausgewogenheit des Rechtsschutzes zur Folge habenden Beeinträchtigung der Interessen des rechtsschutzsuchenden Bürgers führt. Dafür mag streiten, dass sich ein am sozialgerichtlichen Verfahren beteiligter Bürger in kürzerer Zeit für die Stellung eines Wiedereinsetzungsantrages entscheiden muss. Gleichwohl wird diese vermeintliche Verschlechterung der Stellung des Rechtsschutzsuchenden im sozialgerichtlichen Verfahren nicht zu einer Unausgewogenheit des Rechtsschutzes führen: Zum einen kennt das prozessuale Rechtssystem für die Wiedereinsetzung in den vorigen Stand vereinzelt noch kürzere Fristen,[177] zum anderen wirkt die zur Wiedereinsetzung in der Recht-

---

[175] Eine detaillierte verfassungsrechtliche Überprüfung jeder einzelnen Änderung des damaligen Prozessrechts im Wege der Vereinheitlichung kann an dieser Stelle weder geleistet werden, noch ist dies das Anliegen dieses Abschnitts. Vielmehr soll der verfassungsrechtliche Maßstab des vereinheitlichenden Organisationsgesetzgebers bestimmt und dargelegt werden, dass eine Vereinheitlichung des Prozessrechts im Bereich des verfassungsrechtlich Möglichen liegt.

[176] Zur damaligen Rechtslage *Mellwitz*, SGG, 1956, § 67 Rn. 5.

[177] So ist der Antrag auf Wiedereinsetzung im Strafprozess etwa gemäß § 45 Abs. 1 S. 1 StPO innerhalb von einer Woche zu stellen.

sprechung entwickelte Dogmatik für den Bürger hier kompensierend.[178] So ist höchstrichterlich anerkannt, dass eine „Wiedereinsetzung in die Wiedereinsetzung“[179] wegen Versäumung der Wiedereinsetzungsfrist zulässig ist. Auch bei der Antragsfrist für die Wiedereinsetzung in den vorigen Stand handelt es sich nämlich um eine gesetzliche Frist, deren Versäumung bei Schuldlosigkeit mittels der Wiedereinsetzung in den vorigen Stand behoben werden kann.[180] Eine verfassungswidrige Unausgewogenheit hätte die angedachte Vereinheitlichung mithin nicht zur Folge, gäbe es doch hinreichend prozessuale Möglichkeiten etwaige Einschnitte für den rechtsschutzsuchenden Bürger auszugleichen.

bb) Zur Ausgewogenheit qualitativer Vereinheitlichungen: die verwaltungsprozessuale Subsidiaritätsklausel

Gleiches gilt für die Erstreckung der im verwaltungs- und finanzgerichtlichen Verfahren bereits vorhandenen Subsidiaritätsklausel bei Feststellungsklagen auf das sozialgerichtliche Verfahren, § 67 Abs. 2 S. 2 EVwPO, § 55 Abs. 3 S. 1 SpE. Zwar findet sich in § 55 SGG a. F. eine entsprechende Klausel, nach der eine Feststellungsklage nicht begehrt werden kann, „soweit der Kläger seine Rechte durch Verpflichtungs- oder Anfechtungsklage verfolgen kann oder hätte verfolgen können“, nicht. Gleichwohl verursacht dieses Mehr an Wirtschaftlichkeit bzw. Prozessökonomie[181] keine Unausgewogenheit des Rechtsschutzsystems. Bereits zuvor war allgemein anerkannt, dass die Subsidiaritätsklausel, zumindest grundsätzlich, auch für das sozialgerichtliche Verfahren gilt.[182] Auch die Wirksamkeit des Rechtsschutzes leidet nicht unter der legislativen Beschränkung dieser Klageart; „[d]er dem Kläger zustehende Rechtsschutz *soll* aus Gründen der Prozessökonomie auf ein einziges Verfahren, nämlich dasjenige, das seinem Anliegen am wirkungsvollsten gerecht wird, konzentriert werden“[183].

---

[178] Zur Fähigkeit der Dogmatik, „gute“ Ergebnisse zu erzeugen, s. *Lennartz*, Dogmatik als Methode, 2017, S. 154. Allgemein zu den Aufgaben der Dogmatik *Bumke*, Rechtsdogmatik, 2017, S. 45 ff.

[179] Vgl. nur VG Bayreuth, Urt. v. 24.06.2016 – B 5 K 15.742, juris, Rn. 24.

[180] Vgl. BVerwG, DVBl. 1986, 287.

[181] Zur Prozessökonomie als Grund für die Subsidiaritätsklausel s. etwa *Görg/Müller*, FGO, 1966, § 41 Rn. 197.

[182] Vgl. *Mellwitz* (Fn. 176), § 55 Rn. 17, sowie m. w. N. *Meyer-Ladewig*, SGG, 1977, § 55 Rn. 19. Ausgenommen waren Feststellungsklagen gegen juristische Personen.

[183] BVerwGE 111, 306 (308 f.; Hervorhebung nicht im Original).

cc) Zur Ausgewogenheit qualitativer Vereinheitlichungen: das außergerichtliche Vorverfahren

Modifikationen sollen im Wege der Vereinheitlichung auch an den Regelungen zum außergerichtlichen Vorverfahren vorgenommen werden. Zwar sehen die zu vereinheitlichenden Prozessordnungen ein außergerichtliches Vorverfahren bereits vor, allerdings unterliegt dieses hinsichtlich seiner Reichweite im finanzgerichtlichen, § 44 Abs. 1 FGO a. F., sowie im sozialgerichtlichen Verfahren, § 78 SGG a. F., bestimmten Einschränkungen. So verweist die Finanzgerichtsordnung etwa auf das außergerichtliche Rechtsbehelfsverfahren der Abgabenordnung. Das Sozialgerichtsgesetz wiederum nimmt vom Anwendungsbereich des außergerichtlichen Vorverfahrens nach § 78 Abs. 2 SGG a. F. „Angelegenheiten der Unfallversicherung, der Rentenversicherungen der Arbeiter und Angestellten und der Kriegsopferversorgung" aus.[184] Fortan soll sowohl nach dem Entwurf einer einheitlichen Verwaltungsprozessordnung, § 71 EVwPO, als auch nach dem Speyerer Entwurf, § 85 SpE, ein außergerichtliches Vorverfahren in allen verwaltungsgerichtlichen Verfahren grundsätzlich erforderlich sein. Dadurch soll eine Steigerung der Wirtschaftlichkeit des Rechtsschutzsystems durch eine Entlastung der Gerichte erreicht werden; auch verspricht sich der Gesetzgeber durch die Möglichkeit der Verwaltung, ihr Handeln erneut einer (Selbst-) Kontrolle zu unterziehen, ein Mehr an richtigen behördlichen Entscheidungen.[185] Mittelbar wirkt sich dies zudem positiv auf die Verfahrensdauer aus. Gerade vor dem Hintergrund, dass dem rechtsschutzsuchenden Bürger die Möglichkeit gerichtlichen Rechtsschutzes unbenommen bleibt, sein Rechtsschutzbegehren darüber hinaus möglicherweise schon im Wege der verwaltungsinternen Nachkontrolle erreicht werden kann, kann von einer verfassungswidrigen Verschiebung im bis dato ausgewogenen Rechtsschutzsystem nicht die Rede sein. Stabilisiert wird die Balance zusätzlich durch die in § 72 EVwPO enthaltene Klagemöglichkeit ohne Vorverfahren.[186] Diese in der Verwaltungsgerichtsordnung noch nicht enthaltene, in § 45 Abs. 1 S. 1 FGO a. F.[187] nur auf Anfechtungsklagen bezogene und im sozialgerichtlichen Verfahren, § 78 Abs. 2 S. 1 SGG a. F.,[188] auf bestimmte Pflichtleistungen beschränkte Regelung erreicht eine Absicherung der

---

[184] Einzelheiten zu § 78 Abs. 2 SGG a. F. bei *Meyer-Ladewig* (Fn. 182), § 78 Rn. 8. Zur Zeit der Entstehung des Speyerer Entwurfs wich das grundsätzliche Erfordernis eines Vorverfahrens zudem noch von § 79 Nr. 1 SGG a. F. ab, nach dem ein Vorverfahren lediglich bei Anfechtungsklagen gegen Ermessensentscheidungen der Behörden vonnöten war.

[185] Zu diesen und den im Folgenden angeführten Wirkungen des außergerichtlichen Vorverfahrens s. BT-Drs. 10/3437, S. 106.

[186] Der Speyerer Entwurf enthielt hingegen keine vergleichbare Regelung.

[187] Zur Regelung der FGO s. *Görg/Müller* (Fn. 181), § 45 Rn. 209 ff.

[188] Hierzu im Einzelnen *Meyer-Ladewig* (Fn. 182), § 78 Rn. 8 f.

Wirksamkeit des Rechtsschutzes sowie dessen Schnelligkeit, indem dem Beschwerdeführer die Möglichkeit eröffnet wird, direkt gegen die behördliche Maßnahme zu klagen und so sein Bedürfnis nach einer gerichtlichen Klärung der Angelegenheit ohne Einhaltung eines zeitintensiveren Vorverfahrens zu befriedigen.[189] Eine Gesamtbetrachtung der modifizierenden Vereinheitlichungen im Bereich des außergerichtlichen Vorverfahrens muss mithin zu dem Ergebnis gelangen, dass auch in diesem Fall ein verfassungsgemäßes, weil ausgewogenes, Rechtsschutzsystem bestehen würde. Die stärkere Betonung der Wirtschaftlichkeit und Schnelligkeit durch die Einführung des grundsätzlichen Erfordernisses eines außergerichtlichen Vorverfahrens erhält insbesondere durch die vom Entwurf einer einheitlichen Verwaltungsprozessordnung vorgesehene Regelung zu den Klagemöglichkeiten ohne Vorverfahren ein ausgleichendes Gegengewicht.

dd) Zur Ausgewogenheit qualitativer Vereinheitlichungen: die Widerklage

Der Fallgruppe der Anwendungsbereichserweiterung ist etwa die Vorschrift zur Widerklage zuzuordnen, § 91 EVwPO, § 106 SpE. Der Anwendungsbereich dieser Regelung, nach der eine Widerklage[190] erhoben werden kann, „wenn der Gegenanspruch mit dem in der Klage geltend gemachten Anspruch oder mit den gegen ihn vorgebrachten Verteidigungsmitteln zusammenhängt", soll auf das finanzgerichtliche Verfahren erstreckt werden. Argumente, die gegen eine solche Ausdehnung des Anwendungsbereiches sprächen, finden sich nicht.[191] Durch die Regelung wird lediglich die Wirtschaftlichkeit des Rechtsschutzsystems erhöht, indem inhaltlich zusammenhängende Rechtsschutzbegehren – soweit möglich – in ein und demselben Verfahren behandelt werden können. Gleichzeitig dient eine solche Regelung, der die Idee der Vermeidung unnötiger zusätzlicher Verfahren inhärent ist, der Rechtssicherheit des begehrten Rechtsschutzes sowie der Beschleunigung gerichtlicher Verfahren.[192] Zusammengefasst bedient die

---

[189] Vgl. zu den Motiven für die Einführung einer solchen Regelung im sozial- und finanzgerichtlichen Verfahren *Meyer-Ladewig* (Fn. 182), § 78 Rn. 8, und *Görg/Müller* (Fn. 181), § 45 Rn. 209.

[190] Einen Überblick über die vorgefundene Rechtslage verschaffen für die VwGO *Eyermann/Fröhler*, VwGO, 1960, § 89 Rn. 1 ff., sowie für das SGG *Mellwitz* (Fn. 176), § 100 Rn. 1 ff.

[191] So auch BT-Drs. 10/3437, S. 115.

[192] Zu den hier und im Folgenden angesprochenen Funktionen und Vorzügen der Widerklage, die nach der Konzeption der beiden Gesetzesentwürfe fortan auch für das finanzgerichtliche Verfahren hätte gelten sollen, vgl. insbesondere *Okońska*, Die Widerklage im Zivilprozessrecht der Europäischen Union und ihrer Mitgliedstaaten, 2015, S. 71: „Als Ziel der Widerklage wird vor allem die Förderung der Prozessökonomie angeführt: […] Dank der Widerklage wird [die] Zersplitterung und Vervielfältigung von Prozessen vermieden. Darüber hinaus beugt sie sich widersprechenden Urteilen vor und fördert dadurch die Rechtssicherheit." Den Aspekt des prozessökonomischen Hintergrundes der Widerklage betonen etwa auch *Ortloff/Riese*, in: Schoch/

Widerklage gleich mehrere Wirksamkeitspostulate eines ausgewogenen Rechtsschutzsystems. Die Übertragung auf das finanzgerichtliche Verfahren würde in der Konsequenz lediglich dazu führen, dass fortan auch in finanzrechtlichen Streitigkeiten die Widerklage als Konkretisierung eines insgesamt ausgewogenen Rechtsschutzsystems zur Anwendung kommen würde. Nennenswerte Nachteile würden dem Rechtsschutzsuchenden dadurch nicht entstehen.

ee) Zur Ausgewogenheit qualitativer Vereinheitlichungen: Klagerücknahme, Hauptsache-Erledigungserklärung und besondere Mitwirkungspflichten

Ebenfalls unbedenklich erscheint eine Vereinheitlichung des Zeitpunktes der Klagerücknahme, § 95 Abs. 1 S. 1 EVwPO, § 110 Abs. 1 S. 1 SpE. Fortan soll der Kläger wie schon nach § 92 Abs. 1 S. 1 VwGO a. F. und § 72 Abs. 1 S. 1 FGO a. F.[193] auch im sozialgerichtlichen Verfahren und damit entgegen § 102 S. 1 SGG a. F.[194] „bis zur Rechtskraft des Urteils" die Möglichkeit haben, seine Klage zurückzunehmen. Die zeitliche Ausdehnung der Möglichkeit zur Klagerücknahme über den Zeitpunkt des Schlusses der mündlichen Verhandlung überzeugt zum einen aus Gründen der Prozessökonomie, zum anderen steigert dies die Rechtssicherheit und Schnelligkeit des Rechtsschutzsystems aus der Perspektive der Prozessbeteiligten.[195] Mit der Folge der Verhinderung unnötig langer Verfahren wäre der Kläger in diesem Fall nicht mehr „zur Einlegung eines Rechtsmittels" gezwungen, „wenn er noch nach Urteilserlaß seine Klage zurücknehmen will"[196]. Auf dieselben Erwägungen kann sich auch die Übertragung der Bestimmung zur Hauptsache-Erledigungserklärung, § 96 S. 1 EVwPO, § 191 SpE, auf das sozialgerichtliche Verfahren stützen.[197]

Der Gewährleistung der Gründlichkeit, Richtigkeit, Schnelligkeit und Wirksamkeit des Rechtsschutzes dient auch die Erstreckung besonderer Mitwirkungspflichten der Beteiligten und Zeugen eines Verfahrens gemäß § 100 S. 1 EVwPO sowie der Vorlage- und Duldungspflichten nach § 108 EVwPO auf das verwal-

---

Schneider/Bier (Hrsg.), VwGO, Bd. 2, § 89 (16. EL März 2008) Rn. 2; *Meyer-Ladewig* (Fn. 182), § 100 Rn. 1.

[193] Vgl. für die VwGO *Eyermann/Fröhler* (Fn. 190), § 92 Rn. 3 ff.; für die FGO *Görg/Müller* (Fn. 181), § 72 Rn. 371 f.

[194] Zur damaligen Rechtslage *Mellwitz* (Fn. 176), § 102 Rn. 3; *Meyer-Ladewig* (Fn. 182), § 102 Rn. 6.

[195] Zur Interessenlage bei der Klagerücknahme *Nolte*, Die Eigenart des verwaltungsgerichtlichen Rechtsschutzes, 2015, S. 148; *Westermeier*, Die Erledigung der Hauptsache im Deutschen Verfahrensrecht, 2005, S. 119.

[196] BT-Drs. 10/3437, S. 117.

[197] Zum bisherigen Fehlen einer entsprechenden Regelung im SGG a. F. vgl. *Meyer-Ladewig* (Fn. 182), § 94 Rn. 4.

tungs- und das sozialgerichtliche Verfahren.[198] Nur die Finanzgerichtsordnung alter Fassung kennt in §§ 76, 85 FGO a. F.[199] entsprechende Regelungen. Die Einführung einheitlicher Regelungen gewährleistet, dass das Gericht in angemessener Zeit alle entscheidungserheblichen Tatsachen erforschen und den Rechtsstreit so einer richtigen und gerechten Entscheidung zuführen kann.[200]

ff) Zur Ausgewogenheit qualitativer Vereinheitlichungen: der einstweilige Rechtsschutz

Die wohl markantesten Modifikationen sehen die Entwürfe für den einstweiligen Rechtsschutz sowie für das Rechtsmittel der Berufung vor. So führt etwa *Windthorst* für den Bereich des einstweiligen Rechtsschutzes aus, dass die Entwürfe „trotz fehlender Umsetzung bis heute Struktur und Inhalt verschiedener Regelungen“ maßgeblich prägen, die angedachten Regelungen „für das Verständnis der geltenden Bestimmungen des einstweiligen Rechtsschutzes [...] bedeutsam“[201] seien. Exemplarisch sei aus diesem Regelungsbereich auf die Vorgaben zur aufschiebenden Wirkung, § 133 Abs. 1 S. 1 EVwPO, § 95 Abs. 1 S. 1 SpE, und zur einstweiligen Anordnung, § 138 EVwPO, § 150 SpE, hingewiesen. Gemäß § 133 Abs. 1 S. 1 EVwPO und § 95 Abs. 1 S. 1 SpE sollen Widerspruch und Anfechtungsklage grundsätzlich aufschiebende Wirkung haben. Dieser Grundsatz aufschiebender Wirkung unterscheidet sich zum einen von §§ 86 Abs. 2, 97 Abs. 1 SGG a. F., die für das sozialgerichtliche Verfahren nur dann von einer aufschiebenden Wirkung von Widerspruch und Anfechtungsklage ausgehen, wenn einer der enumerativ aufgelisteten Fälle einschlägig ist.[202] Zum anderen begründet die angedachte Vereinheitlichung für das finanzgerichtliche Verfahren eine Änderung gleich in zweifacher Hinsicht: Sprachlich soll auch im finanzgerichtlichen Verfahren fortan von aufschiebender Wirkung die Rede sein und nicht wie zuvor nach § 69 Abs. 1, 2 FGO a. F. von Hemmung und Aussetzung der Vollziehung. Diese Änderung ist gleichwohl nur marginaler Natur, sind die Wendungen „Hemmung der Vollziehung“ und „aufschiebende Wirkung“ doch in-

---

[198] Der Speyerer Entwurf spricht sich in § 103 SpE hingegen gegen eine Übertragung der Bestimmungen auf das verwaltungsgerichtliche sowie das sozialgerichtliche Verfahren aus.

[199] Vgl. hierzu die Ausführungen bei *Görg/Müller* (Fn. 181), § 75 Rn. 387 ff., § 85 Rn. 436.

[200] S. zu den besonderen Mitwirkungspflichten nach der FGO überblicksartig *Knauer*, Zur Vereinheitlichung der verwaltungsgerichtlichen Verfahrensordnungen, 1968, S. 103 ff.

[201] *Windthorst* (Fn. 42), S. 212. Die Bedeutung des Entwurfs einer einheitlichen Verwaltungsprozessordnung zeigt sich auch gerade daran, dass er mit der in § 136 EVwPO enthaltenen Regelung zu Verwaltungsakten mit Doppelwirkung ein Novum enthielt, dass sich auch heutzutage noch in der VwGO findet, s. § 80a VwGO.

[202] Vgl. hierzu nur *Mellwitz* (Fn. 176), § 86 Rn. 2 ff., § 97 Rn. 1 ff.; *Meyer-Ladewig* (Fn. 182), § 86 Rn. 4 ff., § 97 Rn. 1 ff.

haltsgleich zu verstehen.[203] Inhaltlich wandelt sich der von § 69 Abs. 1 FGO a. F. zur Sicherung der finanziellen Mittel des Staates zur Aufgabenerledigung vorgesehene grundsätzliche Ausschluss der aufschiebenden Wirkung auch für den Finanzrechtsweg in den Grundsatz der aufschiebenden Wirkung.[204] Auch dies ist aber wohl nur ein kosmetischer Eingriff des Gesetzgebers, wird der grundsätzliche Ausschluss der aufschiebenden Wirkung von Widerspruch und Anfechtungsklage bei bestimmten finanzgerichtlichen Verfahren gewissermaßen hintenherum wieder eingeführt, § 134 Abs. 1 Nr. 1 EVwPO, § 95 Abs. 2 Nr. 1 SpE. Letztlich stellt sich also die Frage nach der Ausgewogenheit dieser gesetzgeberischen Rechtsschutzkonzeption im Bereich des vorläufigen Rechtsschutzes nur in Bezug auf die Änderung für das sozialgerichtliche Verfahren. Dazu kann vorgetragen werden, dass sich die Stellung des rechtsschutzsuchenden Bürgers durch die Einführung der grundsätzlich aufschiebenden Wirkung von Widerspruch und Anfechtungsklage in sozialgerichtlichen Verfahren verbessert, die Wirksamkeit des Rechtsschutzes insgesamt mithin erhöht wird.[205] Gegen eine entsprechende modifizierende Vereinheitlichung dürften von Verfassungs wegen mithin keine Bedenken bestehen. Die Rechtslage in sozialgerichtlichen Verfahren würde auch durch die geplanten Nachjustierungen im Bereich der einstweiligen Anordnungen einer Änderung unterzogen worden. Sowohl nach § 138 Abs. 1 EVwPO als auch nach § 150 Abs. 1 SpE wären einstweilige Anordnungen entgegen § 198 Abs. 2 SGG a. F.[206], nach dem die Regelungen der Zivilprozessordnung über die einstweilige Verfügung keine Anwendung finden, fortan auch in sozialgerichtlichen Verfahren zulässig. Dass es sich hierbei um eine ausgewogene Rechtsschutzkonzeption handeln muss, geht schon aus der bundesverfassungsgerichtlichen Rechtsprechung hervor, nach der § 198 Abs. 2 SGG a. F. in der Weise verfassungskonform auszulegen ist, als „Wortlaut, systematische Stellung und Entstehungsgeschichte der Vorschrift [es] gestatten […], im Sozialgerichtsverfahren über die ausdrücklich im Sozialgerichtsgesetz geregelten Fälle hinaus in entsprechender Anwendung des § 123 VwGO einstweilige Anordnungen zu erlassen, soweit es darum geht, schwere und unzumutbare, anders nicht abwend-

---

203 Vgl. BT-Drs. 10/3437, S. 138.

204 Zum Zweck des grundsätzlichen Ausschlusses der aufschiebenden Wirkung von Widerspruch und Anfechtungsklage in finanzgerichtlichen Verfahren vgl. *Görg/Müller* (Fn. 181), § 69 Rn. 347; aus neuerer Zeit *Stapperfend*, in: Gräber (Hrsg.), FGO, 9. Aufl. 2019, § 69 Rn. 1.

205 Zu einem ähnlichen Ergebnis kommt wohl auch *Haueisen*, Lücken im System des sozialgerichtlichen Rechtsschutzes, NJW 1963, 321 (323), der für den einstweiligen Rechtsschutz in sozialgerichtlichen Verfahren Missstände aufdeckt. Die Begründung zum Entwurf einer einheitlichen Verwaltungsprozessordnung spricht davon, dass der Rechtsschutz des Bürgers verbessert werde, vgl. BT-Drs. 10/3437, S. 138.

206 Nähere Einzelheiten zur damaligen Rechtslage bei *Meyer-Ladewig* (Fn. 182), § 198 Rn. 1 ff.

bare Nachteile zu verhindern“[207]. Die Steigerung der Wirksamkeit verwaltungsgerichtlichen Rechtsschutzes durch Implementierung der einstweiligen Anordnung auch im sozialgerichtlichen Verfahren würde mithin auch eine Erscheinungsform ausgewogenen Rechtsschutzes darstellen.

gg) Zur Ausgewogenheit qualitativer Vereinheitlichungen: die Berufung

In Bezug auf das Berufungsverfahren finden sich im Entwurf einer einheitlichen Verwaltungsprozessordnung einige Besonderheiten, deren Zuordnung zu einer der hier zugrunde gelegten Vereinheitlichungskategorien schwierig erscheint, die aufgrund ihres Ausmaßes an Umstrukturierung des Vorhandenen dennoch einer verfassungsrechtlichen Bewertung unterzogen werden sollen.[208] Entgegen der Regelungsregime der §§ 124 ff. VwGO a. F. und der §§ 143 ff. SGG a. F.[209] entscheidet sich der Organisationsgesetzgeber mit dem entworfenen Regelungsregime für das „Modell einer Zulassungsberufung [...], um sicherzustellen, daß die Berufung nur in solchen Fällen eingelegt werden kann, in denen das angemessen ist“[210], § 141 Abs. 1 EVwPO. Die bisherigen Prozessordnungen gehen hingegen von der Statthaftigkeit der Berufung gegen Urteile der ersten Instanz aus, § 124 Abs. 1 VwGO a. F.[211], § 143 SGG a. F.[212], und sehen hierfür Einschränkungsmöglichkeiten vor. So ist die Berufung etwa in den in §§ 144–149 SGG a. F. geregelten Fällen ausgeschlossen. Gleichwohl kennen sowohl die Verwaltungsgerichtsordnung alter Fassung wie auch das Sozialgerichtsgesetz alter Fassung schon den Fall der Zulassungsberufung. Nach § 150 Nr. 1 SGG a. F. etwa ist die Berufung trotz eines Ausschlusses nach §§ 144 ff. SGG a. F. zulässig, „wenn

---

207 BVerfGE 46, 166 (181).

208 Der Speyerer Entwurf belässt es in seinem Regelungsregime zur Berufung, §§ 151 ff. SpE, größtenteils bei dem bisherigen Regel-Ausnahme-System und wird daher an dieser Stelle nicht berücksichtigt. Gleichwohl findet sich auch hier ein Novum, das darauf zurückzuführen ist, dass der Speyerer Entwurf auch für die Finanzgerichtsbarkeit einen dreistufigen Instanzenzug einführen wollte. An dieser Stelle soll sich damit begnügt werden, dass vor dem Hintergrund verschiedener Teilaspekte ausgewogenen Rechtsschutzes – Gründlichkeit, Richtigkeit, Gerechtigkeit und Rechtssicherheit – wohl auch die Einführung eines dreistufigen Instanzenzuges im finanzgerichtlichen Verfahren verfassungsrechtlich zulässig wäre. Auch das BVerfGE 40, 272 (274), räumt dem Gesetzgeber einen weiten Ausgestaltungsspielraum ein, indem es feststellt, dass die Rechtsschutzgarantie des Art. 19 Abs. 4 S. 1 GG „die nähere Ausgestaltung dieses Rechtswegs den jeweils geltenden Prozeßordnungen [überlässt] und [...] nicht [gewährleistet], daß diese einen Instanzenzug zur Verfügung stellen“.

209 Zu den Regelungen der VwGO a. F. vgl. *Ule*, Verwaltungsprozeßrecht, 2. Aufl. 1961, § 62; für das SGG a. F. s. die Erläuterungen bei *Meyer-Ladewig* (Fn. 182), vor § 143 und nachstehend.

210 BT-Drs. 10/3437, S. 145.

211 Einen Überblick verschaffen *Eyermann/Fröhler* (Fn. 190), § 124 Rn. 3 ff.

212 Zur Systematik des SGG a. F. s. *Meyer-Ladewig* (Fn. 182), § 143 Rn. 1.

das Sozialgericht sie im Urteil zugelassen hat".[213] Gemäß § 131 Abs. 1 VwGO a. F. wiederum kann die Berufung durch Bundes- oder Landesgesetz für besondere Rechtsgebiete zugelassen werden.[214] Eine Vereinheitlichung soll also insoweit stattfinden, als die Zulässigkeit der Berufung neu gestaltet, eine bis dato vorhandene Ausnahme zur Regel werden soll. Zweifelsohne dient eine solche Zulassungsberufung der Wirtschaftlichkeit des Rechtsschutzsystems; die aus Gründen der Prozessökonomie stattfindende Straffung des Rechtsmittelzuges soll zu einer Verringerung der Anzahl von Berufungsverfahren führen.[215] Dies könnte aber möglicherweise zu einer Unausgewogenheit des Rechtsschutzes führen, wird dem rechtsschutzsuchenden Bürger hierdurch das Rechtsmittel der Berufung nur unter der Bedingung gewährt, dass diese zuvor zugelassen wurde. Eine Beeinträchtigung der Wirksamkeit des Rechtsschutzes wird dennoch nicht angenommen werden können. Bezieht man die nachfolgenden Regelungen mit in die Betrachtung ein, so erfolgt ein Ausgleich der festgestellten Beschränkung des Rechtsschutzes zum einen durch die in § 141 Abs. 2 Nr. 1–4 EVwPO geregelten Fälle, in denen eine Berufung zwingend zuzulassen ist, und zum anderen durch die in § 142 Abs. 1 EVwPO vorgesehene Möglichkeit des Klägers, gegen eine Nichtzulassung der Berufung Beschwerde einzulegen. Im Kontext der Berufung ist das modifizierende Vereinheitlichungsvorhaben, das die Einlegung der Berufung betrifft, § 143 Abs. 1 EVwPO, § 151 Abs. 2 S. 1 SpE, dagegen weniger problematisch. Die Prozessordnungen alter Fassung beantworten die Frage, ob die Berufung beim judex a quo oder beim judex ad quem eingelegt werden muss, unterschiedlich. § 124 Abs. 2 S. 1 VwGO a. F. ordnet die Einlegung der Berufung „bei dem Gericht, dessen Entscheidung angefochten wird," an.[216] Das Sozialgerichtsgesetz alter Fassung wählt in seinem § 151 Abs. 1 SGG a. F. wiederum den judex ad quem als Adressat der Einlegung der Berufung.[217] Zwar wahrt nach beiden Prozessordnungen alter Fassung auch die Einlegung der Berufung beim jeweils anderen Gericht die Frist, § 124 Abs. 2 S. 2 VwGO a. F., § 151 Abs. 2 S. 1

[213] Vgl. zur Zulassungsberufung nach § 150 Nr. 1 SGG a. F. *Meyer-Ladewig* (Fn. 182), § 150 Rn. 7 ff.

[214] Insgesamt zu § 131 VwGO a. F. *Eyermann/Fröhler* (Fn. 190), § 131 Rn. 1 ff.

[215] So führt die Gesetzesbegründung, BT-Drs. 10/3437, S. 146, hierzu aus: „Eine Berufungsbeschränkung für einfache und unproblematische Fälle ist angemessen. Es ist nicht einzusehen, warum in verwaltungsprozessualen Verfahren nach ohnehin regelmäßig zweistufigen Verwaltungsverfahren ohne Rücksicht darauf, daß in der Mehrzahl der Streitverfahren die tatsächlichen und rechtlichen Fragen in erster Instanz rechtsstaatlich einwandfrei geprüft und entschieden worden sind, noch eine weitere Tatsacheninstanz zur Verfügung stehen muß. Besonderheiten der öffentlich-rechtlichen Verfahrensordnungen zwingen nicht dazu, eine Berufung abweichend von der ZPO stets zur Verfügung zu stellen."

[216] Vgl. *Eyermann/Fröhler* (Fn. 190), § 124 Rn. 23.

[217] S. *Meyer-Ladewig* (Fn. 182), § 151 Rn. 2.

SGG a. F., die Verbesserung der Transparenz des Rechtsschutzes für den Bürger durch Festlegung auf den judex a quo als zuständiges Gericht, bei dem die Berufung einzulegen ist, kann jedoch nicht als unausgewogen begriffen werden. Zumal soll auch weiterhin die Einlegung der Berufung beim Rechtsmittelgericht gemäß § 143 Abs. 1 S. 2 EVwPO, § 151 Abs. 2 S. 2 SpE fristwahrend wirken.

3. Ergebnis

Gerade bei normgeprägten Grundrechten wie der Rechtsschutzgarantie des Art. 19 Abs. 4 S. 1 GG kommt dem Gesetzgeber die Pflicht zu, ein entsprechendes Unterverfassungsrecht zu schaffen, das Grundrecht mithin auszugestalten. Angeleitet wird er dabei von den Direktiven und Leitlinien des jeweiligen Grundrechts. Hinsichtlich der konkreten Umsetzung ist dem Organisationsgesetzgeber dabei ein weiter Ausgestaltungsspielraum zuzusprechen. Die verfassungsrechtliche Überprüfung der gesetzgeberischen Ausgestaltungstätigkeit kann dabei mangels Passgenauigkeit nicht am Maßstab der Eingriffs- und Schranken-Dogmatik und damit nicht mithilfe des Verhältnismäßigkeitsgrundsatzes erfolgen. Ein tauglicher Überprüfungsmaßstab findet sich im Kernbereichs- und Schalenmodell. Im Hinblick auf den Kernbereich des jeweiligen Grundrechts ist eine gesetzgeberische Ausgestaltung solange verfassungskonform, wie sie die Mindestbedingungen der auszugestaltenden Verfassungsbestimmung verwirklicht. Aspekte der Ausgestaltung, die nicht dem Kernbereich zuzuordnen sind, unterfallen dem Verdikt der Verfassungswidrigkeit, wenn sie den Anforderungen der Entsprechungsprüfung nicht gerecht werden. Danach müssen die betrachteten Aspekte der gesetzgeberischen Ausgestaltung dem Maßstab des auszugestaltenden Grundrechts entsprechen.

Die Überprüfung der angedachten Vereinheitlichung des Prozessrechts der öffentlich-rechtlichen Fachgerichtsbarkeiten ergab zunächst, dass eine Vereinheitlichung verfassungsrechtlich nicht geboten ist, ein vereinheitlichtes Prozessrecht mithin nicht dem Kernbereich der Rechtsschutzgarantie zuzuordnen ist. Darüber hinaus stellte sich aber anhand einer genaueren Betrachtung der Vereinheitlichungsentwürfe ebenfalls heraus, dass eine Vereinheitlichung des Prozessrechts verfassungsrechtlich zulässig wäre. Die konkreten Vereinheitlichungskonzepte entsprechen dem Maßstab des Art. 19 Abs. 4 S. 1 GG, nach dem von Verfassungs wegen ein ausgewogener Rechtsschutz gewährleistet sein muss.

B. Die Vereinheitlichung der öffentlich-rechtlichen Fachgerichtsbarkeiten

Konnte für die Vereinheitlichung des Prozessrechts der öffentlich-rechtlichen Fachgerichtsbarkeiten festgestellt werden, dass eine solche verfassungsrechtlich nicht geboten, aber dennoch möglich wäre, stellt sich auch für die Vereinheitlichung der öffentlich-rechtlichen Fachgerichtsbarkeiten die Frage nach der verfassungsrechtlichen Zulässigkeit ihrer Vereinheitlichung. Ihren Höhepunkt fanden diese institutionellen Vereinheitlichungsbestrebungen im Entwurf eines Gesetzes zur Öffnung des Bundesrechts für die Zusammenführung von Gerichten der Verwaltungs-, Sozial- und Finanzgerichtsbarkeit in den Ländern[218]. Auch dieses sogenannte Zusammenführungsgesetz ist mithilfe der Ausgestaltungsdogmatik am Maßstab der verfassungsrechtlichen Rechtsschutzgarantie des Art. 19 Abs. 4 S. 1 GG zu messen.

I. Das Gebot effektiven Rechtsschutzes, Art. 19 Abs. 4 S. 1 GG

Es stellt sich mithin die Frage, ob die Auflösung der einzelnen öffentlich-rechtlichen Fachgerichte auf Länderebene[219] und die gleichzeitige Schaffung einheitlicher Gerichte für Streitigkeiten des allgemeinen und besonderen Verwaltungsrechts verfassungsrechtlich geboten sind, und falls nicht, so doch zumindest verfassungsrechtlich im Bereich des Zulässigen liegen.

1. Institutionelle Vereinheitlichung und der Kernbereich der Rechtsschutzgarantie

Wie bereits festgestellt, ist es die Pflicht des Organisationsgesetzgebers, die Mindestgehalte der auszugestaltenden Verfassungsnorm im Rahmen seiner Gesetzgebung hinreichend zur Entfaltung zu bringen.[220] Zu den Gewährleistungen des Art. 19 Abs. 4 S. 1 GG zählt der Zugang zu einem Gericht, das Verfahren vor einem Gericht und die Entscheidung durch ein Gericht. Konkret hat der Gesetzgeber also dafür Sorge zu tragen, dass das Rechtsschutzsystem von weitestgehender Lückenlosigkeit und einer hinreichenden gerichtlichen Kontrolldichte gekennzeichnet ist und darauf verzichtet, Rechtsschutz von der wirtschaftlichen

---

[218] Vgl. erstmals BT-Drs. 15/4109. Der Entwurf geht auf eine Initiative der Länder Baden-Württemberg und Sachsen zurück, s. BR-Drs. 544/04.

[219] Eine Vereinheitlichung der Gerichte auf Bundesebene scheitert wegen der verfassungsrechtlich normierten Trennung der obersten Gerichte, vgl. Art. 95 Abs. 1 GG.

[220] Hierzu und zum Folgenden Kap. 2, A., I.

Leistungsfähigkeit des Rechtsschutzsuchenden abhängig zu machen.[221] Damit ist für die hier untersuchte Frage allerdings wenig gewonnen, beziehen sich die vorgetragenen Postulate der Rechtsschutzgarantie augenscheinlich zunächst einmal ausschließlich auf die prozessuale Dimension des Rechtsschutzes. Die institutionelle Dimension ist der prozessualen allerdings vorgelagert. Aus der Feststellung, dass von Verfassungs wegen der Zugang zum, das Verfahren vor und die Entscheidung durch ein Gericht gewährleistet werden muss, kann – recht trivial – zunächst einmal gefolgert werden, dass ein verfassungskonformes Rechtsschutzsystem die Existenz von Gerichten einfordert.[222] Weitergehende Anforderungen hinsichtlich der Strukturierung bzw. der Organisation der öffentlich-rechtlichen Fachgerichtsbarkeiten können dem Kernbereich des Art. 19 Abs. 4 S. 1 GG hingegen nicht entnommen worden. Eine Vereinheitlichung des Gerichtswesens kann demnach nicht als verfassungsrechtliches Gebot bezeichnet werden.

2. Institutionelle Vereinheitlichung als Möglichkeit ausgewogenen Rechtsschutzes

Es bleibt damit die Frage, ob es dem Gesetzgeber zumindest von Verfassungs wegen gestattet wäre, die öffentlich-rechtlichen Fachgerichtsbarkeiten zu vereinheitlichen. Eine Antwort auf die Frage nach der verfassungsrechtlichen Möglichkeit einer solchen Vereinheitlichung erfordert die Untersuchung der Ausgewogenheit eines Rechtsschutzsystems mit einer vereinheitlichten öffentlich-rechtlichen Fachgerichtsbarkeit, wie sie die im Entwurf eines Zusammenführungsgesetzes enthaltene Gerichtsordnung der einheitlichen Fachgerichte für die Verwaltungs-, Sozial- und Finanzgerichtsbarkeit (GOF) vorsieht.

Aus der Reihe der Teilelemente[223] eines ausgewogenen Rechtsschutzes nimmt die Schaffung einer einheitlichen öffentlich-rechtlichen Fachgerichtsbarkeit naturgemäß Einfluss auf die Wirtschaftlichkeit, Schnelligkeit und Transparenz des Rechtsschutzsystems. Nimmt man zunächst den Aspekt der Schnelligkeit in den Blick, kann zugunsten einer Vereinheitlichung vorgetragen werden, dass diese einen flexiblen Personaleinsatz ermöglicht, mit dessen Hilfe „gerichtszweigübergreifende Schwankungen bei der Geschäftsbelastung bedarfsorientiert"[224] ausgeglichen werden können. Langfristige personalwirtschaftliche Maßnahmen kön-

---

[221] Zu den hier angesprochen Bestandteilen des Kernbereichs von Art. 19 Abs. 4 S. 1 GG vgl. bereits oben Kap. 2, A., III., 1.

[222] M. w. N. *Schulze-Fielitz* (Fn. 12), Art. 19 IV Rn. 90.

[223] Hierzu Kap. 2, A., III., 2.

[224] *Berlit*, Zusammenlegung von Gerichtsbarkeiten, BJ 2004, 226 (229). In der effizienten Personalsteuerung liegt gerade auch ein Hauptanliegen des Gesetzesvorhabens, vgl. BT-Drs. 15/4109, S. 10.

nen so zum Teil ersetzt und die Erledigung bei Gericht anhängiger Streitigkeiten beschleunigt werden.[225] Gesteigert würde zudem die Wirtschaftlichkeit des Rechtsschutzsystems. Eine Zusammenlegung der öffentlich-rechtlichen Fachgerichtsbarkeiten würde zu einer Reduzierung der Personal- und Sachkosten führen.[226] Letztlich wird wohl auch von einer Verbesserung der Transparenz des Rechtsschutzsystems auszugehen sein, hat der rechtsschutzsuchende Bürger mit einer einheitlichen öffentlich-rechtlichen Gerichtsbarkeit einen zentralen, institutionellen Anlaufpunkt für die gerichtliche Klärung seiner verwaltungs-, sozial- und finanzrechtlichen Begehren.[227]

Eine Unausgewogenheit des Rechtsschutzes könnte sich demgegenüber aus dem Einwand ergeben, eine institutionelle Vereinheitlichung würde die Spezialisierung der Fachgerichte aufheben und so die Gründlichkeit und Wirksamkeit des Rechtsschutzes insgesamt gefährden.[228] Dieser Einwand greift allerdings nur teilweise: Berücksichtigt das institutionelle Vereinheitlichungskonzept wie etwa § 4 GOF, dass die Aufgaben der verschiedenen Rechtsgebiete von unterschiedlichen Kammern wahrgenommen werden, ist eine Spezialisierung in gleicher Weise gewahrt wie im Falle voneinander differenzierter öffentlich-rechtlicher Fachgerichte. Eine Unausgewogenheit des Rechtsschutzsystems kann in der Summe also nicht angenommen werden.

Mithin liegt auch eine institutionelle Vereinheitlichung im Bereich des verfassungsrechtlich Möglichen. Hierfür dürfte auch Art. 19 Abs. 4 S. 2 GG sprechen, der für den Rechtsschutz gegen Akte der öffentlichen Gewalt eine Auffangzuständigkeit der ordentlichen Gerichte für den Fall anordnet, dass „eine andere Zuständigkeit nicht begründet ist".[229] Trotz seiner praktisch nur geringen Relevanz[230] dürfte sich Art. 19 Abs. 4 S. 2 GG zumindest die Aussage entnehmen lassen, dass die konkrete Beschaffenheit der Gerichtsbarkeit nur von untergeordneter Bedeutung ist.[231]

---

[225] So auch *Berlit* (Fn. 224), 226 (229).

[226] Die Einsparungen würden sich unter anderem aus dem „Wegfall bisher notwendiger Neueinstellungen zur Abarbeitung von Belastungsspitzen" und aus einer Erhöhung der „Auslastungsquote der gerichtlichen Infrastruktur, also der Sitzungssäle, Bibliotheken etc. [...], [die] zu einer spürbaren Senkung der allgemeinen Fixkosten führt", ergeben. Vgl. BT-Drs. 15/4109, S. 12 f.

[227] Den Aspekt der Transparenz beleuchtet auch *Berlit* (Fn. 224), 226 (232 f.).

[228] Zum Aspekt der Spezialisierung s. *Berlit* (Fn. 224), 226 (229 f.), der im Unterschied zur hier angestrengten institutionellen Perspektive allerdings vorrangig auf die einzelnen Richter abstellt.

[229] Vgl. zur Auffangzuständigkeit der ordentlichen Gerichte *Papier* (Fn. 42), § 177 Rn. 96; *Huber* (Fn. 12), Art. 19 Rn. 454.

[230] S. nur *Schmidt-Aßmann* (Fn. 12), Art. 19 Abs. 4 Rn. 294.

[231] In diese Richtung wohl auch BVerfGE 31, 364 (368): „[...] Art. 19 Abs. 4 GG gewähr-

II. Institutionelle Vereinheitlichung im Gesamtgefüge der Verfassung

Etwas anderes könnte sich allerdings dann ergeben, wenn sich eine Vereinheitlichung nicht in das Gesamtgefüge der Verfassung einfügen würde.[232] Angesprochen ist damit das verfassungsrechtliche Organisationsrecht des IX. Abschnitts des Grundgesetzes. Ergäbe sich beispielsweise aus Art. 95 Abs. 1 GG, dass die Verfassung eine fünfgliedrige Gerichtsbarkeit auch auf Länderebene garantiert, würde die aus der Perspektive von Art. 19 Abs. 4 S. 1 GG verfassungsrechtlich erlaubte Vereinheitlichung der öffentlich-rechtlichen Fachgerichtsbarkeiten gegen die Verfassung verstoßen und wäre damit trotz des bisherigen Ergebnisses verfassungswidrig.

1. Die Vereinheitlichung der öffentlich-rechtlichen Fachgerichtsbarkeiten aus der Perspektive von Art. 95 Abs. 1 GG

Die Frage der Vereinbarkeit einer Vereinheitlichung der (öffentlich-rechtlichen) Fachgerichtsbarkeiten mit den Vorgaben des Art. 95 Abs. 1 GG ist weder in der Literatur noch in der bundesverfassungsgerichtlichen Rechtsprechung bisher eindeutig entschieden worden. Unstrittig ist lediglich, dass (der Wortlaut des) Art. 95 Abs. 1 GG einer Vereinheitlichung der öffentlich-rechtlichen Fachgerichtsbarkeiten auf Bundesebene entgegensteht.[233] Ob die verfassungsrechtliche Garantie selbständiger oberster Gerichtshöfe auch eine Ausdifferenzierung auf Länderebene[234] gebietet, ist derweil umstritten. Das Bundesverfassungsgericht beschränkt sich in einer Vielzahl organisationsverfassungsrechtlicher Entscheidungen lediglich auf die Feststellung, dass Art. 19 Abs. 4 S. 1 GG keinen Instanzenzug gewährleiste.[235]

---

leistet nicht einen *bestimmten* Rechtsweg [...]. Vielmehr wird dem einzelnen Bürger durch dieses Grundrecht lediglich garantiert, daß ihn beeinträchtigende hoheitliche Maßnahmen in *irgendeinem* gerichtlichen Verfahren überprüft werden können. Diese Auffassung wird durch die Verweisung auf den nach Art. 19 Abs. 4 Satz 2 GG subsidiär gegebenen ordentlichen Rechtsweg bestätigt." (Hervorhebung im Original). Vgl. auch *Huber*, Die verfassungsrechtliche Prägung des Verwaltungsrechtsschutzes, in: Sommermann/Schaffarzik (Hrsg.), Geschichte der Verwaltungsgerichtsbarkeit, 2019, § 49 S. 1771 (1784).

[232] Zum bei der Grundrechtsausgestaltung zu berücksichtigenden Erfordernis der Einpassung in das Gesamtgefüge der Verfassung s. bereits Kap. 2, A., II., 2., b), bb).

[233] Vgl. *Schulze-Fielitz*, in: Dreier (Hrsg.), GG, Bd. 3, 3. Aufl. 2018, Art. 95 Rn. 17; *Achterberg*, in: BK GG, Art. 95 (Zweitbearbeitung 50. EL Juli 1985) Rn. 130; *Detterbeck*, in: Sachs (Hrsg.), GG, 8. Aufl. 2018, Art. 95 Rn. 3; *Herzog*, in: Maunz/Dürig/ders. (Hrsg.), GG, Kommentar, Bd. 2, 1976, Art. 95 Rn. 4; *Voßkuhle*, in: v. Mangoldt/Klein/Starck (Hrsg.), GG, Bd. 3, 7. Aufl. 2018, Art. 95 Rn. 21.

[234] Vgl. *Wittreck*, in: Dreier (Hrsg.), GG, Bd. 2, 3. Aufl. 2015, Art. 74 Rn. 22.

[235] Vgl. BVerfGE 28, 21 (36); 42, 243 (248); 54, 277 (291); 107, 395 (401 f.).

Diejenigen Stimmen in der Literatur, die in Art. 95 Abs. 1 GG ein Gebot der ausdifferenzierten Gerichtsbarkeit auch auf Länderebene erblicken, führen vorrangig zwei Argumente zur Untermauerung ihrer Sichtweise an.[236] Zum einen stützen sie sich auf Art. 108 Abs. 6 GG, der vorschreibt, dass die Finanzgerichtsbarkeit einheitlich durch Bundesrecht geregelt wird, zum anderen berufen sie sich auf das Homogenitätsgebot des Art. 28 Abs. 1 S. 1 GG.[237] Aus Art. 108 Abs. 6 GG wird gefolgert, dass ein Fortbestand der Finanzgerichte in den Ländern zu gewährleisten sei, da die Verfassung den Ländern die Organisationshoheit für die Finanzgerichtsbarkeit entzogen habe. Dem Landesgesetzgeber sei es demnach verwehrt, die Finanzgerichte im Wege ihrer Gesetzgebung mit den Verwaltungs- und Sozialgerichten zu vereinheitlichen.[238] Gegen dieses Argument können gleich mehrere Einwände erhoben werden. Einerseits „sollten schon die guten Gründe, die generell gegen jede ausdehnende Interpretation von Kompetenzvorschriften im Sinne von Institutsgarantien oder gar ‚Verfassungswerten' streiten, Warnung genug sein, in der Anordnung einer ausschließlichen Bundeskompetenz zur Regelung eines Gegenstandes dessen Freischreibung im einmal angenommenen Gewande zu erblicken"[239]. Andererseits streiten historische Erwägungen gegen eine solche Sichtweise. Art. 108 Abs. 6 GG sollte die Probleme der von Bundesland zu Bundesland unterschiedlichen Überprüfung von Steuerverwaltungsakten beheben. Ziel war mithin nicht die „Trennung der Finanz- von den Verwaltungsgerichten, sondern [...] ihre Abnabelung von den Finanzämtern"[240]. Zudem kann einer Bundesregelung, nach der den Ländern die Möglichkeit der Vereinheitlichung eröffnet wird, die Verfassungskonformität aufgrund des Wortlautes von Art. 108 Abs. 6 GG nicht abgesprochen werden; organisationsrechtliche Maßnahmen sind trotz der Regelung in Art. 108 Abs. 6 GG nach wie vor dem Kompetenzbereich der Länder zuzurechnen.[241] Auch das Homo-

---

[236] Ein Gebot zur Differenzierung auf Länderebene nehmen an: *Detterbeck* (Fn. 233), Art. 95 Rn. 6; *Jachmann-Michel*, in: Maunz/Dürig (Hrsg.), GG, Bd. 6, Art. 95 (86. EL Januar 2019) Rn. 110; *Degenhart*, Gerichtsorganisation, in: Isensee/Kirchhof (Hrsg.), HStR, Bd. 5, 3. Aufl. 2007, § 114 Rn. 21 ff., der gleichwohl anerkennt, ebd. § 114 Rn. 26, dass eine „grundsätzliche Entscheidung für den Bestand von Fachgerichtsbarkeiten [...] gesetzliche Änderungen von Organisation und Zuständigkeiten nicht aus[schließe]", und *Stüer/Hermanns*, Der verfassungsrechtliche Rahmen einer Vereinheitlichung der öffentlich-rechtlichen Fachgerichtsbarkeiten, DÖV 2001, 505 (510 f.), die eine Vereinheitlichung nur im Falle einer vorherigen Verfassungsänderung für zulässig erachten. Ebenfalls gegen eine Vereinheitlichung *Lindemann*, Schlanker Staat und Justiz, ZRP 1999, 200 (202).

[237] Vgl. *Wittreck*, Auftakt zu einer neuen Runde: die Vereinheitlichung der öffentlich-rechtlichen Fachgerichtsbarkeiten, DVBl. 2005, 211 (217).

[238] S. nur *Jachmann-Michel* (Fn. 236), Art. 95 Rn. 110.

[239] M. w. N. *Wittreck* (Fn. 237), 211 (217).

[240] *Wittreck* (Fn. 237), 211 (217; Hervorhebung im Original).

[241] So auch *Maunz*, in: ders./Dürig (Hrsg.), GG, Bd. 7, Art. 108 (21. EL 1983) Rn. 67, der

genitätsgebot überzeugt als Argument gegen eine Vereinheitlichung der öffentlich-rechtlichen Fachgerichtsbarkeiten nicht. Zwar sollen hiernach Bund und Länder „auf ein Ensemble an Kerngehalten des modernen freiheitlichen Verfassungsstaates“[242] festgelegt werden, auf eine vollkommene Uniformität zielt die Verfassung an dieser Stelle indes nicht.[243] Es scheinen letztlich also eher Zweckmäßigkeitserwägungen zu sein, die die Auffassung stützen, nach der die Verfassung eine ausdifferenzierte öffentlich-rechtliche Gerichtsbarkeit auch auf Länderebene gebietet: Wenn Art. 95 Abs. 1 GG auf Bundesebene nämlich fünf voneinander getrennte oberste Gerichtshöfe vorschreibt, so sei „die Folgerung geradezu zwingend, dass damit die grundsätzlich nachinstanzliche Gliederung einer jeden Fachgerichtsbarkeit von dieser Bestimmung verfassungsrechtlich vorausgesetzt wird“[244].

Die besseren Argumente sprechen also dafür, dass Art. 95 Abs. 1 GG eine ausdifferenzierte Gerichtsbarkeit gerade nicht zu den Mindestgehalten eines verfassungskonformen Rechtsschutzsystems erhebt.[245] Schon aus dem Wortlaut der Vorschrift geht hervor, dass die Bestandsgarantie der differenzierten öffentlich-rechtlichen Fachgerichtsbarkeiten nur die Bundesebene betrifft. Die Länder trifft daher keine verfassungsrechtliche Pflicht eine Ausdifferenzierung zu adaptieren.[246] In systematischer Perspektive erfährt diese Sichtweise Bestätigung von der auch für das Gerichtswesen geltenden Organisationshoheit der Länder

---

konstatiert, dass „die konkrete organisationsrechtliche Errichtung der einzelnen Finanzgerichte der Länder“ nicht „[z]um Umfang der ausschließlichen Zuständigkeit des Bundes gehören“. In die Richtung auch *Berlit* (Fn. 224), 226 (229); *Heintzen*, in: v. Münch/Kunig (Hrsg.), GG, Bd. 2, 6. Aufl. 2012, Art. 108 Rn. 45. Hinsichtlich der Weite der Länderkompetenzen zurückhaltender hingegen *Kirchhof*, in: v. Mangoldt/Klein/Starck (Hrsg.), GG, Bd. 3, 7. Aufl. 2018, Art. 108 Rn. 81.

[242] Zur Kritik am Homogenitätsgebot als Argument für eine differenzierte Fachgerichtsbarkeit auch auf Länderebene vgl. *Wittreck* (Fn. 237), 211 (217).

[243] S. *Dreier*, in: ders. (Hrsg.), GG, Bd. 2, 3. Aufl. 2015, Art. 28 Rn. 49: „Art. 28 I GG balanciert die föderale Vielfalt und Eigenstaatlichkeit der Länder auf der einen, das Prinzip bündischer Einheit und die bundesstaatliche Geschlossenheit auf der anderen Seite aus. Verlangt wird ein ‚Mindestmaß an Homogenität‘, *nicht* aber *Konformität* oder gar *Uniformität*.“ (Hevorhebung im Original).

[244] *Detterbeck* (Fn. 233), Art. 95 Rn. 9. Ausdrücklich von „Zweckmäßigkeitserwägungen“ sprechend *Achterberg* (Fn. 233), Art. 95 Rn. 130; in dieselbe Richtung *Jachmann-Michel* (Fn. 236), Art. 95 Rn. 110.

[245] So im Ergebnis auch *Wittreck* (Fn. 237), 211 (217); *Voßkuhle* (Fn. 233), Art. 95 Rn. 29; zumindest mittelbar *Herzog* (Fn. 233), Art. 95 Rn. 42; *Meyer-Teschendorf/Hofmann*, Eine neue Balance zwischen rechtsstaatlicher Sicherheit und Optimierung der Justiz, ZRP 1998, 132 (134).

[246] *Meyer-Teschendorf/Hofmann* (Fn. 245), 132 (134), sprechen davon, dass der Organisationsgesetzgeber bei der Ausgestaltung der Gerichtsbarkeiten auf Länderebene „(verfassungs-) freie Hand“ habe. So auch *Meyer*, in: v. Münch/Kunig (Hrsg.), GG, Bd. 2, 6. Aufl. 2012, Art. 95 Rn. 5.

gemäß Art. 30 und Art. 92 GG.[247] Historisch betrachtet, spricht für diese Sichtweise zunächst, dass der Verfassunggeber eine Regelung wie sie noch Art. 107 WRV vorsah, dem zufolge Verwaltungsgerichte „[i]m Reiche und in den Ländern“ vorhanden sein mussten, nicht übernommen hat.[248] Ferner belegt die Entstehungsgeschichte der öffentlich-rechtlichen Fachgerichtsbarkeiten, dass ein Auseinanderklaffen der Organisation der Gerichte auf Bundes- und Länderebene eher die Regel als die Ausnahme war.[249] Zuletzt sei noch auf die Art. 95 Abs. 1 GG inhärente Trennung nach Sachmaterien hingewiesen.[250] Das Grundgesetz geht an dieser Stelle von fünf bzw. bezogen auf die öffentlich-rechtliche Fachgerichtsbarkeit von drei voneinander getrennten Sachgebieten aus, die je einem der obersten Gerichtshöfe zugeordnet werden können. Die Aufrechterhaltung getrennter Rechtsmaterien ist allerdings eine Frage des materiellen Rechts und hat keinen Einfluss darauf, ob „Streitigkeiten aus diesen Rechtsgebieten auch im Instanzenzug in institutionell/organisatorisch getrennten Gerichtsbarkeiten entschieden werden müssen“[251].

Aus alledem kann gefolgert werden, dass eine Ausdifferenzierung der öffentlich-rechtlichen Fachgerichtsbarkeiten lediglich auf Bundesebene vom Grundgesetz gefordert wird.[252] Zur Ausdifferenzierung auf Länderebene äußert sich die Verfassung an dieser Stelle nicht. Eine Untersuchung des Art. 95 Abs. 1 GG indiziert allerdings, dass eine institutionelle Vereinheitlichung verfassungsrechtlich möglich ist.

2. Die Vereinheitlichung der öffentlich-rechtlichen Fachgerichtsbarkeiten aus der Perspektive von Art. 97 GG

Bisher konnte festgestellt werden, dass die Verfassung für die öffentlich-rechtlichen Fachgerichtsbarkeiten in den Ländern weder ein Gebot zur Ausdifferenzierung enthält noch eine Vereinheitlichung per se verbietet. Vielmehr stellt auch eine vereinheitlichte öffentlich-rechtliche Fachgerichtsbarkeit eine verfassungskonforme Ausgestaltungsmöglichkeit eines ausgewogenen Rechtsschutzsystems im Sinne von Art. 19 Abs. 4 S. 1 GG dar.

---

247 Vgl. zur Organisationshoheit der Länder BVerfGE 24, 155 (167).

248 So auch *Berlit* (Fn. 224), 226 (228).

249 M. w. N. *Wittreck* (Fn. 237), 211 (217).

250 Vertiefend *Voßkuhle* (Fn. 233), Art. 95 Rn. 22; *Schulze-Fielitz* (Fn. 233), Art. 95 Rn. 21.

251 *Berlit* (Fn. 224), 226 (228).

252 *Voßkuhle* (Fn. 233), Art. 95 Rn. 29, führt schlussfolgernd aus, dass „die Bestandsgarantie des Art. 95 Abs. 1 GG auf die Bundesebene beschränkt [ist], was zur Folge hat, dass die Länder verfassungsrechtlich weder verpflichtet sind, einen vorherigen Instanzenzug zu schaffen, noch dazu, überhaupt ihre Gerichtsbarkeit dem System des Bundes anzupassen“.

Anhaltspunkte für eine fehlende Einpassung einer vereinheitlichten Verwaltungsgerichtsbarkeit in das Gesamtgefüge der Verfassung und damit für ihre Verfassungswidrigkeit könnten sich neben Art. 95 Abs. 1 GG aber auch noch aus der Garantie richterlicher Unabhängigkeit nach Art. 97 GG ergeben.[253] In dieser Bestimmung garantiert die Verfassung sowohl die sachliche als auch die persönliche Unabhängigkeit der Richter. In sachlicher Perspektive, Art. 97 Abs. 1 GG, werden die Richter vor der Einflussnahme durch Weisungen geschützt, ihre Entscheidungstätigkeit soll allein am Maßstab des Gesetzes erfolgen. Flankiert wird die sachliche Unabhängigkeit von der Garantie persönlicher Unabhängigkeit, Art. 97 Abs. 2 GG. Der dieser innewohnende Grundsatz der Inamovibilität besagt, dass „[d]ie hauptamtlich und planmäßig endgültig angestellten Richter [...] wider ihren Willen nur kraft richterlicher Entscheidung und nur aus Gründen und unter den Formen, welche die Gesetze bestimmen, vor Ablauf ihrer Amtszeit entlassen oder dauernd oder zeitweise ihres Amtes enthoben oder an eine andere Stelle oder in den Ruhestand versetzt werden" können.[254] Infolge einer Vereinheitlichung könnte es jedoch zu Versetzungen einzelner Richter oder vereinzelt gar zu einer Ämteraufgabe kommen.[255] Dass aber nicht jede Beschränkung der persönlichen Unabhängigkeit verfassungsrechtlich verboten ist, ergibt sich bereits aus Art. 97 Abs. 2 S. 3 GG: Danach ist eine Versetzung oder Amtsenthebung eines Richters im Falle einer „Veränderung der Einrichtung der Gerichte oder ihrer Bezirke" zulässig. Die richterliche Unabhängigkeit wird im Fall des Art. 97 Abs. 2 S. 3 GG einfachrechtlich durch § 78 Nr. 4 lit. a) DRiG geschützt, indem Versetzungen oder Amtsenthebungen aufgrund von Veränderungen der Gerichtsorganisation vor dem zuständigen Dienstgericht angefochten werden können. Für die Zulässigkeit einer institutionellen Vereinheitlichung ist demnach entscheidend, mit welchen Mitteln die persönliche Unabhängigkeit der Richter geachtet und geschützt werden soll. Der Grundgedanke des Entwurfs eines Zusammenführungsgesetzes, nach dem die Richter infolge der Vereinheitlichung „über Nacht zu ‚Richtern am Fachgericht' [werden], ohne dass es einer neuen Ernennung bedürfte"[256], suggeriert, dass es sich hierbei nicht um eine vor den Dienst-

---

[253] Einen Zusammenhang zwischen einer institutionellen Vereinheitlichung und der verfassungsrechtlich garantierten richterlichen Unabhängigkeit erblickt auch *Wittreck* (Fn. 237), 211 (217), der den Grund hierfür in dem Umstand sieht, dass „das ganze Gesetzgebungsprojekt mit dem ‚effektiven Personalmanagement' ein klassisches Reizwort für die Richterschaft im Wappen führt". Im Ergebnis so auch *Stüer/Hermanns* (Fn. 236), 505 (509).

[254] Zum Grundsatz der Inamovibilität und zum Gewährleistungsgehalt von Art. 97 GG insgesamt statt vieler *Schulze-Fielitz*, in: Dreier (Hrsg.), GG, Bd. 3, 3. Aufl. 2018, Art. 97 Rn. 1 ff., 54.

[255] Zu den möglichen Auswirkungen einer Vereinheitlichung auf die persönliche Unabhängigkeit der Richter s. auch *Wittreck* (Fn. 237), 211 (217 f.); *Stüer/Hermanns* (Fn. 236), 505 (509 f.).

[256] Hierzu und zum Folgenden *Wittreck* (Fn. 237), 211 (218).

gerichten überprüfbare Versetzung im Sinne von Art. 97 Abs. 2 S. 3 GG handelt. Eine hinreichende Absicherung der persönlichen Unabhängigkeit der Richter wäre demnach nicht existent. Überzeugender ist allerdings die Auffassung, dass die Auflösung der drei bestehenden öffentlich-rechtlichen Fachgerichtsbarkeiten eine Veränderung der Gerichtsorganisation im Sinne des § 32 Abs. 1 S. 1 DRiG darstellt, die einerseits die Übertragung eines neuen Richteramtes zulässt, andererseits aber auch gemäß § 78 Nr. 4 lit. a) DRiG vor den Dienstgerichten angefochten werden kann und so einer Kontrolle zugänglich ist.[257] Im Ergebnis ist mithin davon auszugehen, dass die persönliche Unabhängigkeit der Richter hinreichend gewahrt wird und sich ein entsprechendes Vereinheitlichungsvorhaben insgesamt auch in das Gesamtgefüge der Verfassung einfügt.

C. Vereinheitlichungen im Horizont des Rechtsstaatsprinzips

Konkrete grundrechtliche Anforderungen an die organisations- und verfahrensbezogene Ausgestaltung des Rechtsschutzsystems konnten nur in geringem Umfang festgestellt werden. Diesem Ergebnis entspricht die Tatsache, dass dem ausgestaltenden (Organisations-)Gesetzgeber ein weiter Gestaltungsspielraum zuzuerkennen ist. Insbesondere kann die Frage nach der Haltung der Verfassung gegenüber gesetzgeberischen Vereinheitlichungen im Bereich des Verfahrensrechts sowie im institutionellen Gefüge der öffentlich-rechtlichen Fachgerichtsbarkeiten mit Hilfe der Ausgestaltungsdogmatik nur eingeschränkt beantwortet werden: Die Überprüfung am Maßstab des Kernbereichs- und Schalenmodells führte lediglich zu der Erkenntnis, dass ein verfassungsrechtliches Gebot zu entsprechenden Vereinheitlichungen nicht besteht. Gleichwohl ließe Art. 19 Abs. 4 S. 1 GG ein solches Vorgehen des Gesetzgebers zu.

Möglicherweise ergibt sich aber aus dem Rechtsstaatsprinzip, dem zufolge „das Recht dem Staat, der Wirksamkeit des Staates, dem Gesamtleben des Staates *Maß und Form*“[258] gibt, eine Antwort auf die Frage nach der verfassungsrechtlichen Notwendigkeit prozessualer und institutioneller Vereinheitlichungen.[259]

---

[257] Die Auflösung von Gerichten begreifen auch *Staats*, DRiG, 2012, § 32 Rn. 1, und *Schmidt-Räntsch/Schmidt-Räntsch*, DRiG, 6. Aufl. 2009, § 32 Rn. 3, als Veränderung der Gerichtsorganisation im Sinne von § 32 Abs. 1 S. 1 DRiG.

[258] *Hesse*, Der Rechtsstaat im Verfassungssystem des Grundgesetzes, in: Forsthoff (Hrsg.), Rechtsstaatlichkeit und Sozialstaatlichkeit, 1968, S. 557 (560; Hervorhebung im Original). So auch *Schmidt-Aßmann*, Der Rechtsstaat, in: Isensee/Kirchhof (Hrsg.), HStR, Bd. 2, 3. Aufl. 2004, § 26 Rn. 1: Das Rechtsstaatsprinzip „verpflichtet zur Gestaltung des staatlichen und gesellschaftlichen Lebens mit den Mitteln und Maßstäben des Rechts als eines spezifischen Ordnungsmediums“.

[259] Eine nähere Auseinandersetzung mit dem Rechtsstaatsprinzip erfährt schon dadurch Be-

Damit steuert die hier vorgenommene Untersuchung auf die schwierige Frage zu (hierzu unter II.), was zum dogmatischen Inhalt des Rechtsstaatsprinzips gehört, verengt dabei den Blick aber gleichwohl auf die Aspekte Organisation und Verfahren. In diesem Zusammenhang wird in einem ersten Schritt (unter I.) die Frage zu klären sein, ob das Rechtsstaatsprinzip in der hier behandelten Frage überhaupt eine eigene Einsatzberechtigung hat, ein Rückgriff hierauf also überhaupt vonnöten und gestattet ist.[260]

I. Rechtsstaatlichkeit als Verfassungsprinzip

Über Bedeutung, Notwendigkeit und Tragweite eines verfassungsrechtlichen Rechtsstaatsprinzips scheinen heute – gerade in der Rechtsprechung[261] – keine Zweifel mehr zu bestehen: Als Bestandteil des „normative[n] Kernstück[s] der Verfassungsordnung“[262], Art. 20 Abs. 1 bis 3 GG, präge auch die Rechtsstaatlichkeit „die verfassungsrechtliche Identität der Bundesrepublik Deutschland“[263]. Schwierigkeiten begegnet man erst bei der Rekonstruktion seines dogmatischen Gehalts.[264] Schon der Umstand, dass in der Verfassung selbst von einem solchen Prinzip nicht an einer einzelnen Stelle die Rede ist, sich Anknüpfungspunkte für die Rechtsstaatlichkeit (in) der Bundesrepublik Deutschland ausdrücklich nur in Art. 16 Abs. 2 GG, Art. 23 Abs. 1 S. 1 GG und Art. 28 Abs. 1 S. 1 GG finden lassen, sollte allerdings die Notwendigkeit einer vorgelagerten Reflexion über Natur und Leistungsfähigkeit des Rechtsstaats*prinzips* deutlich machen.[265] Wei-

rechtigung, dass es als Verfassungsprinzip „als *Auffangtatbestand* für im einzelnen nicht grundgesetzlich geregelte Sachverhalte“ fungiert; so *Dreier*, in: ders. (Hrsg.), GG, Bd. 2, 3. Aufl. 2015, Art. 20 (Einf.) Rn. 14 (Hervorhebung im Original).

[260] Ablehnend etwa *Kunig*, Das Rechtsstaatsprinzip, 1986, S. 458: „Sämtliche Regelungsprobleme, deren Lösung im Rechtsstaatsprinzip gesucht werden, erfahren eine konkretere Lösung durch einzelne Bestimmungen der Verfassung. […] Weder waren Lücken anzutreffen, in die ein allgemeines Rechtsstaatsprinzip einströmen könnte, noch kann man davon ausgehen, daß zur Schließung etwaiger Lücken das Gerechtigkeit, Rechtssicherheit, Effizienz verbürgende rechtsstaatliche Willkürverbot […] einen griffigen Maßstab darstellen könnte.“ *Schmidt-Aßmann* (Fn. 258), § 26 Rn. 7, stellt insoweit die Frage: „Ist das Rechtsstaatsprinzip nur eine Sammelbezeichnung für einzelne Gewährleistungen des Verfassungsrechts oder existiert es als Prinzip mit einem *eigenständigen dogmatischen* Gehalt?“ (Hervorhebung nicht im Original).

[261] So zählt das BVerfG das Rechtsstaatsprinzip zu den „elementaren Verfassungsgrundsätzen“, s. BVerfGE 6, 32 (41).

[262] *Badura*, Staatsrecht, 7. Aufl. 2018, S. 370 Rn. 3.

[263] *Dreier* (Fn. 259), Art. 20 (Einf.) Rn. 5.

[264] Das Problem der dogmatischen Handhabbarkeit der Gewährleistungen des Rechtsstaatsprinzips betont insbesondere auch *Sobota*, Das Prinzip Rechtsstaat, 1997, passim; *Bäcker*, Gerechtigkeit im Rechtsstaat, 2015, S. 184; *Buchwald*, Prinzipien des Rechtsstaats, 1996, S. 3.

[265] Zur (spärlichen) verfassungsrechtlichen Anbindung des Rechtsstaatsprinzips s. *Schulze-*

ter zugespitzt ließe sich zunächst die Frage stellen, ob es sich bei dem Rechtsstaatsprinzip lediglich um einen summativen Begriff handelt, der verschiedenen Einzelaspekten ein gemeinsames sprachliches Dach bietet, oder aber um ein „Prinzip mit einem eigenständigen dogmatischen Gehalt“[266]? Gewissermaßen eine Extremposition in diesem Streit zwischen summativem und integralem Rechtsstaatsverständnis[267] vertritt *Philip Kunig*, der von der Entbehrlichkeit eines selbstständigen Rechtsstaatsprinzips ausgeht.[268] Sämtliche Gewährleistungsgehalte, die dem Rechtsstaatsprinzip zugesprochen werden, könnten konkreten Verfassungsnormen entnommen werden. Ohne an dieser Stelle bereits vertiefend auf die dogmatischen Inhalte des Rechtsstaatsprinzips einzugehen, sei beispielhaft auf *Kunigs* Argumentation hinsichtlich der normativen Verankerung des Willkürverbots sowie des Gebots effektiven Rechtsschutzes verwiesen: Nach herrschender Auffassung zähle das Willkürverbot, das es dem Staat verbiete, sich bei seinem Handeln auf sachfremde Erwägungen zu stützen, (auch) zum Rechtsstaatsprinzip, das im Staat-Bürger-Verhältnis eine besondere Ausprägung in Art. 3 Abs. 1 GG erfahre.[269] Bei staatsinternen Handlungen hingegen sei unmittelbar auf das Rechtsstaatsprinzip abzustellen.[270] *Kunig* negiert mit Blick auf ein staatsinternes Willkürverbot indes seine Ableitung aus dem Rechtsstaatsprinzip

---

Fielitz (Fn. 104), Art. 20 (Rechtsstaat) Rn. 40; *Schmidt-Aßmann* (Fn. 258), § 26 Rn. 3. Eine Verknüpfung zwischen textlichem Befund und der Erforderlichkeit einer eingehenden Auseinandersetzung mit dem Rechtsstaatsprinzip stellt auch *v. Arnauld*, Rechtsstaat, in: Depenheuer/Grabenwarter (Hrsg.), Verfassungstheorie, 2010, § 21 Rn. 2, her. Grundsätzlich für eine Reflexion über Verfassungsprinzipien plädiert *Reimer*, Verfassungsprinzipien, 2001, S. 21.

266 So *Schmidt-Aßmann* (Fn. 258), § 26 Rn. 7. In diese Richtung auch *Schulze-Fielitz* (Fn. 104), Art. 20 (Rechtsstaat) Rn. 45; *Sobota* (Fn. 264), S. 399 f.

267 Die verschiedenen Bezeichnungen des Rechtsstaatsverständnisses gehen auf *Schmidt-Aßmann* (Fn. 258), § 26 Rn. 7, zurück.

268 Hierzu und zum Folgenden schreibt *Kunig* (Fn. 260), S. 458: „Sämtliche Regelungsprobleme, deren Lösung im Rechtsstaatsprinzip gesucht werden, erfahren eine konkrete Lösung durch einzelne Bestimmungen der Verfassung, insbesondere durch Art. 20 Abs. 3 GG und durch die Grundrechte, durch im Verfassungstext differenziert formulierte subjektive Rechte vor allem, die einzelne Lebensbereiche thematisieren, mit Schutz umkleiden bzw. den Eingriff in sie in je unterschiedlicher Weise reglementieren.“

269 Für eine Anbindung des Willkürverbots an das Rechtsstaatsprinzip s. etwa BVerfGE 23, 12 (24 f.). In diese Richtung wohl auch *Müller*, Die Verfassungsgerichtsbarkeit im Gefüge der Staatsfunktionen, VVDStRL 39 (1980), S. 53 (76), der über das Willkürverbot sagt, dass sich dieses „teils direkt aus dem klassischen Recht des Widerstands gegen willkürliche Staatsmacht entwickelt“ habe. Zu den Inhalten des Willkürverbots vgl. nur BVerfGE 33, 44 (51); 75, 108 (157).

270 Deutlich wird dies insbesondere bei BVerfGE 26, 228 (244): „Zwar gilt das Grundrecht des Art. 3 Abs. 1 GG nicht für juristische Personen des öffentlichen Rechts, soweit sie öffentliche Aufgaben wahrnehmen. Jedoch bedeutet dies nicht, daß es ein verfassungsrechtliches Willkürverbot im Verhältnis von Hoheitsträgern zueinander nicht gäbe. Das Willkürverbot ist nicht

und verankert ein entsprechendes Verbot stattdessen im Bundesstaatsprinzip.[271] Weiter noch geht er davon aus, dass „[d]ie wenigen Entscheidungen, die das Bundesverfassungsgericht bisher auf ein selbständiges staatsinternes Willkürverbot als Ausfluß des Rechtsstaatsprinzips gegründet hat, [...] ihre Bestätigung bereits im geschriebenen Verfassungsrecht (nämlich in Art. 20 Abs. 2 und 3 GG, Art. 131 GG, Art. 134 GG)“[272] fänden. Einen Rückgriff auf das Rechtsstaatsprinzip bedürfe es daher nicht. Ähnlich lautet *Kunigs* Urteil für das Gebot effektiven Rechtsschutzes. Abseits des aus Art. 19 Abs. 4 S. 1 GG entnommenen Gebots effektiven Rechtsschutzes gegen Akte der öffentlichen Gewalt bedürfe es auch hier keines Rückgriffes auf das Rechtsstaatsprinzip, um ein entsprechendes Gebot auch für die ordentliche Gerichtsbarkeit zu statuieren. Ein solches ergäbe sich „bereits aus der Institutionalisierung selbst: Die verfassungskräftige Einrichtung von Gerichten impliziert den Willen der Verfassung, daß diese ihrer Aufgabenzuweisung gerecht werden mögen“[273].

Einer solchen Auffassung kann allerdings nicht gefolgt werden. Mit *Katharina Sobota* muss der Idee *Kunigs* Lückenhaftigkeit und Problemverschiebung vorgehalten werden: Es ist zu konstatieren, dass die von *Kunig* zur Begründung seiner These angeführten dogmatischen Konstrukte nicht immer in Gänze dazu in der Lage sind, die aus dem Rechtsstaatsprinzip hergeleiteten Ge- und Verbote dem Verfassungstext direkt zu entnehmen.[274] Gerade das Beispiel eines vom Bundesstaatsprinzip garantierten staatsinternen Willkürverbots verdeutlicht, dass der Wortlaut der Verfassung nicht „ohne juristische Begriffs- und Systematisierungskunst“, mithin „nur mit Erfindungsreichtum“[275] das gewünschte Ergebnis bereitstellt. Konkret solle „[d]ie Zweckgerichtetheit des staatlichen Gefüges in seiner Gesamtheit, die Einheitlichkeit des Staates als einer auf die Verwirklichung von Zwecken gerichteten Veranstaltung, [einen] Raum für willkürliches Verhalten von staatlichen Untereinheiten untereinander“[276] ausschließen. Im Ergebnis scheint *Kunig* die sich stellenden Probleme nur zu verschieben. Die erst durch eine Überfrachtung des Verfassungstextes[277] – insbesondere in den Fällen, in

---

nur grundrechtlich gesichert; als Element des objektiven Gerechtigkeitsprinzips und damit des Grundsatzes der Rechtsstaatlichkeit gilt der allgemeine Gleichheitssatz in allen Bereichen“.

[271] Vgl. *Kunig* (Fn. 260), S. 313.

[272] *Kunig* (Fn. 260), S. 316.

[273] *Kunig* (Fn. 260), S. 441.

[274] Vgl. hierzu *Sobota* (Fn. 264), S. 406 ff. So auch *Schmidt-Aßmann* (Fn. 258), § 26 Rn. 8.

[275] *Sobota* (Fn. 264), S. 406.

[276] *Kunig* (Fn. 260), S. 313.

[277] Von einer „Überfrachtung der Grundrechte“ spricht *Sobota* (Fn. 264), S. 408. *Schmidt-Aßmann* (Fn. 258), § 26 Rn. 8, wiederum von einer Lösung, deren Erfolg von einer „Ausweitung [der Grundrechte abhänge], die [...] ihrerseits den gestuften Gehalt ihrer Gewährleistungen ‚entdifferenzierte‘“.

denen die Grundrechte bemüht werden – realisierbare Anbindung einzelner Garantien des Rechtsstaatsprinzips an konkrete Verfassungsvorschriften muss sich den Vorwurf gefallen lassen, dass „[d]ie Schichten des verläßlichen Aussagegehalts [der in Rede stehenden Verfassungsvorschrift den zu lösenden] Problemen nicht näher [sind], als es das Rechtsstaatsprinzip auch ist“[278]. Schließlich unterstreichen auch die sich hier stellenden Fragen des Organisations- und Verfahrensrechts diesen Befund. Die Ablehnung eines allgemeinen Rechtsstaatsprinzips, dem „die Funktion eines sinnstiftenden, verbindenden und ganzheitlich wirkenden Ferments“[279] zuteilwird, würde die Lösung organisations- und verfahrensbezogener Probleme deutlich erschweren, zeichnen sich beide Bereiche doch gerade durch ihre Komplexität aus.[280] Verschiedene miteinander verwobene Einzelelemente, die sich „nicht in segmentierender und isolierender Manier, sondern nur in ihrem Zusammenhang und Zusammenspiel sinnvoll erfassen“[281] lassen, müssen miteinander in Einklang gebracht werden und verbieten ein einseitiges Vorgehen des Staates. Kurzum bedarf es gerade für das Organisations- und Verfahrensrecht eines allgemeinen Rechtsstaatsprinzips, dessen Blick gerade nicht auf einzelne Ausschnitte des jeweiligen Regelungsbereichs begrenzt ist.

Mit der Feststellung der Unentbehrlichkeit des allgemeinen Rechtsstaatsprinzips findet die Betrachtung von Wesen und Leistungsfähigkeit indes noch nicht ihr Ende. „Konkretisierungen des Rechtsstaats[prinzips] setzen denknotwendig voraus, dass man sich der verfassungsunmittelbaren Geltung sowie des Wesensgehalts de[s] postulierten Prinzip[s] gewiss ist.“[282] Bevor sich dieser Abschnitt also auf die Suche nach den dogmatischen Einzelelementen des Rechtsstaatsprinzips begeben und diese sodann auf die Frage nach der verfassungsrechtlichen Notwendigkeit prozessualer und institutioneller Vereinheitlichungen anwenden kann, müssen die Charakteristika des rechtsstaatlichen Verfassungsprinzips zunächst umrissen werden. Nur so gelingt es, dogmatische Einzelelemente auf das Rechtsstaatsprinzip zurückzuführen.

---

278 *Schmidt-Aßmann* (Fn. 258), § 26 Rn. 8.

279 *Breuer*, Konkretisierungen des Rechtsstaats- und Demokratiegebotes, in: Schmidt-Aßmann u. a. (Hrsg.), FG 50 Jahre BVerwG, 2003, S. 223 (226). Ähnlich *v. Arnauld* (Fn. 265), § 21 Rn. 3.

280 So auch explizit *Schmidt-Aßmann* (Fn. 258), § 26 Rn. 8.

281 Hierzu und zum Folgenden *Breuer* (Fn. 279), S. 223 (226), der aaO. u. a. „die Modalitäten der richterlichen oder verwaltungsbehördlichen Normenkontrolle, die Art und Weise der Justizgewährung, die zwingenden Mindestanforderungen an Gerichts- und Verwaltungsverfahren sowie die obligatorischen Postulate der normativen Bestimmtheit, der Erforderlichkeit und Verhältnismäßigkeit von Eingriffen in Freiheit und Eigentum, des Vertrauensschutzes und der Rechtssicherheit“ als auszutarierende Einzelelemente charakterisiert.

282 *Breuer* (Fn. 279), S. 223 (226).

Erste Probleme ergeben sich dabei schon beim Versuch einer Definition des Rechtsstaatsprinzips.[283] Trotz vereinzelter Bemühungen, den Inhalt des Rechtsstaatsprinzips in eine griffige Formel zu gießen, zählt die Aussichtslosigkeit eines solchen Unterfangens heute zum gesicherten Wissensbestand hinsichtlich des Rechtsstaatsprinzips: „Der dogmatische Gehalt des Begriffs kann nicht auf einen einfachen definitorischen Nenner festgelegt werden."[284] Die Definitionsschwierigkeiten erklären sich, betrachtet man den Prinzipiencharakter der Rechtsstaatlichkeit einmal näher. Schon für Verfassungsprinzipien selbst ist nicht klar, um was es sich bei ihnen im Einzelnen handelt und was sie letztlich zu leisten im Stande sind.[285] Die von *Franz Reimer* angestrengte phänomenologische Untersuchung[286] von Verfassungsprinzipien kann dabei helfen, die Schwierigkeiten im Umgang mit dem Rechtsstaatsprinzip abzumildern. Das Rechtsstaatsprinzip zählt danach zu den inkorporierten Prinzipien, mithin solchen, die durch den Verfassunggeber in die Verfassung aufgenommen wurden, wobei es nicht auf eine Verankerung im geschriebenen Text der Verfassung ankommt.[287] Mit dieser Feststellung ist zugleich eine weitere Spezifizierung des Rechtsstaatsprinzips verbunden. Als nicht explizit[288] in den Verfassungstext aufgenommenes Prinzip gehört das Rechtsstaatsprinzip der Kategorie der impliziten Prinzipien an, die „durch besondere Begründung plausibel gemacht werden"[289] können. Im Falle des Rechtsstaatsprinzips gelingt dies im Wege der Induktion, bei der durch eine „Zusammenschau positiver Verfassungsvorschriften [...] der überschießen-

---

[283] Eine eingehendere Auseinandersetzung mit den bisherigen Definitionsbemühungen findet sich bei *Sobota* (Fn. 264), S. 21 ff.

[284] *Schmidt-Aßmann* (Fn. 258), § 26 Rn. 2.

[285] So formuliert *Esser* (Fn. 97), S. 1: „[A]llgemeine Rechtsprinzipien [...] gehören zu jenen Worten, mit denen Lehre und Praxis ständig argumentieren, ohne daß man sich über ihre vielfältige Bedeutung und ihre Reichweite je Rechenschaft gibt oder gar den Versuch macht, ihre Herkunft und Funktion zu klären. Mangels solcher Kontrolle werden derartige Elementarbegriffe meist für die unterschiedlichsten Aufgaben verwendet, sie werden überfordert, als Nothelfer und Allheilmittel ausgenutzt und demgemäß sehr widerspruchsvoll beurteilt."

[286] Vgl. *Reimer* (Fn. 265), S. 183 ff.

[287] *Reimer* (Fn. 265), S. 198.

[288] Anders hingegen wohl *Böckenförde*, Anmerkungen zum Begriff Verfassungswandel, in: Badura/Scholz (Hrsg.), FS Lerche, 1993, S. 3 (9), der in diesem Zusammenhang von „Schleusenbegriffe[n]" spricht, die auf einer „*bewußt angeordneten* Rezeption von Wandel *in die* Verfassungsordnung hinein [...]" beruhen (Hervorhebung nicht im Original). Zur Qualifikation des Rechtsstaatsprinzips als Schleusenbegriff s. *ders.*, Entstehung und Wandel des Rechtsstaatsbegriffs, in: Ehmke/Schmid/Scharoun (Hrsg.), FS Arndt, 1969, S. 53 (53). Eine Zuordnung der „Schleusenbegriffe" zur Kategorie der expliziten Verfassungsprinzipien nimmt *Reimer* (Fn. 265), S. 209, vor.

[289] Zu den impliziten Verfassungsprinzipien s. *Reimer* (Fn. 265), S. 211 ff.

de Gehalt eines Prinzips"[290] extrahiert, kurzum der „Schluß vom Besonderen auf das Allgemeine"[291] gezogen wird. Am Beispiel solcher Vorschriften der Verfassung, denen Spuren von Rechtsstaatlichkeit inhärent sind, lässt sich die These vom Rechtsstaatsprinzip als induziertes implizites Verfassungsprinzip belegen. So finden sich im Grundgesetz gleich mehrere „rechtsstaatliche Bausteine"[292], die je einzelne Aspekte eines Staates betonen, in dem das Recht insgesamt das Mittel sowie den Maßstab für hoheitliches Handeln darstellen soll.[293] Zu nennen sind für den Bereich der staatlichen Justizgewährung etwa Art. 19 Abs. 4 S. 1 GG, Art. 92 GG, Art. 95 GG, Art. 101 Abs. 1 S. 2 GG sowie Art. 103 Abs. 1 GG, daneben aber auch Art. 34 GG und Art. 82 GG.[294] In dieser Perspektive kommt zugleich eine der beiden wesentlichen Funktionen des Rechtsstaatsprinzips zum Ausdruck. Es verklammert in systematischer Weise die einzelnen rechtsstaatlichen Gehalte der Verfassung zu einem Ganzen,[295] beschränkt sich in seiner Gewährleistungsdimension allerdings keinesfalls auf die in der Verfassung auffindbaren Einzelaspekte. In ihnen kann nur ein Ausschnitt des Gewährleistungsgehalts des Rechtsstaatsprinzips erblickt werden. Die Weite und Offenheit des Rechtsstaatsprinzips machen eine „Konkretisierung je nach den sachlichen Gegebenheiten"[296] erforderlich, das Rechtsstaatsprinzip fungiert „als Matrix für die Generierung neuer, abgeleiteter Subprinzipien"[297].

---

290 *Reimer* (Fn. 265), S. 404.

291 *Reimer* (Fn. 265), S. 212.

292 Das Bild der „Bausteine" bemüht im Zusammenhang mit dem allgemeinen Justizgewährungsanspruch auch *Schmidt-Aßmann* (Fn. 258), § 26 Rn. 71.

293 Das Recht als Mittel und Maßstab ist auch für *Schmidt-Aßmann* (Fn. 258), § 26 Rn. 1, Charakteristikum des Rechtsstaates. Ebenso *Breuer* (Fn. 279), S. 223 (228): „Das Recht bildet [das staatliche] Lebenselixier, die rechtliche Legitimation wird so zur Voraussetzung allen staatlichen Handelns."

294 Den rechtsstaatlichen Geist der angeführten Verfassungsbestimmungen heben auch *Schulze-Fielitz* (Fn. 104), Art. 20 (Rechtsstaat) Rn. 39, und *Schmidt-Aßmann* (Fn. 258), § 26 Rn. 5, hervor.

295 Zur „Verklammerungsfunktion" des Rechtsstaatsprinzips *v. Arnauld* (Fn. 265), § 21 Rn. 4.

296 So ausdrücklich BVerfGE 25, 269 (290). Anhand dieser Entscheidung wird zugleich deutlich, dass die Einordnung des Rechtsstaatsprinzips als inkorporiertes, induziertes implizites Verfassungsprinzip vom BVerfG scheinbar geteilt wird: „Das Rechtsstaatsprinzip gehört zu den *allgemeinen Grundsätzen und Leitideen*, die der *Verfassunggeber*, weil sie das vorverfassungsmäßige Gesamtbild geprägt haben, von dem er ausgegangen ist, *nicht* zu einem besonderen Rechtssatz *verdichtet hat*. Es enthält – soweit es nicht *in einzelnen Sätzen der geschriebenen Verfassung* für bestimmte Sachgebiete ausgeformt und präzisiert ist – keine in allen Einzelheiten eindeutig bestimmten Gebote und Verbote von Verfassungsrang, sondern ist ein *Verfassungsgrundsatz* [...]." (Hervorhebung nicht im Original).

297 Zur „Matrizen- oder Generierungsfunktion" vgl. erneut *v. Arnauld* (Fn. 265), § 21 Rn. 4. In dieselbe Richtung geht *Schmidt-Aßmann* (Fn. 258), § 26 Rn. 9: „‚Das' Rechtsstaatsprinzip besitzt [...] zwei Schichten, zwischen denen wiederum Übergänge denkbar sind: Es wirkt de-

Auf die Ausgangsfrage kann mithin geantwortet werden, dass das Rechtsstaatsprinzip als ein Verfassungsprinzip begriffen werden muss, das nicht nur einen Sammelbegriff für die bereits im Grundgesetz enthaltenen rechtsstaatlichen Gewährleistungen darstellt, sondern dem darüber hinaus auch ein eigener dogmatischer Gehalt zukommt, der allerdings im Wege der Konkretisierung erst erschlossen werden muss.[298]

II. Prozessuale und institutionelle Vereinheitlichungen im verwaltungsgerichtlichen Rechtsschutzsystem als Forderungen des Rechtsstaatsprinzips?

Was letztlich zum dogmatischen Inhalt des Rechtsstaatsprinzips gezählt werden soll, ist auch gegenwärtig noch nicht zur Gänze geklärt. So identifiziert *Katharina Sobota* neben 17 wesentlichen Elementen 142 Einzelmerkmale des Rechtsstaatsprinzips.[299] In Anbetracht dieser Zahlen erklärt es sich auch, dass an dieser Stelle nicht der Versuch unternommen werden kann, jedes einzelne Element zu würdigen. Der Fokus wird stattdessen auf jene dogmatischen Gehalte des Rechtsstaatsprinzips gelegt, die sich auf die Organisation und das Verfahren der Justizgewährung konzentrieren und denen möglicherweise weiterführende Hinweise in der hier interessierenden Frage entnommen werden können. Konkret angesprochen ist damit zum einen der allgemeine Justizgewährungsanspruch, zum anderen aber auch die Frage, ob dem Rechtsstaatsprinzip ein organisations- und verfahrensbezogenes Rationalisierungsgebot entnommen werden kann.

1. Vereinheitlichungen und allgemeiner Justizgewährungsanspruch

Trotz aller Unsicherheiten, denen man bei der Suche nach konkreten rechtsstaatlichen Ge- und Verboten begegnet, scheint der allgemeine Justizgewährungsanspruch zu dem Kreis der rechtsstaatlichen Verbürgungen zu zählen, deren Existenz nicht angezweifelt wird und über deren Inhalt weitgehend Einigkeit besteht. Nach dem Bundesverfassungsgericht verbrieft der Justizgewährungs-

---

klaratorisch als Kurzform, wo spezielle Gewährleistungen bestehen, konstitutiv aber dort, wo es um den Ausdruck gerade des Allgemeinen und des Systematischen geht."

[298] Die Konkretisierungsbedürftigkeit betont auch *Breuer* (Fn. 279), S. 223 (227), der davon spricht, dass das Rechtsstaatsprinzip „in konstitutiver und konstruktiver Weise ‚zu Ende gedacht'" werden muss. Ähnlich *Dreier* (Fn. 259), Art. 20 (Einf.) Rn. 12, der grundsätzlich die Notwendigkeit einer Konkretisierung von Verfassungsprinzipien hervorhebt.

[299] Zu den wesentlichen Elementen des Rechtsstaatsprinzips vgl. *Sobota* (Fn. 264), S. 461 ff., 530 f. Zu den einzelnen Merkmalen wiederum ebd. S. 471 ff. Auch *Schulze-Fielitz* (Fn. 104), Art. 20 (Rechtsstaat) Rn. 66, spricht insofern von „eine[r] übergroße[n] Fülle von konkretisierenden Unter-Prinzipien und abgeleiteten Geboten".

anspruch „das Recht auf Zugang zu den Gerichten und eine grundsätzlich umfassende tatsächliche und rechtliche Prüfung des Streitgegenstandes sowie eine verbindliche Entscheidung durch den Richter“[300]. Schon diese grobe Skizzierung des Justizgewährungsanspruchs offenbart Überschneidungen mit den Gewährleistungsgehalten des Art. 19 Abs. 4 S. 1 GG. Eine Beschäftigung mit der Frage, wie sich der Justizgewährungsanspruch zu prozessualen und institutionellen Vereinheitlichungen im öffentlich-rechtlichen Gerichtswesen verhält, erfordert zunächst Klarheit hinsichtlich des Verhältnisses von Justizgewährungsanspruch und Rechtsschutzgarantie.[301] Mit anderen Worten: Kann der allgemeine Justizgewährungsanspruch im Falle des Rechtsschutzes gegen Akte der öffentlichen Gewalt überhaupt zur Anwendung kommen oder ist Art. 19 Abs. 4 S. 1 GG insoweit Exklusivität zuzusprechen?

Klar scheint dabei zunächst, dass die allgemeine rechtsstaatliche Garantie einer unabhängigen Kontrolle von Streitgegenständen durch Gerichte im Falle der Beanstandung von Maßnahmen der öffentlichen Gewalt in Art. 19 Abs. 4 S. 1 GG eine „spezielle Konkretisierung“[302] erfahren hat. Der Justizgewährungsanspruch hält seine Garantie demnach in erster Linie für privatrechtliche Streitigkeiten bereit.[303] Problematisch ist allerdings die Frage, ob trotz der „weitgehenden inhaltlichen Parallelität von Justizgewährungspflicht und Rechtsschutzgarantie“[304] ein Raum verbleibt, in dem der allgemeine Justizgewährungsanspruch auch im Falle des Gerichtsrechtsschutzes auf dem Gebiet des öffentlichen Rechts Anwendung findet. Der Rechtsprechung des Bundesverfassungsgerichts zufolge scheint dies unproblematisch der Fall zu sein. „[D]em allgemeinen Justizgewährungsanspruch [komme] eine kompensatorisch-lückenfüllende Funktion gegenüber Rechtsschutzdefiziten nach Art. 19 [Abs. 4 S. 1] GG“[305] zu. Demnach wäre es also legitim, bei Rechtsschutzfragen, deren Beantwortung nicht bereits mittels der verfassungsrechtlichen Rechtsschutzgarantie möglich ist, auf den Justizgewährungsanspruch zurückzugreifen. Er fungiere insoweit als „Auffangrecht“[306]. Der Auffassung des Bundesverfassungsgerichts ist – trotz mancher Kritik[307] – zu-

---

[300] BVerfGE 85, 337 (345).

[301] In diese Richtung auch *Huber* (Fn. 12), Art. 19 Rn. 354. Mit dem angesprochenen Verhältnis beschäftigen sich auch *Schmidt-Aßmann* (Fn. 258), § 26 Rn. 72 f.; *ders.* (Fn. 12), Art. 19 Abs. 4 Rn. 17 f.; *Schulze-Fielitz* (Fn. 12), Art. 19 IV Rn. 37.

[302] M. w. N. *Schulze-Fielitz* (Fn. 12), Art. 19 IV Rn. 36.

[303] Statt vieler *Huber* (Fn. 12), Art. 19 Rn. 362.

[304] M. w. N. aus der bundesverfassungsgerichtlichen Rechtsprechung *Huber* (Fn. 12), Art. 19 Rn. 357.

[305] *Schulze-Fielitz* (Fn. 12), Art. 19 IV Rn. 37.

[306] So ausdrücklich *Michael/Morlok*, Grundrechte, 7. Aufl. 2020, § 29 Rn. 890. *Schmidt-Aßmann* (Fn. 12), Art. 19 Abs. 4 Rn. 17a, spricht insoweit von einer „Auffangposition“.

[307] Kritisch äußert sich etwa *Voßkuhle*, Bruch mit einem Dogma: Die Verfassung garantiert

zustimmen. Die Etablierung und Aufrechterhaltung eines „Rechtsweg-Staat[es]“[308] verlangen nach einer entsprechend umfassenden verfassungsrechtlichen Absicherung gerichtlichen Rechtsschutzes.[309] Zutreffend ist zwar, dass dem Gesetzgeber bei der Ausgestaltung des Rechtsschutzsystems ein weiter Gestaltungsspielraum zuzuerkennen ist. Diese Tatsache befreit allerdings nicht von der Anerkennung mannigfacher verfassungsrechtlicher Direktiven für die legislative Ausgestaltung, die nicht in Art. 19 Abs. 4 S. 1 GG ihren Anfang und ihr Ende finden. Kurzum würde das Ausklammern des allgemeinen Justizgewährungsanspruchs bei Fragen des gerichtlichen Rechtsschutzes gegen Akte der öffentlichen Gewalt der Idee eines Staates, in dem der „‚Selbstherrlichkeit‘ der vollziehenden Gewalt“[310] begegnet werden soll und dem Einzelnen in ausreichendem Maße sachangemessene Mittel gegen das staatliche Gewaltmonopol zur Verfügung stehen sollen,[311] nicht gerecht.

Konnte damit eine subsidiäre Anwendbarkeit des allgemeinen Justizgewährungsanspruchs auch für den Gerichtsrechtsschutz gegen Akte der öffentlichen Gewalt dargelegt werden, stellt sich nunmehr die Frage, ob dem allgemeinen Justizgewährungsanspruch Anforderungen an die prozessuale und institutionelle Ausgestaltung des Rechtsschutzsystems entnommen werden können, ob die Dogmatik des allgemeinen Justizgewährungsanspruchs also für entsprechende Vereinheitlichungen eintritt. Auch wenn „Dichte und Umfang der allgemeinen Justizgewährungspflicht [...] nicht so exakt festgelegt [sind], wie das für die spezielle Ausprägung dieser Pflicht in Art. 19 Abs. 4 GG gilt“[312], ist allgemeinhin anerkannt, dass auch die gesetzgeberischen Ausgestaltungen des allgemeinen Justizgewährungsanspruchs, der – daran sei erinnert – Zugang zu und Entscheidung durch unabhängige Gerichte garantieren soll, an demselben Maßstab wie entsprechende Ausgestaltungen im Anwendungsbereich von Art. 19 Abs. 4 S. 1 GG zu messen sind. Abzustellen ist mithin auf die Effektivität des Rechtsschut-

---

Rechtsschutz gegen den Richter, NJW 2003, 2193 (2196), allerdings nur für den vom BVerfG vorgenommenen Rückgriff auf den allgemeinen Justizgewährungsanspruch zur Begründung des Rechtsschutzes gegen richterliche Verletzungen des rechtlichen Gehörs. Insofern spricht *Voßkuhle*, aaO., von einem „dogmatischen Eiertanz“, der einzig und allein darauf zurückzuführen sei, dass „der ungeschriebene allgemeine Justizgewährungsanspruch mehr Flexibilität bei der Ausgestaltung des Rechtswegs eröffnet“.

308 *Jahrreiß*, Demokratischer Rechts-Staat und Rechtsprechung, in: Wandersleb (Hrsg.), Recht – Staat – Wirtschaft, Bd. 2, 1950, S. 203 (213).

309 Vgl. *Huber* (Fn. 12), Art. 19 Rn. 333 f.; *Schimdt-Aßmann* (Fn. 12), Art. 19 Abs. 4 Rn. 10, 15.

310 BVerfGE 10, 264 (267).

311 Zur Entgegensetzung von staatlichem Gewaltmonopol und individuellem Rechtsschutzanspruch s. *Schmidt-Aßmann* (Fn. 258), § 26 Rn. 71.

312 *Schmidt-Aßmann* (Fn. 258), § 26 Rn. 73.

zes.[313] Die Anwendung desselben Maßstabes führt letztlich auch zu demselben Ergebnis für die Frage nach der verfassungsrechtlichen Notwendigkeit von prozessualen und institutionellen Vereinheitlichungen: Im Kern garantieren sowohl der allgemeine Justizgewährungsanspruch als auch die Rechtsschutzgarantie des Art. 19 Abs. 4 S. 1 GG den Zugang zu einem Gericht sowie die Entscheidung einer Streitsache durch einen unabhängigen Richter.[314] Abseits dessen verbleibt dem Organisationsgesetzgeber – auch und gerade beim allgemeinen Justizgewährungsanspruch – ein weiter Gestaltungsspielraum; die Verfassung unterwirft das vom Gesetzgeber statuierte Rechtsschutzsystem lediglich dem Erfordernis der Ausgewogenheit.[315] Folglich kann dem Rechtsstaatsprinzip in Gestalt des allgemeinen Justizgewährungsanspruchs keine anders lautende Antwort für die aufgeworfenen Vereinheitlichungsfragen entnommen werden. Auch aus der Perspektive des Justizgewährungsanspruchs gilt: Prozessuale und institutionelle Vereinheitlichungen sind von Verfassungs wegen nicht geboten, allerdings ebenso wenig verboten.

2. Gedanken zu einem rechtsstaatlichen Rationalisierungsgebot

Mit der Feststellung, dass der allgemeine Justizgewährungsanspruch bei der Beantwortung der hier interessierenden Vereinheitlichungsfragen nicht weiterhilft, findet die Auseinandersetzung mit dem Rechtsstaatsprinzip indes noch nicht ihr Ende. Verschiedentlich wird in der Literatur nämlich ein ungeschriebenes Rationalitätsgebot zum verfassungsdogmatischen Inhalt des Rechtsstaatsprinzips gezählt.[316] In Anlehnung an *Konrad Hesse* wird eine „Rationalisierung des öffentlichen Gesamtzustandes“ gefordert, die sich in einer „planmäßige[n] Organisierung des staatlichen Handelns [konkretisiert], die [wiederum] eine möglichst zweckmäßige und effektive Erfüllung der staatlichen Aufgaben gewährleisten soll“[317]. Würde man dieser Sichtweise folgen, müssten prozessuale und institutionelle Vereinheitlichungen im öffentlich-rechtlichen Gerichtswesen am Maßstab dieses verfassungsdogmatischen Rationalitätsgebotes überprüft werden. Möglicherweise könnten vereinheitlichte im Vergleich zu differenzierten Struk-

---

[313] So auch *Sachs* (Fn. 104), Art. 20 Rn. 162; *Schulze-Fielitz* (Fn. 104), Art. 20 (Rechtsstaat) Rn. 212.

[314] So konstatiert auch *Schulze-Fielitz* (Fn. 12), Art. 19 IV Rn. 37, dass sich allgemeiner Justizgewährungsanspruch und Rechtsschutzgarantie in ihrem „rechtsstaatlichen Kerngehalt“ nicht unterscheiden.

[315] Zur Ausgewogenheit eines vereinheitlichten Prozessrechts s.o. unter Kap. 2, A., III., 2.; für die Vereinheitlichung der öffentlich-rechtlichen Gerichtsbarkeiten vgl. Kap. 2, B.

[316] So vor allem *Schmidt-Aßmann*, Das allgemeine Verwaltungsrecht als Ordnungsidee, 2. Aufl. 2006, S. 84 Rn. 75.

[317] *Hesse* (Fn. 258), S. 557 (572).

turen schließlich eine sinnvollere Form der Ausgestaltung des verwaltungsgerichtlichen Rechtsschutzsystems darstellen. Ob ein solches Rationalitätsgebot aber wirklich dogmatischer Ausdruck des Rechtsstaatsprinzips ist, muss nicht zuletzt aufgrund der bereits angeklungenen Komplexität und Mehrdimensionalität von Rationalität bezweifelt werden.[318] Damit soll keineswegs zum Ausdruck gebracht werden, dass die Ausrichtung, Organisation, Steuerung und Strukturierung staatlicher Einrichtungen und ihrer Abläufe nicht anhand eines sinnvollen Maßstabes erfolgen sollte. Gleichwohl muss die Natur dieses Maßstabes genau bestimmt werden. Handelt es sich bei dem Rationalitätsgebot also wirklich um einen verfassungsdogmatischen Satz des Rechtsstaatsprinzips oder ist er nicht vielmehr der Verfassungstheorie zuzuordnen? Sollte Letzteres der Fall sein, stellt sich weiter die Frage, welche Bedeutung die Ergebnisse einer verfassungstheoretischen Untersuchung über die Rationalität prozessualer und institutioneller Vereinheitlichungen haben. Bevor eine Zuordnung des Rationalitätsgebotes erfolgen kann, muss in einem ersten Schritt somit das hier zugrunde gelegte Verständnis von Verfassungstheorie dargestellt werden, um eine Abgrenzung von Verfassungsdogmatik und Verfassungstheorie überhaupt vornehmen zu können.

a) Verfassungstheorie als praktische Reserve

Die Beschreibung, Charakterisierung und Vermessung von Verfassungstheorie sowie ihre Abgrenzung von der Verfassungsdogmatik gehören seit jeher zu den anspruchsvollsten Anliegen der Rechtswissenschaften.[319] Die letzten grundlegenden Arbeiten, die sich auf die Suche nach dem richtigen Verständnis von Verfassungstheorie begeben haben, stammen aus den Federn von *Martin Morlok*[320], *Matthias Jestaedt*[321] und *Uwe Volkmann*[322]. An dieser Stelle kann naturgemäß keine eingehende Auseinandersetzung mit den verschiedenen Auffassungen von Verfassungstheorie geleistet werden, vielmehr soll es das Ziel dieses Abschnittes sein, das hier zugrunde gelegte Verfassungstheorieverständnis zu skizzieren. Im

---

318 Vgl. Kap. 1, B., III., 1. Aber nicht nur das Wesen von Rationalität rückt die im Folgenden ausgebreitete Frage nach dem Verhältnis von Verfassungstheorie und Verfassungsdogmatik in den Fokus der Betrachtung. Schon die in diesem Zusammenhang in der Literatur stets bemühte Bezugnahme auf Konrad Hesse, der seinerseits als Vertreter einer bestimmten Verfassungstheorie gilt – vgl. zu dieser Zuordnung *Volkmann*, Rechts-Produktion oder: Wie die Theorie der Verfassung ihren Inhalt bestimmt, Der Staat 54 (2015), 35 (51) –, unterstreicht die Erforderlichkeit von Abgrenzung und Einordnung.

319 So auch *Volkmann*, Zur heutigen Situation einer Verfassungstheorie, Der Staat 51 (2012), 601 (601).

320 *Morlok*, Was heißt und zu welchem Ende studiert man Verfassungstheorie?, 1988, passim.

321 *Jestaedt*, Die Verfassung hinter der Verfassung, 2009, passim.

322 *Volkmann*, Leitbildorientierte Verfassungsanwendung, AöR 134 (2009), 157 ff.; *ders.* (Fn. 319), 601 ff.

Zentrum stehen dabei zwei Fragen: Was ist Verfassungstheorie und wie ist ihr Verhältnis zur Verfassungsdogmatik?

Während die Beantwortung der ersten Frage noch wenig Probleme verursacht, herrscht hinsichtlich des Verhältnisses von Verfassungstheorie und Verfassungsdogmatik Unklarheit. Als Verfassungstheorie werden die mitgedachten Hintergrundvorstellungen bezeichnet, die der Verfassung zugrunde liegen.[323] Sprachlich zusammengefasst wird damit die „Summe von Vorannahmen darüber, was die Verfassung ist, wozu sie da sein soll oder wie man sie anwendet“[324]. Die Verfassungstheorie nimmt also „die Verfassung hinter der Verfassung in den Blick, d. h. die stringente und konsistente Ordnungsidee der normativ-virtuellen Verfassung“[325]. Demgegenüber ist Verfassungsdogmatik eine „rechtswissenschaftliche Anwendungshilfe – Herstellungs- wie Darstellungshilfe – für die entscheidungsberufene Rechtspraxis“[326]. Weiterhin scheint in den Reihen der Verfassungstheoretiker darüber Einigkeit zu bestehen, dass es sich bei der Verfassungstheorie um eine komplexe und normative Metatheorie handelt, deren Potential und Funktion gerade darin liegen, den Kontakt zu benachbarten Disziplinen herzustellen.[327] Insoweit wird mit Blick auf Verfassungstheorie häufig von einer „Kontaktstelle“[328], einer „Zulieferer- und Hintergrunddisziplin“ sowie von einer „Schnittstellen- und Relaisdisziplin“[329] gesprochen. Sie ist im Unterschied zur Verfassungsdogmatik, die sich der Interpretation und Systematisierung der einzelnen Verfassungsrechtssätze verschrieben hat, „anschlussfähiger [...] für interdisziplinären Input“[330]. Zum Ausdruck kommt in dieser Feststellung

---

[323] So auch *Böckenförde*, Staat, Verfassung, Demokratie, 1991, S. 83, der festhält: „Verfassungstheorie in diesem Sinn bedeutet [...] eine systematisch orientierte Auffassung über den allgemeinen Charakter, die normative Zielrichtung und die inhaltliche Reichweite der Verfassung als solcher und ihrer Teile.“ S. ferner *Volkmann* (Fn. 318), 35 (35).

[324] *Volkmann* (Fn. 318), 35 (35).

[325] *Jestaedt* (Fn. 321), S. 110.

[326] *Jestaedt* (Fn. 321), S. 30.

[327] So etwa *Morlok* (Fn. 320), S. 50 ff., und *Jestaedt* (Fn. 321), S. 40, der hinsichtlich der Verfassungstheorie festhält: „Um [der Gefahr von Dogmatismus] gegenzusteuern, um die ‚blinden Flecke‘ der Verfassungsdogmatik sichtbar, reflektierbar und damit allererst kritisierbar zu machen, um der Dogmatik mit anderen Worten Theorie zuzuführen und ihre (Selbst-)Sicherheit durch Komplexität zu irritieren, bedarf es einer auf die Bedürfnisse, Strukturen und Eigenrationalität der Verfassungsdogmatik ausgerichteten Reflexionsdisziplin[, die dazu] in der Lage sein [muss], Fragen aufzugreifen, die zu stellen die Verfassungsdogmatik abschneidet, und sich dabei Perspektiven zunutze zu machen, die außerhalb des Horizonts der Verfassungsdogmatik liegen.“

[328] *Morlok* (Fn. 320), S. 60.

[329] *Volkmann* (Fn. 319), 601 (603), unter Verweis auf *Jestaedt*, Verfassungstheorie als Disziplin, in: Depenheuer/Grabenwarter (Hrsg.), Verfassungstheorie, 2010, § 1 Rn. 20, 26, 28 f., 33 ff., 48 ff.

[330] *Payandeh*, Judikative Rechtserzeugung, 2017, S. 153.

zugleich, dass die Dogmatik zwangsläufig irgendwann an ihre Grenzen stößt, in ihrer Rolle als „rechtswissenschaftliche Anwendungshilfe für die entscheidungsberufene Rechtspraxis“[331] also nicht mehr dazu im Stande ist, bestimmte Fragen, die das Verfassungsrecht betreffen, zu beantworten.[332] Ursächlich hierfür ist, dass sich die Verfassungsdogmatik „als juridische Gebrauchs- und Anwendungsdisziplin für die Verfassungspraxis [...] ganz auf das positive Verfassungsrecht konzentriert“[333] und somit den verfassungsbezogenen Hintergrundvorstellungen keine Beachtung schenken kann. Hinter dem Begriff Verfassungstheorie verbirgt sich demnach eine rechtswissenschaftliche Teildisziplin, die zwar auf das Verfassungsrecht und die Verfassungsdogmatik Bezug nimmt, sie beobachtet, die allerdings zum einen von diesen zu unterscheiden ist und zum anderen auf einer höheren Abstraktionsebene ansetzt.[334] Bis hierher scheint es, als bewege man sich auf festem Geläuf. Verfassungstheorie und Verfassungsdogmatik sehen einander, wissen von ihrem jeweiligen Pendant, anerkennen aber zugleich ihre Verschiedenartigkeit.[335] Aber kann diese scharfe Trennung von Theorie und Dogmatik wirklich immer aufrechterhalten werden? Ist ihr Verhältnis tatsächlich von Verbindungslosigkeit geprägt oder existieren nicht vielmehr „Wechselwirkung[en]“[336]? Eine im Schoße des Positivismus ruhende Ansicht macht sich für eben jene strikte Trennung von Theorie und Dogmatik stark.[337] Die Verfassungstheorie beschränkt sich danach auf die theoretische Reflexion der Dogmatik, sie „ver-

---

[331] *Jestaedt* (Fn. 329), § 1 Rn. 20; so auch schon *ders.* (Fn. 321), S. 30. Ähnlich *Morlok* (Fn. 320), S. 39 f.: „Dogmatik zielt auf die Anleitung der praktischen Entscheidungstätigkeit in denjenigen Positionen der organisierten Arbeitswelt, die typischerweise mit Juristen besetzt sind und in denen die Orientierung an Rechtsnormen zum formalen (offiziellen) Entscheidungsprogramm gehört.“

[332] Die Grenze der Rechtsdogmatik als Einsatzberechtigung von Verfassungstheorie betont auch *Jestaedt* (Fn. 321), S. 41, wenn er feststellt, dass die Verfassungstheorie „unter den Auspizien der Sinn- und Rechtfertigungsfrage [...] das notwendige metadogmatische Komplement einer [...] ‚positivistischen‘ Verfassungsdogmatik“ darstellt. Noch deutlicher wird *Morlok* (Fn. 320), S. 43: „‚Verfassungstheorie‘ ist [...] ein Ort, wo von der Verfassungsrechtslehre im engeren Sinne nicht wahrgenommene oder nicht zureichend bearbeitbare Probleme behandelt werden können.“

[333] *Jestaedt* (Fn. 321), S. 110.

[334] Die Beobachterperspektive der Verfassungstheorie hebt *Volkmann* (Fn. 319), 601 (603), hervor, ordnet zugleich der (Verfassungsrechts-)Dogmatik die „Teilnehmerperspektive“ zu. Ähnlich *Kirchhof*, Verfassung, Theorie und Dogmatik, in: Isensee/ders. (Hrsg.), HStR, Bd. 12, 3. Aufl. 2014, § 273 Rn. 41. Die höhere Abstraktionsebene der Verfassungstheorie betonen sowohl *Morlok* (Fn. 320), S. 43, 53, wie (mittelbar wohl) auch *Jestaedt* (Fn. 321), S. 40.

[335] Zur Verschiedenartigkeit von Verfassungsdogmatik und Verfassungstheorie *Morlok* (Fn. 320), S. 52.

[336] *Morlok* (Fn. 320), S. 52.

[337] Zur Zuordnung eines solchen Verfassungstheorieverständnisses zum Positivismus *Volkmann* (Fn. 318), 35 (45 ff.).

leiht der in der Verfassung schlummernden Entelechie ihre Stimme“[338]. Nach diesem Verständnis beobachtet Verfassungstheorie also nur, nimmt im Unterschied zur Verfassungsdogmatik an der Entscheidung verfassungsrechtlicher Fragen aber nicht teil.[339] Eine Möglichkeit, Verfassungstheorie und Verfassungsdogmatik voneinander zu unterscheiden, wird in dieser Perspektive darin erblickt, dass Letztere dem „Positivierungsnachweis“ zugänglich sei: „Verfassungsdogmatische Figuren [hätten] Bestand und Rechtfertigung nur, wenn und soweit sie sich als unverfälschte Darstellungsweise positivrechtlicher Normphänomene ausweisen lassen.“[340] Mittel zur Durchführung dieses „Dogmatik-Tauglichkeits-Tests“ ist nicht mehr als die klassische Auslegung der konkreten verfassungsrechtlichen Norm. Wortlaut und Gesetzgebungsmaterialien müssten dazu in der Lage sein, nachzuweisen, dass die in den Blick genommene verfassungsdogmatische Figur aus der Verfassungsrechtsnorm ableitbar ist. Diesen Nachweis kann die Verfassungstheorie nicht leisten, ist sie doch nur „der Ort, an dem die für die Verfassungsrechtswissenschaft insgesamt unentbehrlichen ‚großen Erzählungen‘, die leitenden kollektiven Deutungsmuster, [kurzum: die Leitbilder[341],] geformt und verbreitet werden“[342].

Eine prinzipielle Trennung von Verfassungstheorie und Verfassungsdogmatik ist im Grunde zu begrüßen, kann so in der rechtswissenschaftlichen Diskussion hinreichend über die Herkunft der jeweils vorgetragenen Argumente räsoniert und reflektiert werden. Gleichwohl ist ein dauerhaftes Festhalten an der Trennung weder machbar noch wünschenswert. Die Machbarkeit einer trennscharfen Unterscheidung von Theorie und Dogmatik ist mit *Mehrdad Payandeh* gleich unter zwei Gesichtspunkten anzuzweifeln und zieht den Schluss nach sich, dass „in der konkreten Analyse dogmatische und theoretische Argumente nicht trennscharf voneinander“[343] unterschieden werden können. Bei genauerer Betrachtung ihrer (vermeintlichen) Wesensunterschiede zeichnet sich nämlich eben jenes andere Bild: Zunächst ist festzustellen, dass das Unterscheidungsmerkmal eines im Vergleich zur Dogmatik höheren Abstraktionsgrades der Verfassungstheorie nicht immer greift.[344] So können verfassungsdogmatische Figuren wie etwa die praktische Konkordanz auf einem recht hohen Abstraktionsniveau angesiedelt sein,[345] und sich andersherum verfassungstheoretische Gedanken nur

338 *Jestaedt* (Fn. 329), § 1 Rn. 34.
339 Vgl. *Volkmann* (Fn. 319), 601 (603).
340 Zum Positivierungsnachweis *Jestaedt* (Fn. 321), S. 78.
341 Vgl. zu Leitbildern im Verfassungsrecht *Volkmann* (Fn. 322), 157 ff.
342 *Jestaedt* (Fn. 329), § 1 Rn. 34.
343 *Payandeh* (Fn. 330), S. 153.
344 *Payandeh* (Fn. 330), S. 154. So auch *Jestaedt* (Fn. 321), S. 77.
345 Vgl. zum Beispiel der praktischen Konkordanz *Volkmann* (Fn. 319), 601 (604).

auf einzelne Verfassungsrechtssätze beziehen. Auch die Eigenschaft der Verfassungsdogmatik, sich immer am positiven Recht zu orientieren, überzeugt als trennendes Kriterium von Verfassungsdogmatik und Verfassungstheorie nur wenig, denn auch die Verfassungstheorie ist (zumindest mittelbar) auf den Verfassungstext bezogen, auch sie ist also „eine normativ arbeitende juristische Disziplin“[346]. Daneben ist die strikte Trennung von Verfassungstheorie und Verfassungsdogmatik eben auch nicht wünschenswert. Es leuchtet nicht ein, warum sich das Recht in einer zu entscheidenden Frage nicht der Expertise und den Erkenntnissen anderer wissenschaftlicher Disziplinen bedienen können soll und darf, wenn die Dogmatik nicht zur Lösung des Problems in der Lage ist. Die Verfassung zeichnet sich wie jeder Rechtstext durch eine gewisse Unbestimmtheit, die die Wichtigkeit sowie „die Rolle […] sekundärer Entscheidungshilfen“[347] hervorhebt, und ihre Offenheit aus, die bewirkt, „daß andere Faktoren und Kräfte als die Verfassung respektive der Verfassunggeber für bestimmte Entscheidungen zuständig sind“[348].

Das hier zugrunde gelegte Verfassungstheorieverständnis geht mithin zwar im ersten Zugriff von einer konzeptionellen Trennung von Verfassungstheorie und Verfassungsdogmatik aus, versperrt sich aber zugleich nicht vor dem Leistungspotential, das die Verfassungstheorie in der konkreten rechtswissenschaftlichen Analyse der Verfassung oder einer einzelnen Verfassungsnorm abzurufen im Stande ist. Es soll und muss im rechtswissenschaftlichen Diskurs also Klarheit über die Herkunft der Argumente herrschen. Dies darf aber nicht dazu führen, dass nur die Verfassungsdogmatik zur Lösung eines juristischen Problems berufen ist. Im Sinne der „Komplementaritätsthese […] befriedigt [die Verfassungstheorie] als Beobachterdisziplin [aber eben auch als Teilnehmerdisziplin] jene Bedarfe, denen Verfassungsdogmatik ihrer Ausrichtung als [reine] Teilnehmerdisziplin wegen nicht gerecht werden kann“[349]. Die Verfassungstheorie fungiert so gewissermaßen als praktische Reserve:[350] Ist die Verfassungsdogmatik nicht dazu in der Lage, die in Rede stehende rechtliche Frage zu beantworten, ist ein Rückgriff auf die Verfassungstheorie und somit auf die Erkenntnisse anderer

---

346 *Payandeh* (Fn. 330), S. 155. Bestätigung etwa bei *Morlok* (Fn. 320), S. 54 ff.; *Volkmann*, Grundzüge einer Verfassungslehre der Bundesrepublik Deutschland, 2013, S. 5.

347 Vgl. zur Unbestimmtheit der Verfassung als Rechtstext *Morlok* (Fn. 320), S. 85.

348 Zum Aspekt der Offenheit der Verfassung und ihrer Folgen ebenfalls *Morlok* (Fn. 320), S. 108.

349 In bewusster Modifikation zu *Jestaedt* (Fn. 321), S. 19.

350 Weiter geht wohl noch *Volkmann* (Fn. 346), S. 4: „Im Gegenteil steht eine Lehre der Verfassung mit der Dogmatik, diese mit den Buchstaben und Wörtern des Textes in einem inneren Zusammenhang; sie alle greifen ineinander über, bestimmen den Inhalt dessen, was wir als *Verfassungsrecht* zu bezeichnen uns angewöhnt haben […].“ (Hervorhebung im Original).

Wissenschaften möglich.[351] Ein wesentlicher Grund hierfür liegt gerade in der Offenheit der Verfassung, die insbesondere bei den Grundrechten sowie den Staatsstrukturprinzipien zu Tage tritt und offenbart, „dass offene Verfassungsrechtsbegriffe der Ausfüllung durch die Verfassungsrechtspraxis und die Verfassungsrechtswissenschaft bedürfen, auf verfassungstheoretischen Prämissen und Vorverständnissen aufbauen und diese somit in das geltende Verfassungsrecht inkorporieren“[352]. Verfassungstheoretischen Überlegungen kommt demnach bei der Verfassungsanwendung eine maßgebliche Rolle zu, sie „geben [...] die Richtung an, an der sich die Lösung eines Problems oder die Beantwortung einer verfassungsrechtlichen Frage [...] orientieren“[353] kann. Dabei können sie entweder Einfluss auf die Auslegung einer Verfassungsbestimmung nehmen oder aber „eigenständige Begründungsmatrix einer Lösung [sein], die wesentlich aus ihnen – und oft sogar nur aus ihnen – gewonnen wird“[354].

b) Rationalität – ein vorrechtlicher Begriff

Was bleibt, ist damit also zunächst die Frage, ob das viel beschworene Rationalitätsgebot, das die Organisation staatlicher Institutionen dem Anspruch einer zweckmäßigen und effektiven Aufgabenerledigung unterwirft, und von einigen Stimmen in der Literatur fast schon wie selbstverständlich zum dogmatischen Kern des Rechtsstaatsprinzips gezählt wird,[355] auch tatsächlich eben jenem Be-

---

[351] Anschaulich arbeitet dies *Kirchhof* (Fn. 334), § 273 Rn. 41, heraus: „Verfassungstheorie mag eher der Leichtigkeit einer Kunst des Rechtsdenkens zugeneigt sein, Dogmatik eher die handwerkliche Gediegenheit der Rechtsentscheidung pflegen. Doch ein Künstler, der sein Handwerk nicht beherrscht, wird scheitern; *ein Handwerker, der sich nicht inspirieren läßt, kein großes Werk zustande bringen.*“ (Hervorhebung nicht im Original).

[352] *Payandeh* (Fn. 330), S. 155. Zur Empfänglichkeit von Grundrechten und Staatsstrukturprinzipien für verfassungstheoretische Erwägungen vgl. ebd. S. 156. Ähnlich formuliert es *Volkmann* (Fn. 322), 157 (170): „Der Text [der Verfassung] selbst fungiert [...] allenfalls als ‚starting point‘ für seine eigene Anreicherung; er ist nur mehr äußerer Anhalt für das Vorhandensein und die Ausstrahlungswirkung eines Leitbildes, ohne das er nicht wirklich verstanden werden kann, zu dem er sich selber aber kaum verhält.“

[353] *Volkmann* (Fn. 322), 157 (175), der an dieser Stelle im Hinblick auf die Wirkungsweise von Leitbildern noch strenger ist und festhält, dass sich die Problemlösung an diesen „zu orientieren hat“.

[354] Zu den hier aufgelisteten Anwendungsmöglichkeiten verfassungstheoretischer Überlegungen insgesamt *Volkmann* (Fn. 322), 157 (176).

[355] So allen voran *Schmidt-Aßmann* (Fn. 316), S. 84 Rn. 75. M. w. N. stellt das auch *Grzeszick*, Rationalitätsanforderungen an die parlamentarische Rechtsetzung im demokratischen Rechtsstaat, VVDStRL 71 (2012), S. 49 (51 f.), fest. Auch *Schulze-Fielitz*, Rationalität als rechtsstaatliches Prinzip für den Organisationsgesetzgeber, in: Kirchhof/Lehner/Raupach/Rodi (Hrsg.), FS Vogel, 2000, S. 311 (322), identifiziert ein im Rechtsstaatsprinzip wurzelndes Rationalitätsgebot, lässt, ebd. S. 311 (316), dennoch einen gewissen Zuordnungsspielraum erkennen, wenn

reich tradierter Verfassungsdogmatik zugeordnet werden kann. Zur Klärung dieser Frage ist eine eingehendere Auseinandersetzung mit dem Ursprung und dem Wesen von Rationalität sowie ihrem Verhältnis zum Staat, konkret: zum (Organisations-)Gesetzgeber, erforderlich. Damit – darauf sei erneut hingewiesen – wird nicht die Plausibilität der Rationalität als leitender Maßstab zur Organisation des Staates und seiner Einrichtungen auf den Prüfstand gestellt, sondern nur ihre Verwurzelung in der Verfassungsdogmatik des Rechtsstaatsprinzips.

Rationalität hat sich im Laufe der Jahre zum „universelle[n] Heilversprechen"[356] entwickelt. Erst das, was als vernünftig deklariert werden kann, scheint von der Gesellschaft akzeptiert zu werden. Umgekehrt scheint demgegenüber nichts schwerer zu wiegen als das Irrationale.[357] Die Forderung nach vernunftorientiertem Handeln richtet sich in toto weniger an das einzelne Individuum – wird diesem doch gerade in den Grenzen der allgemeinen Handlungsfreiheit das Recht zugesprochen, emotional, also objektiv irrational zu handeln[358] – als an den Staat.[359] Darin kommt zugleich eine weitere Eigenschaft von Rationalität zum Ausdruck; bei ihr handelt es sich um einen „Sekundärwert"[360]: Es existiert eben nicht die eine Rationalität, die als Vernunftmaßstab für jedes Betrachtungsobjekt dient. Vielmehr steht Rationalität immer in einer direkten Abhängigkeit zu einem bestimmten Referenzgegenstand. Was rational ist, kann also nicht losgelöst vom zu begutachtenden Objekt bestimmt werden. Fungiert wie hier die (Organisations-)Gesetzgebung als Referenzgebiet, stellt sich abstrakt die Frage nach

er feststellt, dass die Zuordnung der Rationalität zur Verfassungsdogmatik „wie jede Definitionsfrage eine Frage der Zweckmäßigkeit" sei.

[356] Hierzu und zum Folgenden *Grzeszick* (Fn. 355), S. 49 (51).

[357] So führt auch *Isensee*, Die Rationalität des Staates und die Irrationalität des Menschen, in: Depenheuer (Hrsg.), Staat und Verfassung, 2018, S. 471 (472), mit Blick auf das Staatshandeln aus: „Der staatliche Akteur fürchtet den Vorwurf des Irrationalen. Dieser wiegt schwerer als die Vorwürfe des Rechtswidrigen oder des Unmoralischen."

[358] Ähnlich *Isensee* (Fn. 357), S. 471 (478): „Der Bürger genießt kraft seiner Grundrechte die Freiheit, seine rationalen wie irrationalen Neigungen auszuleben."

[359] Ein Beispiel aus der bundesverfassungsgerichtlichen Rechtsprechung für das Erfordernis rationalen Staatshandelns findet sich in BVerfGE 65, 1 (3). Allgemein zur „Rationalität in der Rechtsprechung des BVerfG" *Schulze-Fielitz* (Fn. 355), S. 311 (321 f.).

[360] Ausführlich zur Eigenschaft von Rationalität als „Sekundärwert" und dessen Bedeutung *Lienbacher*, Rationalitätsanforderungen an die parlamentarische Rechtsetzung im demokratischen Rechtsstaat, VVDStRl 71 (2012), S. 7 (11). In dieselbe Richtung *Schulze-Fielitz* (Fn. 355), S. 311 (317), der „weiche Leitbegriffe" wie die Rationalität als „multifunktional" charakterisiert und feststellt, dass „[i]nhaltliche Aussagen [...] erst im materialen Kontext des jeweiligen Sachzusammenhangs ableitbar [sind]: Was z. B. [...] ‚rational' ist, richtet sich nach den äußeren Vorgaben der Problemkonstellation und ihrer Verknüpfung unter dem Gesichtspunkt von [...] ‚Rationalität'. Die Begriffe stellen insoweit keine [...] Wertungskriterien bereit, sondern setzen sie voraus."

der Rationalität des staatlichen Handelns. Als vernünftig kann das Handeln des Staates nach einer ersten behutsamen Umschreibung zumindest dann bezeichnet werden, wenn es sich auf eine sachliche Begründung zu stützen vermag, plausible Erwägungen es mithin rechtfertigen.[361] Dieser erste Zuschnitt bringt allerdings nur wenig Aussagekräftiges über das (verfassungstheoretische oder verfassungsdogmatische) Wesen von Rationalität mit sich und darf zudem nicht darüber hinwegtäuschen, „dass ungeachtet aller Versuche dogmatischer Durchdringung eine allzu enge begriffliche Zumessung nicht tunlich“[362] und ebenso wenig möglich ist. Das verbietet schon die „„Pluralität der Vernunft““[363], Rationalität ermöglicht vielmehr nur „Tendenzaussagen i. S. eines Mehr oder Weniger“[364]. Rationalität muss – will man einen abstrakten und ersten Umriss bieten – ganzheitlicher begriffen werden: „Die Vernunft findet sich nicht ab mit der Unvollkommenheit des Bestehenden. Sie strebt nach Alternativen, geleitet von dem Ideal einer Vollkommenheit, das, zwar niemals erreichbar, so doch zu immer neuen Bemühungen um Annäherung antreibt und das politische Leben in Bewegung hält.“[365]

Vor dem Hintergrund der Abhängigkeit von Rationalität von einer konkreten Bezugsgröße, ihrer Komplexität wie auch ihrem Facettenreichtum ist die Annahme eines allgemeinen organisationsbezogenen Rationalitätsgebots, das sich ausschließlich auf die Zweckmäßigkeit und Effektivität der Aufgabenerfüllung stützt, als verfassungsdogmatische Ausprägung des Rechtsstaatsprinzips in letzter Konsequenz abzulehnen. Schließt man sich nicht vorschnell dem Verständnis an, nach dem „Rationalität […] als [dogmatisches] Hauptversprechen moderner Rechtsstaatlichkeit gesehen“[366] wird, wird schnell klar, dass es sich bei Rationalität um einen vorrechtlichen Begriff handelt.[367] Hierfür streitet zunächst der Umstand, dass ein solches Gebot im Verfassungstext selbst überhaupt keine ausdrückliche Erwähnung findet.[368] Das bedeutet freilich nicht, dass sich die Verfassung vor der Vernunft verschließt. Gleichwohl können nämlich mittelbare

---

[361] So auch *Isensee* (Fn. 357), S. 471 (472).

[362] *Lienbacher* (Fn. 360), S. 7 (10).

[363] *Steinbach*, Rationale Gesetzgebung, 2017, S. 55.

[364] *Schulze-Fielitz* (Fn. 355), S. 311 (317).

[365] *Isensee* (Fn. 357), S. 471 (476). Konkret bedeutet das also, vgl. ebd. S. 471 (472): „Rationalität ist kein inhaltliches Programm und keine Methode, sondern eine Art und Weise des Vorgehens: ein bewußtes Handeln nach plausiblen Gründen. Wo der Zufall entscheidet, wo die Reflexion fehlt, wo bloße Affekte oder stumpfe Gewohnheit walten, da hat die Rationalität keinen Ort. Für sie ist die Tradition kein Argument allein deshalb, weil ‚es schon immer so gewesen‘ ist, und die Konvention nicht deshalb, weil ‚alle es tun‘“.

[366] *Grzeszick* (Fn. 355), S. 49 (52).

[367] Zu demselben Ergebnis gelangt für den Begriff der Gerechtigkeit *Bäcker* (Fn. 264), S. 313.

[368] Vgl. *Isensee* (Fn. 357), S. 471 (478).

verfassungsrechtliche wie auch verfassungsdogmatische Bezugnahmen auf die Vorstellung von einem vernünftigen Handeln des Staates identifiziert werden. Genannt seien in diesem Zusammenhang etwa die staatlichen Beschränkungsmöglichkeiten der Grundrechte. Aus sinnvollen, verfassungsrechtlich zu rechtfertigenden Gründen ist der Staat dazu ermächtigt, die grundrechtlichen Freiheiten der Bürger zu beschränken. Ihn trifft dabei aber eine verfassungsrechtliche Rechtfertigungslast.[369] Auch im dogmatischen Horizont des Rechtsstaatsprinzips selbst finden sich entsprechende Andeutungen. So bringt etwa das Willkürverbot, das es dem Staat verbietet, willkürlich, also ohne „sachlich vertretbare[n] zureichende[n] Grund"[370] zu handeln, nichts anderes zum Ausdruck als die Vorstellung von einem vernünftig handelnden, sich auf Sachgründe stützenden Staat. Diese Beispiele verdeutlichen, dass die Verfassung zwar vernunftorientiertes Handeln zum Ideal und Regelfall staatlichen Handelns erhebt, dieses Einstehen der Verfassung für Rationalität aber nur mittelbar zum Ausdruck kommt und gewissermaßen in Reaktion auf die Komplexität von Rationalität für unterschiedliche Teilaspekte auf verschiedene (dogmatische) Einzelausprägungen verteilt und inhaltlich von Einzelfall zu Einzelfall neu befüllt werden muss.[371] Ein noch gewichtigeres Argument gegen ein verfassungsdogmatisches Rationalitätsgebot dürfte allerdings in der Eigenschaft von Rationalität als Sekundärwert und deren Folgen für das Verhältnis von Rationalität und Gesetzgebung liegen. Rationalität kann nur dann einen Beurteilungsmaßstab bieten, wenn sie mit einem konkreten Referenzobjekt ins Verhältnis gesetzt wird. Daraus folgt zugleich, dass für jeden zu beurteilenden Einzelfall ein neuer Bewertungsmaßstab geschaffen werden muss. Es kann gerade nicht pauschal gesagt werden, was rational und was irrational ist. Die von der Rationalität angestrebte Vollkommenheit, die zwar nicht erreicht werden kann, aber letztlich im Aufzeigen von (Handlungs-)Alternativen mündet, ist stets akzessorisch zum in Rede stehenden Referenzgebiet. Die Vernunft ist also „allein ausgerichtet auf Erkenntnis dessen, was wahr, richtig, gut oder nützlich ist"[372]. Der rational handelnde (Organisations-)

---

[369] Zum rationalen Hintergrund der staatlichen Eingriffsbefugnisse in die Grundrechte auch *Isensee* (Fn. 357), S. 471 (478).

[370] Statt vieler Nachweise aus der Rechtsprechung s. nur BVerfGE 33, 44 (51). Zum Willkürverbot als wesentlicher dogmatischer Bestandteil des Rechtsstaatsprinzips *Sobota* (Fn. 264), S. 62, 483.

[371] In diese Richtung auch *Sobota* (Fn. 264), S. 483: „Viel spräche [zwar] dafür, das Vernunftsgebot zu einem selbständigen Rechtsstaatselement zu erklären. Andererseits kommt die Idee der Vernunft oder Vernünftigkeit in mehreren Elementen – und in deren Summe vollständig – zum Ausdruck." Ähnlich *Bumke*, Die Pflicht zur konsistenten Gesetzgebung, Der Staat 49 (2010), 77 (92 Fn. 79). Für den Fall der Organisationsrationalität spricht *Schulze-Fielitz* (Fn. 355), S. 311 (330), von einer Konkretisierungsbedürftigkeit.

[372] *Isensee* (Fn. 357), S. 471 (479).

Gesetzgeber müsste sich mithin auf diese Suche nach dem Wahren, dem Richtigen, dem Guten oder dem Nützlichen begeben; und das für jede Fragestellung aufs Neue. Einen einheitlichen (verfassungsdogmatischen) Rationalitätsmaßstab kann es insofern nicht geben, selbst wenn sich verschiedene gesetzgeberische Fragen einer Oberkategorie wie der Organisation der staatlichen Einrichtungen zuordnen lassen. Diese Aufgabe kann dem Gesetzgeber nur dann gelingen, wenn er für die sich jeweils stellende Frage auf die jeweilige Expertise zurückgreift. „Wo immer der Staat sich [also] um Rationalität bemüht, sucht er den wissenschaftlich ausgewiesenen Experten und fragt nach seinem Rat."[373] Die Angewiesenheit auf die wissenschaftliche Expertise unterschiedlicher Provenienz hat auch normativ besonderen Anklang gefunden.[374] So legt etwa § 56 Abs. 1 S. 1 GOBT fest, dass „[z]ur Vorbereitung von Entscheidungen über umfangreiche und bedeutsame Sachkomplexe [...] eine Enquete-Kommission" eingesetzt werden kann, mithin ein Gremium, in dem es gerade auf die Einbindung externen Sachverstandes ankommt. Nichts anderes gilt für das in der Literatur verschiedentlich zu findende organisationsbezogene, dem dogmatischen Kern des Rechtsstaatsprinzips zugeordnete Rationalitätsgebot: Was rational ist, entscheidet der jeweilige Experte. Die Beurteilung kann nicht auf einer rechtlichen Ebene erfolgen, sondern spielt sich auf einer vorrechtlichen Ebene ab. Die Rationalität organisationsbezogener Gestaltungs- und Strukturierungsfragen kann also nicht einfach an der zweckgerichteten und effektiven Aufgabenerledigung der entsprechenden staatlichen Einrichtung gemessen werden. Vielmehr sind die Beurteilungskriterien für jede Organisationsfrage einzeln unter Zuhilfenahme der Erkenntnisse der entsprechenden Fachwissenschaft zu bestimmen. Das bedeutet naturgemäß nicht, dass das Kriterium der zweckmäßigen und effektiven Aufgabenerledigung je nach Fragestellung der richtige Maßstab zur Beurteilung der Rationalität einer konkreten Organisationsfrage staatlicher Einrichtungen sein kann. Gleichwohl darf dieser Maßstab nicht auf jedes organisatorische Problem angewendet werden. Dies würde nämlich zu einer unnötigen Verengung des Prüfhorizontes und damit zum Abschneiden anderer, im Einzelfall tauglicherer Kriterien führen.[375]

---

[373] *Isensee* (Fn. 357), S. 471 (479). Ähnlich auch *Lienbacher* (Fn. 360), S. 7 (13): „[...] Rationalitätsanforderungen [sollten] auf dem Boden interdisziplinärer Erfordernisse stehen und den Zugang zu unterschiedlichen fachwissenschaftlichen Erkenntnissen erschließen." In dieselbe Richtung *Herdegen*, Staat und Rationalität, 2010, S. 25: „Der rational handelnde Staat wird sich immer der Einsichten über ökonomische ‚Gesetzmäßigkeiten' bedienen. Er wird [...] den Dialog mit der Ethik pflegen."

[374] Diese besondere Abhängigkeit der Gesetzgebung von den Wissenschaften unterschiedlicher Provenienz hebt auch *Huber*, Staat und Wissenschaft, 2008, S. 32 f., ausdrücklich hervor.

[375] Auch die im Zusammenhang mit einem verfassungsdogmatischen Rationalitätsgebot bemühten Überlegungen Konrad Hesses scheinen den Umstand, dass sich der Blick auf die

In der Gesamtschau muss also festgehalten werden, dass es sich bei der Rationalität um einen vorrechtlichen Begriff handelt.[376] Zwar kann in ihr auch ein Bewertungsmaßstab für Organisationsfragen gefunden werden, seine Inhalte sind aber für jedes Organisationsproblem durch Rückgriff auf die entsprechende wissenschaftliche Expertise zu bestimmen. Rationalität ist also auf einer Metaebene anzusiedeln.[377] Zwar können auch verfassungsdogmatische Figuren auf einem hohen Abstraktionsniveau verortet werden, der Rückgriff auf interdisziplinäre Expertise hingegen ist typisches Charakteristikum der Verfassungstheorie.[378] Schlussendlich kann also dem Rechtsstaatsprinzip kein verfassungsdogmatischer Satz entnommen werden, der zur Überprüfung der Sinnhaftigkeit prozessualer und institutioneller Vereinheitlichungen herangezogen werden könnte. Die Frage, ob entsprechende Vereinheitlichungen vorgenommen werden sollten, ob sie im Gegensatz zu differenzierten Strukturen den vernünftigeren Organisationsmodus darstellen, kann nicht mittels der Verfassungsdogmatik beantwortet werden, sondern ist allein Anliegen der Verfassungstheorie, die es ermöglicht, sich etwa der Expertise der Organisationssoziologie zu bedienen.[379] Sofern auf

---

Rationalität nicht zu früh verengen darf, zu berücksichtigen. *Hesse* (Fn. 258), S. 557 (572 f.), stellt nämlich ebenfalls fest, dass die „Rationalisierung des öffentlichen Gesamtzustandes" nicht allein an der zweckmäßigen und effektiven Aufgabenerledigung gemessen werden darf, sich darin „nur ein [...] Teil der durch das Rechtsstaatsprinzip bewirkten Rationalisierung des öffentlichen Gesamtzustandes" zeigt. Gefordert sei neben dieser „funktionellen" Rationalität nämlich ebenso eine „substantielle Rationalität. Dem staatlichen Leben sollen Verstehbarkeit, Geformtheit, Übersichtlichkeit, Klarheit eigen sein; es soll auf gedanklicher Bewältigung beruhen; es soll nicht vom Unbewußten, Irrationalen, Ungeformten, von Wünschen, Trieben, Leidenschaften oder Gefühlen beherrscht sein, sondern von bewußten, geformten, durch die Vernunft erfaßbaren Regeln, Grundsätzen und Gedanken."

376 In diese Richtung ist dann auch *Isensee* (Fn. 357), S. 471 (479), zu verstehen, wenn er konstatiert: „Der rationale Staat ist denn auch nur ein philosophisches Ideal, ein nationalökonomisches Modell, ein soziologischer Idealtypus oder eine politische Utopie [...]." Auch *Schulze-Fielitz* (Fn. 355), S. 311 (316), stellt, obwohl er ein (organisationsbezogenes) Rationalitätsgebot im Ergebnis zum verfassungsdogmatischen Kern des Rechtsstaatsprinzips zu zählen scheint, vgl. ebd. S. 311 (322 f.), fest, dass „‚weichen' Leitbegriffe[n]", zu denen er auch die Rationalität zählt, „eine *gewisse Distanz zur herkömmlichen rechtsdogmatischen Begriffs- und Systembildung*" inhärent ist, sie „jenseits des positiven Rechts und seiner Systematisierung angesiedelt" sind und „quer zur herkömmlichen rechtsdogmatischen Begriffsbildung" stehen (Hervorhebung im Original).

377 Vgl. *Homann*, Rationalität und Demokratie, 1988, S. 68, der davon spricht, „daß ‚Rationalität' eine normative Forderung auf einer Metaebene ist".

378 Für die „weichen Leitbegriffe", zu denen auch die Rationalität zählen soll, sei es nach *Schulze-Fielitz* (Fn. 355), S. 311 (316), typisch, dass sie „Schnittstellen zur Fruchtbarmachung z. B. ökonomischer oder sozialwissenschaftlicher Erkenntnisse" sind.

379 So auch *Morlok* (Fn. 320), S. 50: „Verfassungstheorie hat die Aufgabe einer wissenschaftstheoretischen Klärung und Rationalisierung; sie stellt entscheidungstheoretische und

verfassungstheoretischer Ebene geklärt werden kann, ob prozessuale und institutionelle Vereinheitlichungen *den* rationalen Organisationszustand des verwaltungsgerichtlichen Rechtsschutzsystems begründen, führt dieses verfassungstheoretische Ergebnis nach dem hier zugrunde gelegten Verfassungstheorieverständnis entweder schon selbst zur Beantwortung der aufgeworfenen Frage oder wirkt sich im Rahmen der Anwendung der bei der Ausgestaltung des verwaltungsgerichtlichen Rechtsschutzsystems einschlägigen Verfassungsbestimmungen entsprechend aus.[380]

D. Ergebnis

Vielfach wurde in den Diskursen um prozessuale und institutionelle Vereinheitlichungen das Verfassungsrecht zur Untermauerung der eigenen Position bemüht. Ein zu fokussierter Blick auf einzelne Teilaspekte der jeweiligen Vereinheitlichungskonzepte ließ dabei die generelle Frage, ob verfassungsrechtlich ein vereinheitlichtes Rechtsschutzsystem auf prozessualer und institutioneller Ebene geboten ist, oder falls nicht, eine Vereinheitlichung von Verfassungs wegen zumindest zulässig wäre, stets unbeantwortet. Zur Klärung eben jener Frage ist eine eingehende Auseinandersetzung mit der dem Gesetzgeber gerade bei normgeprägten Grundrechten auferlegten Ausgestaltungspflicht unumgänglich. Danach trifft den Gesetzgeber die Pflicht, das in Rede stehende Grundrecht entsprechend der von diesem ausgehenden Direktiven und Leitlinien auszugestalten. Eine Überprüfung des ausgestaltenden Organisationsgesetzgebers erfolgt dabei am Maßstab der Ausgestaltungsdogmatik. Eine verfassungskonforme Grundrechtsausgestaltung ist zunächst einmal nur dann gegeben, wenn die dem Kernbereich des Grundrechts zu entnehmenden Mindestgehalte bei der Ausgestaltung umgesetzt wurden. Darüber hinausgehende gesetzgeberische Maßnahmen sind verfassungsrechtlich dann zulässig, wenn sie dem Maßstab des auszugestaltenden Grundrechts entsprechen. Im Falle des Art. 19 Abs. 4 S. 1 GG müsste ein vereinheitlichtes Rechtsschutzregime im Ergebnis Ausdruck ausgewogenen Rechtsschutzes sein.

---

organisationssoziologische Überlegungen in ihren Theoriezusammenhang ein" (Hervorhebung nicht im Original).

380 Zu einem ähnlichen Ergebnis gelangt auch *Volkmann* (Fn. 322), 157 (176): „So sind die präzisen Vorgaben, die das BVerfG für die Ausgestaltung der Rundfunkordnung formuliert hat, mit keiner wie weit auch immer verstanden [sic!] Auslegung oder Konkretisierung des Art. 5 Abs. 1 S. 2 GG begründbar, sondern ihrerseits nur die Folge und Ableitung der Einordnung des Rundfunks in die vorausgesetzte Demokratievorstellung […]."

Die Überprüfung sowohl einer prozessualen als auch einer institutionellen Vereinheitlichung hat zunächst ergeben, dass den Auffassungen, nach denen eine Vereinheitlichung von Verfassungs wegen geboten sei, eine Absage erteilt werden muss. Weder auf prozessualer noch auf institutioneller Ebene erfordert Art. 19 Abs. 4 S. 1 GG (unter Berücksichtigung von Art. 95 Abs. 1 und Art. 97 Abs. 2 GG) eine Vereinheitlichung. Gleichwohl wäre eine Vereinheitlichung des Prozessrechts sowie der öffentlich-rechtlichen Fachgerichtsbarkeiten verfassungsrechtlich zulässig. Die auf diesem Wege stattfindende Verstärkung und Abschwächung einzelner Teilelemente des Rechtsschutzes hätte keine Unausgewogenheit des Rechtsschutzsystems in seiner Gesamtheit zur Folge. Auch würde sich eine institutionelle Vereinheitlichung in das Gesamtgefüge der Verfassung einordnen.

An diesem Ergebnis ändert sich auch dann nichts, betrachtet man die Vereinheitlichungen in der Perspektive des Rechtsstaatsprinzips. Auch das Rechtsstaatsprinzip beantwortet die Frage nach der verfassungsrechtlichen Notwendigkeit prozessualer und institutioneller Vereinheitlichungen nicht. Erst recht kann aus dem Rechtsstaatsprinzip kein verfassungsdogmatisches Rationalitätsgebot gefolgert werden, das es verlangt, staatliche Einrichtungen so zu organisieren, dass diese die ihnen zugewiesenen Aufgaben zweckmäßig und effektiv erledigen. Die Frage, ob vereinheitlichte Strukturen gegenüber einer differenzierten Organisation rationaler wären, kann vielmehr erst auf einer verfassungstheoretischen Ebene unter Zuhilfenahme der Expertise anderer Wissenschaften beantwortet werden.

Kurzum gebietet die Verfassung keine Vereinheitlichung, sie verbietet sie aber auch nicht. Das Problem der Vorzugswürdigkeit von Vereinheitlichungen im verwaltungsgerichtlichen Rechtsschutzsystem kann mithin nicht ausschließlich mithilfe des Verfassungsrechts bzw. der Verfassungsdogmatik entschieden werden, sondern bedarf des Rückgriffs auf verfassungstheoretische Überlegungen.

Kapitel 3

Verfassungstheoretische Überlegungen zu institutionellen und prozessualen Vereinheitlichungen im verwaltungsgerichtlichen Rechtsschutzsystem

Die voranstehenden Ausführungen haben gezeigt, dass die Diskurse um institutionelle und prozessuale Vereinheitlichungen im verwaltungsgerichtlichen Rechtsschutzsystem auf der Begründungsebene nicht zu überzeugen vermögen. Gerade das häufig vorgetragene Argument, die Verfassung fordere entsprechende gesetzgeberische Vereinheitlichungsmaßnahmen, erweist sich bei näherem Hinsehen als nicht haltbar. Verfassungsdogmatisch mögen Vereinheitlichungen zwar möglich sein, von einer Pflicht zur Vereinheitlichung kann allerdings nicht die Rede sein. Etwas Anderes ergibt sich auch nicht aus dem Versuch, auf verfassungsdogmatischer Ebene ein Rationalisierungsgebot einzuführen und die aufgeworfenen organisationsrechtlichen Fragen an diesem Maßstab zu messen. Ein der Dogmatik des Rechtsstaatsprinzips zuzuordnendes Rationalitätsgebot gibt es in der Gestalt nicht, handelt es sich bei Rationalität doch um einen vorrechtlichen Begriff. Aus dieser Feststellung resultiert jedoch zugleich eine weitere Möglichkeit, die Vereinheitlichungsfragen einer Antwort zuzuführen, der im Folgenden auch nachgegangen werden soll. Auf verfassungstheoretischer Ebene kann das Kriterium der Rationalität aufgegriffen, Erkenntnisse einer für die hier in Rede stehenden Fragen spezialisierten Disziplin – namentlich die Organisationssoziologie – fruchtbar gemacht und der rechtswissenschaftliche Diskurs an diesen reflektiert werden.

Dabei soll der verfassungstheoretischen Untersuchung folgendes Vorgehen zugrunde gelegt werden: In einem ersten Schritt (unter A.) wird nachzuweisen sein, warum gerade die (Organisations-)Soziologie Angebote zur Beantwortung der Vereinheitlichungsfragen bieten kann. Sodann (unter B.) wird der Blick im organisationssoziologischen Panorama auf den systemtheoretischen Ansatz *Niklas Luhmanns* konkretisiert und sein Verständnis von (rationalen) Organisationen herausgearbeitet. Im Horizont der *Luhmann'schen* Organisationstheorie wird letztlich (unter C.) zu klären sein, ob institutionelle und prozessuale Vereinheitlichungen vonnöten sind, sich rationale Organisationen also durch vereinheitlichte oder ausdifferenzierte Strukturen auszeichnen.

A. (Organisations-)Soziologie und Verfassungstheorie

Bevor auf die Inhalte des organisationssoziologischen Reflexionsmaßstabes eingegangen und die Sinnhaftigkeit prozessualer und institutioneller Vereinheitlichungen an diesem gemessen werden kann, drängt sich die Frage auf, warum gerade die (Organisations-)Soziologie (*Niklas Luhmanns*) einen tauglichen Maßstab liefern soll.[1] Warum sollte also, mit anderen Worten, die Organisationssoziologie zurate gezogen werden und warum wird aus der Fülle organisationssoziologischer Erkenntnisse gerade auf die theoretischen Annahmen *Luhmanns* rekurriert? Diese Fragestellung nimmt gleich drei zentrale Aspekte in sich auf: Zunächst (unter I.) wird mit ihr das Verhältnis von Soziologie und Recht angesprochen. Daran schließt (unter II.) die Frage an, wie der Transfer extrajuridischen Wissens in das Rechtssystem gelingt. Dies lässt mit Blick auf die Organisationssoziologie zugleich Rückschlüsse über Berührungspunkte von Recht und Organisationssoziologie zu. Schließlich (unter III.) müssen Vorteile eines systemtheoretischen Reflexionsmaßstabes auffindbar sein, die einen Rückgriff auf die Erwägungen *Luhmanns* angezeigt erscheinen lassen.

I. Soziologie und Recht

Dass das Recht und die Soziologie in einem irgendwie gearteten Näheverhältnis zueinanderstehen, dürfte schon an dem Vorhandensein der Rechtssoziologie als eigenständige rechtswissenschaftliche Teildisziplin deutlich werden. Gleichwohl ruft es in den Reihen der Juristen immer noch antagonistische Reaktionen hervor, wenn Soziologie und Recht in einem Atemzug genannt werden.[2] „Soziologie vor den Toren der Jurisprudenz“[3] ist für die Einen daher zutreffende Feststellung, für

---

[1] So führt schon *Morlok*, Was heißt und zu welchem Ende studiert man Verfassungstheorie?, 1988, S. 51, aus, dass die Verfassungstheorie „organisationssoziologische Erkenntnisse in ihren Theoriezusammenhang einstellt“.

[2] *Lautmann*, Soziologie vor den Toren der Jurisprudenz, 1971, S. 9, spricht von ambivalenten Reaktionen. Auch *Di Fabio*, Luhmann im Recht, in: Gripp-Hagelstange (Hrsg.), Niklas Luhmanns Denken, 2000, S. 139 (139 f.), hebt das Misstrauen der Juristen gegenüber der Soziologie hervor. Kritisch etwa *Möllers*, Methoden, in: Hoffmann-Riem/Schmidt-Aßmann/Voßkuhle (Hrsg.), GVwR, Bd. 1, 2. Aufl. 2012, § 3 Rn. 42; *Lepsius*, Steuerungsdiskussion, Systemtheorie und Parlamentarismuskritik, 1999, S. 7, warnt etwa vor „einem Autonomieverlust der Rechtswissenschaft“. Die Interdisziplinarität anerkennend und begrüßend hingegen *Hoffmann-Riem*, Sozialwissenschaften im Verwaltungsrecht, Die Verwaltung, Beiheft 2, 1999, 83 ff. (insbesondere 84); *Krebs*, Sozialwissenschaften im Verwaltungsrecht, Die Verwaltung, Beiheft 2, 1999, 127; *Rottleuthner*, Rechtswissenschaft als Sozialwissenschaft, 1973, insbesondere S. 248. Beide Seiten betrachtet etwa *Schelsky*, Nutzen und Gefahren der sozialwissenschaftlichen Ausbildung von Juristen, JZ 1974, 410 ff.

[3] So der einprägsame Titel des Werkes von *Lautmann* (Fn. 2).

die Anderen eher eine Drohung mit der „Versozialwissenschaftlichung"[4] der Rechtswissenschaften. Versuche, die eigene Front abzusichern und Zweifel an einer den Sozialwissenschaften gegenüber offenen Rechtswissenschaft zu schüren, stellen den Erkenntnisgewinn einer interdisziplinären Sichtweise in Frage oder verweisen auf die kategoriale Unterscheidung von Sein und Sollen.[5] Während sich die Sozialwissenschaften mit empirischen Untersuchungen auf die Erforschung von Fakten auf der Ebene des Seins zu konzentrieren haben, obliege es den Rechtswissenschaften Fragen des normativen Sollens zu studieren.[6] „Sein und Sollen seien [mithin] scharf geschiedene Bereiche mit verschiedenen Methoden, die Vermischung von Seinswissenschaft und Sollenswissenschaft müsse einen inadäquaten Methodensynkretismus auslösen"[7].

Vor diesem Hintergrund drängt sich die Frage auf, ob Soziologie und Jurisprudenz wirklich derart strikt voneinander getrennt werden müssen, ob sie also berührungslos nebeneinander verweilen und ihre Blicke stets entgegengesetzt zueinander auf unterschiedliche Gegenstände bzw. Ebenen gerichtet sind. Oder kann nicht vielmehr ein gutes nachbarschaftliches Verhältnis zwischen den beiden Wissenschaften ausgemacht werden, dem eine wechselseitige Angewiesenheit inhärent ist?[8]

Ausgehend von den Erkenntniszielen und zentralen Fragestellungen der hier betrachteten Wissenschaften kann diese Frage nur in die Richtung eines engen Kooperationsverhältnisses beantwortet werden. Das Ziel der Soziologie ist es, das gesellschaftliche Zusammenleben zu studieren, zu beschreiben und zu erklären.[9] Eine zentrale Stellung nehmen dabei Aspekte gesellschaftlicher Macht-

---

[4] M.w.N. *Kaiser*, Multidisziplinäre Begriffsverwendungen, in: Augsberg (Hrsg.), Extrajuridisches Wissen, 2013, S. 99 (100).

[5] So fragt etwa *Lepsius* (Fn. 2), S. 7 f.: „Wäre mit einer sozialwissenschaftlichen Neuorientierung des öffentlichen Rechts per saldo ein Erkenntnisgewinn verbunden oder wird dieses wett gemacht durch einen Verlust an juristischen, in erster Linie verfassungsrechtlichen, Maßstäben?" Das Argument der Unterscheidung von Sollen und Sein betrachten ausführlich *Schünemann*, Sozialwissenschaften und Jurisprudenz, 1976, S. 13 ff., und *Lautmann* (Fn. 2), S. 26 ff., der, ebd. S. 26, in diesem Zusammenhang vom „Vorwurf des Methodensynkretismus" spricht.

[6] Vgl. *Lautmann* (Fn. 2), S. 26. S. auch *Achterberg*, Gedanken zur Einführung rechtssoziologischer Lehrveranstaltungen in den Rechtsunterricht, JZ 1970, 281 ff.

[7] *Lautmann* (Fn. 2), S. 27.

[8] In diese Richtung kann auch der Sammelband von Grimm (Hrsg.), Rechtswissenschaft und Nachbarwissenschaften, Bd. 1, 1973, verstanden werden, in dem sich *Struck*, Rechtswissenschaft und Soziologie, in: ebd., S. 13 ff., und *Lautmann*, Soziologie und Rechtswissenschaft, in: ebd., S. 35 ff., mit einem Nachbarschaftsverhältnis zwischen Soziologie und Jurisprudenz beschäftigen.

[9] Hierzu und zum Folgenden *Lautmann* (Fn. 8), S. 35 (35, 41). So auch *Schünemann* (Fn. 5), S. 72 f.

strukturen ein. Demgegenüber zielt die Jurisprudenz auf die „theoretische Erarbeitung der legalen und legitimen Formen des menschlichen Zusammenlebens“[10]. Schon dieser skizzenhaften Umschreibung kann die besondere Nähe der Soziologie zum Recht entnommen werden: Eine sozialwissenschaftliche Untersuchung gesellschaftserhaltender und -prägender Machtstrukturen kann ohne die Einbeziehung des Rechts als zentrales Machtinstrument nicht hinreichend gelingen.[11] Aber auch umgekehrt kann ein entsprechend enges Näheverhältnis identifiziert werden. Bezugs- und Berührungspunkte der Rechtswissenschaften zu den Sozialwissenschaften finden sich gleich auf mehreren Ebenen. So erfordert jede gerichtliche Streitentscheidung zunächst eine Realitätsrekonstruktion, mithin die Ermittlung von Fakten der Lebenswirklichkeit, auf deren Grundlage der Streit am Maßstab des Rechts entschieden werden kann. „Hier ist die Soziologie […] unentbehrlich, sollen grobe Fehleinschätzungen gesellschaftlicher Realität vermieden werden.“[12] Mit anderen Worten ist der zur Entscheidung berufene Richter bei der Ermittlung entscheidungserheblicher Tatsachen auf die Anwendung genuin sozialwissenschaftlicher Arbeitsweisen angewiesen.[13] Ein ähnlich enger Bezug zu den Sozialwissenschaften findet sich bei „rechtspolitischen Tätigkeit[en]“[14] von Juristen. Gerade im Rahmen der Gesetzgebung müssen gesellschaftliche und soziale Aspekte in den Gesetzgebungsprozess eingestellt und Konsequenzen eines neuen Gesetzes für die Gesellschaft mitbedacht werden.

Zusammenfassend ist festzuhalten, dass eine trennscharfe Abgrenzung zwischen Soziologie und Jurisprudenz nur in Teilen gelingt. Stattdessen finden sich gleich auf verschiedenen Ebenen Berührungs- und Bezugspunkte zwischen beiden Wissenschaften. Dieses wechselseitige Kooperationsverhältnis und die besondere Nähe zwischen Soziologie und Jurisprudenz lassen es in der Folge auch plausibel und legitim erscheinen, im Rahmen einer verfassungstheoretischen Untersuchung, deren Fähigkeit ja gerade darin besteht, „anschlussfähiger […] für interdisziplinären Input“[15] zu sein, und deren Aufgabe es geradezu ist, externen, wissenschaftlichen Sachverstand für die eigene Disziplin zu aktivieren, auf sozialwissenschaftliche Erkenntnisse und Theorien abzustellen.

---

10 *Lautmann* (Fn. 8), S. 35 (39).

11 So schon *Lautmann* (Fn. 8), S. 35 (41).

12 Hierzu und zum Voranstehenden insgesamt *Lautmann* (Fn. 8), S. 35 (42). In diese Richtung wohl auch *Hoffmann-Riem* (Fn. 2), 83 (84 f.).

13 Hierzu ausführlich *Lautmann* (Fn. 2), S. 20 ff. Verschiedene Berührungspunkte zwischen Sozialwissenschaften und Rechtswissenschaften aus der Perspektive der rechtlichen Praxis sowie Unterstützungsleistungen jener für diese identifizieren auch *Rottleuthner* (Fn. 2), S. 260 ff., und *Schünemann* (Fn. 5), S. 114 ff.

14 Hierzu und zum Folgenden *Lautmann* (Fn. 8), S. 35 (43).

15 *Payandeh*, Judikative Rechtserzeugung, 2017, S. 153.

II. Organisation als „Verbundbegriff“[16]

Vor dem Hintergrund dieses Näheverhältnisses ist es naheliegend, dass im Zusammenhang mit der hier interessierenden organisationsrechtlichen Fragestellung der Gestaltung des verwaltungsgerichtlichen Rechtsschutzsystems die Organisationssoziologie als Reflexionsmaßstab fungiert. Untermauert wird dies durch den Begriff der Organisation, der als Verbundbegriff den rechtswissenschaftlichen und den sozialwissenschaftlichen Diskurs miteinander verknüpft. Der Begriff der Organisation trägt gewissermaßen „als Botenstof[f] disziplinäres Wissen in sich“[17]. Die Verknüpfung verschiedener wissenschaftlicher Disziplinen erschöpft sich dabei allerdings keineswegs immer ausschließlich in der Verwendung von Begriffen, die gleich innerhalb mehrerer Disziplinen bekannt sind und verwendet werden.[18] Über die reine Begriffsrezeption hinaus können vielmehr auch Theorien über Verbundbegriffe rezipiert werden. Hierin zeigen sich zugleich zwei wesentliche Eigenschaften bzw. Funktionen von Verbundbegriffen: Einerseits sind sie dazu in der Lage, „eine Fülle von Informationen und Gedanken in einem Wortspeicher [zu] bündeln, [zu] strukturieren und begreifbar [zu] machen“[19], andererseits erschließen sie auf diese Weise neues Wissen.[20] Gleichwohl ist dabei sowohl für die Begriffsrezeption wie auch für die Theorierezeption zu beachten, „dass es mit Überschreiten der Systemgrenzen zu einem *conceptual change* komm[en]“[21] kann. Sowohl auf der Begriffsebene als auch auf der Theorieebene kann es also zu Anpassungen des übertragenen bzw. verknüpften Wissens kommen. So werden die Rechtswissenschaften solchen Be-

---

[16] Bezug genommen wird hier auf die Begriffsbedeutung, wie sie bei *Kaiser* (Fn. 4), S. 99 (103), Verwendung findet: Hiernach „zeigt die Bezeichnung des Verbundbegriffes an, dass ein Begriff verschiedene Disziplinen miteinander verknüpft“. Ebenfalls vom Verbundbegriff sprechen *Jestaedt*, Selbstverwaltung als „Verbundbegriff“, Die Verwaltung 35 (2002), 293 ff., und *Trute*, Verantwortungsteilung als Schlüsselbegriff eines sich verändernden Verhältnisses von öffentlichem und privatem Sektor, in: Schuppert (Hrsg.), Jenseits von Privatisierung und „schlankem“ Staat, 1999, S. 13 (14). Keineswegs herrscht allerdings Einstimmigkeit über den zu verwendenden Begriff. So findet sich etwa bei *Voßkuhle*, Neue Verwaltungsrechtswissenschaft, in: Hoffmann-Riem/Schmidt-Aßmann/ders. (Hrsg.), GVwR, Bd. 1, 2. Aufl. 2012, § 1 Rn. 40, synonym der Ausdruck „Schlüsselbegriffe“, zudem führt er, ebd. § 1 Rn. 40 Fn. 217, Beispiele weiterer Synonyme an.

[17] *Kaiser* (Fn. 4), S. 99 (102).

[18] Hierzu und zum Folgenden m. w. N. *Kaiser* (Fn. 4), S. 99 (102).

[19] *Voßkuhle* (Fn. 16), § 1 Rn. 40, der in diesem Zusammenhang daher auch von der „Erklärungs- und Deutungsfunktion“ spricht.

[20] So auch *Kaiser* (Fn. 4), S. 99 (102), die unter Verweis auf *Denninger*, Verfassungsrechtliche Schlüsselbegriffe, in: ders. (Hrsg.), Der gebändigte Leviathan, 1990, S. 158 (169), von der „Erschließungsfunktion“ spricht. In diese Richtung auch *Voßkuhle*, „Schlüsselbegriffe“ der Verwaltungsrechtsreform – Eine kritische Bestandsaufnahme –, VerwArch 92 (2001), 184 (196).

[21] Zum „conceptual change“ vgl. *Kaiser* (Fn. 4), S. 99 (113; Hervorhebung im Original).

griffen, die auch in den Sozialwissenschaften Verwendung finden, ihr eigenes Begriffsverständnis zugrunde legen und auf diese Weise modifizierend auf den Begriffsinhalt einwirken. Auch werden sozialwissenschaftliche Theorien wohl nur in Ansehung der Besonderheiten des Rechtssystems angewandt werden können. Keineswegs müssen die Begriffe in einem Gesetzestext Erwähnung finden, um die Rechtswissenschaften und die Sozialwissenschaften miteinander verknüpfen und so sozialwissenschaftliches Wissen für den rechtswissenschaftlichen Diskurs zur Verfügung stellen zu können. Ausreichend ist schon, dass auf sie als „Rechtswissenschaftsbegriffe"[22] im rechtswissenschaftlichen Diskurs rekurriert wird.

Überträgt man diesen Befund auf den hier zentralen Begriff der Organisation, muss man zu der Erkenntnis gelangen, dass dieser als Verbundbegriff, der sowohl im rechtswissenschaftlichen als auch im sozialwissenschaftlichen Diskurs geläufig ist, einen Wissensexport aus den Sozialwissenschaften ermöglicht.[23] Konkret kann über den Begriff der Organisation mithin organisationssoziologisches Wissen für den rechtswissenschaftlichen Diskurs fruchtbar gemacht werden. Dass der Organisationsbegriff nicht nur in der Organisationssoziologie, sondern auch als Rechtsbegriff eine exponierte Stellung innehat, zeigt sich dabei auf rechtstextlicher wie auch auf rechtswissenschaftlicher Ebene. Zum einen findet der Begriff der Organisation nämlich sowohl in der Verfassung wie auch im einfachen Recht Erwähnung.[24] Darüber hinaus ist es aber insbesondere der rechtswissenschaftliche Diskurs, der sich seit jeher intensiv mit organisationsrechtlichen Fragestellungen befasst und dem Begriff der Organisation auf diese Weise eine besondere Prominenz verleiht.[25] Rechtswissenschaften und Sozialwissen-

---

22 Zu den Rechtswissenschaftsbegriffen, den anderen Formen von Rechtsbegriffen und der hier vorgenommenen Wertung s. *Kaiser* (Fn. 4), S. 99 (106 ff.).

23 Dass Organisationen auch in der soziologischen Forschung eine exponierte Stellung einnehmen, verdeutlicht etwa die Schilderung von *Mayntz*, Soziologie der Organisation, 1963, S. 26 ff. Vgl. grundlegend zur soziologischen Erforschung von Organisationen *Luhmann*, Organisation, soziologisch, in: Kunst/Herzog/Schneemelcher (Hrsg.), EvStL, 2. Aufl. 1975, Sp. 1689 (1689 ff.). Auch *Krebs*, Verwaltungsorganisation, in: Isensee/Kirchhof (Hrsg.), HStR, Bd. 5, 3. Aufl. 2007, § 108 Rn. 2, weist daraufhin, dass der Begriff Organisation „multidisziplinär besetz[t]" ist.

24 So findet sich der Begriff Organisation auf verfassungsrechtlicher Ebene etwa in Art. 87a Abs. 1 GG und Art. 87d Abs. 1 S. 2 GG. Auf einfachrechtlicher Ebene kann beispielsweise auf das Gesetz über die Organisation der Landesverwaltung Sachsen-Anhalt oder das Landesorganisationsgesetz Nordrhein-Westfalen verwiesen werden.

25 Aus der Fülle an Werken s. nur die verschiedenen Beiträge in Schmidt-Aßmann/Hoffmann-Riem (Hrsg.), Verwaltungsorganisationsrecht als Steuerungsressource, 1997, passim. Zusätzlich spricht für die Wichtigkeit organisationsrechtlicher Fragen natürlich der Umstand, dass schon innerhalb der rechtswissenschaftlichen Ausbildung mit dem Staatsorganisationsrecht solche Aspekte in den Fokus gerückt werden.

schaften werden mithin über den Begriff der Organisation miteinander verknüpft, konkret kann damit das Wissen der Organisationssoziologie auch im rechtswissenschaftlichen Diskurs aktiviert werden. Dies allerdings nur unter Berücksichtigung der Besonderheiten des Rechtssystems.[26]

III. Vorteile einer systemtheoretischen Betrachtung von Organisationen

Nach alledem ist mithin der Weg bereitet für eine verfassungstheoretische Reflexion der Frage nach der Sinnhaftigkeit bzw. (dem Mehr an) Rationalität institutioneller und prozessualer Vereinheitlichungen am Maßstab der Organisationssoziologie. Was bleibt, ist die Frage, auf welche Organisationstheorie letztlich Bezug genommen werden soll. Die (theoretische) Erforschung und Erfassung von Organisationen, ihres Aufbaus, ihrer Strukturen und Abläufe haben eine lange Tradition und tasten sich von verschiedenen Seiten und mit unterschiedlichen Schwerpunkten heran.[27] Organisationen nehmen nicht nur in der soziologischen Forschungsperspektive eine exponierte Stellung ein, sondern auch in politikwissenschaftlichen, psychologischen und wirtschaftswissenschaftlichen Studien.[28] Neben der hier bemühten Organisationstheorie *Luhmann'scher* Provenienz finden sich unter anderem noch der Bürokratieansatz von *Max Weber*, der Human-Relation-Ansatz, der vorrangig von *Fritz Roethlisberger*, *William Dickson* und *Elton Mayo* geprägt wurde, die Agency-Theorie oder etwa die Arbeiten von *Frederick Taylor*, um nur einige zu nennen.[29] Warum fällt die Wahl in Ansehung dieser Fülle verschiedener Ansätze auf *Luhmanns* systemtheoretisch geprägte Organisationstheorie?

Zu konstatieren ist zunächst, dass jeder Ansatz über Stärken und Schwächen verfügt. Auch an der Organisationstheorie *Niklas Luhmanns* wurde – so wie an seiner Systemtheorie – vielfach Kritik geübt.[30] Es wird daher auch kaum möglich

---

[26] Vgl. auch *Kaiser* (Fn. 4), S. 99 (117), die festhält, „dass nur dasjenige Wissen [vom Rechtssystem] hereingelassen wird, das in (juristische) Strukturen umgewandelt werden kann".

[27] Eine entsprechende Systematisierung findet sich bei *Preisendörfer*, Organisationssoziologie, 4. Aufl. 2016, S. 8 ff.

[28] Das betont etwa auch *Tacke*, Organisationssoziologie, in: Kneer/Schroer (Hrsg.), Handbuch Spezielle Soziologien, 2010, S. 341 (341 f.).

[29] Einen Überblick über die verschiedenen Ansätze liefern etwa Kieser/Ebers (Hrsg.), Organisationstheorien, 6. Aufl. 2006, passim, und *Preisendörfer* (Fn. 27), passim.

[30] Zur Kritik an Luhmanns Organisationstheorie vgl. die Darstellungen bei *Martens/Ortmann*, Organisationen in Luhmanns Systemtheorie, in: Kieser/Ebers (Hrsg.), Organisationstheorien, 6. Aufl. 2006, S. 427 (455 ff.). Auf rechtswissenschaftlicher Ebene übt etwa *Lepsius* (Fn. 2), S. 35 ff., vehement Kritik an systemtheoretischen Modellannahmen „als Basis normativer Rechtsvorstellungen", ebd. S. 35, und ihrer Kompatibilität „mit den normativen Grundaussagen des Grundgesetzes", ebd. S. 52. A.A. hingegen ist *Di Fabio* (Fn. 2), S. 139 ff. Dieser

sein, eine kritikresistente und lückenlose Begründung für die getroffene Wahl zu liefern. Gleichwohl scheint die systemtheoretische Organisationstheorie *Luhmanns* mit Blick auf die hier interessierenden öffentlich-rechtlichen Fachgerichtsbarkeiten den am besten geeigneten Maßstab zu bieten, um organisatorische Gestaltungsfragen beantworten zu können. Als staatliche Einrichtungen müssen Gerichte unabhängig von ökonomischen Aspekten betrachtet werden. Obgleich auch die rechtsprechende Gewalt (teilweise) dem Gebot der Wirtschaftlichkeit unterliegt,[31] können es in erster Linie nicht wirtschaftliche Aspekte sein, die die Gestaltung des Gerichtssystems anleiten und bestimmen. Vielmehr prägen funktionalistische Erwägungen die organisatorische Beschaffenheit der Rechtsprechung.[32] Es kommt also darauf an, welche organisationsstrukturellen Vorkehrungen getroffen werden müssen, damit die Gerichte der öffentlich-rechtlichen Fachgerichtsbarkeiten ihren verfassungsrechtlichen Auftrag aus Art. 19 Abs. 4 S. 1 GG erfüllen können.[33] Damit geht zugleich eine Abkehr von jenen Ansätzen einher, die vorrangig auf die Individuen bzw. Akteure von und in Organisationen abstellen. Zwar nehmen die Richter eine wichtige Rolle bei der Gewährung von

---

kritischen Sichtweise auf systemtheoretische und in der Folge wohl auch auf entsprechende organisationstheoretische Modellannahmen kann hier nicht gefolgt werden. Die Kritik von *Lepsius*, ebd. S. 35, scheint sich gegen den normativen Wert, der Luhmanns Forschungen beigemessen wird und sie „zum Allgemeingut vieler dogmatischen Darlegungen“ hat werden lassen, zu richten. Allerdings handelt es sich bei Luhmanns Theorie keinesfalls um eine solche normativer, sondern lediglich beschreibender Natur. Vgl. insofern etwa *Di Fabio* (Fn. 2), S. 140, und *Lai*, Die Paradoxie des Rechts, 2014, S. 12. Im Rahmen einer verfassungstheoretischen Untersuchung bieten systemtheoretische Überlegungen den Vorteil, soziologische und rechtliche Aspekte miteinander zu verbinden. Hier geht es mithin nicht darum, der systemtheoretischen Organisationstheorie Luhmanns normative Gehalte zu entnehmen, sondern auf verfassungstheoretischer Ebene extradisziplinäre Argumente für eine rechtliche Fragestellung zu gewinnen.

[31] Zur Bedeutung des Wirtschaftlichkeitsgrundsatzes für die Rechtsprechung s. *Gröpl*, Wirtschaftlichkeit und Sparsamkeit staatlichen Handelns, in: Isensee/Kirchhof (Hrsg.), HStR, Bd. 5, 3. Aufl. 2007, § 121 Rn. 18, 20.

[32] Dass es bei staatlichen Institutionen und den in ihr stattfindenden Verfahren maßgeblich auf funktionalistische Erwägungen ankommt, brachte schon *Hesse*, Bestand und Bedeutung der Grundrechte in der Bundesrepublik Deutschland, EuGRZ 1978, 427 ff., mit seiner Formulierung „Grundrechtsverwirklichung und -sicherung *durch* Organisation und Verfahren“, ebd. 427 (434), zum Ausdruck (Hervorhebung nicht im Original). Vertiefend *Bethge*, Grundrechtsverwirklichung und Grundrechtssicherung durch Organisation und Verfahren, NJW 1982, 1 ff. Am Beispiel der Wissenschafts- und Rundfunkfreiheit heben diesen Aspekt auch *Schmidt-Aßmann*, Grundrechtspositionen und Legitimationsfragen im öffentlichen Gesundheitswesen, 2001, S. 50 ff., und *Trute*, Die Forschung zwischen grundrechtlicher Freiheit und staatlicher Institutionalisierung, 1994, S. 283, 289, hervor. Insgesamt hierzu vgl. *Denninger*, Staatliche Hilfe zur Grundrechtsausübung durch Verfahren, Organisation und Finanzierung, in: Isensee/Kirchhof (Hrsg.), HStR, Bd. 9, 3. Aufl. 2011, § 193.

[33] So betont auch *Denninger* (Fn. 32), § 193 Rn. 31, im Hinblick auf den Rechtsschutz, dass „die Organisations- und Verfahrensgestaltung grundrechtsdienlich sein“ muss.

Rechtsschutz gegen Akte der öffentlichen Gewalt ein, gleichwohl kommt es nicht ausschließlich auf den einzelnen Richter, sondern auf das Rechtsschutzsystem in seiner Gesamtheit an, wie schon das Vorhalten verschiedener Instanzen zeigt.[34] In eben dieser funktionalistischen Betrachtungsweise von Organisationen liegt die Stärke von *Luhmanns* Organisationstheorie und der Grund, warum diese als Reflexionsmaßstab gewählt wurde. Ganz im Sinne der Systemtheorie fragt *Luhmann* auch im Hinblick auf Organisationen nämlich danach, welche Funktionen Organisationen erfüllen.[35] Dabei lässt *Luhmann* auch nicht – wie vielfach mit dem Vorwurf der „Inhumanität"[36] beklagt – die Individuen bzw. Akteure in einer Organisation außen vor. Wie später noch zu zeigen sein wird, schreibt er ihnen als eine Kategorie der Entscheidungsprämissen einer Organisation eine wesentliche Rolle zu.[37] Mit der Wahl der Organisationstheorie *Niklas Luhmanns* als verfassungstheoretischen Reflexionsmaßstab geht dabei aber keineswegs eine vollständige Rezeption der Systemtheorie einher. Soweit Besonderheiten des Rechtssystems eine Modifikation der systemtheoretischen Organisationstheorie erforderlich machen, sind diese aufzuzeigen und zu berücksichtigen.

B. Die Gerichtsbarkeit als Organisation

Soll hier die Organisationstheorie *Niklas Luhmanns* als Reflexionsmaßstab für die Frage nach der Rationalität von institutionellen und prozessualen Vereinheitlichungen im System der öffentlich-rechtlichen Fachgerichtsbarkeiten herangezogen werden, stellt sich zuvörderst die Frage nach der Anwendbarkeit der Erkenntnisse *Luhmanns* auf Gerichte und das ihnen jeweils zuzuordnende Prozessrecht. Dazu sollen in einem ersten Schritt (unter I.) die Organisationstheorie *Luhmanns* dargelegt und seine Erkenntnisse sodann (unter II.) auf das verwaltungsgerichtliche Rechtsschutzsystem übertragen werden.

I. Das soziale System Organisation

Organisationen waren für *Niklas Luhmann* von Beginn seiner Forschung an von besonderer Bedeutung. Auch sie fungieren als Bezugsobjekt seiner System-

---

[34] Mit Blick auf das Verwaltungsorganisationsrecht spricht *Krebs* (Fn. 23), § 108 Rn. 29, von der „Apersonalität des Organisationsrechts".

[35] Vgl. zu Luhmanns funktionalistischer Betrachtungsweise (von Organisationen) *Martens/Ortmann* (Fn. 30), S. 427 (427).

[36] Vgl. *Martens/Ortmann* (Fn. 30), S. 427 (445).

[37] S. an dieser Stelle daher nur *Luhmann*, Organisation und Entscheidung, 2. Aufl. 2006, S. 279 ff.

theorie, in der er den Schlüssel für eine Theorie der Gesellschaft erblickt.[38] *Luhmann* zufolge handelt es sich bei Organisationen um eine besondere Form sozialer Systeme.[39] Verständlich wird seine gemeinhin als schwer zugänglich umschriebene Theorie, arbeitet man sich von dem von *Luhmann* als „Kardinalproblem"[40] wahrgenommenen Ausgangspunkt aus zu den Inhalten und Grundannahmen seiner Theorie. Im Zentrum steht für *Luhmann* die Suche nach einer Erklärung für die in der Wirklichkeit vorzufindende Ordnung, die als Antwort auf die Gefahr von Unordnung und Chaos verstanden werden kann. *Luhmann* fasst die Hauptprobleme der Gesellschaft in den Worten der Komplexität und Kontingenz zusammen, die die Gesellschaft letztlich mit einer „Überfülle der Möglichkeiten"[41] konfrontieren. Kontingenz und Komplexität ist also gemein, dass durch sie das übermäßige Vorhandensein von Alternativen betont wird. Als kontingent sind Handlungen zu bezeichnen, die in der konkreten Situation auf verschiedene Weisen vorgenommen werden können.[42] So ist etwa eine Entscheidung kontingent, wenn die Entscheidung nicht nur in der getroffenen Weise, sondern auch anders hätte ausfallen können, wenn sie also unterdeterminiert ist.[43] Die Kontingenz intensiviert und ergänzt die für soziale Systeme charakteristische Komplexität. Die ein soziales System konstituierenden Elemente können nämlich nicht alle „gleichzeitig miteinander verknüpft werden"[44], vielmehr bestehen unzählige Varianten der Verknüpfung, unter denen es auszuwählen gilt. Diese Auswahlentscheidung wiederum ist im oben beschriebenen Sinne kontingent, sodass letztlich eine Vielzahl an Entscheidungsmöglichkeiten über eine Vielzahl an Verknüpfungsalternativen besteht, auf die *Luhmanns* „Angst vor dem Chaos"[45] zurückgeführt werden

---

[38] Vgl. insofern nur *Luhmann*, Die Gesellschaft der Gesellschaft, Bd. 1, 1997, S. 11.

[39] Neben Organisationen gehören Interaktionen und Gesellschaften zu den sozialen Systemen. Vgl. hierzu die Systematisierung bei *Luhmann*, Soziale Systeme, 4. Aufl. 1991, S. 16, sowie *ders.*, Interaktion, Organisation, Gesellschaft, in: ders. (Hrsg.), Soziologische Aufklärung, Bd. 2, 5. Aufl. 2005, S. 9 ff. Ein kurzer Überblick über die anderen Formen sozialer Systeme findet sich bei *Martens/Ortmann* (Fn. 30), S. 427 (430 f.).

[40] *Martens/Ortmann* (Fn. 30), S. 427 (427). Zu dem im Folgenden ausgebreiteten Ausgangsproblem Luhmanns s. ebd. S. 427 (427 f.).

[41] *Martens/Ortmann* (Fn. 30), S. 427 (427).

[42] *Luhmann* (Fn. 39), Systeme, S. 47, spricht in diesem Zusammenhang vom „auch anders möglich sein".

[43] Besonders anschaulich dargestellt bei *Martens/Ortmann* (Fn. 30), S. 427 (428).

[44] *Martens/Ortmann* (Fn. 30), S. 427 (428). *Luhmann* (Fn. 39), Systeme, S. 46, führt zur Komplexität aus: „Als komplex wollen wir eine zusammenhängende Menge von Elementen bezeichnen, wenn auf Grund immanenter Beschränkungen der Verknüpfungskapazität der Elemente nicht mehr jedes Element jederzeit mit jedem anderen verknüpft sein kann." Unter Element versteht *Luhmann*, ebd. S. 43, „jeweils das, was für ein System als nicht weiter auflösbare Einheit fungiert".

[45] *Martens/Ortmann* (Fn. 30), S. 427 (428).

kann.[46] Mit anderen Worten fragt er also danach, wie es gelingt, in einer komplexen und kontingenten Welt eine stabile und verlässliche Ordnung zu schaffen, kurz: die eigentlich überfordernde Komplexität angemessen zu reduzieren.[47] Diese Komplexitätsreduktion erfolgt durch (funktionale) Differenzierung,[48] konkret bilden sich in der Gesellschaft Teil- bzw. Funktionssysteme aus, in denen je ein eigenes Problem der Lebenswirklichkeit bearbeitet werden kann.[49] So ist es etwa das System Wirtschaft, das sich mit der Ressource Geld beschäftigt. Hierin kommt zugleich das zentrale Erkenntnisinteresse *Luhmanns* zum Ausdruck, das zusammen mit der zuvor beschriebenen Angst vor den Gefahren von Komplexität und Kontingenz die Grundlage seiner gesamten Forschung bildet: Konkret geht es ihm darum, die Funktion seiner Beobachtungsobjekte zu verstehen, welche konkreten Aufgaben den verschiedenen (Teil-)Systemen zukommen und für welches Problem sie eine Lösung anbieten sollen.[50] Auch den Organisationen schreibt *Luhmann* eine konkrete Funktion zu: „Die Prämisse von Organisation ist das Unbekanntsein der Zukunft und der Erfolg von Organisationen liegt in der Behandlung dieser Ungewissheit“[51]. Neben der damit angesprochenen Absorption von Ungewissheit[52] identifiziert *Luhmann* noch eine weitere Funktion von Organisationen: Ihr „Sinn [liegt] in der Bereitstellung von Respezifikationsmöglichkeiten für zu allgemein geratene Ziele“[53].

---

[46] Zu diesem Zusammenhang von Komplexität und Kontingenz so auch *Luhmann* (Fn. 39), Systeme, S. 47: „Komplexität [...] heißt Selektionszwang, Selektionszwang heißt Kontingenz, und Kontingenz heißt Risiko. Jeder komplexe Sachverhalt beruht auf einer Selektion der Relationen zwischen seinen Elementen, die er benutzt, um sich zu konstituieren und zu erhalten. Die Selektion placiert und qualifiziert die Elemente, obwohl für diese andere Relationierungen möglich wären. Dieses ‚auch anders möglich' sein bezeichnen wir mit dem traditionsreichen Terminus Kontingenz.“

[47] So auch *Martens/Ortmann* (Fn. 30), S. 427 (428). Ausführlich zur Reduktion von Komplexität *Luhmann* (Fn. 39), Systeme, S. 47 ff.

[48] So stellt *Luhmann* (Fn. 39), Systeme, S. 262, fest, dass „Differenzierung [...] neue Formen der *Reduktion* von Komplexität“ ermögliche (Hervorhebung im Original).

[49] Zur hier und im Folgenden angesprochenen funktionalen Differenzierung ausführlich *Luhmann*, Die Gesellschaft der Gesellschaft, Bd. 2, 1997, S. 630: „Mit der funktionalen Differenzierung des Gesellschaftssystems ist die Regelung des Verhältnisses von Inklusion und Exklusion auf die Funktionssysteme übergegangen, und es gibt keine Zentralinstanz mehr (so gern die Politik sich in dieser Funktion sieht), die die Teilsysteme in dieser Hinsicht beaufsichtigt. Ob und wieviel Geld dem Einzelnen zur Verfügung steht, wird im Wirtschaftssystem entschieden. Welche Rechtsansprüche man mit welchen Aussichten auf Erfolg geltend machen kann, ist eine Angelegenheit des Rechtssystems.“ *Ders.* (Fn. 39), Systeme, S. 624 ff.

[50] Vgl. zu dieser Feststellung *Martens/Ortmann* (Fn. 30), S. 427 (427).

[51] *Luhmann* (Fn. 37), S. 10.

[52] Zur Unsicherheitsabsorption im Detail *Luhmann* (Fn. 37), S. 183 ff.

[53] *Luhmann*, Das Erziehungssystem der Gesellschaft, 2002, S. 158.

1. Organisationen als entscheidungsabhängige Systeme

Was aber nun sind für *Luhmann* Organisationen? Die erste Wegmarke zur Erlangung einer Definition des Begriffs Organisation ist für *Luhmann* die Lossagung von Wesensannahmen über Organisationen.[54] Die bisherigen Organisationstheorien rekurrierten auf bestimmte Prämissen, konkret: auf „Interna der Organisation"[55], mit dem Ziel, aus der Identifikation der wesentlichen Bausteine auf das Gesamtobjekt schließen zu können. In diesem Blick von innen nach außen liege aber gerade die Gefahr, den Komplex Organisation nicht abstrakt erfassen zu können, den Blick auf Organisationen voreilig zu verengen und die gesuchte Definition von subjektiv eingefärbten Wesensannahmen abhängig zu machen. *Luhmann* postuliert vor diesem Hintergrund eine „zirkulär[e] Definition: Eine Organisation ist [danach] ein System, das sich selbst als Organisation erzeugt."[56] Klärungsbedürftig bliebe dann nur noch der genaue Modus bzw. Ablauf dieser Selbsterzeugung, den *Luhmann* mit der Autopoiesis umschreibt und erklärt.[57] Das Konzept der Autopoiesis entstammt der Biologie[58] und besagt, „dass Systeme die Operationen, aus denen sie bestehen, durch die Operationen, aus denen sie bestehen, selbst produzieren und reproduzieren"[59]. Vereinfacht ließe sich sagen, dass ein autopoietisches System die Bausteine, aus denen es sich zusammensetzt, selbst erzeugt und stetig reproduziert. Dies gelte nicht nur für soziale Systeme, sondern auch für ihre spezielle Erscheinungsform der Organisation.[60]

---

[54] Vgl. *Luhmann* (Fn. 37), S. 45: „Die Theorie selbstreferenzieller Systeme verzichtet darauf, ihren Gegenstand (in unserem Falle: Organisationen) durch Wesensannahmen zu bestimmen."

[55] Hierzu und zur folgenden Kritik Luhmanns an den bisherigen Organisationstheorien s. *Luhmann* (Fn. 37), S. 30 f. *Ders.*, ebd. S. 45, konstatiert: „Die Erfahrung lehrt, dass solche Annahmen zu unlösbaren Meinungsverschiedenheiten führen, sobald verschiedene Beobachter das, was sie für das Wesen der Sache halten, verschieden definieren".

[56] *Luhmann* (Fn. 37), S. 45.

[57] Zur Autopoiesis insgesamt vgl. *Luhmann* (Fn. 39), Systeme, S. 60 ff.

[58] Konkret bedient Luhmann sich der Forschungen von Humberto R. Maturana und Francisco J. Varela. Vgl. zum biologischen Autopoiesiskonzept *Varela/Maturana/Uribe*, Autopoiesis: The organization of living systems, its characterization and a model, Biosystems 5 (1974), 187 ff.

[59] *Martens/Ortmann* (Fn. 30), S. 427 (433). Eine Beschreibung der Autopoiesis findet sich bei *Luhmann* (Fn. 39), Systeme, S. 60 ff.

[60] *Luhmann* (Fn. 37), S. 59, stellt in diesem Zusammenhang fest, dass das Konzept der Autopoiesis, in dem Kommunikationen die Systemoperationen sind, auch für Organisationen gilt. Darüber hinaus anerkennt er, ebd. S. 61, aber auch, dass „Autopoiesis, operative Schließung, ereignisförmige Elemente, Anschlussfähigkeit [und] Information [...] sehr allgemeine Begriffe [seien], deren Reichweite weit über das hinausgeh[e], was als Organisation unser Thema werden soll". Darin liegt keineswegs eine Absage an eine Übertragung des Autopoiesiskonzepts auf Organisationen, vielmehr findet hierin Luhmanns Kategorisierung sozialer Systeme Anklang; als besondere Kategorie sozialer Systeme gelten seine theoretischen Annahmen über die

Bei sozialen Systemen im Allgemeinen sind Kommunikationen die Bausteine, aus denen sie bestehen.[61] Entgegen der allgemeinen Auffassung versteht *Luhmann* unter Kommunikation allerdings nicht bloß die Übermittlung einer Information, sondern drei miteinander verwobene Selektionen von Mitteilung, Information und Verstehen.[62] Aus dem letztgenannten Element erklärt sich die Abkehr von der allgemeinen Auffassung über Kommunikationen; erst wenn eine mitgeteilte Information auch verstanden wurde, kann nach *Luhmann* von Kommunikation gesprochen werden.[63] Als Selektionen werden Mitteilung, Information und Verstehen deswegen bezeichnet, weil vor dem Moment ihres Entstehens eine konkrete Auswahl erfolgen muss: Mitteilen oder Schweigen, Informationsgehalt A oder B, Bedeutungsgehalt A oder B. Eine Kommunikation ist für *Luhmann* demnach eine neue, sich aus den einzelnen Selektionen ergebende, emergente Ordnung, die im Zusammenspiel mit anderen Kommunikationen neue emergente Ordnungen wie Funktionssysteme und Organisationen erzeugen kann.[64] Die Emergenz umschreibt mithin zugleich Entstehung und Wirkung von Kommunikationen. Ein autopoietisches System erzeugt und reproduziert sich aus Kommunikationen. Wenn also etwa Recht Gegenstand von Kommunikationen ist, entsteht aus der Verknüpfung dieser auf Recht bezogenen Kommunikationen das Funktionssystem Recht. Das so entstandene Funktionssystem hängt gleichwohl nicht nur von der Verknüpfung von auf denselben Gegenstand bezogenen Kommunikationen ab, vielmehr ermöglicht ihre wechselseitige Zugehörigkeit Grenzziehungen zu all jenen Kommunikationen, die sich nicht auf denselben Gegenstand beziehen. Durch ständige Reproduktion der (systemeigenen) Kommunikationen schließt sich das soziale System gegenüber seiner Umwelt operativ:[65] *Luhmann* betont mit der operativen Geschlossenheit die Selbstorgani-

---

Autopoiesis nicht nur für Organisationen, sondern auch für alle anderen Formen sozialer Systeme.

[61] Eine instruktive Skizzierung über die Autopoiesis sozialer Systeme im Allgemeinen sowie über Inhalt und Bedeutung von Kommunikationen findet sich bei *Martens/Ortmann* (Fn. 30), S. 427 (433 f.). Ausführlich *Luhmann* (Fn. 39), Systeme, S. 60 ff.

[62] Vgl. hierzu und zum Folgenden *Luhmann* (Fn. 39), Systeme, S. 498: „Kommunikation bringt Einheit […] dadurch zustande, daß sie eine dreifache Selektion integriert. Information, Mitteilung und Verstehen […] werden als Einheit praktiziert".

[63] Eine anschauliche Erklärung von Luhmanns Verständnis von Kommunikation findet sich bei *Martens/Ortmann* (Fn. 30), S. 427 (433 f.).

[64] Zur Emergenz vgl. *Luhmann* (Fn. 39), Systeme, S. 43 f.; *Martens/Ortmann* (Fn. 30), S. 427 (433).

[65] Zur operativen Geschlossenheit und Selbstorganisation s. *Luhmann* (Fn. 49), S. 92 f.: „Beschreibt man die Gesellschaft als System, so folgt aus der allgemeinen Theorie autopoietischer Systeme, daß es sich um ein operativ geschlossenes System handeln muß. Auf der Ebene der eigenen Operationen gibt es keinen Durchgriff in die Umwelt, und ebensowenig können Umweltsysteme an den autopoietischen Prozessen eines operativ geschlossenen Systems mit-

sation sozialer Systeme. Ihre Strukturen entstehen durch systemimmanente Operationen, die ausschließlich an andere systeminterne Operationen anknüpfen können. Hierin kommt zugleich die für *Luhmanns* Systemtheorie maßgebliche Unterscheidung von System und Umwelt zur Geltung: Ein System grenzt sich mithin von Externem ab, erst durch diese Abgrenzung ist es möglich, ein System als System zu identifizieren, es aus einer unbestimmbaren Masse hervorzuheben.[66] Bedeutung für ein System kann die Umwelt nur im Falle der Fremdreferenz erlangen, also dann, wenn sie zum Kommunikationsgegenstand wird. „Was [also] mit ‚Realität' gemeint ist, kann [...] nur ein internes Korrelat der Systemoperationen sein – [sie] wird systemintern [...] durch Sinngebung erarbeitet."[67]

Als besondere Kategorie von sozialen Systemen gelte das Autopoiesiskonzept auch für Organisationen, deren Elemente allerdings Kommunikationen von Entscheidungen sind.[68] Dass Entscheidungen die Bausteine von Organisationen sein sollen, wirkt auf den ersten Blick etwas sperrig und wirft darüber hinaus die Fragen auf, was *Luhmann* unter Entscheidungen versteht und wie Handlungen einzelner Personen wie etwa die Arbeitsverrichtung durch einen Fabrikmitarbeiter in seine Auffassung über die konstituierenden Elemente von Organisationen eingebracht werden können. Gerade der letztgenannte Aspekt ruft Verwunderung über *Luhmanns* Sichtweise hervor, ist es doch eigentlich gerade das aktive Tun der Organisationsmitglieder, welches die Organisation selbst erhält.[69]

Entgegen dem herkömmlichen Begriffsverständnis versteht *Luhmann* unter Entscheidung nicht die bloße Wahl zwischen zwei Alternativen durch ein Individuum, nicht die „Ursachen ihrer Wirkungen"[70], sondern „ein kommunikatives Ereignis"[71], in dem die ausgeschlossene Alternative mitkommuniziert wird. Eine Entscheidung ist danach nicht das reine Vorhandensein verschiedener Möglichkeiten, nicht die Erkenntnis, dass zwischen A oder B zu wählen ist. „Die Entscheidung bezeichnet diejenige Seite der Alternative, die sie präferiert."[72] Wird Alternative A gewählt, ist dies für *Luhmann* also eine Entscheidung, wenn zugleich mitkommuniziert wird, dass auch eine Alternative B bestand. „Die Entscheidung muss [also] über sich selbst, aber dann auch noch über die Alternative

---

wirken. [...] Operative Geschlossenheit hat zur Konsequenz, daß das System auf Selbstorganisation angewiesen ist."

66 Zur hier und im Folgenden angesprochenen System-Umwelt-Differenz überblicksartig *Martens/Ortmann* (Fn. 30), S. 427 (434).

67 *Luhmann*, Die Realität der Massenmedien, 5. Aufl. 2017, S. 15.

68 Vgl. *Luhmann* (Fn. 37), S. 123.

69 Diesen Aspekt heben auch *Martens/Ortmann* (Fn. 30), S. 427 (436), hervor.

70 *Luhmann*, Die Paradoxie des Entscheidens, in: Balke/Schwering/Stäheli (Hrsg.), Paradoxien der Entscheidung, 2004, S. 17 (17).

71 *Luhmann* (Fn. 37), S. 141.

72 *Luhmann* (Fn. 37), S. 132 f.

informieren, also über das Paradox, dass die Alternative eine ist (denn sonst wäre die Entscheidung keine Entscheidung) und zugleich keine ist (denn sonst wäre die Entscheidung keine Entscheidung).“[73] Damit reagiert das soziale System der Organisation auf Kontingenz, in der Kommunikation von Entscheidungen erblickt *Luhmann* nämlich die „*Transformation von Kontingenz*“[74]. Wie jedes soziale System ist auch die Organisation mit dem Problem der Kontingenz konfrontiert, im Zeitpunkt vor der Entscheidung könnte die Entscheidung unterschiedlich ausfallen. Die Entscheidung wandelt die Vielzahl zuvor bestehender Möglichkeiten in ein Selektionsergebnis um, das den vorherigen Bestand unterschiedlicher Möglichkeiten anerkennt. Aus dem „oder“ wird also ein „und nicht“[75], es erfolgt mithin eine „Umformung künftiger in vergangene Kontingenzen“[76]. Letztlich führt demnach ein rekursives Kommunizieren von Entscheidungen zur Erzeugung und Aufrechterhaltung von Organisationen.[77] In *Luhmanns* Worten sind Organisationen „*Systeme, die aus Entscheidungen bestehen und die Entscheidungen, aus denen sie bestehen, durch die Entscheidungen, aus denen sie bestehen, selbst anfertigen*“[78]. Dem steht auch ein aktives Tun von Organisationsmitgliedern nicht entgegen, da auch der aktiven Verrichtung einer Tätigkeit eine Entscheidung im Sinne der Organisationstheorie *Luhmanns* zumindest konkludent zugeordnet werden kann.[79]

2. *Organisationstheoretische Spezifika von Organisationen*

Mit der zuvor angesprochenen Feststellung, dass es sich bei Entscheidungen um kommunikative Ereignisse handelt, korrespondiert ein weiterer Aspekt, der in *Luhmanns* Organisationstheorie von großer Bedeutung ist. Konkret betont das Ereignishafte von Entscheidungen deren Schnelllebigkeit, ein „Ereignis zieht es

---

[73] *Luhmann* (Fn. 37), S. 142. Deutlich auch *ders.*, ebd. S. 64: „Entscheidungen können nur kommuniziert werden, wenn auch die abgelehnten Möglichkeiten mitkommuniziert werden, denn anders würde nicht verständlich, dass es sich überhaupt um eine Entscheidung handelt.“

[74] *Luhmann*, Organisation, in: Küpper/Ortmann (Hrsg.), Mikropolitik, 1988, S. 165 (170; Hervorhebung im Original).

[75] Ähnlich *Martens/Ortmann* (Fn. 30), S. 427 (437), die davon sprechen, dass „[i]n der Entscheidung […] ein ‚Dieses-oder-jenes‘ in ein ‚Dieses-und-nicht-jenes‘ transformiert“ wird.

[76] *Luhmann* (Fn. 74), S. 165 (170).

[77] *Martens/Ortmann* (Fn. 30), S. 427 (434), sprechen von „rekursiven – auf einander zurückgreifenden – Schleifen“.

[78] *Luhmann* (Fn. 74), S. 165 (166; Hervorhebung im Original). *Ders.*, ebd. S. 165 (171), konkretisiert die Definition von Organisation in der Folge: „Soziale Systeme, die […] rekursive Entscheidungszusammenhänge einrichten und ihre eigene Autopoiesis darauf gründen, wollen wir Organisation nennen.“

[79] Vgl. insoweit nur *Martens/Ortmann* (Fn. 30), S. 427 (436).

vor zu verschwinden“[80]. Da Organisationen aber aus der Verknüpfung von Entscheidungen bestehen, stellt sich die Frage, wie die Anschlussfähigkeit einer Entscheidung an eine andere Entscheidung gewährleistet werden kann, wenn die Entscheidung selbst nur von kurzer Dauer ist.[81] Wie schafft es eine Organisation also in Ansehung der Dynamik und Kurzlebigkeit ihrer Elemente deren Anschlussfähigkeit und Verknüpfung und damit letztlich ihr eigenes Bestehen zu sichern? Dazu muss ein (organisiertes) System „Strukturen entwickeln, die in der Lage sind, die Handlungsereignisse zu verknüpfen“[82]. Es ist demnach das Ziel von Strukturen, „das Entstehen eines chaotischen Durcheinanders“[83] zu verhindern. Mit Strukturen reagiert eine Organisation auf Komplexität und die Schnelllebigkeit ihrer Elemente, sie dienen „der Überbrückung der Distanz von Entscheidung zu Entscheidung“[84]. Die Strukturen führen also eine Art Verengung durch, indem auf die Ereignishaftigkeit kontingenter Entscheidungen über komplexe Verknüpfungsmöglichkeiten mit der Festlegung weitestgehender Vorhersehbarkeit geantwortet wird. Die Strukturen von Organisationen bezeichnet *Luhmann* als Entscheidungsprämissen, durch die „ein Rahmen gesetzt [wird], in dem eine Organisation ihre Welt konstruieren, Informationen verarbeiten und immer neu Unsicherheit in Sicherheit transformieren kann“[85]. Die Entscheidungsprämissen, über die selbst entschieden wird und die veränderbar sind,[86] legen zukünftige Entscheidungen zwar noch nicht fest, allerdings sichern sie die Organisation ab, indem „die Kommunikation auf die in den Prämissen festgelegten Unterscheidungen [konzentriert werden], und das macht es wahrscheinlich, dass man künftige Entscheidungen mit Bezug auf die vorgegebenen Prämissen unter dem Gesichtspunkt der Beachtung oder Nichtbeachtung und der Konformität oder Abweichung beobachten wird, statt die volle Komplexität der Situationen jeweils neu aufzurollen“[87]. Zu diesen Entscheidungsprämissen zählen der Personaleinsatz, festgelegte Kommunikationswege und zuletzt Entscheidungsprogramme, auf die im Folgenden der Fokus liegen soll.[88] „Entscheidungsprogramme definieren Bedingungen der sachlichen Richtigkeit von Entscheidun-

---

[80] *Luhmann* (Fn. 39), Systeme, S. 390. So auch *ders.* (Fn. 74), S. 165 (172).

[81] In diese Richtung auch *Martens/Ortmann* (Fn. 30), S. 427 (439).

[82] *Luhmann* (Fn. 39), Systeme, S. 390.

[83] *Luhmann* (Fn. 37), S. 237.

[84] *Luhmann* (Fn. 74), S. 165 (172).

[85] *Luhmann* (Fn. 37), S. 238. Explizit bezeichnet Luhmann Entscheidungsprämissen als Struktur einer Organisation etwa bei *ders.* (Fn. 74), S. 165 (172): „Sofern eine Entscheidung als Prämisse anderer Entscheidungen dient […], bildet sich eine Struktur.“

[86] Zu diesen beiden Eigenheiten von Entscheidungen s. *Luhmann* (Fn. 37), S. 222, 228, 239.

[87] *Luhmann* (Fn. 37), S. 224.

[88] Zu den verschiedenen Entscheidungsprämissen im Überblick vgl. *Luhmann* (Fn. 37), S. 225. Aus der Sekundärliteratur statt vieler *Martens/Ortmann* (Fn. 30), S. 427 (443 f.).

gen."[89] Sie zeichnen mithin einen Weg vor, jedoch ohne ihn dabei vollständig zu determinieren.[90] Unterschieden werden muss nach *Luhmann* zwischen Zweck- und Konditionalprogrammen, die beide im organisierten System selbst gesetzt werden und „den Status normativer Geltung erhalten"[91]. Das Konditionalprogramm folgt einem Wenn-Dann-Schema, dem zufolge eine bestimmte Folge bei Vorliegen bestimmter Bedingungen eintritt.[92] Zweckprogramme hingegen sind offener, sie legen lediglich ein bestimmtes Ziel fest, ohne aber gleichzeitig schon über das zu wählende Mittel zu entscheiden.

In einem engen Zusammenhang mit den Entscheidungsprogrammen stehen nach *Luhmann* Kompetenzen und Kommunikationswege, die wiederum ihrerseits untrennbar miteinander verbunden sind.[93] Unterschieden werden müssen fachliche von hierarchischen Kompetenzen.[94] Unter fachlichen Kompetenzen begreift *Luhmann* berufliche und auf Bildung zurückführbare Fähig- und Fertigkeiten, die in das organisierte System eingebracht werden. Als Beispiel dienen ihm Ärzte im Krankenhaus, die die berufsspezifischen Fähigkeiten in die Organisation Krankenhaus einbringen. Demgegenüber handele es sich bei hierarchischen Kompetenzen um „interne Konstrukte"[95], die Weisungsbefugnisse in der Organisation in den Blick nehmen. Synonym scheint *Luhmann* für die Kompetenz den Begriff der Zuständigkeit zu verwenden.[96] Zugespitzt zielen Kompetenzen im Sinne der systemtheoretischen Organisationstheorie auf die Identifikation der Stelle in einer Organisation, die über die Fähigkeit zum Entscheiden

[89] *Luhmann* (Fn. 37), S. 257.

[90] Letzteres ist Luhmann zufolge typische Eigenschaft sämtlicher Entscheidungsprämissen. S. *Luhmann* (Fn. 37), S. 224: „Entscheidungsprämissen dienen dem System [...] nur als Oszillatoren. Sie legen die künftigen Entscheidungen noch nicht fest, sie können ja nicht jetzt schon in der Zukunft entscheiden."

[91] *Luhmann* (Fn. 37), S. 262.

[92] Zu den beiden Formen von Entscheidungsprogrammen *Luhmann* (Fn. 37), S. 263 ff.

[93] Den Zusammenhang zwischen Kommunikationswegen und Entscheidungsprogrammen betonen auch *Martens/Ortmann* (Fn. 30), S. 427 (443). Häufig werden in der Sekundärliteratur bei der Behandlung der Kommunikationswege die Kompetenzen nicht erwähnt, vgl. nur ebd. S. 427 (443), sowie *Drepper*, Organisationen der Gesellschaft, 2. Aufl. 2018, S. 164 ff., obwohl sie bei Luhmann gewissermaßen den Gegenstand von Kommunikationswegen bilden. Hierzu an dieser Stelle nur *Luhmann* (Fn. 37), S. 312 ff. Aus der Sekundärliteratur berücksichtigt diesen Zusammenhang etwa *Fischer*, Steuerung in Organisationen, 2009, S. 50.

[94] Zu den im Folgenden erläuterten verschiedenen Formen von Kompetenzen vgl. *Luhmann* (Fn. 37), S. 312.

[95] *Luhmann* (Fn. 37), S. 312.

[96] So führt *Luhmann* (Fn. 37), S. 316, aus, dass „sich die Kommunikationswege aus den Zuständigkeiten der Stellen – sei es aus exklusiven Zuständigkeiten für das Verbindlichmachen von Entscheidungen, typisch eine Frage der hierarchischen Ordnung; sei es aus fachlichen Zuständigkeiten" – ergeben. Zum Begriff der Stelle weiter unten in diesem Abschnitt. In diese Richtung auch *Fischer* (Fn. 93), S. 50. Vgl. auch *Luhmann* (Fn. 74), S. 165 (177).

verfügt, es geht also um „das ‚Entscheiden-Können'"[97]. Konkret stellt sich etwa die Frage, welcher Arzt die fachlichen Fähigkeiten zur Durchführung einer bestimmten Operation besitzt oder welche Stelle in einer Hochschule befugt ist, Dienstgänge des wissenschaftlichen Personals anzuordnen. Aus dem „Zusammenwirken beider [Kompetenzformen] ergibt sich die nicht nur quantitativ, sondern auch qualitativ entfaltete Komplexität des Systems"[98], die wiederum zum Ausdruck bringt, dass nicht alle Elemente, aus denen die Organisation besteht, miteinander verknüpft werden können. Die Vielzahl an Stellen in einer Organisation, die je eigene fachliche Kompetenzen in die Organisation einbringen und über unterschiedlich weite Weisungsbefugnisse verfügen, können nicht alle gleichzeitig miteinander arbeiten, sondern müssen abhängig von der konkreten Situation in bestimmten Konstellationen zusammenwirken.[99] An dieser Stelle kommen die Kommunikationswege zum Tragen, je nach Situation „macht es Sinn, Kompetenzen möglichst dort hinzubringen, wo sie im Entscheidungsprozess benötigt werden"[100]. Je nach Entscheidungssituation muss demnach Klarheit darüber herrschen, wer verbindlich entscheiden darf und/oder wer über die erforderlichen Fachkenntnisse verfügt, die für die konkrete Entscheidung vonnöten sind. Die „Kommunikationswege haben, ob nun generell festgelegt oder fallweise entworfen, nur den Sinn [...] des Transports von Kompetenz"[101]. Das Leistungspotential der Kommunikationswege besteht mit anderen Worten darin, festzulegen, „*wer mit wem, wie über was redet*; *wer wie über was entscheidet*, und *wer von wem, wie* Entscheidungen entgegennimmt oder vorbereitet"[102].

Die letzte Entscheidungsprämisse von Organisationen erblickt *Luhmann* in der „Regulierung des Personaleinsatzes"[103]. Personen könnten deshalb als Prämissen von Entscheidungen einer Organisation angesehen werden, weil sie einerseits als Zuordnungsobjekt von Entscheidungen dienen und andererseits gebündelte Erwartungen verkörpern.[104] In ihrer Eigenschaft als „Erwartungsbündel"[105] garan-

---

[97] Zu diesem Ergebnis gelangt auch *Fischer* (Fn. 93), S. 50. Im Zusammenhang mit Kompetenzen spricht *Luhmann* (Fn. 37), S. 225, etwa von dem „Recht, [...] bindende Weisungen zu erteilen".

[98] *Luhmann* (Fn. 37), S. 314.

[99] In diese Richtung auch *Drepper* (Fn. 93), S. 165.

[100] *Luhmann* (Fn. 37), S. 319.

[101] *Luhmann* (Fn. 37), S. 319.

[102] *Drepper* (Fn. 93), S. 165.

[103] *Luhmann* (Fn. 37), S. 225.

[104] Zum Aspekt der Person als Ausdruck gebündelter Erwartungen vgl. *Luhmann* (Fn. 39), Systeme, S. 429. Zur Zuordnungsfähigkeit der Personen s. *ders.* (Fn. 37), S. 285: „Entscheidungen [werden] in einem mehr oder weniger großen Umfange immer auch auf Personen zugerechnet". So auch *Drepper* (Fn. 93), S. 162.

[105] Verwendet wird dieser Begriff etwa von *Drepper* (Fn. 93), S. 162, und *Fischer* (Fn. 93), S. 51.

tieren sie relativ gut vorhersehbare bzw. prognostizierbare Entscheidungsbeiträge, da „man nur eine durch ihre individuellen Eigenarten beschränkte Tätigkeit erwarten kann“[106]. Ihr Leistungspotential besteht somit darin, in einer von Dynamik ihrer Elemente geprägten Organisation die Anschlussfähigkeit einer Entscheidung an eine andere Entscheidung zu erleichtern. Klarstellend sei an dieser Stelle angemerkt, dass *Luhmann* unter dem Begriff der Person nicht einen „individuellen Vollmenschen“[107] fasst, nicht ein lebendes und denkendes natürliches Wesen, sondern bloße „Konstruktionen der Kommunikation für Zwecke der Kommunikation“[108]. Konstrukt von Kommunikationen seien Personen deshalb, weil „[d]ie drei Komponenten jeder Kommunikation, nämlich Mitteilung, Verstehen und Information […] in die als Person gefasste Einheit hinüberkopiert“[109] werden können. Die Person kann Kommunikationsgegenstand und damit Information sein, als Autor findet in ihr der Aspekt der Mitteilung Niederschlag und als Adresse kommt in der Person das Verstehen einer mitgeteilten Information zum Tragen.[110] Spricht *Luhmann* von Personen als Entscheidungsprämisse einer Organisation, rekurriert er auf ihre Rolle[111] im organisierten System und ihr Potential, die Komplexität der Organisation zu reduzieren. Sie stellen „dem Entscheidungsbetrieb Körper und Geist, Reputation und persönliche Kontakte zur Verfügung“ und sind in der Lage, „teils aus[zu]weiten, teils ein[zu]schränken, was entschieden werden kann“[112]. Zur Entscheidungsprämisse werden Personen durch ihre Regulierung. Konkret geschieht dies über „Personalentscheidungen“, also durch „Entscheidungen über Eintritt (Einstellung) und Austritt (Entlassung) [sowie durch] Entscheidungen über Versetzungen im System“, da Personen „nicht weiter dekomponiert werden“[113] können.

Der Knotenpunkt, an dem die verschiedenen Entscheidungsprämissen in einer Organisation zusammentreffen und koordiniert werden, bezeichnet *Luhmann* als

---

[106] *Luhmann*, Die Wirtschaft der Gesellschaft, 1988, S. 310. *Ders.* (Fn. 74), S. 165 (177 f.), führt dazu konkretisierend aus: „Wenn man eine Person kennt, kann man sich leicht eine Vorstellung davon machen, wie sie entscheiden wird, und man kann im Hinblick auf eine solche Vorstellung auswählen, was man ihr sagt und was man ihr verschweigt.“ Auch *Fischer* (Fn. 93), S. 51, hebt die „hohe Vorhersehbarkeit“ und gute Prognostizierbarkeit hervor.

[107] *Luhmann* (Fn. 37), S. 285.

[108] *Luhmann* (Fn. 37), S. 90 f., der an dieser Stelle auch noch betont, dass Personen weder denken noch leben.

[109] *Luhmann* (Fn. 37), S. 92.

[110] Diese Analyse stützend *Drepper* (Fn. 93), S. 162 f.

[111] Zum Begriff der Rolle bereits *Luhmann*, Funktionen und Folgen formaler Organisation, 5. Aufl. 1999, S. 39 ff. Auf Historie und Schwierigkeiten des Begriffs der Rolle geht *ders.* (Fn. 37), S. 81 f., ein, verwendet ihn, ebd. S. 91, dennoch im Zusammenhang mit Personen.

[112] *Luhmann* (Fn. 74), S. 165 (177).

[113] *Luhmann* (Fn. 37), S. 287.

„Stelle“[114]. Als „Leerstell[e]“[115] mit einer „inhaltsleere[n] Identität“[116] bedürfen diese Stellen der Ausfüllung, die über eine koordinierte Zusammenstellung der Entscheidungsprämissen erfolgt. „Der Sinn einer Stelle liegt [also] in der wechselseitigen Einschränkung von Entscheidungsprämissen.“[117] Die Festlegung auf ein bestimmtes Entscheidungsprogramm etwa bedingt die Einstellung einer Person, die über die notwendigen fachlichen Kompetenzen verfügt und im organisierten System zugleich mit konkreten, mit ihrer Aufgabe aus dem Entscheidungsprogramm korrespondierenden, hierarchischen Kompetenzen ausgestattet wird, durch die sie in das „Kommunikationsnetz“[118] der Organisation eingewoben wird.

3. Zum Verhältnis von Organisation und Funktionssystem

Abschließend stellt sich nur noch die Frage, in welchem Verhältnis Organisationen zu den funktional ausdifferenzierten Teilsystemen der Gesellschaft stehen. Konkret geht es dabei etwa um das Verhältnis von Banken zum Funktionssystem Wirtschaft oder – wie später noch näher zu erläutern sein wird – um das Verhältnis von Gerichten zum Funktionssystem Recht.[119] Stehen Organisation und Funktionssystem beziehungslos nebeneinander oder nehmen Organisationen nicht vielmehr eine (maßgebliche) Rolle im jeweiligen Teilsystem ein? Zur Beantwortung dieser Frage kann an bereits Gesagtes angeknüpft werden: *Luhmanns* Verständnis zufolge besteht die Gesellschaft als funktional ausdifferenzierte Gesellschaft, in der sich ausdifferenzierte Teilsysteme mit je speziellen Fragen und Problemen der Lebenswirklichkeit beschäftigen.[120] Mit anderen Worten könnte man sagen, dass jedes ausdifferenzierte Teilsystem eine bestimmte Funktion für den Fortbestand und die Entwicklung der Gesellschaft wahrnimmt.[121] Dabei ar-

---

[114] Hierzu insgesamt *Luhmann* (Fn. 37), S. 231.

[115] *Luhmann* (Fn. 37), S. 234.

[116] *Luhmann* (Fn. 37), S. 233.

[117] Hierzu und zum Folgenden *Luhmann* (Fn. 37), S. 233.

[118] Den Begriff des Kommunikationsnetzes verwendet *Luhmann* (Fn. 74), S. 165 (177), synonym für die festgelegten Kommunikationswege.

[119] In vielen seiner Monographien zu den verschiedenen Funktionssystemen der Gesellschaft betrachtet Luhmann die Organisationen der jeweiligen Systeme. Vgl. für das auch hier als Beispiel fungierende Recht *Luhmann*, Das Recht der Gesellschaft, 1993, S. 297 ff. Ferner *ders.*, Die Politik der Gesellschaft, 2000, S. 228 ff.; *ders.* (Fn. 53), S. 142 ff. Zum Beispiel der Banken vgl. *ders.* (Fn. 49), S. 842.

[120] Zusammenfassend *Martens/Ortmann* (Fn. 30), S. 427 (448).

[121] Vgl. *Markowitz*, Das Problem der Paradoxien und die Semantik des Risikos, in: Forschungsinstitut für Anwendungsorientierte Wissensverarbeitung (Hrsg.), Technik, Öffentlichkeit und Verantwortung, 1992, S. 2.

beitet jedes Funktionssystem mit einem eigenen „binären Code“[122], der als Leitdifferenz das System anleitet. Für das politische System stellt beispielsweise die Unterscheidung von Macht/keine Macht den binären Code dar,[123] für das Funktionssystem Recht hingegen die Umschreibung von Wert und Gegenwert durch die Unterscheidung Recht/Unrecht.[124] Über den Einsatz binärer Codes gelingt es den Systemen, sich von ihrer Umwelt abzugrenzen und sich auszudifferenzieren.[125] Die Codes allein können allerdings die vom Teilsystem beabsichtigte Problembearbeitung nicht gewährleisten, vielmehr bedürfe es im System darüber hinaus bestimmter „Entscheidungsregeln [...], die festlegen, unter welchen Bedingungen der Wert bzw. der Gegenwert richtig bzw. falsch zugeordnet ist“[126]. Anders ausgedrückt sind also bestimmte „Programme“[127] erforderlich, die die konkrete Anwendung des binären Codes vorbereiten. Vor diesem Hintergrund muss den Organisationen im Verhältnis zu den jeweiligen Funktionssystemen eine besondere Rolle zugeschrieben werden.[128] Einerseits „orientieren [die Organisationen] ihre Ziele an den Funktionen bestimmter Funktionssysteme“[129] sowie dem entsprechenden binären Code, andererseits halten sie mit ihren Entscheidungsprämissen, konkret: mit den Entscheidungsprogrammen, die notwendigen Entscheidungsregeln bereit, die das Funktionssystem für seine Arbeit benötigt.[130] Das Verhältnis von Organisation und Funktionssystem kann daher

---

122 Zum binären Code vgl. *Luhmann*, Ökologische Kommunikation, 5. Aufl. 2008, S. 77: „Binäre Codes sind Duplikationsregeln. Sie werden dadurch gebildet, daß Informationen im Kommunikationsprozeß bewertet und dem Vergleich mit einem genau korrespondierenden Gegenwert ausgesetzt werden. Die Realität, die nach Maßgabe des Codes behandelt wird, ist nur einmal vorhanden. Sie wird gleichwohl fiktiv dupliziert, so daß jede Bewertung sich ihr Komplement suchen und sich in ihrem Gegenteil spiegeln kann. [...] Es geht bei dieser Komplettierung [...] nicht um eine Vermehrung oder Verminderung der Bestände, [...] sondern nur um die Projektion einer positiv/negativ-Unterscheidung, mit deren Hilfe die Möglichkeit und die Konsequenzen des Gegenteils geprüft werden können.“; *ders.* (Fn. 49), S. 748 ff.

123 Zum binären Code des politischen Systems vgl. *Luhmann* (Fn. 119), Politik, S. 88.

124 Zur Unterscheidung Wert/Gegenwert s. auch *Luhmann* (Fn. 122), Kommunikation, S. 77; *ders.* (Fn. 49), S. 750; am Beispiel des Rechts *ders.* (Fn. 119), Recht, S. 175. *Martens/Ortmann* (Fn. 30), S. 427 (449). Im Hinblick auf das Funktionssystem Recht spricht *Luhmann* (Fn. 119), Recht, S. 166, vom „binäre[n] Schematismus von Recht und Unrecht [, der] primären Rang hat“.

125 Zur Leistungsfähigkeit binärer Codes führt *Luhmann* (Fn. 49), S. 752, konkretisierend aus, dass mit ihnen „die Funktionssysteme ihre eigene Autopoiesis [vollziehen], und [es] damit erst [zu] ihre[r] Ausdifferenzierung“ kommt. S. auch *Martens/Ortmann* (Fn. 30), S. 427 (449).

126 *Luhmann* (Fn. 49), S. 750.

127 Zu den insofern unterstützenden Programmen *Luhmann* (Fn. 49), S. 750.

128 Zu dieser Einschätzung gelangen auch *Martens/Ortmann* (Fn. 30), S. 427 (450).

129 *Luhmann* (Fn. 37), S. 405.

130 *Luhmann* (Fn. 49), S. 840 f., stellt insofern fest, dass die Organisationen die „Funktionsprimate“ der Funktionssysteme und ihren „binären Code“ übernehmen und, ebd. S. 843, dass

auch „als komplementäres Steigerungsverhältnis [begriffen werden]: Organisationen forcieren die gesellschaftliche Differenzierung, die ihrerseits die Organisationsbildung forciert"[131]. Sie tragen also zur Problembearbeitung des jeweiligen Funktionssystems maßgeblich bei und „sind der Gesellschaft [...] durch funktionale Differenzierung zugeordnet"[132]. *Luhmann* nimmt darüber hinaus letztlich noch eine Kategorisierung bzw. genaue Zuordnung verschiedener in einem Funktionssystem befindlicher Organisationen vor: Eine entsprechende Einteilung gelingt, weil er davon ausgeht, dass sich die einzelnen ausdifferenzierten Funktionssysteme ihrerseits intern differenzieren, und zwar „im Schema von *Zentrum/Peripherie*"[133]. Dies gelänge allerdings nur durch Organisationen. Im Umkehrschluss aus der Zentrum-Peripherie-Differenzierung könne sodann eine Klassifizierung funktionssysteminterner Organisationen geschlossen werden. Auch wenn *Luhmann* ausdrücklich betont, dass diese Einteilung aufgrund der wechselseitigen Angewiesenheit von Zentrum und Peripherie keine Rückschlüsse auf die Wichtigkeit der einzelnen Organisationen gibt,[134] wirkt es zumindest so, als gäbe es Organisationen, die für das jeweilige Funktionssystem zentraler sind als andere: Dem Zentrum zuzuordnende Organisationen kommt in der hier vorgenommenen Lesart dabei also eine wesentliche, den in der Peripherie anzusiedelnden Organisationen hingegen eine eher sekundäre Stellung in Bezug auf die Systemoperationen zu. Übertragen etwa auf das politische System stellt *Luhmann* fest, dass „man eine Zentralorganisation, eben den ‚Staat', für die alle anderen politischen Organisationen dann Zulieferungsdienste erbringen"[135], identifizieren könne.

---

ihnen eine „wachsende Bedeutung [...] in Funktionssystemen" zukommt. Im Hinblick auf die zentrale Rolle von Organisationen stellen auch *Martens/Ortmann* (Fn. 30), S. 427 (450), fest: „Dazu sind sie im Stande, weil sie ihre Entscheidungen systematisch durch Entscheidungsprämissen führen lassen, die jene problemorientierten Codes und Programme [der Funktionssysteme] in sich aufgenommen haben."

131 M. w. N. *Martens/Ortmann* (Fn. 30), S. 427 (449).

132 *Luhmann* (Fn. 37), S. 405.

133 Hierzu und zum Folgenden *Luhmann* (Fn. 119), Politik, S. 244 (Hervorhebung im Original).

134 So betont *Luhmann* (Fn. 119), Recht, S. 323: „Da ein Zentrum nicht ohne Peripherie und eine Peripherie nicht ohne Zentrum operieren kann, formuliert diese Unterscheidung keine Differenz des Ranges oder der gesellschaftlichen Relevanz." Allerdings scheint *ders.* (Fn. 119), Politik, S. 251 f., die Möglichkeit einer Gewichtung am Maßstab der Zentrum-Peripherie-Differenzierung zu erkennen, wenn er feststellt: „Auch wenn die Zentrum/Peripherie-Differenzierung nicht als Hierarchie verstanden werden kann, legt sie es nahe, die Einheit der Differenz, also die Einheit des Systems im Blick auf das Zentrum zu beschreiben."

135 *Luhmann* (Fn. 119), Politik, S. 245.

4. Fazit

Insgesamt geht *Luhmann* also auf einer definitorischen Ebene davon aus, dass Organisationen soziale Systeme sind, die die sie konstituierenden Bausteine (Elemente) selbst erzeugen und reproduzieren. Durch die Verknüpfung der Elemente entsteht demnach die Organisation und grenzt sich von ihrer Umwelt ab. Als Elemente organisierter Systeme sind (Kommunikationen von) Entscheidungen zu identifizieren, die sich dadurch auszeichnen, dass sie sowohl Aufschluss darüber geben, welche von mehreren Alternativen selegiert wurde als auch über die Tatsache, dass neben der ausgewählten Möglichkeit noch andere bestanden. Da es sich bei Entscheidungen um kurzlebige kommunikative Ereignisse handelt, muss es der Organisation gelingen, die Verknüpfung von mehreren Entscheidungen, also die Anschlussfähigkeit ihrer Elemente, sicherzustellen, die letztlich erst das Entstehen und Bestehen von Organisationen ermöglichen. Als Konstante im dynamischen System der Organisation fungieren Entscheidungsprämissen; charakteristische Merkmale einer Organisation sind nach *Luhmann* Entscheidungsprogramme, Kompetenzen und Kommunikationswege sowie Personen. Ihrer Aufgabe der Sicherstellung einer Verknüpfung einzelner Entscheidungen werden sie einerseits durch ihre je eigene Fähigkeit zur Komplexitätsreduktion gerecht, andererseits darüber hinaus durch ihre Koordination in Stellen des organisierten Systems. Die Organisationen sind dabei von elementarer Bedeutung für die jeweiligen Funktionssysteme, da sie sich in diese eingliedern und unter anderem durch die Bereitstellung von Entscheidungsprogrammen an der Funktionserfüllung mitwirken.[136] *Luhmanns* systemtheoretische Organisationstheorie ließe sich in der Gesamtschau in folgendem (vereinfachten) Bild zusammentragen: Stellt man sich ein organisiertes System als Mosaik vor und „zoomt" in dieses hinein, fällt auf, dass die einzelnen Mosaiksteine[137], mithin die Einzelelemente der Organisation, Entscheidungen sind. Diese können dabei nicht alle gleichzeitig miteinander verknüpft werden und doch bedarf es einer bestimmten Verknüpfung der einzelnen Mosaiksteine, kann doch so erst ein Gesamtbild der Organisation entstehen. Um nicht der Vielzahl der Möglichkeiten einer verbindenden Anordnung der Mosaiksteine zu erliegen, bedarf es einer die Möglichkeiten einschränkenden Anleitung, die in der Perspektive der *Luhmann'schen* Organisationstheorie in den Entscheidungsprämissen erblickt werden kann.

---

[136] *Luhmann* (Fn. 37), S. 449, selbst stellt zur Bedeutung von Organisationen fest, „dass kein gesellschaftliches Funktionssystem ohne Organisation […] seinen Leistungsstand aufrechterhalten" kann.

[137] Als Mosaiksteine benannt werden Entscheidungen auch von *Horster*, Niklas Luhmann, 2. Aufl. 2005, S. 153.

II. Gerichtsbarkeit und Prozessrecht im Horizont der systemtheoretischen Organisationstheorie

Beispiele für Organisationen, auf die seine theoretischen Annahmen zutreffen würden, liefert *Luhmann* zur Genüge: In einem Atemzug werden politische Parteien, Produktionsbetriebe, Banken, Krankenhäuser, Schulen und eben auch Gerichte genannt.[138] Mit einem pauschalen Hinweis auf Gerichte als Inbegriff organisierter Systeme kann sich an dieser Stelle aber nicht begnügt werden, vielmehr muss und soll nachgewiesen werden, dass die systemtheoretische Organisationstheorie *Niklas Luhmanns* auf die Zweige der öffentlich-rechtlichen Fachgerichtsbarkeit wie auch auf das entsprechende Prozessrecht übertragen werden kann. These dieses Abschnitts ist demnach zum einen, dass es sich bei den öffentlich-rechtlichen Fachgerichtsbarkeiten um organisierte Systeme handelt, die die Elemente, aus denen sie bestehen, konkret: Entscheidungen, selbst erzeugen und reproduzieren. Zum anderen können bei Betrachtung der Gerichtsbarkeiten die charakteristischen Merkmale von Organisationen identifiziert werden. Konkret finden sich demnach Personen, Kompetenzen und Kommunikationswege sowie in modifizierter Form auch Entscheidungsprogramme in Gestalt der Prozessordnungen.

1. Die Stellung der Gerichtsbarkeit im Funktionssystem Recht

Organisationen kommt innerhalb der Systemtheorie *Luhmanns* eine entscheidende Bedeutung zu, da sie (in der Regel) einen essentiellen Beitrag zur Funktionserfüllung des jeweiligen Teilsystems leisten.[139] Ein Funktionssystem bedient sich so gewissermaßen einer Organisation, um die ihm auferlegte Aufgabe der Sicherung des Fortbestandes und der Entwicklung der Gesellschaft zu erfüllen.[140] Die Organisationen können demnach meist einem einzelnen Funktionssystem zugeordnet werden und bestätigen diese Zugehörigkeit zu einem einzelnen gesellschaftlichen Teilsystem ihrerseits durch die Übernahme des jeweiligen binären Codes.[141] Dies zum Ausgangspunkt genommen, kann auch die rechtsprechende Gewalt, verstanden als Sammelbegriff, unter dem die verschiedenen,

---

[138] Vgl. *Luhmann* (Fn. 37), S. 449.

[139] Allgemein zur Stellung der Gerichte vgl. *Luhmann*, Die Stellung der Gerichte im Rechtssystem, Rechtstheorie 21 (1990), 459 ff., der, ebd. 459 (469), festhält: „Kein anderes Organ der Rechtspflege und erst recht niemand sonst, der an rechtlicher Kommunikation mitwirkt, hat eine derartige Stellung." S. auch *ders.* (Fn. 119), Recht, S. 297 ff.

[140] Zum Wesen der Funktionssysteme vgl. bereits oben unter Kap. 3, B., I., 3.

[141] Vgl. *Luhmann* (Fn. 37), S. 238: „[D]en Organisationen fehlt das, was in den gesellschaftlichen Funktionssystemen die binäre Codierung leistet […]. Selbstverständlich binden sich Organisationen, sofern sie in bestimmten Funktionssystemen tätig werden, an deren Codes […]."

von Verfassungs wegen vorgegebenen Gerichtsbarkeiten firmieren, einem konkreten Funktionssystem zugeordnet werden. Auf minimalistischster Ebene ist die Entscheidung über die Frage Recht/Unrecht Kernaufgabe eines jeden Gerichts.[142] Gerichte teilen mithin den binären Code des Funktionssystems Recht.[143] Auch wenn mit dieser Anbindung an ein konkretes Funktionssystem im Hinblick auf die Qualifizierung von Gerichten als organisierte Systeme noch wenig gewonnen scheint, kann ihr zumindest eine indizielle Wirkung für den Organisationscharakter von Gerichten entnommen werden.

Dass die einzelnen Gerichtsbarkeiten im Speziellen und die rechtsprechende Gewalt im Allgemeinen von einer irgendwie gearteten Bedeutung im Rechtssystem sind, dürfte die Verfassung schon mit dem Rechtsstaatsprinzip deutlich genug zum Ausdruck bringen. Welche konkrete Rolle ihnen zugesprochen werden kann, fällt allerdings weniger schnell ins Auge. Verstärkt wird dieser Eindruck, vergegenwärtigt man sich, dass neben der Judikative auch die Exekutive sowie die Legislative, um nur einmal auf staatlicher Ebene zu bleiben,[144] im Systemalltag zum Tragen kommen. Auch in der vollziehenden Gewalt und in der Gesetzgebung wird „über" Recht kommuniziert, sei es im Gesetzgebungsprozess oder bei Erlass einer behördlichen Verfügung. Auch sie sind daher (zumindest teilweise) dem Funktionssystem Recht zuzuordnen.[145] Wesenstypisch für einige Funktionssysteme ist nach *Luhmann*, dass sie sich nicht nur nach außen, also gegenüber ihrer Umwelt ausdifferenzieren, sondern darüber hinaus auch eine in-

---

[142] Auch *Luhmann* (Fn. 119), Recht, S. 318, geht davon aus, dass gerichtlichen Verfahren der binäre Code des Rechtssystems zugrunde liegt. Die Übernahme des binären Codes durch die Gerichte bestätigt *ders.* (Fn. 37), S. 238, auch an anderer Stelle subkutan.

[143] Zum binären Code des Rechtssystems vgl. *Luhmann*, Kommunikation über Recht in Interaktionssystemen, in: ders. (Hrsg.), Ausdifferenzierung des Rechts, 1981, S. 53 (57): „Im Recht ist […] heute eine eindeutige binäre Struktur institutionalisiert in dem Sinne, daß man in spezifischen Hinsichten nur entweder im Recht oder im Unrecht sein kann, aber nicht beides zugleich."

[144] Natürlich sind etwa auch private Rechtsgeschäfte als rechtliche Kommunikationen Bestandteil des Funktionssystems Recht, bleiben hier aber außer Betracht. Als konkretes Beispiel nennt *Luhmann* (Fn. 119), Recht, S. 321, selbst Vertragsschlüsse.

[145] Das Verhältnis von Rechtsprechung und Gesetzgebung nimmt in Luhmanns Abhandlungen über die Stellung der Gerichte eine exponierte Stellung ein, vgl. nur *Luhmann* (Fn. 139), Gerichte, 459 ff., und *ders.* (Fn. 119), Recht, S. 299 ff. Die Gesetzgebung verortet *Luhmann* (Fn. 139), Gerichte, 459 (470), letztlich in der Peripherie des Rechtssystems. Demgegenüber wird die Verwaltung von Luhmann dem politischen System zugeordnet, vgl. *Luhmann*, Opportunismus und Programmatik in der öffentlichen Verwaltung, in: ders. (Hrsg.), Politische Planung, 4. Aufl. 1994, S. 165 ff. Zum Verhältnis der Zentrum-Peripherie-Differenzierung und dem in Luhmanns Forschung prominenten Begriff der strukturellen Kopplung als Verbindungsmechanismus zwischen Funktionssystemen vgl. *Dreier*, Niklas Luhmanns Rechtsbegriff, ARSP 88 (2002), 305 (310 f.).

terne Differenzierung am Maßstab Zentrum/Peripherie erfolgt.[146] Mit der Zentrum-Peripherie-Differenz geht eine systeminterne Einteilung einher, nach der all dem, was dem Zentrum des Teilsystems unterfällt, für das Funktionieren des Systems, konkret: für die stete Anwendung seines binären Codes, eine zentrale Stellung zugeschrieben werden kann.[147] Damit ist gleichwohl nicht gesagt, dass auf die Peripherie verzichtet werden kann.[148] *Luhmann* selbst gelangt im Hinblick auf das Funktionssystem Recht zu dem Ergebnis, dass „[d]ie Organisation der Gerichtsbarkeit [...] dasjenige Teilsystem [ist], in dem das Rechtssystem sein Zentrum hat“[149]. Aber warum ist es gerade die rechtsprechende Gewalt, die im Rechtssystem das Zentrum bildet und nicht etwa die rechtsetzende Gewalt, die das Recht schafft, oder die vollziehende Gewalt, die das Recht ausführt? Zur Beantwortung dieser Frage ist es unumgänglich, sich mit einem Begriff auseinanderzusetzen, der in *Luhmanns* systemtheoretischer Forschung im Laufe der Zeit zunehmend mehr Raum für sich in Anspruch genommen hat. Konkret geht es um den Begriff der Paradoxie, der im engen Zusammenhang mit den binären Codes der Funktionssysteme und ihren Systemoperationen steht.

Eine Paradoxie entsteht zunächst einmal auf der Systemebene selbst und zwar dann, wenn ein selbstreferentielles, autopoietisches Funktionssystem seinen binären Code auf sich selbst anwendet, wenn also das Rechtssystem danach fragt, ob es Recht *ist*, zwischen Recht und Unrecht zu unterscheiden.[150] In diesem Falle würde das Funktionssystem letztlich die Frage nach seiner eigenen Geltung stellen, anhand des eigenen Maßstabes, also des binären Codes, würde die Richtigkeit bzw. Rechtmäßigkeit des eigenen Maßstabes beurteilt werden.[151] Dass es sich hierbei um einen nicht auflösbaren Zirkel handelt, der die Systemoperatio-

[146] Vgl. nur *Luhmann* (Fn. 119), Recht, S. 321 ff.; *ders.* (Fn. 119), Politik, S. 244 ff.

[147] Etwas umständlich formuliert *Luhmann* (Fn. 119), Politik, S. 247, mit Blick auf das politische System „daß das Zentrum aus der Peripherie mit einer Fülle von inkonsistenten Entscheidungsanforderungen überschüttet wird. [...] [D]as Zentrum [reagiert] auf diese Flut inkonsistenter Anliegen auf bestimmte Weise, nämlich durch Darüberreden.“ Die Leistungsfähigkeit des Systemzentrums hebt *ders.* (Fn. 119), Recht, S. 321, durch die Formulierung „nur hier“ hervor.

[148] Vgl. *Luhmann* (Fn. 119), Recht, S. 323, der festhält, dass „ein Zentrum nicht ohne Peripherie und eine Peripherie nicht ohne Zentrum operieren kann“.

[149] *Luhmann* (Fn. 119), Recht, S. 321.

[150] Allgemein zu Luhmanns Paradoxieverständnis s. *ders.*, Tautologie und Paradoxie in den Selbstbeschreibungen der modernen Gesellschaft, ZfS 16 (1987), 161 ff. Mit Blick auf das Rechtssystem *ders.* (Fn. 119), Recht, S. 188: „Eine Paradoxie kommt zustande, wenn man den Code auf sich selbst anwendet, also die Frage stellt, ob es recht oder unrecht ist, zwischen Recht und Unrecht zu entscheiden.“ Zur Paradoxie des Rechtssystems s. *Lai* (Fn. 30), passim.

[151] *Luhmann* (Fn. 119), Recht, S. 165, sieht im binären Code hingegen nicht die Geltungsquelle des Rechtssystems, denn die „Quelle der Rechtsgeltung“ sei „das Rechtssystem selbst“.

nen blockiert, hat *Luhmann* für Funktionssysteme mehrfach betont.[152] In der Paradoxie zeigt sich einmal mehr *Luhmanns* „Angst vor dem Chaos"[153] und es stellt sich zwangsläufig die Frage, wie mit der Paradoxie des Rechtssystems umzugehen ist, wenn sie nicht auflösbar ist, sie die Systemoperationen blockiert und so letztlich zum Zusammenbruch des Systems führen würde. „Diese Sperre läßt sich [...] dadurch überwinden, daß man darauf achtet, wie das System selbst sie überwindet. Man kann das in einem sehr allgemeinen Sinne ‚Entfaltung' von Selbstreferenz nennen [...]."[154] *Luhmann* sieht also im Modus der Paradoxieentfaltung bzw. Entparadoxierung[155] die Vereitelung eines Systemzusammenbruchs. Auf der Systemebene erfolgt die Paradoxieentfaltung im Falle des Rechtssystems durch ein Zusammenwirken mit dem politischen System. Auch wenn es sich beim Rechtssystem und dem politischen System um zwei operativ geschlossene und damit autonome Funktionssysteme handelt, die je über einen eigenen binären Code verfügen,[156] anerkennt die Systemtheorie bestimmte Wechselbeziehungen zwischen den beiden Systemen, die mit dem Konzept der „double interchanges"[157] umschrieben werden können. Konkret besteht die Leistung des politischen Systems darin, dass es „dem Rechtssystem [...] Prämissen des Entscheidens in der Form positiv gesetzten Rechts"[158] liefert und damit zur Entparadoxierung des Rechtssystems beiträgt. Diese Verknüpfung zwischen politischem System einerseits und Rechtssystem andererseits, die in Gestalt der Rechtsetzung zur Paradoxieentfaltung des letztgenannten Systems führt, wird schließlich durch die Verfassung institutionalisiert und verstetigt.[159] Die Verfas-

---

152 Zu den Folgen von Paradoxien *Luhmann* (Fn. 150), Paradoxie, 161 (163), sowie *ders.* (Fn. 37), S. 129, und *ders.* (Fn. 119), Politik, S. 179.

153 *Martens/Ortmann* (Fn. 30), S. 427 (428).

154 *Luhmann* (Fn. 150), Paradoxie, 161 (163).

155 *Luhmann* (Fn. 150), Paradoxie, 161 (163), verwendet die Begriffe Paradoxieentfaltung und Entparadoxierung synonym.

156 So auch *Brodocz*, Die Macht der Judikative, 2009, S. 56. Zum Verhältnis der Systeme Politik und Recht s. *Luhmann* (Fn. 119), Recht, S. 407 ff., insbesondere S. 420. Die operative Geschlossenheit des Rechtssystems betont auch *Dreier* (Fn. 145), 305 (310): „Die operative Schließung des Rechtssystems vollzieht sich durch die rekursive Bezugnahme rechtlicher Operationen auf rechtliche Operationen."

157 *Luhmann*, Rechtszwang und politische Gewalt, in: ders. (Hrsg.), Ausdifferenzierung des Rechts, 1981, S. 154 (167).

158 *Luhmann* (Fn. 157), S. 154 (167 f.). Zur Positivität des Rechts in Luhmanns Systemtheorie vgl. *Luhmann*, Positivität des Rechts als Voraussetzung einer modernen Gesellschaft, in: ders. (Hrsg.), Ausdifferenzierung des Rechts, 1981, S. 113 ff., und *Dreier*, Hans Kelsen und Niklas Luhmann, Rechtstheorie 14 (1983), 419 ff.

159 Den paradoxieentfaltenden Zusammenhang zwischen dem politischen System und dem Rechtssystem sowie die hier angesprochene Rolle der Verfassung hebt auch *Brodocz* (Fn. 156), S. 54 ff., insbesondere S. 59 f., hervor.

sung „reagiert [...] auf den gegebenen Verknüpfungsbedarf“[160], der seine Grundlage in der Entparadoxierung des Rechtssystems findet. Das politische System gibt also die Antwort auf die Frage, was Recht ist, befreit so das Rechtssystem von der nicht auflösbaren Paradoxie und ermöglicht den Fortbestand des Systems.

Aber nicht nur auf der Systemebene ist ein „Paradoxiemanagement“[161] erforderlich, auch innerhalb des Systems bedarf es der Paradoxieentfaltung und gerade daraus ergibt sich die zentrale Stellung der Gerichtsbarkeit im Rechtssystem. Angesprochen ist damit die Ebene der einzelnen Operationen des Rechtssystems, mithin die ständige Zuordnung von Kommunikationen zum autopoietischen Funktionssystem am Maßstab der Differenzierung von Recht und Unrecht,[162] denn erst die rechtlichen Kommunikationen konstituieren und reproduzieren das System. Es geht mit anderen Worten um die Anwendung des binären Codes auf Kommunikationen, es muss am Maßstab von Recht und Unrecht darüber *entschieden* werden, ob eine Kommunikation dem System zuzuordnen ist.[163] Die Anwendung erfolgt also in Gestalt der Entscheidung, die nach *Luhmann* ihrerseits eine Paradoxie ist und zwar in zweierlei Hinsicht.[164] Mit der Entschei-

---

[160] Zu diesem Aspekt *Luhmann*, Verfassung als evolutionäre Errungenschaft, Rechtshistorisches Journal 9 (1990), 176 (180).

[161] Mit dem Begriff Management deutet *Luhmann* (Fn. 119), Recht, S. 320, m. E. nach an, dass die Bewältigung von bzw. der Umgang mit Paradoxien nur mehrdimensional, also an verschiedenen Punkten im System erfolgen kann.

[162] Zum Inhalt der Systemoperationen des Rechtssystems vgl. *Luhmann* (Fn. 119), Recht, S. 60, 61, 67, insbesondere 70: Der binäre Code „ist nichts anderes als die Struktur eines Erkennungs- und Zuordnungsverfahrens der gesellschaftlichen Autopoiesis. Immer wenn auf Recht bzw. Unrecht referiert wird, ordnet sich eine solche Kommunikation dem Rechtssystem zu.“ *Ders.*, Die Codierung des Rechtssystems, Rechtstheorie 17 (1986), 171 (178 f.).

[163] Dass darüber *entschieden* werden muss, ist darauf zurückzuführen, dass der binäre Code „nur auf der Ebene der Beobachtung zweiter Ordnung gehandhabt werden kann, also nur durch Beobachtung von Beobachtern“, da dieser „indifferent dagegen [ist], ob die Beobachter erster Ordnung – also die Handelnden und ihre Opfer – ihren Weltbezug selbst schon nach Recht und Unrecht klassifizieren oder nicht“, s. *Luhmann* (Fn. 119), Recht, S. 70. Mit anderen Worten kommt es also nicht auf die Intention der Handelnden an, sondern darauf, ob ein Beobachter die Handlung (Kommunikation) am Maßstab von Recht und Unrecht als rechtliche Kommunikation dem Funktionssystem Recht zuordnen würde. Zu den verschiedenen systemtheoretischen Ebenen der Beobachtung vgl. *Luhmann* (Fn. 49), S. 766 ff. Gerichte sind aus systemtheoretischer Perspektive auf der Ebene der Beobachtung zweiter Ordnung zu verordnen, in diese Richtung auch *Solte*, Völkerrecht und Weltgesellschaft aus systemtheoretischer Sicht, ARSP 89 (2003), 519 (530). Andeutungsvoll *Fischer-Lescano/Teubner*, Regime-Kollisionen, 2006, S. 43: Es müssen „Einrichtungen geschaffen [werden], die die Beobachtungen erster Ordnung nach dem Code Recht/Unrecht systematisch einer Beobachtung zweiter Ordnung nach dem Rechtscode unterziehen“.

[164] Vgl. *Luhmann* (Fn. 37), S. 132.

dung wird zunächst die Paradoxie der Systemebene gewissermaßen auf die Ebene der Systemoperationen verschleppt. Das politische System entfaltet durch die Setzung positiven Rechts die Paradoxie des Rechtssystems und bestätigt damit, dass es Recht *ist*, nach Recht und Unrecht zu unterscheiden. Sie setzt mithin den Maßstab für die zu treffende Zuordnungsentscheidung. Muss nun innerhalb des Systems die Zuordnung der Kommunikationen an diesem Maßstab des binären Codes Recht/Unrecht erfolgen, bedeutet dies nichts anderes als die Behauptung, dass „*mit* Recht über Recht *und* Unrecht *entschieden* werden"[165] kann. Was aber Recht ist, ist wie gesehen etwas prinzipiell Unentscheidbares und nur durch die paradoxieentfaltende Leistung des politischen Systems zu umgehen. Ist aber schon die Entscheidung über den binären Code (Maßstab) des Systems etwas prinzipiell Unentscheidbares, ist auch die Zuordnungsentscheidung selbst prinzipiell unentscheidbar. Darüber hinaus kommuniziert eine Entscheidung die Alternative mit, die eigentlich ausgeschlossen werden sollte.[166] Hierin erblickt *Luhmann* die „Paradoxie[n] des Entscheidens"[167], einerseits also im „Einschluss des Ausgeschlossenen"[168], andererseits im Merkmal der Unentscheidbarkeit, das notwendige „Voraussetzung für die Möglichkeit des Entscheidens"[169] ist, denn „anderenfalls wäre die Entscheidung schon entschieden und müßte nur noch ‚erkannt' werden"[170]. Es drängt sich die Frage auf, wie diese nicht auflösbaren Paradoxien entfaltet respektive umgangen werden können, um eine Blockierung der Systemoperationen zu verhindern. Wie können also die Systemoperationen trotz der festgestellten Paradoxie erzwungen werden? Diese Leistung können nur die Gerichte vollbringen, für sie besteht nämlich ein Zwang zur Entscheidung, ihnen ist es nicht gestattet, der Paradoxie zu erliegen und Unentscheidbares unentschieden zu lassen.[171] Dem rechtsstaatlichen Justizgewährungsanspruch korrespondiert nämlich das an den Richter adressierte Verbot der Justizverweigerung.[172] Die Gerichte müssen demnach über jeden der ihnen vorgelegten Fälle

---

165 *Luhmann* (Fn. 119), Recht, S. 310 (Hervorhebung im Original).

166 Hierzu bereits oben Kap. 3, B., I., 1.

167 Vgl. das entsprechende Kapitel bei *Luhmann* (Fn. 37), S. 123 ff., sowie den Aufsatz *ders.*, Die Paradoxie des Entscheidens, VerwArch 84 (1993), 287 ff.

168 So die prägnante Zusammenfassung bei *Fischer* (Fn. 93), S. 42, der, ebd. S. 41 ff., einen Überblick zu dem hier dargestellten Verständnis Luhmanns von Entscheidungsparadoxien gibt. Ausführlich hierzu *Luhmann* (Fn. 37), S. 125 ff.

169 *Luhmann* (Fn. 37), S. 132, der an dieser Stelle Heinz von Foerster zitiert: „Only *those* questions that are in principile undecidable, *we* can decide." (Hervorhebung im Original).

170 *Luhmann* (Fn. 119), Recht, S. 308.

171 Vgl. *Luhmann* (Fn. 119), Recht, S. 317 ff., der, ebd. S. 317, konstatiert: „Die Gerichte müssen auch dort entscheiden, wo sie nicht entscheiden können [...]. Und wenn sie nicht können, dann müssen sie sich zwingen, es zu können."

172 M. w. N. *Papier*, Justizgewährungsanspruch, in: Isensee/Kirchhof (Hrsg.), HStR, Bd. 8,

entscheiden, „[n]ur ihnen obliegt [damit] das Paradoxiemanagement des Systems“[173]. Durch das Vorhalten eines Instanzenzuges „wird [dieser] Entscheidungszwang entfaltet und der problematische Bereich tendenziell nach oben verlagert“[174]. Daher verortet *Luhmann* die Gerichtsbarkeit im Zentrum des Rechtssystems. „Alle anderen, nichtgerichtlichen Arbeitsbereiche des Rechtssystems gehören zur Peripherie“, für die „es keinen Operationszwang“[175] gibt. Auch die hier interessierenden öffentlich-rechtlichen Fachgerichtsbarkeiten sind demnach Bestandteil des Systemzentrums.

2. Die öffentlich-rechtliche(n) Fachgerichtsbarkeit(en) als Organisation(en)

Dem Voranstehenden kann aber nicht nur entnommen werden, welche Stellung der Gerichtsbarkeit allgemein innerhalb des Rechtssystems zukommt; vielmehr deutet sich an dieser Stelle auch die Einordnung der einzelnen öffentlich-rechtlichen Fachgerichte als Organisationen an. Die Gerichte tragen durch Entscheidungen zur Entparadoxierung des Rechtssystems bei, sie operieren also im Wege der Entscheidung.[176] Damit erfüllen sie auf definitorischer Ebene zugleich das, was für *Luhmann* Kennzeichen einer jeden Organisation ist. Bei Organisationen handelt es sich um „Systeme, die aus Entscheidungen bestehen und die Entscheidungen, aus denen sie bestehen, durch die Entscheidungen, aus denen sie bestehen, selbst anfertigen“[177]. Der These, dass es sich bei den öffentlich-rechtlichen Fachgerichten um Organisationen handelt, kommt daher eine hohe Plausibilität zu. Sie entscheiden über ihre Zuständigkeit, über die Statthaftigkeit einer Klage, über die Klagebefugnis des Klägers, über eine eventuelle Verfristung der Klage und über den Inhalt der Klage, um nur einige (verwaltungsprozessuale) Beispiele zu nennen. Im Wege der Entscheidung über verschiedene Aspekte konstituieren sich die Gerichte als organisierte Systeme und durch die ständige Reproduktion von Entscheidungen erhalten sie sich als solche. Jede Entscheidung kommuniziert dabei die ausgeschlossene Alternative (zumindest) in ihrem Subtext mit. So kann etwa aus der Feststellung der Zuständigkeit eines Gerichts zugleich die Ablehnung der Unzuständigkeit herausgelesen werden.

Dabei können nach hier vertretener Ansicht aber nicht nur die einzelnen öffentlich-rechtlichen Fachgerichte als Organisationen qualifiziert werden, sondern auch die sie umfassenden Gerichtsbarkeiten. Die durch einen je eigenen

---

3. Aufl. 2010, § 176 Rn. 19. *Luhmann* (Fn. 119), Recht, S. 310, spricht in diesem Zusammenhang ebenfalls vom „Verbot der Justizverweigerung“.

[173] *Luhmann* (Fn. 119), Recht, S. 320.

[174] *Luhmann* (Fn. 139), Gerichte, 459 (470).

[175] *Luhmann* (Fn. 119), Recht, S. 321.

[176] Vgl. *Luhmann* (Fn. 119), Recht, S. 307 ff.

[177] *Luhmann* (Fn. 74), S. 165 (166).

Instanzenzug konstruierten öffentlich-rechtlichen Fachgerichtsbarkeiten werden nach dieser Lesart also ebenfalls als je eine Organisation begriffen, die sich intern durch die verschiedenen Instanzen weiter ausdifferenziert. Erst der durch den Instanzenzug gewährleistete Entscheidungszwang entparadoxiert das Rechtssystem,[178] zur Erreichung der Systemfunktion bedarf es mithin gerade eines Zirkulierens von aufeinander bezogenen Entscheidungen über verschiedene Ebenen. Dieses Zirkulieren aufeinander bezogener Entscheidungen führt faktisch zur Verknüpfung von Entscheidungskommunikationen. Entsteht und besteht eine Organisation systemtheoretisch betrachtet aber gerade aus der Verknüpfung von Entscheidungen,[179] ist es angezeigt, auch die drei öffentlich-rechtlichen Fachgerichtsbarkeiten in ihrer jeweiligen Gesamterscheinung als je eigene Organisation zu begreifen. Rechtlich zeigt sich dies insbesondere an den prozessualen Regelungen zu den verschiedenen Rechtsmitteln, die letztlich zur Folge haben, dass etwa Entscheidungen des Verwaltungs-, Oberverwaltungs- und Bundesverwaltungsgerichts aneinander anknüpfen. Auslöser und Bezugspunkt von Berufung und Revision sind stets Entscheidungen der vorangegangenen Instanz(en).[180] Daran ändert sich auch dann nichts, wenn wie im Falle von § 128 VwGO das Berufungsgericht eine eigenständige Tatsacheninstanz bildet.[181] Zugleich zeigt sich darin die Besonderheit des Systemzentrums, das sich nach *Luhmann* im Unterschied zur Peripherie intern weiter ausdifferenzieren kann, und zwar sowohl segmentär in Form unterschiedlicher räumlicher und sachlicher Zuständigkeitsbereiche als auch durch Hierarchisierung in Gestalt eines Instanzenzuges.[182]

Nach dem hier zugrunde gelegten Verständnis können im Hinblick auf die „Organisation der Gerichtsbarkeit“[183] also gleich mehrere organisationale Ebenen identifiziert und voneinander unterschieden werden. Zunächst handelt es sich bei den einzelnen Gerichten wie den Verwaltungs-, Finanz- und Sozialgerichten, den Oberverwaltungs- und Landessozialgerichten wie auch beim Bundesverwal-

---

[178] So auch *Luhmann* (Fn. 139), Gerichte, 459 (470).

[179] *Luhmann* (Fn. 70), S. 17 (17), spricht von „Organisationen als Verknüpfung von Entscheidungsereignissen“.

[180] Vgl. insofern nur den Wortlaut der §§ 124 Abs. 1, 132 Abs. 1 S. 1, 134 Abs. 1 S. 1 VwGO, §§ 143, 160 Abs. 1, 161 Abs. 1 S. 1 SGG, § 115 Abs. 1 FGO.

[181] Dies betrifft nämlich nur den Umfang der Nachprüfung durch das Berufungsgericht. „Das Verfahren vor dem VG und – auf eine zulässige Berufung hin – vor dem OVG ist grundsätzlich eine Einheit. […] *Gegenstand der Verhandlung* und Entscheidung in zweiter Instanz sind in diesem Rahmen alle vom VG zuerkannten oder aberkannten Streitpunkte mit allem, was zu diesem Streitstoff gehört […].“ So *Rudisile*, in: Schoch/Schneider/Bier (Hrsg.), VwGO, Bd. 2, § 128 (29. EL Oktober 2015) Rn. 3 (Hervorhebung im Original). Der innere Bezug zwischen den Entscheidungen der beiden Instanzen wird also nicht durchbrochen.

[182] Vgl. zur internen Differenzierung des Systemzentrums *Luhmann* (Fn. 119), Recht, S. 323 f.

[183] *Luhmann* (Fn. 119), Recht, S. 321.

tungsgericht, dem Bundesfinanzhof und dem Bundessozialgericht um eigenständige Organisationen. Die Elemente, aus denen sie bestehen, namentlich Entscheidungen, produzieren und reproduzieren sie selbst. Durch das die einzelnen Gerichte verbindende Band, den Instanzenzug, bilden sich sodann die Verwaltungs-, Finanz- und Sozialgerichtsbarkeit, die wiederum als Organisationen im Sinne der Theorie *Luhmanns* anerkannt werden können. Grund hierfür sind die aneinander anknüpfenden Entscheidungen innerhalb des Instanzenzuges, die in theoretischer Perspektive ein organisationsbegründendes Entscheidungsnetz[184] bilden. Das Zentrum des Rechtssystems zeichnet sich damit im Hinblick auf die öffentlich-rechtliche Gerichtsbarkeit einerseits durch eine segmentäre und andererseits durch eine sich vertiefende hierarchische Binnendifferenzierung aus, mit der Einzelorganisationen auf verschiedenen Ebenen korrespondieren.

3. Organisationstheoretische Spezifika der öffentlich-rechtlichen Fachgerichtsbarkeiten

Bisher konnte auf definitorischer Ebene aufgezeigt werden, dass es sich bei den (Gerichten der) öffentlich-rechtlichen Fachgerichtsbarkeiten um Organisationen im Sinne der Organisationstheorie *Niklas Luhmanns* handelt. Darin erschöpft sich die Überprüfung der Passgenauigkeit eben jener Theorie für die öffentlich-rechtlichen Fachgerichtsbarkeiten allerdings nicht; vielmehr soll und muss in einem weiteren Schritt auch der Frage nachgegangen werden, inwieweit sich die Organisationen des verwaltungsgerichtlichen Rechtsschutzsystems durch diejenigen organisationsimmanenten Spezifika auszeichnen, die *Luhmann* für Organisationen identifiziert hat. Konkret geht es also darum, ob Entscheidungsprämissen die organisatorische Struktur (der Gerichte) der öffentlich-rechtlichen Fachgerichtsbarkeiten maßgeblich prägen.

a) Prozessordnungen als Entscheidungsprogramme

Bereits zuvor deutete sich an, dass es Entscheidungen sind, die die öffentlich-rechtlichen Fachgerichtsbarkeiten als Organisationen konstituieren und bestehen lassen. Untrennbar mit dieser Feststellung verbunden ist die Frage, was im konkreten Fall die Entscheidungsprogramme sind, die „als Oszillatoren“[185] die autopoietischen Operationen einer Organisation nach *Luhmann* erst ermöglichen. In einem ersten Schritt soll daher geklärt werden, inwieweit es sich bei den Prozessordnungen der Sozial-, Finanz- und allgemeinen Verwaltungsgerichtsbarkeit um Entscheidungsprogramme im Sinne der systemtheoretischen Organisationstheorie handelt.

---

[184] Den Begriff des Entscheidungsnetzes verwendet auch *Horster* (Fn. 137), S. 153.

[185] *Luhmann* (Fn. 37), S. 224.

Entscheidungsprogramme zeichnen sich durch zwei wesentliche Eigenschaften aus.[186] Zum einen beinhalten sie Bedingungen und Kriterien, die als Richtigkeitsmaßstab für Entscheidungen fungieren.[187] Zum anderen werden sie von der Organisation selbst entwickelt und gesetzt.[188] Das Ziel von Entscheidungsprogrammen ist die Strukturierung der Organisation.[189] Die Dynamik von Entscheidungen als kommunikative, kurzlebige Ereignisse[190] soll durch sie entschleunigt bzw. handhabbar gemacht werden. Sie fungieren so gesehen als Wegmarken und „bilden das ‚positive Recht' der Organisation"[191]. Ihrer Aufgabe kommen sie dabei entweder in Gestalt von Konditional- oder aber Zweckprogrammen nach, häufig finden sich Mischformen beider Programmtypen.[192] Um Entscheidungsprogramme im Sinne der *Luhmann'schen* Organisationstheorie zu sein, müssten die Prozessordnungen der Verwaltungs-, Finanz- und Sozialgerichtsbarkeit demnach (1.; unter aa) Bedingungen der sachlichen Richtigkeit der zu treffenden prozessrechtlichen Entscheidungen beinhalten und so eine Strukturierung der Organisation ermöglichen, (2.; unter bb) konditional- und/oder zweckprogrammiert sein und (3.; unter cc) von der Organisation selbst gesetzt worden sein, wobei die beiden ersten Voraussetzungen ineinander münden.

aa) Prozessrecht als strukturierender Maßstab gerichtlicher Entscheidungen

Betrachtet man Verwaltungsgerichtsordnung, Sozialgerichtsgesetz und Finanzgerichtsordnung vor diesem Hintergrund ausschnitthaft, wird man nicht umhinkommen, sie als Entscheidungsprogramme zu qualifizieren. Sämtliche Prozessordnungen zeichnen sich dadurch aus, dass sie Bedingungen und Kriterien festlegen, die den Gang eines verwaltungsgerichtlichen Verfahrens koordinieren und strukturieren.[193] Den Ausgangspunkt des gerichtlichen Verfahrens etwa bilden Fragen der sachlichen und örtlichen Zuständigkeit sowie dem vorgelagert der Aspekt der Eröffnung des jeweiligen Rechtsweges. Konkret regeln sowohl die

---

186 Zu Inhalt und Funktion von Entscheidungsprogrammen vgl. oben Kap. 3, B., I., 2.

187 So ausdrücklich *Luhmann* (Fn. 74), S. 165 (176).

188 *Luhmann* (Fn. 37), S. 261, schreibt hierzu etwa: „Bei beiden Programmformen […] handelt es sich um die Einführung einer künstlichen Unterscheidung, die nicht vorgefunden wird, sondern im System selbst konstruiert und durch Entscheidung verbindlich gemacht werden muss." Weitere Nachweise zur Selbstsetzung der Entscheidungsprogramme durch die Organisationen weiter unten bei Kap. 3, B., II., 3., a), cc).

189 Zur Strukturierung von Organisationen durch alle Entscheidungsprämissen und so auch durch die Entscheidungsprogramme vgl. *Luhmann* (Fn. 74), S. 165 (172).

190 S. hierzu *Luhmann* (Fn. 39), Systeme, S. 390, sowie *ders.* (Fn. 74), S. 165 (172).

191 *Luhmann* (Fn. 37), S. 271.

192 Im Einzelnen *Luhmann* (Fn. 37), S. 261 ff., und *ders.* (Fn. 74), S. 165 (176 f.).

193 Vgl. *Degenhart*, Gerichtsverfahren, in: Isensee/Kirchhof (Hrsg.), HStR, Bd. 5, 3. Aufl. 2007, § 115 Rn. 1 f.

Verwaltungsgerichtsordnung, § 45 VwGO, wie auch die Finanzgerichtsordnung, § 35 FGO, und das Sozialgerichtsgesetz, § 8 SGG, dass die jeweilige Gerichtsbarkeit sachlich zuständig ist, wenn der entsprechende Rechtsweg eröffnet ist.[194] Es bedarf also einer Entscheidung darüber, ob für den vorgetragenen Gegenstand der Rechtsweg zum Finanzgericht nach § 33 FGO, zum Sozialgericht nach § 51 SGG oder zum allgemeinen Verwaltungsgericht nach der Generalklausel des § 40 Abs. 1 S. 1 VwGO eröffnet ist. Es muss, vereinfacht gesagt, vom Gericht darüber befunden bzw. die Frage beantwortet werden, ob es sich dem Klägerbegehren annehmen muss.[195] Bejaht das jeweilige Gericht insoweit die Eröffnung des Rechtswegs und ist damit eine der öffentlich-rechtlichen Fachgerichtsbarkeiten sachlich zuständig, wird zugleich die abgelehnte Alternative, nämlich die Nicht-Eröffnung des Rechtswegs und eine Verweisung an das zuständige Gericht nach § 17a Abs. 2 S. 1 GVG, mitkommuniziert.[196] Gleiches gilt für die örtliche Zuständigkeit.[197] Nach § 52 VwGO, § 38 FGO oder § 57 SGG muss entschieden werden, welches Gericht zuständig, und welches eben nicht zuständig ist. Das Herzstück der Verfahren vor den öffentlich-rechtlichen Fachgerichten bildet die Klärung der Streitsache durch einen Richter.[198] Hierzu hält das jeweilige Prozessrecht vor dem Hintergrund unterschiedlicher Klagebegehren verschiedene Klagearten vor, die vergröbert in Gestaltungs- und Leistungsklagen unterteilt werden können.[199] So kann etwa mit einer Anfechtungsklage, § 42 Abs. 1 1. Var. VwGO, § 40 Abs. 1 1. Var. FGO, § 54 Abs. 1 S. 1 1. Var. SGG, die Aufhebung eines Verwaltungsaktes begehrt werden. Ist der angefochtene Verwaltungsakt rechtswidrig und der Kläger in seinen Rechten verletzt, § 113 Abs. 1 S. 1 VwGO, § 100 Abs. 1 S. 1 Hs. 1 FGO, § 54 Abs. 2 S. 1 SGG, ist die Anfech-

---

[194] Zum systematischen Zusammenhang zwischen sachlicher Zuständigkeit und Rechtswegeröffnung vgl. etwa *Bier/Schenk*, in: Schoch/Schneider/Bier (Hrsg.), VwGO, Bd. 1, § 45 (20. EL Mai 2010) Rn. 1.

[195] So spricht etwa auch *Keller*, in: Meyer-Ladewig/ders./Leitherer/Schmidt (Hrsg.), SGG, 13. Aufl. 2020, § 51 Rn. 2, davon, dass „[d]ie Rechtswegfrage […] vor jeder Sachentscheidung geprüft und bejaht werden" muss.

[196] Zu der Verweisung nach GVG insgesamt *Ehlers*, in: Schoch/Schneider/Bier (Hrsg.), VwGO, Bd. 1, Vorb. § 17 GVG (9. EL September 2003) Rn. 1 ff., der, ebd. Vorb. § 17 GVG Rn. 2, auf den interessanten Umstand hinweist, dass § 17a GVG ein Relikt aus den Verhandlungen des Koordinierungsausschusses zur Vereinheitlichung der Prozessordnungen ist.

[197] Interessanterweise spricht auch *Luhmann* (Fn. 37), S. 238, die örtliche Zuständigkeit eines (Arbeits-)Gerichts im Zusammenhang mit der Erörterung organisationaler Entscheidungsprämissen als Beispiel an.

[198] Dies folgt schon aus den Funktionen, die den öffentlich-rechtlichen Fachgerichtsbarkeiten zukommen, in diesem Zusammenhang insbesondere aus der Rechtsschutzfunktion. Hierzu sogleich unten unter Kap. 3, B., II., 3., a), bb), (1).

[199] Eine Übersicht über die verschiedenen Klagearten der Prozessordnungen findet sich (nach alter Rechtslage) bei *Grunsky*, Grundlagen des Verfahrensrechts, 2. Aufl. 1974, S. 377 ff.

tungsklage begründet. Die Prozessordnungen legen demnach nicht nur die Klagetypen fest, sondern zugleich auch die Bedingungen, unter denen dem Klagebegehren stattgegeben wird. Im entsprechenden Prozessrecht finden sich mithin die Voraussetzungen, bei deren Vorliegen es im Sinne des Prozessrechts sachlich richtig ist, dass das Gericht den Verwaltungsakt aufhebt und damit zugleich mitkommuniziert, dass der Verwaltungsakt nicht bestandskräftig ist.[200] Flankiert werden die Regelungen zum Inhalt des Verfahrens von Bestimmungen, die den ordnungsgemäßen Ablauf des Verfahrens sowie eine richtige Entscheidungsgrundlage sicherstellen sollen. Auf dem Weg zur verfahrensabschließenden Entscheidung muss beispielsweise über die Beteiligten- und Prozessfähigkeit,[201] etwaige Beiladungen,[202] die ordnungsgemäße Klageerhebung[203] oder die Frist[204] entschieden werden. Unter Hinzuziehung der Vorgaben des jeweiligen Prozessrechts muss also geklärt werden, wer am Prozess beteiligt ist, ob eine bestimmte Person oder Behörde beizuladen ist, ob die Klage hinsichtlich Form und Inhalt ordnungsgemäß erhoben und dabei die entsprechende Frist gewahrt wurde. Solche Vorgaben zur sachlichen Richtigkeit der Entscheidungen der öffentlich-rechtlichen Fachgerichte finden sich im Prozessrecht nicht nur für die Verfahren im ersten Rechtszug, sondern auch für die Rechtsmittel. Die Prozessordnungen der Verwaltungs-, Finanz- und Sozialgerichtsbarkeit treffen Regelungen darüber, wann Rechtsmittel zulässig sind und unter welchen Voraussetzungen wie zu entscheiden ist. So regeln etwa § 124 VwGO und §§ 143, 144 SGG unter welchen Voraussetzungen die Oberverwaltungsgerichte und die Landessozialgerichte sich für die Zulassung der Berufung entscheiden müssen.[205]

Insgesamt kann den Prozessordnungen also schon auf Grundlage dieses kursorischen Blicks attestiert werden, dass sie Kriterien bereithalten, anhand derer die sachliche Richtigkeit prozessrechtlicher Aspekte von Entscheidungen der Gerichte festgestellt werden kann. Die von den Prozessordnungen bereitgestellten Regelungen und die ihnen inhärente Systematik strukturieren das gerichtliche Verfahren, insbesondere indem sie einen Ablauf von Entscheidungen vorgeben, die auf dem Weg hin zur verfahrensabschließenden Entscheidung gewissermaßen als verfahrensinterne Stationen seitens der Gerichte abzuarbeiten sind.

---

[200] So spricht im Hinblick auf § 113 VwGO etwa auch *Riese*, in: Schoch/Schneider/Bier (Hrsg.), VwGO, Bd. 2, § 113 (33. EL Juni 2017) Rn. 2, von einem „zu absolvierende[n] *Prüfprogramm*" und davon, dass § 113 VwGO „Leitlinien vor[gibt]" (Hervorhebung im Original).

[201] §§ 61 ff. VwGO, §§ 70 f. SGG, §§ 57 f. FGO.

[202] § 65 VwGO, § 75 SGG, §§ 60 f. FGO.

[203] §§ 81 f. VwGO, §§ 90, 92 SGG, §§ 64 f. FGO.

[204] § 74 VwGO, § 87 SGG, § 47 FGO.

[205] So spricht etwa *Rudisile*, in: Schoch/Schneider/Bier (Hrsg.), VwGO, Bd. 2, § 124 (29. EL Oktober 2015) Rn. 14, im Hinblick auf die Regelung des § 124 VwGO davon, dass „Absatz 1 […] das ‚Tor' zum Rechtsmittel der Berufung [ist]. Absatz 2 der ‚Schlüssel' dazu."

bb) Zum Programmcharakter der Prozessordnungen

Bei den Regelungsregimen der verschiedenen Prozessordnungen fällt zudem ins Auge, dass sie die Eigenheiten von Zweck- und Konditionalprogrammen in sich vereinen. Teilweise können die für Konditionalprogramme typischen Wenn-Dann-Strukturen identifiziert werden: Hier genügt etwa schon ein Hinweis auf den Wortlaut der zuvor erwähnten Regelungen zur Begründetheit einer Anfechtungsklage, nach denen eine Anfechtungsklage *dann* begründet ist, *soweit* der angegriffene Verwaltungsakt rechtswidrig und der Kläger in seinen Rechten verletzt ist.[206] Das gesamte Regelungsregime wiederum ist geprägt vom Wesen eines Zweckprogramms. Ein Zweckprogramm zeichnet sich dadurch aus, dass es bestimmte Ziele festsetzt, ohne dabei konkrete Mittel vorzugeben.[207] Das Zweckprogramm eines Unternehmens kann etwa bestimmte Wachstumsziele vorsehen. Was das Ziel der öffentlich-rechtlichen Fachgerichtsbarkeiten ist, kann von ihrer Funktion her bestimmt werden. Nicht erforderlich ist es, jede einzelne Vorschrift auf ihren Zweckprogrammcharakter hin zu untersuchen. „[E]in Merkmal funktionalen Denkens [ist es], nicht so sehr den einzelnen Gesetzestatbestand einer isolierten Untersuchung zu unterziehen, als vielmehr größere Normenbestände in den Blick zu nehmen."[208] Die einzelnen Elemente eines Entscheidungsprogramms tragen nach dieser Lesart mithin zwar Züge bzw. Charakteristika eines Zweckprogramms in sich, die Typisierung eines Entscheidungsprogramms als Zweckprogramm sollte allerdings mit Blick auf das gesamte Regelungsgefüge erfolgen. Die Feststellung des Zweckprogrammcharakters der Prozessordnungen hängt davon ab, ob sich in ihnen die Funktionen der öffentlich-rechtlichen Fachgerichtsbarkeiten spiegeln. Das zieht also die Frage nach sich, welche Funktionen den (Verfahren vor) öffentlich-rechtlichen Fachgerichtsbarkeiten zukommen.

(1) Funktionen der öffentlich-rechtlichen Fachgerichtsbarkeiten

Neben der bereits erwähnten dienenden Funktion[209] kann den Verfahren vor den öffentlich-rechtlichen Fachgerichtsbarkeiten noch eine Vielzahl weiterer Funktionen zugeordnet werden, die an dieser Stelle kursorisch vorgestellt werden sollen. Das Herzstück in diesem Funktionenmix bildet die von Art. 19 Abs. 4 S. 1 GG verfassungsrechtlich garantierte Gewährleistung effektiven Rechtsschutzes.[210] Dem rechtsschutzsuchenden Bürger soll für alle möglichen Fälle einer

---

[206] Zur Wenn-Dann-Struktur von Konditionalprogrammen vgl. *Luhmann* (Fn. 37), S. 263.

[207] Vgl. hierzu und zum Folgenden *Martens/Ortmann* (Fn. 30), S. 427 (443).

[208] *Schmidt-Aßmann*, Funktionen der Verwaltungsgerichtsbarkeit, in: Erichsen/Hoppe/ v. Mutius (Hrsg.), FS Menger, 1985, S. 107 (107).

[209] Vgl. bereits oben Kap. 1, B., III., 3., a).

[210] So auch *Schmidt-Aßmann/Schenk*, in: Schoch/Schneider/Bier (Hrsg.), VwGO, Bd. 1,

Verletzung seiner subjektiv-öffentlichen Rechte durch die öffentliche Gewalt Rechtsschutz gewährt werden.[211] In dieser Perspektive kommt das besondere Staat-Bürger-Verhältnis zum Tragen, das sämtlichen Verfahren vor den öffentlich-rechtlichen Fachgerichten zugrunde liegt: Gemeint ist der Umstand, „dass der Bürger der Verwaltung gewissermaßen als Gegner gegenübersteht und [die öffentlich-rechtlichen Fachgerichte] sich dem Bürger als schützende Instanz anbieten“[212].

In teilweise wechselseitiger Ergänzung hierzu steht die objektive Kontrollfunktion, die von den Gerichten verlangt, das Handeln der Exekutive auf seine Rechtmäßigkeit hin zu überprüfen.[213] Die Kontrollfunktion der öffentlich-rechtlichen Fachgerichtsbarkeiten wurzelt im Rechtsstaatsprinzip, genauer: im Grundsatz der Gewaltenteilung.[214] Gemäß Art. 20 Abs. 3 GG ist die Exekutive an Recht und Gesetz gebunden, die Judikative wiederum überprüft nach Art. 20 Abs. 2 GG die Einhaltung dieser Bindung. Im Horizont der objektiven Rechtskontrolle kommt den Gerichten die Aufgabe zu, die gesamte Rechtsordnung zu bewahren.[215] Der Umfang dieses Prüfauftrags unterscheidet sich von der subjektiven Rechtsschutzfunktion dadurch, dass es nicht ausschließlich auf die Überprüfung subjektiv-öffentlicher Rechte ankommt, sondern vielmehr sämtliche entscheidungsrelevanten Vorschriften in die Prüfung miteinzubeziehen sind.

Einl. (23. EL Januar 2012) Rn. 1: „Der Individualrechtsschutz erschöpft die Funktionen des Verwaltungsprozesses zwar nicht, aber er bildet seine wichtigste Aufgabe.“ So auch *Nolte*, Die Eigenart des verwaltungsgerichtlichen Rechtsschutzes, 2015, S. 47. Dass dies auch für die Finanzgerichtsbarkeit und die Sozialgerichtsbarkeit gilt, betonen auch *Schmidt-Aßmann* (Fn. 208), S. 107 (109), sowie *Palm*, Vergleich der Verfahrensordnungen der öffentlich-rechtlichen Gerichtsbarkeit, in: Drüen/Hey/Mellinghoff (Hrsg.), FS 100 Jahre BFH, Bd. 2, 2018, S. 1935 (1938), der im Hinblick auf Art. 19 Abs. 4 S. 1 GG von einer „übereinstimmenden verfassungsrechtlichen Funktions- und Aufgabenstellung der Verwaltungs-, Finanz- und Sozialgerichtsbarkeit“ spricht. Für die Sozialgerichtsbarkeit zudem *Berchtold/Lüdtke*, in: Lüdtke/Berchtold (Hrsg.), SGG, 5. Aufl. 2017, § 1 Rn. 2, 5.

211 Zum Gewährleistungsgehalt von Art. 19 Abs. 4 S. 1 GG vgl. statt vieler *Schmidt-Aßmann*, in: Maunz/Dürig (Hrsg.), GG, Bd. 3, Art. 19 Abs. 4 (72. EL Juli 2014) Rn. 6ff.

212 M. w. N. *Nolte* (Fn. 210), S. 50.

213 So auch *Mehde*, Verwaltungskontrolle als Daueraufgabe der Verwaltungsgerichtsbarkeit, Die Verwaltung 43 (2010), 379 (380), und *Nolte* (Fn. 210), S. 52: „Die Kontrollfunktion und die subjektive Rechtsschutzfunktion stehen in der Regel nicht im Widerspruch zueinander, sondern bedingen und ergänzen sich.“ Ebenfalls *Krebs*, Subjektiver Rechtsschutz und objektive Rechtskontrolle, in: Erichsen/Hoppe/v. Mutius (Hrsg.), FS Menger, 1985, S. 191 (191 f.), und *Brohm*, Zum Funktionswandel der Verwaltungsgerichtsbarkeit, NJW 1984, 8 (8). In diese Richtung für die Finanzgerichtsbarkeit etwa auch *Grund*, Steuergesetzgebung – Steuerverwaltung – Steuergerichtsbarkeit, in: FS 50 Jahre BFH, 1968, S. 27 (33).

214 Hierzu und zum Folgenden m. w. N. *Nolte* (Fn. 210), S. 52.

215 Zu den im Folgenden skizzierten Einzelheiten der objektiven Kontrollfunktion s. *Krebs* (Fn. 213), S. 191 (192); *Nolte* (Fn. 210), S. 52 f.

Auch wenn subjektive Rechtsschutz- und objektive Kontrollfunktion einander also bedingen, kommt letzterer dennoch noch eine eigenständige Bedeutung zu. Ausdruck dessen sind beispielsweise die in § 47 VwGO und § 55a SGG geregelten Normenkontrollverfahren, die sich hinsichtlich ihrer Begründetheit von der Aufgabe der Rechtsschutzgewährung im Falle einer Verletzung subjektiv-öffentlicher Rechte lösen.[216] Eine spezielle Ausprägung findet die objektive Kontrollfunktion der öffentlich-rechtlichen Fachgerichtsbarkeiten schließlich in der Rechtsdurchsetzungsfunktion.[217] Konkret obliegt den Gerichten, nicht zuletzt wegen ihrer Grundrechtsbindung aus Art. 1 Abs. 3 GG, die Aufgabe, die Vereinbarkeit einfachen Rechts mit verfassungsrechtlichen Vorgaben zu überprüfen. Kommen dabei Zweifel an der Verfassungskonformität der einfachgesetzlichen Regelungen auf, sind sie nach Art. 100 Abs. 1 GG dazu verpflichtet, das Verfahren auszusetzen und die Sache dem Bundesverfassungsgericht vorzulegen.

Daneben sind die Gerichte der öffentlich-rechtlichen Fachgerichtsbarkeiten dazu verpflichtet, im Falle von Gesetzeslücken oder Widersprüchlichkeiten Rechtsfortbildung zu betreiben.[218] Verfassungsrechtliche Grundlage für die richterliche Rechtsfortbildung ist die Bindung der Richter an Gesetz und Recht gemäß Art. 20 Abs. 3 GG.[219] Einfachrechtlich wird die Rechtsfortbildungsfunktion etwa von § 11 Abs. 4 VwGO, § 11 Abs. 4 FGO und § 41 Abs. 4 SGG zum Ausdruck gebracht.[220] Auch hierin zeigt sich die – systemtheoretisch betrachtet – zentrale Stellung der Gerichte im Funktionssystem Recht: An etwaigen „Sackgassen" im Recht darf die gerichtliche Entscheidungsfindung nicht zum Erliegen kommen. Um dies zu verhindern, wird das Gericht zur Entscheidung gezwungen, indem in Ansehung der Bindung der Richter an Gesetz und Recht durch rechtsfortbildende Auslegung etwaige Lücken im Recht geschlossen oder Widersprüche aufgelöst werden.

---

[216] Auch *Nolte* (Fn. 210), S. 53, verweist in diesem Zusammenhang auf das Normenkontrollverfahren der VwGO. Für die abstrakte Normenkontrolle im sozialgerichtlichen Verfahren vgl. *Scholz*, in: Roos/Wahrendorf (Hrsg.), SGG, 2014, § 55a Rn. 2, der allerdings trotz Anerkennung der objektiven Kontrollfunktion feststellt, dass „[d]er Individualrechtsschutz […] in der Praxis im Vordergrund stehen" dürfte.

[217] Hierzu und zum Folgenden vgl. *Nolte* (Fn. 210), S. 55 ff.

[218] Zur Rechtsfortbildungsfunktion s. *Nolte* (Fn. 210), S. 62 ff.

[219] So auch *Kirchhof*, Richterliche Rechtsfortbildung, gebunden an „Gesetz und Recht", NJW 1986, 2275 (2275).

[220] So auch *Nolte* (Fn. 210), S. 63. Zu § 41 Abs. 4 SGG vgl. *Roos*, in: dies./Wahrendorf (Hrsg.), SGG, 2014, § 41 Rn. 23 f.; *Leitherer*, in: Meyer-Ladewig/Kehrer/ders./Schmidt (Hrsg.), 13. Aufl. 2020, § 41 Rn. 17. Zu § 11 Abs. 4 FGO s. *Teller*, in: Gräber (Hrsg.), FGO, 9. Aufl. 2019, § 11 Rn. 26 f. Zu § 11 Abs. 4 VwGO s. *Pietzner/Bier*, in: Schoch/Schneider/Bier (Hrsg.), VwGO, Bd. 1, § 11 (35. EL September 2018) Rn. 48 ff.

Komplettiert wird das Konglomerat gerichtlicher Funktionen von der Streitentscheidungs- sowie der Befriedigungsfunktion.[221] Schon das Prozessrecht, § 40 Abs. 1 VwGO, § 33 Abs. 1 FGO, § 51 Abs. 1 SGG, offenbart, dass den Verfahren vor den Gerichten der drei öffentlich-rechtlichen Fachgerichtsbarkeiten öffentlich-rechtliche *Streitigkeiten* zugrunde liegen, die einer gerichtlichen Entscheidung zugeführt werden sollen. Angeseilt an die Rechtsschutzfunktion ist es demnach die Aufgabe der Gerichte bzw. Richter, Streitigkeiten zwischen Bürger und Staat am Maßstab des Rechts zu überprüfen und zu entscheiden. Abgesichert wird dies durch die Unabhängigkeit der zur Entscheidung berufenen Richter, die zuvörderst verfassungsrechtlich garantiert wird, Art. 97 GG,[222] daneben aber auch in den Prozessordnungen eine besondere Erwähnung an exponierter Stelle erfährt, § 1 VwGO, § 1 FGO, § 1 SGG.[223] Die Befriedigungsfunktion wiederum, die im engen Zusammenhang mit der Streitentscheidungsfunktion steht, hat es zum Ziel, Rechtsfrieden zu schaffen.[224] Konkret geht es darum, einer gerichtlichen Entscheidung „Beständigkeit und Verlässlichkeit“[225] zu verleihen. Gewährleistet werden diese unter dem Begriff der Rechtssicherheit[226] firmierenden Gewährleistungen insbesondere durch das Rechtsinstitut der Rechtskraft, die prozessrechtlich in § 121 VwGO, § 110 Abs. 1 FGO und § 141 Abs. 1 SGG ihren Niederschlag findet.[227]

---

[221] Hierzu insgesamt *Nolte* (Fn. 210), S. 71 ff. Zu der im Folgenden näher erläuterten Streitschlichtungsfunktion vgl. ebd.; *Schmidt-Aßmann/Schenk* (Fn. 210), Einl. Rn. 34; *Achterberg*, Der Begriff „Rechtsprechung im materiellen Sinne“, in: Erichsen/Hoppe/v. Mutius (Hrsg.), FS Menger, 1985, S. 125 (130 f.).

[222] Die verfassungsrechtlich garantierte richterliche Unabhängigkeit als Absicherung der Streitentscheidungsfunktion betonen auch *Hillgruber*, in: Maunz/Dürig (Hrsg.), GG, Bd. 6, Art. 97 (52. EL Mai 2008) Rn. 4 („Die richterliche Unabhängigkeit stellt [...] eine funktionsbezogene Gewährleistung des Freiraums [dar], dessen der Richter zur sachgerechten Erfüllung der ihm gestellten Rechtsprechungsaufgabe in einem Rechtsstaat bedarf.“), und *Schulze-Fielitz*, in: Dreier (Hrsg.), GG, Bd. 3, 3. Aufl. 2018, Art. 97 Rn. 17 (Art. 97 Abs. 1 GG „formuliert ein funktionales Privileg zum Schutze der Funktionsfähigkeit der Rechtspflege“.).

[223] Für die einfachrechtliche Ausprägung in der VwGO so auch m. w. N. *Nolte* (Fn. 210), S. 71. Zu § 1 VwGO im Einzelnen vgl. *Stelkens/Panzer*, in: Schoch/Schneider/Bier (Hrsg.), VwGO, Bd. 1, § 1 (25. EL April 2013) Rn. 34 ff. Für § 1 FGO wiederum *Herbert*, in: Gräber (Hrsg.), FGO, 9. Aufl. 2019, § 1 Rn. 3 ff. Zu § 1 SGG s. *Keller*, in: Meyer-Ladewig/ders./Leitherer/Schmidt (Hrsg.), SGG, 13. Aufl. 2020, § 1 Rn. 1 f.

[224] Hierzu im Einzelnen *Nolte* (Fn. 210), S. 77 f.

[225] *Nolte* (Fn. 210), S. 77.

[226] Zur Rechtssicherheit s. ausführlich *v. Arnauld*, Rechtssicherheit, 2006, passim. Zu den Elementen der Beständigkeit sowie der Verlässlichkeit vgl. insbesondere ebd. S. 271 ff.

[227] Dass die in den Prozessordnungen geregelte Rechtskraft es zum Ziel hat, Rechtsfrieden und Rechtssicherheit zu gewährleisten, betont für die VwGO *Clausing*, in: Schoch/Schneider/Bier (Hrsg.), VwGO, Bd. 2, § 121 (23. EL Januar 2012) Rn. 3; für das SGG *Keller*, in:

(2) Zwischenfazit: Prozessrecht als Spiegelbild gerichtlicher Funktionen

Schon die voranstehenden Ausführungen haben gezeigt, dass die verschiedenen Funktionen der öffentlich-rechtlichen Fachgerichtsbarkeiten in den einzelnen Prozessordnungen abgebildet werden. Einzelne Regelungen stechen bei dem Transfer der teils verfassungsrechtlich grundierten Funktionen auf die einfachrechtliche Ebene besonders deutlich hervor. In ihrer Gesamterscheinung können die Prozessordnungen damit auch als Zweckprogramme im Sinne der Organisationstheorie *Luhmanns* beschrieben werden. Sie verfolgen die Erfüllung der Funktionen, die an verwaltungsgerichtliche Verfahren gestellt werden, und bieten dafür einen rechtlichen Rahmen an.[228] Das Prozessrecht der öffentlich-rechtlichen Fachgerichtsbarkeiten ist in seinem Wesen also sowohl konditional als auch zweckmäßig programmiert, an verschiedenen Stellen kommt dies wiederum in unterschiedlicher Deutlichkeit zum Ausdruck.

cc) Prozessrecht: Selbstorganisation vs. legislative Steuerung

Zuletzt müsste es sich nach der Organisationstheorie *Luhmanns* bei den Prozessordnungen um selbst gesetzte Entscheidungsprogramme der öffentlich-rechtlichen Fachgerichtsbarkeiten handeln. Ganz im Sinne der Selbstreferenz geht *Luhmann* nämlich davon aus, dass es die Organisationen selbst sind, die die Entscheidungsprogramme erzeugen. „[D]ass Entscheidungsprämissen auf Entscheidungen im selben System zurückgeführt werden“[229] müssen, bedeutet, dass die „Entscheidungen über Entscheidungsprämissen […] Entscheidungen sein [müssen], die im rekursiven Netzwerk der eigenen Operationen getroffen werden“[230]. Schon ein flüchtiger Blick auf den Gewaltenteilungsgrundsatz und die den drei Gewalten von Verfassungs wegen zuerkannten Aufgaben lässt an der Passgenauigkeit dieser theoretischen Erwägung in Bezug auf Gerichte als Organisationen Zweifel aufkommen. Mit der Rechtsetzung ist nämlich nicht etwa die Judikative, sondern die Legislative betraut.[231] Zustimmung vermag *Luhmanns* Annahme also nur insofern gewährt werden können, wie man durch Rechtsfortbildung geschaffenes, das Prozessrecht betreffende, Richterrecht als selbst gesetztes Recht

Meyer-Ladewig/ders./Leitherer/Schmidt (Hrsg.), SGG, 13. Aufl. 2020, § 141 Rn. 3, und für die FGO *Ratschow*, in: Gräber (Hrsg.), FGO, 9. Aufl. 2019, § 110 Rn. 2.

[228] Dass Entscheidungsprämissen im Allgemeinen und damit auch Entscheidungsprogramme im Besonderen einen Rahmen setzen, betont *Luhmann* (Fn. 37), S. 238.

[229] *Luhmann* (Fn. 37), S. 224.

[230] *Luhmann* (Fn. 37), S. 228.

[231] Vgl. zur Gesetzgebung innerhalb der Gewaltenteilung, die „als tragendes Organisationsprinzip des Grundgesetzes angesehen“ (*Di Fabio*, Gewaltenteilung als tragendes Organisationsprinzip des Grundgesetzes, in: Isensee/Kirchhof (Hrsg.), HStR, Bd. 2, 3. Aufl. 2004, § 27 Rn. 8) werden muss, ebd. § 27 Rn. 18 ff.

der Organisation Gerichtsbarkeit bezeichnen mag.[232] Als konkretes Beispiel mag hierfür etwa die Form der in die allgemeine verwaltungsprozessuale Dogmatik übergegangenen Fortsetzungsfeststellungsklage fungieren, die einer analogen Anwendung von § 113 Abs. 1 S. 4 VwGO entnommen wird.[233] Grundsätzlich aber ist die Rechtsetzung genuine Aufgabe der gesetzgebenden Gewalt. Zwar anerkennt *Luhmann* mit Blick auf Organisationen, dass im Prozess der Entscheidungen über Entscheidungsprogramme „Kognitionen [existieren], mit denen eine Entscheidung sich auf etwas bezieht, was sie selbst nicht entscheidet“[234]. Dennoch verbleibt die Urheberschaft für die Entscheidungsprogramme auch in diesem Fall bei den Organisationen.

Dass für die (öffentlich-rechtlichen) Gerichtsbarkeiten von der Annahme der Selbstorganisation abgewichen und die Besonderheiten des Funktionssystems Recht berücksichtigt werden müssen, scheint aber auch für *Luhmann* ein nicht bestreitbarer Umstand zu sein. Er verortet die Gesetzgebung daher in der Peripherie des Rechtssystems.[235] In ihrer Funktion als „Grenzstelle im Verhältnis von Rechtssystem und politischem System“[236] obliegt es ihr (im Zusammenwirken mit dem politischen System), dem Rechtssystem „Prämissen des Entscheidens in der Form positiv gesetzten Rechtes“[237] zu liefern. Für die Gerichte als Organisationen muss nach alledem schon *Luhmann* zufolge von der Vorstellung der organisationsinternen Erzeugung von Entscheidungsprogrammen abgewichen werden und die Besonderheit des Rechtssystems hinreichende Berücksichtigung finden. Der in der Verfassung niedergelegte Gewaltenteilungsgrundsatz stützt dieses organisationstheoretische Ergebnis verfassungsrechtlich ab. Konkret ist für die Organisationen des Rechtssystems also davon auszugehen, dass ihre Entscheidungsprogramme in Ansehung der Dreiteilung der Staatsgewalt

---

232 So formuliert das BVerfG, dass „[d]ie Aufstellung allgemeiner Rechtsgrundsätze […] in der Natur der Tätigkeit der höheren Gerichte“ liegt; s. BVerfGE 26, 327 (337). Zum Richterrecht als Rechtsquelle s. *Kruse*, Das Richterrecht als Rechtsquelle des innerstaatlichen Rechts, 1970, passim; *Schneider*, Richterrecht, Gesetzesrecht und Verfassungsrecht, 1969, passim; *Ossenbühl*, Gesetz und Recht, in: Isensee/Kirchhof (Hrsg.), HStR, Bd. 5, 3. Aufl. 2007, § 100 Rn. 50ff. Dass das Richterrecht auch bei der Rechtsetzung eine Rolle spielt, scheint auch *Luhmann* (Fn. 139), Gerichte, 459 (470), so zu sehen: „Am Prozeß der Bildung und Änderung, der Kondensierung und Konfirmierung allgemein geltender Regeln sind […] sowohl Gesetzgebung als auch Rechtsprechung beteiligt.“

233 Vgl. insoweit nur BVerwGE 12, 87 (90).

234 *Luhmann* (Fn. 37), S. 228.

235 So *Luhmann* (Fn. 119), Recht, S. 321, und *ders.* (Fn. 139), Gerichte, 459 (470). Dass sich über die Verortung aus rechtlicher Sicht streiten lässt und eine Zuordnung zum politischen System wohl überzeugender wäre, betont *Di Fabio* (Fn. 2), S. 139 (143).

236 *Luhmann* (Fn. 139), Gerichte, 459 (470).

237 *Luhmann*, Rechtszwang und politische Gewalt, in: ders. (Hrsg.), Ausdifferenzierung des Rechts, 1981, S. 154 (167f.).

von der Gesetzgebung vorgegeben werden. Nur zum Teil ist es möglich, die Prozessordnungen der öffentlich-rechtlichen Fachgerichtsbarkeiten als selbstgesetzte Entscheidungsprogramme zu deklarieren und zwar dann, wenn das durch Rechtsfortbildung geschaffene prozessuale Richterrecht in Rede steht.

In der Gesamtschau können die Verwaltungsgerichtsordnung, das Sozialgerichtsgesetz und die Finanzgerichtsordnung mithin als konditional wie auch zweckmäßig programmierte Entscheidungsprogramme der öffentlich-rechtlichen Fachgerichtsbarkeiten charakterisiert werden. Auch wenn es sich bei ihnen nicht (gänzlich) um von der Organisation Gerichtsbarkeit selbst gesetzte Entscheidungsprogramme handelt, steht dies einer Anwendung der systemtheoretischen Organisationstheorie nicht im Wege; auch *Luhmann* anerkennt für das Funktionssystem Recht Besonderheiten, die es zu berücksichtigen gilt und die sich auch auf die Organisationen des Systems auswirken.

b) Personen, Kompetenzen und Kommunikationswege in der Organisation Gerichtsbarkeit

Neben den Entscheidungsprogrammen zählen Personen, Kompetenzen und Kommunikationswege zu den Entscheidungsprämissen einer jeden Organisation.[238] Auch den Gerichten als Organisationen sind diese Entscheidungsprämissen nicht fremd.

Organisationstheoretisch ist auf kompetenzieller Ebene zwischen fachlichen und hierarchischen Kompetenzen zu unterscheiden.[239] Die erste dieser beiden Kompetenzformen rekurriert auf die fachlichen Fähigkeiten, die in die Organisation eingebracht werden.[240] In der Organisation Gericht wird von den Richtern erwartet, dass sie die auf der juristischen Ausbildung beruhenden rechtlichen Fähigkeiten einbringen. Gewährleistet wird eine fachliche Eignung der Richter durch das Deutsche Richtergesetz, das in seinem § 5 Abs. 1 nur demjenigen die „Befähigung zum Richteramt [zuspricht, der] ein rechtswissenschaftliches Studium an einer Universität mit der ersten Prüfung und einen anschließenden Vorbereitungsdienst mit der zweiten Staatsprüfung abschließt".[241] Indem die Befähigung zum Richteramt gemäß § 9 Nr. 3 DRiG zur Voraussetzung für die Berufung zum Richteramt erhoben wird, wird das Vorhalten ausreichenden fachlichen Wissens in der Organisation Gericht zusätzlich abgesichert. Daneben sind auch hierarchische Kompetenzen im Sinne der Organisationstheorie *Niklas Luhmanns*

---

[238] Vgl. bereits zuvor bei Kap. 3, B., I., 2.

[239] Zu dieser Unterscheidung s. *Luhmann* (Fn. 37), S. 312.

[240] *Luhmann* (Fn. 37), S. 312, spricht davon, dass „das Ausbildungs- und Berufsspektrum der Gesellschaft in das System hineinkopiert" wird.

[241] Hierzu im Einzelnen *Staats*, DRiG, 2012, § 5.

identifizierbar.[242] Entsprechende Weisungsbefugnisse können etwa dem allen verwaltungsgerichtlichen Verfahren zugrundeliegenden Amtsermittlungsgrundsatz entnommen werden.[243] Eine einfachrechtliche Ausprägung erhält dieser Prozessgrundsatz durch § 86 VwGO, § 76 FGO und § 103 SGG. Den Verwaltungs-, Finanz- und Sozialgerichten obliegt danach die Aufgabe, den Sachverhalt von Amts wegen zu erforschen, um durch „das *Zusammentragen des Tatsachenmaterials*"[244] eine gerichtliche Entscheidung zu gewährleisten, die auf einer hinreichenden Tatsachengrundlage fußt. Faktisch realisiert wird dies etwa durch richterliche Anordnungen zur Vorlage von Urkunden.[245] Die hierarchischen Kompetenzen in Gestalt von Weisungsbefugnissen beziehen sich an dieser Stelle also auf das Verhältnis zwischen dem Richter und den am Verfahren Beteiligten.[246] Deutlich sichtbarer wird dieses Weisungsverhältnis noch bei den Regelungen zum vorbereitenden Verfahren nach § 87 Abs. 1 VwGO, § 106 Abs. 2, 3 SGG und § 79 Abs. 1 FGO.[247] Mit dem Ziel, einen „Rechtsstreit möglichst in einer mündlichen Verhandlung zu erledigen", sind die Richter dazu befugt, „prozessleitende Verfügungen" zu erlassen, die etwa „die Vorlage von Urkunden oder die Übermittlung von elektronischen Dokumenten anordnen", § 87 Abs. 1 S. 2 Nr. 4 VwGO, § 79 Abs. 1 S. 2 Nr. 4 FGO, oder „Krankenpapiere, Aufzeichnungen, Krankengeschichten [...] beiziehen", § 106 Abs. 3 Nr. 2 SGG. Darüber hinaus untermauern auch die Regelungen der Prozessordnungen zu den Rechtsmitteln die organisationstheoretische Annahme hierarchischer Kompetenzen. Im Falle einer im Berufungs- oder Revisionsverfahren ergehenden Aufhebung des Urteils unter gleichzeitiger Zurückverweisung der Streitsache „zur anderweitigen Verhandlung und Entscheidung" sind die Gerichte, an die die Streitsache zurückverwiesen wird, nach §§ 130 Abs. 3, 144 Abs. 6 VwGO, § 126 Abs. 5 FGO oder §§ 159 Abs. 2, 170 Abs. 5 SGG an die rechtliche Beurteilung des Berufungs- oder Revisionsgerichts gebunden.[248] Trotz verfassungsrechtlich durch

242 Zu Luhmanns Verständnis von hierarchischen Kompetenzen vgl. *Luhmann* (Fn. 37), S. 312.

243 Zum Amtsermittlungsgrundsatz in verwaltungsgerichtlichen Verfahren s. statt vieler *Dawin*, in: Schoch/Schneider/Bier (Hrsg.), VwGO, Bd. 2, § 86 (19. EL November 2009) Rn. 6 ff.; *Geiger*, Amtsermittlung und Beweiserhebung im Verwaltungsprozeß, BayVBl. 130 (1999), 321 ff.

244 Hierzu insgesamt *Dawin* (Fn. 243), § 86 Rn. 8 (Hervorhebung im Original).

245 Vgl. insoweit nur *Dawin* (Fn. 243), § 86 Rn. 12.

246 Dies illustriert auch schon der Wortlaut von § 86 Abs. 1 S. 1 Hs. 2 VwGO, § 76 Abs. 1 S. 2 FGO und § 103 S. 1 Hs. 2 SGG, der statuiert, dass die Beteiligten bei der Sachverhaltserforschung heranzuziehen sind.

247 Insgesamt zum vorbereitenden Verfahren *Ortloff/Riese*, in: Schoch/Schneider/Bier (Hrsg.), VwGO, Bd. 2, § 87 (14. EL Februar 2007) Rn. 1 ff.

248 Zur Bindungswirkung von Berufung und Revision s. für die VwGO *Rudisile*, in: Schoch/Schneider/Bier (Hrsg.), VwGO, Bd. 2, § 130 (29. EL Oktober 2015) Rn. 13 ff., *Eichberger/*

Art. 97 GG garantierter richterlicher Unabhängigkeit können die Berufungs- und Revisionsgerichte gegenüber den Gerichten, an die die Streitsache zurückverwiesen wird, also faktisch rechtliche Weisungen vornehmen, indem Letztere an die Aufhebung des Urteils einerseits und die rechtliche Bewertung andererseits gebunden sind.[249] In einem engen Zusammenhang mit den Kompetenzen stehen die Kommunikationswege, die als kompetenzorientierte Ablaufpläne für konkrete Entscheidungssituationen festlegen, wer entscheiden darf und wer Entscheidungen von wem entgegenzunehmen hat.[250] Der letztgenannte Aspekt wird schon durch die angesprochenen Regelungen des Rechtsmittelrechts bestätigt. Aber auch darüber hinaus finden sich für die Gerichte der öffentlich-rechtlichen Fachgerichtsbarkeiten Kommunikationswege im Sinne der Organisationstheorie *Luhmanns*. So regeln die Prozessordnungen Aufbau und Besetzung der Spruchkörper der jeweiligen Instanzen, legen demnach fest, wie die fachliche Kompetenz der zur Entscheidung berufenen Stellen des jeweiligen Gerichts beschaffen bzw. zusammengesetzt sein soll.[251]

Als Zuordnungsobjekt von Entscheidungen und als Träger gebündelter Erwartungen fungieren für *Luhmann* auch Personen als Entscheidungsprämissen.[252] Insbesondere der Umstand, dass sie in ihrer Eigenschaft als Erwartungsbündel gut vorhersehbare Entscheidungen erlauben,[253] lässt sie „für das Komplexitätsmanagement"[254] der Organisation relevant werden. Innerhalb der Organisation

---

Bier, in: Schoch/Schneider/Bier (Hrsg.), VwGO, Bd. 2, § 144 (30. EL Februar 2016) Rn. 115 ff.; für das SGG *Keller*, in: Meyer-Ladewig/ders./Leitherer/Schmidt (Hrsg.), SGG, 13. Aufl. 2020, § 159 Rn. 6a f., *Leitherer*, in: Meyer-Ladewig/Keller/ders./Schmidt (Hrsg.), SGG, 13. Aufl. 2020, § 170 Rn. 10 ff.; für die FGO wiederum *Ratschow*, in: Gräber (Hrsg.), 9. Aufl. 2019, § 126 Rn. 21 ff.

[249] Zum Verhältnis von Bindungswirkung und Art. 97 Abs. 1 GG vgl. etwa *Sodan*, Der Status des Richters, in: Isensee/Kirchhof (Hrsg.), HStR, Bd. 5, 3. Aufl. 2007, § 113 Rn. 25; *Papier*, Richterliche Unabhängigkeit, in: Merten/ders. (Hrsg.), HdGR, Bd. 5, 2013, § 130 Rn. 19; *Hillgruber* (Fn. 222), Art. 97 Rn. 94 ff., der, ebd. Art. 97 Rn. 95, sogar ergänzt, dass auch „der ‚richtunggebende Einfluss' der Vorsitzenden Richter auf die Spruchtätigkeit ‚ihrer' Kammern, sofern er ohne Pressionen durch bloße geistige Überzeugungskraft ausgeübt wird, d. h. sich auf die größere richterliche und allgemeine (Lebens-)Erfahrung sowie besondere Sachkunde stützt, nicht die Schwelle zu einer unzulässigen Beeinträchtigung der Unabhängigkeit der übrigen Kammermitglieder überschreiten" dürfte. Auch kammerintern ließen sich demzufolge hierarchische Kompetenzen im Sinne der Organisationstheorie ausmachen.

[250] Zu den Kommunikationswegen *Luhmann* (Fn. 37), S. 316 ff., und *Drepper* (Fn. 93), S. 164 ff.

[251] Damit angesprochen sind insbesondere §§ 3 ff. VwGO, §§ 5 ff. FGO, §§ 10 ff. SGG.

[252] Zur Entscheidungsprämisse „Person" vgl. *Luhmann* (Fn. 37), S. 281 ff.; *Drepper* (Fn. 93), S. 162 ff.

[253] So auch *Fischer* (Fn. 93), S. 51.

[254] Den Begriff „Komplexitätsmanagement" verwendet auch *Luhmann*, Einführung in die Systemtheorie, 2002, S. 168.

der Gerichtsbarkeit können die Richter als eben jene Personen im Sinne der Organisationstheorie bezeichnet werden. Sie sind es, denen als personifizierte Repräsentanten der Gerichte die gerichtlichen Entscheidungen zugerechnet werden.[255] Die verfassungs- wie auch einfachrechtlich verbürgte Bindung der Richter an Recht und Gesetz schränkt zudem die Spanne möglicher Entscheidungen auf das rechtlich Zulässige ein.[256] Dieser organisationstheoretischen Wertung der richterlichen Gesetzesbindung steht auch nicht entgegen, dass es bei der Auslegung und Anwendung des einfachen Rechts zu abweichenden Entscheidungen seitens der Gerichte kommen kann. Die Organisationstheorie verlangt mit den Personen als Entscheidungsprämissen keine vollständige Determinierung der zu treffenden Entscheidungen, sondern vielmehr einen Mechanismus, der die Fülle möglicher Entscheidungen auf ein vorhersehbares Maß reduziert.[257]

C. Rationale Ausgestaltung des verwaltungsgerichtlichen Rechtsschutzsystems in organisationstheoretischer Perspektive

Die voranstehenden Ausführungen haben gezeigt, dass die systemtheoretische Organisationstheorie *Niklas Luhmanns* auch auf die öffentlich-rechtlichen Fachgerichtsbarkeiten und das dazugehörige Prozessrecht übertragen werden kann. Bei der Verwaltungs-, Sozial- und Finanzgerichtsbarkeit sowie den sie konstituierenden Gerichten der verschiedenen Instanzen handelt es sich um organisierte Systeme, die die Elemente, aus denen sie bestehen, selbst erzeugen und ständig reproduzieren. Bei Herstellung und Reproduktion der Entscheidungen bedienen sie sich verschiedener Entscheidungsprämissen, allen voran konditional und zweckmäßig programmierter Entscheidungsprogramme in Gestalt der Verwaltungsgerichtsordnung, der Finanzgerichtsordnung und des Sozialgerichtsgesetzes. Das Prozessrecht beinhaltet sachliche Richtigkeitsbedingungen für im gerichtlichen Verfahren zu treffende Entscheidungen und hält darüber hinaus auch Anknüpfungspunkte für die übrigen Entscheidungsprämissen vor. Anders jedoch als bei Organisationen innerhalb anderer Funktionssysteme müssen die Besonderheiten des Rechtssystems bei der organisationstheoretischen Betrachtung der Gerichte berücksichtigt werden. Nicht die Gerichte selbst erlassen die Entschei-

---

[255] So auch *Wenz*, Die Akzeptanzkrise als Legitimationskrise, in: Karpen/Weber/Willoweit (Hrsg.), GS Wenz, 1999, S. 165 (189). In Luhmanns Worten verleihen sie „dem Entscheidungsbetrieb Körper und Geist"; s. *Luhmann* (Fn. 74), S. 165 (177).

[256] Gut zur Geltung bringt dies *Sodan* (Fn. 249), § 113 Rn. 31 f. S. ferner statt vieler *Schulze-Fielitz* (Fn. 222), Art. 97 Rn. 21.

[257] So *Luhmann* (Fn. 37), S. 224, für sämtliche Entscheidungsprämissen. Konkret für die Entscheidungsprämisse Personal in diese Richtung *ders.* (Fn. 106), S. 310.

dungsprogramme, sondern der Gesetzgeber. Mit diesen Feststellungen ist gleichwohl noch wenig für die Frage gewonnen, ob es rationaler wäre, die öffentlich-rechtlichen Fachgerichtsbarkeiten und/oder die jeweiligen Prozessordnungen zu vereinheitlichen oder in ihrem ausdifferenzierten Zustand zu belassen.

Innerhalb der Organisationstheorie *Niklas Luhmanns* ist die Rationalität der Beschaffenheit von Organisationen „eine untergeordnete Frage"[258]. Damit erteilt *Luhmann* zugleich Annahmen früherer Organisationsforschung eine Absage, die bei der Beurteilung der Rationalität von Organisationen „auf eine externe Ordnung"[259] rekurrierten, nach der „[Beurteilungs-]Probleme schon vorher gelöst zu sein [schienen]"[260]. Seine Skepsis gegenüber der Rationalitätsfeststellung für Organisationen mündet in der Annahme, dass Organisationen „dazu tendieren, die programmierte Richtigkeit für Rationalität zu halten"[261]. *Luhmann* geht mithin davon aus, dass die Ermittlung der Rationalität von Organisationen von den Programmen verstellt wird, die „den Kristallisationspunkt für Rationalitätsurteile zu bilden"[262] scheinen. Gleichwohl entwickelte auch *Luhmann* im Rahmen seiner Organisationsforschung einen Maßstab zur Beurteilung der Rationalität von Organisationen, distanzierte sich dabei aber von bisherigen Standards wie den *Weber'schen* Kategorien der Zweck- und Wertrationalität.[263] Den Schlusspunkt seiner Forschung bildet das Konzept der „Systemrationalität"[264], die im Hinblick auf Organisationen mit dem „Opportunismus"[265] eine organisationsspezifische Ausprägung erfahren hat.

---

258 So ausdrücklich *Luhmann* (Fn. 74), S. 165 (168).

259 *Luhmann* (Fn. 37), S. 449. *Ders.*, ebd. S. 449, führt weiter aus, dass dieses Vorgehen „zunehmend an Plausibilität" verliere. Eine Übersicht über die verschiedenen Organisationstheorien unterschiedlicher Provenienz findet sich etwa bei Kieser/Ebers (Hrsg.), Organisationstheorien, 6. Aufl. 2006, passim, und bei *Sanders/Kianty*, Organisationstheorien, 2006, passim.

260 *Luhmann* (Fn. 37), S. 448.

261 *Luhmann* (Fn. 74), S. 165 (177).

262 *Luhmann* (Fn. 74), S. 165 (181).

263 Eine Zusammenfassung der Erkenntnisse Max Webers findet sich bei *Kieser*, Max Webers Analyse der Bürokratie, in: ders./Ebers (Hrsg.), Organisationstheorien, 6. Aufl. 2006, S. 63 ff. Die Distanzierung Luhmanns hiervon wird deutlich, wenn man die Vorzüge betrachtet, die er seinem Rationalitätsmodell des Opportunismus zuschreibt. Hierzu führt er aus, dass diese Form der Systemrationalität „alle Vereinfachungen bloßer Zweckrationalität oder der Wertrationalität hinter sich läßt". S. *Luhmann* (Fn. 145), Opportunismus, S. 165 (167).

264 Ausführlich zur Systemrationalität *Luhmann* (Fn. 37), S. 444 ff., insbesondere S. 447.

265 Zum Opportunismus als Spezialfall der Systemrationalität vgl. *Luhmann* (Fn. 145), Opportunismus, S. 165 (167): „Opportunismus ist eine sehr voraussetzungsvolle Form von Rationalität, eine Art von Systemrationalität […]." Luhmanns Rationalitätskonzept des Opportunismus erläutert unter Hinweis auf das Verhältnis zur Systemrationalität auch *Schneider*, „Rationalität" in Luhmanns Systemtheorie, in: Maurer/Schimank (Hrsg.), Die Rationalitäten des Sozialen, 2011, S. 65 (71 f.).

Das Leistungspotential des Opportunismus als Rationalitätsmaßstab erblickt *Luhmann* in der Abkehr starrer Zweckorientierung.[266] Würde der Fokus einer Organisation ausschließlich auf der Verfolgung der ihr obliegenden Zwecke liegen, würde dies in Ansehung einer sich stetig ändernden Umwelt zwangsläufig zu Problemen hinsichtlich der Aktualität des gesetzten Zweckes führen. Es bedarf also organisationsinterner Vorkehrungen, die Flexibilität und Anpassungsfähigkeit im Hinblick auf sich verändernde Umstände ermöglichen. Die Funktionserfüllung durch die Organisation muss gegenwärtig sichergestellt, für die Zukunft gleichzeitig vorgesorgt werden. Organisationen können danach als rational bezeichnet werden, wenn sie „einen Teil ihrer Kräfte von der unmittelbaren Zweckverfolgung abziehen und der Pflege künftiger Entscheidungsfreiheiten widmen, [sie also] einen Ausgleich zwischen Programmbindung und Opportunität, zwischen gegenwärtiger Wertfestlegung als Grundlage rationalisierbarer Entscheidungsprozesse und der Freiheit zu noch unbestimmter künftiger Disposition“[267] suchen. Eine rationale Organisation muss demnach eine opportune Organisation sein. Wie aber lässt sich diese Zukunftsvorsorge erreichen? *Luhmann* findet in der „Systemdifferenzierung“ eine Antwort auf diese Frage, denn erst sie ermöglicht es, „ein nennenswertes Maß an Opportunismus mit zuverlässiger Programmdurchführung zu verbinden [...], indem sie für beides Positionen und Kräfte bereithält und deren Konflikte ausgleicht“[268].

Wird dieser organisationstheoretische Rationalitätsmaßstab auf die hier interessierende Frage übertragen, ob die öffentlich-rechtlichen Fachgerichtsbarkeiten sowie die entsprechenden Prozessordnungen vereinheitlicht werden oder besser differenziert bleiben sollten, streitet organisationstheoretisch schon allein der Begriff der System*differenzierung* für ein Bestehenbleiben der bisherigen Strukturen. Aber nicht nur aufgrund begrifflicher Erwägungen sollte an einer Ausdifferenzierung festgehalten werden. Die in den öffentlich-rechtlichen Fachgerichtsbarkeiten vorgefundene horizontale und vertikale Differenzierung gewährleistet die Opportunität der Organisation Gerichtsbarkeit. Die fachliche Spezialisierung der Gerichte, die im zerfaserten öffentlich-rechtlichen Gerichtssystem ihr Abbild findet, ermöglicht gegenwärtig und auch zukünftig eine konzentrierte Behandlung von Fragen des materiellen Rechts durch mit einer hohen fachlichen Expertise ausgestattete Richter.[269] Der Verweis auf die Notwendigkeit

---

[266] Hierzu und zum Folgenden *Schneider* (Fn. 265), S. 65 (71). In diese Richtung auch *Luhmann* (Fn. 145), Opportunismus, S. 165 (167).

[267] *Luhmann* (Fn. 145), Opportunismus, S. 165 (168).

[268] *Luhmann* (Fn. 145), Opportunismus, S. 165 (168). *Schneider* (Fn. 265), S. 65 (71), spricht im Hinblick auf den Opportunismus von einer „Doppelstrategie“, die „durch Differenzierung des Systems sozialstrukturell verankert werden“ kann.

[269] Auch *Fassbender*, Wissen als Grundlage staatlichen Handelns, in: Isensee/Kirchhof

fachspezifischer Spezialisierung nimmt auch in den Diskursen um institutionelle und prozessuale Vereinheitlichungen eine exponierte Stellung ein und wird nicht zuletzt deshalb in Frage gestellt, weil die gegenwärtige gerichtliche Lösung von Problemen der in die Zuständigkeit der allgemeinen Verwaltungsgerichte fallenden Rechtsgebiete trotz ihrer Verschiedenartigkeit ohne Bildung entsprechender Fachgerichte gelingt.[270] Anders als in den bisherigen Diskursen soll das Argument der Spezialisierung, das je nach Perspektive über eine unterschiedlich hohe Plausibilität und Strahlkraft verfügen mag, hier aber nicht als rechtspolitische, sondern als organisations- und damit verfassungstheoretische Erwägung angeführt werden, die der ausdifferenzierten Gestalt des öffentlich-rechtlichen Fachgerichtssystems eine hohe Legitimation zuteilwerden lässt. Eben jene arbeitsteilige Befassung der Gerichte mit Fragen des allgemeinen und besonderen Verwaltungsrechts ermöglicht es, auf sich verändernde Umstände des materiellen Rechts und damit der Lebenswirklichkeit kurzfristig und mit der geballten Erfahrung und Expertise der zuständigen Fachgerichtsbarkeit zu reagieren. Für diese Sichtweise einer rationalen, weil opportunen und ausdifferenzierten, öffentlich-rechtlichen Fachgerichtsbarkeit spricht auch die geschichtliche Entwicklung der Ausdifferenzierung, deren gegenwärtiger Zustand nicht selten als überkommenes Zufallsprodukt abgestempelt wird.[271] Aus organisationstheoretischer Perspektive betrachtet, gibt die historische Entwicklung hin zum ausdifferenzierten Gerichtssystem zuvörderst zu erkennen, dass eine einzige Verwaltungsgerichtsbarkeit nicht ausreichend (gewesen) ist, um die Fülle an Rechtsfragen unterschiedlicher verwaltungsrechtlicher Provenienz adäquat zu behandeln. So empfahl etwa das preußische Oberverwaltungsgericht in Ansehung der zunehmenden Steuergesetzgebung die am Spezialisierungsgedanken orientierte Schaffung einer eigenständigen Finanzgerichtsbarkeit.[272] Diese Empfehlung kann organisa-

---

(Hrsg.), HStR, Bd. 4, 3. Aufl. 2006, § 76 Rn. 19, betont, dass „die fachliche Gliederung der Gerichte […] Ausdruck einer Spezialisierung des Wissens" ist. Weiter formuliert er, ebd. § 76 Rn. 18, unter Bezugnahme auf Montesquieu, dass „jede der drei […] Gewalten […] für die Erfüllung ihrer Aufgabe spezifisches Wissen" braucht. Die Erforderlichkeit der Spezialisierung betonen auch *Weber-Grellet*, Zur Notwendigkeit differenzierter Justizstrukturen, ZRP 2013, 110 (112 f.); *Herbert*, in: Gräber (Hrsg.), FGO, 9. Aufl. 2019, § 2 Rn. 4; *Brand/Fleck/Scheer*, Fünf oder zwei Gerichtsbarkeiten?, NZS 2004, 173 (176 f.). Gegen das Argument der Spezialisierung spricht sich *Hufen*, Nebeneinander von Sozialgerichtsbarkeit und Verwaltungsgerichtsbarkeit, Die Verwaltung 42 (2009), 405 (420 ff.), aus. Kritisch auch *Gärditz*, Die Rechtswegspaltung in öffentlich-rechtlichen Streitigkeiten nichtverfassungsrechtlicher Art, Die Verwaltung 43 (2010), 309 (336, 340 f.).

270 Vgl. etwa *Gärditz* (Fn. 269), 309 (340 f.).

271 So etwa *Hufen* (Fn. 269), 405 (407); *Gärditz* (Fn. 269), 309 (327, 340).

272 Vgl. den Nachweis bei *Pausch*, Vom Reichskammergericht zum Bundesfinanzhof, in: FS 50 Jahre BFH, 1968, S. 13 (16).

tionstheoretisch durchaus als Eingeständnis fehlender und Appell zur Schaffung ausreichender organisatorischer Kapazitäten zur Behandlung spezialrechtlicher Fragen begriffen werden. Gleiches gilt für die Sozialgerichtsbarkeit, die gerade in Ansehung der sozialpolitischen Bedürfnisse der Nachkriegszeit viele institutionelle und personelle Ressourcen zu bereitstellen versuchte.[273] Von reinen Zufällen im Hinblick auf die Ausdifferenzierung des verwaltungsgerichtlichen Rechtsschutzsystems zu sprechen, vermag vor diesem Hintergrund nicht zu überzeugen. Vielmehr scheinen es bedürfnis- und kapazitätsabhängige Motive gewesen zu sein, die die Ausdifferenzierung vorantrieben und auch heute noch tragen. Die Ungewissheit der Zukunft lässt das Beibehalten jenes ausdifferenzierten Systems vor dem Hintergrund der bisherigen Erfahrungen mit der Schnelllebigkeit der gesellschafts- und sozialpolitischen Umstände plausibel erscheinen. Zudem haben die historischen Umstände im Hinblick auf die Ausgestaltung des Gerichtssystems die Erkenntnis zu Tage gefördert, dass eine Ausdifferenzierung eben jene Freiräume gewährt, die für die Erfüllung der gesellschaftlichen Funktionen der Organisationen des Rechtssystems vonnöten sind. Gleichwohl muss zugestanden werden, dass eine organisationstheoretisch hinreichende Ausdifferenzierung wohl auch gegeben wäre, würden die drei Fachgerichtsbarkeiten bei gleichzeitiger Schaffung von spezialisierten Kammern vereinheitlicht werden.[274] Dies aber wohlgemerkt nur dann, wenn nicht ein flexibler Personaleinsatz, der gewissermaßen „hintenherum" wieder zu einer Aufhebung der Spezialisierung führen könnte, mit der Vereinheitlichung erreicht werden soll. Ob aber letztlich ein ausdifferenziertes oder vereinheitlichtes System, das über entsprechende Kammern verfügt, gewählt wird, ist keine Frage der Rationalität, sondern fällt in die Einschätzungsprärogative des Gesetzgebers. Aus organisationstheoretischer Perspektive kann allerdings konstatiert werden, dass erst eine Differenzierung der Organisation Gerichtsbarkeit – in welcher Form diese auch immer konkret erfolgen mag – Rationalität zu begründen vermag.

Von der Rationalität der Ausdifferenzierung erfasst wird sodann auch das entsprechende Prozessrecht.[275] Einerseits ließe sich schon aus der dienenden Funk-

---

[273] Vgl. hierzu statt vieler *Stolleis*, Entstehung und Entwicklung des Bundessozialgerichts, in: Deutscher Sozialgerichtsverband e. V. (Hrsg.), Sozialrechtsprechung, Bd. 1, 1979, S. 25 ff.

[274] Aus rechtswissenschaftlicher Sicht so auch m. w. N. *Gärditz* (Fn. 269), 309 (341); *Hufen* (Fn. 269), 405 (420); *Bertrams*, Die Erneuerung und Sicherung der Verwaltungsgerichtsbarkeit, DVBl. 2006, 997 (1005).

[275] In diese Richtung wohl auch *Lieckweg/Wehrsig*, Zur komplementären Ausdifferenzierung von Organisationen und Funktionssystemen, in: Tacke (Hrsg.), Organisation und gesellschaftliche Differenzierung, 2001, S. 39 (39), die feststellen, dass die Differenzierung sich wie ein roter Faden durch die Funktionssysteme und ihre Organisationen zieht: „Die Differenzierung von Funktionssystemen eröffnet die Möglichkeit einer Ausdifferenzierung von Organisationen, die ihrerseits die weitere funktionale Differenzierung trägt."

tion des Prozessrechts folgern, dass auch die getrennten Prozessordnungen der Verwaltungs-, Finanz- und Sozialgerichtsbarkeit den Gedanken der Spezialisierung in sich aufnehmen sollten.[276] Andererseits ist aus organisationstheoretischer Perspektive an ihre Funktion als Entscheidungsprogramme anzuknüpfen: Sind sie es, die den Erhalt der Organisationen der öffentlich-rechtlichen Fachgerichtsbarkeiten maßgeblich gewährleisten, indem sie die Verknüpfung von Entscheidungen ermöglichen, sollten sie dem ausdifferenzierten Schicksal der Organisation folgen. Organisationstheoretisch ist es also empfehlenswert und erforderlich, dass jede Organisation über ein eigenes Entscheidungsprogramm verfügt. Der Umstand, dass die öffentlich-rechtlichen Fachgerichtsbarkeiten über „gleichartige Prämissen", also über gleichartige Prozessordnungen verfügen, ist organisationstheoretisch mithin „vom System aus gesehen als bloße Gegebenheit, als unverbindlicher Zufall"[277] zu werten und damit kein Argument für eine Vereinheitlichung. Vielmehr noch konnte bereits zuvor festgestellt werden, dass voneinander getrennte Prozessordnungen trotz und wegen der in ihnen zu findenden Gleichartigkeiten Ausdruck *formaler* Rationalität sind.[278] Keineswegs aber widerspricht dies dem organisationstheoretischen Ergebnis: Der Umstand, dass es nicht nur die *eine* Rationalität gibt, sondern Rationalität stets in Abhängigkeit zu dem konkreten Betrachtungsgegenstand zu sehen ist und damit eine Vielzahl von Rationalitäten identifiziert werden können, untermauert diesen Befund.

Insgesamt kann mithin festgehalten werden, dass die Organisationstheorie *Niklas Luhmanns* die Frage nach dem Mehr an Rationalität von prozessualen und institutionellen Vereinheitlichungen im verwaltungsgerichtlichen Rechtsschutzsystem in der Weise beantwortet, als im ausdifferenzierten Zustand die rationalste Form der Organisation zu erblicken ist. Nicht vereinheitlichte Strukturen wirken rationalitätsbegründend, sondern erst die Ausdifferenzierung ermöglicht eine opportune und damit rationale Organisation. Die Ausdifferenzierung erfasst dabei nach dem hier zugrunde gelegten Verständnis nicht nur die institutionelle, sondern auch und gerade die prozessuale Ebene. Damit ist aus verfassungstheoretischer Sicht von prozessualen und institutionellen Vereinheitlichungen im verwaltungsgerichtlichen Rechtsschutzsystem Abstand zu nehmen – der ausdifferenzierte Ist-Zustand sollte beibehalten werden.

---

[276] Zur dienenden Funktion des Prozessrechts der öffentlich-rechtlichen Fachgerichtsbarkeiten vgl. bereits oben Kap. 1, B., III., 3., a).

[277] *Luhmann* (Fn. 37), S. 224.

[278] S. Kap. 1, B.

Zusammenfassung

Der Begriff der Einheit verfügt über eine hohe Plausibilität. Zusammengehörigkeit, Geschlossenheit und Festigkeit zählen zu seinen wesensimmanenten Versprechungen. Vor diesem Hintergrund mag es (politisch) sinnvoll erscheinen, die Einheit zu beschwören und sie überall dort zu fordern, wo sie bisher noch nicht verwirklicht wurde. Der Faszinationskraft des Begriffs der Einheit scheinen auch die Befürworter prozessualer und institutioneller Vereinheitlichungen im verwaltungsgerichtlichen Rechtsschutzsystem erlegen zu sein. Von vereinheitlichenden Maßnahmen des Organisationsgesetzgebers versprachen und versprechen sie sich eben jene Verbesserungen des Rechtsschutzsystems, die aus ihrer Sicht aufgrund des ausdifferenzierten Zustandes dringend geboten erscheinen. Die verschiedenen Einzelpostulate, die zur Rechtfertigung entsprechender Vereinheitlichungen ins Feld geführt werden, firmieren dabei unter dem Begriff der Rationalitätssteigerung bzw. Rationalisierung. In den ausdifferenzierten Strukturen des verwaltungsgerichtlichen Rechtsschutzsystems meinen die Befürworter von Vereinheitlichungen einen gegenüber vereinheitlichten Strukturen zumindest irrationaleren Organisationszustand erkannt zu haben. Angetrieben, man mag fast schon sagen: geblendet, von dem hehren Ziel, ein rationale(re)s verwaltungsgerichtliches Rechtsschutzsystem zu implementieren, konzentrierten sich die Unterstützer der Vereinheitlichungen in der Folge darauf, die Vereinheitlichungsfähigkeit sowie Möglichkeiten und Wege prozessualer und institutioneller Vereinheitlichungen aufzuzeigen. Aber ungeachtet der positiven Konnotationen, die man den Begriffen Einheit und Rationalität zusprechen mag, gilt es darauf zu achten, nicht schon eine bloß vermutete bzw. behauptete Rationalitätssteigerung als Begründung für Vereinheitlichungen ausreichen zu lassen. Vielmehr müssen sich die geforderten vereinheitlichenden Eingriffe des Gesetzgebers in die Organisation der rechtsprechenden Gewalt in der Weise behaupten und bewähren, dass mit ihnen auch tatsächlich das geforderte Mehr an Rationalität erreicht werden kann. Vereinheitlichungen dürfen demnach nicht als reiner Selbstzweck vorgenommen werden. Es bedarf vielmehr einer eingehenden Auseinandersetzung mit dem rationalitätssteigernden Potential von Vereinheitlichungen, und zwar stets in Bezug auf den zu vereinheitlichenden Gegenstand. Erst wenn die Begründung gelingt, ist es legitim, über die Art und Weise zu sinnieren.

Eine solch intensive Auseinandersetzung mit der Begründungsebene der vorgeschlagenen prozessualen und institutionellen Vereinheitlichungen im verwaltungsgerichtlichen Rechtsschutzsystem hat zunächst die Erkenntnis zu Tage gefördert, dass der ausdifferenzierte Ist-Zustand des verwaltungsgerichtlichen Rechtsschutzsystems keineswegs auf bloße Zufälle zurückzuführen ist, wie dies im Rahmen der Diskurse vielfach behauptet wurde. Vielmehr können sowohl im Hinblick auf die Ausdifferenzierung der öffentlich-rechtlichen Fachgerichtsbarkeiten wie auch bezüglich der von den Befürwortern einer Vereinheitlichung beklagten Gleichartigkeiten innerhalb der drei Prozessordnungen Gründe und Erklärungen dafür gefunden werden, warum das verwaltungsgerichtliche Rechtsschutzsystem derart beschaffen ist. Für die institutionelle Seite kann in diesem Zusammenhang konstatiert werden, dass die Ausdifferenzierung der Gerichtsbarkeiten in erster Linie Resultat gesellschaftlicher Bedürfnisse war. Ganz gleich, ob soziale Frage, vermehrte Reichssteuergesetzgebung oder Folgen der nationalsozialistischen Herrschaft; die Ausdifferenzierung antwortete stets auf konkrete Bedürfnisse der Gesellschaft, deren verbindendes Charakteristikum in der Forderung nach ausreichenden Möglichkeiten für eine Streitentscheidung im Staat-Bürger-Verhältnis durch unabhängige Stellen zu sehen ist. Und erst die Schaffung eigenständiger Verwaltungs-, Sozial- und Finanzgerichte vermochte diese Forderungen zu befriedigen, indem für verschiedene Aspekte des Staat-Bürger-Verhältnisses Institutionen implementiert wurden und so eine spezialisierte und zeitnahe gerichtliche Streitbeilegung gesichert wurde. Ebenso wenig zufällig wie es zur Ausdifferenzierung der öffentlich-rechtlichen Fachgerichtsbarkeiten gekommen ist, sind es die Gleichartigkeiten der Verwaltungs- und Finanzgerichtsordnung sowie des Sozialgerichtsgesetzes. Dass sich die drei Prozessordnungen durch teils identische und viele gleichartige Normen und Strukturen auszeichnen, kann auf die Motivation des Organisationsgesetzgebers zur Schaffung eines formal-rationalen Rechtsschutzsystems für verwaltungsgerichtliche Streitigkeiten zurückgeführt werden. Das Ziel formal-rationalen Handelns kann der Gesetzgeber insbesondere dann erreichen, wenn er seine Gesetzgebung am Maßstab der Systemgerechtigkeit orientiert, er also ein selbst gesetztes Gesetzesziel und die darauf fußende Grundkonzeption kohärent und konsistent ausgestaltet. Die Prozessordnungen der öffentlich-rechtlichen Fachgerichtsbarkeiten verbindet deren dienende Funktion. Sie zielen darauf, im Zusammenspiel mit den im allgemeinen und besonderen Verwaltungsrecht normierten subjektiv-öffentlichen Rechten, gerechte Entscheidungen hervorzubringen. Aus dem Umstand, dass sie allesamt auf dasselbe Gesetzesziel gerichtet sind, erklären sich zugleich ihre Gleichartigkeiten. Aus gesetzgeberischer Sicht wäre es systemwidrig, entgegen der die Prozessordnungen einenden Gesetzesfunktion drei komplett unterschiedliche Gesetzeswerke zu erlassen. Hoch plausibel und Ausdruck formal-rationalen Handelns ist es vielmehr, wenn sich die Gemeinsamkeiten der Zielebene unter Berücksichtigung gerichtszweigbedingter Besonderheiten auch im Prozessrecht der jeweiligen öffentlich-rechtlichen Fachgerichtsbarkeit niederschlagen.

Neben der vermeintlich bloß zufälligen Ausdifferenzierung der öffentlich-rechtlichen Fachgerichtsbarkeiten und den Gleichartigkeiten innerhalb der Prozessordnungen wurde im Ringen um prozessuale und institutionelle Vereinheitlichungen auch unermüdlich auf die Verfassung rekurriert. Für die Befürworter der Vereinheitlichung schien außer Frage zu stehen, dass ein entsprechendes Vorgehen des Organisationsgesetzgebers verfassungsrechtlich geboten ist. Die Untersuchung der verfassungsrechtlichen Vorgaben zur Ausgestaltung des verwaltungsgerichtlichen Rechtsschutzsystems konnte diese Auffassung allerdings nicht stützen. Stattdessen ist aus verfassungsrechtlicher Perspektive zu bilanzieren: Institutionelle und prozessuale Vereinheitlichungen im verwaltungsgerichtlichen Rechtsschutzsystem sind nicht geboten, allerdings ebenso wenig verboten. Es besteht demnach keine verfassungsrechtliche Pflicht des Gesetzgebers zur Vornahme prozessualer und institutioneller Vereinheitlichungen im verwaltungsgerichtlichen Rechtsschutzsystem; würde er sich dennoch für ein solches Vorgehen entscheiden, stünde die Verfassung diesem allerdings auch nicht im Wege. Konkret kommt es im Kontext der verfassungsrechtlichen Beurteilung der Vereinheitlichungsforderungen auf das Rechtsstaatsprinzip, die Rechtsschutzgarantie des Art. 19 Abs. 4 S. 1 GG sowie hinsichtlich der institutionellen Vereinheitlichung zusätzlich noch auf die Vorgaben der Art. 95 Abs. 1 und 97 Abs. 2 GG an.

Bei der konkreten Überprüfung der Vereinheitlichungen am Maßstab von Art. 19 Abs. 4 S. 1 GG ist zu beachten, dass die Frage nach deren Zulässigkeit nicht mittels des aus der Eingriffs- und Schranken-Dogmatik vertrauten Instrumentariums beantwortet werden kann. In Rede steht nicht ein Eingriff in die Rechtsschutzgarantie des Art. 19 Abs. 4 S. 1 GG, sondern die Frage nach dem verfassungsrechtlich gebotenen Maß an Ausgestaltung. Nicht die abwehrrechtliche Wirkung der Grundrechte kommt zum Tragen, sondern ihre objektiv-rechtliche Dimension. Die damit angesprochene Grundrechts*ausgestaltung* unterliegt nicht den Regeln der Eingriffs- und Schranken-Dogmatik, sondern folgt eigenen Gesetzmäßigkeiten, die unter dem Topos der Ausgestaltungsdogmatik firmieren. Eine Überprüfung gesetzgeberischer Ausgestaltungsmaßnahmen hat sich danach an einem Kernbereichs- und Schalenmodell zu orientieren: Während der Kernbereich eines auszugestaltenden Grundrechts bestimmte Mindestbedingungen enthält, die sich in jedem ausgestaltenden Gesetz niederschlagen müssen, ist der Gesetzgeber bei der Ausgestaltung all jener Aspekte, die in den Schalenbereich fallen, freier. Anders ausgedrückt: Forderungen, die ein auszugestaltendes

Grundrecht als Mindestbedingungen in seinem Kernbereich trägt, gebieten es dem Gesetzgeber, diese im Rahmen der Ausgestaltung umzusetzen; Aspekte, die lediglich der Schale zuzuordnen sind, kann der Gesetzgeber im Gesetz normieren, muss es aber nicht. Obgleich der Gesetzgeber im Schalenbereich über ein Gestaltungsermessen verfügt, sind seine Handlungen nicht jeder verfassungsrechtlichen Kontrolle entzogen. Am Maßstab der Entsprechungsprüfung ist die Ausgestaltungsgesetzgebung vielmehr daraufhin zu untersuchen, ob sie dem Maßstab entspricht, der dem ausgestaltungsbedürftigen Grundrecht inhärent ist. Auch die prozessualen und institutionellen Vereinheitlichungsforderungen müssen sich an diesen Maßstäben der Ausgestaltungsdogmatik messen lassen. Für die Prozessordnungen der öffentlich-rechtlichen Fachgerichtsbarkeiten konnte in diesem Zusammenhang zunächst festgestellt werden, dass der Kernbereich von Art. 19 Abs. 4 S. 1 GG keine Vereinheitlichung gebietet. Erforderlich ist in verfassungsrechtlicher Perspektive nur, dass dem Bürger Zugang zu, Verfahren vor und eine Entscheidung durch ein Gericht gewährt wird. Ob das Prozessrecht, das diese Mindestgehalte der Rechtsschutzgarantie ausgestaltet, letztlich in vereinheitlichter oder differenzierter Form in Erscheinung tritt, ist eine verfassungsrechtlich unbeantwortete Frage. Zwar ist eine Vereinheitlichung damit verfassungsrechtlich nicht geboten, gleichwohl konnte auch festgestellt werden, dass sie ebenso wenig verboten ist, da sie dem Maßstab des Art. 19 Abs. 4 S. 1 GG entsprechen und damit also eine Ausgestaltungsform ausgewogenen Rechtsschutzes darstellen würde. Ähnlich verhält es sich bei institutionellen Vereinheitlichungen. Die Schaffung eines Einheitsgerichts für verwaltungsgerichtliche Streitigkeiten ist weder nach Art. 19 Abs. 4 S. 1 GG geboten, noch verbietet die Verfassung eine entsprechende Vereinheitlichung; zumindest dann, wenn durch die Beibehaltung spezialisierter Kammern dem Erfordernis einer hinreichenden fachlichen Spezialisierung der Richter entsprochen wird. Der festgestellten Möglichkeit einer institutionellen Vereinheitlichung stehen auch nicht Art. 95 Abs. 1 GG und Art. 97 Abs. 2 GG entgegen. Zwar gewährleistet die Verfassung für die Bundesebene drei voneinander getrennte Bundesgerichte für verwaltungs-, finanz- und sozialrechtliche Streitigkeiten, zur Organisation der öffentlich-rechtlichen Fachgerichtsbarkeiten auf Länderebene verhält sie sich gleichwohl nicht. Ebenso wenig würde eine institutionelle Vereinheitlichung die Garantie der persönlichen Unabhängigkeit nach Art. 97 Abs. 2 GG verletzen, da eine mit der Schaffung von Einheitsgerichten für verwaltungs-, finanz- und sozialrechtliche Streitigkeiten verbundene Versetzung der Richter von den Dienstgerichten überprüft werden könnte.

Zuletzt zwingt auch das Rechtsstaatsprinzip nicht zur Vornahme prozessualer und institutioneller Vereinheitlichungen. Ihm kann entgegen mancher Stimmen in der Literatur kein Rationalisierungsgebot entnommen werden, das als verfassungsdogmatischer Satz institutionelle und prozessuale Vereinheitlichungen verfassungsrechtlich gebietet, sofern eine Überprüfung ergäbe, dass vereinheitlichte Strukturen gegenüber einer Ausdifferenzierung rationaler wären. Damit ist aber keineswegs gesagt, dass ein ausdifferenzierter Zustand rationaler wäre als ein vereinheitlichter, sondern nur, dass die Frage auf verfassungsrechtlicher Ebene nicht geklärt werden kann. Die Verfassung lässt mithin die Frage, ob institutionelle und prozessuale Vereinheitlichungen im verwaltungsgerichtlichen Rechtsschutzsystem zu einem Mehr an Rationalität führen würden, unbeantwortet.

Kann die Frage nicht auf verfassungsrechtlicher Ebene beantwortet werden, besteht allerdings immer noch die Möglichkeit, auf verfassungstheoretischer Ebene nach einer Antwort zu suchen. Der Vorteil einer verfassungstheoretischen Betrachtung liegt in der Aktivierung externen Sachverstandes. Die Verfassungstheorie ermöglicht es, die Expertise anderer wissenschaftlicher Disziplinen fruchtbar zu machen. Hinsichtlich der in Rede stehenden Fragestellung können damit organisationssoziologische Erkenntnisse herangezogen werden. Aus dem Panorama der Organisationstheorien erweist sich die systemtheoretische Organisationstheorie *Niklas Luhmanns* am geeignetsten, um die Rationalitätsfrage im Hinblick auf die Organisation des verwaltungsgerichtlichen Rechtsschutzsystems zu beantworten. Bei den öffentlich-rechtlichen Fachgerichtsbarkeiten handelt es sich um Organisationen, die aus Entscheidungen bestehen und die diese, sie konstituierenden Elemente, ständig (re-)produzieren. Im Rahmen dieses (Re-)Produktionsprozesses kommt den Prozessordnungen als Entscheidungsprogrammen eine entscheidende Bedeutung zu. Sie ermöglichen es, mit der Schnelllebigkeit von Entscheidungen umzugehen und enthalten sachliche Richtigkeitsbedingungen für die zu treffenden Entscheidungen. Gleichwohl ist zu beachten, dass im Kontext der Entscheidungsprämisse „Prozessrecht" eine Besonderheit des Funktionssystems Recht zum Tragen kommt, die die Gerichte von anderen Organisationen unterscheidet. Die öffentlich-rechtlichen Fachgerichtsbarkeiten setzen sich ihre Entscheidungsprogramme nicht selbst, sondern bekommen sie vom Gesetzgeber vorgegeben. Einer Anwendung der systemtheoretischen Organisationstheorie steht dies gleichwohl nicht entgegen, denn auch *Luhmann* berücksichtigt in seinen Annahmen diese Besonderheit des Funktionssystems Recht. Rational ist eine Organisation nach den Maßgaben der *Luhmann'schen* Organisationstheorie gerade dann, wenn sie opportun ist, sie also schon in der Gegenwart ausreichende Kapazitäten und Ressourcen bereitstellt, um auf sich ändernde Umweltbedingungen in der Zukunft reagieren zu können. Eine organisationstheoretisch anerkannte Möglichkeit, eben diese zukunftsgewandte Flexibilität bzw. Anpassungsfähigkeit sicherzustellen, liegt in der Ausdifferenzierung von Organisationen. Der Umstand, dass für verwaltungs-, sozial- und finanzrechtliche Streitigkeiten eine je eigene Fachgerichtsbarkeit mit mehreren Instanzen besteht, ist in der Perspektive der Organisationstheorie mithin nicht reiner Zufall oder eine überflüssige Zersplitterung des verwaltungsgerichtlichen Rechtsschutzsystems, sondern Ausdruck einer rationalen Organisation. Differenzierung ist also unumgänglich, um Rationalität von Organisationen zu begründen. Ob dies letztlich aber durch drei voneinander getrennte Gerichtsbarkeiten erreicht wird oder durch spezialisierte Kammern innerhalb eines Einheitsgerichts für verwaltungs-, finanz- und sozialrechtliche Streitigkeiten, fällt in die Einschätzungsprärogative des Gesetzgebers. Auch wenn sich der Rationalitätsmaßstab der systemtheoretischen Organisationstheorie auf die institutionelle Ebene beschränkt, ist es naheliegend, dass die Prozessordnungen dem Schicksal der institutionellen Ebene folgen. Als Entscheidungsprogramme tragen sie maßgeblich zum Entstehen und Bestehen der Organisation bei; sie sind untrennbar mit der Organisation, für die sie geschaffen wurden, verbunden. Vor diesem Hintergrund sollte auch die prozessuale Seite der Organisation des verwaltungsgerichtlichen Rechtsschutzsystems das Merkmal der Differenzierung in sich tragen. Die Verwaltungsgerichtsordnung, das Sozialgerichtsgesetz und die Finanzgerichtsordnung bestätigen mit ihrem ausdifferenzierten Zustand diesen Befund; dass sie sich ähneln und in vielen Punkten gar gleichen, ist aus Sicht der Organisationstheorie reiner Zufall und kann in organisationstheoretischer Perspektive damit kein Argument für eine Vereinheitlichung darstellen. Die hier vorgenommenen Überlegungen haben allerdings gezeigt, dass auch dieser differenzierte, von Gleichartigkeiten geprägte Zustand Ausdruck von (formaler) Rationalität ist.

Insgesamt kann mithin festgehalten werden, dass prozessuale und institutionelle Vereinheitlichungen im verwaltungsgerichtlichen Rechtsschutzsystem ein Mehr an Rationalität nicht zu begründen vermögen. Vielmehr ist schon der ausdifferenzierte Zustand in seiner konkreten Gestalt gleich aus verschiedenen Perspektiven der rationalste Organisationszustand. Nicht ungünstige politische Umstände oder ein irgendwie gearteter Interessenpartikularismus sind also ursächlich für das Scheitern der geforderten Vereinheitlichungen. Vielmehr wurde das verwaltungsgerichtliche Rechtsschutzsystem rational organisiert und ausgestaltet, ohne dass dies dabei konkret verbalisiert wurde.

Literaturverzeichnis

Achterberg, Norbert: Gedanken zur Einführung rechtssoziologischer Lehrveranstaltungen in den Rechtsunterricht, JZ 1970, 281 ff.

ders.: Die Klagebefugnis – eine entbehrliche Sachurteilsvoraussetzung, DVBl. 1981, 278 ff.

ders.: Der Begriff „Rechtsprechung im materiellen Sinne", in: Hans-Uwe Erichsen/Werner Hoppe/Albert v. Mutius (Hrsg.), System des verwaltungsgerichtlichen Rechtsschutzes. Festschrift für Christian-Friedrich Menger zum 70. Geburtstag, Köln u. a. 1985, S. 125 ff. (zitiert als: *Achterberg*, Der Begriff „Rechtsprechung im materiellen Sinne", in: Erichsen/Hoppe/v. Mutius (Hrsg.), FS Menger, 1985, S. 125 ff.).

Alexy, Robert: Grundrechte als subjektive Rechte und als objektive Normen, Der Staat 29 (1990), 49 ff.

ders.: Juristische Begründung, System und Kohärenz, in: Okko Behrends/Malte Dießelhorst/Ralf Dreier (Hrsg.), Rechtsdogmatik und praktische Vernunft. Symposium zum 80. Geburtstag von Franz Wieacker, Göttingen 1990, S. 95 ff. (zitiert als: *Alexy*, Juristische Begründung, System und Kohärenz, in: Behrends/Dießelhorst/Dreier (Hrsg.), Rechtsdogmatik und praktische Vernunft, 1990, S. 95 ff.).

ders.: Theorie der Grundrechte, 2. Aufl., Frankfurt a. M. 1994.

Arnauld, Andreas v.: Rechtssicherheit. Perspektivische Annäherungen an eine idée directrice des Rechts, Tübingen 2006 (zitiert als: *v. Arnauld*, Rechtssicherheit, 2006).

ders.: Rechtsstaat, in: Otto Depenheuer/Christoph Grabenwarter (Hrsg.), Verfassungstheorie, Tübingen 2010, § 21.

Arndt, Herbert: Rationalisierung der Rechtspflege, DRiZ 1955, 102 ff.

ders.: Referat von Bundesrichter Dr. Herbert Arndt über das Thema „Empfiehlt es sich, die Zweige der Rechtsprechung ganz oder teilweise zusammenzufassen?", in: Ständige Deputation des Deutschen Juristentages (Hrsg.), Verhandlungen des zweiundvierzigsten Deutschen Juristentages, Band 2 (Sitzungsberichte), Zweite Abteilung, Tübingen 1959, S. E 43 ff. (zitiert als: *Arndt*, Zweige der Rechtsprechung, in: Ständige Deputation des Deutschen Juristentages (Hrsg.), 42. DJT, Bd. 2, 1959, S. E 43 ff.).

Aulehner, Josef: Grundrechte und Gesetzgebung, Tübingen 2011.

Bachof, Otto: Art. 19 Abs. 4 des Grundgesetzes und das Bundesverwaltungsgericht. Bemerkungen zu einem Gesetzesentwurf, DRZ 1950, 245 ff.

Bäcker, Carsten: Gerechtigkeit im Rechtsstaat. Das Bundesverfassungsgericht an der Grenze des Grundgesetzes, Tübingen 2015 (zitiert als: *Bäcker*, Gerechtigkeit im Rechtsstaat, 2015).

Bäcker, Roland M.: Vorläufiger Rechtsschutz „zweiten Grades"?, DStZ 1990, 532 ff.

Bader, Johann: Das sechste Gesetz zur Änderung der Verwaltungsgerichtsordnung, DÖV 1997, 442 ff.

Badura, Peter: Die Verfassung im Ganzen der Rechtsordnung und die Verfassungskonkretisierung durch Gesetz, in: Josef Isensee/Paul Kirchhof (Hrsg.), Handbuch des Staatsrechts der Bundesrepublik Deutschland, Band 12, 3. Aufl., Heidelberg u. a. 2014, § 265 (zitiert als:

Badura, Die Verfassung im Ganzen der Rechtsordnung und die Verfassungskonkretisierung durch Gesetz, in: Isensee/Kirchhof (Hrsg.), HStR, Bd. 12, 3. Aufl. 2014, § 265).

ders.: Staatsrecht. Systematische Erläuterung des Grundgesetzes für die Bundesrepublik Deutschland, 7. Aufl., München 2018 (zitiert als: *Badura*, Staatsrecht, 7. Aufl. 2018).

Bähr, Otto: Der Rechtsstaat. Neudruck der Ausgabe 1864, Aalen 1961 (zitiert als: *Bähr*, Der Rechtsstaat, 1864).

Baring, N.N.: Die Verwaltungsgerichtsbarkeit in Berlin, DVBl. 1951, 265 ff.

Battis, Ulrich: Systemgerechtigkeit, in: Rolf Stödter/Werner Thieme (Hrsg.), Hamburg. Deutschland. Europa. Beiträge zum deutschen und europäischem Verfassungs-, Verwaltungs- und Wirtschaftsrecht. Festschrift für Hans Peter Ipsen zum siebzigsten Geburtstag, Tübingen 1977, S. 11 ff. (zitiert als: *Battis*, Systemgerechtigkeit, in: Stödter/Thieme (Hrsg.), FS Ipsen, 1977, S. 11 ff.).

Bauer, Ina: Von der Administrativjustiz zur Verwaltungsgerichtsbarkeit. Die Entwicklung des Rechtsschutzes auf dem Gebiet des öffentlichen Rechts in Baden im 19. Jahrhundert, Sinzheim 1996 (zitiert als: *Bauer*, Von der Administrativjustiz zur Verwaltungsgerichtsbarkeit, 1996).

Baur, Fritz: Die Zersplitterung der Rechtspflege – Einige Vorschläge zur Milderung ihrer Folgen, JZ 1955, 303 ff.

ders.: Empfiehlt es sich, die verschiedenen Zweige der Rechtsprechung ganz oder teilweise zusammenzufassen? Gutachten für den 42. Deutschen Juristentag, in: Ständige Deputation des Deutschen Juristentages (Hrsg.), Verhandlungen des Zweiundvierzigsten Deutschen Juristentages, Band 1 (Gutachten), 2. Teil, Tübingen 1957 (zitiert als: *Baur*, Empfiehlt es sich, die verschiedenen Zweige der Rechtsprechung ganz oder teilweise zusammenzufassen?, in: Ständige Deputation des Deutschen Juristentages (Hrsg.), 42. DJT, Bd. 1, 2. Teil, 1957).

Becker, Hans Joachim: Auf dem Weg zu einer einheitlichen Verwaltungsprozeßordnung – Probleme und Schwerpunkte –, RiA 1983, 83 ff.

Beling, Ernst: Vom Positivismus zum Naturrecht und zurück, in: Heinrich Stoll (Hrsg.), Festgabe für Philipp Heck, Max Rümelin, Arthur Benno Schmidt, Tübingen 1931, S. 1 ff. (zitiert als: *Beling*, Vom Positivismus zum Naturrecht und zurück, in: Stoll (Hrsg.), FG Heck/Rümelin/Schmidt, 1931, S. 1 ff.).

Berg, Wilfired: Grundsätze des verwaltungsgerichtlichen Verfahrens, in: Hans-Uwe Erichsen/Werner Hoppe/Albert v. Mutius (Hrsg.), System des verwaltungsgerichtlichen Rechtsschutzes. Festschrift für Christian-Friedrich Menger zum 70. Geburtstag, Köln u. a. 1985, S. 537 ff. (zitiert als: *Berg*, Grundsätze des verwaltungsgerichtlichen Verfahrens, in: Erichsen/Hoppe/v. Mutius (Hrsg.), FS Menger, 1985, S. 537 ff.).

Bergmann, Rainer/Garrecht, Martin: Organisation und Projektmanagement, 2. Aufl., Berlin u. a. 2016.

Berlit, Uwe: Zusammenlegung von Gerichtsbarkeiten. Ein Diskussionsbeitrag, BJ 2004, 226 ff.

Bertrams, Michael: Die Erneuerung und Sicherung der Verwaltungsgerichtsbarkeit, DVBl. 2006, 997 ff.

Bethge, Herbert: Grundrechtsverwirklichung und Grundrechtssicherung durch Organisation und Verfahren. Zu einigen Aspekten der aktuellen Grundrechtsdiskussion, NJW 1982, 1 ff.

ders.: Freiheit und Gebundenheit der Massenmedien, DVBl. 1983, 369 ff.

ders.: Aktuelle Probleme der Grundrechtsdogmatik, Der Staat 24 (1985), 351 ff.

Bettermann, Karl August: Notwendigkeit, Möglichkeiten und Grenzen einer Angleichung der deutschen Verfahrensordnungen, ZZP 70 (1957), 161 ff.

ders.: Vereinheitlichung der Verwaltungsgerichtsgesetze und Gleichschaltung der Verwaltungsgerichtsbarkeiten – oder Reform der Verwaltungsgerichtsbarkeit nach den Bedürfnissen der

Gegenwart?, in: Detlef Merten (Hrsg.), Die Vereinheitlichung der Verwaltungsgerichtsgesetze zu einer Verwaltungsprozeßordnung. Vorträge und Diskussionsbeiträge der 46. Staatswissenschaftlichen Fortbildungstagung 1978 der Hochschule für Verwaltungswissenschaften Speyer, Berlin 1978, S. 91 ff. (zitiert als: *Bettermann*, Vereinheitlichung der Verwaltungsgerichtsgesetze und Gleichschaltung der Verwaltungsgerichtsbarkeiten, in: Merten (Hrsg.), Die Vereinheitlichung der Verwaltungsgerichtsgesetze zu einer Verwaltungsprozeßordnung, 1978, S. 91 ff.).

Bickel, Heribert: Finanzgerichtsbarkeit und Neuordnung des Verwaltungsprozeßrechts, ZRP 1984, 57 ff.

Birk, Dieter: Verfassungsfragen bei der Gewährung vorläufigen Rechtsschutzes im finanzgerichtlichen Verfahren, in: Hans-Uwe Erichsen/Werner Hoppe/Albert v. Mutius (Hrsg.), System des verwaltungsgerichtlichen Rechtsschutzes. Festschrift für Christian-Friedrich Menger zum 70. Geburtstag, Köln u. a. 1985, S. 161 ff. (zitiert als: *Birk*, Verfassungsfragen bei der Gewährung vorläufigen Rechtsschutzes im finanzgerichtlichen Verfahren, in: Erichsen/Hoppe/v. Mutius (Hrsg.), FS Menger, 1985, S. 161 ff.).

Böckenförde, Ernst-Wolfgang: Entstehung und Wandel des Rechtsstaatsbegriffs, in: Horst Ehmke/Carlo Schmid/Hans Scharoun (Hrsg.), Festschrift für Adolf Arndt zum 65. Geburtstag, Frankfurt a. M. 1969, S. 53 ff. (zitiert als: *Böckenförde*, Entstehung und Wandel des Rechtsstaatsbegriffs, in: Ehmke/Schmid/Scharoun (Hrsg.), FS Arndt, 1969, S. 53 ff.).

ders.: Organ, Organisation, Juristische Person. Kritische Überlegungen zu Grundbegriffen und Konstruktionsbasis des staatlichen Organisationsrechts, in: Christian-Friedrich Menger (Hrsg.), Fortschritte des Verwaltungsrechts. Festschrift für Hans J. Wolff zum 75. Geburtstag, München 1973, S. 269 ff. (zitiert als: *Böckenförde*, Organ, Organisation, Juristische Person, in: Menger (Hrsg.), FS Wolff, 1973, S. 269 ff.).

ders.: Grundrechtstheorie und Grundrechtsinterpretation, NJW 1974, 1529 ff.

ders.: Grundrechte als Grundsatznormen. Zur gegenwärtigen Lage der Grundrechtsdogmatik, Der Staat 29 (1990), 1 ff.

ders.: Staat, Verfassung, Demokratie. Studien zur Verfassungstheorie und zum Verfassungsrecht, Frankfurt a. M. 1991 (zitiert als: *Böckenförde*, Staat, Verfassung, Demokratie, 1991).

ders.: Anmerkungen zum Begriff Verfassungswandel, in: Peter Badura/Rupert Scholz (Hrsg.), Wege und Verfahren des Verfassungslebens. Festschrift für Peter Lerche zum 65. Geburtstag, München 1993, S. 3 ff. (zitiert als: *Böckenförde*, Anmerkungen zum Begriff Verfassungswandel, in: Badura/Scholz (Hrsg.), FS Lerche, 1993, S. 3 ff.).

Bogs, Walter: 80 Jahre Sozialrechtspflege – 10 Jahre Sozialgerichtsbarkeit, DVBl. 1964, 1 ff.

ders.: Sozialrechtspflege vor Einführung der Sozialgerichtsbarkeit, insbesondere Verfassung und Verfahren des Reichsversicherungsamts, in: Deutscher Sozialgerichtsverband e. V. (Hrsg.): Sozialrechtsprechung. Verantwortung für den sozialen Rechtsstaat. Festschrift zum 25jährigen Bestehen des Bundessozialgerichts, Band 1, Köln u. a. 1979, S. 3 ff. (zitiert als: *Bogs*, Sozialrechtspflege vor Einführung der Sozialgerichtsbarkeit, in: Deutscher Sozialgerichtsverband e. V. (Hrsg.), Sozialrechtsprechung, Bd. 1, 1979, S. 3 ff.).

Bonner Kommentar zum Grundgesetz, hrsg. v. Wolfgang Kahl/Christian Waldhoff/Christian Walter, Heidelberg Stand: 204. Ergänzungslieferung Juni 2020 (zitiert als: *Bearbeiter*, in: BK GG).

Borowski, Martin: Grundrechte als Prinzipien, 3. Aufl., Baden-Baden 2018.

Bracker, Susanne: Kohärenz und juristische Interpretation, Baden-Baden 2000.

Brand, Jürgen/Fleck, Silvia/Scheer, Urlich: Fünf oder zwei Gerichtsbarkeiten? Alter Wein in neuen Schleuchen?, NZS 2004, 173 ff.

Breuer, Rüdiger: Konkretisierungen des Rechtsstaats- und Demokratiegebotes, in: Eberhard Schmidt-Aßmann/Dieter Sellner/Günther Hirsch/Gerd-Heinrich Kemper/Hinrich Lehmann-Grube (Hrsg.), Festgabe 50 Jahre Bundesverwaltungsgericht, Köln u. a. 2003, S. 223 ff. (zitiert als: *Breuer*, Konkretisierungen des Rechtsstaats- und Demokratiegebotes, in: Schmidt-Aßmann u. a. (Hrsg.), FG 50 Jahre BVerwG, 2003, S. 223 ff.).

Britz, Gabriele: Verfassungsrechtliche Verfahrens- und Rationalitätsanforderungen an die Gesetzgebung, Die Verwaltung 50 (2017), 421 ff.

Brodocz, André: Die Macht der Judikative, Wiesbaden 2009.

Brohm, Winfried: Zum Funktionswandel der Verwaltungsgerichtsbarkeit, NJW 1984, 8 ff.

Bröhmer, Jürgen: Transparenz als Verfassungsprinzip. Grundgesetz und Europäische Union, Tübingen 2004 (zitiert als: *Bröhmer*, Transparenz als Verfassungsprinzip, 2004).

Brunner, Otto/Conze, Werner/Koselleck, Reinhart (Hrsg.): Geschichtliche Grundbegriffe. Historisches Lexikon zur politisch-sozialen Sprache in Deutschland, Band 2, E–G, Stuttgart 1975, (zitiert als: *Bearbeiter*, in: Brunner/Conze/Koselleck (Hrsg.), Geschichtliche Grundbegriffe, Bd. 2, 1975).

Bruns, Heike: Akteure der Umweltpolitik. Die Organisation der staatlichen Umweltadministration auf Bundesebene als Rechtsproblem, Frankfurt a. M. 1999 (zitiert als: *Bruns*, Akteure der Umweltpolitik, 1999).

Buchwald, Delf: Der Begriff der rationalen juristischen Begründung. Zur Theorie der juridischen Vernunft, Baden-Baden 1990 (zitiert als: *Buchwald*, Der Begriff der rationalen juristischen Begrünung, 1990).

ders.: Prinzipien des Rechtsstaats. Zur Kritik der gegenwärtigen Dogmatik des Staatsrechts anhand des allgemeinen Rechtsstaatsprinzips nach dem Grundgesetz der Bundesrepublik Deutschland, Aachen 1996 (zitiert als: *Buchwald*, Prinzipien des Rechtsstaats, 1996).

Buermeyer, Volker: Rechtsschutzgarantie und Gerichtsverfahrensrecht. Zur Vereinbarkeit rechtlicher und faktischer Erschwernisse in den verwaltungsgerichtlichen Verfahrensordnungen mit Art. 19 Abs. 4 Satz 1 GG, Köln 1975 (zitiert als: *Buermeyer*, Rechtsschutzgarantie und Gerichtsverfahrensrecht, 1975).

Bulla, Simon: Das Verfassungsprinzip der Folgerichtigkeit und seine Auswirkungen auf die Grundrechtsdogmatik. Zugleich eine Besprechung der Nichtraucherschutz-Entscheidung des BVerfG vom 30.7.2008, ZJS 2008, 585 ff.

Bumke, Christian: Der Grundrechtsvorbehalt. Untersuchungen über die Begrenzung und Ausgestaltung der Grundrechte, Baden-Baden 1998 (zitiert als: *Bumke*, Der Grundrechtsvorbehalt, 1998).

ders.: Ausgestaltung von Grundrechten. Grundlagen und Grundzüge einer Dogmatik der Grundrechtsausgestaltung unter besonderer Berücksichtigung der Vertragsfreiheit, Tübingen 2009 (zitiert als: *Bumke*, Ausgestaltung von Grundrechten, 2009).

ders.: Die Pflicht zur konsistenten Gesetzgebung. Am Beispiel des Ausschlusses der privaten Vermittlung staatlicher Lotterien und ihrer bundesverfassungsgerichtlichen Kontrolle, Der Staat 49 (2010), 77 ff.

ders.: Rechtsdogmatik. Eine Disziplin und ihre Arbeitsweise. Zugleich eine Studie über das rechtsdogmatische Arbeiten Friedrich Carl von Savignys, Tübingen 2017 (zitiert als: *Bumke*, Rechtsdogmatik, 2017).

Bund Deutscher Verwaltungsrichter: Bund Deutscher Verwaltungsrichter zu der Frage „Justizeinheit“ – „Einheitsgerichte“ – „Rechtsprechungsministerium“, DÖV 1957, 47 f.

Bundesministerium der Justiz: Synopse zum Entwurf einer Verwaltungsprozeßordnung bestehend aus Entwurf einer Verwaltungsprozeßordnung, Entwurf eines Verwaltungsgerichtsgesetzes – Speyerer Entwurf –, Verwaltungsgerichtsordnung, Finanzgerichtsordnung, Sozialgerichtsgesetz, Gerichtsverfassungsgesetz/Zivilprozeßordnung, Sonstige Vorschriften, Köln 1978 (zitiert als: *Bundesministerium der Justiz*, Synopse zum Entwurf einer Verwaltungsprozeßordnung, 1978).

Burgi, Martin: Das Grundrecht der freien Persönlichkeitsentfaltung durch einfaches Gesetz, ZG 1994, 341 ff.

Busch, Jost-Dietrich/Berger, Dorothea: Die Verlustliste der Prozeßrechtseinheit im Entwurf einer Verwaltungsprozeßordnung, DVBl. 1982, 831 ff.

Calliess, Gralf-Peter: Prozedurales Recht, Baden-Baden 1999.

ders.: Das Tetralemma des Rechts. Zur Möglichkeit einer Selbstbeschränkung des Kommunikationssystems Recht, ZfRSoz 21 (2000), 293 ff.

Canaris, Claus-Wilhelm: Systemdenken und Systembegriff in der Jurisprudenz entwickelt am Beispiel des deutschen Privatrechts, Berlin 1969 (zitiert als: *Canaris*, Systemdenken und Systembegriff in der Jurisprudenz, 1969).

Carl, Dieter: Vorläufiger Rechtsschutz im Steuerrecht, DB 1991, 2615 ff.

Cartellieri, Wolfgang: Ein Recht, aber wieviel Gerichtsbarkeiten? Zur weiteren Aufspaltung der Bundesgerichtsbarkeit im Jahre 1953, Der Betriebs-Berater 1953, 1021 ff.

Christmann, Alfred/Schönholz, Siegfried: Die Errichtung des Reichsversicherungsamtes und seine geschichtliche Entwicklung, in: Deutscher Sozialrechtsverband e. V. (Hrsg.), Entwicklung des Sozialrechts. Aufgabe der Rechtsprechung. Festgabe aus Anlaß des 100jährigen Bestehens der sozialgerichtlichen Rechtsprechung, Köln u. a. 1984, S. 3 ff. (zitiert als: *Christmann/Schönholz*, Die Errichtung des Reichsversicherungsamtes und seine geschichtliche Entwicklung, in: Deutscher Sozialrechtsverband e. V. (Hrsg.), Entwicklung des Sozialrechts. Aufgabe der Rechtsprechung, 1984, S. 3 ff.).

Clerck, Hans De: Die Verwaltungsgerichtsbarkeit in Rheinland-Pfalz, DVBl. 1950, 295 ff.

Coing, H.: Der Aufbau der rechtsprechenden Gewalt zum Nutzen des Volkes, DRiZ 1956, 241 ff.

Conze, Werner: Sozialer und Wirtschaftlicher Wandel, in: Kurt G. A. Jeserich/Hans Pohl/Georg-Christoph von Unruh (Hrsg.), Deutsche Verwaltungsgeschichte. Vom Reichsdeputationshauptschluß bis zur Auflösung des Deutschen Bundes, Band 2, Stuttgart 1983, 1. Kapitel, § 2 S. 19 ff. (zitiert als: *Conze*, Sozialer und Wirtschaftlicher Wandel, in: Jeserich/Pohl/von Unruh (Hrsg.), DVG, Bd. 2, 1983, 1. Kap., § 2 S. 19 ff.).

Cornils, Matthias: Die Ausgestaltung der Grundrechte. Untersuchungen zur Grundrechtsbindung des Ausgestaltungsgesetzgebers, Tübingen 2005 (zitiert als: *Cornils*, Die Ausgestaltung der Grundrechte, 2005).

ders.: Rationalitätsanforderungen an die parlamentarische Rechtsetzung im demokratischen Rechtsstaat, DVBl. 2011, 1053 ff.

Dähne, Erich: Zur Berufungs- und Revisionszulassung im Sozialgerichtsverfahren, SozSich 1955, 316 f.

Danckwerts, Justus: Die Verwaltungsgerichtsbarkeit im nationalsozialistischen Staate, in: Hans Frank (Hrsg.), Deutsches Verwaltungsrecht, München 1937, § 6 S. 99 ff.

Dann, Philipp: Verfassungsgerichtliche Kontrolle gesetzgeberischer Rationalität, Der Staat 49 (2010), 630 ff.

Degenhart, Christoph: Systemgerechtigkeit und Selbstbindung des Gesetzgebers als Verfassungspostulat, München 1976.

ders.: Gerichtsorganisation, in: Josef Isensee/Paul Kirchhof (Hrsg.), Handbuch des Staatsrechts der Bundesrepublik Deutschland, Band 5, 3. Aufl., Heidelberg u. a. 2007, § 114 (zitiert als: *Degenhart*, Gerichtsorganisation, in: Isensee/Kirchhof (Hrsg.), HStR, Bd. 5, 3. Aufl. 2007, § 114).

ders.: Gerichtsverfahren, in: Josef Isensee/Paul Kirchhof (Hrsg.), Handbuch des Staatsrechts der Bundesrepublik Deutschland, Band 5, 3. Aufl., Heidelberg u. a. 2007, § 115 (zitiert als: *Degenhart*, Gerichtsverfahren, in: Isensee/Kirchhof (Hrsg.), HStR, Bd. 5, 3. Aufl. 2007, § 115).

ders.: Grundrechtsausgestaltung und Grundrechtsbeschränkung, in: Detlef Merten/Hans-Jürgen Papier (Hrsg.), Handbuch der Grundrechte in Deutschland und Europa, Band 3, Heidelberg u. a. 2009, § 61 (zitiert als: *Degenhart*, Grundrechtsausgestaltung und Grundrechtsbeschränkung, in: Merten/Papier (Hrsg.), HdGR, Bd. 3, 2009, § 61).

Denninger, Erhard: Verfassungsrechtliche Schlüsselbegriffe, in: Erhard Denninger (Hrsg.), Der gebändigte Leviathan, Baden-Baden 1990, S. 158 ff.

ders.: Staatliche Hilfe zur Grundrechtsausübung durch Verfahren, Organisation und Finanzierung, in: Josef Isensee/Paul Kirchhof (Hrsg.), Handbuch des Staatsrechts der Bundesrepublik Deutschland, Band 9, 3. Aufl., Heidelberg u. a. 2011, § 193 (zitiert als: *Denninger*, Staatliche Hilfe zur Grundrechtsausübung durch Verfahren, Organisation und Finanzierung, in: Isensee/Kirchhof (Hrsg.), HStR, Bd. 9, 3. Aufl. 2011, § 193).

Deutscher Anwaltsverein: Entwurf einer Verwaltungsprozeßordnung, Anwbl. 1982, 297.

Deutscher Bundestag/Bundesrat (Hrsg.): Die gemeinsame Kommission von Bundestag und Bundesrat zur Modernisierung der Bund-Länder-Finanzbeziehungen. Die Beratungen und ihre Ergebnisse, Berlin 2010.

Di Fabio, Udo: Offener Diskurs und geschlossene Systeme. Das Verhältnis von Individuum und Gesellschaft in argumentations- und systemtheoretischer Perspektive, Berlin 1991 (zitiert als: *Di Fabio*, Offener Diskurs und geschlossene Systeme, 1991).

ders.: Luhmann im Recht – Die juristische Rezeption soziologischer Beobachtung, in: Helga Gripp-Hagelstange (Hrsg.), Niklas Luhmanns Denken. Interdisziplinäre Einflüsse und Wirkungen, Konstanz 2000, S. 139 ff. (zitiert als: *Di Fabio*, Luhmann im Recht, in: Gripp-Hagelstange (Hrsg.), Niklas Luhmanns Denken, 2000, S. 139 ff.).

ders.: Gewaltenteilung als tragendes Organisationsprinzip des Grundgesetzes, in: Josef Isensee/Paul Kirchhof (Hrsg.), Handbuch des Staatsrechts der Bundesrepublik Deutschland, Band 2, 3. Aufl., Heidelberg u. a. 2004, § 27 (zitiert als: *Di Fabio*, Gewaltenteilung als tragendes Organisationsprinzip des Grundgesetzes, in: Isensee/Kirchhof (Hrsg.), HStR, Bd. 2, 3. Aufl. 2004, § 27).

Dieterich, Peter: Systemgerechtigkeit und Kohärenz. Legislative Einheit und Vielheit durch Verfassungs- und Unionsrecht, Berlin 2014 (zitiert als: *Dieterich*, Systemgerechtigkeit und Kohärenz, 2014).

Dietlein, Johannes: Das Untermaßverbot. Bestandsaufnahme und Entwicklungschancen einer neuen Rechtsfigur, ZG 10 (1995), 131 ff.

Dörr, Dieter: Faires Verfahren. Gewährleistung im Grundgesetz der Bundesrepublik Deutschland, Kehl am Rhein u. a. 1984 (zitiert als: *Dörr*, Faires Verfahren, 1984).

Dreier, Horst (Hrsg.): Grundgesetz. Kommentar, Band 1, Präambel, Artikel 1–19, 3. Aufl., Tübingen 2013 (zitiert als: *Bearbeiter*, in: Dreier (Hrsg.), GG, Bd. 1, 3. Aufl. 2013).

ders. (Hrsg.): Grundgesetz. Kommentar, Band 2, Art. 20–82, Tübingen 1998 (zitiert als: *Bearbeiter*, in: Dreier (Hrsg.), GG, Bd. 2, 1998).

ders. (Hrsg.): Grundgesetz. Kommentar, Band 2, Artikel 20–82, 3. Aufl., Tübingen 2015 (zitiert als: *Bearbeiter*, in: Dreier (Hrsg.), GG, Bd. 2, 3. Aufl. 2015).

ders. (Hrsg.): Grundgesetz. Kommentar, Band 3, Artikel 83–146, 3. Aufl., Tübingen 2018 (zitiert als: *Bearbeiter*, in: Dreier (Hrsg.), GG, Bd. 3, 3. Aufl. 2018).

ders.: Hans Kelsen und Niklas Luhmann. Positivität des Rechts aus rechtswissenschaftlicher und systemtheoretischer Perspektive, Rechtstheorie 14 (1983), 419 ff.

ders.: „Wir hatten Gerechtigkeit erhofft …, in: Frankfurter Allgemeine Zeitung v. 12.01.2015, abrufbar unter: https://www.faz.net/aktuell/politik/die-gegenwart/staat-und-recht-wir-hatten-gerechtigkeit-erhofft-13352790.html?printPagedArticle=true#pageIndex_0 (letzter Aufruf am: 04.10.2020).

Dreier, Ralf: Recht und Gerechtigkeit (1982), in: Ralf Dreier (Hrsg.), Recht – Staat – Vernunft, Frankfurt a.M. 1991, S. 8ff. (zitiert als: *Dreier*, Recht und Gerechtigkeit, in: ders. (Hrsg.), Recht – Staat – Vernunft, 1991, S. 8ff.).

ders.: Niklas Luhmanns Rechtsbegriff, ARSP 88 (2002), 305ff.

Drepper, Thomas: Organisationen der Gesellschaft. Gesellschaft und Organisation in der Systemtheorie Niklas Luhmanns, 2. Aufl., Wiesbaden 2018 (zitiert als: *Drepper*, Organisationen der Gesellschaft, 2. Aufl. 2018).

Dworkin, Ronald: Bürgerrechte ernstgenommen. Übersetzt von Ursula Wolf, Frankfurt a.M. 1984 (zitiert als: *Dworkin*, Bürgerrechte, 1984).

Ebers, Godehard Jos.: Die Verwaltungs- und Verfassungsgerichtsbarkeit in Österreich, in: Verfassung und Verwaltung in Theorie und Wirklichkeit. Festschrift für Herrn Geheimrat Professor Dr. Wilhelm Laforet anläßlich seines 75. Geburtstages, München 1952, S. 269ff. (zitiert als: *Ebers*, Die Verwaltungs- und Verfassungsgerichtsbarkeit in Österreich, in: FS Laforet, 1952).

Ehlers, Dirk: Klagebefugnis nach deutschem, europäischem Gemeinschafts- und US-amerikanischem Recht, VerwArch 84 (1993), 139ff.

Ehmke, Horst: Prinzipien der Verfassungsinterpretation, VVDStRl 20 (1961), S. 53ff.

Ehrlich, Eugen: Grundlegung der Soziologie des Rechts. Durchgesehen und herausgegeben von Manfred Rehbinder, 4. Aufl., Berlin 1989 (zitiert als: *Ehrlich*, Grundlegung der Soziologie des Rechts, 4. Aufl. 1989).

Eicker, Andreas: Die Prozeduralisierung des Strafrechts. Zur Entstehung, Bedeutung und Zukunft eines Paradigmenwechsels, Baden-Baden 2010 (zitiert als: *Eicker*, Die Prozeduralisierung des Strafrechts, 2010).

Engelhardt, Hans: Zur Klagebefugnis im Verwaltungsprozeß, JZ 1961, 588ff.

Engisch, Karl: Die Einheit der Rechtsordnung, Heidelberg 1935.

ders.: Einführung in das juristische Denken, 12. Aufl. Herausgegeben und bearbeitet von Thomas Würtenberger und Dirk Otto, Stuttgart 2018 (zitiert als: *Engisch*, Einführung in das juristische Denken, 12. Aufl. 2018).

Erdelt, Alexander: Die Entwicklung der Verwaltungs- und Finanzgerichtsbarkeit in Deutschland, VR 2003, 403ff.

Erichsen, Hans-Uwe: Zur Regelung der Klagebefugnis in § 42 Abs. 2 VwGO, VerwArch 64 (1973), 319ff.

ders.: Grundrechtliche Schutzpflichten in der Rechtsprechung des Bundesverfassungsgerichts, JURA 1997, 85ff.

Esser, Josef: Grundsatz und Norm in der richterlichen Fortbildung des Privatrechts. Rechtsvergleichende Beiträge zur Rechtsquellen- und Interpretationslehre, 4. Aufl., Tübingen 1990 (zitiert als: *Esser*, Grundsatz und Norm, 4. Aufl. 1990).

Eyermann, Erich/Fröhler, Ludwig: Verwaltungsgerichtsordnung. Kommentar, München u.a. 1960 (zitiert als: *Eyermann/Fröhler*, VwGO, 1960).

Fassbender, Bardo: Wissen als Grundlage staatlichen Handelns, in: Josef Isensee/Paul Kirchhof (Hrsg.), Handbuch des Staatsrechts der Bundesrepublik Deutschland, Band 4, 3. Aufl., Heidelberg u.a. 2006, § 76 (zitiert als: *Fassbender*, Wissen als Grundlage staatlichen Handelns, in: Isensee/Kirchhof (Hrsg.), HStR, Bd. 4, 3. Aufl. 2006, § 76).

Feldmann, Peter von: „Angelegenheiten der Gestapo sind der Nachprüfung durch die Verwaltungsgerichte entzogen…" Zu einem Nachruf auf einen deutschen Verwaltungsjuristen, KJ 16 (1983), 57 ff.

Felix, Dagmar: Die Einheit der Rechtsordnung. Zur verfassungsrechtlichen Relevanz einer juristischen Argumentationsfigur, Tübingen 1998 (zitiert als: *Felix*, Die Einheit der Rechtsordnung, 1998).

Fenske, Hans: Verwaltung und Krieg. Überlegungen im letzten Friedensjahrzehnt, in: Kurt G. A. Jeserich/Hans Pohl/Georg-Christoph von Unruh (Hrsg.), Deutsche Verwaltungsgeschichte. Das Deutsche Reich bis zum Ende der Monarchie, Band 3, Stuttgart 1984, 13. Kapitel, § 1 S. 866 ff. (zitiert als: *Fenske*, Verwaltung und Krieg, in: Jeserich/Pohl/von Unruh (Hrsg.), DVG, Bd. 3, 1984, 13. Kap., § 1 S. 866 ff.).

ders.: Die Deutsche Kriegsverfassung. Militär und Innenpolitik, in: Kurt G. A. Jeserich/Hans Pohl/Georg-Christoph von Unruh (Hrsg.), Deutsche Verwaltungsgeschichte. Das Deutsche Reich bis zum Ende der Monarchie, Band 3, Stuttgart 1984, 13. Kapitel, § 2 S. 871 ff. (zitiert als: *Fenske*, Die Deutsche Kriegsverfassung, in: Jeserich/Pohl/von Unruh (Hrsg.), DVG, Bd. 3, 1984, 13. Kap., § 2 S. 871 ff.).

Fischer, Jens Henning: Steuerung in Organisationen, Wiesbaden 2009.

Fischer-Lescano, Andreas/Teubner, Gunther: Regime-Kollisionen. Zur Fragmentierung des globalen Rechts, Frankfurt a. M. 2006 (zitiert als: *Fischer-Lescano/Teubner*, Regime-Kollisionen, 2006).

Flint, Thomas: Für eine Zusammenlegung von Sozialgerichten und Verwaltungsgerichten, DRiZ 2004, 217 ff.

Franzki, Harald: Die Öffentlichkeit der Gerichtsverhandlung. Was sie bezweckt, und wie sie mißbraucht wird, DRiZ 1979, 82 ff.

Frieling, Tino: Gesetzesmaterialien und Wille des Gesetzgebers. Fallgruppen verbindlicher Willensäußerungen, Tübingen 2017 (zitiert als: *Frieling*, Wille des Gesetzgebers, 2017).

Führ, Martin: Rationale Gesetzgebung. Systematisierung verfassungsrechtlicher Anforderungen, Darmstadt 1998 (zitiert als: *Führ*, Rationale Gesetzgebung, 1998).

Funk, Winfried: Die Neuregelung der Verwaltungsprozeßordnung aus der Sicht der Sozialgerichtsbarkeit, SGb 1982, 467 ff.

Galperin, Hans: Die Vereinheitlichung aller Gerichtsbarkeiten und die Gerichte für Arbeitssachen, ZSR 1957, 133 ff.

Gans, Eduard (Hrsg.): Georg Wilhelm Friedrich Hegel's Vorlesungen über die Philosophie der Geschichte, 3. Aufl., Berlin 1848 (zitiert als: *Hegel*, Philosophie der Geschichte, 3. Aufl. 1848).

Gärditz, Klaus Ferdinand: Hochschulorganisation und verwaltungsrechtliche Systembildung, Tübingen 2009.

ders.: Die Rechtswegspaltung in öffentlich-rechtlichen Streitigkeiten nichtverfassungsrechtlicher Art, Die Verwaltung 43 (2010), 309 ff.

Gaul, Hans Friedhelm: Zur Frage nach dem Zweck des Zivilprozesses, AcP 168 (1968), 27 ff.

Geiger, Harald: Amtsermittlung und Beweiserhebung im Verwaltungsprozeß, BayVBl. 130 (1999), 321 ff.

Gellermann, Martin: Grundrechte im einfachgesetzlichen Gewande. Untersuchung zur normativen Ausgestaltung der Freiheitsrechte, Tübingen 2000 (zitiert als: *Gellermann*, Grundrechte im einfachgesetzlichen Gewande, 2000).

Gessler, N.N.: Zur Frage der s. g. Administrativ-Justiz, Zeitschrift für die gesamte Staatswissenschaft 18 (1862), 719 ff.

Gide, André: Paludes. Übersetzt von Maria Schaefer-Rümelin, München 1946 (zitiert als: Gide, Paludes, 1946).

Gliss, Jürgen: Die Entwicklung der deutschen Verwaltungsgerichtsbarkeit bis zur Bundesverwaltungsgerichtsordnung – unter besonderer Berücksichtigung der Grundpositionen von Bähr und Gneist, Diss. Frankfurt a.M. 1962 (zitiert als: *Gliss*, Die Entwicklung der deutschen Verwaltungsgerichtsbarkeit bis zur Bundesverwaltungsgerichtsordnung, 1962).

Görg, Hubert/Müller, Klaus: Finanzgerichtsordnung (FGO). Kommentar für Wissenschaft und Praxis, Neuwied u.a. 1966 (zitiert als: *Görg/Müller*, FGO, 1966).

Görlitz, Axel: Verwaltungsgerichtsbarkeit in Deutschland, Neuwied am Rhein u.a. 1970.

Gräber, Fritz (Hrsg.): Finanzgerichtsordnung mit Nebengesetzen. Kommentar, 9. Aufl., München 2019 (zitiert als: *Bearbeiter*, in: Gräber (Hrsg.), FGO, 9. Aufl. 2019).

Grabitz, Eberhard/Hilf, Meinhard/Nettesheim, Martin (Hrsg.): Das Recht der Europäischen Union, Band 1, EUV/AEUV, München Stand: 69. Ergänzungslieferung Februar 2020 (zitiert als: *Bearbeiter*, in: Grabitz/Hilf/Nettesheim (Hrsg.), Das Recht der EU, Bd. 1).

Grimm, Dieter (Hrsg.): Rechtswissenschaft und Nachbarwissenschaften, Band 1, Frankfurt a.M. 1973.

Grimm, Otto: Die Angleichung der deutschen Verfahrensgesetze – Die Berufung –, Diss. Erlangen 1961.

Gröpl, Christoph: Wirtschaftlichkeit und Sparsamkeit staatlichen Handelns, in: Josef Isensee/Paul Kirchhof (Hrsg.), Handbuch des Staatsrechts der Bundesrepublik Deutschland, Band 5, 3. Aufl., Heidelberg u.a. 2007, § 121 (zitiert als: *Gröpl*, Wirtschaftlichkeit und Sparsamkeit staatlichen Handelns (Hrsg.), in: Isensee/Kirchhof (Hrsg.), HStR, Bd. 5, 3. Aufl. 2007, § 121).

Grund, Walter: Steuergesetzgebung – Steuerverwaltung – Steuergerichtsbarkeit, in: 50 Jahre Deutsche Finanzgerichtsbarkeit. Festschrift des Bundesfinanzhofs, Bonn 1968, S. 27ff. (zitiert als: *Grund*, Steuergesetzgebung – Steuerverwaltung – Steuergerichtsbarkeit, in: FS 50 Jahre BFH, 1968, S. 27ff.).

Grunsky, Wolfgang: Grundlagen des Verfahrensrechts. Eine vergleichende Darstellung von ZPO, FGG, VwGO, FGO, SGG, 2. Aufl., Bielefeld 1974 (zitiert als: *Grunsky*, Grundlagen des Verfahrensrechts, 2. Aufl. 1974).

Grzeszick, Bernd: Rechte und Ansprüche. Eine Rekonstruktion des Staatshaftungsrechts aus den subjektiven öffentlichen Rechten, Tübingen 2002 (zitiert als: *Grzeszick*, Rechte und Ansprüche, 2002).

ders.: Rationalitätsanforderungen an die parlamentarische Rechtsetzung im demokratischen Rechtsstaat, VVDStRl 71 (2012), S. 49ff.

Gusy, Christoph: Das Grundgesetz als normative Gesetzgebungslehre?, ZRP 1985, 291ff.

Häberle, Peter: Die Wesensgehaltgarantie des Artikel 19 Abs. 2 Grundgesetz. Zugleich ein Beitrag zum institutionellen Verständnis der Grundrechte und zur Lehre vom Gesetzesvorbehalt, 3. Aufl., Heidelberg 1983 (zitiert als: *Häberle*, Die Wesensgehaltgarantie, 3. Aufl. 1983).

Hain, Karl-Eberhard: Der Gesetzgeber in der Klemme zwischen Übermaß- und Untermaßverbot, DVBl. 1993, 982ff.

ders.: Das Untermaßverbot in der Kontroverse. Eine Antwort auf Dietlein, ZG 11 (1996), 75ff.

Hamann, Andreas: Vereinheitlichung der Gerichtsbarkeiten?, DVBl. 1955, 205ff.

Hanebeck, Alexander: Die Einheit der Rechtsordnung als Anforderung an den Gesetzgeber? Zu verfassungsrechtlichen Anforderungen wie „Systemgerechtigkeit“ und „Widerspruchsfreiheit“ der Rechtsetzung als Maßstab verfassungsgerichtlicher Kontrolle, Der Staat 41 (2002), 429ff.

Hassold, Gerhard: Wille des Gesetzgebers oder objektiver Sinn des Gesetzes – subjektive oder objektive Theorie der Gesetzesauslegung, ZZP 94 (1981), 192 ff.

Hattenhauer, Hans: Die geistesgeschichtlichen Grundlagen des deutschen Rechts, 4. Aufl., Heidelberg 1996.

Haueisen, Fritz: Lücken im System des sozialgerichtlichen Rechtsschutzes, NJW 1963, 321 ff.

Haueisen, N.N.: Die Vereinheitlichung der Verfahrensordnungen aus der Sicht der Sozialgerichtsbarkeit, DVBl. 1958, 769 ff.

Haverkämper, Jörn: Die verfassungsrechtlichen Grundlagen der Maximen des Verwaltungsprozeß, Diss. Münster 1973.

Haverkate, Görg: Rechtsfragen des Leistungsstaats. Verhältnismäßigkeitsgebot und Freiheitsschutz im leistenden Staatshandeln, Tübingen 1983 (zitiert als: *Haverkate*, Rechtsfragen des Leistungsstaats, 1983).

Heck, Philipp: Gesetzesauslegung und Interessenjurisprudenz., AcP 112 (1914), 1 ff.

Heinze, Meinhard: Die Bedeutung des Prozeßrechts für das materielle Sozialrecht im Wandel der letzten 100 Jahre, SGb 1984, 390 ff.

Hellwig, Peter: Die Verwaltungsprozeßordnung, Fluch oder Segen?, DB 1983, 1511 f.

Henckel, Wolfram: Vom Gerechtigkeitswert verfahrensrechtlicher Normen, Göttingen 1966.

ders.: Prozeßrecht und materielles Recht, Göttingen 1970.

Henning, Hansjoachim: Aufbau der Sozialverwaltung, in: Kurt G.A. Jeserich/Hans Pohl/Georg-Christoph von Unruh (Hrsg.), Deutsche Verwaltungsgeschichte. Das Deutsche Reich bis zum Ende der Monarchie, Band 3, Stuttgart 1984, 6. Kapitel, § 4 S. 275 ff. (zitiert als: *Henning*, Aufbau der Sozialverwaltung, in: Jeserich/Pohl/von Unruh (Hrsg.), DVG, Bd. 3, 1984, 6. Kap., § 4 S. 275 ff.).

Herdegen, Matthias: Staat und Rationalität, Paderborn u. a. 2010.

Hermanns, Caspar David: Einheit der Verwaltungsgerichtsbarkeit. Empfiehlt sich eine einheitliche Prozessordnung der öffentlich-rechtlichen Gerichtsbarkeiten?, Osnabrück 2002 (zitiert als: *Hermanns*, Einheit der Verwaltungsgerichtsbarkeit, 2002).

Hermes, Georg: Das Grundrecht auf Schutz von Leben und Gesundheit. Schutzpflicht und Schutzanspruch aus Art. 2 Abs. 2 Satz 1 GG, Heidelberg 1987 (zitiert als: *Hermes*, Das Grundrecht auf Schutz von Leben und Gesundheit, 1987).

Herzog, Roman: Grundrechte aus der Hand des Gesetzgebers, in: Walther Fürst/Roman Herzog/Dieter C. Umbach (Hrsg.), Festschrift für Wolfgang Zeidler, Band 2, Berlin u. a. 1987, S. 1415 ff. (zitiert als: *Herzog*, Grundrechte aus der Hand des Gesetzgebers, in: Fürst/ders./Umbach (Hrsg.), FS Zeidler, Bd. 2, 1987, S. 1415 ff.).

Hesse, Konrad: Der Rechtsstaat im Verfassungssystem des Grundgesetzes, in: Ernst Forsthoff (Hrsg.), Rechtsstaatlichkeit und Sozialstaatlichkeit. Aufsätze und Essays, Darmstadt 1968, S. 557 ff. (zitiert als: *Hesse*, Der Rechtsstaat im Verfassungssystem des Grundgesetzes, in: Forsthoff (Hrsg.), Rechtsstaatlichkeit und Sozialstaatlichkeit, 1968, S. 557 ff.).

ders.: Bestand und Bedeutung der Grundrechte in der Bundesrepublik Deutschland, EuGRZ 1978, 427 ff.

ders.: Grundzüge des Verfassungsrechts der Bundesrepublik Deutschland, 20. Aufl., Heidelberg 1995.

Hettlage, Karl M.: Die Finanzverwaltung (Steuern, Zölle), in: Kurt G.A. Jeserich/Hans Pohl/Georg-Christoph von Unruh (Hrsg.), Deutsche Verwaltungsgeschichte. Das Deutsche Reich bis zum Ende der Monarchie, Band 3, Stuttgart 1984, 6. Kapitel, § 2 S. 250 ff. (zitiert als: *Hettlage*, Die Finanzverwaltung, in: Jeserich/Pohl/von Unruh (Hrsg.), DVG, Bd. 3, 1984, 6. Kap., § 2 S. 250 ff.).

ders.: Die Finanzverwaltung, in: Kurt G.A. Jeserich/Hans Pohl/Georg-Christoph von Unruh (Hrsg.), Deutsche Verwaltungsgeschichte. Das Reich als Republik und in der Zeit des Nationalsozialismus, Band 4, Stuttgart 1985, Teil 1, 5. Kapitel, § 5 S. 177 ff. (zitiert als: *Hettlage*, Die Finanzverwaltung, in: Jeserich/Pohl/von Unruh (Hrsg.), DVG, Bd. 4, 1985, Teil 1, 5. Kap., § 5 S. 177 ff.).

Heyer, Ernst: Die Entwicklung der Verwaltungsgerichtsbarkeit in der Ostzone, DVBl. 1950, 561 ff.

Hien, Eckart: 150 Jahre deutsche Verwaltungsgerichtsbarkeit, Berlin u. a. 2014.

Hillgruber, Christian: Grundrechtlicher Schutzbereich, Grundrechtsausgestaltung und Grundrechtseingriff, in: Josef Isensee/Paul Kirchhof (Hrsg.), Handbuch des Staatsrechts der Bundesrepublik Deutschland, Band 9, 3. Aufl., Heidelberg u. a. 2011, § 200 (zitiert als: *Hillgruber*, Grundrechtlicher Schutzbereich, Grundrechtsausgestaltung und Grundrechtseingriff, in: Isensee/Kirchhof (Hrsg.), HStR, Bd. 9, 3. Aufl. 2011, § 200).

Hirschmann, Karl: Das Rechtspflegeministerium – Eine Entgegnung –, DRiZ 1957, 2 ff.

Hochschild, Udo/Schulte-Kellinghaus, Thomas: Justizminister wollen Aufgaben der Sozialgerichte auf die Verwaltungsgerichte übertragen – Was bedeutet das für die Rechtsprechung?, DRiZ 2004, 213 ff.

Hoffmann, Roland: Verfahrensgerechtigkeit. Studien zu einer Theorie prozeduraler Gerechtigkeit, Paderborn u. a. 1992 (zitiert als: *Hoffmann*, Verfahrensgerechtigkeit, 1992).

Hoffmann-Riem, Wolfang: Sozialwissenschaften im Verwaltungsrecht: Kommunikation in einer multidisziplinären Scientific Community, in: Wilfried Berg/Stefan Fisch/Walter Schmitt Glaeser/Friedrich Schoch/Helmuth Schulze-Fielitz (Hrsg.), Die Wissenschaft vom Verwaltungsrecht. Werkstattgespräch aus Anlaß des 60. Geburtstages von Prof. Dr. Eberhard Schmidt-Aßmann, Die Verwaltung, Beiheft 2, Berlin 1999, S. 83 ff. (zitiert als: *Hoffmann-Riem*, Sozialwissenschaften im Verwaltungsrecht, Die Verwaltung, Beiheft 2, 1999, S. 83 ff.).

Hofmann, Kurt/Schroeter, Kurt: Sozialgerichtsgesetz (SGG) vom 3. September 1953. Handkommentar, Berlin u. a. 1953 (zitiert als: *Hofmann/Schroeter*, SGG, 1953).

Höinghaus, Richard (Hrsg.): Unfallversicherungsgesetz für das Deutsche Reich. Mit der amtlichen Begründung der Reichsregierung, den Erklärungen der Bundes-Komissare und den wichtigsten Verhandlungen des Reichstages, Berlin 1884 (zitiert als: Höinghaus (Hrsg.), Unfallversicherungsgesetz für das Deutsche Reich, 1884).

Homann, Karl: Rationalität und Demokratie, Tübingen 1988.

Höpfner, Clemens: Die systemkonforme Auslegung. Zur Auflösung einfachgesetzlicher, verfassungsrechtlicher und europarechtlicher Widersprüche im Recht, Tübingen 2008 (zitiert als: *Höpfner*, Die systemkonforme Auslegung, 2008).

Horster, Detlef: Niklas Luhmann, 2. Aufl., München 2005.

Huber, Peter M.: Staat und Wissenschaft, Paderborn u. a. 2008.

ders.: Die verfassungsrechtliche Prägung des Verwaltungsrechtsschutzes, in: Karl-Peter Sommermann/Bert Schaffarzik (Hrsg.), Handbuch der Geschichte der Verwaltungsgerichtsbarkeit in Deutschland und Europa, Berlin 2019, § 49 S. 1771 ff. (zitiert als: *Huber*, Die verfassungsrechtliche Prägung des Verwaltungsrechtsschutzes, in: Sommermann/Schaffarzik (Hrsg.), Geschichte der Verwaltungsgerichtsbarkeit, 2019, § 49 S. 1771 ff.).

Hufen, Friedhelm: Ist das Nebeneinander von Sozialgerichtsbarkeit und Verwaltungsgerichtsbarkeit funktionell und materiell begründbar?, Die Verwaltung 42 (2009), 405 ff. (zitiert als: *Hufen*, Nebeneinander von Sozialgerichtsbarkeit und Verwaltungsgerichtsbarkeit, Die Verwaltung 42 (2009), 405 ff.).

ders.: Verwaltungsprozessrecht, 11. Aufl., München 2019.

Hufen, Friedhelm/Siegel, Thorsten: Fehler im Verwaltungsverfahren, 6. Aufl., Baden-Baden 2018.

Huster, Stefan: Rechte und Ziele. Zur Dogmatik des allgemeinen Gleichheitssatzes, Berlin 1993 (zitiert als: *Huster*, Rechte und Ziele, 1993).

Ibler, Martin: Geschichte der Verwaltungsgerichtsbarkeit in Württemberg, in: Karl-Peter Sommermann/Bert Schaffarzik (Hrsg.), Handbuch der Geschichte der Verwaltungsgerichtsbarkeit in Deutschland und Europa, Berlin 2019, § 8 S. 325 ff. (zitiert als: *Ibler*, Geschichte der Verwaltungsgerichtsbarkeit in Württemberg, in: Sommermann/Schaffarzik (Hrsg.), Geschichte der Verwaltungsgerichtsbarkeit, 2019, § 8 S. 325 ff.).

Isensee, Josef: Gerechtigkeit – die vorrechtliche Idee des richtigen Rechts. Streiflichter auf ein ewiges Thema, in: Ferdinand Kirchhof (Hrsg.), Rechtsstaat und Grundrechte. Festschrift für Detlef Merten, Heidelberg u. a. 2007, S. 3 ff. (zitiert als: *Isensee*, Gerechtigkeit, in: Kirchhof (Hrsg.), FS Merten, 2007, S. 3 ff.).

ders.: Grundrechtsvoraussetzungen und Verfassungserwartungen an die Grundrechtsausübung, in: Josef Isensee/Paul Kirchhof (Hrsg.), Handbuch des Staatsrechts der Bundesrepublik Deutschland, Band 9, 3. Aufl., Heidelberg u. a. 2011, § 190 (zitiert als: *Isensee*, Grundrechtsvoraussetzungen und Verfassungserwartungen an die Grundrechtsausübung, in: ders./Kirchhof (Hrsg.), HStR, Bd. 9, 3. Aufl. 2011, § 190).

ders.: Das Grundrecht als Abwehrrecht und als staatliche Schutzpflicht, in: Josef Isensee/Paul Kirchhof (Hrsg.), Handbuch des Staatsrechts der Bundesrepublik Deutschland, Band 9, 3. Aufl., Heidelberg u. a. 2011, § 191 (zitiert als: *Isensee*, Das Grundrecht als Abwehrrecht und als staatliche Schutzpflicht, in: ders./Kirchhof (Hrsg.), HStR, Bd. 9, 3. Aufl. 2011, § 191).

ders.: Die Rationalität des Staates und die Irrationalität des Menschen. Prämissen der Demokratie, AöR 140 (2015), 169 ff.

ders.: Die Rationalität des Staates und die Irrationalität des Menschen – Prämissen der Demokratie (2015), in: Otto Depenheuer (Hrsg.), Josef Isensee. Staat und Verfassung. Gesammelte Abhandlungen zur Staats- und Verfassungstheorie, Heidelberg 2018, S. 471 ff. (zitiert als: *Isensee*, Die Rationalität des Staates und die Irrationalität des Menschen, in: Depenheuer (Hrsg.), Staat und Verfassung, 2018, S. 471 ff.).

Jahrreiß, Hermann: Demokratischer Rechts-Staat und Rechtsprechung. Der Rechtsweg-Staat des Bonner Grundgesetzes, in: Hermann Wandersleb (Hrsg.), Recht – Staat – Wirtschaft. Schriftenreihe für Staatswissenschaftliche Fortbildung, Band 2, Stuttgart u. a. 1950, S. 203 ff. (zitiert als: *Jahrreiß*, Demokratischer Rechts-Staat und Rechtsprechung, in: Wandersleb (Hrsg.), Recht – Staat – Wirtschaft, Bd. 2, 1950, S. 203 ff.).

Jarass, Hans D./Pieroth, Bodo (Hrsg.): Grundgesetz für die Bundesrepublik Deutschland. Kommentar, 16. Aufl., München 2020 (zitiert als: *Bearbeiter*, in: Jarass/Pieroth (Hrsg.), GG, 16. Aufl. 2020).

Jarass, Hans D.: Bausteine einer umfassenden Grundrechtsdogmatik, AöR 120 (1995), 345 ff.

Jauernig, Othmar: Materielles Recht und Prozeßrecht, JuS 1971, 329 ff.

Jellinek, Walter: Verwaltungsrecht, 3. Aufl., Berlin 1931.

ders.: Die Verwaltungsgerichtsbarkeit in der britischen Zone. Zugleich Fortsetzung des Aufsatzes über die Verwaltungsgerichtsbarkeit in der amerikanischen Zone, S. 269 ff. dieser Zeitschrift, DRZ 1948, 470 ff.

ders.: Kabinettsfrage und Gesetzgebungsnotstand nach dem Bonner Grundgesetz, VVDStRl 8 (1950), S. 3 ff.

Jestaedt, Matthias: Selbstverwaltung als „Verbundbegriff". Vom Wesen und Wert eines allgemeinen Selbstverwaltungsbegriffes, Die Verwaltung 35 (2002), 293 ff.

ders.: Die Verfassung hinter der Verfassung. Eine Standortbestimmung der Verfassungstheorie, Paderborn u. a. 2009 (zitiert als: *Jestaedt*, Die Verfassung hinter der Verfassung, 2009).

ders.: Verfassungstheorie als Disziplin, in: Otto Depenheuer/Christoph Grabenwarter (Hrsg.), Verfassungstheorie, Tübingen 2010, § 1.

Jochum, Heike: Verwaltungsverfahrensrecht und Verwaltungsprozeßrecht. Die normative Konnexität von Verwaltungsverfahrens- und Verwaltungsprozeßrecht und die Steuerungsleistung des materiellen Verwaltungsrechts, Tübingen 2004 (zitiert als: *Jochum*, Verwaltungsverfahrensrecht und Verwaltungsprozeßrecht, 2004).

Kaiser, Anna-Bettina: Multidisziplinäre Begriffsverwendungen. Zum verwaltungsrechtswissenschaftlichen Umgang mit sozialwissenschaftlichen Konzepten, in: Ino Augsberg (Hrsg.), Extrajuridisches Wissen im Verwaltungsrecht. Analysen und Perspektiven, Tübingen 2013, S. 99 ff. (zitiert als: *Kaiser*, Multidisziplinäre Begriffsverwendungen, in: Augsberg (Hrsg.), Extrajuridisches Wissen, 2013, S. 99 ff.).

Kelsen, Hans: Reine Rechtslehre. Mit einem Anhang: Das Problem der Gerechtigkeit, 2. Aufl., Wien 1960 (zitiert als: *Kelsen*, Reine Rechtslehre, 2. Aufl. 1960).

Kern, Eduard: Einheitliche Gerichtsbarkeit, DRiZ 1956, 214 ff.

Kern, Uli: Verwaltungsgerichtsbarkeit und Sozialgerichtsbarkeit: Konvergenz oder notwendige Eigenständigkeit?, Frankfurt a. M. 2014 (zitiert als: *Kern*, Verwaltungsgerichtsbarkeit und Sozialgerichtsbarkeit, 2014).

Kersten, Werner: Die Verwaltungsgerichtsbarkeit in der britischen Zone im neuesten Gewande, NJW 1949, 208 ff.

Kieser, Alfred: Max Webers Analyse der Bürokratie, in: Alfred Kieser/Mark Ebers (Hrsg.), Organisationstheorien, 6. Aufl., Stuttgart 2006, S. 63 ff.

Kieser, Alfred/Ebers, Mark (Hrsg.): Organisationstheorien, 6. Aufl., Stuttgart 2006.

Kirchberg, Christian: Der Badische Verwaltungsgerichtshof im Dritten Reich. Eine Quellenstudie zur Justiz- und Verwaltungsgeschichte des ehemaligen Landes Baden unter dem Nationalsozialismus, Berlin 1982 (zitiert als: *Kirchberg*, Der Badische Verwaltungsgerichtshof im Dritten Reich, 1982).

ders.: Von der Konsolidierung zur Marginalisierung – Verwaltungsrechtspflege in Deutschland von der Jahrhundertwende bis zum Ende des „Dritten Reichs“ –, VBlBW 2013, Sonderbeilage 2013, 150 Jahre Verwaltungsgerichtsbarkeit. Ursprung, Entwicklungslinien und Perspektiven im deutschen und im europäischen Kontext, 20 ff. (zitiert als: *Kirchberg*, Von der Konsolidierung zur Marginalisierung, VBlBW 2013, Sonderbeilage 2013, 20 ff.).

ders.: Von der Konsolidierung zur Marginalisierung. Verwaltungsrechtspflege in Deutschland von der Jahrhundertwende bis zum Ende des „Dritten Reichs“, in: VGH BW (Hrsg.), Festschrift 150 Jahre Verwaltungsgerichtsbarkeit. Ursprung, Entwicklungslinien und Perspektiven im deutschen und europäischen Kontext, Stuttgart u. a. 2014, S. 77 ff. (zitiert als: *Kirchberg*, Von der Konsolidierung zur Marginalisierung, in: VGH BW (Hrsg.), Festschrift 150 Jahre Verwaltungsgerichtsbarkeit, 2014, S. 77 ff.).

Kirchhof, Paul: Richterliche Rechtsfindung, gebunden an „Gesetz und Recht“, NJW 1986, 2275 ff.

ders.: Mittel staatlichen Handelns, in: Josef Isensee/Paul Kirchhof (Hrsg.), Handbuch des Staatsrechts der Bundesrepublik Deutschland, Band 5, 3. Aufl., Heidelberg u. a. 2007, § 99 (zitiert als: *Kirchhof*, Mittel staatlichen Handelns, in: Isensee/ders. (Hrsg.), HStR, Bd. 5, 3. Aufl. 2007, § 99).

ders.: Verfassung, Theorie und Dogmatik, in: Josef Isensee/Paul Kirchhof (Hrsg.), Handbuch des Staatsrechts der Bundesrepublik Deutschland, Band 12, 3. Aufl., Heidelberg u. a. 2014,

§ 273 (zitiert als: *Kirchhof*, Verfassung, Theorie und Dogmatik, in: Isensee/ders. (Hrsg.), HStR, Bd. 12, 3. Aufl. 2014, § 273).

Kischel, Uwe: Systembindung des Gesetzgebers und Gleichheitssatz, AöR 124 (1999), 174 ff.

Klee, Ernst: Das Personenlexikon zum Dritten Reich. Wer war was vor und nach 1945?, Frankfurt a. M. 2003 (zitiert als: *Klee*, Das Personenlexikon zum Dritten Reich, 2003).

Klein, Franz: Ist der Rechtsschutz im Steuerrecht in Gefahr?, DStR 1984, 17 ff.

Kloepfer, Michael: Verfahrensdauer und Verfassungsrecht. Verfassungsrechtliche Grenzen der Dauer von Gerichtsverfahren, JZ 1979, 209 ff.

Knauer, Arnd: Zur Vereinheitlichung der verwaltungsgerichtlichen Verfahrensordnungen – Das Verfahren im ersten Rechtszug –, Göttingen 1968 (zitiert als: *Knauer*, Zur Vereinheitlichung der verwaltungsgerichtlichen Verfahrensordnungen, 1968).

Knemeyer, Hans-Ludwig: Rechtliches Gehör im Gerichtsverfahren, in: Josef Isensee/Paul Kirchhof (Hrsg.), Handbuch des Staatsrechts der Bundesrepublik Deutschland, Band 8, 3. Aufl., Heidelberg u. a. 2010, § 178 (zitiert als: *Knemeyer*, Rechtliches Gehör im Gerichtsverfahren, in: Isensee/Kirchhof (Hrsg.), HStR, Bd. 8, 3. Aufl. 2010, § 178).

Kniesch, Joachim: Die Notwendigkeit der Einheit der Rechtspflege, NJW 1954, 1137 ff.

ders.: Zur Vereinheitlichung des Gerichtsverfahrensrechts, MDR 1954, 5 ff.

Knoll, Erich: Die Angleichung der deutschen Verfahrensgesetze – Die gerichtlichen Entscheidungen –, Diss. Erlangen 1959.

Knoll, Ernst: Die Entwicklung der Gerichtsbarkeit des Reichs bei Sozialleistungen, in: Helmut R. Külz/Richard Naumann (Hrsg.), Staatsbürger und Staatsgewalt. Verwaltungsrecht und Verwaltungsgerichtsbarkeit in Geschichte und Gegenwart. Jubiläumsschrift. Zum hundertjährigen Bestehen der deutschen Verwaltungsgerichtsbarkeit und zum zehnjährigen Bestehen des Bundesverwaltungsgerichtes. Band 1, Karlsruhe 1963, S. 87 ff. (zitiert als: *Knoll*, Die Entwicklung der Gerichtsbarkeit des Reichs bei Sozialleistungen, in: Külz/Naumann (Hrsg.), Staatsbürger und Staatsgewalt, Bd. 1, 1963, S. 87 ff.).

Kohl, Wolfgang: Das Reichsverwaltungsgericht. Ein Beitrag zur Entwicklung der Verwaltungsgerichtsbarkeit in Deutschland, Tübingen 1991 (zitiert als: *Kohl*, Das Reichsverwaltungsgericht, 1991).

Kollmann, N.N.: Justizeinheit?, DVBl. 1952, 618 ff.

König, Michael: Kodifikation des Landesorganisationsrechts. Dargestellt am Beispiel Thüringen, Baden-Baden 2000 (zitiert als: *König*, Kodifikation des Landesorganisationsrechts, 2000).

Kopp, Ferdinand O.: Entlastung der Verwaltungsgerichte und Beschleunigung des Verfahrens nach dem Entwurf einer Verwaltungsprozeßordnung (EVwPO), DVBl. 1982, 613 ff.

ders.: Welchen Anforderungen soll eine einheitliche Verwaltungsprozeßordnung genügen, um im Rahmen einer funktionsfähigen Rechtspflege effektiven Rechtsschutz zu gewährleisten?, in: Ständige Deputation des Deutschen Juristentages (Hrsg.), Verhandlungen des vierundfünfzigsten Deutschen Juristentages, Band 1 (Gutachten), Teil B, München 1982 (zitiert als: *Kopp*, Welchen Anforderungen soll eine einheitliche Verwaltungsprozeßordnung genügen, um im Rahmen einer funktionsfähigen Rechtspflege effektiven Rechtsschutz zu gewährleisten?, in: Ständige Deputation des Deutschen Juristentages (Hrsg.), 54. DJT, Bd. 1, Teil B, 1982).

Kraft, Wolfgang: Rechtsschutzverbesserung durch Vereinheitlichung des Gerichtsverfahrensrechts?, in: Klaus Brückner/Gerhard Dalichau (Hrsg.), Beiträge zum Sozialrecht. Festgabe für Hans Grüner, Percha am Starnberger See u. a. 1982, S. 311 ff. (zitiert als: *Kraft*, Rechtsschutzverbesserung durch Vereinheitlichung des Gerichtsverfahrensrechts?, in: Brückner/Dalichau (Hrsg.), FG Grüner, 1982, 311 ff.).

ders.: Zum Luxus eines Einheitsgesetzes. Aktuelle Überlegungen zum finanzgerichtlichen Verfahrensrecht, ZRP 1985, 97 ff.

Krasney, Otto Ernst/Udsching, Peter/Groth, Andy (Hrsg.): Handbuch des sozialgerichtlichen Verfahrens. Systematische Gesamtdarstellung mit zahlreichen Beispielen und Mustertexten, 7. Aufl., Berlin 2016 (zitiert als: *Bearbeiter*, in: Krasney/Udsching/Groth (Hrsg.), Handbuch des sozialgerichtlichen Verfahrens, 7. Aufl. 2016).

Krebs, Walter: Subjektiver Rechtsschutz und objektive Rechtskontrolle, in: Hans-Uwe Erichsen/Werner Hoppe/Albert v. Mutius (Hrsg.), System des verwaltungsgerichtlichen Rechtsschutzes. Festschrift für Christian-Friedrich Menger zum 70. Geburtstag, Köln u. a. 1985, S. 191 ff. (zitiert als: *Krebs*, Subjektiver Rechtsschutz und objektive Rechtskontrolle, in: Erichsen/Hoppe/v. Mutius (Hrsg.), FS Menger, 1985, S. 191 ff.).

ders.: Sozialwissenschaften im Verwaltungsrecht: Integration oder Multiperspektivität, in: Wilfried Berg/Stefan Fisch/Walter Schmitt Glaeser/Friedrich Schoch/Helmuth Schulze-Fielitz (Hrsg.), Die Wissenschaft vom Verwaltungsrecht. Werkstattgespräch aus Anlaß des 60. Geburtstages von Prof. Dr. Eberhard Schmidt-Aßmann, Die Verwaltung, Beiheft 2, Berlin 1999, S. 127 ff. (zitiert als: *Krebs*, Sozialwissenschaften im Verwaltungsrecht, Die Verwaltung, Beiheft 2, 1999).

ders.: Verwaltungsorganisation, in: Josef Isensee/Paul Kirchhof (Hrsg.), Handbuch des Staatsrechts der Bundesrepublik Deutschland, Band 5, 3. Aufl. 2007, Heidelberg u. a. 2007, § 108 (zitiert als: *Krebs*, Verwaltungsorganisation, in: Isensee/Kirchhof (Hrsg.), HStR, Bd. 5, 3. Aufl. 2007, § 108).

Kriele, Martin: Theorie der Rechtsgewinnung entwickelt am Problem der Verfassungsinterpretation, 2. Aufl., Berlin 1976 (zitiert als: *Kriele*, Theorie der Rechtsgewinnung, 2. Aufl. 1976).

Kröger, Klaus: Grundrechtsentwicklung in Deutschland – von ihren Anfängen bis zur Gegenwart, Tübingen 1998 (zitiert als: *Kröger*, Grundrechtsentwicklung in Deutschland, 1998).

Kruse, Heinrich Wilhelm: Das Richterrecht als Rechtsquelle des innerstaatlichen Rechts, Tübingen 1971.

Külz, Helmut R.: Verwaltungskontrolle unter dem Nationalsozialismus, KJ 1969, 367 ff.

Kumpf, Johann Heinrich: Die Finanzgerichtsbarkeit im Dritten Reich, in: Bernhard Diestelkamp/Michael Stolleis (Hrsg.), Justizalltag im Dritten Reich, Frankfurt a. M. 1988, S. 81 ff.

ders.: Kaiserreich, Weimarer Republik und „Drittes Reich". Der Reichsfinanzhof 1918–1938 aus der Sicht seines ersten Präsidenten, in: Der Präsident des Bundesfinanzhofs (Hrsg.), 75 Jahre Reichsfinanzhof – Bundesfinanzhof. Festschrift, Bonn 1993, S. 23 ff. (zitiert als: *Kumpf*, Kaiserreich, Weimarer Republik und „Drittes Reich", in: Der Präsident des Bundesfinanzhofs (Hrsg.), FS 75 Jahre RFH – BFH, 1993, S. 23 ff.).

Kunig, Philip: Das Rechtsstaatsprinzip. Überlegungen zu seiner Bedeutung für das Verfassungsrecht der Bundesrepublik Deutschland, Tübingen 1986 (zitiert als: *Kunig*, Das Rechtsstaatsprinzip, 1986).

Kunz, Lena/Raff, Thomas: Gespräch mit Gesetzgebungspraktikern: Die Gesetzesauslegung im Blick des Gesetzgebers? (Tagung am 2. Mai 2012 in der Hessischen Landesvertretung, Berlin), in: Christian Baldus/Frank Theisen/Friederike Vogel (Hrsg.), „Gesetzgeber" und Rechtsanwendung. Entstehung und Auslegungsfähigkeit von Normen, Tübingen 2013, S. 195 ff. (zitiert als: *Kunz/Raff*, Die Gesetzesauslegung im Blick des Gesetzgebers?, in: Baldus/Theisen/Vogel (Hrsg.), „Gesetzgeber" und Rechtsanwendung, 2013, S. 195 ff.).

Küppers, Julia: Die wahre Wahrheit über die Bodenreform. Theoretische Betrachtungen rechtsgeschichtswissenschaftlicher Praxis, Weilerswist 2014 (zitiert als: *Küppers*, Die wahre Wahrheit über die Bodenreform, 2014).

Lackner, Herbert: Die 6. VwGO-Novelle: Verfahrensbeschleunigung contra Rechtsschutzverkürzung, JA 1997, 526ff.

Lai, Chih-Chiang: Die Paradoxie des Rechts, Berlin 2014.

Lammich, Siegfried: Die gerichtliche Kontrolle der Verwaltung in den sozialistischen Verfassungssystemen, VerwArch 64 (1973), 246ff.

Lange, Klaus: Systemgerechtigkeit, Die Verwaltung 1971, 259ff.

Larenz, Karl: Methodenlehre der Rechtswissenschaft, 6. Aufl., Berlin u.a. 1991.

Laube, Horst: Die Vereinheitlichung aller Gerichtsbarkeiten und die Gerichte der Sozialgerichtsbarkeit, ZSR 1957, 161f.

Laubinger, Hans-Werner: Vom „Speyerer-Entwurf" zum Entwurf einer Verwaltungsprozeßordnung, in: Detlef Merten (Hrsg.), Die Vereinheitlichung der Verwaltungsgerichtsgesetze zu einer Verwaltungsprozeßordnung. Vorträge und Diskussionsbeiträge der 46. Staatswissenschaftlichen Fortbildungstagung 1978 der Hochschule für Verwaltungswissenschaften Speyer, Berlin 1978, S. 61ff. (zitiert als: *Laubinger*, Vom „Speyerer-Entwurf" zum Entwurf einer Verwaltungsprozeßordnung, in: Merten (Hrsg.), Die Vereinheitlichung der Verwaltungsgerichtsgesetze zu einer Verwaltungsprozeßordnung, 1978, S. 61ff.).

ders.: Ein weiterer Schritt auf dem Weg zur Verwaltungsprozeßordnung – Bericht über die Verhandlungen und Beschlüsse der Abteilung Verwaltungsprozeßrecht des 54. Deutschen Juristentages in Nürnberg –, DÖV 1982, 895ff.

Lautmann, Rüdiger: Soziologie vor den Toren der Jurisprudenz – Zur Kooperation der beiden Disziplinen, Stuttgart 1971 (zitiert als: *Lautmann*, Soziologie vor den Toren der Jurisprudenz, 1971).

ders.: Soziologie und Rechtswissenschaft, in: Dieter Grimm (Hrsg.), Rechtswissenschaft und Nachbarwissenschaften, Bd. 1, Frankfurt a.M. 1973, S. 35ff.

Leidel, Herbert: Die Begründung der Reichsfinanzverwaltung, Diss. Münster 1962.

Lennartz, Jannis: Dogmatik als Methode, Tübingen 2017.

Lent, Friedrich: Über die Beseitigung der Rechtszersplitterung, NJW 1954, 1585ff.

Lenz, Sebastian: Vorbehaltlose Freiheitsrechte. Stellung und Funktion vorbehaltloser Freiheitsrechte in der Verfassungsordnung, Tübingen 2006 (zitiert als: *Lenz*, Vorbehaltlose Freiheitsrechte, 2006).

Lepsius, Oliver: Steuerungsdiskussion, Systemtheorie und Parlamentarismuskritik, Tübingen 1999.

Lerche, Peter: Grundrechtlicher Schutzbereich, Grundrechtsprägung und Grundrechtseingriff, in: Josef Isensee/Paul Kirchhof (Hrsg.), Handbuch des Staatsrechts der Bundesrepublik Deutschland, Band 5, Heidelberg 1992, § 121 (zitiert als: *Lerche*, Grundrechtlicher Schutzbereich, Grundrechtsprägung und Grundrechtseingriff, in: Isensee/Kirchhof (Hrsg.), HStR, Bd. 5, 1992, § 121).

ders.: Grundrechtsschranken, in: Josef Isensee/Paul Kirchhof (Hrsg.), Handbuch des Staatsrechts der Bundesrepublik Deutschland, Band 5, Heidelberg 1992, § 122 (zitiert als: *Lerche*, Grundrechtsschranken, in: Isensee/Kirchhof (Hrsg.), HStR, Bd. 5, 1992, § 122).

Lewald, W.: Deutscher Anwaltstag 1955, Anwbl. 1955, 981f.

Lieckweg, Tania/Wehrsig, Christof: Zur komplementären Ausdifferenzierung von Organisationen und Funktionssystemen. Perspektiven einer Gesellschaftstheorie der Organisation, in: Veronika Tacke (Hrsg.), Organisation und gesellschaftliche Differenzierung, Wiesbaden 2001, S. 39ff. (zitiert als: *Lieckweg/Wehrsig*, Zur komplementären Ausdifferenzierung von Organisationen und Funktionssystemen, in: Tacke (Hrsg.), Organisation und gesellschaftliche Differenzierung, 2001, S. 39ff.).

Lienbacher, Georg: Rationalitätsanforderungen an die parlamentarische Rechtsetzung im demokratischen Rechtsstaat, VVDStRl 71 (2012), S. 7 ff.

Lindemann, Peter: Schlanker Staat und Justiz, ZRP 1999, 200 ff.

Link, Christoph: Die Entwicklung des Verhältnisses von Staat und Kirche, in: Kurt G.A. Jeserich/Hans Pohl/Georg-Christoph von Unruh (Hrsg.), Deutsche Verwaltungsgeschichte. Das Deutsche Reich bis zum Ende der Monarchie, Band 3, Stuttgart 1984, 8. Kapitel, S. 528 ff. (zitiert als: *Link*, Die Entwicklung des Verhältnisses von Staat und Kirche, in: Jeserich/Pohl/von Unruh (Hrsg.), DVG, Bd. 3, 1984, 8. Kap., S. 528 ff.).

List, Heinrich: Vom Reichsfinanzhof zum Bundesfinanzhof, in: Franz Klein/Klaus Vogel (Hrsg.), Der Bundesfinanzhof und seine Rechtsprechung. Grundfragen – Grundlagen. Festschrift für Hugo von Wallis zum 75. Geburtstag am 12. April 1985, Bonn 1985, S. 15 ff. (zitiert als: *List*, Vom Reichsfinanzhof zum Bundesfinanzhof, in: Klein/Vogel (Hrsg.), FS Wallis, 1985, S. 15 ff.).

Loening, Hellmuth: Die Verordnung Nr. 165 und der Rechtsstaat., DV 1949, 85 ff.

ders.: Kampf um den Rechtsstaat in Thüringen. Eine dokumentarische Zusammenstellung zur Entstehungsgeschichte des Thüringer Verwaltungsgerichtsbarkeitsgesetzes vom 07. Oktober 1948, AöR 75 (1949), 56 ff.

ders.: 36 Jahre Thüringisches Oberverwaltungsgericht (1912–1948), in: Martin Baring (Hrsg.), Aus 100 Jahren Verwaltungsgerichtsbarkeit, 2. Aufl., Köln u.a. 1964, S. 153 ff. (zitiert als: *Loening*, 36 Jahre Thüringisches Oberverwaltungsgericht, in: Baring (Hrsg.), Aus 100 Jahren Verwaltungsgerichtsbarkeit, 2. Aufl. 1964, S. 153 ff.).

Lorenz, Dieter: Grundrechte und Verfahrensordnungen, NJW 1977, 865 ff.

ders.: Der grundrechtliche Anspruch auf effektiven Rechtsschutz, AöR 105 (1980), 623 ff.

ders.: Verwaltungsprozeßrecht, Berlin 2000.

Lübbe-Wolff, Gertrude: Die Grundrechte als Eingriffsabwehrrechte. Struktur und Reichweite der Eingriffsdogmatik im Bereich staatlicher Leistungen, Baden-Baden 1988 (zitiert als: *Lübbe-Wolff*, Die Grundrechte als Eingriffsabwehrrechte, 1988).

Lubini, Julian: Die Verwaltungsgerichtsbarkeit in den Ländern der SBZ/DDR 1945–1952, Tübingen 2015.

ders.: Verwaltungsrechtsschutz in Ostdeutschland nach 1945, in: Karl-Peter Sommermann/Bert Schaffarzik (Hrsg.), Handbuch der Geschichte der Verwaltungsgerichtsbarkeit in Deutschland und Europa, Berlin 2019, § 24 S. 959 ff. (zitiert als: *Lubini*, Verwaltungsrechtsschutz in Ostdeutschland nach 1945, in: Sommermann/Schaffarzik (Hrsg.), Geschichte der Verwaltungsgerichtsbarkeit, 2019, § 24 S. 959 ff.).

Lücke, Jörg: Die Allgemeine Gesetzgebungsordnung. Zu den verfassungsimmanenten Grundpflichten des Gesetzgebers und der verfassungsrechtlichen Notwendigkeit ihrer gesetzlichen Konkretisierung und Ausgestaltung, ZG 2001, 1 ff.

Lüdtke, Peter-Bernd/Berchtold, Josef (Hrsg.): Sozialgerichtsgesetz. Handkommentar, 5. Aufl., Baden-Baden 2017 (zitiert als: *Bearbeiter*, in: Lüdtke/Berchtold (Hrsg.), SGG, 5. Aufl. 2017).

Luhmann, Niklas: Organisation, soziologisch, in: Hermann Kunst/Roman Herzog/Wilhelm Schneemelcher (Hrsg.), Evangelisches Staatslexikon, 2. Aufl., Berlin 1975, Sp. 1689 ff. (zitiert als: *Luhmann*, Organisation, soziologisch, in: Kunst/Herzog/Schneemelcher (Hrsg.), EvStL, 2. Aufl. 1975, Sp. 1689 ff.).

ders.: Positivität des Rechts als Voraussetzung einer modernen Gesellschaft, in: Niklas Luhmann (Hrsg.), Ausdifferenzierung des Rechts. Beiträge zur Rechtssoziologie und Rechtstheorie, Frankfurt a.M. 1981, S. 113 ff. (zitiert als: *Luhmann*, Positivität des Rechts als Voraussetzung einer modernen Gesellschaft, in: ders. (Hrsg.), Ausdifferenzierung des Rechts, 1981, S. 113 ff.).

ders.: Kommunikation über Recht in Interaktionssystemen, in: Niklas Luhmann (Hrsg.), Ausdifferenzierung des Rechts. Beiträge zur Rechtssoziologie und Rechtstheorie, Frankfurt a.M. 1981, S. 53 ff. (zitiert als: *Luhmann*, Kommunikation über Recht in Interaktionssystemen, in: ders. (Hrsg.), Ausdifferenzierung des Rechts, 1981, S. 53 ff.).

ders.: Rechtszwang und politische Gewalt, in: Niklas Luhmann (Hrsg.), Ausdifferenzierung des Rechts. Beiträge zur Rechtssoziologie und Rechtstheorie, Frankfurt a.M. 1981, S. 154 ff. (zitiert als: *Luhmann*, Rechtszwang und politische Gewalt, in: ders. (Hrsg.), Ausdifferenzierung des Rechts, 1981, S. 154 ff.).

ders.: Die Codierung des Rechtssystems, Rechtstheorie 17 (1986), 171 ff.

ders.: Tautologie und Paradoxie in den Selbstbeschreibungen der modernen Gesellschaft, ZfS 16 (1987), 161 ff.

ders.: Die Wirtschaft der Gesellschaft, Frankfurt a.M. 1988.

ders.: Organisation, in: Willi Küpper/Günther Ortmann (Hrsg.), Mikropolitik. Rationalität, Macht und Spiele in Organisationen, Opladen 1988, S. 165 ff. (zitiert als: *Luhmann*, Organisation, in: Küpper/Ortmann (Hrsg.), Mikropolitik, 1988, S. 165 ff.).

ders.: Die Stellung der Gerichte im Rechtssystem, Rechtstheorie 21 (1990), 459 ff.

ders.: Verfassung als evolutionäre Errungenschaft, Rechtshistorisches Journal 9 (1990), 176 ff.

ders.: Soziale Systeme. Grundriß einer allgemeinen Theorie, 4. Aufl., Frankfurt a.M. 1991 (zitiert als: *Luhmann*, Soziale Systeme, 4. Aufl. 1991).

ders.: Das Recht der Gesellschaft, Frankfurt a.M. 1993.

ders.: Die Paradoxie des Entscheidens, VerwArch 84 (1993), 287 ff.

ders.: Opportunismus und Programmatik in der öffentlichen Verwaltung, in: Niklas Luhmann (Hrsg.), Politische Planung. Aufsätze zur Soziologie von Politik und Verwaltung, 4. Aufl., Opladen 1994, S. 165 ff. (zitiert als: *Luhmann*, Opportunismus und Programmatik in der öffentlichen Verwaltung, in: ders. (Hrsg.), Politische Planung, 4. Aufl. 1994, S. 165 ff.).

ders.: Die Gesellschaft der Gesellschaft. Erster Teilband. Kapitel 1–3, Frankfurt a.M. 1997 (zitiert als: *Luhmann*, Die Gesellschaft der Gesellschaft, Bd. 1, 1997).

ders.: Die Gesellschaft der Gesellschaft. Zweiter Teilband. Kapitel 4–5, Frankfurt a.M. 1997 (zitiert als: *Luhmann*, Die Gesellschaft der Gesellschaft, Bd. 2, 1997).

ders.: Funktionen und Folgen formaler Organisation, 5. Aufl., Berlin 1999.

ders.: Die Politik der Gesellschaft, Frankfurt a.M. 2000.

ders.: Das Erziehungssystem der Gesellschaft, Frankfurt a.M. 2002.

ders.: Einführung in die Systemtheorie, in: Dirk Baecker (Hrsg.), Niklas Luhmann. Einführung in die Systemtheorie, Heidelberg 2002 (zitiert als: *Luhmann*, Einführung in die Systemtheorie, 2002).

ders.: Die Paradoxie des Entscheidens, in: Friedrich Balke/Gregor Schwering/Urs Stäheli (Hrsg.), Paradoxien der Entscheidung. Wahl/Selektion in Kunst, Literatur und Medien, Bielefeld 2004, S. 17 ff. (zitiert als: *Luhmann*, Die Paradoxie des Entscheidens, in: Balke/Schwering/Stäheli (Hrsg.), Paradoxien der Entscheidung, 2004, S. 17 ff.).

ders.: Interaktion, Organisation, Gesellschaft, in: Niklas Luhmann (Hrsg.), Soziologische Aufklärung, Band 2, 5. Aufl., Wiesbaden 2005.

ders.: Organisation und Entscheidung, 2. Aufl., Wiesbaden 2006.

ders.: Ökologische Kommunikation. Kann die moderne Gesellschaft sich auf ökologische Gefährdungen einstellen?, 5. Aufl., Wiesbaden 2008 (zitiert als: *Luhmann*, Ökologische Kommunikation, 5. Aufl. 2008).

ders.: Die Realität der Massenmedien, 5. Aufl., Wiesbaden 2017.

MacCormick, Neil: Coherence in Legal Justification, in: Werner Krawietz/Helmut Schelsky/Günther Winkler/Alfred Schramm (Hrsg.), Theorie der Normen. Festgabe für Ota Weinberger zum 65. Geburtstag, Berlin 1984, S. 37 ff. (zitiert als: *MacCormick*, Coherence in Legal Justification, in: Krawietz/Schelsky/Winkler/Schramm (Hrsg.), FG Weinberger, 1984, S. 37 ff.).

Maihofer, Werner: Gesetzgebungswissenschaft, in: Günther Winkler/Bernd Schilcher (Hrsg.), Gesetzgebung. Kritische Überlegungen zur Gesetzgebungslehre und zur Gesetzgebungstechnik, Wien u. a. 1981, S. 3 ff. (zitiert als: *Maihofer*, Gesetzgebungswissenschaft, in: Winkler/Schilcher (Hrsg.), Gesetzgebung, 1981, S. 3 ff.).

Makswit, Jesko-Aleksander: Verfassungsrechtliche Schranken der Kompetenzwahrnehmung im Glücksspielrecht. Unter besonderer Berücksichtigung des Konsistenzgebotes, ZfWG 2015, 430 ff.

Mangoldt, Hermann v./Klein, Friedrich/Starck, Christian (Hrsg.): Grundgesetz. Kommentar, Band 1, Präambel, Art. 1–19, 7. Aufl., München 2018 (zitiert als: *Bearbeiter*, in: v. Mangoldt/Klein/Starck (Hrsg.), GG, Bd. 1, 7. Aufl. 2018).

dies. (Hrsg.): Grundgesetz. Kommentar, Band 2, Art. 20–82, 7. Aufl., München 2018 (zitiert als: *Bearbeiter*, in: v. Mangoldt/Klein/Starck (Hrsg.), GG, Bd. 2, 7. Aufl. 2018).

dies. (Hrsg.): Grundgesetz. Kommentar, Band 3, Art. 83–146, 7. Aufl., München 2018 (zitiert als: *Bearbeiter*, in: v. Mangoldt/Klein/Starck (Hrsg.), GG, Bd. 3, 7. Aufl. 2018).

Mann, Thomas/Wahrendorf, Volker: Verwaltungsprozessrecht, 4. Aufl., München 2015.

Markowitz, Jürgen: Das Problem der Paradoxien und die Semantik des Risikos, in: Forschungsinstitut für Anwendungsorientierte Wissensverarbeitung (Hrsg.), Technik, Öffentlichkeit und Verantwortung, Ulm 1992.

Martens, Joachim: Der Entwurf einer Verwaltungsprozeßordnung, ZRP 1979, 114 ff.

Martens, Will/Ortmann, Günther: Organisationen in Luhmanns Systemtheorie, in: Alfred Kieser/Mark Ebers (Hrsg.), Organisationstheorien, 6. Aufl., Stuttgart 2006, S. 427 ff.

Marx, Karl: Zur Kritik der politischen Ökonomie. Erstes Heft, Berlin 1859 (zitiert als: *Marx*, Zur Kritik der politischen Ökonomie, 1859).

Mauder, Johannes: Der Anspruch auf rechtliches Gehör, seine Stellung im System der Grundrechte und seine Auswirkung auf die Abgrenzungsproblematik zwischen Verfassungs- und Fachgerichtsbarkeit, München 1986.

Maunz, Theodor/Dürig, Günter (Hrsg.): Grundgesetz. Kommentar, Band 3, Art. 16–22, München Stand: 87. Ergänzungslieferung März 2019 (zitiert als: *Bearbeiter*, in: Maunz/Dürig (Hrsg.), GG, Bd. 3).

dies. (Hrsg.): Grundgesetz. Kommentar, Band 6, Art. 87a–106b, München Stand: 87. Ergänzungslieferung März 2019 (zitiert als: *Bearbeiter*, in: Maunz/Dürig (Hrsg.), GG, Bd. 6).

dies. (Hrsg.): Grundgesetz. Kommentar, Band 7, Art. 107–146, München Stand: 87. Ergänzungslieferung März 2019 (zitiert als: *Bearbeiter*, in: Maunz/Dürig (Hrsg.), GG, Bd. 7).

Maunz, Theodor/Dürig, Günter/Herzog, Roman (Hrsg.): Grundgesetz. Kommentar, Band 2, Art. 45–146, München 1976 (zitiert als: *Bearbeiter*, in: Maunz/Dürig/Herzog (Hrsg.), GG, Bd. 2, 1976).

Maurer, Hartmut: Rechtsstaatliches Prozessrecht, in: Peter Badura/Horst Dreier (Hrsg.), Festschrift 50 Jahre Bundesverfassungsgericht. Zweiter Band. Klärung und Fortbildung des Verfassungsrechts, Tübingen 2001, S. 467 ff. (zitiert als: *Maurer*, Rechtsstaatliches Prozessrecht, in: Badura/Dreier (Hrsg.), FS 50 Jahre BVerfG, Bd. 2, 2001, S. 467 ff.).

Mayer, Franz C.: Verwaltungsgerichtsbarkeit in Deutschland, in: Armin von Bogdandy/Peter M. Huber/Lena Marcusson (Hrsg.), Handbuch Ius Publicum Europaeum, Band 8, 1. Aufl.,

Heidelberg 2019, § 129 (zitiert als: *Mayer*, Verwaltungsgerichtsbarkeit in Deutschland, in: von Bogdandy/Huber (Hrsg.), Ius Publicum Europaeum, Bd. 8, 1. Aufl. 2019, § 129).

Mayer, Matthias: Untermaß, Übermaß und Wesensgehaltgarantie. Die Bedeutung staatlicher Schutzpflichten für den Gestaltungsspielraum des Gesetzgebers im Grundrechtsbereich, Baden-Baden 2005 (zitiert als: *Mayer*, Untermaß, Übermaß und Wesensgehaltgarantie, 2005).

Mayntz, Renate: Soziologie der Organisation, Reinbek bei Hamburg 1963.

Mehde, Veith: Verwaltungskontrolle als Daueraufgabe der Verwaltungsgerichtsbarkeit, Die Verwaltung 43 (2010), 379 ff.

Meissner, Claus: Die Entwicklung der Verwaltungsgerichtsbarkeit in Deutschland seit 1945, VBlBW 2013, Sonderbeilage 2013, 150 Jahre Verwaltungsgerichtsbarkeit. Ursprung, Entwicklungslinien und Perspektiven im deutschen und im europäischen Kontext, 24 ff. (zitiert als: *Meissner*, Die Entwicklung der Verwaltungsgerichtsbarkeit in Deutschland seit 1945, VBlBW 2013, Sonderbeilage 2013, 24 ff.).

ders.: Die Entwicklung der Verwaltungsgerichtsbarkeit in Deutschland seit 1945, in: VGH BW (Hrsg.), Festschrift 150 Jahre Verwaltungsgerichtsbarkeit. Ursprung, Entwicklungslinien und Perspektiven im deutschen und europäischen Kontext, Stuttgart u. a. 2014, S. 89 ff. (zitiert als: *Meissner*, Die Entwicklung der Verwaltungsgerichtsbarkeit in Deutschland seit 1945, in: VGH BW (Hrsg.), FS 150 Jahre Verwaltungsgerichtsbarkeit, 2014, S. 89 ff.).

Mellwitz, Artur: Sozialgerichtsgesetz nebst ergänzenden Vorschriften. Kommentar, München u. a. 1956 (zitiert als: *Mellwitz*, SGG, 1956).

Menger, Christian-Friedrich: Zur Geschichte der Verwaltungsgerichtsbarkeit in Deutschland, DÖV 1963, 726 ff.

Merkel, Hans: Überwindung der Zersplitterung der rechtsprechenden Gewalt, Anwbl. 1955, 173 ff.

Merzbacher, Friedrich: Die Vorgeschichte der Errichtung des Bayerischen Verwaltungsgerichtshofes, in: Theodor Maunz (Hrsg.), Verwaltung und Rechtsbindung. Festschrift zum hundertjährigen Bestehen des Bayerischen Verwaltungsgerichtshofes, Stuttgart u. a. 1979, S. 259 ff. (zitiert als: *Merzbacher*, Die Vorgeschichte der Errichtung des Bayerischen Verwaltungsgerichtshofes, in: Maunz (Hrsg.), Verwaltung und Rechtsbindung, 1979, S. 259 ff.).

Meßerschmidt, Klaus: Gesetzgebungsermessen, Berlin 2000.

Mey, Rüdiger: Zurückverweisung an die (Leistungs)Verwaltung nach § 131 Abs. 5 SGG – oder – Das Kind mit dem Bade ausschütten?, SGb 2010, 68 ff.

Meyerhoff, Walter: Wünsche des Richters an den Gesetzgeber, DRiZ 1955, 11 f.

Meyer-Ladewig, Jens: Sozialgerichtsgesetz, München 1977 (zitiert als: *Meyer-Ladewig*, SGG, 1977).

ders.: Die Vereinheitlichung der öffentlich-rechtlichen Prozeßordnungen, in: Hans-Uwe Erichsen/Werner Hoppe/Albert v. Mutius (Hrsg.), System des verwaltungsgerichtlichen Rechtsschutzes. Festschrift für Christian-Friedrich Menger zum 70. Geburtstag, Köln u. a. 1985, S. 833 ff. (zitiert als: *Meyer-Ladewig*, Die Vereinheitlichung der öffentlich-rechtlichen Prozeßordnungen, in: Erichsen/Hoppe/v. Mutius (Hrsg.), FS Menger, 1985, S. 833 ff.).

ders.: Aktuelle Änderungen des Sozialgerichtsgesetzes, NZS 1993, 137 ff.

ders.: Aktualität einer Vereinheitlichung des Prozessrechts, NVwZ 2007, 1262 ff.

Meyer-Ladewig, Jens/Keller, Wolfgang/Leitherer, Stephan/Schmidt, Benjamin (Hrsg.): Sozialgerichtsgesetz, Kommentar, 13. Aufl., München 2020 (zitiert als: *Bearbeiter*, in: Meyer-Ladewig/Keller/Leitherer/Schmidt (Hrsg.), SGG, 13. Aufl. 2020).

Meyer-Teschendorf, Klaus G./Hofmann, Hans: Eine neue Balance zwischen rechtsstaatlicher Sicherheit und Optimierung der Justiz. Vorschläge des Sachverständigenrates „Schlanker Staat" zur Modernisierung und Entlastung der Justiz, ZRP 1998, 132 ff.

Mezger, Edmund: Zur Entwicklung der sog. Ersatzhehlerei., ZStW 59 (1940), 549 ff.
Michael, Lothar/Morlok, Martin: Grundrechte, 7. Aufl., Baden-Baden 2020.
Milatz, Alfred (Hrsg.): Otto von Bismarck. Werke in Auswahl. Fünfter Band. Reichsgestaltung und europäische Friedenswahrung. Erster Teil: 1871–1876, Stuttgart u. a. 1973 (zitiert als: Milatz (Hrsg.), Otto von Bismarck. Werke in Auswahl, Bd. 5, 1973).
Möllers, Christoph: Methoden, in: Wolfgang Hoffmann-Riem/Eberhard Schmidt-Aßmann/Andreas Voßkuhle (Hrsg.), Grundlagen des Verwaltungsrechts, Band 1, 2. Aufl., München 2012, § 3 (zitiert als: *Möllers*, Methoden, in: Hoffmann-Riem/Schmidt-Aßmann/Voßkuhle (Hrsg.), GVwR, Bd. 1, 2. Aufl. 2012, § 3).
Mommsen, Wolfgang J.: Der perspektivische Charakter historischer Aussagen und das Problem von Parteilichkeit und Objektivität historischer Erkenntnis, in: Reinhart Koselleck/Wolfgang J. Mommsen/Jörn Rüsen (Hrsg.), Objektivität und Parteilichkeit in der Geschichtswissenschaft, München 1977 (zitiert als: *Mommsen*, Der perspektivische Charakter historischer Aussagen, in: Koselleck/ders./Rüsen (Hrsg.), Objektivität und Parteilichkeit in der Geschichtswissenschaft, 1977).
Montag, Martin: Die Entwicklung der Verwaltungsgerichtsbarkeit in Baden und Württemberg von 1945 bis 1960, Berlin 2001.
Morgenthaler, Gerd: Freiheit durch Gesetz. Der parlamentarische Gesetzgeber als Erstadressat der Freiheitsgrundrechte, Tübingen 1999 (zitiert als: *Morgenthaler*, Freiheit durch Gesetz, 1999).
Morlok, Martin: Was heißt und zu welchem Ende studiert man Verfassungstheorie?, Berlin 1988.
Möstl, Markus: Probleme der verfassungsprozessualen Geltendmachung gesetzgeberischer Schutzpflichten – Die Verfassungsbeschwerde gegen legislatives Unterlassen –, DÖV 1998, 1029 ff.
Müller, Gerhard: Gedanken zur Forderung nach der Einheit der Rechtspflege, Der Betrieb 1955, 473 ff.
Müller, Jörg P.: Die Verfassungsgerichtsbarkeit im Gefüge der Staatsfunktionen, VVDStRl 39 (1980), S. 53 ff.
Münch, Ingo v./Kunig, Philip (Hrsg.): Grundgesetz. Kommentar, Band 1, Präambel, Art. 1–69, 6. Aufl. 2012 (zitiert als: *Bearbeiter*, in: v. Münch/Kunig (Hrsg.), GG, Bd. 1, 6. Aufl. 2012).
dies. (Hrsg.): Grundgesetz. Kommentar, Band 2, Art. 70–146, 6. Aufl. 2012 (zitiert als: *Bearbeiter*, in: v. Münch/Kunig (Hrsg.), GG, Bd. 2, 6. Aufl. 2012).
N.N.: Die Heidelberger Tagung des Deutschen Richterbundes, JZ 1956, 730 f.
N.N.: Entwurf eines Verwaltungsgerichtsgesetzes zur Vereinheitlichung der Verwaltungsgerichtsordnung, der Finanzgerichtsordnung und des Sozialgerichtsgesetzes. Schriftenreihe der Hochschule Speyer, Band 40, Berlin 1969 (zitiert als: *N.N.*, Entwurf eines Verwaltungsgerichtsgesetzes, Schriftenreihe Speyer, Bd. 40, 1969).
Neumeyer, Dieter: Die Klagebefugnis im Verwaltungsprozeß, Berlin 1979.
Niedobitek, Matthias: Die Neugründung der Verwaltungsgerichtsbarkeit in Westdeutschland ab 1945, in: Karl-Peter Sommermann/Bert Schaffarzik (Hrsg.), Handbuch der Geschichte der Verwaltungsgerichtsbarkeit in Deutschland und Europa, Berlin 2019, § 23 S. 915 ff. (zitiert als: *Niedobitek*, Neugründung der Verwaltungsgerichtsbarkeit, in: Sommermann/Schaffarzik (Hrsg.), Geschichte der Verwaltungsgerichtsbarkeit, 2019, § 23 S. 915 ff.).
Nierhaus, Michael: Grundrechte aus der Hand des Gesetzgebers? – Ein Beitrag zur Dogmatik des Art. 1 Abs. 3 GG –, AöR 116 (1991), 72 ff.

Nolte, Jakob: Die Eigenart des verwaltungsgerichtlichen Rechtsschutzes. Grund und Grenzen der Anwendung des Zivilprozesses im Verwaltungsprozess, Tübingen 2015 (zitiert als: *Nolte*, Die Eigenart des verwaltungsgerichtlichen Rechtsschutzes, 2015).

O'Hara, Laurance: Konsistenz und Konsens. Die Anforderungen des Grundgesetzes an die Folgerichtigkeit der Gesetze, Tübingen 2018 (zitiert als: *O'Hara*, Konsistenz und Konsens, 2018).

Öhlinger, Theo: Das Gesetz als Instrument gesellschaftlicher Problemlösung und seine Alternativen. Skizzen zu einer Grundfrage der Gesetzgebungstheorie, in: Theo Öhlinger (Hrsg.), Methodik der Gesetzgebung. Legistische Richtlinien in Theorie und Praxis, Wien u.a. 1982, S. 17 ff. (zitiert als: *Öhlinger*, Das Gesetz als Instrument gesellschaftlicher Problemlösung und seine Alternativen, in: ders. (Hrsg.), Methodik der Gesetzgebung, 1982, S. 17 ff.).

Okońska, Agnieszka: Die Widerklage im Zivilprozessrecht der Europäischen Union und ihrer Mitgliedstaaten, Tübingen 2015.

Ossenbühl, Fritz: Gesetz und Recht – Die Rechtsquellen im demokratischen Rechtsstaat, in: Josef Isensee/Paul Kirchhof (Hrsg.), Handbuch des Staatsrechts der Bundesrepublik Deutschland, Band 5, 3. Aufl., Heidelberg u.a. 2007, § 100 (zitiert als: *Ossenbühl*, Gesetz und Recht, in: Isensee/Kirchhof (Hrsg.), HStR, Bd. 5, 3. Aufl. 2007, § 100).

Ott, Hugo: Baden, in: Kurt G.A. Jeserich/Hans Pohl/Georg-Christoph von Unruh (Hrsg.), Deutsche Verwaltungsgeschichte. Vom Reichsdeputationshauptschluß bis zur Auflösung des Deutschen Bundes, Band 2, Stuttgart 1983, 7. Kapitel, § 6 S. 583 ff. (zitiert als: *Ott*, Baden, in: Jeserich/Pohl/von Unruh (Hrsg.), DVG, Bd. 2, 1983, 7. Kap., § 6 S. 583 ff.).

Pagenkopf, Martin: Glücksspielrechtliche Variationen. Urteile des BVerwG vom 24.11.2010, NVwZ 2011, 513 ff.

ders.: 150 Jahre Verwaltungsgerichtsbarkeit in Deutschland, Stuttgart u.a. 2014.

Palm, Ulrich: Vergleich der Verfahrensordnungen der öffentlich-rechtlichen Gerichtsbarkeit, in: Klaus-Dieter Drüen/Johanna Hey/Rudolf Mellinghoff (Hrsg.), 100 Jahre Steuerrechtsprechung in Deutschland. Festschrift für den Bundesfinanzhof, Band 2, Köln 2018, S. 1935 ff. (zitiert als: *Palm*, Vergleich der Verfahrensordnungen der öffentlich-rechtlichen Gerichtsbarkeit, in: Drüen/Hey/Mellinghoff (Hrsg.), FS 100 Jahre BFH, Bd. 2, 2018, S. 1935 ff.).

Papier, Hans-Jürgen: Einstweiliger Rechtsschutz bei Abgaben, StuW 1978, 332 ff.

ders.: Justizgewährungsanspruch, in: Josef Isensee/Paul Kirchhof (Hrsg.), Handbuch des Staatsrechts der Bundesrepublik Deutschland, Band 8, 3. Aufl., Heidelberg u.a. 2010, § 176 (zitiert als: *Papier*, Justizgewährungsanspruch, in: Isensee/Kirchhof (Hrsg.), HStR, Bd. 8, 3. Aufl. 2010, § 176).

ders.: Rechtsschutzgarantie gegen die öffentliche Gewalt, in: Josef Isensee/Paul Kirchhof (Hrsg.), Handbuch des Staatsrechts der Bundesrepublik Deutschland, Band 8, 3. Aufl., Heidelberg u.a. 2010, § 177 (zitiert als: *Papier*, Rechtsschutzgarantie gegen die öffentliche Gewalt, in: Isensee/Kirchhof (Hrsg.), HStR, Bd. 8, 3. Aufl. 2010, § 177).

ders.: Richterliche Unabhängigkeit, in: Detlef Merten/Hans-Jürgen Papier (Hrsg.), Handbuch der Grundrechte in Deutschland und Europa, Band 5, Heidelberg u.a. 2013, § 130 (zitiert als: *Papier*, Richterliche Unabhängigkeit, in: Merten/ders. (Hrsg.), HdGR, Bd. 5, 2013, § 130).

Pausch, Alfons: Vom Reichskammergericht zum Bundesfinanzhof, in: 50 Jahre Deutsche Finanzgerichtsbarkeit. Festschrift des Bundesfinanzhofs, Bonn u.a. 1968, S. 13 ff. (zitiert als: *Pausch*, Vom Reichskammergericht zum Bundesfinanzhof, in: FS 50 Jahre BFH, 1968, S. 13 ff.).

Payandeh, Mehrdad: Das Gebot der Folgerichtigkeit: Rationalitätsgewinn oder Irrweg der Grundrechtsdogmatik?, AöR 136 (2011), 578 ff.

ders.: Judikative Rechtserzeugung. Theorie, Dogmatik und Methodik der Wirkungen von Präjudizien, Tübingen 2017 (zitiert als: *Payandeh*, Judikative Rechtserzeugung, 2017).

Peine, Franz-Joseph: Systemgerechtigkeit. Die Selbstbindung des Gesetzgebers als Maßstab der Normenkontrolle, Baden-Baden 1985 (zitiert als: *Peine*, Systemgerechtigkeit, 1985).

Pfizer, Carl v.: Ueber die Grenzen zwischen Verwaltungs- und Civil-Justiz und über die Form bei Behandlung der Verwaltungsjustiz., Stuttgart 1828 (zitiert als: *v. Pfizer*, Verwaltungs- und Civil-Justiz, 1828).

Philipp, Maximilian: Systemgerechtigkeit bei den Marktfreiheiten der Europäischen Union. Die gebotene Kohärenz nationaler Gesetzgebung, Berlin 2016 (zitiert als: *Philipp*, Systemgerechtigkeit bei den Marktfreiheiten der Europäischen Union, 2016).

Pieroth, Bodo/Schlink, Bernhard: Grundrechte. Staatsrecht II, 28. Aufl., Heidelberg u.a. 2012 (zitiert als: *Pieroth/Schlink*, Grundrechte, 28. Aufl. 2012).

Pohl, Hans: Wirtschaft und Gesellschaft 1871–1918, in: Kurt G.A. Jeserich/Hans Pohl/Georg-Christoph von Unruh (Hrsg.), Deutsche Verwaltungsgeschichte. Das Deutsche Reich bis zum Ende der Monarchie, Band 3, Stuttgart 1984, 1. Kapitel, § 2 S. 16 ff. (zitiert als: *Pohl*, Wirtschaft und Gesellschaft, in: Jeserich/ders./von Unruh (Hrsg.), DVG, Bd. 3, 1984, 1. Kap., § 2 S. 16 ff.).

Poppitz, Johannes: Die Anfänge der Verwaltungsgerichtsbarkeit., AöR 72 (1943), 158 ff.

Preisendörfer, Peter: Organisationssoziologie, Grundlagen, Theorien und Problemstellungen, 4. Aufl., Wiesbaden 2016 (zitiert als: *Preisendörfer*, Organisationssoziologie, 4. Aufl. 2016).

Quabeck, Christian: Dienende Funktion des Verwaltungsverfahrens und Prozeduralisierung, Tübingen 2010.

Radbruch, Gustav: Rechtsphilosophie, 8. Aufl. Herausgegeben von Erik Wolf und Hans-Peter Schneider, Stuttgart 1973 (zitiert als: *Radbruch*, Rechtsphilosophie, 8. Aufl. 1973).

Rasch, Ernst: Organisationsrechtliche Probleme der Verwaltungsgerichtsbarkeit, VerwArch 60 (1969), 1 ff.

Redeker, Konrad: Um die Einheit der rechtsprechenden Gewalt, NJW 1955, 649 ff.

ders.: Koordinierung, Beschleunigung und Entlastung in den öffentlich-rechtlichen Gerichtszweigen, DVBl. 1977, 132 ff.

ders.: Bemerkungen zum Entwurf einer Verwaltungsprozeßordnung aus anwaltlicher Sicht, DVBl. 1982, 805 ff.

ders.: Vereinheitlichung der öffentlich-rechtlichen Gerichtsbarkeiten?, NJW 2004, 496 ff.

Regelsberger, Ferdinand: Pandekten. Erster Band., Leipzig 1893.

Rehak, Heinrich: Geschichte der Verwaltungsgerichtsbarkeit in Bayern, in: Karl-Peter Sommermann/Bert Schaffarzik (Hrsg.), Handbuch der Geschichte der Verwaltungsgerichtsbarkeit in Deutschland und Europa, Berlin 2019, § 9 S. 387 ff. (zitiert als: *Rehak*, Geschichte der Verwaltungsgerichtsbarkeit in Bayern, in: Sommermann/Schaffarzik (Hrsg.), Geschichte der Verwaltungsgerichtsbarkeit, 2019, § 9 S. 387 ff.).

Reimer, Franz: Verfassungsprinzipien. Ein Normtyp im Grundgesetz, Berlin 2001 (zitiert als: *Reimer*, Verfassungsprinzipien, 2001).

Reimold, Klaus: Der Württembergische Geheime Rat als oberste Administrativjustizbehörde, Tübingen 1985.

Renesse, Jan-Robert v.: Ausübung der Sozialgerichtsbarkeit durch besondere Spruchkörper der Verwaltungsgerichte?, NZS 2004, 452 ff.

Rescher, Nicholas: The Coherence of the Truth, Oxford 1973.

Reuß, Hermann: Zuständigkeit und Verfahren der Verwaltungsgerichte, DR 1942, 1345 ff.

ders.: Die Rationalisierung des Rechts und der Rechtspflege – ein Grundanliegen unserer Zeit –, Anwbl. 1955, 144 ff.

ders.: Rechtseinheit in der Verwaltungsgerichtsbarkeit. Eine grundsätzliche Betrachtung zum Inkrafttreten der bundeseinheitlichen VwGO am 01.04.1960, JR 1960, 121 ff.

Reyes y Ráfales, Francisco Joel: Mindestrationalität im inneren Gesetzgebungsverfahren als Verfassungspflicht, Rechtstheorie 45 (2014), 35 ff.

Ritter, Ernst-Hasso: Organisationswandel durch Expertifizierung und Privatisierung im Ordnungs- und Planungsrecht (unter besonderer Berücksichtigung der Aufgabenverlagerungen auf private Sachverständige), in: Eberhard Schmidt-Aßmann/Wolfgang Hoffmann-Riem (Hrsg.), Verwaltungsorganisationsrecht als Steuerungsressource, Baden-Baden 1997, S. 207 ff. (zitiert als: *Ritter*, Organisationswandel durch Expertifizierung und Privatisierung im Ordnungs- und Planungsrecht, in: Schmidt-Aßmann/Hoffmann-Riem (Hrsg.), Verwaltungsorganisationsrecht als Steuerungsressource, 1997, S. 207 ff.).

Roellecke, Gerd: Was eint die Einheit des Staates?, in: Otto Depenheuer/Markus Heintzen/Matthias Jestaedt/Peter Axer (Hrsg.), Die Einheit des Staates. Symposion aus Anlaß der Vollendung des 60. Lebensjahres von Josef Isensee, Heidelberg 1998, S. 39 ff. (zitiert als: *Roellecke*, Was eint die Einheit des Staates?, in: Depenheuer/Heintzen/Jestaedt/Axer (Hrsg.), Die Einheit des Staates, 1998, S. 39 ff.).

Röhl, Klaus F.: Verfahrensgerechtigkeit (Procedural Justice). Einführung in den Themenbereich und Überblick, ZfRSoz 14 (1993), 1 ff.

Rohwer-Kahlmann, Harry: Einheit der rechtsprechenden Gewalt oder eigenständige Sozialgerichtsbarkeit?, ZSR 1957, 163 ff.

Roller, Steffen: Abschied von der Sozialgerichtsbarkeit? Zur Reform der öffentlich-rechtlichen Gerichtsbarkeiten im 50. Jahr des Bestehens der bundesrepublikanischen Sozialgerichtsbarkeit, DRiZ 2004, 53 ff.

Roos, Elke/Wahrendorf, Volker (Hrsg.): Sozialgerichtsgesetz. Kommentar, München 2014 (zitiert als: *Bearbeiter*, in: Roos/Wahrendorf (Hrsg.), SGG, 2014).

Rothenbücher, K.: Anmerkungen zu zwei Urteilen des Thüringischen Oberverwaltungsgerichts über das Verbot einer Theateraufführung, VerwArch 1931, 244 ff.

Rottleuthner, Hubert: Rechtswissenschaft als Sozialwissenschaft, Frankfurt a. M. 1973.

ders.: Gerechtigkeit in der Rechtsprechung, in: Präsidium des Deutschen Richterbundes (Hrsg.), Justiz und Recht im Wandel der Zeit. Festgabe 100 Jahre Deutscher Richterbund, Köln u. a. 2009, S. 113 ff. (zitiert als: *Rottleuthner*, Gerechtigkeit in der Rechtsprechung, in: Präsidium des Deutschen Richterbundes (Hrsg.), FG 100 Jahre Deutscher Richterbund, 2009, S. 113 ff.).

Rüfner, Wolfgang: Verwaltungsrechtsschutz im 19. Jahrhundert vor Einführung der Verwaltungsgerichtsbarkeit, DÖV 1963, 719 ff.

ders.: Die Entwicklung der Verwaltungsgerichtsbarkeit, in: Kurt G.A. Jeserich/Hans Pohl/Georg-Christoph von Unruh (Hrsg.), Deutsche Verwaltungsgeschichte. Das Deutsche Reich bis zum Ende der Monarchie, Band 3, Stuttgart 1984, 14. Kapitel, S. 909 ff. (zitiert als: *Rüfner*, Die Entwicklung der Verwaltungsgerichtsbarkeit, in: Jeserich/Pohl/von Unruh (Hrsg.), DVG, Bd. 3, 1984, 14. Kap., S. 909 ff.).

ders.: Die Entwicklung der Verwaltungsgerichtsbarkeit, in: Kurt G.A. Jeserich/Hans Pohl/Georg-Christoph von Unruh (Hrsg.), Deutsche Verwaltungsgeschichte. Das Reich als Republik und in der Zeit des Nationalsozialismus, Band 4, Stuttgart 1985, Teil 2, 10. Kapitel, S. 1100 ff. (zitiert als: *Rüfner*, Die Entwicklung der Verwaltungsgerichtsbarkeit, in: Jeserich/Pohl/von Unruh (Hrsg.), DVG, Bd. 4, 1985, Teil 2, 10. Kap., S. 1099 ff.).

Rüping, Hinrich: Verfassungs- und Verfahrensrecht im Grundsatz des rechtlichen Gehörs, NVwZ 1985, 304 ff.

Rüthers, Bernd/Fischer, Christian/Birk, Axel: Rechtstheorie mit Juristischer Methodenlehre, 11. Aufl., München 2020 (zitiert als: *Rüthers/Fischer/Birk*, Rechtstheorie, 11. Aufl. 2020).

Sachs, Michael (Hrsg.): Grundgesetz. Kommentar, 8. Aufl., München 2018 (zitiert als: *Bearbeiter*, in: Sachs (Hrsg.), GG, 8. Aufl. 2018).

Sanders, Karin/Kianty, Andrea: Organisationstheorien. Eine Einführung, Wiesbaden 2006 (zitiert als: *Sanders/Kianty*, Organisationstheorien, 2006).

Sauer, Emil von: Eröffnungsfeier, Anwbl. 1955, 131 ff.

ders.: Konzentration der Rechtspflege. Ansprache zur Eröffnung des deutschen Anwaltstages 1955 in Mannheim, MDR 1955, 383 ff.

Sauer, Heiko: Juristische Methodenlehre, in: Julian Krüper (Hrsg.), Grundlagen des Rechts, 3. Aufl., Baden-Baden 2017, § 9.

Sauer, Otto M./Schwarz, Hansjürgen: Handbuch des finanzgerichtlichen Verfahrens. Vorläufiger Rechtsschutz – Klageerhebung – Prozess – Revision – Kosten, 8. Aufl., Berlin 2016 (zitiert als: *Sauer/Schwarz*, Handbuch des finanzgerichtlichen Verfahrens, 8. Aufl. 2016).

Sautter, Theodor: Zehn Jahre Bundessozialgericht, DRiZ 1964, 329 ff.

Savigny, Friedrich Carl von: System des heutigen Römischen Rechts, Erster Band., Berlin 1840.

ders.: Vom Beruf unserer Zeit für Gesetzgebung und Rechtswissenschaft, Reprografischer Nachdruck der Ausgabe Heidelberg 1840, Darmstadt 1967 (zitiert als: *von Savigny*, Vom Beruf unserer Zeit für Gesetzgebung und Rechtswissenschaft, 1840).

Schäfer, Georg: Aus fünf mach zwei? Gedanken zu einer merkwürdigen Debatte zur Zusammenlegung der Gerichtsbarkeiten, BJ 2004, 222 ff.

Scheerbarth, Walter: Das Schicksal der Verwaltungsgerichtsbarkeit unter dem Nationalsozialismus, DÖV 1963, 729 ff.

Schelsky, Helmut: Nutzen und Gefahren der sozialwissenschaftlichen Ausbildung von Juristen, JZ 1974, 410 ff.

Schenke, Wolf-Rüdiger: Mehr Rechtsschutz durch eine einheitliche Verwaltungsprozeßordnung?, DÖV 1982, 709 ff.

ders.: „Reform" ohne Ende – Das Sechste Gesetz zur Änderung der Verwaltungsgerichtsordnung und anderer Gesetze (6. VwGOÄndG), NJW 1997, 81 ff.

Scherer, Andreas Georg: Kritik der Organisation oder Organisation in der Kritik? – Wissenschaftstheoretische Bemerkungen zum kritischen Umgang mit Organisationstheorien, in: Alfred Kieser/Mark Ebers (Hrsg.), Organisationstheorien, 6. Aufl., Stuttgart 2006, S. 19 ff. (zitiert als: *Scherer*, Kritik der Organisation oder Organisation in der Kritik?, in: Kieser/Ebers (Hrsg.), Organisationstheorien, 6. Aufl. 2006, S. 19 ff.).

Scherer, Emil: Entwurf einer Verwaltungsprozeßordnung (1978). Kritische Würdigung aus sozialgerichtlicher Sicht mit Änderungsvorschlägen, Diss. Kiel 1979 (zitiert als: *Scherer*, Entwurf einer Verwaltungsprozeßordnung, 1979).

Scherzberg, Arno: Rationalität – staatswissenschaftlich betrachtet – Prolegomena zu einer Theorie juristischer Rationalität, in: Walter Krebs (Hrsg.), Liber Amicorum Hans-Uwe Erichsen. Zum 70. Geburtstag am 15. Oktober 2004, Köln u. a. 2004, S. 177 ff. (zitiert als: *Scherzberg*, Rationalität – staatswissenschaftlich betrachtet –, in: Krebs (Hrsg.), Liber Amicorum Erichsen, 2004, S. 177 ff.).

Scheuner, Ulrich: Die Selbständigkeit und Einheit der Rechtspflege, DÖV 1953, 517 ff.

ders.: Der Einfluß des französischen Verwaltungsrechts auf die deutsche Rechtsentwicklung, DÖV 1963, 714 ff.

Schlaich, Klaus: Die Verfassungsgerichtsbarkeit im Gefüge der Staatsfunktionen, VVDStRl 39 (1981), S. 99 ff.

Schlette, Volker: Die Klagebefugnis – § 42 II VwGO, Jura 2004, 90 ff.

Schmidt-Aßmann, Eberhard: Funktionen der Verwaltungsgerichtsbarkeit, in: Hans-Uwe Erichsen/Werner Hoppe/Albert v. Mutius (Hrsg.), System des verwaltungsgerichtlichen Rechtsschutzes. Festschrift für Christian-Friedrich Menger zum 70. Geburtstag, Köln u. a. 1985, S. 107 ff. (zitiert als: *Schmidt-Aßmann*, Funktionen der Verwaltungsgerichtsbarkeit, in: Erichsen/Hoppe/v. Mutius (Hrsg.), FS Menger, 1985, S. 107 ff.).

ders.: Grundrechtspositionen und Legitimationsfragen im öffentlichen Gesundheitswesen. Verfassungsrechtliche Anforderungen an Entscheidungsgremien in der gesetzlichen Krankenversicherung und im Transplantationswesen. Vortrag gehalten vor der Juristischen Gesellschaft zu Berlin am 16. Mai 2001, Berlin u. a. 2001 (zitiert als: *Schmidt-Aßmann*, Grundrechtspositionen und Legitimationsfragen, 2001).

ders.: Der Rechtsstaat, in: Josef Isensee/Paul Kirchhof (Hrsg.), Handbuch des Staatsrechts der Bundesrepublik Deutschland, Band 2, 3. Aufl., Heidelberg u. a. 2004, § 26 (zitiert als: *Schmidt-Aßmann*, Der Rechtsstaat, in: Isensee/Kirchhof (Hrsg.), HStR, Bd. 2, 3. Aufl. 2004, § 26).

ders.: Das allgemeine Verwaltungsrecht als Ordnungsidee. Grundlagen und Aufgaben der verwaltungsrechtlichen Systembildung, 2. Aufl., Berlin u. a. 2006 (zitiert als: *Schmidt-Aßmann*, Das allgemeine Verwaltungsrecht als Ordnungsidee, 2. Aufl. 2006).

ders.: Verwaltungsverfahren, in: Josef Isensee/Paul Kirchhof (Hrsg.), Handbuch des Staatsrechts der Bundesrepublik Deutschland, Band 5, 3. Aufl., Heidelberg u. a. 2007, § 109 (zitiert als: *Schmidt-Aßmann*, Verwaltungsverfahren, in: Isensee/Kirchhof (Hrsg.), HStR, Bd. 5, 3. Aufl. 2007, § 109).

ders.: Kohärenz und Konsistenz des verwaltungsgerichtlichen Rechtsschutzes. Eine Forschungsskizze, Die Verwaltung 44 (2011), 105 ff.

ders.: Kohärenz und Konsistenz des Verwaltungsrechtsschutzes. Herausforderungen angesichts vernetzter Verwaltungen und Rechtsordnungen, Tübingen 2015 (zitiert als: *Schmidt-Aßmann*, Kohärenz und Konsistenz des Verwaltungsrechtsschutzes, 2015).

Schmidt-Aßmann, Eberhard/Hoffmann-Riem, Wolfgang (Hrsg.): Verwaltungsorganisationsrecht als Steuerungsressource, Baden-Baden 1997.

Schmidt-Preuß, Matthias: Gegenwart und Zukunft des Verfahrensrechts, NVwZ 2005, 489 ff.

Schmidt-Räntsch, Günther/Schmidt-Räntsch, Jürgen: Deutsches Richtergesetz: DRiG. Kommentar, 6. Aufl., München 2009 (zitiert als: *Schmidt-Räntsch/Schmidt-Räntsch*, DRiG, 6. Aufl. 2009).

Schmieszek, Hans-Peter: Sechstes Gesetz zur Änderung der Verwaltungsgerichtsordnung und anderer Gesetze (6. VwGOÄndG), NVwZ 1996, 1151 ff.

Schmitt, Michael: Der Reichsfinanzhof und seine Rechtsprechung in steuerlichen Angelegenheiten jüdischer Bürger 1933–1945, Münster 2017.

Schneider, Hans: Die Verwaltungsgerichtsbarkeit in Berlin, AöR 74 (1948), 239 ff.

ders.: Der Niedergang des Gesetzgebungsverfahrens, in: Theo Ritterspach/Willi Geiger (Hrsg.), Festschrift für Gebhard Müller. Zum 70. Geburtstag des Präsidenten des Bundesverfassungsgerichts, Tübingen 1970, S. 421 ff. (zitiert als: *Schneider*, Der Niedergang des Gesetzgebungsverfahrens, in: Ritterspach/Geiger (Hrsg.), FS Müller, 1970, S. 421 ff.).

Schneider, Hans-Peter: Richterrecht, Gesetzesrecht und Verfassungsrecht. Bemerkungen zum Beruf der Rechtsprechung im demokratischen Gemeinwesen, Frankfurt a. M. 1969 (zitiert als: *Schneider*, Richterrecht, Gesetzesrecht und Verfassungsrecht, 1969).

Schneider, Jens-Peter: Strukturen und Typen von Verwaltungsverfahren, in: Wolfgang Hoffmann-Riem/Eberhard Schmidt-Aßmann/Andreas Voßkuhle (Hrsg.), Grundlagen des Verwaltungsrechts, Band 2, 2. Aufl., München 2012, § 28 (zitiert als: *Schneider*, Strukturen und Typen von Verwaltungsverfahren, in: Hoffmann-Riem/Schmidt-Aßmann/Voßkuhle (Hrsg.), GVwR, Bd. 2, 2. Aufl. 2012, § 28).

Schneider, Wolfgang Ludwig: „Rationalität" in Luhmanns Systemtheorie, in: Andrea Maurer/Uwe Schimank (Hrsg.), Die Rationalitäten des Sozialen, Wiesbaden 2011, S. 65 ff.

Schoch, Friedrich/Schneider, Jens-Peter/Bier, Wolfgang (Hrsg.): Verwaltungsgerichtsordnung. Kommentar, Band 1, §§ 1–80b, München Stand: 37. Ergänzungslieferung Juli 2019 (zitiert als: *Bearbeiter*, in: Schoch/Schneider/Bier (Hrsg.), VwGO, Bd. 1).

dies. (Hrsg.): Verwaltungsgerichtsordnung. Kommentar, Band 2, §§ 81–195, München Stand: 37. Ergänzungslieferung Juli 2019 (zitiert als: *Bearbeiter*, in: Schoch/Schneider/Bier (Hrsg.), VwGO, Bd. 2).

Schoch, Friedrich: Gerichtliche Verwaltungskontrollen, in: Wolfgang Hoffmann-Riem/Eberhard Schmidt-Aßmann/Andreas Voßkuhle (Hrsg.), Grundlagen des Verwaltungsrechts, Band 3, 2. Aufl., München 2013, § 50 (zitiert als: *Schoch*, Gerichtliche Verwaltungskontrollen, in: Hoffmann-Riem/Schmidt-Aßmann/Voßkuhle (Hrsg.), GVwR, Bd. 3, 2. Aufl. 2013, § 50).

Scholz, Rupert: Die Verwaltungsprozeßordnung im Gesetzgebungsverfahren. Die Einheit des Verwaltungsprozeßrechts aus der Sicht des Bundesrats, DVBl. 1982, 605 ff.

Schorn, N.N.: Einheitliche Gerichtsbarkeit, DRiZ 1954, 41 ff.

Schröder, Meinhard: Die Klagebefugnis bei Anfechtungs- und Normenkontrollklagen, Jura 1981, 617 ff.

Schulze-Fielitz, Helmuth: Theorie und Praxis parlamentarischer Gesetzgebung – besonders des 9. Deutschen Bundestages (1980–1983) –, Berlin 1988 (zitiert als: *Schulze-Fielitz*, Theorie und Praxis parlamentarischer Gesetzgebung, 1988).

ders.: Rationalität als rechtsstaatliches Prinzip für den Organisationsgesetzgeber. Über Leistungsfähigkeit und Leistungsgrenzen „weicher" Leitbegriffe in der Rechtsdogmatik, in: Paul Kirchhof/Moris Lehner/Arndt Raupach/Michael Rodi (Hrsg.), Staaten und Steuern. Festschrift für Klaus Vogel zum 70. Geburtstag, Heidelberg 2000, S. 311 ff. (zitiert als: *Schulze-Fielitz*, Rationalität als rechtsstaatliches Prinzip für den Organisationsgesetzgeber, in: Kirchhof/Lehner/Raupach/Rodi (Hrsg.), FS Vogel, 2000, S. 311 ff.).

Schulze-Fielitz, Helmuth/Schütz, Carsten (Hrsg.): Justiz und Justizverwaltung zwischen Ökonomisierungsdruck und Unabhängigkeit, Die Verwaltung, Beiheft 5, Berlin 2002.

Schünemann, Hans-Wilhelm: Sozialwissenschaften und Jurisprudenz. Eine Einführung für Praktiker, München 1976 (zitiert als: *Schünemann*, Sozialwissenschaften und Jurisprudenz, 1976).

Schuppert, Gunnar Folke: Gute Gesetzgebung. Bausteine einer kritischen Gesetzgebungslehre, ZG, Sonderheft 2003, S. 1 ff.

Schwalm, Georg: Der objektivierte Wille des Gesetzgebers, in: Hans Lüttger/Hermann Blei/Peter Hanau (Hrsg.), Festschrift für Ernst Heinitz zum 70. Geburtstag am 1. Januar 1972, Berlin 1972, S. 47 ff. (zitiert als: *Schwalm*, Der objektivierte Wille des Gesetzgebers, in: Lüttger/Blei/Hanau (Hrsg.), FS Heinitz, 1972, S. 47 ff.).

Schwarz, Kyrill-A.: „Folgerichtigkeit" im Steuerrecht, in: Otto Depenheuer/Markus Heintzen/Matthias Jestaedt/Peter Axer (Hrsg.), Staat im Wort. Festschrift für Josef Isensee, Heidelberg 2007, S. 949 ff. (zitiert als: *Schwarz*, „Folgerichtigkeit" im Steuerrecht, in: Depenheuer/Heintzen/Jestaedt/Axer (Hrsg.), FS Isensee, 2007, S. 949 ff.).

Schwerdtfeger, Gunther: Optimale Methodik der Gesetzgebung als Verfassungspflicht, in: Rolf Stödter/Werner Thieme (Hrsg.), Hamburg. Deutschland. Europa. Beiträge zum deutschen und europäischen Verfassungs-, Verwaltungs- und Wirtschaftsrecht. Festschrift für Hans Peter Ipsen zum siebzigsten Geburtstag, Tübingen 1977, S. 173 ff. (zitiert als: *Schwerdtfeger*,

Optimale Methodik der Gesetzgebung als Verfassungspflicht, in: Stödter/Thieme (Hrsg.), FS Ipsen, 1977, S. 173 ff.).

Seer, Roman: Defizite im finanzgerichtlichen Rechtsschutz. Zugleich eine kritische Auseinandersetzung mit dem 2. FGO-Änderungsgesetz vom 19.12.2000, StuW 2001, 3 ff.

Sehl, Markus: Was will der Gesetzgeber? Ziel und Methode rationaler Argumentation mit Gesetzesmaterialien, Baden-Baden 2019 (zitiert als: *Sehl*, Was will der Gesetzgeber?, 2019).

Seidel, N.N.: Grundsätzliche Gedanken über eine Große Justizreform, DRiZ 1956, 141 ff.

Sellmann, Martin: Der Weg zur neuzeitlichen Verwaltungsgerichtsbarkeit – Ihre Vorstufen und dogmatischen Grundlagen, in: Helmut R. Külz/Richard Naumann (Hrsg.), Staatsbürger und Staatsgewalt. Verwaltungsrecht und Verwaltungsgerichtsbarkeit in Geschichte und Gegenwart. Jubiläumsschrift. Zum hundertjährigen Bestehen der deutschen Verwaltungsgerichtsbarkeit und zum zehnjährigen Bestehen des Bundesverwaltungsgerichtes. Band 1, Karlsruhe 1963, S. 25 ff. (zitiert als: *Sellmann*, Der Weg zur neuzeitlichen Verwaltungsgerichtsbarkeit, in: Külz/Naumann (Hrsg.), Staatsbürger und Staatsgewalt, Bd. 1, 1963, S. 25 ff.).

Sendler, Horst: Guter Rechtsschutz und Verfahrensbeschleunigung. Zum Entwurf einer einheitlichen Verwaltungsprozeßordnung, DVBl. 1982, 812 ff.

ders.: Friedrich der Große und der Müller Arnold, JuS 1986, 759 ff.

Siehr, Angelika: „Objektivität" in der Gesetzgebung? Symbolische Gesetzgebung zwischen Rationalitätsanspruch des Gesetzes und dem demokratischen Mehrheitsprinzip, ARSP 91 (2005), 535 ff.

Sieveking, Friedrich B.: Die Verwaltungsgerichtsbarkeit auf Grund der Verordnung Nr. 141 und 165 der Britischen Militärregierung, MDR 1948, 315 ff.

Simon, Dieter: Waren die NS-Richter „unabhängige Richter" im Sinne des § 1 GVG?, in: Bernhard Diestelkamp/Michael Stolleis (Hrsg.), Justizalltag im Dritten Reich, Frankfurt a. M. 1988, S. 11 ff.

Sobota, Katharina: Das Prinzip Rechtsstaat. Verfassungs- und verwaltungsrechtliche Aspekte, Tübingen 1997 (zitiert als: *Sobota*, Das Prinzip Rechtsstaat, 1997).

Sodan, Helge: Der Status des Richters, in: Josef Isensee/Paul Kirchhof (Hrsg.), Handbuch des Staatsrechts der Bundesrepublik Deutschland, Band 5, 3. Aufl., Heidelberg u. a. 2007, § 113 (zitiert als: *Sodan*, Der Status des Richters, in: Isensee/Kirchhof (Hrsg.), HStR, Bd. 5, 3. Aufl. 2007, § 113).

Solte, Ulrich: Völkerrecht und Weltgesellschaft aus systemtheoretischer Sicht, ARSP 89 (2003), 519 ff.

St. Seidenfus, Hellmuth: Verkehrswesen (Eisenbahnen), in: Kurt G.A. Jeserich/Hans Pohl/Georg-Christoph von Unruh (Hrsg.), Deutsche Verwaltungsgeschichte. Das Deutsche Reich bis zum Ende der Monarchie, Band 3, Stuttgart 1984, 6. Kapitel, § 7 S. 358 ff. (zitiert als: *St. Seidenfus*, Verkehrswesen, in: Jeserich/Pohl/von Unruh (Hrsg.), DVG, Bd. 3, 1984, 6. Kap., § 7 S. 358 ff.).

Staats, Johann-Friedrich: Deutsches Richtergesetz, Baden-Baden 2012 (zitiert als: *Staats*, DRiG, 2012).

Stein, Friedrich: Grundriß des Zivilprozeßrechts und des Konkursrechts, 2. Aufl., Tübingen 1924.

Steinbach, Armin: Rationale Gesetzgebung, Tübingen 2017.

Steinbeiß-Winkelmann, Christine: Formen der Verwaltungsgerichtsbarkeit auf Reichsebene, in: Karl-Peter Sommermann/Bert Schaffarzik (Hrsg.), Handbuch der Geschichte der Verwaltungsgerichtsbarkeit in Deutschland und Europa, Berlin 2019, § 4 S. 79 ff. (zitiert als: *Steinbeiß-Winkelmann*, Formen der Verwaltungsgerichtsbarkeit auf Reichsebene, in: Sommermann/Schaffarzik (Hrsg.), Geschichte der Verwaltungsgerichtsbarkeit, 2019, § 4 S. 79 ff.).

Steiner, Udo: Die allgemeine Leistungsklage im Verwaltungsprozeß, JuS 1984, 853 ff.

Stern, Klaus: Die Einrichtungsgarantien, in: Klaus Stern (Hrsg.), Das Staatsrecht der Bundesrepublik Deutschland, Band III/1, München 1988, § 68 (zitiert als: *Stern*, Die Einrichtungsgarantien, in: ders. (Hrsg.), Staatsrecht, Bd. III/1, 1988, § 68).

ders.: Idee der Menschenrechte und Positivität der Grundrechte, in: Josef Isensee/Paul Kirchhof (Hrsg.), Handbuch des Staatsrechts der Bundesrepublik Deutschland, Band 9, 3. Aufl., Heidelberg u.a. 2011, § 184 (zitiert als: *Stern*, Idee der Menschenrechte und Positivität der Grundrechte, in: Isensee/Kirchhof (Hrsg.), HStR, Bd. 9, 3. Aufl. 2011, § 184).

Stolleis, Michael: Entstehung und Entwicklung des Bundessozialgerichts, in: Deutscher Sozialgerichtsverband e.V. (Hrsg.), Sozialrechtsprechung. Verantwortung für den sozialen Rechtsstaat. Festschrift zum 25jährigen Bestehen des Bundessozialgerichts, Band 1, Köln u.a. 1979, S. 25 ff. (zitiert als: *Stolleis*, Entstehung und Entwicklung des Bundessozialgerichts, in: Deutscher Sozialgerichtsverband e.V. (Hrsg.), Sozialrechtsprechung, Bd. 1, 1979, S. 25 ff.).

ders.: Die Verwaltungsgerichtsbarkeit im Nationalsozialismus, in: Bernhard Diestelkamp/Michael Stolleis (Hrsg.), Justizalltag im Dritten Reich, Frankfurt a.M. 1988, S. 26 ff.

ders.: Geschichte des öffentlichen Rechts in Deutschland. Zweiter Band. Staatsrechtslehre und Verwaltungswissenschaft 1800–1914, München 1992 (zitiert als: *Stolleis*, Geschichte des öffentlichen Rechts in Deutschland, Bd. 2, 1992).

ders.: Recht im Unrecht. Studien zur Rechtsgeschichte des Nationalsozialismus, Frankfurt a.M. 1994 (zitiert als: *Stolleis*, Recht im Unrecht, 1994).

ders.: Geschichte des öffentlichen Rechts in Deutschland. Vierter Band. Staats- und Verwaltungsrechtswissenschaft in West und Ost 1945–1990, München 2012 (zitiert als: *Stolleis*, Geschichte des öffentlichen Rechts in Deutschland, Bd. 4, 2012).

Störring, Lars Peter: Das Untermaßverbot in der Diskussion. Untersuchung einer umstrittenen Rechtsfigur, Berlin 2009 (zitiert als: *Störring*, Das Untermaßverbot in der Diskussion, 2009).

Strauch, Hans-Joachim: Die Öffentlichkeit und Mündlichkeit des Verwaltungsstreitverfahrens – Funktion und verfassungsrechtliche Grundlagen –, in: Otto Triffterer/Friedrich von Zezschwitz (Hrsg.), Festschrift für Walter Mallmann. em. o. ö. Professor des öffentlichen Rechts an der Justus Liebig-Universität Gießen zum 70. Geburtstag, Baden-Baden 1978, S. 345 ff. (zitiert als: *Strauch*, Die Öffentlichkeit und Mündlichkeit des Verwaltungsstreitverfahrens, in: Triffterer/v. Zezschwitz (Hrsg.), FS Mallmann, 1978, S. 345 ff.).

Struck, Gerhard: Rechtswissenschaft und Soziologie, in: Dieter Grimm (Hrsg.), Rechtswissenschaft und Nachbarwissenschaften, Bd. 1, Frankfurt a.M. 1973, S. 13 ff.

Stüer, Bernhard/Hermanns, Caspar David: Der verfassungsrechtliche Rahmen einer Vereinheitlichung der öffentlich-rechtlichen Fachgerichtsbarkeiten, DÖV 2001, 505 ff.

dies.: Verwaltungs-, Sozial- und Finanzgerichtsbarkeit unter einem Dach. Gerichtsorganisation und Prozessrecht auf dem Prüfstand, ZRP 2002, 164 ff.

Stürner, Michael: Die Anfechtung von Zivilurteilen. Eine funktionale Untersuchung der Rechtsmittel im deutschen und englischen Recht, München 2002 (zitiert als: *Stürner*, Die Anfechtung von Zivilurteilen, 2002).

Süsterhenn, Adolf: Einheitliches Gerichtsministerium?, DVBl. 1956, 737 ff.

Sydow, Gernot: Die Verwaltungsgerichtsbarkeit des ausgehenden 19. Jahrhunderts. Eine Quellenstudie zu Baden, Württemberg und Bayern mit einem Anhang archivalischer und parlamentarischer Quellen, Heidelberg 2000 (zitiert als: *Sydow*, Die Verwaltungsgerichtsbarkeit des ausgehenden 19. Jahrhunderts, 2000).

ders.: Unitarisierende Tendenzen in der Landesgesetzgebung im 19. Jahrhundert – zur parallelen Errichtung unabhängiger Verwaltungsgerichtsbarkeiten, in: VGH BW (Hrsg.), Festschrift 150 Jahre Verwaltungsgerichtsbarkeit. Ursprung, Entwicklungslinien und Perspektiven im deutschen und europäischen Kontext, Stuttgart u. a. 2014, S. 59 ff. (zitiert als: *Sydow*, Unitarisierende Tendenzen in der Landesgesetzgebung im 19. Jahrhundert, in: VGH BW (Hrsg.), FS 150 Jahre Verwaltungsgerichtsbarkeit, 2014, S. 59 ff.).

ders.: Geschichte der Verwaltungsgerichtsbarkeit in Baden, in: Karl-Peter Sommermann/Bert Schaffarzik (Hrsg.), Handbuch der Geschichte der Verwaltungsgerichtsbarkeit in Deutschland und Europa, Berlin 2019, § 5 S. 143 ff. (zitiert als: *Sydow*, Geschichte der Verwaltungsgerichtsbarkeit in Baden, in: Sommermann/Schaffarzik (Hrsg.), Geschichte der Verwaltungsgerichtsbarkeit, 2019, § 5 S. 143 ff.).

Tabbara, Annette: Zusammenführung oder Einverleibung? – Die Sozialgerichtsbarkeit und ihr Verhältnis zur Verwaltungsgerichtsbarkeit, NZS 2009, 483 ff.

Tacke, Veronika: Organisationssoziologie, in: Georg Kneer/Markus Schroer (Hrsg.), Handbuch Spezielle Soziologien, Wiesbaden 2010, S. 341 ff.

Thoma, Richard: Über die Grundrechte im Grundgesetz für die Bundesrepublik Deutschland, in: Hermann Wandersleb (Hrsg.), Recht – Staat – Wirtschaft, Band 3, Düsseldorf 1951, S. 9 ff.

Timm, N.N.: Die Vereinheitlichung der gerichtlichen Verfahrensordnungen aus der Sicht der Finanzgerichtsbarkeit, DVBl. 1958, 812 ff.

Trute, Hans-Heinrich: Die Forschung zwischen grundrechtlicher Freiheit und staatlicher Institutionalisierung. Das Wissenschaftsrecht als Recht kooperativer Verwaltungsvorgänge, Tübingen 1994 (zitiert als: *Trute*, Die Forschung zwischen grundrechtlicher Freiheit und staatlicher Institutionalisierung, 1994).

ders.: Verantwortungsteilung als Schlüsselbegriff eines sich verändernden Verhältnisses von öffentlichem und privatem Sektor, in: Gunnar Folke Schuppert (Hrsg.), Jenseits von Privatisierung und „schlankem" Staat. Verantwortungsteilung als Schlüsselbegriff eines sich ändernden Verhältnisses von öffentlichem und privatem Sektor, Baden-Baden 1999, S. 13 ff. (zitiert als: *Trute*, Verantwortungsteilung als Schlüsselbegriff eines sich verändernden Verhältnisses von öffentlichem und privatem Sektor, in: Schuppert (Hrsg.), Jenseits von Privatisierung und „schlankem" Staat, 1999, S. 13 ff.).

Trzaskalik, Christoph: Die Vereinheitlichung der Verwaltungsprozeßordnungen, NJW 1982, 1553 ff.

Tschentscher, Axel: Prozedurale Theorien der Gerechtigkeit. Rationales Entscheiden, Diskursethik und prozedurales Recht, Baden-Baden 2000 (zitiert als: *Tschentscher*, Prozedurale Theorien der Gerechtigkeit, 2000).

Türk, Klaus: Organisation, in: Görres-Gesellschaft (Hrsg.), Staatslexikon. Recht, Wirtschaft, Gesellschaft, 4. Band, Naturschutz und Landschaftspflege – Sozialhilfe, 7. Aufl., Freiburg im Breisgau 1988, Sp. 198 ff. (zitiert als: *Türk*, Organisation, in: Görres-Gesellschaft (Hrsg.), Staatslexikon, Bd. 4, 7. Aufl. 1988).

Ule, Carl Hermann: Der Stand des Entwurfs einer Verwaltungsgerichtsordnung, DVBl. 1954, 354 ff.

ders.: Zur Vereinheitlichung der gerichtlichen Verfahrensordnungen, DVBl. 1958, 691 ff.

ders.: Referat von Professor Dr. Carl Hermann Ule über das Thema „Empfiehlt es sich, die Zweige der Rechtsprechung ganz oder teilweise zusammenzufassen?", in: Ständige Deputation des Deutschen Juristentages (Hrsg.), Verhandlungen des zweiundvierzigsten Deutschen Juristentages, Band 2 (Sitzungsberichte), Zweite Abteilung, Tübingen 1959, S. E 3 ff. (zitiert als: *Ule*, Zweige der Rechtsprechung, in: Ständige Deputation des Deutschen Juristentages (Hrsg.), 42. DJT, Bd. 2, 1959, S. E 3 ff.).

ders.: Verfassungsrecht und Verwaltungsprozeßrecht, DVBl. 1959, 537 ff.

ders.: Verwaltungsprozeßrecht. Ein Studienbuch, 2. Aufl., München u. a. 1961 (zitiert als: *Ule*, Verwaltungsprozeßrecht, 2. Aufl. 1961).
ders.: Zur Vereinheitlichung der verwaltungsgerichtlichen Verfahrensordnungen, DVBl. 1967, 345 ff.
ders.: 25 Jahre Bundesverwaltungsgericht, DVBl. 1978, 553 ff.
ders.: Vor einer einheitlichen Verwaltungsprozeßordnung?, DVBl. 1981, 363 ff.
ders.: Effektiver Rechtsschutz in einer funktionsfähigen Rechtspflege? – Bemerkungen zum Reg.-Entw. einer Verwaltungsprozeßordnung, DVBl. 1982, 821 ff.
ders.: Die zweite Tatsacheninstanz in der Verwaltungsgerichtsbarkeit im Licht der Rechtstatsachenforschung, DVBl. 1983, 440 ff.
ders.: Die geschichtliche Entwicklung des verwaltungsgerichtlichen Rechtsschutzes in der Nachkriegszeit, in: Hans-Uwe Erichsen/Werner Hoppe/Albert v. Mutius (Hrsg.), System des verwaltungsgerichtlichen Rechtsschutzes. Festschrift für Christian-Friedrich Menger zum 70. Geburtstag, Köln u. a. 1985, S. 81 ff. (zitiert als: *Ule*, Die geschichtliche Entwicklung des verwaltungsgerichtlichen Rechtsschutzes in der Nachkriegszeit, in: Erichsen/Hoppe/v. Mutius (Hrsg.), FS Menger, 1985, S. 81 ff.).
ders.: Gesetzlichkeit in der Verwaltung durch Verwaltungsverfahren und gerichtliche Kontrolle in der DDR, DVBl. 1985, 1029 ff.
ders.: Abgesang auf die einheitliche Verwaltungsprozeßordnung, DVBl. 1991, 509 f.
Unruh, Georg-Christoph von: Verwaltungsgerichtsbarkeit im Verfassungsstaat. Probleme und Entwicklung, Herford 1984.
ders.: Verwaltungsgerichtsbarkeit, in: Kurt G. A. Jeserich/Hans Pohl/Georg-Christoph von Unruh (Hrsg.), Deutsche Verwaltungsgeschichte. Die Bundesrepublik Deutschland, Band 5, Stuttgart 1987, 25. Kapitel, S. 1178 ff. (zitiert als: *von Unruh*, Verwaltungsgerichtsbarkeit, in: Jeserich/Pohl/ders. (Hrsg.), DVG, Bd. 5, 1987, 25. Kap., S. 1178 ff.).
Varela, Francisco G./Maturana, Humberto R./Uribe, R.: Autopoiesis: The organization of living systems, its characterization and a model, Biosystems 5 (1974), 187 ff.
Volkmann, Uwe: Leitbildorientierte Verfassungsanwendung, AöR 134 (2009), 157 ff.
ders.: Zur heutigen Situation einer Verfassungstheorie, Der Staat 51 (2012), 601 ff.
ders.: Grundzüge einer Verfassungslehre der Bundesrepublik Deutschland, Tübingen 2013.
ders.: Rechts-Produktion oder: Wie die Theorie der Verfassung ihren Inhalt bestimmt, Der Staat 54 (2015), 35 ff.
Vollkommer, Max: Verfahrensvielfalt oder einheitliches Prozeßrecht? – Zur Überwindung des Rechtspartikularismus auf dem Gebiet des gerichtlichen Verfahrens –, JZ 1987, 105 ff.
Voßkuhle, Andreas: „Schlüsselbegriffe" der Verwaltungsreform – Eine kritische Bestandsaufnahme –, VerwArch 92 (2001), 184 ff.
ders.: Bruch mit einem Dogma: Die Verfassung garantiert Rechtsschutz gegen den Richter, NJW 2003, 2193 ff.
ders.: Neue Verwaltungsrechtswissenschaft, in: Wolfgang Hoffmann-Riem/Eberhard Schmidt-Aßmann/Andreas Voßkuhle (Hrsg.), Grundlagen des Verwaltungsrechts, Band 1, 2. Aufl., München 2012, § 1 (zitiert als: *Voßkuhle*, Neue Verwaltungsrechtswissenschaft, in: Hoffmann-Riem/Schmidt-Aßmann/ders. (Hrsg.), GVwR, Bd. 1, 2. Aufl. 2012, § 1).
Wagner, Albrecht: Die Widerstände gegen eine Reform der Rechtspflege, NJW 1957, 1740 ff.
ders.: Zwischenbilanz zur Reform der Rechtspflege, DRiZ 1957, 287 ff.
Wahl, Rainer: Der Vorrang der Verfassung, Der Staat 20 (1981), 485 ff.
Waldner, Wolfram: Der Anspruch auf rechtliches Gehör, 2. Aufl., Köln 2000.
Wannagat, Georg: Lehrbuch des Sozialversicherungsrechts. Band 1, Tübingen 1965 (zitiert als: *Wannagat*, Sozialversicherungsrecht, Bd. 1, 1965).

Weber, Werner: Die Einheit der rechtsprechenden Gewalt, ZSR 1957, 109 ff.

Weber-Grellet, Heinrich: Zur Notwendigkeit differenzierter Justizstrukturen, ZRP 2013, 110 ff.

Wenner, Ulrich/Terdenge, Franz/Martin, Renate: Grundzüge der Sozialgerichtsbarkeit. Strukturen – Kompetenzen – Verfahren, 2. Aufl., Berlin 1999 (zitiert als: *Wenner/Terdenge/Martin*, Grundzüge der Sozialgerichtsbarkeit, 2. Aufl. 1999).

Wenz, Edgar Michael: Die Akzeptanzkrise als Legitimationskrise – Können „Wissenschaftsgerichtshöfe" weiterhelfen?, in: Ulrich Karpen/Ulrich Weber/Dietmar Willoweit (Hrsg.), Rechtsforschung, Rechtspolitik und Unternehmertum. Gedächtnisschrift für Prof. Edgar Michael Wenz, Berlin 1999, S. 165 ff. (zitiert als: *Wenz*, Die Akzeptanzkrise als Legitimationskrise, in: Karpen/Weber/Willoweit (Hrsg.), GS Wenz, 1999, S. 165 ff.).

Werner, Fritz: Verwaltungsrecht als konkretisiertes Verfassungsrecht, DVBl. 1959, 527 ff.

Westermeier, Georg: Die Erledigung der Hauptsache im Deutschen Verfahrensrecht. Eine vergleichende Darstellung des Prozeßinstituts der Hauptsacheerledigung vornehmlich im Zivil- und Verwaltungsprozeß unter Berücksichtigung der Arbeitsgerichtsbarkeit, der Finanzgerichtsordnung und der Verfahrensordnung für die Freiwillige Gerichtsbarkeit, zugleich ein Beitrag zur Weiterentwicklung der systematischen Einordnung eines Zwischenstreits, Berlin 2005 (zitiert als: *Westermeier*, Die Erledigung der Hauptsache im Deutschen Verfahrensrecht, 2005).

Weth, Stephan: Justizminister im Reformrausch? – Zum geplanten Umbau der Justiz, ZRP 2005, 119 ff.

Wieser, Eberhard: Arbeitsgerichtsverfahren. Eine systematische Darstellung aufgrund der Rechtsprechung des Bundesarbeitsgerichts, Tübingen 1994 (zitiert als: *Wieser*, Arbeitsgerichtsverfahren, 1994).

Wild, Klaus-Peter: Die Angleichung der deutschen Verfahrensgesetze – Die Bestimmungen über die Zulässigkeit des Rechtsweges, den Kompetenzkonflikt, die Verweisung und die Zuständigkeit –, Diss. Erlangen 1961.

Windscheid, Bernhard: Lehrbuch des Pandektenrechts, Erster Band., 7. Aufl., Frankfurt a. M. 1891.

Windthorst, Kay: Der verwaltungsgerichtliche einstweilige Rechtsschutz. Zugleich eine Untersuchung des Erkenntnis- und Steuerungspotenzials der Rechtsdogmatik, Tübingen 2009 (zitiert als: *Windthorst*, Der verwaltungsgerichtliche einstweilige Rechtsschutz, 2009).

Winkler, Daniela/Schaub, Jonathan: Die Zukunft der Klagebefugnis im Verwaltungsprozessrecht, AL 2017, 111 ff.

Wischmeyer, Thomas: Der „Wille des Gesetzgebers". Zur Rolle der Gesetzesmaterialien in der Rechtsanwendung, JZ 2015, 957 ff.

With, Hans-Joachim de: Möglichkeiten und Grenzen der Vereinheitlichung der deutschen Verfahrensgesetze unter Berücksichtigung des Prozeßzwecks, der Dispositionsmaxime, des Streitgegenstandes, der Verhandlungs- und der Untersuchungsmaxime, Diss. Erlangen 1959.

Wittreck, Fabian: Auftakt zu einer neuen Runde: die Vereinheitlichung der öffentlich-rechtlichen Fachgerichtsbarkeiten. Anmerkungen zu den neuesten Gesetzesinitiativen zur Zusammenführung der Gerichte der Verwaltungs-, Sozial- und Finanzgerichtsbarkeit in den Ländern, DVBl. 2005, 211 ff.

Wulffen, Matthias von/Becker, Peter: 50 Jahre Sozialgerichtsbarkeit und sozialgerichtliches Verfahren, SGb 2004, 507 ff.

Würtenberger, Thomas: Kontrolle von Verwaltungshandeln ab 1806: Justizstaat versus Administrativjustiz, in: Karl-Peter Sommermann/Bert Schaffarzik (Hrsg.), Handbuch der Geschichte der Verwaltungsgerichtsbarkeit in Deutschland und Europa, Berlin 2019, § 2

S. 31 ff. (zitiert als: *Würtenberger*, Kontrolle von Verwaltungshandeln, in: Sommermann/Schaffarzik (Hrsg.), Geschichte der Verwaltungsgerichtsbarkeit, 2019, § 2 S. 31 ff.).

Ziemer, Herbert/Birkholz, Hans: Finanzgerichtsordnung. Kommentar, München u. a. 1966 (zitiert als: *Ziemer/Birkholz*, FGO, 1966).

Zippelius, Reinhold: Der Gleichheitssatz, VVDStRl 47 (1989), S. 7 ff.

Sachverzeichnis

Beiträge zum Organisationsverfassungsrecht

herausgegeben von
Julian Krüper und Arne Pilniok

Die Schriftenreihe *Beiträge zum Organisationsverfassungsrecht* (OrgVR) gilt dem Recht der Politik in einem weit verstandenen Sinne. Das umfasst etwa das Wahl-, Parteien- und Parlamentsrecht, aber auch das Recht der Gewaltenorganisation und der föderalen Kompetenzordnung im Mehrebenensystem. Damit soll der wissenschaftliche Diskurs gebündelt und ein Beitrag zu einer theoretischen und dogmatischen Weiterentwicklung des Organisationsverfassungsrechts geleistet werden, in dem nicht zuletzt die umfassende Einbindung der „Berliner Republik" in die Europäische Union berücksichtigt wird. Die rechtliche Ausformung der spezifischen Organisationslogiken und -bedürfnisse der Politik stehen dabei im Vordergrund. Besonders willkommen sind daher interdisziplinär informierte rechtswissenschaftliche Beiträge sowie Arbeiten zum europäischen, ausländischen und vergleichenden Organisationsverfassungsrecht. Die Reihe steht herausragenden Qualifikationsschriften und anderen Monografien aus den Rechts- und Politikwissenschaften ebenso offen wie thematisch geschlossenen Sammelbänden.

ISSN: 2626-4412
Zitiervorschlag: OrgVR

Alle lieferbaren Bände finden Sie unter *www.mohrsiebeck.com/orgvr*

Mohr Siebeck
www.mohrsiebeck.com